**FIDES** FiDES Treuhand GmbH & Co. KG
Wirtschaftsprüfungsgesellschaft
Steuerberatungsgesellschaft

Bibliothek 4. OG
Prüfung

# Lexikon der Finanz- innovationen

Von
Universitätsprofessor
Dr. Guido Eilenberger

Mit Beiträgen von Fachleuten aus
Wissenschaft und Praxis

2., erweiterte Auflage

R. Oldenbourg Verlag München Wien

**Die Deutsche Bibliothek — CIP-Einheitsaufnahme**

**Lexikon der Finanzinnovationen** / von Guido Eilenberger. Mit
Beitr. von Fachleuten aus Wissenschaft und Praxis. — 2., erw.
Aufl. — München ; Wien : Oldenbourg, 1993
ISBN 3-486-22703-3
NE: Eilenberger, Guido

© 1993 R. Oldenbourg Verlag GmbH, München

Das Werk einschließlich aller Abbildungen ist urheberrechtlich geschützt. Jede Verwertung außerhalb der Grenzen des Urheberrechtsgesetzes ist ohne Zustimmung des Verlages unzulässig und strafbar. Das gilt insbesondere für Vervielfältigungen, Übersetzungen, Mikroverfilmungen und die Einspeicherung und Bearbeitung in elektronischen Systemen.

Gesamtherstellung: R. Oldenbourg Graphische Betriebe GmbH, München

ISBN 3-486-22703-3

# Inhaltsübersicht

Vorwort ............................................................................................. VII

Verzeichnis der Verfasser von Beiträgen ........................................... IX

Abkürzungsverzeichnis ..................................................................... X

Literatur ............................................................................................. XI

Lexikon (bis 1990) ............................................................................ 1

Lexikon 1990 – 1993 (Stichtag jeweils 1. Mai) ................................. 307

# Vorwort

Finanzinnovationen haben seit Beginn der 80-er Jahre, begünstigt durch die Globalisierung und die Internationalisierung der Finanzmärkte sowie durch eine Vielzahl von Deregulierungen nationaler Finanz- und Börsenvorschriften in einer Weise an Umfang und an Bedeutung gewonnen, die es erforderlich erscheinen läßt, ein spezielles Lexikon für diesen Bereich der Finanzwirtschaft zu schaffen. Ein derartiges Nachschlagewerk stellt seinerseits eine Innovation dar: Als erster und bislang einziger Thesaurus bietet es allen Interessenten seine Hilfe zu einer Orientierung auf diesem – von der Natur der Sache her – komplexen und unübersichtlichen Gebiet an. Entsprechend der Auffassung vom Wesen der Finanzinnovation (siehe dazu den Überblicksartikel → **Finanzinnovationen**) umfaßt das Lexikon die drei Hauptsäulen der **Finanzprodukt-** bzw. **Finanzinstrument-Innovationen**, der **Finanzmarkt-Innovationen** und der **Finanzprozeß-Innovationen** mit jeweils weiteren typischen Teilbereichen. Ein besonderes Anliegen besteht darin, Transparenz in die spezifische Terminologie sowie die verwandten Begriffe zu bringen. Eine große Zahl von Verweisungen zeigt die bestehenden Querverbindungen und Zusammenhänge zwischen den unter Stichwörtern oder Überblicksartikeln behandelten Sachverhalten auf. Da der Prozeß der Entwicklung von Finanzinnovationen hochdynamisch verläuft und dementsprechend weltweit täglich zusätzliche Finanzinnovationen den bestehenden Fundus vermehren, war es im Hinblick auf die Erfassung und Charakterisierung geboten, einen Stichtag (1. Mai 1990) einzuführen, bis zu dem eine möglichst umfassende Berücksichtigung erfolgen konnte.

Spezifische Probleme der Schreibweise (Groß- und Kleinschreibung) ergaben sich aus der unkonventionellen Wortbildung der aus dem anglo-amerikanischen Sprachraum stammenden Bezeichnungen für Finanzinnovationen, bei der sowohl die Zusammensetzung (**compounding**), das Voranstellen oder Anhängen von Silben, das Verschmelzen (**blending**), als auch die Bildung von **Akronymen** (Abkürzungen) eine besondere Rolle spielen. Dies gilt vor allem für den häufig auftretenden Fall der unveränderten Übernahme von Bezeichnungen in die deutsche Sprache. Von Interesse ist darüber hinaus der Bedeutungswandel bisher einschlägig belegter Begriffe beispielsweise durch Bildung von Akronymen, die besondere Blüten treiben: So steht die ansonsten primär finanzwirtschaftlich gebrauchte Bezeichnung **lombard** nunmehr auch als Kennzeichnung für jemanden, der zwar reich, aber ohne Verstand ist (lots of money, but a real dickhead).

Herzlich zu danken ist den Verfassern von Beiträgen ebenso wie den „stillen" Helfern, die mit Korrektur- und Formatierungsarbeiten sowie mit der Anfertigung von Druckvorlagen (Abbildungen, Tabellen) zum Gelingen dieses Werkes beigetragen haben, und vor allem Frau Sigrid Böhmer, die in bewährter Umsicht und nie versiegender Geduld die Erstellung des Manuskripts besorgt hat.

München, Juni 1990                                                                                   Guido Eilenberger

# Vorwort zur 2. Auflage

Seit Erscheinen der 1. Auflage in der zweiten Jahreshälfte 1990 sind weltweit eine Reihe von Finanzinnovationen der verschiedensten Art entstanden. In diesem Zusammenhang ergab sich das Problem, eine Integration dieser Finanzinnovationen in die nun schon etwas älteren Formen (Stichtag war 1. Mai 1990) vorzunehmen. Im Interesse der Dokumentation, der Übersichtlichkeit über neue Formen und der zeitlichen Zuordnung habe ich die im Zeitraum bis 1.5.1993 festgestellten Finanzinnovationen in einem gesonderten Abschnitt (ab Seite 307) zusammengefaßt. Damit läßt sich nicht zuletzt die Entwicklung von Finanzinnovationen als permanenter Prozeß veranschaulichen.

Für die Arbeiten in Zusammenhang mit der Erstellung des Manuskripts bedanke ich mich bei Frau Sigrid Böhmer (Universität München), Frau Evelyn Rogge (Universität Rostock) und Frau Birgit Weidenhiller (Katholische Universität Eichstätt). Mein herzlicher Dank gilt auch allen Lesern und Interessenten, denen – wie Publikationen und Briefe zeigen – das Lexikon der Finanzinnovationen zu einer wertvollen Hilfe geworden ist.

Guido Eilenberger

# Verzeichnis der Verfasser von Beiträgen

Dr. Thomas Grützemacher *(TG)*
Bayer. Sparkassen- und Giroverband, München

Dr. Winfried Hierl *(WH)*
Bayerische Hypotheken- und Wechselbank AG, München

Dr. Elisabeth Kaiser *(EK)*
Bayerische Hypotheken- und Wechselbank AG, München

Dr. Sigrid Kletzing *(SK)*
Universität Rostock

Dr. Paul Lerbinger *(PL)*
Morgan Guaranty Ltd, London

Dipl.-Kfm. Alexandra Freifrau von Ritter zu Groenesteyn *(ARG)*
Erwin von Kreibig-Stiftung, München

Dr. Dieter Rohrmeier *(DR/FR)*
Bayerische Sparkassenakademie, München

Dipl.-Kfm. Marcus Riekeberg *(MR)*
Universität München

Univ.-Prof. Dr. Klaus Schredelseker *(KS)*
Universität Innsbruck

Dr. Georg Thurmayr *(GT)*
Rädler, Raupach und Bezzenberger, Rechtsanwälte, Steuerberater, München

Univ.-Prof. Dr. Dieter Witt *(DW)*
Technische Universität München

# Abkürzungsverzeichnis

| | |
|---|---|
| BDI | Bundesverband der Deutschen Industrie |
| BfG | Bank für Gemeinwirtschaft |
| BFuP | Betriebswirtschaftliche Forschung und Praxis |
| BIZ | Bank für Internationalen Zahlungsausgleich |
| BZ | Börsenzeitung |
| c$ | Kanadische Dollar |
| DEM | Deutsche Mark |
| FAZ | Frankfurter Allgemeine Zeitung |
| FF | Französische Franc |
| GBP | Britische Pfund |
| HB | Handelsblatt |
| HBR | Harvard Business Review |
| IKB | Industriekreditbank AG, Deutsche Industriebank |
| KAGG | Kapitalanlagegesellschaften-Gesetz (Investmentgesellschaften-Gesetz) |
| KuK | Kredit und Kapital |
| MNB | Multinationale Bank |
| MNK | Multinationaler Konzern |
| MNU | Multinationale Unternehmung |
| ÖBA | Österreichisches Bank Archiv |
| $ | US-Dollar |
| SEC | (US-) Securities and Exchange Commission |
| SFR | Schweizer Franken |
| UK | United Kingdom |
| US-$ | US-Dollar |
| USD | US-Dollar |
| WiSt | Wirtschaftswissenschaftliches Studium |
| ZBB | Zeitschrift für Bankkredit und Bankwirtschaft |
| ZfbF | Zeitschrift für betriebswirtschaftliche Forschung |
| ZfK | Zeitschrift für das gesamte Kreditwesen |

# Literatur

Andersen, T. J.: Currency and Interest Rate Hedging. New York 1987

Bank für Internationalen Zahlungsausgleich: Zahlungsverkehrssysteme in elf entwickelten Ländern. April 1989. Frankfurt/Main 1989

Bartsch, M.: Der Rentenoptionshandel. ZfK 2/1987, 13

Beidleman, C. R.: Financial Swaps. Homewood, Illinois 1985

Beyer, H.-T. / U. Bestmann: Finanzlexikon. 2. Aufl. München 1989

Binkowsi, P. / H. Beeck: Finanzinnovationen. Bonn 1989

BIS (Bank for International Settlements): Recent Innovations in International Banking. April 1986

Brown, B.: The economics of the swap market. London/New York 1989

Bühler, W.: Rationale Bewertung von Optionsrechten auf Anleihen. ZfbF 1988, 851-883

Bühler, W. / W. Feuchtmüller / M. Vogel: Financial Futures. Wien 1985

Büschgen, H. E.: Zinstermingeschäfte. Frankfurt/Main 1988

Burger, K. M. (Hrsg.): Finanzinnovationen. Stuttgart 1989

Cordero, R.: Der Financial Futures Markt. Bern/Stuttgart 1986

Dresdner Bank (Hrsg.): Zinsmanagement. Frankfurt/Main 1987

DTB – Deutsche Terminbörse GmbH (Hrsg.): Einführung in den Optionshandel. Wiesbaden 1989

Ebenroth, C. T. / J. Karl: Die Multilaterale Investitions-Garantie-Agentur. Kommentar zum MIGA-Übereinkommen. Heidelberg 1989

Ebneter, A.: Strategien mit Aktienoptionen zur Ertragssteigerung und Risikobegrenzung. Frankfurt/Main 1987

Eilenberger, G. (1986): Währungsrisiken, Währungsmanagement und Devisenkurssicherung. 2. Aufl. Frankfurt/Main 1986 (3. Aufl. 1990)

Eilenberger, G. (1987): Finanzierungsentscheidungen multinationaler Unternehmungen. 2. Aufl. Heidelberg 1987

Eilenberger, G. (1989a): Betriebliche Finanzwirtschaft. 3. Aufl. München/Wien 1989 (4. Aufl. 1991)

Eilenberger, G. (1989b): Betriebliches Rechnungswesen. 4. Aufl. München/Wien 1989 (6. Aufl. 1991)

Eilenberger, G. (1990): Bankbetriebswirtschaftslehre. 4. Aufl. München/Wien 1990 (3. Aufl. 1987) (5. Aufl. 1993)

Fabozzi, F. J. / G. M. Kipnis: Stock Index Futures. Homewood, Illinois 1984

FAZ / Dresdner Bank (Hrsg.): Optionen und Futures. Frankfurt/Main 1989

Fuller, R. J. / J. L. Farell: Modern Investments and Security Analysis. New York usw. 1987

Francis, J. C.: Management of Investments. 2$^{nd}$ ed. New York usw. 1988

Göppl, H. / W. Bühler / R. v. Rosen: Optionen und Futures. Frankfurt/Main 1990

Green, M. B.: Mergers and Acquisitions. London/New York 1990

Henderson, J. / J. P. Scott: Securitization. Cambridge 1988

Hubbes, H. H.: Pricing of Caps and Floors – A Simplificial Approach. KuK 1987, 1–21

Hudis, J. A. / L. R. Thomas / K. Schiebler: Bundesanleihe – Terminkontrakte. Eine Einführung. Hrsg.: Goldman, Sachs & Co., London 1988

Jentzsch, St. J.: Kapitalmarkt-Swaps. 2. Aufl. Bern/Stuttgart 1990

Kollmann, P. F.: Der US-Kapitalmarkt. Instrumente. Finanzinnovationen. Wien 1988

Lerbinger, P.: Zins- und Währungsswaps. Wiesbaden 1988

Lipfert, H.: Devisenhandel mit Devisenoptionshandel. 3. Aufl. Frankfurt/Main 1988

Loistl, O.: Computergestütztes Wertpapiermanagement. München/Wien 1989

Rebell, A. L. / G. Gordon: Financial Futures and Investment Strategy. Homewood, Illinois 1984

Rölle, H.: Börsennotierte Partnerships (MLP) und Immobilienfonds auf Aktien (REIT) in den USA. Stuttgart 1990

Schwarz, E. W. / J. M. Hill / T. Schneeweis: Financial Futures. Homewood, Illinois 1986

Streit, M. E. (Ed.): Futures Markets. Oxford 1983

Valentine, St.: International Dictionary of the Securities Industry. 2$^{nd}$ ed. London/Basingstoke 1989

Verzariu, P.: Countertrade, Barter, And Offsets. New York usw. 1985

Wermuth, D.: Entscheidungshilfen für Kurssicherungsgeschäfte am Devisenmarkt. Hrsgg. von der Citibank AG. 2. Aufl. Frankfurt/Main o.J.

Wittgen, R. / G. Eilenberger: Die Geldpolitik der Kreditinstitute. 2. Aufl. Frankfurt/Main 1984

Weitere Literaturangaben im Anschluß an einzelne Stichwörter.

# A

**AB-Finance**
-> Asset Backed Finance

**ABO**
-> Annuitäten-Bond

**ABS**
-> Asset Backed Securities

**ABSC**
-> Asset Backed Securities Company

**Access**
Britische -> **Kartengesellschaft**, -> **Emittent** der Accesscard, im internationalen Mastercard/Eurocard-Verbund, Lizenznehmer von -> **Mastercard International**. *EK*

**Acquirer**
Kartengesellschaft bzw. Kreditinstitut, das ein -> **Vertragsunternehmen** gewonnen hat und deshalb für jede Kartentransaktion bei diesem Unternehmen eine Provision -> **Acquirer Fee**, erhält. *EK*

**Acquirer Fee**
Anteil des -> **Acquirers** am -> **Disagio** von Emissionen (aller Art)

**Acquisition**
-> Mergers & Acquisitions

**Actual**
Instrument des -> **Cash-Marktes** ("Kassainstrument")

**Adjustable Long-term Puttable Security (ALPS)**
Variante einer -> **Doppelwährungsanleihe** mit Devisenkonditionen, die denjenigen von -> **FIPS** entsprechen. Als Besonderheiten weisen sie allerdings variable Verzinsung (-> **FRN**) und die Ausstattung mit einer -> **Put-Option** auf.

**Adjustable Rate Mortgages (ARM)**
Neuere Varianten von Hypothekarkrediten in den USA mit variablen Zinssätzen, deren Anpassung an einen Index gebunden ist. Verwendung finden dabei **Treasury Indices** (für ein, drei und fünf Jahre) und der sog. **11th District Cost of Funds Index**, der auf den durchschnittlichen Finanzierungskosten für "thrift institutions" im 11. Distrikt des Federal Home Loan Board System beruht. In der Regel sind die ARM mit -> **Caps** für die monatliche Zahlung ausgestattet.

**Adjustable Rate Notes (ARN)**
Variante der -> **FRN** auf dem amerikanischen Kapitalmarkt mit der Besonderheit, daß die Anpassung auf einen langfristigen Referenzzinssatz ausgerichtet ist (1- oder 2-jährige Zinsen) und die Zinsadjustierung nicht öfter als einmal pro Jahr erfolgt; im Gegensatz zu FRN ist das Volumen von ARN unbedeutend.

**Adjustierungsfaktor**
Anpassungsfaktor (-> **Konversionsfaktor**; -> **Beta-Faktor**), der die **Kassaposition** und Kontrakt im Rahmen eines -> **Hedge** mittels -> **Zins-Futures** oder -> **Aktienindex-Futures** vergleichbar macht (siehe im einzelnen -> **Zins-Futures** und -> **Aktienindex-Futures**).

**Administered rate**
Ein der prime rate ähnlicher Zinssatz, der periodisch von Finanzintermediären festgesetzt wird.

**ADR**
-> American Depositary Receipt

**Advance Payment Guarantee**
Vorauszahlungsgarantie

**Affinitätskarte**
Auf spezielle Zielgruppen zugeschnittene

1

# Affinity Card

Karte, die von einer beliebigen Institution (z.B. Fluggesellschaft, Studentenorganisation, Wohlfahrtsverein u. ä.) gemeinsam mit einer Kartengesellschaft bzw. dahinterstehenden Bank ausgegeben wird (-> Co-Branding). Marketingidee der Differenzierung und Abhebung von konkurrierenden -> Kartenemittenten, Ausdruck der Verbundenheit des -> Karteninhabers mit der kartenausgebenden Institution, neuere Kreditkartenvariante. *EK*

**Affinity Card**
-> **Affinitätskarte,**
-> **Zielgruppenkarte**

**Agent**
Vermittler (Person oder Institution), der im Auftrag Dritter handelt (z.B. bei Wertpapieremissionen).

**AIBD**
-> **Association of International Bond Dealers.**

**Aktien-Call-Option**
Beinhaltet für den Käufer (aktiver Kontrahent, -> **Buyer**, Wähler) das Recht bzw. für den Verkäufer (passiver Kontrahent, -> **Stillhalter**) die Pflicht, eine bestimmte Anzahl von Aktien, die zum -> **Aktienoptionsmarkt** zugelassen sind, jederzeit während der -> **Optionsfrist** (-> **Amerikanische Option**) oder zu einem bestimmten Zeitpunkt (-> **Europäische Option**) zu einem im voraus vereinbarten -> **Basispreis** kaufen zu können, bzw. bei Ausübung verkaufen zu müssen. Die Erfolgs- und Risikostruktur der Aktien-Call-Option, die u.a. durch das Verhältnis des aktuellen Aktienkurses, des Basispreises (hier: 110) und des Optionspreises (hier: 10) determiniert wird, ist nachfolgend für den Käufer und den Verkäufer graphisch dargestellt (vgl. Eilenberger G., 1986). Dabei muß zwischen dem Kauf einer Kaufoption, dem gedeckten und dem ungedeckten Verkauf einer Kaufoption unterschieden werden.

# Aktienindex

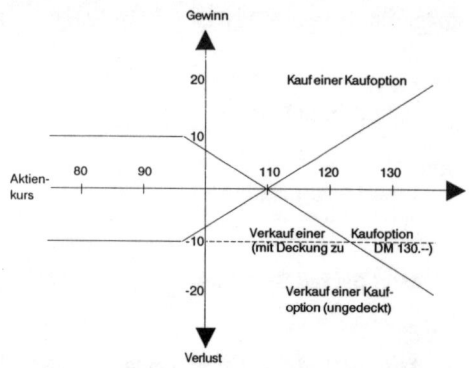

Der Gewinn des Käufers einer Kaufoption nimmt mit steigendem Aktienkurs zu, während dies beim Verkäufer einer Kaufoption zu einem steigenden Verlust führt. Fällt der Aktienkurs, dann führt dies beim Verkäufer zu einem Gewinn in Höhe des erhaltenen Optionspreises, während der Käufer einen begrenzten Verlust -ebenfalls in Höhe des bezahlten Optionspreises- erleidet. Die gestrichelte Linie zeigt darüber hinaus, daß der Verlust des gedeckten Verkäufers einer Kaufoption bei steigendem Aktienkurs ebenfalls begrenzt ist und von dem Eindeckungskurs des Optionspapieres (hier: 130) bestimmt wird. Je niedriger der Eindeckungskurs, desto niedriger der Verlust, bzw. desto höher der Gewinn. *TG*

**Aktienindex**
Maßzahl zur Erfassung von Kursbewegungen eines Portfolios ausgewählter Aktien im Zeitablauf durch Vergleich der Werte der Berichtsperiode mit denjenigen der Basisperiode. Zur Anwendung können in diesem Zusammenhang die Formeln von **Laspeyres** (Preisindex oder Mengenindex) und **Paasche** (Gewichtung von Preis/Mengenveränderungen mit den Mengen/Preisen der Berichtsperiode) kommen. Bezüglich einzelner Anwendungsfälle siehe v.a.
-> **Commerzbank-Index**, -> **DAX**, -> **FAZ-Aktienindex**, -> **HYPAX**, -> **NYSE-Index**, -> **S & P 500**, -> **NDJA-Index**, -> **TSE-Index**,-> **FT-SE-Index**, **ASE-Index**, **NASDAQ**

## Aktienindex-Optionen

**Composite Index**, -> **MMI**, -> **DJIA-Index**, -> **VLCI**. Aktienindizes eignen sich als Konjunktur-Indikatoren, als Indikatoren des Börsenklimas, als Indikatoren für die Wirtschaftsentwicklung einzelner Branchen und insbesondere als Bezugsgröße für bestimmte Finanzinstrumente (siehe z.B. -> **Aktienindex-Anleihe**; -> **Aktienindex-Future**; -> **Aktienindex-Währungsanleihe**; -> **Aktienindex-Warrant**).

**Aktienindex - Optionen**
Objekt der Aktienindex-Optionen ist nicht eine spezifische Aktie, sondern ein künstlich geschaffener -> **Aktienindex**. Im Vergleich zu den -> **Aktienoptionen** ergeben sich daraus drei wesentliche Abweichungen: Erstens die Besonderheiten der Abwicklung, zweitens die Fähigkeit der Aktienindex-Optionen, das Marktrisiko hedgen zu können und drittens die sich daraus ergebenden besonderen Risiken der Aktienindex-Optionen.
Der wichtigste Abwicklungsunterschied zu den Aktienoptionen besteht darin, daß es im Falle der Ausübung einer Aktienindex-Option nicht zu einer Abnahme oder Lieferung einer Aktie bzw. eines diversifizierten Aktienportefeuilles, sondern zu einer Barzahlung in Höhe des Differenzbetrages zwischen dem gewählten Basispreis der Indexoption und dem Kurs des betreffenden Index am Ausübungstag -multipliziert mit dem spezifischen Index-Multiplikator- kommt (siehe Ebneter, 1987). Angenommen, der Wähler einer Juni 120 US$ Kaufoption auf den ABC-Index entschließt sich zur Ausübung der Option an einem Tag, an dem der Index auf 130 steht; beträgt der spezifische Index-Multiplikator des ABC-Index 100, dann muß der Stillhalter an den Wähler bei Ausübung US$ 1000 zahlen [(130 US$-120 US$)*100 = 1000 US$].
Der spezifische Index-Multiplikator wird von der Börse festgelegt, wenn der Optionshandel in dem spezifischen Index eröffnet wird. Somit können Optionen auf verschiedene Indizes unterschiedliche Multiplikatoren haben, weshalb der Anleger vor einem Engagement in Indexoptionen unbedingt den zutreffenden Multiplikator kennen sollte.

Das Risiko einer Aktienanlage wird gewöhnlich in das Marktrisiko, das Branchenrisiko und das Unternehmensrisiko differenziert. Das Branchen- und Unternehmensrisiko kann weitgehend durch Diversifikationsmaßnahmen vermindert oder beseitigt werden. Das Marktrisiko kann hingegen -zumindest teilweise- durch den Einsatz von Aktienindex-Optionen beherrscht werden (-> **Portfolio Selection**).
Unter Marktrisiko versteht man die Gefahr, daß diejenigen Faktoren, die einen Einfluß auf den Gesamtmarkt ausüben, ebenfalls einen Einfluß auf den Kurs einer bestimmten Aktie haben. Besitzt ein Anleger mehrere verschiedene Aktien, dann besteht das Marktrisiko in der Gefahr des Kurswertrückgangs des gesamten Portefeuilles bei Änderungen der Marktfaktoren, wie z.B. Konjunkturlage, Inflationsrate, Arbeitslosenquote oder Zinssätze. Historisch betrachtet ist erkennbar, daß verschiedene Aktien bzw. Aktien verschiedener Branchenunternehmen unterschiedlich stark auf Veränderungen der Marktfaktoren reagieren, wobei die Stärke der Reaktion im Zeitablauf variieren kann. Daraus ergeben sich für den Anleger bei der Anwendung von Aktienindex-Optionen zum Zwecke des -> **Hedging** folgende Besonderheiten (vgl. Merrill Lynch, 1989): Im ersten Schritt ist der Index zu bestimmen, dessen Wert mit dem Wert des abzusichernden Portefeuilles möglichst hoch korreliert. Erste Hinweise ergeben sich für den Anleger aus dem Vergleich der Zusammensetzung des abzusichernden Portefeuilles und der Zusammensetzung der verschiedenen Indizes. Zur exakten Bestimmung könnte auch der Determinationskoeffizient $R^2$ berechnet werden, der Werte zwischen 0 und 1 annehmen kann (zur Berechnung vgl. Bamberg/Baur, 1987). Je näher der Wert dieses Koeffizienten bei 1 liegt, desto besser eignet sich der betrach-

3

tete Index zur Absicherung des Portefeuilles. Portefeuilles institutioneller Anleger besitzen zumeist Koeffizientenwerte zwischen 0,85 und 0,96 (vgl. Ebneter, 1987). Ist der geeignete Index bestimmt, muß im zweiten Schritt die Anzahl der benötigten Aktienindex-Optionen, die zur Absicherung des Portefeuilles gebraucht werden, berechnet werden. Dazu muß zunächst der -> **Beta-Faktor** berechnet werden, der die Wertsensitivität des Portefeuilles auf Wertänderungen des Index quantifiziert. Konkret sagt ein Beta-Faktor von z.B. 1,31, daß eine Wertänderung des Index um 1% zu einer Wertänderung des Portefeuilles von 1,31% führt. Danach kann die Anzahl der Aktienindex-Optionen nach folgender Formel berechnet werden:

$$\text{Anzahl der Aktienindex-Optionen} = \text{Beta-Faktor} \cdot \frac{\text{Wert des Portefeuilles}}{100 \cdot \text{Index-Wert}}$$

Zum Beispiel sei angenommen, daß ein Anleger ein Portefeuille im Wert von 1 Mio. US$ hedgen will; der Wert des Index soll 210 betragen, der Wert des Beta-Faktors 1,31. In diesem Fall müßte der Anleger also (1,31 x 1Mio./100 x 210) = 6,24 Aktienindex-Optionen kaufen, um sein Portefeuille mit Verkaufsoptionen abzusichern. Abgesehen davon, daß eine "ungerade" Zahl von Optionen nicht gekauft werden kann, beinhaltet eine derartige Absicherung immer ein Restrisiko, da:
(1) die Zusammensetzung des Portefeuilles nicht exakt dem gewählten Index entsprechen wird;
(2) der Beta-Faktor, der auf der Basis historischer Daten berechnet wird, im Zeitablauf nicht stationär ist.

Sofern der Anleger diese Besonderheiten bei der Anwendung von Aktienindex-Optionen zum Zwecke des Hedging beachtet, eröffnen sich folgende grundsätzlichen Einsatzmöglichkeiten:

1) Ausnutzung von Marktbewegungen mit Aktienindex-Optionen:

Eine derartige Strategie eignet sich für Anleger, die eine feste Meinung über den zukünftigen Marktverlauf besitzen, wobei ein Steigen oder Sinken des allgemeinen Marktniveaus erwartet werden kann.
Erwartet der Anleger einen Anstieg des allgemeinen Marktpreisniveaus und werden seine Erwartungen erfüllt, dann kann er durch den Kauf einer Aktienindex-Kaufoption Gewinn erzielen. Angenommen, er kauft eine Aktienindex-Kaufoption mit Basis 125 und einer Optionsprämie von 1 7/8 US$ und weiter angenommen, daß während der Optionslaufzeit der Wert des Index von 124,5 um 4,75 auf 129,25 steigt, dann ergibt sich bei einem spezifischen Index-Multiplikator von 100 ein Gewinn vor Transaktionskosten von:

Wert des Index bei Ausübung: 129,25 • 100 = 12.925,00 US$
abzgl. vereinb. Basispreis: 125 • 100 = 12.500,00 US$
abzgl. bezahlter Prämie: 17/8 • 100 = 187,50 US$
Gewinn vor Transaktionskosten 237,50 US$

Wäre der Wert des Index entgegen den Erwartungen des Anlegers gefallen, dann wäre dem Anleger ein Verlust in Höhe des gezahlten Optionspreises zgl. Gebühren/Provisionen entstanden.
Erwartet der Anleger hingegen einen Rückgang des allgemeinen Marktpreisniveaus, dann müßte er eine Verkaufsoption erwerben.
Bei der Ausnutzung von Marktbewegungen sollte der Anleger jedoch darauf achten, daß die Ausübung einer Aktienindex-Option nicht in allen Fällen der vorteilhafteste Weg ist. Häufig kann der Anleger durch vorzeitigen Verkauf seiner Optionsposition am -> **Sekundärmarkt** auch noch einen -> **Zeitwert** realisieren.

2) Absicherung eines Portefeuilles mit Aktienindex-Optionen

Erwartet ein Anleger einen kurzfristigen Marktrückgang, und ist eine Veräußerung der vorhandenen Aktienbestände z.b. aus Steuergründen, Provisions- und Spesenbelastungen sowie anstehender Dividendenzahlungen unerwünscht, dann kann der Anleger den erwarteten Wertrückgang seines diversifizierten Portefeuilles durch Kauf einer Verkaufsoption auf einen breit angelegten Index zumindest teilweise kompensieren. Dazu soll angenommen werden, daß der Anleger eine Verkaufsoption mit einem spezifischen Multiplikator von 100, einer Basis von 108 US$ und einer Prämie von 1 US$ kauft. Fällt der Wert des Index von z.b. 108,45 auf 102, dann erwirtschaftet der Anleger -ohne Berücksichtigung von Transaktionskosten- aus der Option einen Gewinn in Höhe von [{(108 US$- 102 US$)-1 US$} · 100] = 500 US$. Der Wertverlust des Portefeuilles wird durch den erwirtschafteten Gewinn aus der Indexoption teilweise kompensiert. Bei größeren Portefeuilles müßte der Anleger entsprechend mehr Verkaufsoptionen kaufen.

Die Anwendung dieser Strategie ist jedoch nur dann erfolgversprechend, wenn der Anleger in der Lage ist, die relative Wertentwicklung des Index gegenüber der Wertentwicklung des abzusichernden Portefeuilles exakt vorherzusagen. Hätte sich, entgegen den Erwartungen des Anlegers, der Index nicht verändert bzw. erhöht, und hätte sich der Wert des Portefeuilles ermäßigt, dann wäre dem Anleger ein Verlust in Höhe der gezahlten Prämie zzgl. dem Wertverlust des Portefeuilles entstanden.

3) Kombinierte Optionsstrategien mit Aktienindex-Optionen:
Hierunter versteht man den gleichzeitigen Kauf und/oder Verkauf einer Aktienindex-Kauf- und/oder Verkaufsoption (vgl. auch -> **Spread**, -> **Straddle**, -> **Strangle**). Die besonderen Risiken, die ein Anleger mit Indexoptionen eingeht -insbesondere im Verhältnis zu gewöhnlichen Aktienoptionen-, können am Beispiel des Haltens eines Spread verdeutlicht werden. Unter Spread versteht man den gleichzeitigen Kauf und Verkauf einer Option desselben Optionstyps (-> **Call** oder -> **Put**), wobei sich die Optionen auf den gleichen Index beziehen, jedoch bezüglich der Basis und/oder Laufzeit unterscheiden.

Angenommen, ein Anleger hat eine Verkaufsoption mit Basis 100 US$ und Fälligkeit Juni gekauft und gleichzeitig eine Verkaufsoption mit Basis 100 US$ und Fälligkeit März verkauft und erhält an einem Dienstag die Ausübungsanzeige der verkauften Verkaufsoption, dann wird der zu bezahlende Ausgleichsbetrag auf der Basis des Indexwertes vom Montag berechnet. Schloß der Index am Montag z.b. mit 90, dann muß der Anleger unter der Annahme, daß der spezifische Index-Multiplikator 100 ist, einen Ausgleichsbetrag in Höhe von 1000 US$ zahlen. Auch wenn der Anleger sofort nach Erhalt der Ausübungsanzeige die gekaufte Verkaufsoption ausübt, berechnet sich der Ausgleichsbetrag, den er aus der Ausübung dieser Option erhält, auf der Basis des Schlußwertes des Index vom Dienstag. Steigt der Index am Dienstag z.b. auf 95, dann erhält der Anleger nur einen Ausgleichsbetrag von 500 US$; damit ist dem Anleger aus der Spreadposition ein Verlust in Höhe von 500 US$ entstanden. Eine Verminderung des Verlustes könnte der Anleger ggf. dadurch erreichen, daß er die gekaufte Verkaufsoption nicht ausübt, sondern am Sekundärmarkt verkauft. Einerseits könnte der Anleger dadurch zusätzlich einen eventuell vorhandenen Zeitwert realisieren, andererseits besteht die Möglichkeit, daß der Indexwert zum Zeitpunkt des Verkaufes - im Vergleich zum Schlußwert am Dienstag - niedriger ist.

Das Beispiel hat gezeigt, daß der Anleger, der eine Spreadposition in Aktienindex-Optionen hält, in Fällen der Aus-

5

übung der verkauften Option immer dann ein erhöhtes Risiko trägt, wenn die Gefahr besteht, daß sich die Wertentwicklung des Index kurz nach Ausübung der verkauften Option umdreht. Dieses erhöhte Risiko besteht im Zeitraum zwischen Ausübung der verkauften Option und Ausübung oder Verkauf der gekauften Option. Ähnliche Risiken können auch für andere kombinierte Optionsstrategien mit Aktienindex-Optionen auftreten. *TG*

**Aktienindex, internationaler**
-> **Aktienindex** auf der Basis eines internationalen Marktes, der beispielsweise den europäischen Gesamtmarkt oder den Gesamtmarkt, bestehend aus den wichtigsten nationalen Aktienmärkten, abbildet. Ein derartiger Index könnte auch die Basis für die Bildung **internationaler Aktienindex-Fonds** (-> **Aktienindex-Fonds**) darstellen. Bislang nur als Projekt (-> **EURAX**) existent.

**Aktienindex-Anleihe**
Schuldverschreibung, deren Rückzahlungsbetrag von der Entwicklung eines in den Anleihebedingungen festgelegten Aktienindex abhängt. Diese **Aktienindex-Koppelung** wird über "Formeln" präzisiert, die Bestandteil der Anleihebedingungen sind. Grundsätzlich hat die Gleichung für den **Bull Bond**, dessen Rückzahlungsbetrag bzw. -kurs (**R**) sich mit steigendem Aktienindex erhöht (und umgekehrt), die Form:

$$R = x \cdot I + y$$

Dabei bedeutet x den Steigungswinkel dieser Geraden, dessen Wert ebenfalls Gegenstand der Festlegungen der Anleihebedingung ist und I den Rückzahlungsindex. Da der Index nicht unter Null fallen kann, wird y mit 0 angenommen, so daß sich die Gleichung vereinfacht auf:

$$R_{(Bull)} = x \cdot I$$

Die Gleichung für den **Bear Bond**, dessen Rückzahlungsbetrag mit fallendem Aktienindex steigt (und umgekehrt), zeigt grundsätzlich folgenden Verlauf:

$$R_{(Bear)} = z - x \cdot I$$

Das Symbol **z** stellt im Gegensatz zu y den anderen Extremwert dar, der ebenfalls der Bestimmung in den Anleihebedingungen bedarf.

Weisen beide Geraden denselben Anstieg auf, allerdings mit umgekehrten Vorzeichen, dann steigt die Bull-Gerade so stark, wie die Bear-Gerade fällt. Wird x (als der Neigungswinkel der Geraden) in unterschiedlicher Höhe festgelegt, treten (Tilgungs-) Inkongruenzen auf. Der **Bull Bond** erscheint für Investoren mit Erwartung steigender Aktienkurse von Interesse: Erfüllen sich die Erwartungen, dann erzielt der Investor neben der laufenden, festen Verzinsung einen Rückzahlungsgewinn. Insofern zeigen sich Parallelen zu einer Rentenanlage mit gleichzeitigem Kauf eines Aktienindex-Future (-> **Stock Index Future**). Der **Bear Bond** kann als Instrument für einen langfristigen -> **Hedge** Einsatz finden; in diesem Fall sichert der Investor beispielsweise durch den Kauf von Bear Bonds ein bestehendes Aktienportefeuille gegen fallende Kurse. Darüber hinaus ist mit Bear Bonds eine Spekulation auf fallende Aktienkurse möglich, zumal die Rendite des Bonds mit fallenden Aktienkursen wächst.

Für den Emittenten stellt die Begebung von Aktienindex-Anleihen insofern ein Problem dar, als jeweils Bull- und Bear Bonds mit demselben Volumen abgesetzt werden müssen, um das Kursänderungsrisiko des Emittenten zu kompensieren. Die von der Deutschen Bank bei der Emission einer 200 Mio DM-Aktienindex-Anleihe (1986) gewählte Vorgehensweise bestand darin, je eine Bull- und eine Bear-Tranche von 100 Mio DM zu emittieren, wobei jeweils nur Anleihenstücke des Bull **und** Bear Bonds in Kombination verkauft wurden. Zur Umgehung des Indexierungsverbots nach § 3 Währungsgesetz erfolgte die Emission durch die Auslandstochter Deutsche Bank Finance N.V. Bei einer Laufzeit von fünf Jahren zeigte die Emission folgende Charakteristika: Emissionskurs am 29.8.1986 100%, Verzinsung 3% p.a., Stückelung 5.000 DM. Der Rückzahlungskurs beruht auf einem **Rückzahlungsindex**, der wie folgt ermittelt wird: Der Durchschnitt des FAZ-Aktienindex an den ersten drei Börsentagen nach Begebung der Emission wird als Ausgangsbasis genommen und einem Rückzahlungsindex-Stand von 100% gleichgesetzt. Wenn z.B. bei Fälligkeit der Emission der FAZ-Index im Vergleich zur Ausgangsbasis um 30% gestiegen ist, wäre der Rückzahlungsindex bei 130%, wenn der FAZ-Index um 30% gefallen wäre, würde der Rückzahlungsindex 70% betragen.

Die "Formeln" für die Rückzahlungskurse der beiden Tranchen lauten:

$R_{Bull} = 0.94 \cdot I$

$R_{Bear} = 217 - 0.94 \cdot I$

Daher ergibt sich folgendes graphisches Bild der Verläufe der beiden Tranchen: Der **Bull Bond** wird entlang der von 0 nach rechts oben ansteigenden Geraden getilgt, während sich der Rückzahlungskurs des Bear Bonds an der Geraden ablesen läßt, die von links oben (217) nach rechts unten fällt (Abbildung).

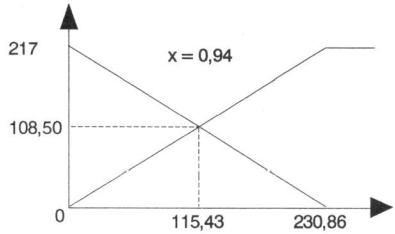

Die Renditen der beiden Tranchen hängen sowohl von der festen Verzinsung als auch den jeweiligen Aktienkursgewinnen (-verlusten) ab. Dieses Ergebnis läßt sich allerdings erst am Rückzahlungstag (29.8.1991) exakt ermitteln. Beide Tranchen würden beispielsweise bei 108,50 getilgt, wenn I am Fälligkeitstag bei 115,43 stünde, was einem Wert des FAZ-Index von 705 entspräche. Als Maß sowohl für den Hebel des Spekulanten als auch für die Hedge-Effizienz erweist sich (je stärker x sich 1 nähert, umso höher ist die -> **Hedge Ratio** und damit umso besser die Hedge-Effizienz).

**Aktienindex-Fonds**
Investmentfonds bzw. Fonds, dessen Anlagestruktur einem -> **Aktienindex** analog gestaltet ist. Die Fondsentwicklung folgt somit exakt dem Indexverlauf. Der Vorteil derartiger Fonds besteht insbesondere in der kostengünstigen Verwaltung, da die ansonsten notwendigen Umschichtungen des Fondsvermögens entfallen und immer eine (Gesamt-)**Marktrendite** (siehe auch -> **Beta-Wert**; -> **Portfolio-Selection**) erwirtschaftet wird, zumal der Markt durch einen repräsentativen Aktienindex (für die **USA** -> **S&P 500**; für **Deutschland** -> **FAZ-Index**; für **Großbritannien** -> **FT-Index**; für **Frankreich** -> **CAC-Index**) oder durch "Baskets" (-> **cash basket**) abgebildet wird. Indexfonds lassen sich in ihrem Umfang durch Spezialisierung auf **Branchen** (z.B. -> **Deutscher Chemie-Basket**) oder ausgewählte **Spitzenwerte** (z.B.-> **S&P 100**; -> **FT-100**; -> **DAX** bzw. -> **HYPAX**; -> **CAC 40**) einschränken; in diesem Fall wird zwar auf die Abbildung des Gesamtmarktes im Portfolio verzichtet, es ergibt sich jedoch für die Bestückung des Fonds der Vorteil, nur eine begrenzte Zahl von Papieren einbeziehen bzw. erwerben zu müssen, die den Markt ohnehin dominieren. Darüber hinaus sind Erweiterungen der nationalen Indexfonds in die internationale Dimension (**internationaler Aktienindexfonds**) denkbar. Eine derartige Konstruktion würde allerdings die Gestaltung des Fonds auf der Basis eines **internationalen**

## Aktienindex-Futures

Aktienindex voraussetzen; derartige Aktienindizes sind derzeit erst in Ansätzen verfügbar (**Weltindizes**) oder in der Diskussion (z.B. -> **EURAX**). Für den Anleger ergäbe sich als Vorteil umfassender internationaler Aktienindex-Fonds, die die Bildung eines Portefeuilles als Gesamtmarktfonds (bestehend aus nationalen Teilfonds) ermöglichen, nicht nur eine höhere Risikodiversifizierung und ggf. Ertragssteigerung, sondern v.a. auch die Ersparnis von Analyse- und Transaktionskosten, die mit der üblichen internationalen Portefeuillegestaltung und -verwaltung verbunden sind.

**Aktienindex-Futures**
-> **Index-Futures**; -> **Stock-Index-Future**

**Aktienindex-Koppelung**
-> **Aktienindex-Anleihe**

**Aktienindex-Warrant**
Variante von Optionsscheinen, die auf einen spezifischen Aktienindex (z.B. den -> **DAX**) bezogen sind. Jeder (**DAX**) **Bull Warrant** gewährt eine -> **Kaufoption** mit dem Recht, bei Ausübung vom Emittenten des Warrants die Gutschrift eines bestimmten Geldbetrags zu verlangen, der sich als Differenz zwischen dem -> **Basispreis** der Kaufoption und dem in DM je Index-Punkt (DAX-Punkt) ausgedrückten **höheren** Schlußstand des Index (DAX) bei Ausübung ergibt. Dagegen stellt der (**DAX**) **Bear Warrant** eine -> **Verkaufsoption** mit dem Recht dar, bei Ausübung vom Emittenten die Gutschrift eines bestimmten Geldbetrags zu verlangen. Dieser Betrag ist die Differenz zwischen dem Basispreis der Verkaufsoption und dem in DM je Index-Punkt (DAX-Punkt) ausgedrückten **niedrigeren** Schlußstand des Index (DAX) bei Ausübung. Die Optionsscheine können in einem **Inhaber-Sammeloptionsschein** verbrieft werden; Zulassung zum amtlichen Handel ist möglich. Die Laufzeit beträgt ein bis zwei Jahre. Erstmals wurden Warrants auf einen deutschen Aktienindex (-> FAZ-Index) Ende 1988 durch Bankers Trust International, London (Lead Managers: Bankers Trust AG, Zürich, und Deutsche Bank <Suisse> S.A., Genf) begeben; Laufzeit rund drei Jahre. Grundsätzlich sind Bull Warrants für Investoren gedacht, die steigende Aktienkurse erwarten.

## Aktienindex-Währungsanleihe

Variante einer -> **Aktienindex-Anleihe**, die auf ausländische Währung lautet und an einen ausländischen Aktienindex gekoppelt ist.
Beispiele: Dollar-Zero Bond von **Salomon Bros.** (vom 29.7.1986), dessen Rückzahlung von der Entwicklung des -> **Standard & Poor's 500**-Aktienindex bestimmt wird und dessen Rückzahlungskurs daher unter dem Emissionskurs liegen kann (was bei -> **Zerobonds** ansonsten nicht möglich ist). Die Aktienindex-Anleihe von **Guinness Finance** ist an den -> **NYSE**-Index gekoppelt, der bei Emission auf 144 stand; die Besonderheit besteht bei dieser Anleihe darin, daß bis zum Indexwert von 166 konstant zu pari getilgt wird und die Rückzahlung erst steigt, wenn der Index die Marke von 166 überschreitet. Wie die Abbildung zeigt, sind bei der Guinness-Anleihe (im Unterschied zum Typus der -> **Aktienindex-Anleihe** der Deutschen Bank) im zentralen Intervall die Rückzahlungen der beiden Tranchen identisch, so daß sich in diesem Bereich diese spezifische Form der Aktienindex-Anleihe als -> **Straight Bond** (**Festzinsanleihe**) erweist.

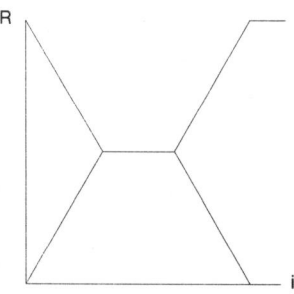

## Aktienkorb

Sammlung von Aktien der größten Unternehmungen eines Landes oder einer Branche (-> **Cash Basket**, bei den einzelnen Anteilen handelt es sich um **Index Participation Certificates - IPCs -**). Der Preis des "Korbes" verändert sich in Abhängigkeit von den Kursen der in ihm enthaltenen Aktien. Der Investor in IPCs erwirbt nur einen Anteil (= Index) am Korb, nicht aber die darin enthaltenen Werte. Dem Wesen nach stellen die Körbe -> **Financial Futures-Kontrakte** dar, die auch zur Sicherung eigener Aktienpositionen Anwendung finden können. Seit Ende Oktober 1989 besteht die Möglichkeit des Handels mit einem neuen Korbinstrument, dem **Exchange Stock Portfolio** an der -> **NYSE** und -> **CBOE**. Dieser Korb benutzt den -> **Standard & Poor's 500-Index** und erlaubt es institutionellen Investoren, mit einer Transaktion einen Aktienkorb zu einem Wert von 5 Mio $ zu erwerben bzw. zu handeln (Mindestwert an der CBOE: 1,7 Mio $). Mit diesem Verfahren erübrigt sich die Überschwemmung des Marktes mit einer großen Zahl von Einzelorders, die von **Index-Arbitrageuren** (die mit S & P 500-Terminen spekulieren) ansonsten in hoher Geschwindigkeit zum Zwecke der -> **Index-Arbitrage** eingesetzt werden (siehe auch -> **Arbitrage**). Die NYSE begann mit 9 Aktienkörben, die CBOE mit 14 Körben.

## Aktienoptionshandel

Kann außerhalb der -> **Börsen** (-> **over the counter-Optionen**) oder an den speziellen -> **Optionsbörsen** stattfinden. Ein nennenswerter außerbörslicher Aktienoptionshandel entwickelte sich nach dem Zweiten Weltkrieg in den USA, der jedoch aufgrund verschiedener Mängel, z.B. fehlender Handelbarkeit und fehlender Standardisierung der Optionskontrakte sowie durch die Gründung der -> **Chicago Board Options Exchange** in den letzten Jahren an Bedeutung verloren hat.

Der börsenmäßige Aktienoptionshandel wird durch die jeweiligen nationalen Rahmenbedingungen beeinflußt, wobei für die BRD insbesondere das -> **Börsengesetz** (§§ 50 ff.), die Geschäftsbedingungen (-> **"Besondere Bedingungen für Optionsgeschäfte"** als Geschäftsbedingungen der Effektenbörsen; -> **"Sonderbedingungen für Optionsgeschäfte im Börsenterminhandel"**, die das Verhältnis zwischen Kreditinstitut und Kunde regeln) und die Handelsusancen zu erwähnen sind. Danach wird von der -> **Lombardkasse**, die u.a. als Garant und Meldezentrale der Aktienoptionsgeschäfte fungiert, als Teilnehmer am Optionsmarkt nur anerkannt, wer bereits zum Börsenhandel zugelassen ist und eine generelle unverzinsliche Sicherheit in Höhe von DM 10000,-- leistet. Darüber hinaus hat jeder Teilnehmer, sofern er Verkäufer einer -> **Option** (-> **Stillhalter**) ist, Sicherheiten, gem. §§ 3 f. des -> **"Regulativ der Lombardkasse/Liquidationskassen für den Optionshandel"**, zu stellen, die beim -> **Stillhalter in Aktien** 30% des zugrundeliegenden Basisobjekte (kongruente Deckung), beim -> **Stillhalter in Geld** 30% des Basispreises betragen. Weiterhin muß der Stillhalter in Aktien Sicherheiten in Höhe von 130% des nicht kongruent gedeckten Teils - berechnet auf der Grundlage der Basispreise - zu erbringen, die er - ähnlich dem Stillhalter in Geld - auch in Form von bei der Deutschen Bundesbank lombardfähigen Wertpapieren leisten kann, wobei die Anrechnungssätze für Aktienwerte 75% und für Rentenwerte 90% betragen. Nicht-Teilnehmer können börsen-mäßige Aktienoptionsgeschäfte i.d.R. nur mit den Teilnehmern am Optionsmarkt (häufig Kreditinstitute) abschließen, die ihrerseits dann zumeist ein gegenläufiges Aktienoptionsgeschäft an der Börse eingehen. Demzufolge vollzieht sich der gesamte deutsche börsenmäßige Aktienoptionshandel auf zwei Ebenen, nämlich einerseits zwischen den Teilnehmern, andererseits zwischen den Teilnehmern und den Nicht-Teilnehmern, mit der Wirkung, daß im Rahmen eines ökonomisch einheitlichen Optionsgeschäftes bis zu drei rechtlich selbständige Kontrakte zustande kommen können. Nachfolgende Abbildung stellt die Struktur des Aktienoptionshandels vereinfacht dar:

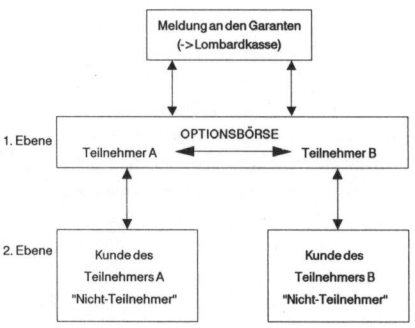

Diese Struktur bedingt, daß die Aktienoptionsgeschäfte auf beiden Handelsebenen zumeist nachfolgende gleiche Standardisierungsmerkmale aufweisen:
Aktienoptionen ergeben sich aus den standardisierten Fälligkeitsterminen (jeweils 15. Kalendertag der Monate Januar, April, Juli und Oktober), die in Abhängigkeit des Zeitpunktes der Begründung der Aktienoptionen von mindestens 15 Tagen bis maximal 9 Monaten und 15 Tagen variieren können (Näheres siehe Eilenberger G., 1987).
**Höhe des Mindestabschlusses:** Aktienoptionsgeschäfte müssen grundsätzlich über eine "Schlußeinheit", d.h. über 50 Stück Aktien lauten.
**Basispreis:** Am 1.April 1986 ist eine neue Basispreisregelung in Kraft getreten, entsprechend der als Basispreise jeweils nur die drei standardisierten Basispreise in Betracht kommen, die aufsteigend oder absteigend auf den letzten amtlichen Kurs des Optionspapieres an der -> **Frankfurter Wertpapierbörse** vom Tag vor der Auftragserteilung folgen. Standardisierte Basispreise sind: 2,50 DM oder ein Vielfaches bis einschl. 30,--DM; 35,--DM oder ein höherer durch 5 teilbarer Betrag bis einschl. 100,-- DM; 110.--DM oder ein höherer durch 10 teilbarer Betrag bis einschl. 200,--DM; 220,-DM oder ein höherer durch 20 teilbarer Betrag bis einschl. 500,--DM; 550,--DM oder ein höherer durch 50 teilbarer Betrag bis einschl. 1000,--DM; 1100,--DM oder ein höherer durch 100 teilbarer Betrag.
**Optionspreis:** Die Höhe des vom Käufer zu zahlenden Optionspreises, der in Spannen von DM 0,05 anzugeben ist, richtet sich u.a. nach Angebot und Nachfrage, der (Rest-) Laufzeit der Option, dem Basispreis und den Kursbewegungen des betreffenden Optionspapieres. Die börsenmäßige Optionspreisbestimmung erfolgt dabei nach dem Prinzip des größten Umsatzes (siehe Lingner U., 1987).
**Behandlung von Nebenrechten:** Nebenrechte, die während der Optionslaufzeit anfallen, stehen grundsätzlich demjenigen zu, auf den die Optionspapiere bei Optionsausübung übergehen (Arbeitsgruppe Optionsübung übergehen (Arbeitsgruppe Optionsgeschäft, 1983). Zur Berücksichtigung dieses Sachverhaltes führten bis März 1987 Dividendenzahlungen und sonstige Barausschüttungen sowie angefallene und nicht mitgelieferte Bezugsrechte zu einer Ermäßigung der Basispreise, in deren Folge es zu "unstandardisierten" Basispreisen und einer damit einhergehenden Verminderung der Markttransparenz und Handelbarkeit dieser Optionen am -> **Zweitmarkt** kam. Zur Lösung dieser Problematik werden seit dem 1. April 1987 Dividendenzahlungen gar nicht mehr (Welcker J./Kloy J.W., 1988) und Bezugsrechte sowie ihnen wirtschaftlich gleichstehende sonstige Barausschüttungen, die während der Optionslaufzeit anfallen, nach einem differenzierten Auf- und Abwertungssystem berücksichtigt (vgl. auch §§ 10 f. Besondere Bedingungen für Optionsgeschäfte an den deutschen Wertpapierbörsen). Danach sind -> **Bezugsrechte** mit dem Wert, der sich am ersten Handelstag an der Frankfurter Wertpapierbörse ergibt, vom Basispreis zu subtrahieren. Der sich daraus ergebende Betrag wird auf den nächsthöhe-

ren standardisierten Basispreis aufgerundet, wenn er über oder auf der rechnerischen Mitte zwischen zwei zulässigen Basispreisen liegt, bzw. auf den nächstniedrigeren Basispreis abgerundet, wenn er unter der rechnerischen Mitte liegt. Diese Standardisierungsmerkmale der Aktienoptionsgeschäfte sind eine wesentliche Voraussetzung für einen funktionierenden Zweitmarkt, an dem der Wähler einer Option sein Recht bis zum dritten Börsentag vor dem betreffenden Fälligkeitstermin verkaufen kann. Im Gegensatz dazu kann sich der Stillhalter nicht durch (Rück-) Kauf des Optionsrechtes am Zweitmarkt seiner Verpflichtung aus dem Optionsengagement entziehen (vgl. Lingner U., 1987), da dies eine vollkommene Loslösung vom Grundgeschäft, d.h. Aktienkauf bzw. -verkauf bedeuten würde (sogen. -> **Differenzgeschäft**, vgl. Niehoff H., 1987), mit der Wirkung, daß keine einklagbare Verbindlichkeit gegeben wäre (siehe Arbeitsgruppe Optionsgeschäft, 1983).

Die steuerliche Behandlung von Aktienoptionen, die von der Börsenumsatzsteuer sowie gem. § 4 Nr. 8e Umsatzsteuergesetz von der Mehrwertsteuer befreit sind (vgl. Arbeitsgruppe Optionsgeschäft, 1983, S. 15) richtet sich nach der Zugehörigkeit zum Privat- bzw. Betriebsvermögen. Handelt es sich um eine Aktienoption des Privatvermögens, dann hat der Kauf einer Option keine steuerlichen Auswirkungen, während der Verkauf einer Option in Höhe des erhaltenen Optionspreises gem. § 22 Ziffer 3 EStG sonstige Einkünfte darstellt, die einkommensteuerpflichtig sind, sofern sie im Kalenderjahr den Betrag von DM 500,-- übersteigen. Die weitere steuerliche Behandlung ist davon abhängig, ob die Option verfällt, ausgeübt oder am Zweitmarkt verkauft wird (siehe Lingner U., 1987) und ob ein Spekulationsgeschäft i.S.v. § 23 EStG gegeben ist. Ist die Aktienoption Bestandteil des Betriebsvermögens, dann sind alle Gewinne und Verluste grundsätzlich im vollen Umfang der Ertragsteuer zu unterziehen. Zusätzlich zur Einkommensteuer bei Personengesellschaften bzw. der Körperschaftsteuer bei Kapitalgesellschaften unterliegen Gewinne und Verluste im Rahmen einer gewerblichen Tätigkeit noch der Gewerbesteuer nach dem Gewerbeertrag (vgl. Ebneter A., 1987).

Sofern die Aktienoption Betriebsvermögen ist und die Optionslaufzeit der noch nicht ausgeübten Option über den Bilanzstichtag hinausreicht, ergeben sich hinsichtlich der Bilanzierung Probleme, da diese weder gesetzlich geregelt ist noch bis heute durch Stellungnahmen und Fachschrifttum befriedigend gelöst werden konnte. Ist der Bilanzierende Stillhalter, dann ist der Optionspreis nach Ansicht des Bundesverbandes Deutscher Banken (vgl. Mitteilung 11/1986) als realisierter Ertrag zu erfassen, während der Bankenfachausschuß des Institutes der Wirtschaftsprüfer (vgl. Stellungnahme 2/1987) eine Passivierung des erhaltenen Optionspreises als sonstige Verbindlichkeiten vorsieht. Das Fachschrifttum sieht darüber hinaus auch die Möglichkeit der Erfassung des erhaltenen Optionspreises in der Rückstellungsposition (vgl. Holterhus, 1987), obwohl § 249 HGB, der einen abschließenden Rückstellungskatalog enthält, diesen Fall nicht erwähnt.

Eine sachgerechte Bilanzierung hat zunächst von den ökonomischen Gegebenheiten einer Aktienoption auszugehen, die sich einerseits darin begründet, daß der Optionspreis das Entgelt für den Erwerb eines zeitabhängigen Rechtes bzw. einer zeitabhängigen Verpflichtung darstellt und andererseits davon, daß die Option kalendermäßig bestimmt ist, wobei der Zahlungsvorgang (Bezahlung des Optionspreises) in der vergangenen Rechnungsperiode und der Leistungsvorgang (Stillhalten des passiven Kontrahenten) teilweise in der nächsten Rechnungsperiode liegen können. Aufgrund dieser ökonomischen Gegebenheiten erscheint der Ausweis der Aktienoptionsgeschäfte unter den Rechnungsabgrenzungsposten (vgl. Grützemacher, 1989) sachge-

recht, wobei die Bewertung unter Beachtung der Restlaufzeit der Option, des Preises äquivalenter Optionen am Bilanzstichtag, des Kurses des Optionspapiers sowie dessen voraussichtlicher Kursentwicklung zu erfolgen hat. Darüber hinaus sollte auch die jeweilige Zusammensetzung des Optionsportefeuilles berücksichtigt werden, zumal dadurch mögliche Kompensationseffekte Beachtung finden könnten.
Nachfolgende Abb. stellt die in diesem Zusammenhang wichtigsten einfachen und kombinierten Aktienoptionsgeschäfte dar:

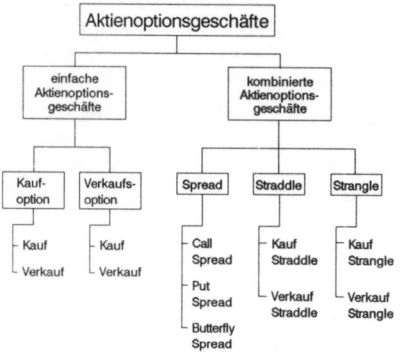

1) **Kauf einer Kauf- oder Verkaufsoption** führt bei Nicht-Ausübung beim Käufer (Wähler) immer zu einem Verlust in Höhe des bezahlten Optionspreises, wobei der Käufer der Kaufoption (-> **Aktien-Call-Option**), der steigende Kurse des Optionspapiers (-> **Haussier**) erwartet, vom Käufer der Verkaufsoption (-> **Aktien-Put-Option**), der fallende Kurse des Optionspapiers (-> **Baissier**) erwartet, zu unterscheiden ist.

2) **Verkauf einer Kauf- oder Verkaufsoption**, der bei Nicht-Ausübung durch den Käufer (Wähler) zu einem Gewinn beim Verkäufer in Höhe des erhaltenen Optionspreises führt. Im Falle des Verkaufs einer Kaufoption ist grundsätzlich zwischen dem gedeckten und dem ungedeckten (in der BRD für Nicht-Teilnehmer am Optionsmarkt nicht möglich) Verkauf zu differenzieren.

Der Gewinn des Käufers nimmt mit fallendem Aktienkurs zu, während der Verkäufer einen Verlust erleidet. Ein steigender Aktienkurs führt hingegen beim Verkäufer zu einem begrenzten Gewinn, beim Käufer zu einem begrenzten Verlust, jeweils in Höhe des bezahlten Optionspreises.

3) Bei den **Aktienoptionskombinationen**, die den gleichzeitigen Kauf und/oder Verkauf von Optionen bezüglich desselben Optionspapiers darstellen, sind u.a. zu unterscheiden: -> **Spread**, der den gleichzeitigen Kauf und Verkauf einer Kaufoption (-> **Call Spread**), einer Verkaufsoption (-> **Put Spread**), oder den Kauf oder Verkauf von zwei Spreads (-> **Butterfly Spread**) beinhaltet. Der Spread (Differenz) kann sich dabei auf den Basispreis und / oder die Laufzeit der Option beziehen (vgl. Lingner, 1987). Ein -> **Straddle** entsteht durch die Kombination eines Call und eines Put, wobei beide Optionsgeschäfte entweder gekauft (-> **Kauf eines Straddle**), oder verkauft (-> **Verkauf eines Straddle**) werden können. Beim letzteren wird gewöhnlich zwischen dem gedeckten und ungedeckten Verkauf eines Straddle differenziert. Typischerweise stimmen Basisaktie, Basispreis und Fälligkeitstermin der zum Straddle gehörenden Optionsgeschäfte überein. Stimmen die Basispreise und/oder Fälligkeitstermine der kombinierten Optionsgeschäfte nicht überein, so handelt es sich um einen -> **Strangle**. Auch beim Strangle ist zwischen dem Kauf und dem Verkauf eines Strangle zu differenzieren, wobei der Verkauf gedeckt oder ungedeckt durchgeführt werden kann. *TG*

**Aktienoptionsmarkt**
Umfaßt i.w.S. nicht nur die an den Börsen gehandelten Aktienoptionen, sondern auch die -> **Freiverkehrsoptionen**, die außerhalb der Börsen gehandelt werden. Börsenmäßig

# Aktienoptionsmarkt

organisierte Aktienoptionsmärkte (Aktienop-tionsmarkt i.e.S.) sind z.B. die -> Chicago Board Options Exchange (CBOE), die -> American Stock Exchange, die -> Philadelphia Stock Exchange, die -> New York Stock Exchange, die -> London Stock Exchange und aus deutscher Sicht die -> Frankfurter Wertpapierbörse, sowie die -> DTB. Nachdem der Aktienterminhandel in Deutschland am 29. Juli 1914 eingestellt wurde, durften - abgesehen von dem Zeitraum 1. Oktober 1925 bis 14. Juli 1931 - Termingeschäfte erst wieder ab dem 1. Juli 1970 ausschließlich in der Form der Optionsgeschäfte börsenmäßig gehandelt werden. Dabei ist der Aktienoptionshandel grundsätzlich an allen deutschen Effektenbörsen möglich, auch wenn zur Zeit ein Optionshandel nur an den Wertpapierbörsen in Düsseldorf, Hamburg, München, Berlin und Frankfurt stattfindet, wobei letzterer aufgrund ihres volumenmäßigen Anteils die größte Bedeutung zukommt. Wurden 1970 an der Frankfurter Wertpapierbörse nur 2 232 Optionsgeschäfte über insgesamt 137 000 Stück Aktien neu abgeschlossen, so waren es 1987 bereits 365 972 Optionsgeschäfte, denen 19 422 400 Stück Aktien zugrundelagen, was einem Anteil am gesamten börsenmäßigen Aktienoptionsgeschäft - gemessen am Volumen der zugrundeliegenden Basispreise - von 58,6% bzw. 92,6% entspricht.

Die Einordnung des Aktienoptionsmarktes in die Struktur des Kapitalmarktes aus organisatorischer Sicht ergibt sich aus folgender modifizierter Abbildung von Eilenberger (Eilenberger G., 1987):

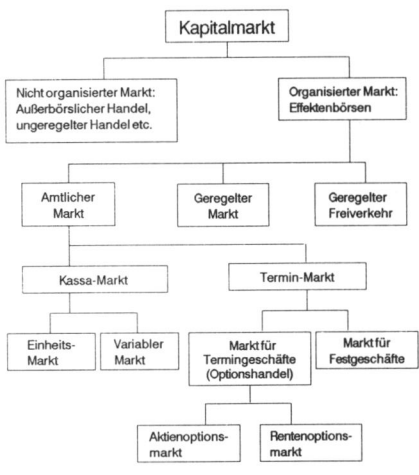

# Aktienoptionsstrategien

Aufgrund der Vielzahl denkbarer Entscheidungsvariablen, z.B. Grundgeschäft, Basispreis, Laufzeit, Portefeuilleanteil, Besteuerung etc. können Aktienoptionsstrategien weder eindeutig systematisiert noch vollständig dargestellt werden. Eine Systematisierung der Aktienoptionsstrategien, die sich vorwiegend nach der zukünftig erwarteten Aktienkursentwicklung richtet, führt zu der Differenzierung in eine Haussier-Strategie, eine Baissier-Strategie und eine Neutrale Strategie. Nachfolgende Tabelle ordnet diesen drei Basisstrategien konkrete einfache bzw. kombinierte Optionsgeschäfte zu (vgl. Ebneter, 1987). Aktienoptionsstrategien können auch anhand der Anlageziele Ertrag und Risiko unterschieden werden. Danach können Strategien für risikoaverses, risikofreudiges und risikoneutrales Anlegerverhalten differenziert werden. -> Konversion, -> Arbitrage und -> Hedging sind Aktien-options-strategien, die dem risikoaversen Anlegerverhalten zuzuordnen sind, während das Optionstrading eine Strategie des risikofreudigen Anlegers ist (vgl. Frauenfelder, 1980). An dieser Stelle soll hingegen eine Systematisierung der Aktienoptionsstrategien anhand der beteiligten **Handelsobjekte** vorgenom-

| Aktienoptionsstrategien |
|---|
| **Haussier-Strategien:**<br>- Kauf eines Calls<br>- Call/Put Bull Calendar-Spread<br>- Call/Put Bull Money-Spread<br>- Verkauf von gedeckten Calls<br>- Verkauf von ungedeckten Puts |
| **Baissier-Strategien:**<br>- Kauf von Puts<br>- Call/Put Bear Calendar-Spread<br>- Call/Put Bear Money-Spread<br>- Verkauf von gedeckten Puts<br>- Verkauf von ungedeckten Calls |
| **Neutrale Strategien:**<br>- Kauf von Straddles<br>- Kauf von Strangles<br>- Butterfly Spreads mit Calls oder Puts<br>- Verkauf von gedeckten/ungedeckten Straddles<br>- Verkauf von gedeckten/ungedeckten Strangles |

men werden. Danach sind diejenigen Strategien, die ausschließlich den Einsatz von Optionsgeschäften verlangen, von denjenigen Strategien zu unterscheiden, die neben dem Einsatz von Optionsgeschäften auch noch ein Kassageschäft in Aktien voraussetzen, wobei das Kassageschäft entweder zu einem früheren Zeitpunkt bereits durchgeführt wurde oder erst in Zukunft beabsichtigt ist. Nachfolgende Abb. gibt einen Überblick über die wichtigsten Aktienoptionsstrategien, wobei diese unter den jeweiligen Stichworten behandelt werden:

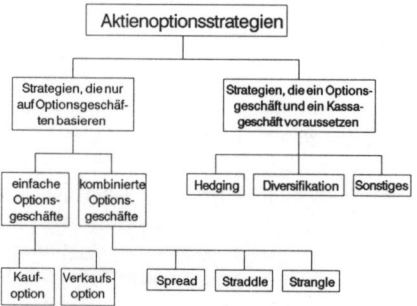

Eine **Mischform** stellt die Arbitragestrategie dar, bei der der Anleger durch Kombination von Optionsgeschäften oder von Optionsgeschäften mit einem Kassageschäft jedes Kursrisiko ausschaltet und darauf abzielt, eine risikofreie Einnahme zu erhalten (vgl. Lingner, 1987). Es lassen sich folgende **Arbitragestrategien** unterscheiden:

1) **Arbitrage zwischen Option und zugrundeliegender Aktie:**

Voraussetzung dieser Arbitrage ist, daß der Marktpreis einer Option kleiner ist als ihr innerer Wert (sogen. Call bzw. Put mit Abschlag). Derartige Marktpreise können insbesondere kurz vor Verfall einer Option auftreten. Dem Anleger stehen zwei Möglichkeiten offen:

A) **Kauf eines Call mit Abschlag**

Der Anleger kauft einen Call mit Abschlag, tätigt dann einen Leerverkauf bezüglich der zugrundeliegenden Aktie und übt anschliessend den gekauften Call aus. Der Gewinn des Anlegers ergibt sich ohne Berücksichtigung von Transaktionskosten aus der Differenz zwischen der Summe des gezahlten Optionspreises zzgl. des vereinbarten Basispreises, und dem Preis der Aktie aus dem Leerverkauf.

B) **Kauf eines Put mit Abschlag**

Der Anleger kauft einen Put mit Abschlag und die zugrundeliegende Aktie. Anschließend wird der Put vom Anleger ausgeübt. Ohne Berücksichtigung von Transaktionskosten ergibt sich für den Anleger ein Gewinn in Höhe der Differenz zwischen dem Basispreis und dem Kaufpreis der Aktie zzgl. dem gezahlten Optionspreis.

Die Realisierung dieser Anlagestrategien ist für den privaten Anleger insofern kaum möglich, als er nur dann einen Gewinn erwirtschaften kann, wenn die Summe der Abschlagsbeträge aller gekauften Optionen größer ist als die Summe aller Transaktionskosten. Derartig hohe Abschläge dürften aber eine Ausnahme sein, weshalb sich diese Strategie insbesondere für den am Optionshandel beteiligten Personenkreis eignet.

**2) Arbitrage zwischen Calls und Puts in Kombination mit einem Festgeschäft:**
Diese Arbitragemöglichkeit kann in Form der Konversion oder der reversen Konversion auftreten. Unter **Konversion** versteht man den gleichzeitigen Kauf einer Verkaufsoption, Verkauf einer Kaufoption und den Kauf des Optionspapiers, wobei die Optionen gleiche Basispreise und gleiche Fälligkeitstermine aufweisen. In der -> **Vektorschreibweise** läßt sich die Konversion wie folgt darstellen:

$$\begin{bmatrix} 0 \\ +1 \end{bmatrix} + \begin{bmatrix} -1 \\ 0 \end{bmatrix} + \begin{bmatrix} +1 \\ -1 \end{bmatrix} = \begin{bmatrix} 0 \\ 0 \end{bmatrix}$$

Kauf einer Verkaufsoption · Verkauf einer Kaufoption · Kauf des Basisobjektes · risikolose Position

Typisches Kennzeichen der Konversion ist das fehlende Kursrisiko der Gesamtposition.
Der Ertrag des Anlegers vor Transaktionskosten ergibt sich aus der Differenz zwischen dem erhaltenen (höheren) Optionspreis aus dem Verkauf der Kaufoption und dem bezahlten (niedrigeren) Optionspreis aus dem Kauf der Verkaufsoption. Eine Konversion ist für den Anleger dann rentabel, wenn sich nach Abzug der Transaktionskosten eine Rendite ergibt, die über dem Zinssatz für eine risikofreie Anlage liegt.
Beispiel: Ein Anleger tätigt folgende Geschäfte, wobei für die Transaktionskosten jeweils 1% des Optionspreises angenommen werden:
(1) Kauf einer Verkaufsoption mit einem Optionspreis von US$ 5,--
(2) Verkauf einer Kaufoption mit einem Optionspreis von US$ 8,--
(3) Kauf der Basisaktie incl. Transaktionskosten zu je US$ 100,--
Beim Kauf bzw. Verkauf von 100 Einzelrechten ergibt sich folgende Gewinn- und Verlustrechnung:

| | |
|---|---|
| Kauf der Verkaufsoption | − 500 US$ |
| Transaktionskosten | − 5 US$ |
| Verkauf der Kaufoption | + 800 US$ |
| Transaktionskosten | − 8 US$ |
| Ertrag aus Optionsgeschäften | 287 US$ |

Dieser Ertrag ist noch um die Transaktionskosten aus dem Kassageschäft zu bereinigen, die hier mit 100 US$ angenommen werden. Der Erwerb der Basisaktien führt zu einer Kapitalbindung in Höhe von 10000 US$. Damit beträgt die gesamte Kapitalbindung (10000+500+5-800+8=) 9713 US$. Da die Konversion zu einer hohen Kapitalbindung und damit zu einem nicht unerheblichen Zinsverzicht führt, ist der Ertrag nach Transaktionskosten um die Höhe des entgangenen Zinses während der gesamten Kapitalbindungsfrist, die hier 30 Zinstage betragen sollte, zu bereinigen. Unter der Annahme eines risikolosen Zinssatzes in Höhe von 5% p.a. beträgt der Zinsverzicht 40,47 US$. Durch Subtraktion des Zinsverzichtes vom Ertrag nach Transaktionskosten erhält man den Mehrertrag aus der Konversion im Verhältnis zur Anlage des Kapitals zum risikolosen Zinssatz, also: 197 US$ - 40,47 US$ = 156,53 US$
Unter **reverser Konversion** versteht man den gleichzeitigen Verkauf einer Verkaufsoption, den Kauf einer Kaufoption und den Leerverkauf der Basisobjekte. In der -> **Vektorschreibweise** ergibt sich:

$$\begin{bmatrix} +1 \\ 0 \end{bmatrix} + \begin{bmatrix} 0 \\ -1 \end{bmatrix} + \begin{bmatrix} -1 \\ +1 \end{bmatrix} = \begin{bmatrix} 0 \\ 0 \end{bmatrix}$$

Kauf einer Kaufoption · Verkauf einer Verkaufsoption · Leerverkauf des Basisobjektes · risikolose Position

Auch hier ist die Gesamtposition frei von Kursrisiken.
Die Bestimmung des Ertrages aus einer reversen Konversion erfolgt analog der Vorgehensweise bei der Konversion, wobei jedoch zu berücksichtigen ist, daß der Leerverkauf - abgesehen von möglichen Sicherheitsleistungen - zu keiner Kapitalbindung und damit zu keinem Zinsverzicht führt.

**Aktien-Put-Option**

**3) Arbitrage zwischen äquivalenten Strategien**

Mit Hilfe der Vektorschreibweise oder der grafischen Darstellung der Gewinn- und Verlustkurve kann gezeigt werden, daß verschiedene Aktienoptionsstrategien zum gleichen Ergebnis führen. Indem der Anleger zwei äquivalente Aktienoptionsstrategien eingeht, und zwar einmal in Form einer Kaufposition und einmal in Form einer Verkaufsposition, kann er durch Ausnutzung vorhandener Über- oder Unterbewertungen risikofreie Arbitragegewinne erzielen. Notwendige Voraussetzung ist neben der Existenz über- bzw. unterbewerteter Optionen die Kenntnis äquivalenter Strategien, die auszugsweise in nachfolgender Tabelle dargestellt sind (vgl. dazu Lingner, 1987):

| Äquivalente | Aktienoptionsstrategien: |
|---|---|
| Kauf einer Kaufoption | Kauf einer Verkaufsoption und Aktienkauf |
| Verkauf einer Kaufoption | Verkauf einer Verkaufsoption und Aktienleerkauf |
| Kauf einer Verkaufsoption | Kauf einer Kaufoption und Aktienleerkauf |
| Aktienkauf | Kauf einer Kaufoption und Verkauf einer Verkaufsoption |
| Aktienleerverkauf | Kauf einer Verkaufsoption und Verkauf einer Kaufoption |
| Call Bull Price Spread | Put Bull Price Spread |
| Call Bear Price Spread | Put Bear Price Spread |
| Ratio Write (2:1) | Straddleverkauf |

Da auch die Konversion und die reverse Konversion auf dem Prinzip der Arbitrage zwischen äquivalenten Strategien beruhen, kann auf die diesbezüglichen Ausführungen verwiesen werden. *TG*

**Aktien-Put-Option**
Der Käufer (aktiver Kontrahent, -> buyer, Wähler) erwirbt das Recht bzw. für den Verkäufer (passiver Kontrahent, Stillhalter) entsteht die Verpflichtung, eine bestimmte Anzahl von Aktien, die zum -> Aktienoptionsmarkt zugelassen sind, jederzeit während der -> Optionsfrist (-> Amerikanische Option) oder zu einem bestimmten Zeitpunkt (-> Europäische Option) zu einem im voraus vereinbarten -> Basispreis verkaufen zu können, bzw. bei Ausübung abnehmen zu müssen. Die Erfolgs- und Risikostruktur der Aktien-Put-Option, die sich u.a. aus dem Verhältnis aktueller Aktienkurs, Basispreis (hier: 90) und Optionspreis (hier: 10) bestimmen läßt, wird nachfolgend für die Käufer- und Verkäuferposition graphisch dargestellt:

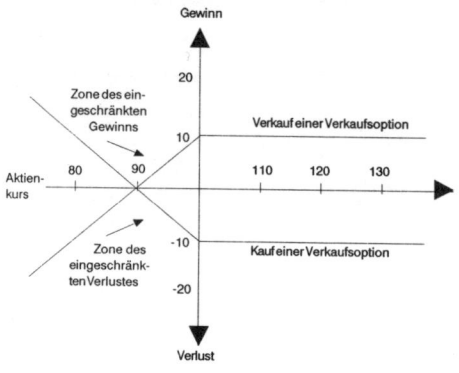

**American Depositary Receipt (ADR)**

**Akzeptanzstelle**
-> Vertragsunternehmen

**All or None**
Spezifische Auftragsart, die vorschreibt, daß die Transaktion die gesamte Auftragsmenge beinhalten muß, ansonsten der Auftrag nicht ausgeführt werden darf.

**ALS**
-> Auto Lease Securities

**ALPS**
-> Adjustable Long-term Puttable Security

**American Depositary Receipt (ADR)**
Hinterlegungszertifikat im Rahmen des Sekundärhandels an amerikanischen Börsen, das für die Konstruktion von -> Depositary Receipts an ausländischen Börsen als Vor-

bild diente (wegen Einzelheiten zur Konstruktion siehe dort).

## American Express
Eine der vier weltweit größten -> **Kreditkartengesellschaften** mit Hauptsitz in New York, 1958 aus einer Reiseagentur entstanden

## American Option
-> **Amerikanische Option**

## American Stock Exchange
Börsenplatz in New York für typischerweise kleinere Unternehmungen mit erheblich geringerem Volumen als -> **NYSE**.
Lit.: American Stock Exchange, Amex Fact Book.

## American Stock Exchange (AMEX)
86 Trinity Place, New York, N. Y. 10006, USA:
Neben der -> **NYSE** eine der wichtigsten Wertpapierbörsen der USA, die vornehmlich in Aktienindexoptionen (airline oil, computer technology und major market index options) handelt. *DR*

## American Stock Exchange Index (ASE-Index)
Auf der Grundlage der Werte vom 31.8.1973 mit der Basis 100 konstruierter (markt-)gewichteter -> **Aktienindex**, der rund 1.000 der an der -> **ASE** notierten Werte (Aktien, Warrants, -> **ADRs**) enthält. In Anbetracht der Struktur des Marktes der ASE beeinflussen Veränderungen bei kleineren Gesellschaften die Entwicklung des ASE-Index überproportional.

## Amerikanische Option
Kauf- oder Verkaufsoption, die jederzeit während der Optionsfrist ausgeübt werden kann.

## AMEX
-> **American Stock Exchange**

## Amexco
-> **American Express** (Company)

## Amortisations-Swap
Der Amortisations-Swap kann der Kategorie der -> **Spezialswaps** zugerechnet werden. In der Anfangsphase der Entwicklung basieren -> **Zins- und Währungs-Swaps** auf einer "bullet"-Struktur: Der der Transaktion zugrundeliegende Kreditbetrag wird am Ende der Laufzeit in einer Zahlung vollständig zurückgezahlt. Bei vielen Krediten oder langfristigen Finanzierungen werden oftmals Annuitäten oder Amortisationsstrukturen verwendet. Die hier jeweils geleisteten Zahlungen setzen sich dabei aus einer Tilgungskomponente und den Zinsen auf den entstandenen Kreditbetrag zusammen. Durch die sukzessive Tilgung wird bei gleichbleibender Annuität der Zinsanteil immer kleiner, und entsprechend höher ist der Tilgungsbetrag. Bei einem Amortisations-Swap wird entsprechend dem Cash-Flow-Verlauf der zugrundeliegenden Finanzierung die Rückzahlung des Swapbetrages nicht in einer, sondern in mehreren Tranchen vorgenommen. *PL*

## Andienung
Erfüllung eines -> **Finanzterminkontrakts** auf Veranlassung des -> **Clearing-Houses** in Form der Belieferung eines Käufers, dem die Forderung aus dem Kontrakt zusteht. Zu unterscheiden ist **physische Andienung (physical settlement)** für -> **Financial Futures auf konkreter Basis** (Zins-, Währungs-Futures) und **Bar-Andienung (cash settlement)** für -> **Financial Futures auf abstrakter Basis** (Index-Futures).

## Anleihen-Portfolio
-> **Bond Portfolio Management**

## Annuitäten-Bond
Variante einer -> **Schuldverschreibung**, bei der - ähnlich der Tilgungshypothek - das Anlagekapital zusammen mit den Zinsen in stets gleichen Jahresraten (Annuitäten) zu-

rückgezahlt wird (gegebenenfalls im Anschluß an eine Anzahl tilgungsfreier Jahre). Für den Anleger ergibt sich der Vorteil eines gleichmäßigen Zuflusses an Kapital und Zinsen über einen größeren Zeitraum hinweg (im Gegensatz zu endfälligen Bonds, bei denen der Kapitalbetrag am Ende der Laufzeit in einer Summe zurückfließt).

## Anticipatory hedge
Einsatz von Kontrakten zur Sicherung von Marktpositionen oder zur Werterhaltung von Fonds, die spätere Verwendung (z.B. für Investitionen) finden sollen.

## ARB
-> Ascending Rate Bond

## Arbitrage
Der Zweck von Arbitragemaßnahmen bzw. Arbitragestrategien (als Tradingstrategien) besteht darin, Preisunterschiede für gleiche oder ähnliche Papiere in unterschiedlichen Märkten bzw. Marktsegmenten in dem Sinne zu nutzen, daß (in der Regel) risikolose Gewinne erzielt werden können. In Ergänzung zu diesen traditionellen **Cash-Trading-Arbitragen** stellt sich die Zielsetzung bei **Futures-Trading-Arbitragen** in der Weise dar, daß Preisunterschiede zwischen Futures-Märkten und den Cash-Märkten für bestimmte Wertpapiere genutzt werden können (-> **cross-market arbitrage**). Arbitrage beseitigt somit Marktungleichgewichte in Cash-Märkten und/oder in den Beziehungen zwischen Cash- und Futures-Märkten. Daher erweist sich die Arbitrage insgesamt als ein ausgleichendes Element zur Realisierung möglichst effizienter Kapitalmärkte. Für die Optionsmärkte ergeben sich spezifische Arbitragestrategien in Form der -> **Conversion** und der -> **Reverse-Conversion**.

## Arbitrage (Financial Futures)
Strategie von Marktteilnehmern am -> **Financial Futures-Markt**, die auf risikolose Erzielung von Gewinnen durch Nutzung von **Kursunterschieden** desselben Kontrakts am gleichen Financial Futures-Markt (**Intra-Market-Arbitrage**), desselben Kontrakts an verschiedenen Financial Futures-Märkten oder eines Kontrakts und des entsprechenden Kassa- oder Termininstruments (**Inter-Market-Arbitrage**), durch Nutzung von Unterschieden zwischen -> **Basis** und -> **Cost-of-Carry** (Basisarbitrage bzw. Cash-and-carry-Arbitrage) sowie durch Nutzung von Kursunterschieden eines gegebenen Kontrakts und eines synthetischen (konstruierten bzw. zusammengestellten) Kassainstruments (z.B. einer -> **synthetischen Bundesanleihe** oder einer synthetischen Aktienposition bzw. eines Aktienkorbes) gerichtet sind; in letzterem Fall kann von **Futures-** und **Forward Forward-Arbitrage** gesprochen werden: Nutzung von Kursunterschieden zwischen einem gegebenen -> **Financial Futures-Kontrakt** und einem -> **synthetischen** (= konstruierten) **Kassainstrument**, also z.B. zwischen einem Euro-Dollar-Futures-Kontrakt und einem vergleichbaren Kassainstrument am -> **Euro-Geldmarkt** (z.B. auf der Basis von -> LIBOR) für identische Laufzeit (z.B. 30 Tage) oder mit unterschiedlicher, also längerer Laufzeit des Geldmarkt-Instruments.
Lit.: Cordero, 141 ff.

## Arbitrage (Optionen)
-> Aktienoptionsstrategien

## Arbitragekanal
-> Arbitrage zwischen Kassa- und Futures-Märkten.

## Arbitragestrategien (Optionen)
-> Aktienoptionsstrategien

## Arbitrageur
Teilnehmer am -> **Financial Futures-Markt** und am -> **Cash-Markt**, dessen Funktion darin besteht, durch -> **Arbitrage** Kursunterschiede von Finanzinstrumenten an verschiedenen Märkten (Kassamärkten

und Financial Futures-Märkten) zu nutzen und dadurch auszugleichen, daß das (relativ) unterbewertete Finanzinstrument gekauft und das (relativ) überbewertete Finanzinstrument verkauft wird. Die Einschaltung von Arbitrageuren als Marktteilnehmer bedeutet somit die Gewährleistung der tendenziellen Kursanpassung bzw. ggf. des tatsächlichen Kursausgleichs an den Financial Futures-Märkten und den Kassamärkten. Arbitrageure sorgen zusammen mit -> **Hedgern** und -> **Tradern** für die umfassende Funktionsfähigkeit von Financial Futures-Märkten.

**ARM**
-> **Adjustable Rate Mortgages**

**ARN**
-> **Adjustable Rate Notes**

**Arrangement Fee**
Gebühr bzw. Erlös für den -> **Arrangeur** (im Regelfall eine Bank) eines -> **Swaps** oder eines **NIF**. Diese Gebühr ist vom Schuld-ner einer -> **Note Issuance Facility** ein-malig an den -> **Arranger** dieser Fazilität zu bezahlen. Ihre Höhe hängt von der Boni-tät des Emittenten, dem Umfang und der Komplexität der Fazilität sowie der Konkurrenzsituation am -> **Euro-Geldmarkt**. Diese Gebühr beträgt ca.15 -> **Basispunkte**.

**Arranger**
Der Arranger einer -> **Note Issuance Facility** ist mit dem -> **Lead Manager** einer internationalen Anleihe vergleichbar. Gewöhnlich ist er für die Dokumentation sowie für Vereinbarungen über das Underwriting-Konsortium, den Plazierungsmechanismus (-> **Tender Panel**, -> **Sole Placing Agency**, -> **Continuous Tender Panel**, -> **Issuer Set Margin**) verantwortlich. Zusätzlich erstellt der Arranger eine kurze Informationsschrift für potentielle Investoren sowie die -> **Euro-Notes**.
Die Rolle des Arrangers gilt als die attraktivste Form der Teilnahme bei -> **Note Issuance Facilities**, da sie durch die -> **Arrangement Fee** einen relativ hohen Ertrag bei diesen Fazilitäten erbringt.
Arranger bei -> **Note Issuance Facilities** sind überwiegend nordamerikanische Investment- und Kreditbanken. *GT*

**Arrangeur**
Urheber bzw. Vermittler von -> **Swaps**.

**Art-Card**
-> **Kreditkarte** mit speziellem Kartendesign, z.B. Abbildung eines Kunstwerkes von Dalí oder Picasso.

**Ascending Rate Bond (ARB)**
Variante einer -> **CMO**, bei welcher der Zinssatz (Coupon) in bestimmten Intervallen (eine oder mehrere Perioden) nach festgelegtem Plan bis zur Fälligkeit ansteigt.

**ASE**
-> **American Stock Exchange**

**ASE-Index**
-> **American Stock Exchange-Index**

**Ask price (Asked price)**
Briefkurs für Finanzinstrumente, d.h. der Kurs, zu dem Finanzinstrumente zum Verkauf angeboten werden.

**Asset Backed Securities (ABS)**
Spezifische Form der Verbriefung von Zahlungsansprüchen in handelbaren Wertpapieren gegenüber einer Finanzierungsgesellschaft (-> **Asset Backed Securities Corporation**), die durch Pooling bestimmter Finanzaktiva einer Unternehmung entstanden sind. In den (Forderungen-)Pool, der als Treuhandvermögen (Trust) verselbständigt ist, werden vorzugsweise Finanzaktiva niedrigen Bonitätsrisikos und einer Laufzeit von mehr als einem Jahr eingebracht (z.B. Forderungen aus Leasing-Finanzierungen, Autokrediten, gesicherten Konsumentenkrediten). Die Grundstruktur dieser Kon-

# Asset Backed Securities (ABS) — Asset Coupon Swap

struktion zeigt folgende Abbildung:

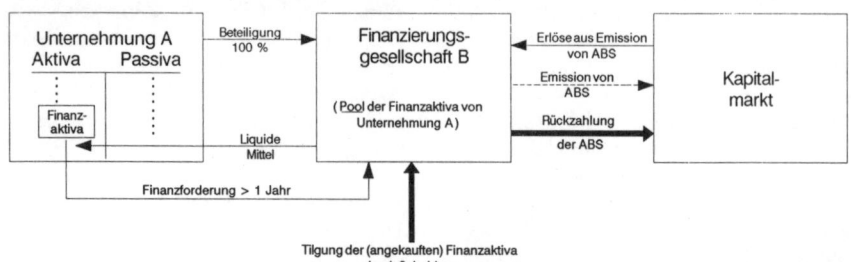

ABS erhöhen die Liquidität der Unternehmung und senken - durch Ausschluß der Banken von der Finanzierung - die Finanzierungskosten. Die Tilgung der Finanzforderungen bei Fälligkeit ermöglicht die synchrone Tilgung der entsprechenden -> **ABS-Papiere**, die Miteigentumsanteile an dem gesamten Poolvermögen darstellen. Um Probleme zu vermeiden, die bei dieser als "**pass through**" bezeichneten Konstruktion einer ABS durch vorzeitige Tilgung durch den Schuldner (des Finanzaktivums) entstehen können, besteht die Möglichkeit, die Zahlungsströme auf mehrere Tranchen in der Weise zu verteilen, daß die Tilgung nur jeweils einer ABS-Tranche erfolgt. Die (noch) nicht tilgungsberechtigten Tranchen sind dann - wie bei Anleihen üblich - mit laufender Zinszahlung ausgestattet. In diesem Falle handelt es sich um die "**pay through**"-Variante von ABS (siehe folgende Abbildung; ähnlichen Konstruktionsprinzipien folgen die -> **CMO**).

**Asset Backed Securities Corporation (ABSC)**
Finanzierungsgesellschaft in Zusammenhang mit der Emission von -> **ABS**.

**Asset Backed Securities Deal**
Konzeption und Durchführung einer -> **ABS**

**Asset Coupon Swap**
Variante des -> **Asset Swap**. Beim Asset Coupon Swap werden nur die Coupon-Zahlungen (=Zinszahlungen) geswapt. Insgesamt ergeben sich hierbei vier Möglichkeiten:
- **Zinsfixes Investment**: Asset Coupon Swap in zinsvariable Zahlungen, allerdings in der Währung des Investments.
- **Zinsfixes Investment**: Asset Coupon Swap in zinsvariable Zahlungen, allerdings in eine andere Währung im Vergleich zum zugrundeliegenden Investment.
- **Zinsvariables Investment**: Asset Coupon Swaps in zinsfixe Zahlungen in der Wäh-

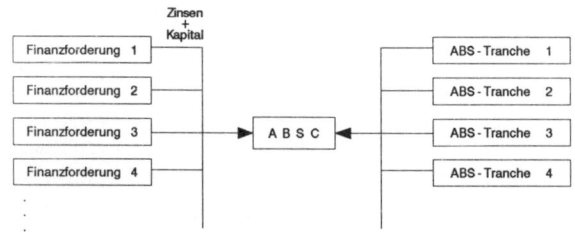

Pay-Trough-Struktur eines ABS

rung des zugrundeliegenden Investments.
- **Zinsvariables Investment:** Asset Coupon Swap in zinsfixe Zahlungen, allerdings in eine andere Währung als das zugrundeliegende Investment.

Beispielhaft für die 4. Alternative ist folgendes Szenario denkbar: Ein Investor erwarb eine -> **US $ Floating Rate Note.** Durch einen Asset Coupon Swap kann er die variablen Zinszahlungen in US $ in zinsfixe Zahlungen umwandeln. Gegen die Zahlungen der variablen US $ Zinsen erhält der Investor von der Swap-Gegenpartei zinsfixe DM-Zahlungen. Es wird allerdings kein Austausch des Prinzipals vorgenommen. Somit entspricht dieses synthetische Investment einer -> **Doppelwährungsanleihe,** wo die Zinszahlung und die Tilgung der Anleihe in unterschiedlichen Währungen vorgenommen werden.

Die Einsatzmöglichkeiten eines Coupon Swap sind aber nicht auf Investments begrenzt. Coupon Swaps können zur Umgestaltung der Zinszahlungen oder Zinsverpflichtungen von Verbindlichkeiten vorgenommen werden. *PL*

## Asset Securitization

Verbriefung von Ansprüchen (-> **securitization**) auf der Grundlage von speziell für diesen Zweck gebildeten **Fonds (Pools)** von **Finanzaktiva** in Form von Wertpapieren. Entsprechend der gewählten Finanzaktiva lassen sich verschiedene Formen unterscheiden, z.B.: -> **ABS,** -> **ALS,** -> **CARDS,** -> **CARS.** Die Pools stellen Finanzintermediäre dar; organisatorisch sind diese **Asset-Gesellschaften** rechtlich selbständige Einheiten (Tochtergesellschaften) der die Assets übertragenden Unternehmung, häufig Teil einer MNU oder eines Bankkonzerns.

## Asset Stripping
-> **Buy Out**

## Asset Trading
Handel von Aktiva (Darlehensforderungen) in Zusammenhang mit -> **TLF** s.

## Asset Backed Finance

Gesamtheit von Finanzierungsmöglichkeiten für Unternehmungen bzw. von Finanzprodukten und Finanzdienstleistungen von Banken, die einerseits die traditionelle Finanzierung von Schiffen sowie Flugzeugen über entsprechende Fonds betreffen, die andererseits jedoch Finanzinnovationen in Form der Transformation von Finanzaktiva von Unternehmungen und Banken in Wertpapiere sowie deren anschließende Streuung über die Kapitalmärkte (ggf. mit Unterstützung von Finanzintermediären) an Investoren aller Art umfassen. Derartige -> **Finanzproduktinnovationen** sind üblicherweise als -> **Asset Backed Securities (ABS)** bezeichnet. Einen Überblick über Volumen und Struktur des Gesamtmarktes für ABS gibt die Abbildung "Markt für ABS".

## Asset-Gesellschaft
-> **Asset Securitization;** -> **ABSC**

## Asset Swap

Ursprünglich zum Treasury-Management der Passivseite von Unternehmen, Banken oder anderer Organisationen eingesetzt. Seit 1986 wurde aber auch erkannt, daß -> **Swaps** ein wichtiges Instrument zur Gestaltung der Bilanzaktivseite sind. Man spricht hierbei von Asset Swaps, da in diesen Swap-Transaktionen Assets (Aktiva) involiert sind. Solche Asset Swaps werden dabei insbesondere zur Realisierung der beiden Ziele
a) aktives Zinsmanagement,
b) Renditeverbesserung
vorgenommen.

a) **Aktives Zinsmanagement**
 Erwartet die Treasury-Abteilung eines Unternehmens steigende Zinsen, so ist das Wertpapierportefeuille der Rentenpapiere von Kursverlusten bedroht. Zusätzlich partizipiert das Unternehmen nicht in vollem Umfang an der erwarteten Zinssteigerung, da nur die frei dispo-

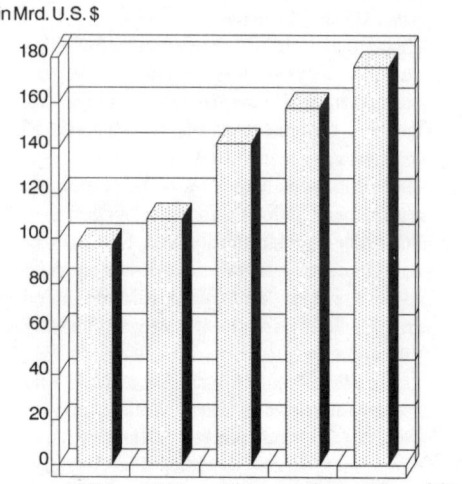

Markt für ABS

Quelle: Moody's Investors Service

**Lit.:** Financial Times Survey, 27.3.1990, 33 ff.

niblen Finanzmittel in höherverzinsliche Papiere investiert werden können. In einer solchen Situation hat der Portefeuille-Manager eines Rentenportfolios folgende Möglichkeiten, um an den steigenden Zinsen zu profitieren:
- Verkauf der Wertpapiere und Vorhalten der Finanzmittel in liquider Form bis zum Ende der Zinssteigerungsphase. Anschließend erneute Anlage in längerfristigen Rentenpapieren.
- Durch den zusätzlichen Kauf von kürzerfristigen Wertpapieren die Gesamtdurchschnittslaufzeit des Rentenportefeuilles verkürzen, um das Ausmaß der Kursverluste zu begrenzen.
- Terminverkauf von z.B US-Treasuries (Futures-Transaktion). Der bei dem Terminhandel realisierte Gewinn stellt eine Kompensation für die gefallenen Rentenkurse dar.

- Durchführung einer Swap-Transaktion.
Unter administrativen Gesichtspunkten stellt die Swap-Transaktion das einfachste Instrument dar, um an den steigenden Zinsen zu profitieren.
Es soll angenommen werden, daß ein Investor vor drei Jahren einen 7-jährigen Bond zu 7 % erworben hat. Nach zwei Jahren ist er der Überzeugung, daß die Zinsen kräftig steigen werden. Angesichts dieses Szenarios entscheidet er sich zum Abschluß eines **Zinsswaps**. Gegen die Zahlung von 7 % erhält der Investor -> **Libor**. Nach Ende der Zinssteigerungsphase schließt der Investor für die Restlaufzeit einen zweiten Swap ab. Der Investor realisiert dann angesichts der gestiegenen Zinsen 10 % gegen die variable Libor-Zahlung. Durch die zwei -> **Zinsswaps** wurde somit eine Renditeverbesserung von 3% erreicht.
Ein solches Asset-Swap-Management

kann natürlich auch vor Beginn von rückläufigen Zinsen vorgenommen werden. Hierbei ist es zur Realisierung einer dauerhaft hohen Rendite entscheidend, zinsvariable Assets mit einem -> **Zinsswap** in zinsfixe Assets zu transformieren und dadurch den hohen Zins festzuschreiben.

b) **Renditeverbesserung**
Bei dem Anwendungsfeld "Renditeverbesserung" im Rahmen von Asset Swaps steht der Aspekt einer Renditeverbesserung durch einen -> **Zins-** oder -> **Währungsswap** gegenüber einem äquivalenten Investment im Mittelpunkt der Überlegungen. Das durch einen Zins- oder Währungsswap geschaffene synthetische Instrument erwirtschaftet für den Investor eine höhere Rendite als ein identisches direktes Investment.
Zum Beispiel kauft der Investor eine -> **Floating Rate Note**. In einem zweiten Schritt werden durch einen Zinsswap die zinsvariablen Erträge in zinsfixe Erträge umgewandelt. Bei bestimmten Marktkonstellationen kann bei einem solchen Asset Swap eine höhere Rendite realisiert werden als bei einem direkten Kauf einer festverzinslichen Anleihe des gleichen Emittenten.
Die Schaffung von synthetischen Assets kann auch durch die Verwendung von Währungsswaps realisiert werden. Durch den Kauf von kanadischen Staatspapieren und einen anschließenden Swap in DM kann unter Umständen ein Investor eine höhere Rendite realisieren als bei einem direkten Investment in Staatsanleihen der Bundesrepublik Deutschland.
*PL*

## Assignment (Option)
Darunter wird **entweder** der Prozeß verstanden, bei dem der Käufer einer Option liefert oder erhält (auf Grund des untergelegten Instruments oder Kontrakts) **oder** die Nachricht an einen Optionsschreiber (Stillhalter), daß die Option durch den Optionshalter (Wähler) ausgeübt wird.

## Assignment (Swap Markt)
Die Assignment-Klausel spielt im Rahmen der Swapdokumentation eine wichtige Rolle. Sie erlaubt es einer Partei eines Swapgeschäfts, diesen Swap auf eine dritte, ursprünglich an der Transaktion nicht beteiligte Partei zu übertragen. Die ursprüngliche Gegenpartei muß allerdings der Übertragung zustimmen. Wenn die Zustimmung nicht erfolgt, kann ein Assignment der Verpflichtungen aus dem Swap nicht vorgenommen werden. Bei einem erfolgreichen Assignment übernimmt die neue Partei vollständig und ohne Einschränkung alle Verpflichtungen aus dem Swap-Vertrag von der Partei, die den Vertrag übertragen hat. Ein solches Assignment kann während der gesamten Laufzeit vorgenommen werden.
*PL*

## Associated Person
Eine -> **CFTC**-Registrierung, welche die Voraussetzung für den Handel mit Futures-Kunden-Orders darstellt.

## Association of International Bond Dealers
1969 gegründeter internationaler Verband von Emissions- und Handelshäusern, der gemäß seinen Statuten die Interessen der auf dem -> **Sekundärmarkt** (Euro-Kapitalmarkt) tätigen Banken und Händler vertritt. (Im Gegensatz dazu bezieht sich die Tätigkeit des -> **IPMA** auf die Vertretung der Interessen der führenden Emissionshäuser auf dem -> **Primärmarkt** für Wertpapieremissionen).

## At the money
Der Punkt, an dem der -> **Strike-Preis** einer Option gleich ist dem Marktpreis des zugrundeliegenden Instruments.

## ATM
-> **Automatic Teller Machine**

## Auction (Auktion)
Verfahren, durch das an der Börse (bzw. am

-> **Auction market**) der unter den gegebenen Voraussetzungen höchste Geldkurs bzw. der niedrigste Briefkurs realisiert wird (siehe auch -> **Tender**)

**Auction market**
Ein Markt, der durch zentrales -> **Trading** charakterisiert ist und auf dem eine größere Zahl von Teilnehmern die Preisbildung bewirkt (und zwar durch offenes Angebot seitens dieser Teilnehmer).

**Aufbauender Swap**
Das Gegenteil eines -> **Amortisations-Swap** stellt der aufbauende Swap dar. Bei einer solchen Swapstruktur erhöht sich sukzessive das dem Swap zugrundeliegende Volumen. Der Zeitpunkt und das Ausmaß der Volumenerhöhung werden dabei schon bei Vertragsabschluß festgelegt. Falls ein Austausch des zugrundeliegenden Swapbetrages vorgenommen wird, wird bei jeder Erhöhung ein zusätzlicher Swapbetrag ausgetauscht und am Ende der Transaktion wird das gesamte Betragsvolumen des Swaps ausgetauscht. *PL*

**Auftragsausführung**
-> **Matching**

**Aurora**
Elektronisches Handelssystem der -> **CBOT**, das eine unmittelbare Kommunikation mit dem Ordersystem ermöglicht. Allerdings löst Aurora das klassische Auktionssystem (-> **Auction market**) nach dem Prinzip des **open outcry** (öffentliche Ausrufung im -> **pit**) nicht ab, sondern ist im wesentlichen vorerst dem Handel außerhalb der regulären Börsenzeiten der Mitglieder des CBOT vorbehalten.

**Ausführung**
-> **Execution**

**Ausführungspreis**
-> **Execution price**

**Auslandsanleihe**
-> **Foreign Bond**

**Aussie bond**
Auf Austral-$ lautende -> **Schuldverschreibung**

**Ausübender Swap**
Variante einer -> **Swaption**. Bei einem ausübenden Swap hat der Käufer der Option das Recht, aber nicht die Verpflichtung, bis zu einem vereinbarten Termin (Verfalltag) von der Swapgegenpartei den Abschluß des Swapgeschäftes zu fordern. Die Konditionen für die Swaptransaktionen wurden dabei bei Vertragsunterzeichnung festgelegt und nicht erst zu Beginn der tatsächlichen Swaptransaktion. In seiner Konzeption entspricht damit ein ausübender Swap einem -> **Forward Swap**, wobei zusätzlich zu dem Forward Swap eine Option eingebaut worden ist. *PL*

**Auto Lease Securities (ALS)**
Spezielle Form einer -> **ABS**, deren Finanzaktiva die erwarteten Leasing-Erträge aus dem Kfz-Leasing darstellen; gewählt wird auf Grund der Schichtung der Leasing-Erträge meist die -> **pay through**-Variante (= **Pay through leasing structure**). Beispiele: Privatplazierung von VOLVO und öffentliche Plazierung von VW (Oktober 1987).

**Automatic Teller Machine (ATM)**
Mehrfunktionales Selbstbedienungsgerät, im allgemeinen Sprachgebrauch auch als -> **Geldautomat** bezeichnet.

**Autorisierung**
Genehmigung einer Kartenzahlung nach Prüfung
- der Karte auf Echtheit, Gültigkeit, Sperrung, Übereinstimmung mit der Unterschrift des Kunden auf dem -> **Leistungsbeleg**, mit einer evtl. verwendeten -> **PIN**
- des Verfügungsbetrages auf Deckung, bei Kreditkartenzahlung immer bei Über-

schreitung des -> **Floor Limits** eines -> **Vertragsunternehmens** (Deckungs-prüfung) (-> **Autorisierungsverfahren**). *EK*

**Autorisierungsverfahren**
Die -> **Autorisierung** von Kartenzahlungen kann auf folgende Weise erfolgen:
**Manuelle Autorisierung** in Form von
- Sichtprüfung einer Karte auf Echtheit und Gültigkeit (Ablaufmonat, evtl. Veränderungen an der Karte)
- Überprüfung einer -> **Sperrliste**
- Beachtung des -> **Floor Limits**
- evtl. Anruf beim -> **Emittenten** bzw. der -> **Autorisierungszentrale**
- Unterschriftsprüfung auf Karte und -> **Leistungsbeleg**

**(Teil)automatisierte Autorisierung** (Deckungsprüfung) mittels
- "off-line", d.h. ohne direkte Prüfung des Kontostandes bzw. ohne Einschaltung einer über Datenleitung verbundenen -> **Autorisierungszentrale**, z.B. direkt am Terminal per -> **Chipkarte** wie z.T. bei -> **Electronic Cash**
- "on-line" am Girokonto des Kunden (falls vom -> **Emittenten** geführt) bzw. über eine -> **Autorisierungszentrale** z.B. mittels -> **Makatel**. *EK*

**Autorisierungszentrale**
Genehmigungsstelle für Kartenverfügungen, bei der -> **Vertragsunternehmen** telefonisch oder elektronisch z.B. über -> **Makatel** anfragen, ob der vom -> **Karteninhaber** verfügte Betrag gedeckt ist. Wenn dies der Fall ist, garantiert die Autorisierungszentrale dem -> **Vertragsunternehmen** diesen Betrag mit der Vergabe einer Genehmigungsnummer. *EK*

# B

**Back (month) Contract**
Kontrakt, der eine vergleichsweise längere Ausübungszeit hat als andere Kontrakte (auch als **Deferred month-** oder **Distant Contract** bezeichnet). Der Erfüllungszeitpunkt liegt also später als bei sogenannten -> **Current Delivery**.

**Back to Back-Kredit**
Bei MNU können zur Vermeidung von Währungsumrechnungs- und Währungstransaktionsrisiken Back to Back-Kredite (auch als **Parallelkredite** bezeichnet) Anwendung finden. Beteiligte sind dabei mindestens zwei MNU in verschiedenen Ländern, die sich gegenseitig für ausländische Grundeinheiten auf bestimmte Zeit jeweils in der Währung ihres Domizillandes einen Kredit mit identischem Volumen (in jeweils der Währung des Partnerunternehmens) einräumen. Mit Hilfe dieses **Swapgeschäftes** werden Währungsverluste bei Abwertung einer der betreffenden Währungen ausgeschlossen. Back to Back-Kredite eignen sich andererseits auch dazu, bestehende oder erwartete Transferbeschränkungen in einem der Länder, in dem die Einheiten domizilieren, zu umgehen. Die Grundstruktur eines typischen Back to Back-Kredits zeigt folgende Abbildung:

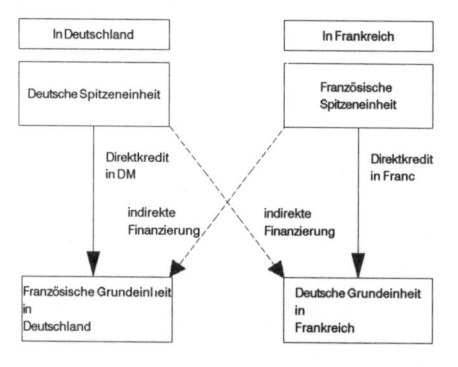

| In Deutschland | | In Frankreich |
|---|---|---|
| Deutsche Spitzeneinheit | | Französische Spitzeneinheit |
| Direktkredit in DM | | Direktkredit in Franc |
| indirekte Finanzierung | | indirekte Finanzierung |
| Französische Grundeinheit in Deutschland | | Deutsche Grundeinheit in Frankreich |

Die Spitzeneinheit einer deutschen MNU, die eine Investition in eine ihrer französischen Grundeinheiten vornehmen möchte, kommt zur Vermeidung von Valutarisiken mit der Spitzeneinheit einer französischen MNU, die ebenfalls eine (gleich hohe) Investition in ihre deutsche Grundeinheit beabsichtigt, überein, zum **aktuellen** Devisenkassakurs (oder zu einem anderen, beliebig vereinbarten, also -> **historischen** Devisenkurs) und für eine bestimmte Frist, jeweils der Grundeinheit der anderen MNU einen Kredit in Landeswährung einzuräumen. Bei Fälligkeit werden die beiden Kredite jeweils an den ursprünglichen Kreditgeber zurückbezahlt. Die offiziellen Kredit- und Kapitalmärkte sowie etwaige staatliche Beschränkungen werden auf diese Weise umgangen und gleichzeitig die Valutarisiken völlig ausgeschaltet. Ausgehend von dieser einfachen Grundform sind eine Reihe von Variationen (Abwicklung über dritte MNU oder Banken) möglich.

**Back to Back-Loan**
-> Back-to-Back-Kredit

**Back up-Fazilität**
Im Rahmen der Emission von -> **Euro Notes** oder von -> **NIF's** erforderliche Deckungsgarantie (Kreditlinie) von Seiten der Banken, die gegenüber dem Emittenten die Verfügbarkeit von Finanzmitteln garantiert. Durch die Back up-Fazilität wird die Unternehmung in die Lage versetzt, sich durch Ausgabe kurzlaufender Euro-Geldmarktpapiere mittel- bzw. längerfristig finanzieren zu können. Die Banken verpflichten sich durch eine Back up-Fazilität zur Übernahme der Papiere in den Eigenbestand für den Fall, daß die entsprechenden Papiere am Geldmarkt nicht wie ursprünglich vorgesehen plaziert werden können.

**Back up Line**
Die in Zusammenhang mit einer -> **Back up-Fazilität** eingeräumte Deckungslinie (Kreditlinie, Stützungslinie).

**Baltic International Freight Futures Exchange (BIFFEX)**
Börse für Frachten-Futures-Handel in London.

**Bank-Optionsgenußschein (Ausstattung)**
Den -> **Genußscheinen** wird eine bestimmte Zahl von (Inhaber-) -> **Optionsscheinen** beigefügt, die zum Bezug einer bestimmten Zahl von (Inhaber-)Aktien der emittierenden Bank zum Nennbetrag berechtigen. Dabei können **feste** -> **Basispreise** oder **variable** Basispreise vorgegeben werden; im zweiten Fall sind Regelungen zur Bestimmung des variablen Basiskurses vorzusehen (z.B. ergibt sich der Optionspreis jeweils aus dem Durchschnitt der an einer zu bestimmenden Wertpapierbörse festgestellten amtlichen Einheitskurse (der Aktie) an den dem Optionsstichtag vorausgehenden fünf Börsentagen, abzüglich 5% des ermittelten Durchschnittskurses). Zur Vermeidung untragbarer Risiken bei Vereinbarung variabler Basispreise wird die emittierende Bank zweckmäßigerweise -> **Deckel (Caps)** vorsehen, die den Anstieg des Optionspreises begrenzen.
Lit.: Eilenberger 1990, 225

**Bank-Optionsgenußschein (Wesen und Anwendung)**
Bei dieser -> **Finanzproduktinnovation** handelt es sich um einen -> **Genußschein,** der zusätzlich mit einem Optionsschein ausgestattet ist, welcher zum Bezug von Aktien des emittierenden Kreditinstitutes berechtigt. Bei der Emission von Genußscheinen ist § 221 III AktG zu beachten, wonach diese nur auf Grund eines Beschlusses der Hauptversammlung ausgegeben werden dürfen, der mindestens einer Dreiviertelmehrheit des bei der Beschlußfassung vertretenen Grundkapitals oder einer in der Satzung bestimmten anderen Kapitalmehrheit bedarf. Auf die Bank-Optionsgenußscheine haben die Aktionäre ein Bezugsrecht, das sich aber nicht erst aus der Beifügung der Optionsscheine, sondern aus dem Genußschein selbst ergibt, da § 221 IV AktG vorschreibt, daß den Aktionären bei der Emission von Genußrechten ein Bezugsrecht einzuräumen ist.

Als Finanzierungsinstrument stellt der Bank-Optionsgenußschein für das emittierende Kreditinstitut eine Kombination aus Kredit- und Beteiligungsfinanzierung dar. Das Kreditinstitut erhält einerseits aus der Emission der Genußscheine zu verzinsendes und rückzahlbares Fremdkapital, das zudem entsprechend § 10 V KWG unter bestimmten Voraussetzungen als haftendes Eigenkapital anerkannt werden kann, und andererseits Beteiligungskapital, sofern die Anleger von ihren Optionsrechten Gebrauch machen und Aktien des Emittenten beziehen.

Als Anlageinstrument ist der Bank-Optionsgenußschein eine Mischform zwischen Aktie und festverzinslichem Wertpapier. Ähnlichkeit mit einer Aktienanlage ergibt sich daraus, daß der Wert der beigefügten Optionsscheine dem Marktwertverlauf der Aktie weitgehend folgt, weshalb der Anleger ähnliche Chancen und Risiken wie der Aktionär besitzt. Da der Genußschein dem Anleger während der Laufzeit eine feste Verzinsung des Kapitaleinsatzes bringt, besteht Ähnlichkeit mit einer Anlage in festverzinslichen Wertpapieren.

Für den (risikobewußten) Anleger bietet der Bank-Optionsgenußschein gleichzeitig mehrere Vorteile:
1) Genußscheine sind in der Regel mit einer attraktiven Verzinsung ausgestattet, die ca. 0,5% über dem jeweiligen Kapitalmarktzins liegt.
2) Durch den Erhalt der Optionsscheine besitzen die Anleger die Möglichkeit, Aktien der emittierenden Gesellschaft zu einem von Beginn an bekannten (Höchst-) Preis zu erwerben.
3) Wird von dem Optionsrecht kein Gebrauch gemacht, dann kann der Anleger durch Verkauf des Optionsscheines an einer steigenden Aktienkursentwicklung überproportional teilhaben.

Ende 1986 wurde erstmals von der Berliner Bank AG ein Bank-Optionsgenußschein begeben, bei dem jedem Genußschein über nominal 200 DM zwei Inhaber-Optionsscheine beigefügt wurden, die zum Bezug von insgesamt drei Inhaber-Aktien zum Nennbetrag von je 50 DM berechtigen, wobei der Bezugspreis in Abhängigkeit von der Aktienkursentwicklung und dem Zeitpunkt der Ausübung des Optionsrechtes variabel gestaltet wurde und maximal 280 DM betragen kann (näheres vgl. Eilenberger 1987).
Auch die Hypo-Bank AG hat im Oktober 1989 einen Bank-Optionsgenußschein im Gesamtnennbetrag von 484,3 Mio.DM emittiert. Dabei berechtigt der Besitz von 31 Aktien der Hypo-Bank AG zu je nominal 50 DM zum Bezug eines Optionsgenußscheins, der einen Nominalwert von 1000 DM und eine Laufzeit von 10 Jahren besitzt. Da der Ausgabepreis des Optionsgenußscheines mit 1250 DM festgesetzt wurde, erhielt die Bank durch diese Emission insgesamt 605,3 Mio.DM, wovon 121,0 Mio.DM auf das Agio und 484,3 Mio.DM auf das Genußscheinkapital entfallen, das nach eigenen Angaben der Hypo-Bank AG bis zwei Jahre vor Laufzeitende seine Eigenkapitalfunktion behalten wird. Der Genußschein wird nominal mit 7,75% verzinst, der Optionsschein, der ab 17. Oktober 1989 getrennt werden kann, berechtigt zum Bezug von bis zu drei Hypo-Inhaber-Aktien zum Kurs von je 400 DM und kann bis zum 15.10.1993 ausgeübt werden. *TG*

## Bankkarte
Karte, z.B. -> **Servicekarte**, die von einem Kreditinstitut ausgegeben wird (-> **Emittent**) und an institutseigenen Selbstbedienungsgeräten (-> **Geldautomat**, -> **Kontoauszugsdrucker**) genutzt werden kann. *EK*

## Bankkreditkarte
Karte mit Kreditlinie, ursprünglich in USA in den 50er und 60er Jahren entstanden; eine Ausdehnung der zunächst nur lokalen Gültigkeit führte zur Entstehung der Kreditkartenorganisationen -> **Mastercard**, -> **Visa**. *EK*

## Barandienung
-> **Delivery**

## Bargeld-Service
Möglichkeit des Bargeld-Bezuges über Geschäftsstellen bzw. -> **Geldautomaten** von Banken oder Kartenorganisationen (-> **cash advance**). *EK*

## Barter-Agreement
Vereinbarung zwischen Lieferant (Exporteur) und Abnehmer (Importeur) im Rahmen von Außenhandelsbeziehungen, die den Austausch von Gütern gegen Güter (als Entgelt für die Lieferung) und das Volumen von -> **Bartergeschäften** zum Gegenstand haben ( **Barter-Kontrakt**). Der Abschluß derartiger Vereinbarungen erfolgt in der Regel bei Devisenmangel oder bei Existenz nicht-konvertierbarer Währungen (die nicht außer Landes gebracht werden dürfen und deren Besitz Ausländern grundsätzlich untersagt ist) des ausländischen Geschäftspartners (Staatshandelsland oder Entwicklungsland).

## Barter-Geschäft
Auf der Grundlage von -> **Barter-Kontrakten** bzw.-> **Barter-Agreements** erfolgt die Abwicklung der einzelnen Barter-Geschäfte; die Grundstruktur eines bilateralen Barters zeigt folgende Abbildung:

BARTER-Geschäfte

Deutscher Exporteur — Lieferung von Exportgütern → Importeur im Staatshandelsland oder Entwicklungsland
← Lieferung von Gütern zum Ausgleich der Exportforderung (z.B. landwirtschaftliche Produkte)

Barter-Kontrakt bzw. -Agreement

Für den Exporteur ergeben sich in diesem Zusammenhang Verwertungsprobleme bezüglich der erhaltenen Güter, zu deren Lösung sich die Inanspruchnahme von -> **Bar-**

ter-Gesellschaften anbietet. Die Kosten der Verwertung werden grundsätzlich in den Absatzpreis kalkuliert.
Lit.: Eilenberger 1986, 203 f.

**Barter-Gesellschaft**
Unternehmungen, die für Außenhandelsunternehmungen in deren Auftrag die Vermarktung von Gütern, die diese im Rahmen von -> **Barter-Geschäften** als Entgelt akzeptieren mußten, entweder selbst vornehmen oder Abnehmer bzw. andere Vermarkter vermitteln. Bei der Verwertung muß der Lieferant in der Regel einen Abschlag hinnehmen, der die Risiken der Barter-Gesellschaft bezüglich Verwertung und Währungssituation berücksichtigt. Der Auftraggeber erhält den DM-Gegenwert des Verkaufserlöses. Barter-Unternehmungen in Deutschland: Barter Business Club, Witten; BTZ Barter Tauschzentrale, Hamburg. Vermittlung von Geschäftspartnern: Bundesverband des Deutschen Exporthandels (BDEX).

**Barter-Kontrakt**
-> **Barter-Agreement**

**Barter-Unternehmung, ausländische**
Ausländische Unternehmung, die im Auftrag des deutschen Exporteurs die Verwertung von Gegenleistungen im Rahmen von -> **Barter-Geschäften** vornimmt. Im Unterschied zur Verwertung durch deutsche -> **Barter-Gesellschaften** fließt der Gegenwert des Veräußerungserlöses dem Auftraggeber (= deutscher Exporteur) in fremder Währung (Valuta) zu, so daß sich für diesen Währungsrisiken bei dieser Form der Abwicklung ergeben.

**Base Yield Bond**
-> **Unbundled Stock Unit**

**Basic Swap**
-> **Basis-Swap**

**Basis**

Differenz oder -> **Spread** zwischen zwei Marktpreisen (z.b. Financial Futures Price - Cash Market Price) oder zwischen zwei Zinssätzen (z.b. zwischen -> **Financial Futures** und dem zu Grunde liegenden Kassainstrument oder zwischen den Zinssätzen für Commercial Papers und Eurodollars). Im Aktienmarkt wird die Basis häufig auch als -> **premium** oder -> **discount** bezeichnet.

**Basis point**
-> Basispunkt

**Basis Point Model** (Zins Futures)
Die -> **Hedge Ratio Bestimmung** kann nach folgender "Formel" erfolgen:

$$\text{Hedge Ratio} = \frac{\text{Nominalwert der Kassaposition}}{\text{Nominalwert des Future Kontraktes}} \bullet$$

$$\frac{\text{Wertveränd. der Kassapos. pro Basispunktveränderung (0.01)}}{\text{Wertveränd. des Future Kontraktes pro Basispunktveränderung (0.01)}}$$

**Basis risk (Basisrisiko)**
Gefahr, daß die Wertänderung einer Kassaposition von der Wertänderung einer zugehörigen Futures-Kontrakt-Position in einer für den Entscheidungsträger nachteiligen Weise abweicht.

**Basis Swap-Markt**
Markt für die -> **variablen / variablen Zinsswaps**.

**Basis Swap**
Synonymer Ausdruck für einen -> **variablen Zinsswap**.

**Basis trade**
Nutzung von Veränderungen des (Basis-) -> **Spreads** auf Grund von Annäherungen der korrespondierenden Positionen von ausübbaren (fälligen) Kassainstrumenten und den entsprechenden Futures-Kontrakten; siehe auch -> **Cash and Carry-Arbitrage**.

**Basis-Arbitrage**
-> **Arbitrage mit Financial Futures**

## Basisobjekt
Der einer -> **Option** oder einem -> **Financial Future** zugrundeliegende Vermögensgegenstand bzw. -> **Aktienindex** oder Zinssatz (-> **Underlying**).

## Basispoint
-> **Basispunkt**

## Basispreis
Vereinbarter **Kurs**, zu dem der jeweilige Inhaber einer -> **Option** gegen Zahlung einer bestimmten -> **Prämie** eine im voraus festgelegte Zahl von Aktien (-> **Aktienoption**) bzw. Rentenpapieren (-> **Rentenoption**) oder einen im voraus festgelegten Valutabetrag (-> **Devisenoption**) oder eine im voraus festgelegte Menge an Edelmetall (**Goldoption; Silberoption**) vom -> **Stillhalter** entweder kaufen oder an diesen verkaufen kann. Auch als **Exercise-Price, Strike-Price** oder **Striking-Price** bezeichnet.

## Basispunkt
Maß zur Quotierung von Differenzen ( -> **Spreads**) zwischen **Zinssätzen** (als Preise auf Kassamärkten) oder zwischen **Renditen** von Wertpapieren bzw. Zinsinstrumenten. Ein Basispunkt entspricht 1/100 von 1% (**1bp = 0,01%**). Somit wird beispielsweise eine Zinsdifferenz oder Renditedifferenz von 0,51% durch 51 Basispunkte ausgedrückt.

## Basisrisiko
Gefahr, daß die Rendite eines Financial Futures beim Abschluß sich von der Rendite des Financial Futures bei der Glattstellung (im Rahmen eines -> **Hedge**) unterscheidet (ohne entsprechende Veränderung des Kassainstruments). Gegen Ende der Laufzeit des Kontrakts verliert das Basisrisiko an Wirkung (-> **Cash Convergence**).

## Basket
"Korb" von Aktien (-> **Aktienkorb**). In Zusammenhang mit -> **gedeckten Optionen** bilden Baskets die Basis für die Emission entsprechender -> **Aktienoptionsscheine** (z.B. -> **Deutscher Chemie Basket**).

## Basket Option
-> **Branchen-Option**; -> **Deutscher Chemie Basket**

## Bear
Spekulant bzw. Anleger, der Kursabschwung erwartet (Baissier; Bär).

## Bear Bond
-> **Aktienindex-Anleihe**

## Bear Warrant
-> **Aktienindex-Warrant**

## Bearer Eurodollar Collateralized Security (BECS)
-> **Eurodollar collateralized security**

## Bellwether Bond
Für bestimmtes Kapitalmarktsegment und für bestimmte Laufzeit(en) typisches Forderungspapier, dessen Entwicklung bezüglich Kurs und Rendite für die übrigen Wertpapiere dieses Segments prägend bzw. repräsentativ ist (bellwether = "Leithammel").

## Beta Factor Model (Aktienindex Futures)
Die -> **Hedge Ratio-Bestimmung** kann nach folgender Formel erfolgen:

$$\text{Hedge Ratio} = \frac{\text{Marktwert der Kassaposition}}{\text{Marktwert des Future Kontraktes}} \bullet \text{Beta Faktor}$$

Der Beta Faktor drückt dabei das Verhältnis zwischen den Kursschwankungen eines Aktienbestandes und eines repräsentativen Aktienindex (der dem Future-Kontrakt zugrunde liegt) aus.
Hedging kann einen Investor oder Händler nicht vollständig vor Verlusten sichern oder etwa Gewinne garantieren. - Erwartete Preisänderungen der Kassaposition sind in der Futurepreis-Bildung bereits berücksichtigt. Deshalb können nur unerwartete Preisänderungen Gegenstand des Hedging sein. *WH*

# Beta-Faktor

**Beta-Faktor**
Risikomaß für das Marktrisiko eines Finanztitels; auch als **Beta** (ß) bezeichnet (entwickelt in Zusammenhang mit dem **Capital Asset Pricing Model**): Die erwartete Rentabilität eines bestimmten einzelnen Finanztitels j, also $r_j$, setzt sich aus dem bei alternativer Anlage erzielbaren Marktzins einer **risikolosen** Anlage (z.B Staatspapier) r und einer **Risikoprämie** ($ß_j r_m - ß_j r_f$) zusammen. Das Marktrisiko (= systematisches und nicht diversifizierbares Risiko) für den betreffenden Finanztitel (Beteiligungspapier einer bestimmten Unternehmung j) wird durch den Beta-Faktor repräsentiert; $r_m$ bedeutet die erwartete Rendite des Marktportfolios (m), die sich an einem repräsentativen -> **Aktienindex** orientieren wird, und $r_f$ die risikolosen Erträge:

$$r_j = r_f + \underbrace{ß_j(r_m - r_f)}_{\text{"Risikoprämie"}}$$

Den Zusammenhang zwischen den erwarteten Erträgen und dem durch ß ausgedrückten Ausmaß des systematischen Risikos sowie der SML zeigt folgende **graphische** Darstellung:

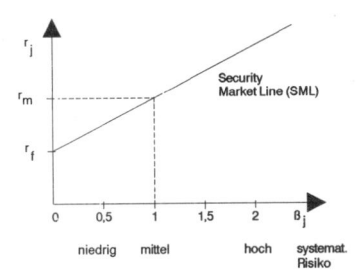

Mathematisch gesehen ergibt sich der Beta-Faktor aus

$$ß_j = \frac{\text{Kovarianz}(r_j, r_m)}{\text{Varianz}(r_m)} = \frac{\text{cov}(r_j, r_m)}{\sigma^2_m}$$

wobei:

$$\text{cov}(r_j, r_m) = \left[r_j - E(r_j)\right] \cdot \left[r_m - E(r_m)\right] \cdot p_i$$

$$\sigma^2_m = \left[r_m - E(r_m)\right]^2$$

Die Varianz ($r_m$) bzw. $\sigma^2_m$ drückt die Unsicherheit aus, ein bestimmtes $r_m$ zu realisieren, während die **Kovarianz** ($r_j, r_m$) die Wirkungen von Änderungen des Marktzinses ($r_m$) auf den Ertragswert eines einzelnen Finanztitels zeigt.
Daher ist der **erwartete Ertrag** [$E(r_j)$] eines einzelnen Finanztitels oder Portfolios abhängig von den erwarteten Erträgen risikoloser Wertpapiere [$E(r_f)$] und dem erwarteten Marktertrag [$E(r_m)$] und daher von $ß_j$, also der **individuellen Kovarianz** eines Finanztitels oder Portfolios im Verhältnis zum Gesamtmarkt:

$$E(r_j) = E(r_f) + ß_j [E(r_m) - E(r_f)]$$

Ist das Gesamtmarktrisiko beispielsweise definiert als ß = 1, so weisen Einzelpapiere mit geringerem systematischen Risiko Beta-Werte von <1, solche mit höherem systematischen Risiko ß-Werte von >1 auf.
Für die Finanzanlage-Entscheidung bedeutet dieser Sachverhalt, daß Finanztitel mit Beta-Werten von 1 mittlere Risiken aufweisen und auch Rentabilitäten mittlerer Höhe abwerfen, während Finanztitel mit ß >1 höher riskante Beteiligungen darstellen, die aber auch wesentlich höhere Erträge versprechen. Dagegen erweisen sich Beta-Werte <1 als niedrig riskant mit entsprechend unterdurchschnittlichen Ertragserwartungen. Berechnungen für verschiedene Branchen in den USA zeigen, daß Beta-Werten von 1,8 geschätzte Rentabilitäten von 26,8% (Luftfahrtunternehmungen), solchen von 1,6 (elektronische Industrie) erwartete Rentabilitäten von 24,4%, Beta-Werten von 1 (Ernährungsindustrie) erwartete Rentabilitäten von 19% sowie Werten von 0,35 (Gold-Industrie) Ertragserwartungen von nur noch 13,15% gegenüberstehen

(siehe Mullins, 111). Auf Grund der regelmäßigen Ermittlung und Veröffentlichung von Beta-Werten für alle großen börsennotierten US-Gesellschaften ist die praktische Anwendung bzw. Nutzung dieses Risikomaßstabes für Anlageentscheidungen in derartige Finanztitel erheblich erleichtert, wenn sich auch die Beta-Werte im Zeitablauf als teilweise instabil erwiesen haben und daher einer laufenden Überwachung bzw. ggf. Revision bedürfen.

Lit.: Sharpe, W.F., Capital Asset Prices. The Journal of Finance 1964, 425 ff.;
Solnick, B., An Equilibrium Model of International Capital Markets. Journal of Economic Theory 1974, 500 ff.;
Mullins, D.W. Jr., Does the capital asset pricing model work? Harvard Business Review 1982, Nr. 1, 105 ff.
Eilenberger 1989, 166 ff.

**Bezahltkarte**
-> Debitkarte

**BI**
-> Buy In

**Biased View**
Options-Strategie in Zusammenhang mit -> **Naked Writing** bzw. -> **Uncovered Writing**.

**Bid**
Kaufgebot (Gebot) zu einem bestimmten Preis.

**Bid price**
**Geldkurs**, d.h. der Kurs, zu dem Bereitschaft eines Nachfragers besteht, ein Finanzinstrument (am Geld- oder Kapitalmarkt) zu kaufen.

**Bid rate**
Zinssatz im Sinne eines **Geldkurses** (-> **bid price**), zu dem Anlagen von Finanzmitteln insbesondere auf dem Geldmarkt möglich sind.

**BIFFEX**
-> **Baltic International Freight Futures Exchange**

**Black-Scholes-Modell**
Bei einem Engagement am Optionsmarkt stellt sich dem Anleger zunächst das Problem, ob der aktuelle Preis einer Option zu hoch, zu niedrig oder angemessen ist. Besitzt der Anleger eine Option, dann interessiert der Wert der Option während der Laufzeit sowie die Stärke und Wirkungsrichtung der Preisbestimmungsfaktoren bei deren Veränderung. Zur Klärung dieser Problemkreise wurden Optionswertmodelle entwickelt, wobei die statistischen Modelle und die Gleichgewichtsmodelle zu unterscheiden sind.

Die statistischen Modelle versuchen über die Beobachtung vergangener Aktienkurse und Optionspreise sowie durch Zuhilfenahme statistischer Methoden, wie z.B. der Regressionsanalyse, preisbestimmende Zusammenhänge zu erkennen. Diese Ansätze benötigen keine Annahmen über zukünftige Aktienkursentwicklungen.

Im Gegensatz dazu leiten die Gleichgewichtsmodelle ihre Aussagen aus Modellen des Marktgleichgewichtes ab, wobei bestimmte Hypothesen über die zukünftigen Aktienkursverläufe die Grundlage bilden. Diese Ansätze können je nach den zugrundeliegenden restriktiven Annahmen weiter in die vollständigen und unvollständigen Gleichgewichtsmodelle eingeteilt werden (vgl. Weger, 1985). Sofern der theoretische Wert einer Option in Abhängigkeit von individuellen Zeit- und Risikopräferenzen der Marktteilnehmer bestimmt wird, spricht man von unvollständigen Gleichgewichtsmodellen, andernfalls von vollständigen Gleichgewichtsmodellen. Black und Scholes gelang es 1973, ein vollständiges Gleichgewichtsmodell zu formulieren, das heute zweifellos das bekannteste und theoretisch befriedigendste Optionswertmodell ist. Sie leiten ihre Formel am Beispiel einer europäischen Kaufoption ab und unterstellen u.a. folgende Prämissen:

- während der Optionslaufzeit erfolgen keine Dividendenzahlungen;
- es fallen keine Transaktionskosten oder Steuerzahlungen für getätigte Geschäfte an;
- Leerverkäufe sind unbeschränkt möglich;
- die Aktienkurse folgen einem kontinuierlichen random walk und sind lognormalverteilt mit konstanter Varianz je Zeitintervall;
- der Zinssatz für risikolose Anlagen ist bekannt und während der Optionslaufzeit konstant; zudem gilt: Habenzins = Sollzins.

Unter den genannten Voraussetzungen hängt der Wert der Aktienkaufoption C von folgenden fünf Faktoren ab (vgl. Eilenberger 1990):
1) Preis der zugrundeliegenden Aktie A
2) Basispreis B
3) Restlaufzeit der Option t
4) Varianz der Rendite der Basisaktie VAR
5) Zinssatz für risikolose Anlagen r.

Unter Berücksichtigung dieser Faktoren ergibt sich als Bewertungsansatz:

$$C = A \cdot N(d_1) - B \cdot e^{-rt} \cdot N(d_2)$$

mit:

$$d_1 = \frac{\ln(A/B) + (r + 0{,}5 \cdot VAR) \cdot t}{VAR \cdot t}$$

$$d_2 = d_1 - VAR \cdot t$$

$N(..)$ = Wert der kumulierten Standard normalverteilung
$e$ = Euler'sche Zahl (2,718...)

Beispiel:
Aktueller Aktienkurs A: 50 US$
Basispreis B: 45 US$
Laufzeit der Option t: 4 Monate (0,3 Jahre)
Risikoloser Zinssatz r: 10% p.a.
Varianz der Aktienrendite VAR: 0,2

Zur Bestimmung des Optionswertes muß zunächst $d_1$ und $d_2$ berechnet werden:

$$d_1 = \frac{\ln(50/45) + (0{,}1 + 0{,}5 \cdot 0{,}2) \cdot 0{,}3}{0{,}2 \cdot 0{,}3}$$

$$d_2 = 0{,}6746 - 0{,}2 \cdot 0{,}3 = 0{,}43$$

Die Werte für $N(d_1)$ und $N(d_2)$ können nun aus der Wertetafel für die Verteilungsfunktion der Standardnormalverteilung entnommen werden und lauten:
$N(d_1) = 0{,}75$
$N(d_2) = 0{,}66$
Durch Einsetzen der Werte von $N(d_1)$ und $N(d_2)$ kann der theoretische Optionswert der Kaufoption berechnet werden:

$$C = 50 \cdot 0{,}75 - 45 \cdot 0{,}97 \cdot 0{,}66 = 8{,}42$$

Sofern der Anleger bereits ein Optionsportefeuille besitzt, interessiert insbesondere die Preisreaktion der Optionen bei Änderung der Preisbestimmungsfaktoren. Nachstehende Tab. gibt für die Kaufoption dazu einen Überblick:

|  |  | Preisreaktionen der Kaufoption nach Black-Scholes | |
|---|---|---|---|
|  |  | steigend | fallend |
| Aktueller Aktienkurs: | steigend | X |  |
|  | fallend |  | X |
| Basispreis: | steigend |  | X |
|  | fallend | X |  |
| Laufzeit: | länger | X |  |
|  | kürzer |  | X |
| Varianz: | höher | X |  |
|  | niedriger |  | X |
| Zinssatz: | höher | X |  |
|  | niedriger |  | X |

Die Preisreaktionen der Verkaufsoption sind hinsichtlich der Veränderung des aktuellen Aktienkurses, des Basispreises und des Zinssatzes entgegengesetzt (näheres vgl. Bühler, 1988).
Als Berechnungsansatz ergibt sich nach Black-Scholes für den Optionswert der Verkaufsoption P (vgl. Eilenberger 1990):

$P = A \cdot N(-d_2) \cdot e^{-rt} - B \cdot N(-d_1)$
mit:
$(1 - N(d.)) = N(-d.)$

Die nach Black-Scholes veröffentlichten Abhandlungen zu den Optionswertmodellen beschäftigen sich einerseits mit der Lockerung der von Black-Scholes gesetzten Prämissen (vgl. z.B. Merton 1973; Thorpe 1973) und andererseits mit der Möglichkeit, das von Black-Scholes entwickelte Bewertungsmodell für Aktienoptionen auch auf andere ökonomische Sachverhalte anzuwenden (vgl. Köpf 1987). *TG*

### Blank Check-Gesellschaft
Emittenten von -> **Penny Stocks**, die außer der Mitteilung über die Absicht, andere Unternehmungen aufzukaufen, den Anlegern keine weiteren Informationen zukommen lassen (= Emission von **Blank Checks**, d.h. Blankoschecks).

### Blind Pool
Emissionsmethode von -> **Penny Stocks**, bei welcher den Anlegern geringfügig weitergehende Informationen gegeben werden als im Falle der -> **Blank Check-Gesellschaft**. Diese umfassen jedoch nur Hinweise, in welcher Branche die Mittel angelegt werden sollen, nicht jedoch enthalten sie Angaben zu den zu erwerbenden Unternehmungen oder nennen diese.

### Blue Ribbon Panel
-> **Programmhandel**

### BO
-> **Buy Out**

### Bond
Forderungspapier, das auf dem Kapitalmarkt emittiert wird, mit längerer Laufzeit (zum Unterschied von -> **Notes** als "Kurzläufern" mit höchstens "mittlerer" Laufzeit zwischen 5 und 7 Jahren).

### Bond Equivalent Yield
-> **Settlement Value**

### Bond lending
Verfahren zur Unterstützung der Teilnehmer an -> **Cedel** und -> **Euro-Clear** zur Erreichung der geforderten (Mindest-) Abschlüsse bei Wertpapiertransaktionen durch Leihe von Effekten auf Zeit. Der Bedarf an bond lending entsteht beispielsweise, wenn ein Broker/Dealer einen Auftrag über eine bestimmte Menge an -> **Eurobonds** auszuführen hat, aber (noch) nicht in vollem Umfang darüber verfügen kann. In diesem Fall kann er unter Vermittlung von Cedel/Euroclear die Differenz bei einem institutionellen oder großen privaten Investor gegen Zahlung einer Gebühr für einen fixierten oder auch unbestimmten Zeitraum leihen. Somit existieren bei Bond lending drei Akteure: Der Leiher (Borrower), der Verleiher (Lender) und der Agent (Cedel/Euro-Clear).

### Bond Portfolio Management
Die Zusammensetzung und Effizienz von **Anleihen-Portfolios** wird im wesentlichen von Zinsänderungen beeinflußt. Daher ist es erforderlich, ein Risikomaß zur Verfügung zu haben, das die Reaktion von Zins-Instrumenten bzw. Zins-Instrument-Portfolios auf Änderungen im Renditeniveau beschreibt. Das Konzept der -> **Duration** gibt diesen Zusammenhang grundsätzlich insofern wieder, als sich Zins-Instrumente bzw. -Portfolios mit derselben Duration bei Änderungen im Renditeniveau kursmäßig in derselben Weise entwickeln.
Lit.: Cordero R., 190 ff.

### Bond Warrant
Forderungspapier mit -> **Optionsschein**, das zum Bezug von Aktien (eigenkapitalorientierte Optionen) oder von zusätzlichen Bonds desselben Emittenten (fremdkapitalorientierte Optionen) berechtigt (-> **Optionsanleihe**).

## Bonitätsprüfung
Prüfung der Zahlungsfähigkeit und -willigkeit eines Kunden z.B. bei Beantragung einer -> **Kreditkarte**; i.d.R. werden regelmäßige Zugänge auf dem Girokonto verlangt, von dem die Kartenumsätze des Karteninhabers abgebucht werden. Da die -> **Kartenorganisation** im allgemeinen keinen Zugang zu diesem Konto hat, wird entweder eine Bonitätsbestätigung beim kontoführenden Kreditinistitut oder eine -> **Schufa-Auskunft** eingeholt, in Einzelfällen zusätzlich eine Bankauskunft beim kontoführenden Institut. *EK*

## BONUS
-> **Borrower's Option for Notes and Underwriting.**

## Borrower's Option for Notes and Underwriting
Modifizierung einer -> **NIF** in Form der Borrower Option for Notes and Underwritten Standby, die dem Emittenten die Option einräumt, sich die notwendigen (kurzfristigen) Finanzmittel durch Emission entsprechender (Geldmarkt-)Papiere sowohl auf dem US-Commercial-Paper-Markt als auch auf dem -> **Euro-Commercial-Paper-Markt** zu besorgen (unter Nutzung der Stand by-Fazilität als Kreditlinie für das Europapier); siehe auch -> **Euro-Finanzierungsprogramme.**

## BOSS
-> **Börsen-Order-Service-System.**

## Bourse de Commerce de Paris
2, rue de Viarmes, Boîte Postale 53.01, F-75022 Paris-Cedex
Warenterminbörse für Soft-Futures, vornehmlich für Weißzucker, Kaffee, Kakao.

## Bourse de Paris
2, rue de Viarmes, Boîte Postale 53.01, F-75022 Paris-Cedex
Wertpapierhandelsbörse in Paris, gegründet im Jahre 1724.

## Börsen-Order-Service System (BOSS)
Projekt zur elektronischen Unterstützung des Orderflusses an der Frankfurter Wertpapierbörse. Nach Realisierung von BOSS können die Banken ihre Orders direkt in das künftige elektronische Skontro des Maklers überspielen. Der Makler vereinigt die Aufträge aus dem Parkett mit den elektronisch übermittelten Aufträgen. BOSS unterstützt und beschleunigt die Kursfindung durch eine Reihe von Anzeigen und Funktionen. Der Kurs wird sofort in -> **KISS** eingespielt, die ausführbaren Aufträge werden automatisch miteinander verknüpft (-> **matching**), und die abgeschlossenen Geschäfte automatisch in das Abwicklungssystem des Frankfurter Kassenvereins übermittelt. Ein erster Schritt zur Verringerung des Papieranfalls erfolgte am 20. Januar 1989 mit der **Einführung von Teilkomponenten von BOSS** zur Unterstützung der Abwicklung der Transaktionen am Frankfurter Optionsmarkt. Dabei erfolgte die Lösung der individuellen Bindung zwischen Stillhalter und Ausübungsberechtigtem. Seither entfällt die unmittelbare Zuordnungsfunktion der Optionsnummer. Bei einer Ausübung wird der Verpflichtete nunmehr durch einen elektronischen Zufallsgenerator bestimmt. Damit ergibt sich eine Erleichterung bei der Übertragung von Optionsbeständen im Sekundärmarkt. Für den Herbst 1990 ist geplant, die nur zum Einheitskurs notierten Aktien über BOSS zu handeln; die variablen Notierungen sollen im Frühjahr 1991 folgen.

## Börsenausführung
-> **Execution**

## Börsenstruktur
Durch die historische Wirtschaftsentwicklung, die in jedem Industrieland unterschiedlich verlief, hat sich in den Ländern mit internationalem Börsenhandel jeweils eine ganz eigene Struktur des Börsenwesens herausgebildet. Wesentliche Unterscheidungsmerkmale dabei sind:

- die **Anzahl der Börsenplätze** eines Landes (in manchen Ländern ist eine **zentrale Börse** für das ganze Land bestimmend, so z. B. in Japan die Börse von Tokyo, während beispielsweise in der Bundesrepublik und in den USA, wo mehrere Börsenplätze im internationalen Handel eine Rolle spielen, **dezentrale Börsen** zu finden sind),
- die **Art der Handelsobjekte**, die in einem Land gehandelt werden (Wertpapiere, Financial Futures, Optionen) sowie
- der **Grad der Selbständigkeit einzelner Börsen** (die Bandbreite reicht hierbei von einer vollständigen Eingliederung des Termin- und Optionshandels in eine zentrale Börse, wie z. B. in Tokyo, wo alle Financial Futures und Optionen an der Zentralbörse gehandelt werden, bis hin zum Handel von ganz bestimmten Kontrakten auf eigenständigen Börsen, wie z. B. in Chicago, wo Reis- und Baumwoll-Futures an der -> **Chicago Rice and Cotton Exchange** gehandelt werden).

Eine Übersicht über die wichtigsten Terminbörsenplätze, die auch auf die Börsenstruktur der Länder eingeht, ist unter -> **Terminbörsen** zu finden. *DR*

## Branchen-Option

Auf ausgewählte Aktien einer Branche bezogener -> **gedeckter Optionsschein**, der auch als **Basket-Option** (-> **Deutscher Chemie Basket**) bezeichnet werden kann. Der Basket stellt einen -> **Aktienkorb** dar, auf dessen Entwicklung der (die) Optionsschein(e) bezogen ist (sind). Praktiziert wurde auch eine Basket-Option, welche die vier wichtigsten Branchen des schweizerischen Aktienmarktes repräsentiert (Banken, Versicherungen, Chemie, Nahrungsmittelbranche).

## Break

Außerordentlich starker und kurzfristig wirksamer Kursabschwung auf Kassamärkten (Gegensatz zum -> **Bulge**).

## Break Even Futures-Preis
-> **Cost of Carry-Formel**

## Break Even Point

"Kritischer" Preis (Kurs, Zins) des zugrunde liegenden Finanzinstruments, zu dem der Käufer einer Option (eines Kontraktes) gerade die Prämie (= notwendige Initialzahlung) erwirtschaftet (= kein Gewinn, aber auch kein Verlust bei Ausübung des Rechts). Beispielsweise liegt bei -> **Call-Optionen** der Break-Even-Point bei der Summe von -> **Basispreis** plus -> **Prämie**, bei -> **Put-Optionen** ergibt er sich aus Basispreis minus Prämie.

## Bridge

Auch als **Electronic Bridge** bezeichnetes Verfahren, das seit 1980 dafür sorgt, daß Teilnehmer an -> **Cedel** und -> **Euroclear** aus den jeweiligen Beständen der anderen Organisation die benötigte Zahl von Eurobonds gegen Bezahlung besorgen (kaufen) können (z.B. zur Ausführung von Wertpapiertransaktionen mit Mindestabschlüssen).

## Briefkurs
-> **Ask price**

## Broker

Vermittler von Börsentransaktionen, insbesondere von Futures-Kontrakten gegen Entgelt in Form einer -> **Commission** (Voraussetzung dafür ist eine -> **CFTC-Lizenz**). Siehe auch -> **Floor Broker**.

## Brokerage Fee

Entspricht der -> **Commission** im Aktienmarkt (Stock Market); diese Gebühr - bezogen auf jeden Kontrakt - ist jeweils nur einmal zu entrichten, und zwar wenn die Position durch Ausübung bei Fälligkeit oder durch eine -> **Offset transaction** aufgelöst wird.

## BSFF
-> **Buffer Stock Financing Facility**

**Buffer Stock Financing Facility (BSFF)**
Von IWF 1969 geschaffene Finanzierungsfazilität, die zur Finanzierung von Beiträgen für das internationale Gummi-Abkommen von 1987 (International Natural Rubber Agreement - INRA) freigegeben worden ist. Es handelt sich um Ziehungen (siehe auch -> **SZR**) von IWF-Mitgliedern auf die BSFF-Fazilität in Höhe von bis zu 45% der Quote des jeweiligen Mitgliedes. Bislang haben 18 Mitgliedsländer mit rund 558 Mio SZR (rd. 725 Mio $) die Fazilität in Anspruch genommen. Das 1989 in Kraft getretene und bis 1994 laufende Internationale Gummi-Abkommen sieht einen mit bis zu 550.000 Tonnen bestückten **Bufferstock** vor.

**Bufferstock**
-> **Buffer Stock Financing Facility**

**Bulge**
Außerordentlich starker und kurzfristig wirksamer Kursaufschwung auf Kassamärkten (Gegensatz zu -> **Break**).

**Bull Bond**
-> **Aktienindex-Anleihe**

**Bull Warrant**
-> **Aktienindex-Warrant**

**Bull and Bear Bonds**
-> **Aktienindex-Anleihe**; -> **Index-linked Bonds**; -> **Index-Anleihe**; -> **Heaven-and Hell Bonds**

**Bulldog Bond**
Auf Pfund Sterling lautende -> **Schuldverschreibung** eines nicht-britischen Emittenten am englischen Kapitalmarkt (**Pfund Sterling-Auslandsanleihe**).

**Bund Futures Contract**
-> **Bundesanleihe Terminkontrakt**

**Bund Futures Option Contract**
-> **Option auf Bundesanleihe-Terminkontrakt**

**Bundesanleihe-Terminkontrakt**
Am 27. September 1988 an der -> **LIFFE** eingeführt; gesetzlich bindender Vertrag über die Lieferung oder Abnahme einer DM-Bundesanleihe zu einem vereinbarten Preis an einem bestimmten Datum. Grund war die Notwendigkeit, sich gegen die ständig anwachsenden finanziellen Risiken durch die hohe Volatilität von Wechselkursen und Zinsdifferenzen gegenüber der DM absichern zu können.
Der LIFFE-Bundesanleihe-Terminkontrakt gibt dem Bestandshalter von Bundesanleihen die Möglichkeit, sich gegen Kursrisiken durch das Eingehen einer entgegengesetzten Position auf dem Bund-Future-Markt zu hedgen. Durch den Verkauf von Bund-Terminkontrakten können kompensatorische Gewinne im Falle steigender Zinsen erzielt werden, die den Wert seiner -> **Kassaposition** vermindern.
Positionen in Bund-Terminkontrakten sind frei von Quellensteuer. Bei Lieferung aus Terminverpflichtung werden Bundesanleihen und Kontrollnummern geliefert, die Durchführung erfolgt durch das inländische Abrechnungssystem. Ergänzung des LIFFE- -> **Kontraktes für britische Staatsanleihen** (-> **Long Gilt Future**), des -> **Kontraktes über US-Staatsanleihen** (**US Treasury Bond Future**) und des -> **Kontraktes über japanische Staatsanleihen** (**Japanese Government Bond /JGB/ Future**).
Hauptanwendungsbereiche des Kontraktes:
- Kurssicherungsinstrument für Bundes-, Bahn-, Postemissionen
- Schutz gegen Zinsänderungsrisiken bei Euro-DM-Anleihen und DM-Zinsswaps
- Handel und Arbitrage
LIFFE-Kontrakt/Kontraktspezifikationen:
Gehandelte Einheit:
DM 250 000 nominal einer fiktiven Anleihe des Bundes mit 6% Coupon
Liefermonate:
März, Juni, September, Dezember
Liefertag: Am Zehnten des Liefermonats
Letzter Handelstag:
Drei Arbeitstage in Frankfurt vor dem Lie-

fertag. 11.00 Frankfurter Zeit.
Notierung: Pro 100 DM Nennwert
Mindestkursveränderung (Tick: Größe und Wert):
DM 0.01 (DM 25)
Originaleinschuß: DM 1 500
(Straddle-Einschuß): (DM 250)
Handelszeiten:
08.10 Uhr - 16.00 Uhr Londoner Zeit
EDSP:
LIFFE-Marktpreis um 11.00 Uhr Frankfurter Zeit am letzten Handelstag. Der Rechnungsbetrag wird nach dem -> **Preisfaktorsystem** errechnet. Eine abschließende Liste der lieferbaren Anleihen incl. Preisfaktoren wird 2 Wochen vor dem letzten Handelstag des Liefermonats von der Börse veröffentlicht. Anpassungen incl. aufgelaufener Stückzinsen. *WH*

**Bundesbahn-Floater**
Erstmalige Emission einer -> **FRN** durch einen großen öffentlichen Emittenten am DM-Kapitalmarkt (Anfang März 1990), die darüber hinaus erstmals im -> **Tenderverfahren** (und nicht über das Bundesanleihekonsortium) erfolgte. Für die Bundesbahn als Emittentin ergab sich bei der Wahl des amerikanischen Tenderverfahrens der Vorteil, daß die Anleihe entsprechend der Höchstgebote zugeteilt wird. Bei einer Laufzeit von 10 Jahren erfolgt vierteljährliche Zinsanpassung auf der Basis von -> **LIBOR** (3 Monate). Aufstockung des Emissionsvolumens von 2 Mrd DM auf das Doppelte ist vorbehalten. Über einen -> **Call** besitzt die Emittentin das Recht auf Kündigung (wenn die Zinssituation auf dem Festsatzmarkt sich als günstiger erweisen sollte).

**Bunny Bond**
Schuldverschreibung mit der Option für deren Inhaber (= Gläubiger) auf Auszahlung der jeweils fälligen Zinszahlungen **oder** Ausgabe von zusätzlichen (Teil-) Schuldverschreibungsstücken im Umfang der nicht ausgezahlten Zinsen (insofern handelt es sich im zweiten Fall dem Grunde nach um einen "Zinssammler"; siehe dazu auch -> **Zero Bond**).

**Butterfly Call Spread**
-> **Spread**, -> **Aktienoptionsstrategien**

**Butterfly Spread**
Kombination eines Bull- und eines Bear-Spread (-> **vertical spread**); insofern handelt es sich um einen **Spread von Spreads** (siehe auch -> **Aktienoptionsstrategien**).

**Butterfly Spread Position**
-> **Spread**, -> **Aktienoptionsstrategien**

**Butterfly Spreading**
-> **Spread**, -> **Aktienoptionsstrategien**

**Buy In (BI)**
Im Gegensatz zu -> **Buy Out** Einkauf in fremde, branchengleiche oder branchenverwandte Unternehmungen; wenn der BI durch Manager erfolgt, wird von **Management Buy-In** gesprochen (= Führungskräfte kaufen sich in ein anderes als das eigene Unternehmen ein; zu letzterem siehe -> **Management Buy Out**).

**Buy In (Offset)**
Gegenläufige Transaktion am -> **Financial Futures-Markt** zu einer früheren -> **short position** (mit entsprechendem Volumen).

**Buy on Close**
Am Schluß eines Handelstages innerhalb einer -> **closing range** auszuführender Kaufauftrag am -> **Financial Futures-Markt**.

**Buy on Opening**
Am Anfang (bei Eröffnung) eines Handelstages innerhalb einer -> **opening range** auszuführender Kaufauftrag am -> **Financial Futures-Markt**.

**Buy Out**
Grundsätzlich handelt es sich dabei um einen **Auskauf** der bisherigen Eigentümer

(und einen damit verbundenen Austausch des bisherigen Managements) einer Unternehmung im Rahmen von Übernahmen. Entsprechend der Charakterisierung der neuen Eigentümer ist zwischen **Leveraged Buy Outs (LBOs)** und **Management Buy Outs (MBOs)** zu unterscheiden (Abbildung). Während bei **MBOs** die Manager der Unternehmung in einer Art "**Selbsthilfeakquisition**" die Mehrheit des Aktienkapitals zu erwerben und damit die langfristige Fortführung der Unternehmung zu sichern versuchen, erfolgt bei **LBOs** der Auskauf durch private Investoren, deren Zielsetzungen i.d.R. eher kurzfristiger Natur (rasche Steigerung des Unternehmenswerts zum Zwecke der Börsenspekulation; Gewinnerzielung durch Verkauf unterbewerteter Aktiva oder Unternehmensteile) und auf Nutzung des finanziellen Hebeleffekts (Leverage-Effekts) gerichtet sind: Durch Zuführung von Fremdkapital wird die Rentabilität des Eigenkapitals zu steigern sein, sofern die Gesamtkapitalrentabilität der Unternehmung die Fremdfinanzierungskosten übersteigt. Dementsprechend erfolgt bei **LBOs** volle Fremdfinanzierung des Erwerbes der Kapitalanteile. Darüber hinaus emittiert die ausgekaufte Unternehmung hochverzinste Anleihen über den -> **OTC-Markt** in Form von -> **Junk Bonds**. Auch bei **MBOs** erweist sich die Finanzierung der Kapitalanteile als problematisch; häufig anzutreffende Lösungen bestehen darin, daß neben den direkt von den Managern aufzubringenden Eigenmitteln zusätzlich **MBO-Fonds** gegründet werden, die sich ihrerseits durch Ausgabe von Anteilscheinen finanzieren. Eine Sonderstellung nehmen **ESOP-LBOs (Employee Stock Ownership Plan - LBOs)** ein, die den fremdfinanzierten (Aus-) Kauf einer Unternehmung durch ihre Mitarbeiter betreffen (und sich somit nicht auf das Management wie bei MBOs beschränken).

Die Unterscheidung von LBOs in **Finanzielle LBOs** und **Industrielle LBOs** beruht auf der zugrunde liegenden Zwecksetzung des Auskaufes: Bei ersteren steht die Verwertung durch sog. **Asset Stripping** im Vordergrund, d.h. die sukzessive und konsequente Trennung bzw. Loslösung der Aktiva zum Zwecke der Liquidation (-> **Coupon Stripping**). Dagegen ist die zweitgenannte Variante von LBOs primär auf Restrukturierung bzw. Sanierung gerichtet und damit - abgesehen von der andersgearteten Eigentümerstruktur - in der Zwecksetzung MBOs ähnlich.

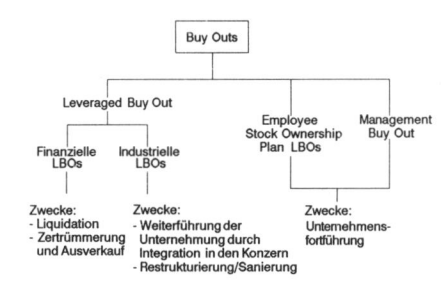

### Buy-write
Gleichzeitiges Ausstellen ( = Schreiben; write) einer Call-Option (durch den Stillhalter) und Kauf ( = buy) des zugrundeliegenden Kassainstruments, zum Zweck der Ertragserzielung ( = Erzielung eines bestimmten Nettoerfolges).

### Buyer
Käufer (Purchaser) einer Option, entweder einer Call- oder einer Put-Option (Optionshalter bzw. **Wähler**).

### Buying a Spread
In Verfolgung bestimmter Sicherungsstrategien erfolgt der Kauf eines -> **Spreads** zwischen unterschiedlichen Kontrakten oder zwischen verschiedenen Kontraktterminen desselben Kontraktes.

# C

## CAC
Aktienindex der **Compagnie des Agents de Change** mit der Basis 100 zum 31.12.1981 (CAC Générale). Er umfaßt ein Portefeuille derjenigen Aktien, die am amtlichen Markt der Pariser Börse größere Handelsvolumina aufweisen. Zusätzlich dazu existiert der CAC 40, der die 40 börsenumsatzstärksten Papiere des CAC Générale umfaßt.

## CAC 40
-> CAC

## CAC Générale
-> CAC

## Calendar Call Spread
(Siehe auch -> **Horizontal Spread** und -> **Time Call Spread** sowie -> **Spread**). Eine Optionsstrategie zur Erzielung von Gewinnen, die bei nahendem Ausübungstag infolge starker Veränderungen des Zeitwertes der Option realisierbar sind. Die Vorgehensweise besteht darin, eine zeitlich nähere ("near-term") Call Option zu verkaufen und dafür eine Call Option mit späterem Ausübungsdatum (-> **Expiration date**) zu kaufen. Dies deshalb, weil der Zeitwert von zeitlich näher zum Ausübungstag liegenden (-> **nearby**) Optionen im allgemeinen wesentlich stärker zu erodieren beginnt als derjenige von später fälligen Kontrakten. Der -> **Trader** erwartet, daß die Kosten der Abwicklung und Umschichtung der Positionen unter den zu erzielenden (Netto-) Erlösen liegen werden und somit ein Nettoerfolg für ihn entsteht.

## Calendar Spread
-> Horizontal Spread

## Call Bear Spread
-> Vertical Spread

## Call Bull Spread
-> Vertical Spread

## Call money
-> Euro-Geldmarkt-Termine

## Call Option
Bei **Finanzinstrumenten** in Form von -> **Optionen** handelt es sich um das Recht des Käufers (-> **buyer**) dieser -> **Kaufoption**, entweder innerhalb der Optionsfrist oder zum vereinbarten Fälligkeitstag der Option die zugrundeliegenden Vermögensgegenstände (Wertpapiere oder Devisen oder Edelmetalle) vom Stillhalter (-> **writer**; Schreiber der Option; Verkäufer der Kaufoption) zum -> **Basispreis** zu erwerben (= "go long"). Bezogen auf **Anleihen** erweist sich die Call Option als Recht des Anleiheschuldners (Emittenten), die Anleihe zum in den Anleihebedingungen vereinbarten Termin oder bis zu diesem Termin zu kündigen (= Schuldnerkündigungsrecht).

## Call writer
Aussteller (Schreiber) einer -> **Call Option** (Kaufoption).

## Callable Swap
Callable Swaps repräsentieren eine Variante von -> **Swaptions** (-> **Puttable Swaps**).

## Canadian Dollar Option Contract
Auf kanadische Dollar lautender -> **Optionskontrakt** ( -> **Devisen-Option**).

## Cap
Mit Hilfe von Caps erfolgt die Limitierung von Zinsschwankungen in dem Sinne, daß eine **Obergrenze** für den zulässigen Anstieg variabler Zinsen oder Zahlungen zugunsten des Schuldners bezüglich bestimmter Finanzinstrumente eingeführt wird. Caps wirken wie **"Deckel"**, die v.a. offene Zinspositionen des Schuldners gegenüber Zinsschwankungen limitieren. In diesem Sinne stellen Caps Zinsobergrenzen (= **Interest Rate Caps**; -> **Zinsdeckel**) dar; diese kön-

nen sowohl die maximale **absolute** Höhe des Zinsanstiegs als auch den maximalen Anstieg pro Zinsanpassung (also die **relative** Höhe des Zinsanstiegs) begrenzen. Daneben besteht die Möglichkeit, durch Caps die zinsbestimmten absoluten **Zahlungen** pro Periode bzw. den (relativen) Anstieg der Zahlungen pro Periode zu begrenzen (= **Payment Caps**), die auf diese Weise den sog. "Payment Shock" von Schuldnern und damit deren Zahlungsunfähigkeit ausschließen sollen. Während Interest Rate Caps insbesondere bei Schuldverschreibungen Anwendung finden, erfolgt der Einsatz von Payment Caps vorwiegend im Interesse von Schuldnern aus Kreditverhältnissen.

**Cap (Beispiel)**
Interest Rate Agreement that places an upper bound on borrowing costs (**Ceiling Rate Agreement**). In the case of a -> **LIBOR** based cap, the counterparty agrees that if LIBOR rises above the strike price, fixed today, the **cap buyer** will receive the difference between the prevailing rate and the strike price:
Cap, semiannually settlement on USD 100.000.000, strike price 11%; LIBOR rises to 13%
Result: Cap buyer receives USD 1.000.000
(0.02 x 1/2 x USD 100.000.000)
Borrowing costs of the cap buyer:

```
Interest cost:   0.13 • 1/2 • USD 100.000.000 =   USD 6.500.000
Receipt from cap: 0.02 • 1/2 • USD 100.000.000 = - USD 1.000.000
zu: Cap (Beispiel)                                USD 5.500.000
```

This net cost corresponds to an interest rate of 11% (0.11 x 1/2 x USD 100.000.000). Because of the type of protection provided, a cap is most applicable to floating rate issues. *WH*

**Cap buyer**
-> Cap

**Capfloater**
-> Capped FRN

**Capital Asset Pricing Model (CAPM)**
Theoretisches Modell zur Ermittlung bzw. Erklärung des Marktwertes von Wertpapieren unterschiedlichen Risikogehaltes auf Kapitalmärkten und innerhalb eines Marktportefeuilles. Entsprechend der Überlegung, daß die Höhe der Kapitalmarkterträge durch den **price of time** (= Zinssatz für risikolose, festverzinsliche Wertpapiere) und den **price of risk** (= Risikoprämie für risikobehaftete Finanztitel, wie z.B. Aktien) bestimmt werden, existieren zwei Teilmärkte, nämlich die Teilmärkte für risikolose (z.B. Staatspapiere) und für risikobehaftete Finanztitel. Die Höhe der Risikoprämie hängt von zunehmenden Ertragserwartungen ab und spiegelt sich in der sog. **Capital Market Line** wider, entlang der Marktgleichgewicht herrscht. Ergänzend dazu erlaubt die **Security Market Line** Aussagen über die erwartete Rentabilität eines bestimmten Finanztitels innerhalb eines Marktportefeuilles, und zwar nach folgender Gleichung:

$$E(r_j) = E(r_f) + \beta_j [E(r_m) - E(r_f)]$$

Der erwartete Ertrag [$E(r_j)$] eines einzelnen Finanztitels oder Portfolios ist abhängig von den erwarteten Erträgen risikoloser Wertpapiere [$E(r_f)$] und dem erwarteten Ertrag des Marktportfolios [$E(r_m)$], gemessen durch das Ergebnis eines repräsentativen Aktienindex (z.B. -> **Standard & Poor's 500**; -> **FAZ-Index**; -> **DAX**). Der -> **Beta-Koeffizient** ($\beta_j$) drückt die individuelle Kovarianz eines Finanztitels oder Portfolios im Verhältnis zum Gesamtmarkt aus. Beträgt $\beta = 1$, so weist der Finanztitel mittlere Risiken auf, die mit mittleren Erträgen korrespondieren. Dagegen weisen Werte von $\beta > 1$ auf höher riskante Finanztitel hin, die auch höhere Rentabilitäten versprechen. $\beta < 1$ signalisiert zwar niedrigere Risiken, läßt aber auch nur niedrigere Rentabilitäten erwarten. Die Anwendung des CAPM bedeutet für den Investor eine Unterstützung für den Entscheidungsprozeß bei Finanz-

anlagen auf funktionierenden, möglichst effizienten Kapitalmärkten.
**Lit.:** Sharpe, W.F.: Capital Asset Prices. The Journal of Finance 1964, 425 ff.; Schneider, D.: Investition und Finanzierung. 5. Aufl. Wiesbaden 1980, 526 ff.; Eilenberger 1989 a, 166 ff.

**Capital Growth Bond**
-> **Null-Kupon-Anleihe**

**CAPM**
-> **Capital Asset Pricing Model**

**Capped Floating Rate Note**
A Floating rate note with an attached -> **cap** that prevents the issuer of a rise in interest rates over the capped level.

**Capped FRN**
-> **Capped Floating Rate Note**

**Cappreis**
Preisobergrenze bei -> **Optionsscheinen** (-> **Devisen-Bull-Spread-Schein**) zur Risikobegrenzung des Optionsschreibers (-> **Stillhalter**).

**CAR**
-> **Company's Abnormal Return**

**Car Loan-Backed Securities (CLBS)**
Variante von -> **ABS** auf der Basis sog. **Automobile Receivables (AR)**, die in einem Pool gesammelt sind. Die AR stellen Forderungen aus Darlehen an Unternehmungen und Private dar, die der Finanzierung des Kaufes von Personenkraftwagen und leichten Lastkraftwagen mit Hilfe von Car Loans dienen. Die Struktur von CLBS folgt entweder dem Modell der -> **MPTS** oder dem Modell der -> **CMO**. Zins- und Tilgungszahlungen erfolgen monatlich bei jährlich fixiertem Zinssatz, die Laufzeit beträgt zwischen drei und fünf Jahren. Den Investoren ist eine Garantie in Form eines Letter of Credit gegeben, oder sie werden durch Versicherungen geschützt. Als spezifisches Produkt derartiger Überlegungen ist **CARS (Certificates for Automobile Receivables)** von Salomon Bros. zu nennen.

**CARDS**
-> **Certificate of Amortizing Revolving Debts**

**Carry**
-> **Cost of Carry**

**CARS**
-> **Certificate for Automobile Receivables**

**Carte à mémoire**
-> **Chipkarte**

**Cash advance**
-> **Bargeld-Service**

**Cash and Carry-Arbitrage**
Beim Cash and Carry-Handel wird eine lieferbare Anleihe gekauft und die entsprechende Anzahl von Future-Kontrakten gegen den Anleihebestand verkauft. Da der Arbitrageur im voraus weiß, daß er am Liefertag die Anleihe zum entsprechenden Betrag liefern kann, ist dies mit keinem Risiko verbunden. Die Marktpreise der Kassa- und Future-Positionen sowie die aktuelle Zinskurve stellen dabei die wesentlichen Einflußfaktoren dar. Siehe -> **Futures Arbitrage**.

**Cash Basket**
Aus führenden Wertpapieren eines Landes bestehender -> **Aktienkorb** (auch als **Länder-Aktienkorb** bezeichnet); erstmals organisiert für schwedische Aktien im April 1990 von der International Derivates Clearing Corp. B.V., Amsterdam, mit Telefonhandel in London. Insofern handelt es sich auch um eine -> **Finanzmarkt-Segmentinnovation**. In nächster Zeit sollen auch cash baskets mit führenden deutschen Aktien sowie Aktienkörbe mit den führenden Aktien von bis zu 15 der bedeutendsten Wertpapierkörben der Welt angeboten werden.

Für die Anwender ergibt sich u.a. die Möglichkeit, **Länder-Spreads** einzugehen (siehe -> **Spread**; -> **Aktienkorb**).

## Cash Convergence (Futures)

Drückt den Zusammenhang zwischen den Kursen des -> **Financial Futures** und des zugrundeliegenden Kassainstruments (-> **Underlying**) aus: Dabei zeigen sich auf Grund des Basisrisikos zu Beginn der Laufzeit des Terminkontrakts Abweichungen zwischen den Kursen der beiden Finanzinstrumente, die gegen Ende der Laufzeit des Termininstruments abnehmen und bis zum -> **Verfalltag** verschwinden (Abbildung).

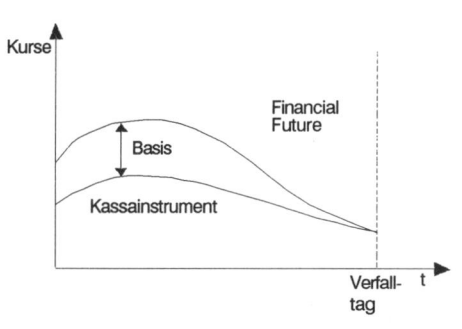

```
Kurse │
      │        ╱‾‾‾╲  Financial
      │       ╱     ╲ Future
      │   ↕ Basis
      │      ╱‾‾‾╲
      │     ╱     ╲___
      │   Kassainstrument
      │_____
                      Verfall-   t
                      tag
```

## Cash-equivalent value

Preis eines -> **Futures-Kontraktes**, ermittelt (festgelegt) als der Zeitwert für die -> **Andienung**/Ausübung (-> **Delivery**) des zugrunde liegenden Finanztitels/Finanzinstruments.

## Cash Flow Note

Schuldverschreibung mit Kupons, die vom Anleger zur Bedienung mit Zinsen nach dessen Bedürfnissen zu den jeweiligen festgelegten Zinsterminen präsentiert werden können. Je später die Einreichung der (des) Kupons erfolgt, umso höher ist die Rendite, zumal eine halbjährliche Zinsstaffel analog zu bestimmten Sparbrieftypen und Bundesschatzbriefen (Typ B) für eine Zinsansammlung sorgt. Erstmals von Bankers Trust Holdings Europe 1986 emittiert (fünfjährige Laufzeit, Tilgung am Laufzeitende zu pari; Volumen: 100 Mio $; fünf Kupons). Sowohl für den Emittenten als auch für den Investor ergeben sich Vorteile: Ersterer beschafft sich Mittel zu günstigen Bedingungen, der Anleger seinerseits ist in die Lage versetzt, Zeitpunkt und Höhe der Zinseinnahmen - z.B. unter steuerlichen Gesichtspunkten - zu steuern.

## Cash Forward Contract

Purchase or sale of a financial instrument or other commodity in the cash market for delivery at a later date. *WH*

## Cash Forward Markets GNMA

Markt von -> **GNMA-Händlern**, auf dem Transaktionen in GNMA-Hypothekenbriefen für 30 - 180 Tage im voraus abgewickelt werden.

## Cash Instrument

Refers to the -> **underlying** security for which futures are traded.

## Cash Management

Liquiditätssteuerungstechnik im **Konzernverbund** durch direkten Ausgleich von Finanzmitteldefiziten und Finanzmittelüberschüssen der Konzerngesellschaften (im Sinne der Nutzung eines **internen Geldmarktes**) mit dem Ziel, konzernexterne Mittelaufnahmen oder -anlagen zu minimieren und die daraus entstehenden Vorteile für den Konzern bezüglich der Finanzierungskosten zu nutzen (der Liquiditätsausgleich erfolgt zu **internen Zinssätzen** (Verrechnungspreisen) unter Wegfall der Marge, die Dritte durch Stellung von -> **Geldkursen** und -> **Briefkursen** am **externen Geldmarkt** verursachen). Daneben (und ggf. zusätzlich) kann Cash Management für geographisch diversifizierte (Einzel-) **Unternehmungen** dann in Betracht kommen, wenn die Umsätze von Konten der Filialen/Niederlassungen der Unternehmung auf ein **zentrales Zielkonto** tag- und valutagleich zusammengeführt werden

(Kontokonzentration). In beiden Fällen liefert Cash Management unmittelbar Konto-, Umsatz- und Liquiditätsinformationen für die zentral durchzuführenden Finanzentscheidungen. Derartige moderne Liquiditätssteuerungstechniken setzen erhebliche technische Vorkehrungen (EDV-Anlagen, Datennetze) entweder auf Konzernebene oder durch Inanspruchnahme entsprechender Dienstleistungen durch Banken voraus (-> **Cash Management-Systeme**). Besondere Bedeutung erlangt Cash-Management für die valutaorientierte Liquiditätssteuerung in MNU, die **internationales Cash Management** (-> **Pooling**) praktizieren; allerdings wird grenzüberschreitende Liquiditätssteuerung durch nationale Kapitalverkehrsvorschriften behindert bzw. teilweise unmöglich gemacht.

Lit.: Eilenberger 1987, 190 ff; Eilenberger 1989, 37, 80.

## Cash Management-Systeme

Zentralisierte Geldmanagementsysteme nach dem Vorbild des Industrie-Clearings im nationalen und internationalen Rahmen, an deren Aufbau und Nutzung insbesondere Konzerne und MNU interessiert sind und zu deren Unterstützung Banken beitragen. Da die Mehrzahl der Unternehmungen nicht über die notwendigen Datenübertragungsnetze und Kontosysteme verfügt, stellen Banken gegen Entgelt ihre Cash Management-Systeme (die teilweise modernste Satellitentechniken nutzen) zur Verfügung (= Integration von Cash Management-Systemen). Die Disposition der (kurzfristigen) Finanzmittelströme erfolgt zentral durch Entscheidungen der Spitzeneinheit (Muttergesellschaft) oder über regionale Führungseinheiten (Zwischengesellschaften) des Konzerns.

## Cash market

-> **Kassamarkt**; auch als **spot market** bezeichnet.

## Cash oder Titel Option (Coto)

Finanzinstrumentinnovation der BZ Bank Zürich AG für den Schweizer Kapitalmarkt. Die Coto ist für den Aktionär eine Option des Inhaltes, **entweder** die herkömmliche Dividende (als Barzahlung) zu beanspruchen **oder** eine Aktie zum Nennwert zu beziehen (wobei ein bestimmtes Bezugsverhältnis festgelegt werden kann, z.B. Anzahl der Optionen, die zum Bezug einer Aktie zum Nennwert berechtigen). Die Ausübung der Option kann zu jedem Zeitpunkt der Laufzeit der Coto erfolgen. Im Falle der Nichtausübung des Aktienbezugsrechts wird die Dividende in bar ausbezahlt (der Aktionär verzichtet dabei allerdings auf Verzinsung bis zur späteren Auszahlung). Die Coto stellt ein selbständiges Recht dar, das von der Gesellschaft emittiert und an der Börse gehandelt wird. Insofern ergibt sich für den Aktionär eine dritte Verwendungsmöglichkeit der Coto, nämlich deren Verkauf über die Börse. Für die Gesellschaft zeigen sich Vorteile insofern, als einerseits der kostenintensive Vorgang einer Dividendenkapitalerhöhung vermieden wird, andererseits die für Dividendenzahlungen erforderlichen Mittel unverzinslich längere Zeit zur Disposition stehen können und den Einsatz von Fremdmitteln substituieren.

## Cash price

The price of a Cash Instrument.

## Cash settlement

Transaction for immediate payment, usually 2 days forward by wire transfer. In the case of a futures cash settlement it means that no underlying security has to be delivered into the contract.( -> **Andienung**, -> **Delivery**) WH

## Cash Settlement Options

Da die Ausübung bei -> **Aktienindex-Optionen** nicht auf einzelne Aktien oder alle Aktien des zugrundeliegenden -> **Aktienkorbes** lauten kann, erfolgt bei derartigen

-> Optionen auf abstrakter Basis die -> Ausübung in Höhe des **Differenzbetrages** zwischen dem Geldwert des Index zum betreffenden Zeitpunkt und dem -> **Basispreis** der Option.

**CAT**
-> Certificate of Accrual on Treasury Securities

**CATO**
-> Computer-Aided Trading of Options

**CATS**
-> Computer-Assisted Trading System

**CBOE**
-> Chicago Board Options Exchange

**CBOT**
-> Chicago Board of Trade

**CD**
-> Certificate of Deposit

**CDR**
-> Collateralized Depositary Receipt

**CEA**
-> Commodity Exchange Authority

**CEDEL**
Centrale de Livraison des Valeurs Mobiliers (Sitz: Luxembourg, 67, Bd. Grande-Duchesse Charlotte; P.O. Box 1006). Internationales Clearing-Institut zur Verwahrung, Verwaltung und Übertragung von Eurobonds, das einen Ersatz für den fehlenden bzw. unzureichenden Sekundärmarkt in Eurobonds als Teilmarkt des -> **Euro-Kapitalmarkts** darstellt. Daneben gehört zu den Aufgaben von CEDEL: Information der Teilnehmer (rund 2 000 in 70 Ländern) über relevante Ereignisse auf den Bondmärkten, Cash Management (Einlagen, Transfers, technische Abwicklungen, Finanzierungen), -> **bond lending**, Funktion im Zusammenhang mit -> **Bridge**; Aufbau eines CEDEL Communication Systems; Primärmarktoperationen. Um den gesetzlichen Erfordernissen einiger Länder zu entsprechen, führt CEDEL nicht nur fungible Konten (Sammelverwahrung), sondern auch Konten, bei denen dem Hinterleger bestimmte Stückenummern zugeordnet bleiben. Jede Anleihegattung wird nur bei einer Lagerstelle verwahrt, so daß die nach den deutschen Depotvorschriften erforderlichen Erklärungen abgegeben werden können. Dies hat zur Folge, daß die Stücke entweder bei der zuständigen Lagerstelle oder (zur Weiterleitung an diese) bei CEDEL selbst eingeliefert werden können, was die Wertpapierverwaltung erheblich erleichtert. Ende 1985 wurden bei CEDEL 10500 verschiedene Wertpapiergattungen akzeptiert, darunter 500 Aktien. Seit 1986 sind auch -> **Euro-Commercial-Papers** in die Abwicklung und Verwahrung einbezogen.

**Ceiling rate agreement**
-> Cap

**Certificate for Automobile Receivables (CARS)**
-> Car Loan-Backed Securities

**Certificate of Accrual on Treasury Securities (CAT)**
-> **Zero Bonds** der Investmentbank Salomon Brothers aus abgetrennten Abschnitten (Coupons) von US-Treasury-Securities (-> **Treasury Bond**; -> **Treasury Note**). Zur Entstehung derartiger Zero-Bonds siehe -> **Coupon Stripping**.

**Certificate of Amortizing Revolving Debts (CARDS)**
Erstmalige Anwendung von -> **ABS** auf der Grundlage von Finanzaktiva in Form von Kreditkartenforderungen (-> **Credit card receivables**). Bei einer Laufzeit von fünf Jahren erfolgen in den ersten 18 Monaten keine Kapitalrückflüsse, sondern nur Zinszahlungen, die dafür verwendet werden, zusätzliche Kreditkartengeschäfte zu

45

finanzieren.

## Certificate of Deposit (CD)
Eine Stellung zwischen Depositenleistung als reiner Kontoeinlage und direkten Anlageleistungen auf der Basis bankeigener (internationaler) Wertpapieremissionen nehmen die **Certificates of Deposit (CD)** ein, die erstmals 1966 von Londoner Eurobanken begeben worden sind und auch als internationale Geldmarktpapiere Verwendung finden können. Dem Anleger einer festverzinslichen Termineinlage bestimmter Mindesthöhe (z.B. 100000 $) werden durch einen **Depositenschein**, der nicht börsenfähig ist, einerseits die Gläubigerrechte aus dieser Einlage bescheinigt, andererseits handelt es sich bei dem Depositenzertifikat um ein **fungibles Geldmarktpapier**, da dieses nicht auf den Namen des Anlegers lautet. Für die Geltendmachung der Ansprüche aus der Termineinlage (Zins- und Rückzahlung) reicht daher die Präsentation des Zertifikates aus. Die Laufzeiten betragen im Regelfall zwischen drei und zwölf Monaten, können sich aber auch bis zu fünf Jahren erstrecken. Der Vorteil dieser Konstruktion für den Anleger besteht darin, daß er nicht an die Laufzeit der Einlage gebunden ist, sondern sich durch Verkauf des Depositenzertifikats vorzeitig ohne Ertragseinbußen von der Anlage trennen kann. Dies setzt allerdings die Existenz eines spezifischen **Marktes** für diese Papiere voraus (z.B. **London CD market** oder Luxemburg), an dem auch die Zinsbildung erfolgt. Die Zinssätze stehen in engem Zusammenhang mit denjenigen vergleichbarer Termineinlagen (ohne Option), liegen allerdings in Anbetracht der entstehenden Ausgabekosten für die Zertifikate geringfügig (1/4 bis 1/8 Prozent) darunter. (Siehe auch -> **Geldmarkt-Zertifikat**). Neben festverzinslichen CD (**Fixed Rate CD**) werden seit 1977 auch CD mit variablen Zinssätzen (**Floating Rate CD**) auf der Basis von -> **LIBOR** sowie -> **Euro-CD** über den -> **Euro-Geldmarkt** begeben. Nach Auffassung der **BIZ** handelt es sich bei derartigen Emissionen durch Banken allerdings um -> **NIF**.
Lit.: Eilenberger 1990, 318 f.

## Certificate on Government Receipts (COGR)
-> **Zero Bonds** der Banque Paribas aus abgetrennten Abschnitten (Coupons) von US-Treasury-Securities. Siehe dazu auch -> **Coupon Stripping**.

## Charge card
-> **Kartenart**, bei welcher dem -> **Karteninhaber** die von ihm verfügten Beträge i.d.R. einmal monatlich in einer Summe belastet werden.

## Cheap
Händlerbezeichnung für ein - im Verhältnis zu anderen Finanzinstrumenten - unterbewertetes Finanzinstrument (bzw. Wertpapier). Gegensatz dazu -> **rich**.

## Cheapest to deliver (CTD)
Diejenige Anleihe, die für den Verkäufer eines Financial Future-Kontraktes (shortposition) den größten Gewinn bzw. geringsten Verlust zwischen den Kosten des Kaufs einer bestimmten Anleihe am Markt und dem Erlös aus dem Abrechnungspreis bei Lieferung bringt.
Der Abrechnungspreis ist für jede lieferbare Anleihe verschieden, um einen Ausgleich für die unterschiedlichen Laufzeiten und Coupons zu ermöglichen, und wird nach folgender Formel berechnet (-> **Konversionsfaktor**):

Rechnungsbetrag = (EDSP x Konversionsfaktor x Nennwert) + Stückzinsen am Andienungstag

EDSP: Offizieller Schlußkurs des Future Kontraktes (Exchange Delivery Settlement Price), der am letzten Handlungstag festgestellt wird.
Stückzinsen: Aufgelaufene anteilige Zinsen bis zum Ausdienungstag

# Cheapest to deliver (CTD)

Konversionsfaktor: Umrechnungsfaktor, der die Unterschiede in Laufzeit und Coupon berücksichtigt und somit alle lieferbaren Anleihen auf eine gemeinsame vergleichbare Basis stellt.

Beispiel für die Berechnung der CTD:

```
Liefertag: 12.12.1988; EDSP 7.12.1988, 11.00 Uhr 94,52;
Nominalwert 250 000 DM

Anleihe A
Konversionsfak.   Coupon    Laufz.     Restlaufz.   Kurs      Stückzinsen.
  1,007766        6,125%    23.07.97     8J 8M      95,85DM     2,399

Anleihe B
Konversionsfak.   Coupon    Laufz.     Restlaufz.   Kurs      Stückzinsen.
  0,999759        6,000%    20.10.98     9J 9M      94,50DM     0,867
```

**Berechnung 1:**
Rechnungsbetrag
Anleihe A = (94,52/100 x 1,007766 x 250 000) + 5 998 = 244 133 DM
Anleihe B = (94,52/100 x 0,999759 x 250 000) + 2 168 = 238 411 DM

Kaufpreis am Markt für
Anleihe A = (95,85/100 x 250 000) + 5,998 = 245 623,- DM
Anleihe B = (94,50/100 x 250 000) + 2,168 = 238 418,- DM
Gewinn/Verlustrechnung:
  G/V Anleihe A: 244 133 - 245 623 = 1 490,00 Verlust
  G/V Anleihe B: 238 411 - 238 418 = 7 DM Verlust
==> Anleihe B ist die CTD, da ein Verkauf als Andienungsanleihe im Vergleich zu ihrer Eindeckung am Markt den geringsten Verlust bringt.

**Berechnung 2:**
Bestimmung der CTD über das Umrechnungsverhältnis (Marktpreis/Konversionsfaktor)
Anleihe A: Umrechnungsverhältnis = 95,85/1,007766 = 95,11
Anleihe B: Umrechnungsverhältnis = 94,50/0,999759 = 94,523  <-- CTD

Ein Vergleich mit Berechnung 1 zeigt, daß am Liefertag die Anleihe mit dem geringsten Umrechnungsverhältnis immer die CTD ist. *WH*

## Chicago Board of Trade (CBOT)
141, West Jackson Boulevard, Chicago, Ill., 60604, USA
Weltweit größte Rohstoffterminbörse, die 1848 gegründet wurde und deren umfangreicher Options-Futures-Handel unter anderem folgendes umfaßt: Financial Futures, insbesondere Metall-Futures, Getreide-Futures und den dazu entsprechenden Optionshandel. *DR*

## Chicago Board Options Exchange (CBOE)
Die 1973 als Ableger der -> **CBOT** ins Leben gerufene Börse entwickelte sich in kurzer Zeit zum weltweit größten Umschlagplatz für Optionen und Financial Futures, vor allem Währungs-Futures und Futures in landwirtschaftlichen Produkten. *DR*

## Chicago Mercantile Exchange (CME)
10-30 South Wacker Drive, Chicago, Ill., 60606, USA
1874 gegründete, zweitgrößte Warenterminbörse der Welt. Als Zweig der CME entwickelte sich 1972 der -> **International Monetary Market (IMM)** für den Devisenterminhandel. *DR*

## Chicago Rice and Cotton Exchange
444 West Jackson Boulevard, Chicago, Ill., 60606, USA
Warenterminbörse für Handel in Baumwoll-Futures und Futures in Landwirtschaftsprodukten; Teil der -> **CBOT**. *DR*

## Chipkarte
Siehe auch -> **Speicherkarte**, -> **carte à mémoire**, Multifunktionskarte mit Speichermöglichkeit (60 - 120fach im Vergleich zum Magnetstreifen), aufgrund eines eingebauten Mikroprozessors (Chip), Speicher z.T. löschbar und wieder beschreibbar bzw. wieder aufladbar, z.B. kann ein bestimmter Betrag gespeichert werden, der bei jeder Verfügung um den entsprechenden Betrag reduziert wird, dadurch z.B. offline- -> **Autorisierung** möglich (-> **Electronic Cash**), 1974 von dem Franzosen Roland Moreno patentiert. *EK*

## Circuit Breaker
Seit 1987 an den -> **Financial Futures-Märkten** der USA installierter "Wellenbrecher" gegen den "Absturz" von Futures auf Aktienindizes (-> **Stock Index Futures**), der darin besteht, daß an das Überschreiten bestimmter Limits Konsequenzen für den Handel geknüpft sind. Bei Durchbrechen des ersten Limits (12 Punkte) ist für eine halbe Stunde zwar der Handel erlaubt, Abschläge sind aber ausgeschlossen. Bei weiteren Kursverlusten der Futures-Kontrakte um 18 Punkte ist das zweite Limit von 30 Punkten erreicht: Eine einstündige Handelspause tritt ein, die über den Handelsschluß hinausreicht; es werden keine Abschläge mehr registriert. Der Zweck der Circuit Breaker besteht vor allem darin, die Entwicklung des -> **Kassamarktes** mit dem -> **Financial Futures-Markt** zu synchronisieren, dies umso mehr, als im Rahmen von -> **Index-Aufträgen** und -> **Programmhandel** die Auseinanderentwicklung der beiden Märkte tendenziell forciert wird.

## Citi-Banking-System
-> **Internationales Cash Management**

## Class of Options
Gesamtheit von -> **Call Optionen** oder Gesamtheit von -> **Put Optionen** auf dasselbe zugrunde liegende -> **Basisobjekt**.

## Clean Payment
Geldausgleich (-> **Cash Settlement**) bei Finanzinnovationen, wie -> **Futures** auf abstrakter Basis oder auch -> **FRAs**.

## Clearing (Zahlungsverkehr)
Verrechnung von Forderungen und Ausgleich des Nettobetrages z.B. über eine internationale Clearingstelle, welche wiederum die gegenseitigen Forderungen der nationalen Clearingstellen verrechnet.

## Clearing (Financial Futures-Märkte)

## Clearing function (Clearingfunktion)

Garantie der -> **Clearing-Stelle** bzw. des -> **Clearing House** zur Erfüllung von -> **Futures contracts** und -> **Optionskontrakten**. Clearing gewährleistet die uneingeschränkte finanzielle Regulierbarkeit derartiger Kontrakte.

## Clearing function (Clearingfunktion)

Aufgabe der -> **Clearing-Stelle**, die Erfüllung aller gehandelten Kontrakte zu garantieren, unabhängig davon, ob die jeweiligen Marktteilnehmer dazu in der Lage sind. Bei Nichterfüllung durch einen Marktteilnehmer tritt die Clearing-Stelle ein, die ihrerseits Regreß bei dem betreffenden -> **Clearing House Member** (als direktem Marktteilnehmer) nimmt.

## Clearing-Garantie

Von -> **Clearing-Mitgliedern** zu erbringende Garantie, im Falle der Zahlungsunfähigkeit sowohl des beibringenden Clearing-Mitglieds als auch anderer Clearing-Mitglieder die Verpflichtungen zu erfüllen. Im Rahmen der -> **DTB** ist die Clearing-Garantie Bestandteil des -> **Garantie-Fonds**.

## Clearing House Interbank Payment System (CHIPS)

Computergestütztes Zahlungsverkehrssystem für internationale US-$-Transfers derjenigen (über 100) Banken mit Einlagengeschäft, die am Platz New York ihren Sitz oder Filialen/Niederlassungen oder Tochtergesellschaften haben. Die verschiedenen Finanzinformationen zwischen diesen Bankstellen fließen in den CHIPS-Computer, der am Ende jedes Geschäftstages die Nettoposition der jeweiligen teilnehmenden Bank ermittelt und diese in das Transfersystem der Federal Reserve (**Federal Reserve Wire System; -> Fedwire**) überträgt.

## Clearing House

Einem -> **Financial Futures-Markt** angehörende oder von ihr unabhängige Institution, der die -> **Clearing Members** (Börsenmitglieder) angeschlossen sind. Über diese Verrechnungsstelle werden alle abgeschlossenen Transaktionen abgewickelt. Sämtliche weitere Börsenmitglieder (-> **Non Clearing Members**) müssen sich bei der Abwicklung ihrer Transaktionen eines Clearing Members bedienen. Nach Abschluß des Tages teilt das Clearing House den Mitgliedern die bei ihr registrierten Transaktionen mit und gibt -nach Bestätigung- die Höhe der -> **Margins** bekannt (-> **initial margin**, -> **variation margin**). Nachdem diese Zahlungen beim Clearing House eingegangen sind oder durch bestimmte Sicherheiten gedeckt sind, übernimmt es die Erfüllungsgarantie jeder registrierten Transaktion. *WH*

## Clearing-Institut (DTB)

Kreditinstitut mit -> **Clearing-Lizenz** der -> **DTB**.

## Clearing-Lizenz (DTB)

Berechtigung zur Teilnahme am -> **Clearing der DTB**. Voraussetzungen zur Erteilung einer Lizenz bestehen in der Unterhaltung eines Wertpapierdepots bei der -> **Clearing-Stelle** und eines Geldverrechnungskontos bei der Landeszentralbank Frankfurt sowie in der Bereitstellung der notwendigen Back-Office-Einrichtungen. Grundsätzlich kommen zwei Formen von Lizenzen in Betracht:
- **General-Clearing-Lizenz** für Kreditinstitute mit haftendem Eigenkapital von mindestens 250 Mio DM und einer -> **Clearing-Garantie** in Form von Drittbankgarantien von 10 Mio DM. Die Erteilung einer General-Clearing-Lizenz berechtigt zu mindestens einer entsprechenden **General-Clearing-Mitgliedschaft** an der DTB. Die Lizenz ermöglicht das **Clearing** eigener Geschäfte und von -> **NCM**.
- **Direkt-Clearing-Lizenz** für Kreditinstitute mit haftendem Eigenkapital von mindestens 25 Mio DM und einer -> **Clearing-**

## Clearing Member

Garantie in Form einer Drittbankgarantie von 2 Mio DM. Die Erteilung dieser Lizenz berechtigt zu mindestens einer entsprechenden **Direkt-Clearing-Mitgliedschaft**. Die Lizenz ist auf das Clearing von Geschäften im Auftrag von Kunden und eigener Geschäfte beschränkt.

## Clearing Member

Auch **Clearing House Member**; Mitgliedsfirma eines -> **Clearing House** (= direkter **Marktteilnehmer**); die Mitgliedschaft berechtigt zu **direkten** Transaktionen (am -> **Financial Futures Market**) mit dem Clearing House. Jedes Clearing Member muß gleichzeitig auch Mitglied der jeweiligen Börse sein, jedoch sind nicht alle Börsenmitglieder (= **members of the Exchange**) auch Mitglieder des Clearing House; in diesem Falle handelt es sich um sog. **indirekte Marktteilnehmer** (z.B. -> **Hedgers**; -> **Arbitrageure**; -> **Traders**), deren Transaktionen über die Clearing Members abgewickelt werden. Daher bedürfen alle Transaktionen der Registrierung und Verrechnung durch Clearing Members.

## Clearing-Mitglieder (DTB)

Die Teilnahme am -> **Clearing** der -> **DTB** ist nur auf Grund einer -> **Clearing-Lizenz** und einer Clearing-Mitgliedschaft möglich. Die Clearing-Lizenz berechtigt Unternehmungen zur Aufnahme als - ein oder mehrere (im Falle von Zweigniederlassungen) - Clearing-Mitglied(er) im DTB-System.

## Clearing-Stelle

Institution am -> **Financial Futures-Markt**, die alle erfolgten Abschlüsse registriert, verrechnet und ggf. für jeden Kontrakt (auf beiden Seiten) bei Nichterfüllung als Kontraktpartner zur Sicherstellung der Erfüllung eintritt; in der Regel als -> **Clearing House** bezeichnet.

## Clearing-Stelle (DTB)

-> **Clearing House**; Clearing-Stelle der -> **DTB** ist die DTB GmbH.

## Clearing-Struktur (DTB)

Die Abwicklung der Geschäftsabschlüsse im Rahmen des DTB-Clearings zeigt folgende mögliche Strukturen (zwischen den jeweiligen Akteuren bestehen vertragliche Vereinbarungen über die jeweiligen Geschäftsabschlüsse; zu den **Arten** der Geschäftsabschlüsse siehe -> **DTB-Handel**):

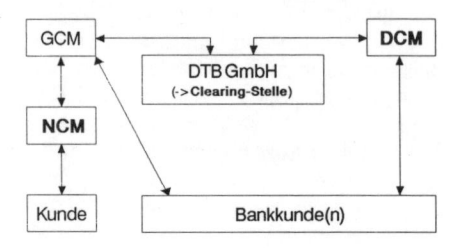

```
GCM <----> DTB GmbH <----> DCM
            (->Clearing-Stelle)
NCM
 |
Kunde        Bankkunde(n)
```

## Clearing-System

Abrechnungssystem im **Zahlungsverkehr**, das entweder -> **Cash Management** oder Industrie-Clearing als Form des Austausches von Finanzmitteln über den **Inter-Unternehmens-Geldmarkt** mit dem Ziel der beteiligten Unternehmungen praktiziert, die Finanzierungskosten zu minimieren und die Finanzierungserträge aus kurzfristigen Geldanlagen bei anderen Unternehmungen möglichst zu maximieren (gegenüber vergleichbaren Krediten oder Anlagen über das Bankensystem). Im **Wertpapierwesen** dienen Clearing-Systeme der Rationalisierung und Beschleunigung der Abwicklung von Börsentransaktionen.

## Close

Preisniveau von solchen Abschlüssen am -> **Financial Futures-Markt**, die zum Ende (oder innerhalb einer kurzen Endperiode) der Börsensitzung erfolgen (-> **Closing range**).

## Closing

Zuteilung der Emission an die Mitglieder des -> **Syndicate**, die dafür am Tag vor diesem **closing day** den Preis bezahlt haben.

## Closing price
Preis (Kurs) für Kontrakt, der gegen Ende der Börsensitzung (eines Handelstages) an -> **Financial Futures-Märkten** zustande kommt.

## Closing range
Bandbreite von -> **closing prices** am Ende einer Börsensitzung an -> **Financial Futures-Märkten**; siehe auch -> **MOC-Order**.

## Closing transaction
Kauf oder Verkauf von Finanzinstrumenten, der - ggf. - die Glattstellung (-> **Offset**) einer bestehenden Financial Futures-Position zum Gegenstand hat.

## Club-Deal
Spezifische Form der Emission syndizierter -> **Eurobonds**, bei der nur die **Management Group** (ohne -> **Underwriters**) besteht. Daher auch die Bezeichnung: **Managers only**.

## CME
-> **Chicago Mercantile Exchange**

## CMO
-> **Collateralized Mortgage Obligation**

## CMO-Floating Rate Note (CMO FRN)
Variante einer -> **CMO** mit variablem Zinssatz, dessen Anpassung auf der Basis von -> **LIBOR** (für sechs Monate) erfolgt; häufig zur Wahrnehmung der Funktion eines -> **Residual** emittiert (siehe auch -> **Euro CMO**). Zur Begrenzung des Zinsrisikos für den Emittenten mit -> **Cap** versehen.

## COBRA
-> **Internationales Cash Management**

## Co-Branding
Vertriebstechnik von Banken bzw. Kreditkartengesellschaften zur Förderung des Einsatzes (Absatzes) von Kreditkarten (siehe auch -> **Affinity-Karten**) durch Kooperation mit Unternehmen und Verbänden. In Deutschland konkurrieren in diesem Bereich v.a. Eurocard und VISA (z.b. **Mercedes-Eurocard; DSB-Eurocard; LTU-Eurocard; ADAC-VISA-Karten**). Die Problematik von Co-Branding-Projekten - insbesondere in Zusammenarbeit mit Verbänden - besteht im Vergleich zu traditionell (über Banken) abgesetzten Kreditkarten darin, daß einerseits Ertragsschmälerungen infolge Sonderkonditionen gegenüber Branding-Partnern hinzunehmen sind, andererseits **Co-Branding-Karten** häufig geringere Umsätze aufweisen.

Lit.: Buchal, D., Kreditkartenboom in Deutschland. In: KARTEN 1990, 5 ff.; Thalmair, M., Die Kreditkarte als Mitglieder-Service. In: KARTEN 1990, 9 ff.

## Co-Branding-Karte
-> **Co-Branding**

## Cocktail Swap
Variante eines -> **Währungs-Swaps**. Im Rahmen einer durch eine Anleihe oder einen Kredit erfolgten Mittelaufnahme, werden die aufgenommenen Finanzmittel nicht ausschließlich in eine Währung geswapt, sondern der Anleihe-Erlös wird in mehrere Währungen geswapt. So kann zum Beispiel bei einem Cocktail Swap der Anleihe-Erlös einer US $ Anleihe zu 20 % in DM, zu 50 % in englisches Pfund, zu 10 % in französische Francs und zu 30 % in holländische Gulden geswapt werden. *PL*

## Co-Finanzierung (Co-Financing)
Spezielle Form der Kreditfinanzierung auf Initiative der Weltbank, in deren Rahmen Kredite der Weltbank zusammen mit Krediten privater Banken, staatlicher Entwicklungsbanken, Versicherungen und Pensionsfonds zur gemeinsamen Finanzierung von Entwicklungs-Projekten vergeben werden.

## COGR
-> **Certificate on Government Receipts**

**Co-Lead-Manager**
-> Underwriting

**Collar/Minimax-Kontrakt**
-> Collar

**Collar**
Interest rate agreement that places an upper and lower bound (Combined Ceiling and Floor Rate Agreement). -> **Cap**, -> **Floor.** *WH*

**Collateralized Depositary Receipts (CDR)**
Ein CDR stellt - in Analogie zu einem -> **Certificate of Deposit** - ein von einer Depositenbank ausgestelltes Wertpapier dar, das bescheinigt, daß ein Verkäufer einen Mindestbetrag von 100000 $ für -> **GNMAs** mit einem Coupon bestimmter Verzinsung als Einlage für einen bestimmten Zeitraum plaziert hat. Diese Konstruktion ist erforderlich, weil -> **Financial Futures-Kontrakte** zur Erfüllung direkt auf GNMAs nicht möglich sind und deshalb ein -> **Hinterlegungszertifikat**, das seinerseits Gegenstand eines Financial Futures-Kontraktes sein kann, als - an der -> **CBOT** - handelbares Finanzinstrument gewählt werden muß. Das Guthaben bei der Depositenbank dient zur Sicherstellung bei Ausübung des GNMA-CDR-Kontrakts.

**Collateralized Mortgage Obligation (CMO)**
Hypothekarisch gestützte (gesicherte) Schuldverschreibungen US-amerikanischer Hypothekenbanken, bei denen das Kapital periodisch zurückbezahlt wird. Hinsichtlich der Kapitalrückzahlungen werden verschiedene Tranchen unterschieden, die jeweils mit Coupons abgestufter Ansprüche ausgestattet sind und eine stufenweise Zahlung nach Klassen bewirken: Auf Coupons der ersten Tranche (Klasse) erfolgen Kapitalrückzahlungen (vor der Amortisation der Hypothek); nach Tilgung der ersten Tranche tragen weitere Zahlungen aus dem Pool (durch Zuflüsse aus den Hypothekarkrediten) zur Tilgung der zweiten Tranche bei, weitere Zahlungen zur Tilgung der dritten Tranche, die sich i.d.R. als -> **deferred interest bond** erweist. Die dargestellte Grundstruktur der Funktionsweise einer CMO kann eine Reihe von **Modifikationen** erfahren, und zwar in Form einer CMO mit variablem Zinssatz (-> **CMO Floating Rate**) auf der Basis von LIBOR (oft mit -> **Cap** ausgestattet), oder in Form eines -> **Inverse Floaters** oder einer -> **PAC** oder eines -> **Companion Bonds** oder einer -> **SMBS**.
Lit.: Ziehengraser, W., ÖBA 1989, 519 ff.

**Collateralized Revolving Underwriting Facility (CRUF)**
Variante einer -> **Note Issuance Facility**, bei der das Volumen der Fazilität durch Staatspapiere, Hypotheken usw. unterlegt wird, um das Rating eines erstklassigen Kreditnehmers zu erhalten.

**Co-Manager**
-> Underwriting

**Combination**
Position, die entsteht, wenn **entweder** sowohl ein **Put** als auch ein **Call** auf denselben zugrunde liegenden -> **Futures contract** gekauft wird **oder** wenn sowohl ein Put als auch ein Call auf denselben Futures Contract geschrieben ( = verkauft) wird.

**Combined Ceiling Rate and Floor Rate Agreement**
-> Collar

**Commercial**
Professioneller Marktteilnehmer

**Commercial Paper (CP)**
Wechselähnliche Wertpapiere (**Promissory Notes**) von (amerikanischen) Finanz-, Industrie- und Handelsunternehmungen, die auf den Inhaber lauten und von den Ausstellern entweder direkt oder über Makler abgegeben werden. Sie sind normalerweise Diskontpapiere, können aber auch mit einer laufenden Verzinsung ausgestattet sein. Die

CPs werden in sog. **Industrial CPs** und **Finance CPs** unterschieden, wobei letztere direkt von den führenden Finanzierungsgesellschaften der Großunternehmungen und US-Großbanken stammen. Im letzteren Falle stellen Finance CPs Geldmarktinstrumente der Banken dar. **Industrial CPs** werden von den emittierenden Großunternehmungen über spezialisierte CP-Händler auf einem Nicht-Banken-Geldmarkt, dessen Akteure ausschließlich Unternehmungen sind, vertrieben und zählen deshalb nicht zu den Handelsobjekten des Banken-Geldmarkts. Die Laufzeiten der Commercial Papers variieren von einem Tag bis zu 270 Tagen. Der Mindestbetrag lautet auf 25000 $. Hat der Emittent kein eigenes "Commercial Paper Rating" (z.B. wegen Größenordnung), kann die Hausbank ihr CP-Rating zur Verfügung stellen. Bei dieser Konstruktion stellt die Bank eine "support line" in Form eines "stand by L/C's" (Garantie) zur Verfügung. CPs können auch im Rahmen sog. -> **Repurchase Agreements (Rückkaufsvereinbarungen)** Verwendung finden: Ähnlich dem deutschen Pensionsgeschäft werden Wertpapiere unterschiedlicher Art (meist US-Government Securities) mit gleichzeitiger fester, befristeter Rückkaufvereinbarung (ein Tag bis zu mehreren Monaten) verkauft. Die Beträge lauten über mindestens 500000 $. Diese Rückkaufsvereinbarungen werden zwischen institutionellen Anlegern, Banken und Finanzmaklern getroffen. Auf dem -> **Euro-Geldmarkt** besteht die Möglichkeit der Emission von -> **Euro-CPs**, die kurzfristige Gelmarktpapiere von MNU bester Bonität als "non-underwritten"-Fazilitäten darstellen. Dadurch unterscheiden sie sich von -> **NIF**, bei denen i.d.R. Übernahmeverpflichtungen für nicht plazierte Notes vereinbart sind.

**Commerzbank-Index**
Ältester börsentäglich errechneter deutscher -> **Aktienindex** auf der Basis der Laspeyres-Formel. Durch die Auswahl von 60 marktbreiten Standardwerten aller wichtigen Branchen gibt der Index ein repräsentatives Bild des Kursverlaufs an den deutschen Börsen wieder. Er erfaßt rund 3/4 des Kurswerts sämtlicher börsennotierter Aktiengesellschaften. Bezugsbasis ist das Kursniveau von Ende 1953 = 100; die letzte Anpassung der Aktientitel erfolgte am 1.9.1988. Zusätzlich zur Ermittlung des Gesamtindex erfolgt die Berechnung von 12 Branchenindizes, die an jedem Jahresende = 100 gesetzt werden; dies ermöglicht die schnelle Erfassung der prozentualen Veränderungen seit Jahresbeginn durch Interessenten. Der Commerzbank-Aktienindex wird börsentäglich von den wichtigsten Nachrichtenagenturen (VWD, Reuters, AP-/DJ, AFP) und den führenden Wirtschaftszeitungen des In- und Auslands (z.B. Handelsblatt, Financial Times, International Herald Tribune, Wall Street Journal) veröffentlicht.

**COMMEX**
-> **Commodity Exchange Inc.**

**Commission**
Einmalige Gebühr an -> **Financial Futures-Märkten**, die von -> **Brokern** bei Liquidationen von Positionen, sei es bei Glattstellung (-> **offset**) oder bei Andienung bzw. Lieferung/Ausübung (-> **delivery**), in Rechnung gestellt wird (siehe auch -> **Round-Turn**).

**Commission house**
-> **Broker-Firma**, die im Interesse und Auftrag ihrer Kunden als -> **Trader** tätig wird.

**Commodities exchange**
-> **Terminbörse für Warenterminkontrakte**

**Commodity Exchange Authority (CEA)**
Die CEA hatte bis 1975 die Aufsicht über den Terminhandel mit agrarischen Rohstoffen, diese Funktion ging ab 1975 auf die -> **CFTC** über. *DR*

### Commodity Exchange Inc. (COMMEX)
4 World Trade Center, New York, N.Y. 10048, USA
Die führende Rohstoffterminbörse in New York mit größtem Handelsvolumen in Metall-Futures der Welt sowie einem großen Handelsvolumen in Optionen. *DR*

### Commodity Future Trading Commission (CFTC)
An independent federal regulatory agency working under the Commodity Futures Trading Commission Act of 1974, that regulates futures trading in all commodities, compromised of five commissions, all appointed by the President of the United States subject to Senate Confirmation. The CFTC examines and approves all contracts before trading on the exchange floor is permitted. *WH*

### Commodity Futures
Future Contracts on agricultural products, live cattle, feeder cattle, hogs and pork bellies. Traded as physical commodities in contrast to financial instruments (financial futures on interest rates, currencies and stock indexes) *DR*

### Commodity Swaps
Im Gegensatz zu -> **Financial Swaps** wird bei Commodity Swaps das Swap-Prinzip in der Form eines gegenseitigen Austausches von Zahlungsverpflichtungen oder Zahlungsforderungen an die Preisentwicklung eines Warenindex, wie z.B. Ölpreis (-> **Ölpreisswap**) oder Gold gebunden. *PL*

### Companion Bond
Tranche eines -> **CMO** mit sehr hohem Zinssatz und sehr geringem Nominalwert, die Begleiterin ("companion") einer in der Ausstattung diametral anders gearteten Tranche (mit niedrigem Zinssatz und sehr hohem Nominalwert) ist. Die Tilgung von Companion Bonds erfolgt erst nach Tilgung der sie begleitenden anderen Tranche oder wenn ein -> **PAC** Cash Flow-Überschüsse erbringt; insofern haben Companion Bonds den Charakter von -> **Residuals**. Vorteile zeigen derartige Papiere insbesondere in Perioden fallender Zinsen.

### Company's Abnormal Return (CAR)
Typische Aktienkursverläufe bei den zu übernehmenden und den übernehmenden Unternehmungen im Rahmen von -> **M&A**. Der Aktienkurs der zu übernehmenden Unternehmung steigt überproportional an, und ermöglicht Kursgewinne für den Investor, während der Aktienkurs der übernehmenden Gesellschaft leicht nachgibt bzw. relativ konstant verläuft und keine wesentlichen Kursgewinne verspricht. Die Aktienkurse beginnen zum Teil mehrere Monate vor Abschluß des M&A, dieses Ereignis zu antizipieren.

### Computer-Aided Trading of Options (CATO)
Börsen-Software, die 60 verschiedene Options-Strategien - basierend auf den aktuellen Börsenkursen - zu kalkulieren erlaubt (Herausgeber: Knowledge GbR, Neuburg).

### Computer-Assisted Trading System (CATS)
Elektronisches Handelssystem der Börse von Toronto auf der Basis des üblichen Systems der Abstimmung von Kauf- und Verkaufaufträgen, das auch von der Börse in Paris übernommen worden ist. Modifizierte Versionen von CATS finden in Spanien und Belgien Verwendung.

### Computer-Programm-Handel
Einsatz von Computern als technisches Analyse-, Handels-, oder Abwicklungsinstrument auf den internationalen Finanzmärkten, speziell beim Börsenhandel. Wird die Kauf- oder Verkaufsentscheidung durch eine Person ausgelöst und ist der Vermittler (Handelspartner) eine eben solche (Präsenzbörse), wird von **computerunterstützter Abwicklung** gesprochen. Werden Kauf- oder Verkaufsentscheidung direkt an einen

## Computer Trading

Computer zur Ausführung geleitet, wird dies als Computer-Handel (**Computer Trading**) bezeichnet. Der Terminus **Programmhandel** bezeichnet computerunterstützte Marktanalyseprogramme, bei denen ein Computer aufgrund einprogrammierter mathematischer Modelle die Kauf-, Verkaufsentscheidung fällt. Die Ordereingabe erfolgt dabei durch den Operator als Vermittler. Derzeit noch nicht realisiert, aber denkbar wäre auch die technische Kombination von **Programm- und-Computer-Handel**, bei welcher der Computer die Situation analysiert, die Kauf-, Verkaufsentscheidung trifft und die Order zur Ausführung automatisch weiterleitet. *WH*

## Computer Trading

Rechnergestütztes Börsen-Handelssystem; -> **Computer-Programm-Handel**

## Continuous Tender Panel

Underwritern bei -> **Note Issuance Facilities** ist es gestattet, während der Bietungsprozedur -> **Euro-Notes** vom -> **Arranger** bzw. -> **Lead Manager** zu Konditionen zu erwerben, zu denen die Wertpapiere auch den Investoren angeboten werden. Die Konditionen werden vom Arranger zusammen mit dem Emittenten festgelegt. Den Underwritern steht dieses Recht bis zur Höhe ihrer anteiligen Verpflichtung im Garantiekonsortium zu. Durch diese Konstruktion wird der Nachteil des -> **Tender Panels** vermieden, daß Underwriter, die zugleich tender panellists sind, nicht wissen, ob sie die -> **Euro-Notes** erhalten und Nachfrage seitens der Investoren befriedigen können. Wertpapiere, die nicht plaziert werden konnten, müssen von den Underwritern übernommen werden, wobei ihnen ein vorher bereits freiwillig übernommener Anteil angerechnet wird. *GT*

## Contract grade

Commodities that meet special standardized specifications that are listed in exchange rules as those that can be used to be delivered against a futures contract (Spezifikation des Kassainstrumentes, das für/gegen einen Future Kontrakt angedient werden kann). *WH*

## Contract month

The month in which a futures contract has to be settled by either selling or buying the underlying security or doing a -> **cash settlement**. *WH*

## Contract regulations

Kontraktspezifikationen für die Teilnehmer am -> **Financial Futures-Markt**, die festlegen, wann, wo, durch wen und mit welchen Wertpapieren -> **Andienungen** zur Erfüllung aus -> **Financial Futures-Kontrakten** möglich bzw. notwendig sind. *WH*

## Contract

Term used to describe either a standardized agreement between two parties (i.e. buyer and seller) or to indicate the unit of a traded commodity or financial instrument. *WH*

## Contract size

Special instructions that limit the amount of an underlying security that equals one futures contract of this security. *WH*

## Conventional Mortgage

In den USA bestehende und dort bestellte Hypothek für einen privaten Gläubiger ohne staatliche ("Government agency-") Garantie oder Versicherung.

## Convergence

Entwicklung oder Prozeß, in dem ein -> **Futures contract** seinen Andienungskurs (-> **deliverable value**) zur Fälligkeit (-> **expiration**) anpaßt.

## Conversion (Optionen)

Arbitragestrategie in Optionen (siehe auch -> **Aktienoptionsstrategien**). Zur Glattstellung (-> **offene Position**) erfolgt der Kauf des zugrundeliegenden Instruments zur Begründung einer -> **synthetischen Posi-**

tion (short position in the underlying instrument) in Optionen auf das zugrundeliegende Instrument (Kauf einer Put und Verkauf einer Call Option). Die Gesamtposition bleibt dann von Preisänderungen des zugrunde liegenden Instruments unbeeinflußt. Diese Variante der Arbitragestrategien wird gewählt, wenn sich kleine Preisunterschiede zwischen der -> **long position** des zugrunde liegenden Instruments und der -> **synthetic short position** der Optionen eröffnen (siehe auch -> **Reverse Conversion**).

## Conversion Factor Model (Zins Futures)

Die -> **Hedge Ratio-Bestimmung** kann mit Hilfe folgender "Formel" vorgenommen werden:

$$\text{Hedge Ratio} = \frac{\text{Nominalwert der Kassaposition}}{\text{Nominalwert des Future Kontraktes}} \cdot \text{Preisfaktor}^{1)}$$

1) vgl -> **Preisfaktoren**

## Convertible Bond

In Analogie zur deutschen **Wandelanleihe** eröffnet dieser Typus einer Schuldverschreibung insbesondere des -> **Eurokapitalmarkts** dem **Anleger** die Option, zur Wandlung in Aktien innerhalb einer bestimmten Frist zu einem in den Anleihebedingungen festgelegten **conversion price** (Wandlungspreis). Daneben besteht häufig eine Option auf vorzeitige Tilgung der Anleihe durch den **Emittenten**.

## Convertible Floating Rate Note (Convertible FRN)

Schuldverschreibungen des -> **Eurokapitalmarkts**, mit dem Charakteristikum variabler Zinssätze (Anpassung auf der Basis von -> **LIBOR**) in den ersten Jahren der Laufzeit, und der Option des Emittenten, innerhalb einer bestimmten Frist für den Rest der Laufzeit der Schuldverschreibung sich für feste Zinssätze (mit dem Niveau der langfristigen Straight Bonds) entscheiden zu können. Von der Option wird im Falle eines relativ niedrigen Zinsniveaus für langfristige Anleihen Gebrauch gemacht.

## Corporate Advisory
-> **Investment Banking**

## Corporate Finance

Produktprogramme von Banken und Finanzierungsgesellschaften sowie Unternehmensberatungsfirmen zur Unterstützung von Unternehmungen bezüglich
- des **Risikomanagements** (über -> **Swaps**, -> **Futures** und -> **Optionen**),
- des **Portfoliomanagements** (mittels der Aktivitäten im -> **Investment Banking**),
- der Anbahnung und Finanzierung von **Unternehmensübernahmen** (-> **MBOs**, -> **LBOs**, -> **MBIs**, -> **M&As**),
- von grenzüberschreitenden, **internationalen Leasingfinanzierungen** (-> **Cross Border Leasing**) und
- umfassenden **Großprojektfinanzierungen**.

## Correlation Coefficient

Verhältniszahl, die ausdrückt, in welchem Umfang bzw. Grad Preis- (Kurs- bzw. Zins-) Änderungen eines Kapitalmarkt- (oder Geldmarkt-) Instruments mit denjenigen eines anderen derartigen (analogen) Finanzinstruments verbunden sind. Ein Correlation Coefficient von 1,0 bedeutet also, daß die Preisänderungen der beiden vergleichbaren Finanzinstrumente perfekt synchron miteinander verlaufen, während ein Wert von 0,0 anzeigt, daß zwischen den beiden betrachteten Finanzinstrumenten keinerlei Beziehungen der oben beschriebenen Art bestehen.

## Cost of Carry

Associated with financing a commodity until it is sold or delivered into a future contract. Can include storage, insurance costs, repos and interests on bank loans. *WH*

## Cost of Carry-Arbitrage

Unter Anwendung der -> **Cost of Carry-Formel** läßt sich ein Arbitragekanal mit einer oberen ($f_o$) und einer unteren ($f_u$) **Arbitragegrenze** symmetrisch zum Break-Even-Futures-Preis (f*) für Arbitragen zwischen Kassa- und Futures-Märkten ermitteln, innerhalb dessen Arbitragen mit (positivem) Gewinnbeitrag möglich sind (ausgedrückt in Indexpunkten). Die folgende Formel zeigt formal diesen **Arbitragekanal** unter Berücksichtigung von Transaktionskosten (Gebühren, Abwicklungs- und Opportunitätskosten):

$$f_u = f^* - c_u \leq f \leq f^* + c_o = f_o$$

wobei:
- $f$ = Preis des Financial Futures
- $c_u$ = Barwert aller beim gleichzeitigen Kauf des Futures und Verkauf des -> **Kassainstruments** anfallenden Transaktionskosten
- $c_o$ = Barwert aller beim gleichzeitigen Verkauf des Futures und Kaufs des Kassainstruments anfallenden Transaktionskosten

Diese Formel kann ebenso auf Arbitragen Anwendung finden, die zu einem Gleichgewicht in Index-Futures-Märkten führen.

**Lit.:** Miller, M.H., Bestimmungsfaktoren des Gleichgewichtes zwischen Kassa- und Terminhandel. In: Optionen und Futures. Hrsg. FAZ, Frankfurt/M. 1989, 43 ff.

**Cost of Carry-Formel**

Formel zur mathematischen Darstellung des Gleichgewichts zwischen Kassa- und Terminmarkt (**Break-Even-Futures-Preis**). Für **Aktienindex-Futures** (-> **Index Futures**) ergibt sich der Break-Even-Preis (f*) wie folgt:

$$f^* = p\,(1 + r - d)$$

wobei:
- p = Kassapreis
- r = kumulierter Zinsaufwand während der Laufzeit (Tage)
- d = Dividendenertrag (**Dividend Yield**) für die betreffende Laufzeit (Tage).

Weist beispielsweise der benutzte -> **Aktienindex** einen Wert von 1 000 auf, der Zinssatz für 90 Tage betrage 10% p.a. und die Dividendenerträge für die nächsten 90 Tage werden mit 5 % p.a. erwartet, dann ergibt sich

$$f^* = 1\,002 = 1\,000\,[1 + (0{,}1 - 0{,}5) \cdot 90/360]$$

Dementsprechend beträgt die -> **Basis** 2 Indexpunkte bzw. rund 0,2% des Indexwertes.

**Lit.:** Miller, M.H., Bestimmungsfaktoren des Gleichgewichtes zwischen Kassa- und Terminhandel. In: Optionen und Futures. Hrsg.: FAZ, Frankfurt/M. 1989, 43 ff.

**Coto**
-> **Cash oder Titel Option**

**Countertrade**

Synonym für eine Vielzahl von Erscheinungsformen bilateraler und multilateraler Warenhandelstransaktionen mit dem gemeinsamen Charakteristikum, daß der Export eines Realgutes mit dem Import eines Realgutes gekoppelt ist, das der Schuldner (Importeur) zur Abgeltung des Exports liefert, weshalb sie auch als **Verbundgeschäfte** oder **Kompensationsgeschäfte** bezeichnet werden. Wegen Einzelheiten der verschiedenen Haupttypen siehe v.a. -> **Barter**, -> **Kompensationsgeschäfte**, -> **Parallelgeschäfte**, -> **Kooperationen** und -> **Switch-Geschäfte**.

**Lit.:** Eilenberger 1986, 202 ff.; Verzariu, P., Countertrade, Barter and Offsets. New York usw. 1985

**Country Fund**
-> **Geschlossener Länderfonds**

**Coupon Stripping**

Verfahren der Schaffung spezifischer -> **Zero Bonds** in der Weise, daß (durch eine Bank bzw. einen Treuhänder) die Zins-Coupons von der ursprünglichen Anleihe getrennt werden und die Grundlage eines neuen Wertpapiers abgeben, das die Zinsen ansammelt. Die ursprüngliche Anleihe (-> **Stripped Bond**) ist durch die vorgenommene Abtrennung der Zinsscheine nunmehr ein Instrument, das keine Zinsen erbringt und dessen Kurs infolge der Abtrennung fällt. Für Käufer von Stripped Bonds ergibt sich der Ertrag aus der Differenz zwischen (niedrigerem) Kaufpreis und (höherem) Rückzahlungskurs (siehe auch -> **CMO**).

**Coupon Swap**
Bei einem Coupon Swap erfolgt im Gegensatz zu einem -> **Währungs-Swap** kein Austausch des Principals, d.h. des zugrundeliegenden Kapitalbetrages. Es werden hierbei nur die Zinserträge bei Investments (-> **Asset Coupon Swap**) oder die Zinsverpflichtungen bei Kapitalaufnahme in eine andere Zinskategorie und/oder andere Währung umgewandelt. *PL*

**Coupon Zero**
Im Wege des -> **Repackaging** entstandene -> **Null-Kupon-Anleihe**, welche die Eigentümerschaft an den halbjährlichen Zinszahlungen (-> **Stripped Bond**; -> **Coupon Stripping**) der ursprünglichen -> **Schuldverschreibung** repräsentiert.

**Cover**
Bezeichnung für einen teilweisen oder vollständigen Deckungsverkauf (Deckungskauf) einer vorhandenen -> **Long Position** (-> **Short Position**).

**Covered Call**
Kombination aus Kauf einer bestimmten Zahl von Aktien (über den -> **Kassamarkt**) und gleichzeitigem Verkauf einer -> **Kauf-Option (call short)** auf diese Aktien mit demselben Volumen (siehe auch -> **Covered Option** und -> **Cross-market arbitrage**). Der -> **Stillhalter** hat sich bei diesem kombinierten Einsatz von Aktien und Optionen mit dem zugrundeliegenden (und ggf. zu liefernden) Wertpapier zum Zeitpunkt des Schreibens (= **covered writing**) der Kaufoption bereits eingedeckt (= **gedeckter Call**). Das Gewinnpotential des Stillhalters ist dadurch bei Ansteigen des Aktienkurses über den Basispreis, bei dem er mit Ausübung der Option und daher der Verpflichtung zur Lieferung rechnen muß, auf die Optionsprämie beschränkt. Im Falle des Kursrückganges behält der Stillhalter die ihm verbleibende Optionsprämie, eine Lieferung der Aktien erfolgt nicht. Die Aktien, die im Bestand verbleiben, unterliegen allerdings Kursrisiken. Verluste enstehen für den Stillhalter erst dann, wenn die Aktien aus anderen Gründen veräußert werden müssen und der Kursrückgang höher war als die erhaltene Optionsprämie.

**Covered Warrant**
Variante eines -> **Covered Call**, deren Besonderheiten darin bestehen, daß **Banken** als Emittenten (-> **Stillhalter**) entsprechender -> **Optionsscheine** auftreten und in der Regel auch über den Deckungsbestand der zugrundeliegenden Aktien (oder -> **Warrants**) verfügen (Inhaber des Deckungsbestandes können aber auch Versicherungen, Muttergesellschaften von Industrieunternehmungen oder Banken sein). Die Laufzeit (-> **Optionsfrist**) beträgt im allgemeinen zwei Jahre, das Angebot erfolgt durch öffentliche Aufforderung zur Zeichnung über Medien aller Art (vornehmlich die Wirtschaftspresse). Als weitere Besonderheit dieser "**gedeckten**" bzw. "**unterlegten**" **Optionsscheine** erweist sich die Börseneinführung (i.d.R. Freiverkehr). Der Deckungsbestand kann sich auch aus Aktien mehrerer Gesellschaften zusammensetzen (z.B. "**Deutscher Chemie Basket**" von Merrill Lynch Capital Markets AG, Zürich, vom 14.11.1989, der Aktien der Bayer AG, der BASF AG, der HOECHST AG, der DEGUSSA und der SCHERING AG enthält;

der Inhaber von 10 Optionsscheinen ist berechtigt, eine bestimmte Kombination der angeführten Aktien zu einem **kombinierten Ausübungspreis** zu erwerben).

**Covered writing**
-> **Covered Call**

**CP**
-> **Commercial Paper**

**Credit Card Receivables**
Spezifische Form der -> **Securitization** in Zusammenhang mit der Finanzierung des Kreditkartengeschäfts amerikanischer Banken (**Credit Card-Backed Securities**). In Analogie zur Poolbildung von -> **ABS** werden "bonds backed by credit card receivables" auf der Grundlage der Zusammenfassung von Forderungen aus dem Kreditkartengeschäft (Portfolio von **Creditcard Accounts** als revolvierender Kreditrahmen, der z.B. zum Kauf von Konsumgütern Einsatz findet) unter Einschaltung anderer Banken entweder privat oder öffentlich plaziert (1986 erstmals durch Salomon Bros. für Bank-ONE in Form der sog. -> **CARDS**).

**Cross-border Leasing**
Form des grenzüberschreitenden, **internationalen** bzw. **transnationalen Leasing**, das sowohl als **Export-Leasing** als auch als **Leasing von** -> **MNU** durch deren ausländische Grundeinheiten (in den Formen des Export-Leasing durch eine Grundeinheit, des Leasing einer ausländischen Grundeinheit und des multinationalen Leasing mehrerer Grundeinheiten der MNU) praktiziert wird. Eine spezielle Variante stellen die von zahlreichen Leasing-Gesellschaften angebotenen Vendorprogramme (zur Vermeidung von Valutarisiken) dar (wegen Einzelheiten siehe -> **Vendor**).
Lit.: Eilenberger 1986, 266 ff.

**Cross Currency Hedge (Hedging)**
Verfahren der -> **Devisenkurssicherung**, bei dem von demjenigen, der **Zahlungen in Valuta erwartet**, -> **Futures-Kontrakte**, die auf die fremde Währung lauten, gegen Dollar **verkauft** und gleichzeitig Futures-Kontrakte auf die Inlandswährung gegen Dollar **gekauft** werden. Von demjenigen, der **Zahlungen in Valuta zu leisten** hat, wird der Hedge so vorgenommen, daß Futures-Kontrakte auf die fremde Währung gegen Dollar **gekauft** und gleichzeitig Futures-Kontrakte der Inlandswährung gegen Dollar **verkauft** werden. In beiden Fällen handelt es sich bei demjenigen, der den Hedge nimmt, um einen nicht in den USA ansässigen Akteur. Über die Effizienz des Cross Currency Hedge entscheidet die -> **Hedge Ratio**.

**Cross Currency Interest Rate Swap**
Variante eines -> **Zins- und Währungsswaps**, bei dem ein Partner Festzinsen und der andere Partner variable Zinszahlungen, die jeweils auf andere Währung lauten, einbringt.

**Cross-Default-Clause**
-> **Default-Klausel**

**Cross Hedge (Cross Hedging)**
Absicherungsstrategie für -> **offene Positionen** in der Weise, daß zur Sicherung des Wertes einer Kassaposition ein - dieser ähnlicher - -> **Financial Futures-Kontrakt** Verwendung findet, und zwar in der Weise, daß das Termininstrument gegenläufig zu der erwarteten Veränderung des Volumens der Kassaposition (in der notwendigen Anzahl) entweder gekauft oder verkauft wird (siehe auch -> **Cross Currency Hedge** als Anwendungsfall im Rahmen der Devisenkurssicherung). Entscheidend für die Effizienz des Cross Hedge ist die -> **Cross Ratio**.

**Cross-market arbitrage**
Alternative der -> **Arbitrage** zwischen Finanzinstrumenten verschiedener Märkte (z.B. Kassainstrumente gegen Financial Futures; Optionen gegen -> **FRAs**) und Nut-

zung des Preistransfers zwischen den beiden betroffenen Märkten, deren Preisbildung ansonsten separiert für den jeweiligen Markt erfolgt.

## Cross Orders
Sicherungsstrategie eines Teilnehmers an -> **Financial Futures-Märkten**, zum gleichen (identischen) -> **Basispreis** dieselbe Anzahl von Kontrakten der gleichen Art sowohl zu verkaufen (= zu schreiben) als auch zu kaufen.

## Cross Ratio
Maßzahl für die Anzahl notwendiger Financial Futures-Kontrakte im Rahmen eines -> **Cross Hedge**. Die Zahl der Kontakte (K) kann mit folgender "Formel" approximiert werden:
$K = N / E_c * F / E_F$
wobei:
N = Nominalwert des Kassainstruments
F = Fälligkeit des Financial Futures-Kontrakts
$E_c$ = Fälligkeit des Kassainstruments (in Monaten/Tagen)
$E_F$ = Fälligkeit des Financial Futures-Kontrakts (in Monaten/Tagen).
**Lit.:** Andersen, 83

## CRUF
-> **Collateralized Revolving Underwriting Facility**

## CTD
-> **Cheapest to deliver**

## Currency Coupon Swap (Struktur)
Weist in der Struktur Ähnlichkeiten zu dem inländischen -> **Coupon Swap** (-> **Zins-Swap**) auf, unterscheidet sich von diesem jedoch vor allem dadurch, daß die Finanzmittelaufnahmen auf Kapitalmärkten mit unterschiedlichen Währungen und dementsprechend auch die Zinszahlungen in unterschiedlicher Valuta erfolgen. Beispielsweise nimmt eine Eurobank eine Festzinsanleihe an einem bestimmten nationalen Kapitalmarkt (in Valuta, z.B. SFR) zu festem Zinssatz auf, während eine MNU (anderer Nationalität) an einem **dritten** Finanzmittelmarkt (z.B. Euro-Kapitalmarkt) -> **FRN** in Euro-$ begibt oder sich einen Euro-$-Rollover-Kredit beschafft (Basis jeweils -> **LIBOR** + Marge). Unter Berücksichtigung der Modalitäten für den reinen -> **Zins-Swap** bezüglich der Erwartungen der Kontrahenten werden die Zinszahlungsverpflichtungen in den **verschiedenen Währungen** umgedreht (**geswapt**). Die Euro-Bank zahlt an die MNU jeweils die fälligen variablen Zinsen in $, während die MNU die Zahlung der festen Zinsen in SFR an die Bank übernimmt. Die MNU erhält durch den Coupon Swap eine feste Kalkulationsgrundlage und erreicht eine Verminderung der Valutarisiken. Dementsprechend läßt sich die Struktur eines Currency Coupon Swap wie folgt darstellen:

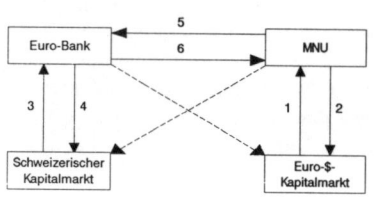

1... Mittelaufnahme in Euro-$
2... Zinszahlungsverpflichtung in variabler Höhe ($)
3... Mittelaufnahme in SFR
4... Zinszahlungsverpflichtung in fester Höhe (SFR)
5... Zahlung der variablen $-Zinsen
6... Zahlung der festen SFR-Zinsen

**Lit.:** Eilenberger 1986, 175 ff.

## Currency Coupon Swap (Beispiel)

|  | Unternehmen A | Unternehmen B |
|---|---|---|
| Verbindlichkeit: | US $-Euroanleihe | Euro Pfund Anleihe |
| Betragsvolumen: | US $ 100 Mio. | Pfund 60 Millionen |
| Zinskupon: | 13% jährlich | 11,75% jährlich |
| Laufzeit: | 7 Jahre | 7 Jahre |

Weitere Angaben:
a) Die beiden Zinsverpflichtungen sind je weils zum gleichen Termin (1.Oktober) fällig.

## Currency Coupon Swap

b) Der US $ / Pfund Wechselkurs ist 1,30.

c) Die beiden Unternehmen A und B sind bereit einen Zins- und Währungsswap über einen Zeitraum von 7 Jahren durch zuführen. Unternehmen A übernimmt für diesen Zeitraum die Pfund Verpflichtung, während das Unternehmen B eine US $ Verpflichtung eingeht. Beispielhaft vollzieht sich dieser Währungsswap in drei Schritten:

(1) **Anfangstransaktion**

Das Unternehmen B überweist 60 Mio. Pfund an das Unternehmen A und erhält dafür im Gegenzug den Gegenwert von US $ 78 Mio. bei einem Wechselkurs von 1,30. Das Unternehmen A kann damit nur einen Teil seiner US $ Verpflichtungen hedgen (absichern), für den Rest (US $ 22 Mio.) besteht weiter ein Währungsrisiko.

(2) **Zinstransaktionen**

Ein wichtiger Bestandteil eines Zins- und Währungs-Swaps sind die gegenseitigen Zinsvereinbarungen auf die jeweils von den Unternehmen im Portefeuille gehaltenen Währungen. Die Höhe des Zinses orientiert sich in der Regel an dem allgemeinen Zinsniveau bei Abschluß des Swapgeschäfts. Entsprechend transferiert bei dem gewählten Beispiel das Unternehmen B einmal jährlich einen US $ Betrag von 10,14 Mio. (= 13% auf 78 Mio.), den das Unternehmen A für die Zinszahlung der US $ Anleihe verwendet. Umgekehrt erhält die Gesellschaft B vom Unternehmen A jährlich eine Pfund-Zinszahlung in Höhe von 7,05 Mio (= 11,75% auf 60 Mio.), die zur Bedienung der Pfund-Anleihe verwendet wird.

(3) **Schlußtransaktion**

Zu Beginn eines Zins- und Währungsswaps werden gleichzeitig die Laufzeit und die Devisenkurse für die Schlußtransaktion vereinbart. So werden zum festgelegten Zeitpunkt am 1.Oktober nach 7 Jahren vom Unternehmen A auf der Basis des zu Beginn

## Currency Option

des Geschäfts vereinbarten Kurses von US $ / Pfund 1,30 die 60 Mio. Pfund an die Gesellschaft B zurücktransferiert. Gleichzeitig erfolgt vom Unternehmen B die US $ Zahlung in Höhe von 78 Mio. an die Gesellschaft A, wodurch eine Tilgung der US $ Anleihe vorgenommen werden kann.

In der Cash Flow-Struktur des Zins- und Währungsswaps (**Tabelle**) wird das Gesamtkonzept der Transaktion deutlich. *PL*

| Zahlungs-termin | Swap Cash Flows | | | |
|---|---|---|---|---|
| | A erhält von B in Mio | A zahlt an B in Mio | B erhält von A in Mio | B zahlt an A in Mio |
| 0 | 60,00 Pfund | 78,00 US $ | 78,00 US $ | 60,00 Pfund |
| 1 | 10,14 Pfund | 7,05 US $ | 7,05 US $ | 10,14 Pfund |
| 2 | 10,14 Pfund | 7,05 US $ | 7,05 US $ | 10,14 Pfund |
| 3 | 10,14 Pfund | 7,05 US $ | 7,05 US $ | 10,14 Pfund |
| 4 | 10,14 Pfund | 7,05 US $ | 7,05 US $ | 10,14 Pfund |
| 5 | 10,14 Pfund | 7,05 US $ | 7,05 US $ | 10,14 Pfund |
| 6 | 10,14 Pfund | 7,05 US $ | 7,05 US $ | 10,14 Pfund |
| 7 | 88,14 US $ | 67,05 Pfund | 67,05 Pfund | 88,14 US $ |

## Currency Forward

Anwendungsfall von -> **Forward Agreements** zur -> **Devisenkurssicherung** in Form des -> **Finanzhedging** bzw. **Devisen-Swap-Geschäfts**.

## Currency Future Model (Währungs-Futures)

Die Bestimmung der -> **Hedge Ratio** kann nach folgender "Formel" vorgenommen werden

$$\text{Hedge Ratio} = \frac{\text{Nominalwert der Devisenkassaoption/Kassakurs der abzusichernden Währung}}{\text{Nominalwert des Future Kontraktes}}$$

## Currency Hedging
-> **Finanzhedging**

## Currency Option
-> **Devisenoption**

## Currency Put Option
-> Devisen-Verkaufsoption

## Currency Swap
-> Währungs-Swap

## Currency Swap Agreement
Synonym für die Dokumentation eines Währungs-Swaps (-> **Swap Dokumentation**)

## Currency und Interest Rate Swap
Synonym für einen kombinierten -> **Währungs- und Zinsswap**.

## Currency Warrant
Kombination von -> **Zinsoption** und -> **Devisenoption** in Zusammenhang mit (Options-) -> **Schuldverschreibungen**. Dem Gläubiger wird vom Emittenten das Recht eingeräumt, mittels der -> **Optionsscheine**, die der Schuldverschreibung beigefügt sind, zusätzliche (Teil-) Schuldverschreibungen, die auf eine andere als die zugrundeliegende Währung lauten, zu kaufen (z.B. eine bestimmte Zahl von Stücken einer neu emittierten DM-Anleihe, wobei die Warrants der ursprünglichen $-Anleihe auf $ lauten). Zinssatz und Preis der zusätzlichen Stücke der (neuen) Anleihe werden zum Zeitpunkt der Emission der zugrunde liegenden Schuldverschreibung festgelegt. Grundsätzlich besteht auch die Möglichkeit des Handels dieser -> **Currency Option**.

## Currency Future
-> **Währungs-Future**

## Current Delivery
Kontrakt auf ein Finanzinstrument des Terminmarktes mit dem nächstliegenden Erfüllungstermin (-> **delivery**; -> **delivery day**).

## Current delivery month
The next possible delivery month of a specific Futures Contract (Future Kontrakt mit dem nächstliegendem Erfüllungstermin). *WH*

## Cycle
Durch Kontraktspezifikationen der einzelnen -> **Financial Futures-Märkte** festgelegter Zyklus der Erfüllungstermine (-> **delivery day**) für die jeweiligen Kontrakte (z.B. Fälligkeitstage im März, Juni, September und Dezember).

# D

**Daily Settlement**
Bei Transaktionen auf den -> **Financial Futures-Märkten** notwendige tägliche Anpassung der Sicherheitserfordernisse (z.B. der -> **Margin-Anforderungen**).

**Daily Trading Limit**
Maximale Schwankungsbreite, innerhalb derer sich der Kurs eines -> **Financial Futures-Kontraktes** während eines Börsentages bewegen darf. Die Kursgestaltung wird bei einigen Kontrakten dem freien Einfluß aller -> **Kurseinflußfaktoren** überlassen, während an einigen Terminbörsen für einzelne Futures-Kontrakte Limits nach oben (limit up) oder unten (limit down) vorgesehen sind (-> **Limit**).

**DAX**
-> **Deutscher Aktienindex**

**DAX-Bear-Warrant**
-> **Aktienindex-Warrant**

**DAX-Bull-Warrant**
-> **Aktienindex-Warrant**

**DAX-Future**
Im Laufe des Jahres 1990 wird die -> **DTB** Finanzterminkontrakte auf den -> **DAX** (DAX-Future) einführen (neben Finanzterminkontrakten auf einen -> **DTB-Bund-Future**), und zwar mit folgenden **Charakteristika**:
Basiswert (-> **Basisobjekt**):
Deutscher Aktienindex (-> **DAX**)
Kontraktwert:
DM 100 pro Punkt des Dax
Notierung:
Pro DM 100, mit einer Nachkommmastelle (d.h. die Notierung entspricht dem Wert des DAX, jedoch in DM)
Mindestkursveränderung
Tick-Größe (Tick-Wert):
0,5 (DM 50)

Liefermonate:
März, Juni, September, Dezember; Laufzeiten: 3, 6 oder 9 Monate
Abwicklung (Lieferzeitraum/Liefertag):
In bar, fällig am ersten Werktag nach dem letzten Handelstag
Letzter Handelstag:
Dritter Freitag des Liefermonats; Handelsschluß: 12.30 Uhr Frankfurter Zeit
Einschuß (initial margin):
Von DTB als Sicherheitsleistung festzulegender Betrag, abhängig von der Volatilität des Kontrakts. Reduzierter Einschuß für Spread-Positionen. Sicherheitsleistungen können durch Bareinlagen oder festverzinsliche Wertpapiere (lombardfähig) abgedeckt werden.
Tägliche Abrechnung (variation margins):
Gutschriften/Belastungen über tägliche Gewinne/Verluste. Sie werden täglich neu berechnet anhand der aktuellen Kurse ("mark-to-market"). Basis für die Bewertung ist der Preis des letzten während der letzten zehn Handelsminuten zustandegekommenen Geschäftsabschlusses.
Gewinne/Verluste werden dem LZB-Konto des Clearing-Mitglieds gutgeschrieben/belastet.
Abrechnung bei Lieferung:
Wert des DAX-Terminkontraktes um 12.30 Uhr am letzten Handelstag.
Positionslimits:
Von DTB noch festzulegen
Maximale tägliche Kursschwankungen:
Zunächst keine Begrenzung
Handelszeit:
Geplant von 11.00 bis 14.00 Uhr, gegebenenfalls länger.

**DAX-Index-Option**
Von Banken emittierte -> **Optionsscheine** auf den -> **DAX** in Form von -> **Calls** und -> **Puts**. Der Optionskäufer hat mit diesen Optionen einerseits die Möglichkeit, sich an der Entwicklung des Deutschen Aktien-

marktes zu beteiligen. Andererseits kann er mit den -> **Puts** ein Portfolio deutscher Aktien absichern (-> **Portfolio-Insurance**). -> **Basisobjekt** ist der DAX; der jeweilige -> **Ausübungspreis** wird in Index-Punkten festgelegt. Die Ausübung ist nur am Ende der Laufzeit möglich (-> **Europäische Option**). Für die Ausübung ist Mitteilung an die emittierende Bank am letzten Handelstag notwendig. Es erfolgt Barandienung, wobei der innere Wert (-> **Aktienoption**) der Option, multipliziert mit einer Währungseinheit (z.B. 1 DM oder 1 SFR), vergütet wird. Der **innere Wert** ergibt sich als **Differenz** von Index-Stand am Ausübungstag und Ausübungspreis (laut Optionsbedingungen). Der -> **Optionspreis** wird auf Grund der Marktbedingungen festgelegt. Als Emittenten derartiger Optionen betätigen sich Banken, die als -> **Market Maker** an der -> **DTB** zugelassen sind.

**DAX-Kursindex**
-> **Deutscher Aktienindex**

**Day Order**
Auftrag für Kauf oder Verkauf eines Finanzinstruments (an -> **Financial Futures-Märkten**), der an einem bestimmten Tag auszuführen ist (und an keinem anderen Tag).

**Day Trader**
Lokale -> **Trader**, die Vorteile aus Preisveränderungen während des Börsentages (sog. intraday price changes) zu ziehen versuchen (siehe auch -> **Arbitrage**). Im Rahmen des -> **Tradings** werden von bestimmten Marktteilnehmern Kontrakte mit volatilem Charakter (-> **Volatilität**) in der Regel nicht länger als einen Tag gehalten; dadurch unterscheidet sich der day trader vom -> **scalper**.

**Day Trading**
Trading-Methode bzw. Trades am -> **Financial Futures-Markt**, bei der (denen) im Gegensatz zu -> **Overnight Trades** die jeweiligen -> **Financial Futures-Positionen** nur einen Tag bestehen, d.h. am selben Tag eröffnet und geschlossen werden, so daß geringe -> **Brokerage Fees** anfallen.

**db-direct**
-> **Internationales Cash Management**

**DCM**
-> **Direkt-Clearing-Mitglied.**

**Dealer**
Börsenmitglied am -> **Financial Futures-Markt**, das auf eigene Rechnung und eigenes Risiko Transaktionen durchführt (handelt). Daneben kann die Funktion von Dealern im Rahmen der Plazierung von -> **Euro-Geldmarktpapieren** wahrgenommen werden: Ein oder mehrere Dealer bringen für den Emittenten entweder Papiere im Markt unter, d.h. sie handeln die Papiere direkt durch, oder nehmen alle oder einen Teil der Papiere in den eigenen Bestand auf (um sie später an andere Investoren weiterzuverkaufen). Dealer im Euro-Geldmarkt erzielen Provisionen und Vermittlungsgebühren, gehen allerdings im Falle der Aufnahme in den Eigenbestand auch Risiken ein (Zinsänderungs-, Bonitäts- Liquiditätsrisiko).

**Debenture**
Ausländische Schuldverschreibungen, deren Sicherung regelmäßig in der **negative pledge clause** (**Negativklausel**) besteht, die besagt, daß die Gläubiger der Debentures bei künftigen Kapitalaufnahmen nicht schlechter gestellt werden dürfen als künftige Anleihegläubiger (späterer Emissionen).

**Debitcard**
-> **Debitkarte**

**Debitkarte**
-> **Bezahltkarte**, Kartenart, bei der das Konto des -> **Karteninhabers** sofort - d.h. meist am Tag der Verfügung - belastet wird (z.B. -> **ec-Karte**).

## Debt Equity Swap

Im Rahmen von Umschuldungsaktionen zur Verminderung internationaler Zahlungsverpflichtungen (von Entwicklungsländern) entwickelte Vereinbarung, auf ausländische Valuta (z.B. $) lautende Forderungen gegen lokale Währung des Schuldnerlandes zu tauschen (-> **Swap**) und diese Mittel für eine Direktinvestition einer ausländischen Unternehmung im Schuldnerland als Eigenkapital zur Verfügung zu stellen (daher auch als **Debt for Equity Swap** bezeichnet). Beispielsweise möchte eine deutsche MNU im Entwicklungsland X eine Fabrikationsanlage (als Direktinvestition) errichten. Zur Finanzierung kauft die MNU von einer Geschäftsbank A, die Gläubigerin von X ist, entweder eine Kreditforderung von A gegen X oder ein entsprechendes Volumen an Schuldverschreibungen (welche die Bank im Portefeuille hält) mit Abschlag (a) von angenommen 40% (bei einem Volumen von 10 Mio $) an. A erhält somit von der MNU 60% der Forderung (= 6 Mio $) und kann dadurch die Bilanz entlasten. Die MNU ihrerseits bietet die Forderung nunmehr zum **Nominalwert** der Zentralbank von X an mit der Möglichkeit, das Entgelt für die $-Forderung in lokaler Währung zum offiziellen Devisenkurs zur Durchführung der Direktinvestition als Eigenkapital bereit zu stellen. Voraussetzung für eine derartige Transaktion ist die Erteilung der Genehmigung durch die Regierung des Landes X. Die Vorteilhaftigkeit des Swaps hängt vom **offiziellen** Devisenkurs und vom Abschlag (a) ab, der von X für den Ankauf von $-Forderungen festgesetzt wird. Erhält man z.B. für 100 lokale Währungseinheiten (LW) 0,08 DM und beträgt der Kurs für 1 $ = 1,84 DM, ergeben sich Devisenkurse von 1 DM = 1250 LW und 1 $ = 2300 LW. Für 10 Mio $ und a = 10% erhält die MNU von der Zentralbank des Landes X 20,7 Mrd LW [10 Mio $ x 2300 LW x (1-0,1)]. **Effektiv** erhält die MNU somit für die tatsächliche Ausgabe von 6 Mio $ je 1 $ = 3450 LW, also um 1150 LW mehr als zum offiziellen Devisenkurs. Die Struktur des Swaps zeigt folgende Abbildung:

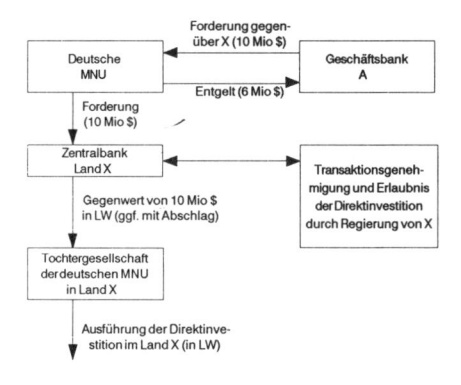

```
                      Forderung gegen-
                      über X (10 Mio $)
   Deutsche    ──────────────────────►   Geschäftsbank
     MNU       ◄──────────────────────        A
     │           Entgelt (6 Mio $)
     │ Forderung
     │ (10 Mio $)
     ▼
  Zentralbank
   Land X      ◄──────────────────────   Transaktionsgeneh-
     │         Gegenwert von 10 Mio $     migung und Erlaubnis
     │         in LW (ggf. mit Abschlag)  der Direktinvestition
     │                                    durch Regierung von X
     ▼
 Tochtergesellschaft
  der deutschen MNU
    in Land X
     │
     │ Ausführung der Direktinve-
     ▼ stition im Land X (in LW)
```

Lit.: Unctad (Hrsg.) Trade Development Report 1986, New York
Franke, G., Dept-Equity Swaps aus finanzierungstheoretischer Perspektive, ZfB 1988, 187 - 197
Lerbinger, P. 198

## Debt for Equity Swap
-> **Debt Equity Swap**

## Debt Options

Zeigen Analogien zu **Equity Options**, unterscheiden sich von diesen jedoch dadurch, daß der Wert von Debt Options viel schneller auf Zinsänderungen reagiert, und zwar in **inversem** Sinne: Steigt der Zinssatz, dann sinken die Marktpreise des niedriger verzinsten unterlegten Instruments (-> **Underlying**), die Call-Preise fallen, und die Put-Preise steigen an. Wenn die Zinsen sinken, dann nimmt der Marktpreis des Underlying zu, ebenso steigen die Call-Preise, während nunmehr die Put-Preise sinken. Debt Options sind häufig mit einem zugrundeliegenden Futures-Kontrakt verknüpft, beispielsweise an der -> **CBT** ein -> **15-Jahres-U.S. Treasury Bond Futures Contract** mit **U.S. Treasury Bond Future Option Contracts**, deren Quotierung in points und 64ths of 100% erfolgt (Kontraktgröße: 100000 $). Andere **U.S. Treasury Issue Options** werden an der -> **CBOE**, der -> **CME** und an der -> **LIFFE** gehandelt.

### Debt Warrant
-> **Optionsscheine** auf den Bezug von Schuldverschreibungen, auch solchen, die erst emittiert werden (sollen). Neben der Beifügung dieser Optionsrechte zur Emission von Schuldverschreibungen wird auch die Variante der -> **Naked Warrants** praktiziert. Ihrem Wesen nach stellen debt warrants -> **Zinsoptionen** dar.

### Debt Warrant Issue
Variante einer fremdkapitalorientierten -> **Optionsschuldverschreibung** mit der Möglichkeit, bei Ausübung des Optionsrechtes aus dem -> **Warrant** weitere Stücke derselben Emission oder einer anderen Schuldverschreibung desselben Emittenten erwerben zu können.

### Deckel
-> **Cap**

### Deep Discount Bond
Festverzinsliche Schuldverschreibung (Anleihe), die mit Zinsbedingungen ausgestattet ist, die zum Zeitpunkt der Emission wesentlich ungünstiger als das bestehende Zinsniveau für vergleichbare Anleihen auf dem Kapitalmarkt ausfallen. Die Kompensation der niedrigen laufenden Zinszahlungen erfolgt durch ein entsprechend hohes Emissionsdisagio. Die Differenz von Emissionskurs und Nominalwert wirkt für den Investor in der Weise, daß die Differenz steuerlich erst bei Rückzahlung bzw. Verkauf relevant wird und deshalb Gegenstand der Steuerplanung sein kann. Ihrem Wesen nach stellen derartige Papiere eine kombinierte Niedrigzins- und Disagio-Anleihe dar.

### Default-Klausel (Default Clause)
Klausel in den Anleihebedingungen von -> **Euro-Anleihen** (und Euro-Kreditverträgen) zum Schutze des Gläubigers vor Verzug (insbesondere Zahlungsverzug oder sonstige Säumnisse) des Schuldners. Die Default-Klausel berechtigt zur Kündigung durch den (die) Gläubiger. Die Wirksamkeit derartiger Verzugsklauseln ist umstritten, zumal die beteiligten Banken (des Konsortiums) in der Regel für die Konsolidierung des Schuldners optieren. Grundsätzlich erfährt die Installation einer Verzugsklausel eine Verschärfung im Falle der **Cross Default Clause**. Diese besagt, daß dem Gläubiger ein Kündigungsrecht zusteht, wenn der Schuldner mit irgendeiner Zahlungsverpflichtung gegenüber irgendeinem Dritten in Verzug gerät. Der Zweck dieser Konstruktion besteht - ebenso wie bei der Negativklausel (-> **negative pledge clause**) - in der Gleichbehandlung und gleichrangigen Befriedigung aller Gläubiger durch den Schuldner (Emittenten).

### Default-Partei
Vertragspartner, der auf Grund der Regelungen in der -> **Default-Klausel** in Verzug gerät.

### Default-Situation
Definition des Sachverhaltes in den Anleihebedingungen, der den Verzug (-> **Default**) darstellt **oder** Situation des eingetretenen Verzuges.

### Deferred Contracts
Future Contracts calling for delivery in the most distant month, as distinguished from nearby months (-> **Back contract**). *WH*

### Deferred Coupon Notes
Variante einer -> **FRN**, die in den ersten zwei Jahren der Laufzeit zinslos ist. Zum Ausgleich dafür liegen die Zinsen nach den beiden Freijahren erheblich über -> **LIBOR** (z.T. mehrere Prozent). Diese Konstruktion wird v.a. aus steuerrechtlichen Überlegungen gewählt, die dem Investor eine entsprechende Steuerplanung ermöglicht (zu Analogien in der Konstruktion siehe auch -> **Step-Up-FRN** und -> **Step-Down-FRN**).

### Deferred Delivery Contract

## Deferred Delivery

Kontrakt mit einem späteren Erfüllungstermin als dem -> **current delivery month**.

**Deferred Delivery**
The more distant months where trading of Future Contracts takes place, as distinguished from nearby delivery months. *WH*

**Deferred Futures**
The most distant months of a futures contract. *WH*

**Deferred Interest Bond (DIB)**
Letzte Tranche (**Residual**) eines -> **CMO**, deren Bedienung aus Cash Flows erfolgt, die über die Tilgung der vorangegangenen Tranchen hinaus im Pool der Hypothekarkrediterträge verfügbar sind bzw. diesem **Residual** zufließen. Seinem Wesen nach erweist sich somit ein DIB als (aufgezinster) -> **Zero Bond**, da erst nach Bedienung aller anderen Tranchen des CMO Zinsen und Tilgungen für den DIB in einer Summe geleistet werden.

**Deliverable grade**
Standard specifications for a commodity or financial instrument for delivery against a futures contract. *WH*

**Deliverable instrument**
An underlying security that can be delivered into a futures contract, relating to specific contract regulations. *WH*

**Deliverable name**
Gattungen von Finanzinstrumenten, die auf Grund der spezifischen Ausgestaltung des jeweiligen -> **Financial Futures-Kontrakts** für einen bestimmten -> **Financial Future** angedient werden können.

**Deliverable value**
Wert, zu dem Finanzinstrumente für einen bestimmten -> **Financial Future** angedient werden können (**Andienungskurs**).

## Delivery

**Delivery day**
Andienungstag eines Finanzinstruments.

**Delivery factor**
-> **Preisfaktorsystem**

**Delivery month**
The calendar month during which delivery against futures contracts is possible. (Erfüllungsmonat eines Futures-Kontraktes). *WH*

**Delivery notice**
A written notice from the seller that he intends to deliver the underlying security against his short futures position on a particular day. *WH*

**Delivery point**
Nach den Börsenregeln des jeweiligen -> **Financial Futures-Marktes** festgelegter Ort der -> **Andienung** (insbesondere für Warenterminkontrakte von Bedeutung).

**Delivery price**
Offizieller Schlußkurs, der vom -> **Clearing House** bei Andienung festgelegt wird: A price fixed by the clearing house that determines the invoice price of futures that have to be delivered. Also named for the price at which a futures contract is settled at his delivery day.

**Delivery**
The tender and receipt of a financial instrument or cash in settlement of a futures contract. The ownership and control of the underlying instrument/cash is being transferred under terms governed and established by the exchange.
Andienung/Lieferung von Future-Kontrakten. Die durch das -> **Clearing House** veranlaßte Belieferung des Käufers eines Future-Kontraktes, in Form der physischen Andienung (**physical settlement**) oder Barandienung (-> **cash settlement**). Während die physische Andienung echt zugrundelie-

gende Handelsobjekte voraussetzt (Futures auf konkreter Basis-, erfolgt die Barandienung bei denjenigen Kontrakten, denen abstrakte Handelsobjekte zugrundeliegen (Futures auf abstrakter Basis). Bei **Barandienung** wird am Erfüllungstag für alle offenen Positionen dieses Termins anstelle einer physischen Lieferung des entsprechenden Finanzinstrumentes ein Ausgleich in bar vorgenommen. Die Summe hierfür bestimmt sich aus der Differenz des Kontraktwertes am Vortag des Erfüllungstermins und desjenigen am Erfüllungstermin. Bei **physischer Andienung** hängt die Andienungssumme neben dem offiziellen Schlußkurs des Kontraktes am letzten Handelstag (-> **EDSP**) vom sog. -> **Konversionsfaktor** ab, mit dem der Schlußkurs auf die tatsächlich zu liefernde Anleihe hin adjustiert wird. *WH*

### Delta

Instrument der Beurteilung von -> **Premium Sensitivities** bei Optionen, auch als -> **Hedge Ratio** bezeichnet, welches Auskunft gibt über das Verhältnis von Veränderungen des Wertes einer Option zur Veränderung des Preises des -> **Underlying** (= zugrunde liegenden Wertpapiers):

$$\text{Delta} = \frac{\text{Veränderung des Wertes der Option}}{\text{Veränderung des Kurses des Underlying}}$$

Damit beschreibt Delta bzw. der **Delta-Faktor** grundsätzlich die absolute Veränderung des Optionspreises bei Variation des Kurses des Basiswertes um eine Einheit bzw. einen Punkt. Bei derartiger marginalanalytischer Betrachtung läßt sich Delta mathematisch als erste Ableitung des Optionswertes bezüglich des Basiswertes aus dem -> **Black-Scholes-Modell** auffassen. Für die Call-Option (c) ergibt sich dann:

$$\text{Delta} = N(d_1)$$

Das Delta von Optionen tief -> **in the money** liegt nahe 1, dasjenige von Optionen weit -> **out-of-the-money** nahe 0, während das Delta von Optionen -> **at-the-money** Werte um 0,5 aufweist. Ein Delta von 0,5 bedeutet beispielsweise, daß die Veränderung des -> **Underlying** um einen Punkt (oder 1 $) eine Veränderung des Wertes der Option um einen halben Punkt (oder 0,5 $) bewirkt. Die wechselnden Delta-Werte von Call- und Put-Optionen bei gegebenem Marktpreis zeigt die folgende Abbildung (Anderson, 156; wobei s = Kurs des Wertpapieres):

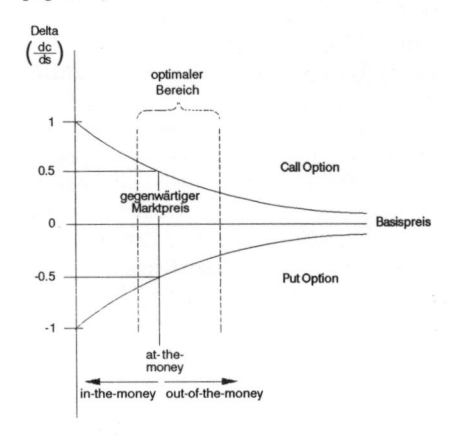

### Delta Factor
-> **Delta**

### Delta Hedging

Strategie des Optionsschreibers (-> **Stillhalter**) zum -> **Hedging** der Risiken offener Positionen im Falle ungedeckter -> **Optionen** durch Kauf oder Verkauf des -> **Underlying** in Abhängigkeit von den jeweiligen Delta-Werten (-> **Delta**). Eine **Delta-neutrale Position** wird dann realisiert, wenn der Stillhalter konsequent jeweils auf die Entwicklung des Delta-Faktors durch die angeführte Vorsorge reagiert, so daß die kombinierte finanzielle Position in Optionen und den zugrunde liegenden Objekten bei (kleinen) Veränderungen des Kurses des Underlying unbeeinflußt bleibt.

### Delta Hedging (Devisen-Optionen)

Der -> **Stillhalter** in Devisen muß zur

Wahrung einer **Delta-neutralen Position** (-> Delta) im Gleichschritt mit der Veränderung des -> Delta-Faktors seine Gegenposition über den Devisenkassamarkt anpassen. Der Umfang der notwendigen Anpassungen ergibt sich aus der Multiplikation des jeweiligen Delta-Faktors mit dem Volumen des (der) geschriebenen Optionskontrakts (Optionskontrakte). In diesem Falle besteht ein Gleichgewicht zwischen vereinnahmter Prämie zuzüglich Zinsen und dem Ergebnis aus dem Delta Hedging.

**Delta-Neutral**
Optionsstrategie (-> **Delta Hedging**; -> **Delta von Devisen-Optionen**).

**Delta Spread**
Variante eines -> Spread, bei dem die Anzahl der gekauften und geschriebenen Options-Kontrakte durch deren -> **Delta** bestimmt wird.

**Depositary Receipt**
-> **Hinterlegungszertifikat**

**Depositary-Receipt-System**
-> **Hinterlegungszertifikat**

**Depotstelle**
Einrichtung an -> **Financial Futures-Märkten**, welche die Wertpapierlieferungen zwischen den **Clearing Mitgliedern** (-> **Clearing-Member**) und der -> **Clearing-Stelle** ausführt. Depotstelle der -> **DTB** ist der Frankfurter Kassenverein.

**Derivative Finanzinstrumente**
Finanzinnovationen in Form von -> **Financial Futures** und -> **Optionen** auf ursprüngliche Finanzinstrumente (-> **Underlyings**).

**Deutsche Mark Currency Futures**
LIFFE Kontrakt/Kontraktspezifikationen:
Handelseinheit:
DM 125 000 gegen $
Liefermonate:
März, Juni, September, Dezember
Liefertag:
Dritter Mittwoch des Liefermonats
Letzter Handelstag:
10.32 Uhr zwei Geschäftstage vor Lieferung
Notierung:
US-$ per DM
Mindestkursveränderung
Tick-Größe (Tick-Wert):
0,01 cents per DM ($ 12,50)
Originaleinschuß (Straddle Margin):
$ 1000 ($ 100)
Handelszeiten:
08.34-16.04 Uhr Londoner Zeit
EDSP:
Offizieller LIFFE Schlußkurs am letzten Handelstag. *WH*

**Deutsche Terminbörse GmbH (DTB)**
Träger der im August 1988 gegründeten vollelektronischen deutschen Terminbörse (DTB). Die Organisationsform der DTB weist einerseits öffentlich-rechtlichen Charakter auf (insofern ist sie als **Börsenveranstaltung** eine unselbständige Anstalt des öffentlichen Rechts), andererseits ist die Börsenträgergesellschaft der DTB, die **DTB Deutsche Terminbörse GmbH** mit Sitz in Frankfurt/M., privatrechtlicher Natur und unterliegt der allgemeinen Staatsaufsicht. Das Stammkapital der DTB GmbH, das von 17 Gesellschaftern aufgebracht wird, beträgt 10 Mio DM. Die öffentlich-rechtlichen Funktionen werden durch die Börsenorgane (Börsenvorstand, Börsenaufsichtsausschuß, Eilausschuß, Ehrenausschuß, Börsenschiedsgericht) ausgeübt.
Lit.: DTB 1989; Eilenberger 1990, 507 ff.

**Deutscher Aktienindex (DAX)**
Der DAX wurde am 1. Juli 1988 als -> **Aktienindex** nach dem Konzept der Arbeitsgemeinschaft der Deutschen Wertpapierbörsen, der Frankfurter Wertpapierbörse und der Börsenzeitung eingeführt. Seitdem steht er für Aktualität, Repräsentanz und Transparenz und konnte sich in kürzester Zeit als Marktbarometer durchsetzen.

# Deutscher Aktienindex (DAX)

Drei Innovationen charakterisieren den DAX:
Er ist gleichermaßen **Laufindex**, operativ handelbarer Index mit **Performancecharakter** und Basis für **Aktienindexfutures**.
Als **Laufindex** wird er im Gegensatz zu statischen Kassakursindizes (Durchschnittspreisaktie) minütlich während der amtlichen Börsenzeit von 10.30 - 13.30 Uhr im Kursinformationssystem -> **KISS** an der Frankfurter Wertpapierbörse berechnet, und informiert über das gesamte Spektrum des realen Börsengeschehens. Der DAX erfaßt die Aktienkurse 30 deutscher Gesellschaften (blue chips), die nach ihrem an der Frankfurter Wertpapierbörse zugelassenen Grundkapital gewichtet sind, und spiegelt die Branchenstruktur der deutschen Volkswirtschaft wider. Somit repräsentiert er 60% des an der Börse zugelassenen Kapitals und mehr als 80% der Umsätze in deutschen Beteiligungswerten. Folgende Aktien werden berücksichtigt, wobei als Auswahlkriterien der Börsenumsatz, die Börsenkapitalisierung und frühe Eröffnungskurse dienten:

Auswahl und Gewichtung der DAX-Werte

| Name | Kapital$^1$) am 15.9.89 (Mio DM) | Kapital$^2$) am 30.12.1987 (Mio DM) | Schlußkurse am 30.12.1987 (DM) |
|---|---|---|---|
| Allianz | 750,0 | 750,0 | 1144,00 |
| BASF | 2849,3 | 2774,2 | 255,50 |
| Bayer | 3170,6 | 3121,3 | 263,80 |
| Bayerische Hypo-Bank | 750,6 | 750,6 | 333,00 |
| Bayerische Vereinsbank | 559,2 | 493,0 | 316,00 |
| BMW | 787,5 | 750,0 | 447,00 |
| Commerzbank | 1134,7 | 1040,0 | 214,00 |
| Continental | 432,7 | 402,4 | 205,20 |
| Daimler | 2115,7 | 2115,7 | 575,00 |
| Degussa | 365,0 | 365,0 | 316,00 |
| Deutsche Babcock | 350,0 | 350,0 | 153,00 |
| Deutsche Bank | 1921,2 | 1772,6 | 388,00 |
| Dresdner Bank | 1491,3 | 1311,6 | 232,00 |
| Feldmühle Nobel | 350,0 | 350,0 | 243,00 |
| Henkel | 290,0 | 175,0 | 486,00 |
| Hoechst | 2880,9 | 2797,4 | 250,00 |
| Karstadt | 360,0 | 360,0 | 427,00 |
| Kaufhof | 389,2 | 389,2 | 417,20 |
| Linde | 291,5 | 238,0 | 522,00 |
| Lufthansa | 1216,0 | 1200,0 | 135,50 |
| MAN | 674,5 | 674,5 | 139,00 |
| Mannesmann | 1273,4 | 1273,4 | 101,10 |
| Nixdorf | 280,1 | 280,1 | 555,50 |
| RWE | 2214,3 | 2213,3 | 209,50 |

**Deutscher Aktienindex (DAX)**

| | | | |
|---|---|---|---|
| Schering | 325,4 | 283,0 | 353,00 |
| Siemens | 2368,9 | 2379,2 | 359,00 |
| Thyssen | 1565,0 | 1565,0 | 104,50 |
| VEBA | 2215,0 | 1981,8 | 260,10 |
| VIAG | 780,5 | 580,0 | 179,00 |
| VW | 1500,0 | 1500,0 | 224,50 |
| Summe | | 35652,5 | 34236,3 |

[1])Quelle: Wertpapier-Mitteilungen. Das angegebene Kapital entspricht dem an der Frankfurter Wertpapierbörse zugelassenen Kapital der Stamm- und Vorzugsaktien sowie der jungen und jüngsten Aktien unter Vernachlässigung des für noch nicht lieferbar erklärten bedingten Kapitals.
[2])Quelle: Amtliches Kursblatt der Frankfurter Wertpapierbörse.
*Stand: 15.9.1989*

Sollte es zu Konkurs, Übernahme oder Fusion einer der oben genannten Indexgesellschaften kommen, hat der Arbeitskreis "Deutscher Aktienindex - DAX" folgende Ersatzgesellschaften festgelegt: Hochtief, Hoesch, PWA.

Der DAX wurde **ursprünglich** nach der Formel von Laspeyres berechnet, wonach zum jeweiligen Zeitpunkt t die addierte Marktkapitalisierung aller Indexgesellschaften einschließlich Bereinigung zu diesem Zeitpunkt in das Verhältnis zur entsprechenden Marktkapitalisierung zum Basiszeitpunkt (Ultimo 1987) gesetzt und mit 1000 multipliziert wird.

$$DAX_t = \frac{\sum p_{it} \cdot q_{it} \cdot c_i}{\sum p_{i0} \cdot q_{i0}} \cdot 1000$$

wobei:
t = aktueller Zeitpunkt
i = i-te Gesellschaft
p = Kurs
q = Gewicht (zugelassenes Grundkapital)
c = Korrekturfaktor
0 = Basis (Ultimo 1987).

Zum 15.9.1989 wurde die erste Anpassung der Gewichtungsfaktoren $q_i$ vorgenommen, also aktuelle börsennotierte Grundkapitalien zum 15.9.1989 zugrundegelegt und alle $c_i$ auf 1 gestellt. Dadurch kam es zwischen $DAX_{14.9}$ und $DAX_{15.9}$ zu einem Sprung, der mit dem Faktor $K_t 1$ vermieden wird, wobei $t^1$ der letzte Bereinigungstag ist (vorläufig ist $t^1 = 15.9.1989$).
Der Faktor $K_t 1$ ist definiert als:

$$K_t^1 = \frac{DAX_t}{DAX_{t-1}} = 1,020377$$

wobei: $t = 15.9.1989 = t^1$.
Deshalb lautet die neue **DAX-Formel seit dem 15.9.1989:**

$$DAX_t = K_t^1 \cdot \frac{\sum p_{it} \cdot q_{it}^1 \cdot c_i}{\sum p_{i0} \cdot q_{i0}} \cdot 1000$$

wobei:
$t^0$ = 30.12.1987
$t^1$ = 15.9.1989
$p_{it}$ = aktueller Kurs
$q_{it}^1$ = Kapital am 15.9.1989
$p_{i0}$ = Kurs am 30.12.1987
$q_{i0}$ = Kapital am 30.12.1987

$c_i$ = gattungsspezifischer Bereinigungsfaktor
$K_{it}$ = Verkettungsfaktor.

Die Verkettung, d.h. die Aktualisierung, der Gewichte erfolgt zeitgleich mit der Rückbasierung aller $c_i$ auf 1 einmal jährlich. Jede neue Bereinigung folgt diesem Grundsatz, so auch eine Bereinigung bei Ausscheiden einer Indexgesellschaft und Neuaufnahme einer anderen Gesellschaft in das Indexportefeuille. Der Bereinigungstermin $t^1$ wäre ein neuer. Aktuelle $q_{it}1$ (börsennotiertes Grundkapital) und der Verknüpfungsfaktor $K_t1$ sind den Angaben der "Wertpapier-Mitteilungen" zu entnehmen. Hierbei ist zu beachten, daß bei Gesellschaften mit Stamm- und Vorzugsaktien das Grundkapital beider Aktiengattungen addiert wird. Ebenso ist bei am Stichtag zugelassenen jungen und jüngsten Aktien zu verfahren.

Die **Performanceorientierung** des DAX steht einem **"Total Return"** gleich. Im Unterschied zu anderen Indizes ist der DAX um Dividendenabschläge, Kapitalveränderungen und um nicht vom Markt verursachte Kursveränderungen bereinigt. Der DAX nimmt **Dividendenbereinigung** unter der Annahme vor, daß die Dividenden und auch die Bezugsrechtserlöse von den Investoren in die jeweiligen Titel reinvestiert werden. So zeigt er die Wertentwicklung eines über längere Zeit unverändert gehaltenen Portefeuilles. Per Ultimo 1987 wurde der DAX auf 1000 Punkte basiert, sein aktueller Wert (Februar 1990 = 1900) bildet bereits auch Erträge in cash der vergangenen Jahre ab, die reinvestiert wurden. Der **gattungsspezifische Bereinigungsfaktor** ($c_i$) berechnet sich folgendermaßen:

$$c_i = \frac{\text{letzter Kurs cum}}{\text{letzter Kurs cum - rechnerischer Abschlag}}$$

Bei der in der Regel einmal jährlich - zuletzt am 15. September 1989 - stattfindenden Anpassung der Gewichte werden alle $c_i$ auf 1 gestellt.
Der Faktor K gibt somit in einem Wert alle Dividendenzahlungen und Kapitalveränderungen seit dem Basiszeitpunkt wieder. Seine Repräsentanzbedingung (30 Gesellschaften) eröffnet dem DAX Zugang zur -> DTB. Seine Verwendung für **Aktienindexfutures** wurde bereits im Juli 1988 angekündigt. Da es unüblich ist, Indexfutures auf Performanceindizes zu handeln, wird auch über einen **DAX-Kurs-Index** nachgedacht. Dennoch zeigt gerade der DAX-Performanceindex die Besonderheit der in Deutschland nur einmal jährlich stattfindenden Dividendenzahlung und relativ hohe Dividendenrendite. Damit würde der DAX zum handelbaren Aktienindex, und Investoren könnten mit einer einzigen Transaktion kostengünstig ihre persönliche Risikoeinschätzung steuern und müßten nicht kostenaufwendige Absicherungen in vielen einzelnen Werten auf sich nehmen.
So sind alle 14 an der DTB gehandelten Werte Bestandteil des DAX. Als Ergänzung zum DAX werden auch täglich DAX-Kennzahlen veröffentlicht, welche den Optionshandel und den Handel in Futures auf den DAX unterstützen sollen. Diese Entscheidungsunterstützung der Frankfurter Wertpapierbörse für ein effizientes -> **Portfolio-Management** kann einen weiteren Beitrag zur Transparenz der Preisbildung und Chancengleichheit der unterschiedlichen Marktteilnehmer leisten. Ein funktionierender Terminmarkt ist abhängig von einem leistungsfähigen -> **Kassamarkt**, der effiziente -> **Arbitrage** und ein funktionierendes -> **Hedging** ermöglichen muß; der Terminmarkt hat wieder umsatzsteigernde Wirkung auf den Kassamarkt. Um sich im zunehmenden Wettbewerb der Systeme behaupten zu können, stehen folgende **Kennzahlen** zur Verfügung:
- Die **Volatilität des DAX** und seiner 30 enthaltenen Werte. Sie gibt die Schwankungsbreite eines Aktienkurses um dessen Mittelwert über einen bestimmten Zeitraum wieder und kann als Maß für Risiko gesehen werden, wodurch ein schneller Vergleich der 30 DAX-Werte ermöglicht

wird. Die Frankfurter Wertpapierbörse berechnet sie linear gewichtet über unterschiedliche Zeiträume.
- Der **Korrelationskoeffizient** ist ein Maß für Richtung und Stärke einer Entwicklungsbewegung. So wird der Korrelationskoeffizient jedes einzelnen DAX-Wertes zum DAX ermittelt. Der Wert 1 sagt aus, daß der betrachtete Wert sich genau wie der DAX verhält, bei -1 genau entgegengesetzt, bei 0 gibt es keinen Zusammenhang. Es sind Werte zwischen -1 und 1 möglich, und der Anleger wird möglichst versuchen, in Werte mit besonders hoher Korrelation zum DAX zu investieren.
- Der -> **Beta-Faktor** drückt die Empfindlichkeit des betrachteten Wertes auf Änderungen des Kapitalmarktes, also des DAX, aus. Er ist Maß für ein gesamtmarktbezogenes Risiko und bestimmt den Zusammenhang zwischen der Kursveränderung des Wertpapiers und der Kursveränderung des Gesamtmarktes. Bei einem Beta-Faktor einer bestimmten Aktie von größer 1 verhält sich die Kursänderung der Aktie überproportional zur Veränderung des DAX, bei gleich 1 sind die Kursausschläge proportional, bei kleiner 1 unterproportional. Allerdings gibt er keine Richtung der Kursänderung an. Der Beta-Faktor wird mittels linearer Regression berechnet. Bei eventuellen -> **DAX-Futures** wird er bei der Ermittlung einer Hedge Ratio benötigt.

Ursächlich für den bisher großen Erfolg des DAX ist seine weite Verbreitung. Minütlich erreicht er die Börsenhändler auf dem Parkett und wird auf einer 10 m$^2$-Graphikwand in Frankfurt/M. mit Beginn der Börsensitzung bis zum Ende fortlaufend dargestellt. Neben dem vollelektronischen Medium existiert auch ein automatischer Telefaxservice. Beide übermitteln den DAX an Börsenhändler, Nachrichtendienste, nationale wie internationale Banken, Pressestellen und Informationsdienste; viele Tageszeitungen (Börsenzeitung) berichten über ihn, und sein grafischer Verlauf erreicht auch über das Fernsehen (**Tele-Börse**) die Haushalte.
*ARG*
Publikation: DAX Kursinformations-Service-System -> **KISS** WSS-BDZ/Börsen-Zeitung/BTX *2002721#
Reuters (IDEX und DAXA)
Telekurs (INVESTDATA 846900, 13 und 85, BZF 1)
vwd (Video Ticker S. 14/15)
Telerate/vwd (Telerate Monitor S. 20 - 471)
ICV Ltd./EAG Financial Informations GmbH
Pont Data/Quotron
DAX-Kennzahlen:
Börsenzeitung
BTX (S. 67243)

**Lit.**: Fischer, A./Richard, H.-J., DAX Erfolgsbilanz von 15 Monaten, BZ 7.9.1989; o.V., Neue Gewichtungsfaktoren des DAX, BZ 19.9.1989

**Deutscher Chemie Basket**
-> **Covered Warrant**

**Deutscher Investitionssicherungsfonds (DIFO)**
Zur Unterstützung des Reformprozesses in der DDR in Zusammenarbeit von BDI und IKB geplanter Fonds zur Absicherung von Krediten zur Existenzgründung in der DDR. Angestrebt wird ein Volumen von 250 Mio DM (davon 10%-Anteil der IKB) zur Sicherung eines Finanzierungsvolumens zwischen einer bis zwei Mrd DM.

**Devisen-Bear-Spread-Schein**
Variante eines -> **Optionsscheines** auf Devisen (**Devisen-Optionsschein**), der von Banken im Wege des öffentlichen Angebots (-> **public offering**) zu einem festgelegten Verkaufspreis (-> **Optionspreis**) emittiert wird (z.B. Commerzbank-Emission vom 9.4.1990). Bei einer Mindestzeichnung von 1000 Stück (oder einem ganzzahligen Mehrfachen davon) berechtigt jeder Schein den

Inhaber, nach Maßgabe der Zahlungsbedingungen eine Zahlung des Hundertfachen eines Differenzbetrages in Deutscher Mark zu erhalten. Der Differenzbetrag ist der Wert, um den der -> **Briefkurs** des US-$ gegenüber der Deutschen Mark zum Amtlichen Fixing an der Frankfurter Devisenbörse am Ausübungstag bzw. Stichtag (-> **Europäische Option**) den -> **Basispreis** unterschreitet, höchstens aber die Differenz zwischen Basispreis und -> **Floorpreis**, d.h. z.B. DM 0,07 je US-$ (siehe auch -> **Spread**). Effektive Scheine werden nicht ausgegeben: Dem Inhaber von Scheinen stehen Miteigentumsanteile an einem -> **Global-Inhaberschein** zu, die in Übereinstimmung mit den Bestimmungen und Regeln der Deutscher Kassenverein AG und außerhalb der Bundesrepublik Deutschland von -> **Euro-Clear** und -> **Cedel** übertragen werden können. Eine Börsennotierung kann im Geregelten Markt oder im Freiverkehr erfolgen.

### Devisen-Bull-Spread-Schein
Variante eines -> **Optionsscheines** auf Devisen (**Devisen-Optionsschein**), der von Banken im Wege des öffentlichen Angebotes (-> **public offering**) zu einem festgelegten Verkaufspreis (-> **Optionspreis**) emittiert wird (z.B. Commerzbank-Emission vom 9.4.1990). Bei einer Mindestzeichnung von 1000 Stück (oder einem ganzzzahligen Mehrfachen davon) berechtigt jeder Schein den Inhaber, nach Maßgabe der Zahlungsbedingungen eine Zahlung des Hundertfachen eines Differenzbetrages in Deutscher Mark zu erhalten. Der Differenzbetrag ist der Wert, um den der amtliche -> **Geldkurs** des US-$ gegenüber der Deutschen Mark zum Amtlichen Fixing an der Frankfurter Devisenbörse am Ausübungstag bzw. Stichtag (-> **Europäische Option**) den Basispreis **übersteigt**, höchstens aber die Differenz zwischen -> **Basispreis** und -> **Cappreis**, d.h. z.B. DM 0,10 je US-$ (siehe auch Spread).
Effektive Scheine werden nicht ausgegeben.

Den Inhabern von Scheinen stehen Miteigentumsanteile an einem -> **Global-Inhaberschein** zu, die in Übereinstimmung mit den Bestimmungen und Regeln der Deutscher Kassenverein AG und außerhalb der Bundesrepublik Deutschland von -> **Euro-Clear** und -> **Cedel** übertragen werden können. Börsennotierung kann im Geregelten Markt oder im Freiverkehr erfolgen.

### Devisenkassakurs
Preis auf dem Devisenkassamarkt für Transaktionen in Devisen, die dadurch charakterisiert sind, daß die Erfüllung längstens innerhalb zwei Börsentagen (Werktagen) stattfinden muß. Die Ermittlung der **aktuellen Devisenkassakurse** erfolgt entweder am amtlichen Devisenkassamarkt (für amtlich notierte Währungen) oder im Freiverkehrsmarkt (als außerbörslichem Devisenmarkt). In der Regel wird die Notierung in Form des Devisenkurses vorgenommen, d.h. als Preis je Einheit der ausländischen Währung in Inlandswährung (z.B. 1 $ = 1,80 DM). Eine Ausnahme bildet der Platz London, an dem der Preis der ausländischen Währung je Einheit der Inlandswährung festgesetzt wird (z.B. 1 DM = 0,5555 $). Von **historischen Devisenkassakursen** wird in denjenigen Fällen gesprochen, bei denen die Vertragspartner einen anderen Kurs als den aktuellen Devisenkassakurs der Transaktion am Devisenkassamarkt zugrunde legen (siehe auch -> **Währungs-Swap**).
**Lit.:** Eilenberger 1986, 33 ff.

### Devisen-Kaufoption
Eine Devisen-Kaufoption (**Currency Call Option**) räumt dem **Käufer (Wähler)** das Recht ein, einen bestimmten (standardisierten) Valuta-Betrag (-> **Optionskontrakt**) - je nach Ausgestaltung des Kontrakts - jederzeit innerhalb der Optionsfrist bzw. zum Ausübungszeitpunkt vom **Stillhalter in Devisen (Valuta)** zum Basispreis zu kaufen. Dafür entrichtet der Käufer eine **Prämie (Gebühr, -> Optionspreis)** an den Verkäufer des Options-Kontraktes. Die Höhe der

# Devisen-Kaufoption

Prämie, die einen Ausgleich für das vom Verkäufer (**Kontraktzeichner**) übernommene Kursrisiko darstellt, regelt den Marktausgleich. Devisen-Kaufoptionen werden nur dann angeboten, wenn nach Auffassung des Stillhalters die geforderte Prämie eine ausreichende Kompensation für - wider Erwarten mögliche - Verluste zuläßt.

Während das Risiko für den Käufer von Devisen-Kaufoptionen auf den Verlust der Prämie begrenzt ist, ergibt sich für den Stillhalter eine spiegelbildlich verlaufende Risikofunktion: Der Stillhalter in Devisen (Verkäufer der Devisen-Kaufoption) geht ein theoretisch unbegrenztes Risiko ein, wenn sich der aktuelle Devisenkassakurs entgegen seinen Erwartungen entwickelt.

Der **Erfolg der Kaufoption** für den **Käufer** ergibt sich aus der Beziehung

$$E_{KKO} = K - (B + P)$$

$E_{KKO}$ = Erfolg für Käufer einer Kaufoption
$K$ = Devisenkassakurs am Ausübungstag der Option
$B$ = Basispreis
$P$ = Prämie

Der **Break-Even-Kurs** für die Ausübung der Option durch den **Käufer** ergibt sich daher aus der Gleichung

$$K = (B + P)$$

Der **Erfolg des Verkäufers** der Kaufoption (Stillhalter in Devisen) kann - in spiegelbildlicher Weise - allgemein nach der Gleichung

$$E_{VKO} = (B + P) - K$$

ermittelt werden (wobei $E_{VKO}$ ... Erfolg des Verkäufers der Kaufoption). Beispielsweise ergibt sich für einen Basispreis von 2,20 DM/$ und eine Prämie von 0,105 DM/$ die in der folgenden Abbildung dargestellte **Chancen-Risiko-Verteilung** von Käufer und Verkäufer einer Devisen-Kaufoption.

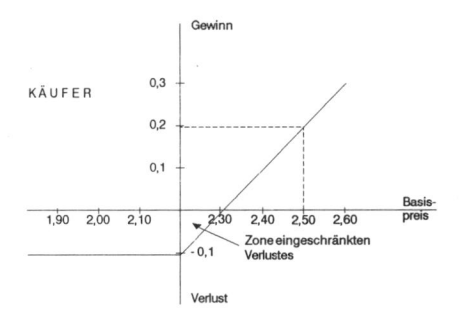

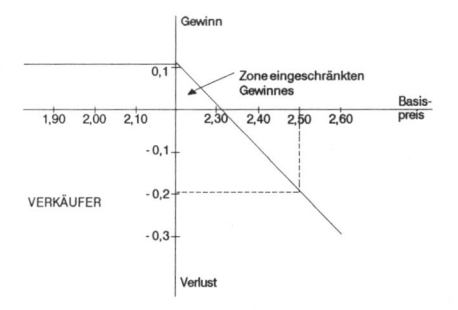

Im **Außenhandel** kommen als **Käufer** einer Devisen-Kaufoption **Importeure** in Betracht, während **Stillhalter** entweder **Exporteure**, die entsprechende Deviseneinnahmen erwarten bzw. besitzen, oder **Banken** sind, welche die durch Schreiben der Kaufoption offene Position entweder durch gegenläufige Devisen-Optionsgeschäfte (z.B. Kauf einer Verkaufsoption) schließen oder bereits entsprechende Valuta im Bestand haben.

Lit.: Eilenberger 1986, 186 ff.

# Devisenkurssicherung

Die Sicherung vor Valutarisiken kann grundsätzlich durch interne und externe Maßnahmen der Devisenkurssicherung erfolgen. Während **interne** Instrumente der Kurssicherung darauf gerichtet sind, **entweder** die Entstehung von Währungspositionen zu vermeiden (**neutralisierende Kurssicherung**) **oder** im Rahmen von Unternehmensverbunden den abzusichernden Net Exposure (-> **Währungsposition**) zu verrin-

gern bzw. durch interne Kompensationen zu neutralisieren, kommen für die **externe** Kurssicherung grundsätzlich **kompensierende** Instrumente in Betracht, mit deren Hilfe über Devisenmärkte, Finanzmärkte und Terminbörsen (-> **Financial Futures-Märkte**; -> **Optionsmarkt**) jeweils **Gegenpositionen** zur abzusichernden Währungsposition aufgebaut werden.
Lit.: Eilenberger 1986, 133 ff. und 151 ff.

### Devisen-Option at-the-money
Zu unterscheiden ist zwischen den Verhältnissen bei Devisen-Kaufoptionen und bei Devisen-Verkaufsoptionen. Eine **Devisen-Kaufoption** ist -> **at-the-money**, wenn bei Währungen mit **Deport** der -> **Basispreis** (BP) dem -> **Devisenkassakurs** (KK) und bei Währungen mit einem **Report** der Basispreis dem **Terminkurs** (TK) entspricht. Die unterschiedliche Bezugsbasis ist notwendig, da ansonsten der Inhaber der Devisen-Kaufoption sofort (zum Schaden des -> **Stillhalters** in Devisen) ausüben würde. Eine **Devisen-Verkaufsoption** gilt in analoger Weise als **at-the-money**, wenn bei Währungen mit einem **Deport** der Basispreis dem **Terminkurs** und bei Währungen mit einem **Report** der **Devisenkassakurs** dem Basispreis entspricht. Also:

|  | Call-Option | Put-Option |
|---|---|---|
| Währungsabschlag (Deport) | BP = KK | BP = TK |
| Währungsaufschlag (Report) | BP = TK | BP = KK |

### Devisen-Option in-the-money
Abweichend vom Normalfall der -> **Devisen-Option at-the-money** können für **Devisen-Kaufoptionen** niedrigere Basispreise (als Devisenkassakurs oder Terminkurs) und für **Devisen-Verkaufsoptionen** höhere Basispreise gewählt werden, also:

| Call-Option | Put-Option |
|---|---|
| BP < KK/TK | BP > KK/TK |

In diesen Fällen gilt die Devisen-Option -> **in-the-money** ("im Geld"). Die Ausübung der Kauf-Option lohnt sich nicht unmittelbar nach Vertragsabschluß, da die Prämie (noch) zu hoch ist; dasselbe gilt für die Verkaufsoption.

### Devisen-Option out-of-the-money
Werden abweichend vom Normalfall der -> **Devisen-Option at-the-money** als Basispreise für **Devisen-Kaufoptionen** höhere Kurse (als der Devisenkassakurs oder Terminkurs) und bei **Devisen-Verkaufsoptionen** niedrigere Kurse gewählt, dann gilt die Option als "aus dem Geld" (-> **out-of-the-money**), also:

| Call-Option | Put-Option |
|---|---|
| BP > KK/TK | BP < KK/TK |

Während bei der Kaufoption der Importeur sich auf diese Weise gegen Steigen des Valutakurses absichert, schützt sich der Exporteur bei der Verkaufsoption vor unerwartet starken Valutakursverlusten.

### Devisen-Optionen
Auch als **Currency Options** bezeichnet, stellen ihrem Wesen nach **Kontrakte** dar, die dem jeweiligen Inhaber das Recht geben,
- einen im voraus **bestimmten Valutabetrag** (**Standardkontrakt**, der an einer Devisen-Optionsbörse handelbar ist),
- zu einem vereinbarten Devisenkurs (-> **Basispreis**)
- bis zu einem vorbestimmten Zeitpunkt (-> **Optionsfrist**; = **Amerikanische Option**) oder an einem bestimmten Zeitpunkt (= **Europäische Option**)
- entweder zu **kaufen** oder zu **verkaufen**.

Der Inhaber des Options-Kontraktes kann somit im Falle der Amerikanischen Option bis zum Ausübungszeitpunkt entscheiden, ob auf Grund der Entwicklung des Devisenkassakurses die Option ausgeübt werden soll oder nicht, während bei der Europäischen Option nur ein einziger Ausübungszeitpunkt (wie beim Devisentermingeschäft) in Frage kommt. Im Falle der Amerikani-

# Devisen-Optionsbörse

schen Option eröffnen sich dem Optionsberechtigten somit u.U. erhebliche Gewinnchancen durch zwischenzeitliche (erratische) Kursausschläge und erhöhen die Flexibilität des Währungsmanagements von Unternehmungen, Valuta-Chancen wahrzunehmen. Dagegen sind diese Möglichkeiten bei Wahl der Europäischen Option stark eingeschränkt.

Abgesehen von den Modalitäten der Optionen und der Optionsausübung sind bei derartigen Optionskontrakten jeweils zwei Parteien vorhanden: Der **Wähler**, der die Entscheidung über die Ausübung der Option trifft, und der **Stillhalter**, der die Optionsdevise (per Kassa) entweder zu liefern oder zu kaufen hat. Während der **Wähler** (und **Käufer** der Option) jeweils den **aktiven Kontrahenten** verkörpert, ist der **Stillhalter der passive Kontrahent** (und **Verkäufer** der Option). Die Erwartungen der Kontrahenten über die Kursentwicklung sind notwendigerweise konträr, d.h. die eine Seite spekuliert à baisse (= auf Sinken der Kurse) und die andere Seite à hausse (= auf ein Steigen der Kurse).

Auf Grund der oben dargelegten Beziehungen sind **zwei Grundtypen** von Devisen-Optionen, nämlich -> **Devisen-Kaufoptionen** und -> **Devisen-Verkaufsoptionen** mit insgesamt **vier Käufer-/Verkäufer-Konstellationen** gegeben:
- Kauf einer Devisen-Kaufoption
- Verkauf einer Devisen-Kaufoption
- Kauf einer Devisen-Verkaufsoption
- Verkauf einer Devisen-Verkaufsoption.

Spezialitäten stellen in diesem Zusammenhang die von (multinationalen) Banken neuerdings emittierten -> **Währungsoptionsscheine** dar.
Lit.: Eilenberger 1986, 184 ff.

# Devisen-Optionsbörse

Im Gegensatz zu Freiverkehrs-Optionen können Standardkontrakte mit entsprechenden Fälligkeiten laut Kontraktspezifikationen der jeweiligen Börse an Devisen-Optionsbörsen gehandelt werden. Die Kontraktgrößen variieren dabei von Börse zu Börse (siehe dazu -> **LIFFE**, -> **EOB**, -> **LSE**, -> **PSE**, -> **CBOE**).

# Devisen-Optionskontrakt
-> Devisen-Option

# Devisen-Optionspreisermittlung

Die rechnerische Ermittlung des marktgerechten Preises von -> **Devisen-Optionen** kann mit Hilfe des -> **Garman-Kohlhagen-Modells** (1983), das eine Modifikation des -> **Black-Scholes-Modells** darstellt, erfolgen. Voraussetzung zur Feststellung des theoretisch "richtigen" Devisen-Optionspreises ist die annähernd richtige Prognose der -> **Volatilität** der Devisenkurse, d.h. die möglichst zutreffende Antizipation der (im voraus) unbekannten Volatilität. Das Modell eignet sich allerdings auch zur Überprüfung, welche Kursvolatilität der Optionsschreiber seinem Angebot zugrunde legt. Diese Überlegungen haben insbesondere für den Käufer von -> **Währungsoptionsscheinen** Bedeutung: Je höher die erwartete Volatilität, umso höher die -> **Prämie** (und umgekehrt). Siehe auch -> **Delta** (Devisenoptionen).

# Devisen-Optionsschein
-> Devisen-Bull-Spread-Schein; -> Devisen-Bear-Spread-Schein; -> Währungsoptionsschein.

# Devisen-Swapgeschäft

Kombination eines Devisenkassageschäfts (-> **Devisenkassakurs**) und eines Devisentermingeschäfts in der Weise, daß **entweder** Devisen per Kassa gekauft und per Termin verkauft, **oder** Devisen per Kassa verkauft und per Termin (zurück-)gekauft werden. In analoger Weise erfolgt die Konstruktion von -> **Währungs-Swaps (Currency Swaps)**.

# Devisen-Switch

Im Zusammenhang mit -> **Kompensationsgeschäften** kann es erforderlich sein, eine Umwandlung der Verrechnungswährung, die dem Waren-Switch zugrunde liegt, in eine **konvertierbare Währung** vorzunehmen. In diesem Fall übernimmt die das Kompensationskonto führende Bank oder ein spezieller **Switch-Händler** den Verkauf des (positiven) Fremdwährungssaldos einer nichtkonvertiblen Valuta in eine konvertierbare (freie) Währung im Auftrag des Exporteurs. Insofern erweitert sich der Waren-Switch zum Devisen-Switch. Für diese Abwicklung, deren Struktur die folgende Abbildung zeigt, stellt die ausführende Bank (oder der Switch-Händler) eine Prämie in Rechnung.

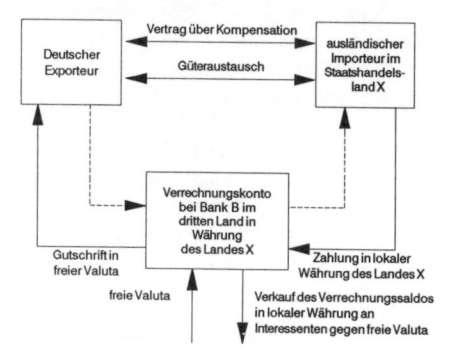

```
[Deutscher Exporteur] --Vertrag über Kompensation--> [ausländischer Importeur im Staatshandelsland X]
                      <--Güteraustausch--
            |                                |
    Gutschrift in                    Zahlung in lokaler
    freier Valuta                    Währung des Landes X
            |   [Verrechnungskonto bei Bank B im   |
            |    dritten Land in Währung           |
            |    des Landes X]                     |
    freie Valuta        Verkauf des Verrechnungssaldos
                        in lokaler Währung an
                        Interessenten gegen freie Valuta
```

Lit.: Eilenberger 1986, 207 ff.

**Devisen-Verkaufsoption**
Der **Käufer** einer Devisen-Verkaufsoption (**Currency Put Option**) erwirbt gegen Zahlung der **Prämie** das Recht auf jederzeitige Lieferung (bzw. auf Lieferung am Ausübungstag) des vereinbarten Valuta-Betrages an den **Verkäufer** der Verkaufsoption (**Stillhalter in Geld**) innerhalb der Optionsfrist (bzw. am Erfüllungstag). Ein **Erfolg** für den **Käufer** der Verkaufsoption entsteht, wenn der aktuelle -> **Devisenkassakurs** zum Ausübungszeitpunkt der Option niedriger ist als der Basispreis abzüglich der Prämie. Somit ergibt sich der **Break-Even-Kurs** aus:

$$K = (B - P)$$

Dagegen profitiert der **Verkäufer** (**Stillhalter in Geld**) von steigenden Devisenkassakursen, da bei Kursen über dem Basispreis der Käufer der Verkaufsoption keine Devisen andienen wird. Allerdings beschränkt sich der maximale Gewinn des Verkäufers auch auf die Höhe der Prämie. Eine Zone eingeschränkten Gewinns besteht für den Verkäufer im Bereich zwischen Basispreis und Break-Even-Kurs, sofern der Käufer überhaupt unter dieser Konstellation liefern möchte, was unwahrscheinlich ist, zumal der Verkauf am Devisenkassamarkt einen höheren Erlös bringt. Allenfalls könnten hohe Transaktionskosten für den Devisenkassaverkauf den Käufer veranlassen, trotz der Diskrepanz zu liefern. Die unbeschränkte Verlustzone beginnt für den Verkäufer ab dem Break-Even-Kurs bei Devisenkursen, die niedriger als dieser sind, so daß sich der **Erfolg** der Verkaufsoption für den **Verkäufer ($E_{VVO}$)** wie folgt ermitteln läßt:

$$E_{VVO} = K - (B - P)$$

Im **Außenhandel** ergibt sich als Anwendungsfall von Devisen-Verkaufsoptionen der **Kauf** derartiger Kontrakte durch den **Exporteur** und der **Verkauf** entweder durch den **Importeur** oder durch **Banken** (zum Risikoausgleich; siehe dazu -> **Devisen-Kaufoption**).

Lit.: Eilenberger 1986, 190 ff.

**Devisenoptionsschein**
-> **Währungsoptionsschein**


**(Devisen-)fixed strike price options**
Variante von -> **Devisen-Optionen**, bei denen die Bank sowohl als Stillhalter (Verkäufer) als auch als Käufer standardisierter Devisen-Optionskontrakte auftritt. Üblicherweise betragen derartige Kontrakte ein Vielfaches des einzelnen Kontraktes (z.B. das Zehnfache eines börsengehandelten standardisierten Kontraktes).

## (Devisen-)limited options

Variante von -> **Devisen-Optionen**, für die der Optionsschreiber (Bank als Stillhalter) die Zahlung der -> **Prämie** bis zum Verfallstag stundet. Als Äquivalent und zur Kompensation des für den Stillhalter dadurch entstehenden Zinsnachteils weisen diese Optionen höhere Prämien auf als dies bei den üblichen Devisen-Optionen (-> **true hedge options**) der Fall ist. Bei Erfüllung zum -> **Basispreis** erfolgt der Abzug der Prämie in Prozent des Basispreises. Im Falle der Ausübung zum Kassakurs wird bei Call-Optionen die Prämie dem Devisenkassakurs zugeschlagen, bei Put-Optionen wird sie vom Devisenkassakurs abgezogen.

## Diagonal Spread

Entsteht durch Erweiterung der Konstruktion des -> **Vertical Spread** um eine zeitliche Komponente insofern, als Diagonal Spreads nicht nur unterschiedliche -> **Basispreise** (wie Vertical Spreads), sondern auch unterschiedliche -> **Verfalldaten** (wie der -> **Horizontal Spread**) aufweisen; rein technisch gesehen ist somit die Long-Seite zeitlich gestreckt, also **diagonalisiert** worden (siehe auch -> **Aktienoptionsstrategien**).

## DIB
-> **Deferred Interest Bond**

## Dienstleistungs-MLP

Anwendungsform einer -> **MLP**, die an Dienstleistungsgesellschaften aller Art beteiligt ist, z.B. an Hotels, Gaststätten, Kabelfernsehen, Vermögensverwaltungsgesellschaften, Maklerdiensten, Handelsketten und -gesellschaften, Baubetreuungs- und Landerschließungsgesellschaften.

## Dienstleistungs-REIT

Anwendungsform einer -> **REIT**, die an Immobilien von Dienstleistungsgesellschaften aller Art beteiligt ist, beispielsweise an Hotels, Krankenhäusern, Einkaufszentren, Sportanlagen, Lagerhäusern.

## DIFO
-> **Deutscher Investitionssicherungsfonds**

## Dingo

Im Wege des -> **Repackaging** von australischen Staatspapieren entstandene -> **Null-Kupon-Anleihe**, die auf Austral-$ lautet (-> **Stripped Bond**).

## Direkt-Clearing-Mitglied (DCM)
-> **Clearing-Lizenz**

## Direkt-Clearing-Zulassung (DTB)

Zulassung durch den Börsenvorstand der -> **DTB**, im Rahmen ihrer Regularien Börsenterminhandel im Auftrag von Kunden und eigene Aufträge durchzuführen.

## Disagio

Prozentualer Abschlag, den eine -> **Kartengesellschaft** vom Rechnungsbetrag einbehält, bevor sie diesen dem -> **Vertragsunternehmen** gutschreibt, Höhe nach Branchen verschieden.

## Discount

Differenz der Kurse zwischen zwei Kontrakten, ausgedrückt durch den Betrag, um den der Kurs eines Kontrakts unter dem Kurs eines anderen Kontrakts liegt.

## Discount instrument

Finanzinstrument, das unter Nennwert (below par value) ausgegeben und bei Fälligkeit zum Nennwert (par at maturity) zurückgegeben (verkauft) wird.

## Discount market

Bezeichnung für einen **inversen** (Futures-) Markt (inverted market), bei dem (im Gegensatz zu einem "normalen" Markt) die vom Ausübungstag entfernteren Kontrakte zu einem niedrigeren Preis als nähere Kontrakte notieren.

## Discount price

Kurs eines Finanzinstruments (z.B. Bonds),

das unter Nennwert (less than par) gehandelt wird.

**Discretionary Order**
Spezifische Auftragsart, bei welcher vom Auftraggeber dem mit der Ausführung Beauftragten in begrenztem Umfang Handlungsspielraum bezüglich des Ausführungskurses eingeräumt ist.

**Distant contract**
-> Back (month) contract

**Dividend Yield**
-> Cost of Carry-Formel

**DJIA-Index**
-> Dow Jones Industrial Average-Index

**DL-Bond**
-> Drop Lock Bond

**DM-Futures**
-> **Bundesanleihe-Terminkontrakt** (DM Bund Future), -> **Option auf den Bundesanleihe-Terminkontrakt**, -> **3-Monats-Euro-DM-Zinsterminkontrakt** ("Euromarktkontrakt/Euro DM Future"); -> **Währungs-Futures**

**DM-Geldmarktfonds**
-> Geldmarktfonds

**Dollar Rate Agreement**
Kombination eines -> **ceiling rate agreement** und eines -> **floor rate agreement**.

**Dollar-Mark Currency Future**
LIFFE-Kontrakt/Kontraktspezifikationen:
Handelseinheit:
$ 50000 gegen DM
Liefermonate (Verfallmonat):
März, Juni, September, Dezember
Liefer-, Ausübungs-, Verfalltag:
Dritter Mittwoch des Liefermonats
Letzter Handelstag:
10.32 Uhr zwei Geschäftstage vor Lieferung
Notierung:
DM per US$
Mindestkursveränderung
Tick-Größe (Tick-Wert):
DM 0,0001 per US$ (DM 5,00)
Originaleinschuß (Straddle Margin):
DM 1250 (DM 100)
Handelszeiten:
08.34-16.04 Uhr Londoner Zeit
EDSP
Offizieller LIFFE-Schlußkurs am letzten Handelstag. *WH*

**Doppelwährungsanleihe (Dual Currency Bond)**
Internationale Schuldverschreibung, deren Anleihebedingungen typischerweise auf zwei Währungen bezogen sind (auch als **Hybrid-Anleihe** bezeichnet). Beispielsweise lautet der Kaufpreis einer $-Emission ebenso auf DM je Obligation (deren Stückelung jedoch nominal in $ festgelegt ist) wie die Zinszahlungen auf DM je Zinstermin. Die Rückzahlung durch den Emittenten erfolgt jedoch in $ je Obligation, wobei die Obligation zusätzlich mit einer -> **Put-Option** (für den Obligationär) und einer -> **Call-Option** (für den Emittenten) auf vorzeitige Rückzahlung zu einem festgesetzten Termin versehen werden kann. Der Emittent versucht insbesondere von der Entwicklung der -> **Devisenkassakurse** zu profitieren und begrenzt das Risiko durch die Call-Option. Darüber hinaus bringt die i.d.R. niedrigere Verzinsung gegenüber anderen Anleihen weitere Vorteile für den Emittenten. Der Obligationär dagegen sieht die Chancen v.a. in einer für ihn günstigen Entwicklung der Devisenkurse, welche die relativ niedrige Verzinsung ausgleicht.
**Lit.:** Eilenberger 1987, 258 f.

**Dow Jones Industrial Average-Index (DJIA-Index)**
Preisgewichteter ältester US- -> **Aktienindex** (1886) auf Durchschnittsbasis (zur Konstruktion siehe -> **MMI**, die derjenigen des DJIA analog ist), der seit 1928 aus 30 Blue Chip-Werten der amerikanischen Industrie

besteht. Im Gegensatz zum -> **MMI** führen allerdings bei Berechnung des DJIA-Index Dividendenzahlungen unter 10% zu keinen Veränderungen des Divisors im Sinne einer Adjustierung. Der Vorteil des DJIA besteht darin, daß in Anbetracht des erheblichen Handelsvolumens der einbezogenen Spitzenwerte neue Kalkulationen jeweils innerhalb längstens 5 Minuten erfolgen. Neben dem DJIA publiziert die Dow Jones Company Indizes für 20 Transportwerte (**DJTA**), 15 Versorgungswerte (**DJUA**) und einen Gesamtindex aller 65 Aktienwerte.

**Draw Down Swap**
Synonym für einen -> **Ausübungs-Swap** (-> **Swaption**).

**Dreieckskompensation**
Variante des -> **Kompensationsgeschäfts**.

**Drei-Monats-US-Treasury-Bill-Future-Kontrakt**
CME Kontrakt/Kontraktspezifikationen:
Handelseinheit:
$ 1 000 000
Liefermonate:
März, Juni, September, Dezember
Mindestkursveränderung
Tick-Größe (Tick-Wert):
0,01 ($ 25,00)
Handelslimit:
Keines
Letzter Handelstag:
Siehe Börsenbedingungen
Liefertag:
Der unmittelbar folgende Geschäftstag, beginnend mit dem Tag nach dem letzten Handelstag
Handelszeiten:
7.20 Uhr bis 2.00 Uhr (10.00 Uhr letzten Handelstag) Chicago Zeit. *WH*

**Drei-Monats-Euro-DM-Zinsterminkontrakt ("Euromarktkontrakt")**
Terminkontrakt auf kurzfristige, 3-Monats-DM Zinsen; Ergänzung des -> **Eurodollar-** und -> **Short-Sterling-Kontraktes**, um der DM als drittgrößter Eurowährung gerecht zu werden. Effizientes Instrument, um Zinsänderungsrisiken im kurzfristigen Bereich zu kontrollieren. Einfacher und kostengünstiger Weg, um kurzfristige Euro-DM-Zinsen besser abzusichern. Es erfolgt Barabrechnung (-> **cash settlement**) am Liefertag; Hauptanwendung des Kontraktes für:
- Absicherung von Euro-DM-Forderungen
- Absicherung von Euro-DM-Einlagen
- Absicherung von DM-Zinsswaps
- Handel und Arbitrage
LIFFE-Kontrakt/Kontraktspezifikationen:
Gehandelte Einheit:
DM 1 000 000
Liefermonate:
März, Juni, September, Dezember
Liefertag:
Erster Geschäftstag nach dem letzten Handelstag
Letzter Handelstag:
Zwei Geschäftstage vor dem dritten Mittwoch des Liefermonats; Handelsschluß 11.00 Uhr
Notierung:
100.00 abzüglich Zinssatz
Mindestkursveränderung
Tick-Größe (Tick-Wert):
DM 0.01 (DM 25)
Handelszeiten:
08.12 Uhr - 16.00 Uhr Londoner Zeit
EDSP:
Basierend auf dem Zinssatz für 3-Monats-Euro DM Einlagen zwischen erstklassigen Banken zwischen 09.30 Uhr und 11.00 Uhr am letzten Handelstag. 16 Quotierungen (minus der 3 höchsten und 3 niedrigsten) per Zufall aus einer Liste designierter Banken: EDSP entspricht 100.00 minus dem Durchschnitt der 10 verbleibenden Banken. *WH*

**Drei-Monats-Eurodollar-Zinstermln-Kontrakt**
LIFFE Kontrakt/Kontraktspezifikationen:
Gehandelte Einheit:
USD 1 000 000

## Drei-Monats-Sterling-Zinstermin-Kontrakt

Liefermonate:
März, Juni, September, Dezember
Liefertag:
Erster Geschäftstag nach dem letzten Handelstag
Letzter Handelstag:
Zwei Geschäftstage vor dem dritten Mittwoch des Liefermonats; Handelsschluß 11.00 Uhr
Notierung:
100.00 abzüglich Zinssatz
Mindestkursveränderung
Tick-Größe (Tick-Wert):
USD 0.01 (USD 25)
Originaleinschuß (Straddle-Einschuß):
USD 500 (USD 150)
Handelszeiten:
08.30 Uhr - 16.00 Uhr Londoner Zeit
EDSP:
Basierend auf dem Zinssatz für 3-Monats-Eurodollar Einlagen zwischen erstklassigen Banken zwischen 09.30 Uhr und 11.00 Uhr am letzten Handelstag. 16 Quotierungen (minus der 3 höchsten und 3 niedrigsten) per Zufall aus einer Liste designierter Banken: EDSP entspricht 100.00 minus dem Durchschnitt der 10 verbleibenden Banken. *WH*

## Drei-Monats-Sterling-Zinstermin-Kontrakt
LIFFE-Kontrakt/Kontraktspezifikationen:
Gehandelte Einheit:
GBP 500.000
Liefermonate:
März, Juni, September, Dezember
Liefertag:
Erster Geschäftstag nach dem letzten Handelstag
Letzter Handelstag:
Dritter Mittwoch des Liefermonats. 11.00 Uhr
Notierung:
100.00 minus Zinssatz
Mindestkursveränderung
Tick-Größe (Tick-Wert):
GBP 0.01 (GBP 12.50)
Originaleinschuß (Straddle-Einschuß):
GBP 500 (GBP 125)
Handelszeiten:
08.20 Uhr - 16.02 Uhr Londoner Zeit
EDSP:
Basierend auf dem Zinssatz für 3-Monats-Sterling Einlagen zwischen erstklassigen Banken zwischen 09.30 Uhr und 11.00 Uhr am letzten Handelstag. 16 Quotierungen (minus der 3 höchsten und 3 niedrigsten) per Zufall aus einer Liste designierter Banken: EDSP entspricht 100.00 minus dem Durchschnitt der 10 verbleibenden Banken. *WH*

## Drei-Parteien-System
-> **Third Party System**, Abwicklung von Umsätzen einer -> **Universalkreditkarte** zwischen dem -> **Karteninhaber**, einem -> **Vertragsunternehmen** und einer -> **Kreditkartengesellschaft**. *EK*

## Drop Lock Floater
-> **Drop Lock Bond**

## Drop Lock Bond (DL-Bond)
DL-Bonds werden grundsätzlich mit variabler Verzinsung (-> **FRN**) mit halbjährlicher Zinsanpassung emittiert; als Referenzins wird i.d.R. der **Sechs-Monats** -> **LIBOR** gewählt. Unterschreitet (oder erreicht) der Referenzzinssatz an einem (oder zwei folgenden) Zinsanpassungsterminen eine in den Anleihebedingungen (-> **Droplock Clause**) fixierte "trigger rate", erhält die Schuldverschreibung nunmehr für den Rest der Laufzeit **feste Verzinsung** in Höhe der trigger rate.

## Drop Lock Clause
Bei -> **FRN** anwendbare Anleiheklausel, wonach unter bestimmten Bedingungen (z.B. bei Unterschreiten eines bestimmten Zinssatzes) sich die variabel verzinste Schuldverschreibung (Referenzins -> **LIBOR**) in eine festverzinste Schuldverschreibung wandelt (-> **Drop Lock Bond**); dient dem Schutz des Gläubigers vor Zinsverfall.

## DTB
Deutsche Terminbörse; -> Deutsche Terminbörse GmbH

### DTB-Aktienoptionen
Optionskontrakte mit jeweils 50 Aktien (von 14 zugelassenen Aktien; -> DAX) des jeweiligen Basiswertes mit standardisierten Basispreisen. Ausübung der Option bis zum Verfalltag (-> **Amerikanische Option**): Die Erfüllung erfolgt durch Lieferung der Basiswerte innerhalb von zwei Börsentagen zum vereinbarten Basispreis; ggf. Barausgleich möglich. Es werden bei Einführung eines neuen Verfallmonats (gleichzeitig vier Verfallmonate möglich) drei Basispreise (je einer -> **at-the-money**, -> **out-of-the-money**, -> **in-the-money**) festgelegt. Die -> **Basispreise** weisen zwischen 0 und 100 Intervalle von 5 DM, über 100 bis 200 Intervalle von 10 DM, über 200 bis 500 Intervalle von 20 DM, zwischen 500 und 1 000 Intervalle von 50 DM und über 1 000 Intervalle von jeweils 100 DM auf. Als **Verfalltag** einer Optionsserie gilt jeweils der letzte Tag, an dem diese gehandelt wird; generell fällt er auf den dritten Freitag des jeweiligen Verfallmonats (Ausnahme: Montag, wenn Freitag kein Börsentag). Die in einer Periode erhältlichen Verfallmonate zeigt folgende Tabelle (Quelle: DTB 1989, 42):

Als **Preisintervalle** (der -> **Prämie**) sind DM 0,10 (-> **Tick**) festgelegt.

### DTB-Bund-Future
Im Laufe des Jahres 1990 wird die -> **DTB** Finanzterminkontrakte auf eine idealtypische (-> **synthetische**) Bundesanleihe mit acht- bis zehnjähriger Restlaufzeit einführen (neben Finanzterminkontrakten auf einen -> **DAX-Future**), und zwar mit folgenden **Merkmalen**:
Basiswert (-> **Basisobjekt**):
"Idealtypische" Bundesanleihe, Nominalverzinsung 6%, Restlaufzeit 8 - 10 Jahre
Kontraktwert:
DM 250 000
Notierung:
In Prozent vom Nennwert, mit zwei Nachkommastellen
Mindestkursveränderung
Tick-Größe (Tick-Wert):
0,01 (DM 25)
Liefermonate:
März, Juni, September, Dezember;
Laufzeiten:
3, 6 oder 9 Monate
Abwicklung: (Lieferzeitraum/Liefertag)
In Bundesanleihen, über den Frankfurter Kassenverein innerhalb von 2 Tagen; Liefertag ist der zehnte Tag des Liefermonats

| vom Verfalltag | bis Verfalltag | In dieser Periode erhältliche Verfallmonate (fett gedruckt) | | | | | | | | | | | |
|---|---|---|---|---|---|---|---|---|---|---|---|---|---|
| Dez | Jan | *Jan* | *Feb* | *März* | April | Mai | *Juni* | Juli | Aug | Sep | Okt | Nov | Dez |
| Jan | Feb | *** | *Feb* | *März* | *April* | Mai | *Juni* | Juli | Aug | Sep | Okt | Nov | Dez |
| Feb | März | Jan | *** | *März* | *April* | *Mai* | *Juni* | Juli | Aug | Sep | Okt | Nov | Dez |
| März | Apr | Jan | Feb | *** | *April* | *Mai* | *Juni* | Juli | Aug | *Sep* | Okt | Nov | Dez |
| Apr | Mai | Jan | Feb | März | *** | *Mai* | *Juni* | *Juli* | Aug | *Sep* | Okt | Nov | Dez |
| Mai | Juni | Jan | Feb | März | April | *** | *Juni* | *Juli* | *Aug* | *Sep* | Okt | Nov | Dez |
| Juni | Juli | Jan | Feb | März | April | Mai | *** | *Juli* | *Aug* | *Sep* | Okt | Nov | *Dez* |
| Juli | Aug | Jan | Feb | März | April | Mai | Juni | *** | *Aug* | *Sep* | *Okt* | Nov | *Dez* |
| Aug | Sep | Jan | Feb | März | April | Mai | Juni | Juli | *** | *Sep* | *Okt* | *Nov* | *Dez* |
| Sep | Okt | Jan | Feb | *März* | April | Mai | Juni | Juli | Aug | *** | *Okt* | *Nov* | *Dez* |
| Okt | Nov | Jan | Feb | *März* | April | Mai | Juni | Juli | Aug | Sep | *** | *Nov* | *Dez* |
| Nov | Dez | *Jan* | Feb | *März* | April | Mai | Juni | Juli | Aug | Sep | Okt | *** | *Dez* |

Beispiel: Vom Montag, der dem dritten Freitag des Monats Januar folgt, bis einschließlich des dritten Freitags des Monats Februar können die Verfallmonate *Februar, März, April* und *Juni* gehandelt werden.

Letzter Handelstag:
Zwei Handelstage vor dem Liefertag; Handelsschluß: 12.30 Uhr Frankfurter Zeit
Einschuß (initial margin):
Von DTB als Sicherheitsleistung festzulegender Betrag, abhängig von der Volatilität des Kontrakts. Reduzierter Einschuß für Spread-Positionen. Sicherheitsleistungen können durch Bareinlagen oder festverzinsliche Wertpapiere (lombardfähig) abgedeckt werden.
Tägliche Abrechnung (variation margins):
Gutschriften/Belastungen über tägliche Gewinne/Verluste. Sie werden täglich neu berechnet anhand der aktuellen Kurse ("mark-to-market"). Basis für die Bewertung ist der durchschnittliche Preis der letzten fünf Handelsabschlüsse oder der Durchschnitt aller Handelsabschlüsse in der letzten Handelsminute, sofern mehr als fünf Abschlüsse. Gewinne/Verluste werden dem LZB-Konto des Clearing-Mitglieds gutgeschrieben/belastet.
Abrechnung bei Lieferung:
Preisermittlung wie bei der täglichen Abrechnung, jedoch bei Lieferung um 12.30 Uhr am letzten Handelstag. Der Rechnungsbetrag für lieferbare Anleihen basiert auf dem Preis bei Lieferung und dem Konversionsfaktor der betreffenden Anleihe.
Positionslimits:
Von DTB noch festzulegen
Maximale tägliche Kursschwankungen:
Zunächst keine Begrenzung
Handelszeit:
Geplant von 08.00 bis 16.00 Uhr.

## DTB-GmbH
-> Deutsche Terminbörse GmbH

## DTB-Handel
An der -> DTB sind in der ersten Phase des Handelsbeginns (Ende Januar 1990) -> DTB-Aktienoptionen und -> Financial Future-Kontrakte auf eine synthetische Bundesanleihe (-> Bundesanleihe-Terminkontrakt; -> Bund Futures Contract) und den -> DAX (Deutscher Aktienindex) Gegenstand des Handels.

## DTB-Handelszeiten
Die Börsenzeiten der -> DTB weisen folgende Phasen auf:
- Pre-Trading-Periode (vorbörsliche Phase), während der die Börsenteilnehmer (-> Clearing-Mitglieder DTB) über ihre Handelsbildschirme Daten abfragen und Vorbereitungen für den eigentlichen Handel treffen können.
- Opening-Periode (Eröffnungsphase), die der Ermittlung der Eröffnungspreise für jede Optionsserie dient, wobei zwei Teilperioden zu unterscheiden sind (Pre-Opening-Periode für den vorläufigen Eröffnungspreis und folgende Eingaben für weitere Orders und -> Quotes sowie Netting-Periode, die den Ausgleichsprozeß durch Zusammenführung von Angebot und Nachfrage nach dem Meistausführungsprinzip - siehe dazu Eilenberger 1990, 203 ff - bedeutet).
- Trading-Periode (Handels-Phase), die den fortlaufenden Handel der Optionsserien nach Beendigung der Opening-Periode in einem Basiswert umfaßt.
- Post-Trading-Periode (Nachbörsliche Phase), die nach Abschluß der Trading-Periode die Möglichkeit gibt, weiterhin Daten in das System einzugeben, wobei allerdings ein Matching (Zusammenführen von Orders und Quotes) nicht mehr erfolgen kann.

Folgende Aufträge (Orders) und Quotes sind bei DTB-Aktienoptionen möglich:
- Unlimitierte Aufträge,
- limitierte Aufträge, eingeschränkt limitierte (-> FOK; -> IOC) und uneingeschränkt limitierte Aufträge (-> GTC -> GTD),
- kombinierte Aufträge in Form von -> Spreads (Vertical Call Spreads, Vertical Put Spreads, Time Spreads mit Calls sowie mit Puts), von -> Straddles, von -> Strangles und von -> Conversions/ -> Reversals.

## DTB-Kombinationen

Flexibilität und Vielfalt der Anwendungsmöglichkeiten bieten die acht an der -> **DTB** handelbaren standardisierten Kombinationen. Mit ihrer Hilfe kann der Anleger optimale Strategien entsprechend seiner Risikobereitschaft und Markterwartung anwenden. Die folgenden Kombinationen können bei der DTB automatisch durch einen kombinierten Auftrag, bestehend aus zwei Einzelaufträgen, ausgeführt werden (-> **DTB-Handelszeiten**):
- Vertical Call Spreads
- Vertical Put Spreads
- Horizontal Call Spreads
- Horizontal Put Spreads
- Straddles (long/short)
- Strangles (long/short)
- Conversions
- Reversals.

## Dual Currency Bond
-> **Doppelwährungsanleihe**

## Duration

Maß für die durchschnittliche Bindungsdauer einer Kapitalanlage (auf der Basis der durchschnittlich gewichteten Fälligkeit eines künftigen Zahlungsstromes, den der Anleger aus seinem Investment - insbesondere in Wertpapieren - erwartet). Die Ermittlung der Duration (D) - in Jahren - kann wie folgt vorgenommen werden:

$$D = \frac{\sum_{t=1}^{n} \frac{t \cdot E_t}{z^t} + \frac{n \cdot K_n}{z^n}}{K_0}$$

wobei: $K_0 = \sum_{t=1}^{n} \frac{E_t}{z^t} + \frac{K_n}{z^n}$

$E_t$ bedeuten die Erträge aus Zinszahlungen zu den Zinszahlungsterminen (t) als Zeitwerte, $K_n$ den Rückzahlungskurs der Schuldverschreibung, $K_0$ den Wert der Anleihe im Zeitpunkt t = 0, d.h. der Barwerte auf der Basis des Marktzinses (i) und n die Laufzeit der Schuldverschreibung in Jahren; z steht für (1+i).

Mit Hilfe der Duration läßt sich die -> **Volatilität** ( = Preiselastizität von Obligationskursen als Reaktion auf marginale Zinssatzänderungen) ermitteln (also die Auswirkung einer Veränderung des Marktzinssatzes um 1% auf den Marktwert der betrachteten Schuldverschreibung).

Lit.: Rudolph, B., Duration: Eine Kennzahl zur Beurteilung der Zinsempfindlichkeit von Vermögensanlagen. ZfK 1981, 19 ff.

**Duration Model** (Zins-Futures)

Die Bestimmung der -> **Hedge Ratio** kann mittels folgender Formel erfolgen:

$$\text{Hedge Ratio} = \frac{\text{Marktwert der Kassaposition}}{\text{Marktwert der CTD}^{2)}} \cdot \frac{\text{Duration der Kassapostion}^{3)}}{\text{Duration der CTD}} \cdot \text{Preisfaktor der CTD}$$

2) Cheapest to deliver, vgl. -> **CTD**
3) vgl. -> **Duration**

## Dutch Guilder Option Contract

Ein auf holländische Gulden lautender Optionskontrakt (-> **EOB**).

# E

**EAC**
-> Equity Appreciation Certificate

**Ec-Karte**
-> eurocheque-Karte

**Ec-Kasse**
-> Point of Sale; -> Electronic Cash

**ECP**
-> Euro-Commercial Paper

**ECU**
-> European Currency Unit

**ECU-Anleihe**
Auf -> ECU lautende -> **Schuldverschreibung (ECU-Bond)** mit Zinszahlung und Tilgung in ECU, die von Organisationen der EG und von Unternehmungen emittiert wird. Wesentliche Einflüsse auf den Wert der ECU-Anleihe gehen vom -> **ECU-Wechselkurs** und vom -> **ECU-Zins** aus.

**ECU-Bond**
-> ECU-Anleihe

**ECU-Konto**
Seit Mitte 1987 durch die Deutsche Bundesbank zugelassene Konten für Anlagen in -> ECU, die auch Termineinlagen für ein bis zwölf Monate (**ECU-Termingelder**) einschließen. Das ECU-Konto auf Terminbasis kann auch als Zwischenanlage für den beabsichtigten Kauf von -> **ECU-Anleihen** dienen.

**ECU-Termingeld**
-> ECU-Konto

**ECU Währungskorb**
-> Europäische Währungseinheit

**ECU-Wechselkurs**
Börsentäglich ermittelter **ECU-Tageskurs** in den Gegenwerten der einzelnen am -> **EWS** teilnehmenden Währungen und des US-$ (-> **Währungseinheit**).

**ECU-Zins**
Zu unterscheiden sind der **theoretische** bzw. **rechnerische** ECU-Zins, der sich als Mischungsrechnung aus den unterschiedlichen Zinsen der am -> EWS beteiligten Währungen unter Berücksichtigung ihres jeweiligen Gewichtes (-> **EWS-Währungskorb**) ergibt, und der **tatsächliche** bzw. **Markt-Zins** für ECU-Anlagen (-> **ECU-Terminanlagen**) entsprechend der marktlich bedingten Angebots-/Nachfragebedingungen für den jeweiligen Zeitpunkt. Der Verlauf der **ECU-Zinsstruktur-Kurve** wird von den Entwicklungen der individuellen **Zinsstruktur-Kurven** der Teilnehmerstaaten am -> EWS und der (täglichen) geringfügigen Veränderungen der Anteile am -> EWS-Währungskorb bestimmt: Wenn der Anteil der Niedrigzins-Währungen zunimmt und damit der ECU-Zins tendenziell sinkt, ergibt sich eine Tendenz zur Abflachung der ECU-Zinsstruktur-Kurve bzw. zu ihrer Neigung nach unten (Lit. zur ECU-Zinsstruktur-Kurve: Girard, J./A. Steinherr, The ECU: a currency unlike any other. EIB Papers, Nr. 10, Juni 1989).

**ECU-Zinsstruktur-Kurve**
-> ECU-Zins

**Edelmetall-Option**
-> Gold-Option; -> Silber-Option

**EDSP**
-> Exchange Delivery Settlement Price

**Effekten-Option**
Form einer -> **Option**, deren -> **Basisobjekt** börsengehandelte Wertpapiere sind (-> **Aktienoption**; -> **Rentenoption**).

**EFP**
-> Exchange for Physical

**EFT**
-> Electronic Funds Transfer

**Electronic Banking**
Einsatz von EDV-Anlagen und EDV-Software in Bankbetrieben zur Lösung innerbetrieblicher Problemstellungen und zur kundenorientierten Abwicklung von Bankmarktleistungen. Während im ersten Falle der Einsatz von EDV-Anlagen unter Verwendung geeigneter (in noch hohem Maße zu entwickelnder) Software einerseits den Informationsstand der Entscheidungsträger verbessert, andererseits Entscheidungshilfen bei der Lösung selbst komplexerer Probleme bieten kann und soll, betrifft der zweite Fall primär das externe Operationsgebiet des Bankbetriebes insofern, als bestimmte, automatisierungsfähige Leistungen über zweckdienliche Medien den Bankkunden verfügbar gemacht werden. Unter der Voraussetzung, daß umfassende Datenübertragungssysteme bestehen, lassen sich die Endkombinationsmöglichkeiten von Bankmarktleistungen entweder direkt an den Standort des Nachfragers (-> **Home Banking**) oder an den Standort beispielsweise von Handelsbetrieben (-> **Point of Sale Banking**) oder an sozusagen **neutrale Standorte** (außerhalb der Bank und nicht am Standort von Handelsbetrieben oder am Standort des Kunden) auslagern (siehe dazu auch Lehmann). Damit lösen Bankbetriebe zum einen nicht nur das Problem, mit hohen Fixkosten belastete Filialen zu gründen und zu unterhalten, sondern auch das Problem der Öffnungszeiten: Bei Point of Sale Banking entspricht die Verfügungsmöglichkeit des benötigten spezifischen Leistungsbedarfs (im Bereich der Zahlungsverkehrsleistungen) der Öffnungszeit der Handelsbetriebe, bei Home Banking entfällt jegliche zeitliche Beschränkung der Inanspruchnahme der - allerdings in beschränktem Umfang angebotenen - Leistungen, d.h. sie sind grundsätzlich rund um die Uhr verfügbar. Dasselbe gilt für das Angebot von bestimmten Bankleistungen an neutralen Standorten bzw. am Standort der Bank(-filiale); aber außerhalb der eigentlichen

---

**Electronic Banking**

**Innerbetrieblicher Einsatz**
- Abwicklung des Zahlungsverkehrs (intern)
- Datenbanken: Informations- und Dokumentationssysteme für Rechnungswesen, für Wertpapierkurse, Devisenkurse, Edelmetallkurse, Wirtschaftsinformationen (volkswirtschaftliche Datenbank), Kundeninformationen, usw.
- Nutzung der Informationen externer Systeme (z.B. Btx)
- Anwendungen zur Unterstützung bankbetrieblicher Entscheidungen (Management Support Systeme), z.B. Wertpapierhandel, Devisenhandel, Geldhandel, Beratung
- Anwendungen im Zusammenhang mit Eigenleistungen
- künftig ggf. Expertensysteme

**Einsatz außerhalb der Einrichtungen eines Bankbetriebs**
- Absatz von Bankmarktleistungen an neutralen Standorten oder am Standort der Bank (outdoor), z.B. Geldausgabeautomaten, Bankautomaten, automatische Bankschalter und Geschäftsstellen Selbstbedienungsbank; Abwicklung des externen Zahlungsverkehrs
- Absatz von Bankmarktleistungen am Standort der Begründung von Zahlungsverkehrsvorfällen, z.B. bargeld- und beleglose Zahlungen am Standort von Handelsbetrieben (Point-of-Sale-Banking bzw. -Systeme)
- Absatz von Bankmarktleistungen am Standort des Nachfragers (Home-Banking für Unternehmungen, private Haushalte, öffentliche Haushalte), z.B. durch Bereitstellung von Informationen aus den Informationssystemen der Bank; Anbahnung und Abwicklung von Leistungen aller Art; Cash-Management-Systeme für (multinationale) Unternehmungen, Beratungssysteme u.ä.

## Electronic Bridge — EOB

Schalterräume (z.B. Geldausgabeautomaten, automatische Bankschalter u.ä.). Die vorstehende Abbildung zeigt die grundsätzlichen Einsatzmöglichkeiten des Electronic Banking im Überblick.

Lit.: Eilenberger 1990, 119 ff.; Lehmann, E.D., Electronic Banking. io-Mangementzeitschrift 1986, 167 ff.

### Electronic Bridge
-> Bridge

### Electronic Cash
Auch unter dem Stichwort -> **POS** bzw. **ec-Kasse** laufendes Projekt (aus Unternehmensbereich Zahlungssystementwicklung der -> **GZS**), bei dem an Ladenkassen bzw. Terminals von Einzelhandelsbetrieben nach Eingabe der -> **PIN** mittels -> **ec-Karte** bargeldlos gezahlt werden kann, ohne Einsatz von eurocheques. Die Verrechnung erfolgt vollelektronisch über ein von der -> **GZS** gesteuertes Netzwerk. Die -> **Autorisierung** wird online direkt am Girokonto des Kunden vorgenommen bzw. ist bei -> **Hybridkarten** auch über einen Chip (-> **Chipkarte**) möglich. Mit dem Einzelhändler werden die Umsätze gesammelt im Bankeinzugsverfahren über sein Kreditinstitut verrechnet. *EK*

### Electronic Funds Transfer (EFT)
Teilaspekt des -> **Electronic Banking** im Bereich des Zahlungsverkehrs von Banken ("elektronische Geldmittelübertragung") durch Bereitstellung automatisierter belegloser Zahlungsverkehrsabwicklungen (siehe auch -> **Point of sale banking**; -> **Home Banking**), deren wesentlichste Formen folgende Abbildung zeigt:

Lit.: Eilenberger 1990, 242 ff.

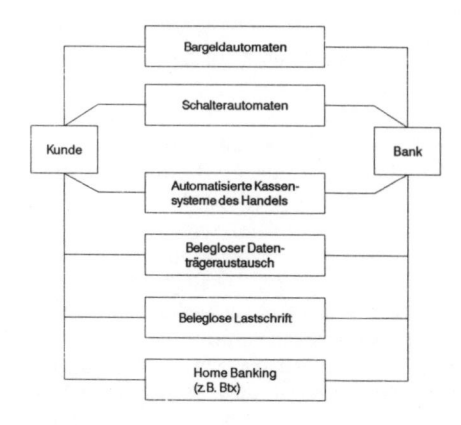

### Embossierung
Hochprägung von Daten auf einer -> **Plastikkarte**

### Emittent
-> **Kartenemittent**

### EMS
-> **European Monetary System**

### EMU
-> **European Monetary Unit**

### Energie-MLP
Anwendungsform einer -> **MLP**, die an Öl- und Gasproduktionsunternehmungen, Pipelines, Tankschiffen und Tank-LKWs, Chemieunternehmungen u.a. beteiligt ist.

### Energy Options Exchange Rotterdam
World Trade Center, Beursplein 37, Postbus 30094, NL-3001 DB Rotterdam/Niederlande.
Als Tochter der -> **EOE** in Rotterdam für den Handel in Rohstoff-Optionen auf Öl und Energieprodukte entstandene Börse. *DR*

### EOB
-> **Europäische Optionsbörse**

**EOE**
-> European Options Exchange, -> Europäische Optionsbörse

**Epsilon**
-> Vega

**Equilibrium Delivery Price**
Für -> **Financial Futures-Kontrakte**, abhängig von -> **Delivery Factor**-Anpassungen: Der Preis, zu dem ein -> **Short** indifferent im Hinblick auf das verfügbare (zugrunde liegende) Finanzinstrument des Kassamarktes (-> **Cash Instrument**) wird, in dem die Ausübung erfolgt.

**Equity Appreciation Certificate (EAC)**
-> **Unbundled Stock Unit**

**Equity-linked Issue**
Emission einer -> **Schuldverschreibung** mit Optionsmöglichkeiten (im Sinne einer Wandel- oder -> **Optionsschuldverschreibung**) auf Aktien, entweder durch Wandlung der Teilschuldverschreibungen in Aktien oder zum zusätzlichen Bezug von Aktien (**aktienorientierte Anleihe-Emission**).

**Equity Option**
-> **Aktienoption**

**Equity Warrant**
-> **Optionsschein**

**Erfüllung (Optionen)**
Vorgang der Lieferung und Bezahlung des Basispreises oder des Barausgleiches bei -> **Ausübung** (-> **Expiration**) von Optionen (**Settlement**). Insbesondere bei -> **Aktienindex-Optionen** ersetzt der Barausgleich Lieferung und Zahlung dadurch, daß der realisierte Gewinn überwiesen (oder der Verlust ausgeglichen) wird.

**ESOP-LBO**
-> **Buy Out**

**ESP**
-> **Exchange Stock Portfolio**

**Ethik-Fonds**
Spezialfonds in USA, Kanada und Großbritannien, die vorwiegend in Wertpapiere der Branchen Umweltschutz, umweltfreundliche Produktionsverfahren, alternative Energien, gesunde Ernährung, Friedenstechnik u.ä. investieren. "Wirtschaftsethik-Institute" vergeben "ethic ratings" (-> **Rating**) für die verschiedenen "ethic funds". Aus Gründen der Ethik werden häufig Branchen bzw. Länder von Investments dieser Fonds generell ausgeschlossen (z.B. Spirituosenindustrie, Rüstungswerte, Pharmaindustrie mit Tierversuchen, Unternehmungen mit Südafrika-Aktivitäten und/oder unzureichenden Sozialleistungen). Obwohl in den USA sieben große "ethic funds" rund 12 Mrd DM und in Großbritannien 14 Fonds rund 500 Mio DM verwalten und beachtliche Rentabilitäten erzielen, gibt es derzeit (1.3.90) in Deutschland noch keinen derartigen Fonds; einem Projekt der Bank für Gemeinwirtschaft, die bereits in Zusammenarbeit mit der BfG-Invest in Luxemburg einen internationalen Ethik-Rentenfonds eingerichtet hat, verweigert das BAK die Erlaubnis für einen deutschen Ethik-Rentenfonds insbesondere aus definitorischen und wettbewerbsrechtlichen Gründen (alle anderen Fonds wären konsequenterweise "unethisch"). Als Alternative zur Gründung von Ethik-Fonds eröffnet sich die Einrichtung von spezifischen -> **Aktienkörben**, bestehend z.B. aus Anteilen von Unternehmungen der Umwelttechnik (-> "GREEN" Warrants).

**Ethic funds**
-> **Ethik-Fonds**

**Ethik-Rentenfonds**
-> **Ethik-Fonds**

**EUCLID**
Kommunikationssystem im Euromarkt, das

als on-line processing- und reporting-system fungiert, zur Übertragung von insbesondere Zahlungsverkehrsinformationen und -instruktionen (cash instructions). Im Gegensatz zu -> **SWIFT** handelt es sich bei EUCLID um ein time-sharing-System, das auf dem General Electric Marc III communications network basiert.

### EURAX
Projekt eines europäischen Aktienindex, dessen Konzept sich am -> **DAX** orientiert. Die einfließenden Aktienwerte sollen sowohl in der Heimatwährung (lokalen Währung) als auch in -> **ECU** notiert werden. Auf der Basis von Eurax könnte ein Engagement institutioneller Anleger über einen Terminkontrakt am europäischen Markt erfolgen.

### Euro-Aktien
Internationale Plazierung von Aktien nach dem Modell der Eurobond-Emissionen über ein Verkaufskonsortium (-> **Syndicate**). Das wesentliche Merkmal derartiger Emissionen besteht darüber hinaus darin, daß die Plazierungen zu Marktpreisen erfolgen, anstatt - wie bei Bezugsrechtsemissionen üblich - mit mehr oder weniger großen Abschlägen, und auf Grund der Effizienz der Verkaufskonsortien und der ihnen gegenüberstehenden institutionellen Anlegergruppen als Nachfrager rasch abgewickelt werden. Dazu trägt schließlich auch die Wahl der Emissionswährungen bei, die sich grundsätzlich auf konvertierbare Währungen beschränkt. Den Erfolg der Emission garantiert zum einen das Standing des Verkaufskonsortiums, zum anderen die intern übernommenen Quoten (z.B. 25 - 50% durch Lead Manager und entsprechende Quoten bei den Co-Lead-Managern).
Lit.: Eilenberger 1987, 248 ff.

### Euro-Anleihe
Internationale Schuldverschreibung (auch als **Eurobond** bezeichnet), deren Emission in der Regel durch ein international zusammengesetztes Konsortium (Syndicate) nach der Underwriting-Methode (siehe dazu -> **Euro-Konsortialkredit**) über den -> **Euro-Kapitalmarkt** international diversifiziert abgesetzt und wird (im Gegensatz zur **Auslands-anleihe**, deren Absatz grundsätzlich auf einem bestimmten **nationalen** Kapitalmarkt erfolgt, z.B. eine DM-Auslandsanleihe am deutschen Kapitalmarkt durch einen japanischen Emittenten; dabei ist es unerheblich, wie das begebende Konsortium zusammengesetzt ist).

### Euro-Bank
Spezifische Form internationaler Bankbetriebe, die im Rahmen der Entwicklung der Euro-Finanzmärkte entstanden ist. Schwerpunkte dieser Bankgründungen bestehen an den Plätzen London und Luxemburg (für den Euro-Dollar-Markt) sowie Hongkong und Singapur (für den Asien-Dollar-Markt). Die Leistungserstellung der Euro-Banken betrifft insbesondere Bankleistungen aller Art auf der Basis von -> **Euro-Währungen**, aber auch die Produktion anderer internationaler Bankleistungen, wie Vermögensverwaltung internationaler Investoren, Abwicklung von Außenhandelskrediten, internationale Effektenemissionen und -> **Project Financing** (internationale Großprojektfinanzierungen einschließlich Beratungsleistungen).

### Eurobond
-> **Euro-Anleihe**

### Eurobond-Clearing-Institut
Wertpapier-Clearing-Einrichtungen (einschl. Zahlungsverkehrs-Clearing) an -> **Euro-Märkten** (siehe dazu -> **CEDEL** und -> **Euro-Clear**).

### Eurocard
Kreditkarte bzw. -> **Charge card** im internationalen -> **Mastercard**/ -> **Access-Verbund**, die über 18 nationale Eurocardgesellschaften abgewickelt wird, in Deutschland derzeit über die -> **GZS**, Gesellschaft für

Zahlungssysteme, ausgegeben. *EK*

### Euro-CD
-> **Euro-Certificate of Deposit**

### Euro-Certificate of Deposit
Auf dem -> **Euro-Geldmarkt** angebotene und gehandelte -> **Certificates of Deposit** in -> **Euro-Währungen** mit festen Zinssätzen (**Fixed Rate CD**) und v.a. mit variablen Zinssätzen (**Floating Rate CD** bzw. **FRCD**). Bei FRCD erfolgt die Zinsanpassung auf der Basis des 6-Monats- -> **LIBOR**-Satzes im Drei-Monats-Turnus. Die Laufzeiten liegen zwischen eineinhalb und fünf Jahren; das Emissionsvolumen beträgt zwischen 10 und 15 Mio $ (mit Einzel-Zertifikaten von 10000 bis 250000 $ oder mehr). Nach Auffassung der BIZ handelt es sich bei Euro-CDs um eine Variante von -> **NIFs**.

### Eurocheque-Karte
Ursprünglich als Scheckgarantie geschaffene Karte, die mittlerweile auch ohne Scheckformular als Zahlungskarte (sog. -> **Debitkarte**) im Einzelhandel (-> **ec-Kasse**, -> **Electronic Cash**, -> **POS**) bzw. zum Bezug von Bargeld an -> **Geldautomaten** in Europa eingesetzt werden kann. *EK*

### Euro-Clear
Internationales Wertpapier-Clearing-Institut und Depotstelle zur Verbesserung der Sekundärmarktbedingungen für -> **Euro-Anleihen** und -> **Euro-Aktien** (neben -> **CEDEL**). Zusätzlich dazu bietet Euro-Clear "multi-currency cash clearing" und eine Reihe weiterer Finanzserviceleistungen. Insbesondere im internationalen Zahlungsverkehr (z.B. -> **SWIFT**, -> **EUCLID**) und Wertpapierverkehr können die rund 2000 Teilnehmer der von Morgan Guaranty Trust Co. of New York 1968 in Brüssel (Euro-clear Operations Centre, Rue de la Régence 4, B-1000 Brussels) gegründeten Euromarkt-Einrichtung reichhaltige Angebote nutzen. Mit -> **CEDEL** besteht eine Kooperation über die Electronic -> **Bridge** (seit 1980).

### Euro-CMO
Variante einer -> **CMO** auf dem -> **Euro-Kapitalmarkt** in Form einer -> **FRN** (erstmals im Dezember 1986 durch Salomon Bros. und Merrill Lynch). In der Regel besteht diese CMO aus einer **Euro-Tranche** und mehreren anderen Tranchen auf dem US-amerikanischen Kapitalmarkt. Die Charakteristika bestehen darin, daß bei Euro-CMOs Zinsanpassungen auf der Basis des Drei-Monats-LIBORs mit einer Marge von typischerweise 50 -> **Basispunkten** erfolgen, und daß sie mit einem -> **Cap** versehen sind; die Laufzeit liegt i.d.R. wie bei allen CMOs zwischen vier und zehn Jahren.

### Euro-Commercial Paper (ECP)
Variante -> **internationaler Promissory Notes**, die als Diskontpapiere oder als verzinsliche Papiere von multinationalen Industrie- und Handelsunternehmen (nach dem Vorbild der amerikanischen -> **CPs**) entweder direkt oder über -> **Tender Panels** auf dem -> **Euro-Geldmarkt** begeben werden. Im Gegensatz zum amerikanischen CP-Markt ist für den Euro-Geldmarkt ein -> **Rating** nicht erforderlich, zumal das Standing des Schuldners ausschlaggebend ist. Die Emission erfolgt meist über eine spezifische CP-Gesellschaft der MNU, die als ausländische Zwischeneinheit (die Mittel aufbringt und auf Anweisung der Spitzeneinheit, die in der Regel auch die Besicherung in Form einer unbedingten und unwiderruflichen Garantie übernimmt), die Finanzmittel den Konzerneinheiten zuleitet.

### Euro-CP
-> **Euro-Commercial Paper**

### Euro-Desks
Von spezialisierten Organisationseinheiten der Schweizerischen Bankgesellschaft (SBG) erbrachte Beratungsleistungen v.a. für grenzüberschreitende Firmenakquisitionen (-> **M&A**), Kooperationsverträge, Er-

richtung und Verstärkung von Produktions- und Vertriebsstellen sowie deren Finanzierung im Hinblick auf den EG-Binnenmarkt. In diesem Zusammenhang sind diese spezialisierten Dienststellen der SBG mit EG-Datenbanken verbunden (entweder unmittelbar über bankeigene Niederlassungen und Vertretungen, oder mittelbar über Korrespondenzbanken im EG-Raum).

**Euro-DM-MTN**
-> Medium Term Note

**Eurodollar collateralized security**
Von Banken und Broker-Häusern angebotene Finanzfacilität, welche die Veränderung eine auf Eurodollar lautende -> FRN in eine Schuldverschreibung mit fixem Zinssatz zum Gegenstand hat. Als verfügbare Formen sind die **Bearer Eurodollar collateralized Security (BECS)** und die **Marketable Eurodollar Collateralized Security (MECS)** zu nennen.

**Euro-Dollarmarkt**
Geld-, Kredit- und Kapitalmarkt in US-$ außerhalb der USA (siehe auch -> **Eurowährung**; -> **Euro-Geld-, -Kredit-, -Kapital-Markt**).

**Euro-Effekten**
Über den -> Euro-Kapitalmarkt emittierte Wertpapiere (Schuldverschreibungen und Aktien), die an Börsen Gegenstand des Handels sind.

**Euro-Einlagen**
Auf Valuta außerhalb des ursprünglichen Währungsgebietes lautende (Termin-)Einlagen bei -> **Euro-Banken** (z.B. DM-Einlagen bei Tochtergesellschaften deutscher Banken oder anderen Banken in Luxemburg, London oder anderen Zentren des -> **Euromarktes**).

**Euro-Equity**
-> Euro-Aktien

**Euro-Finanzierungsprogramme**
**Global-Paper-Programme**, die eine Erhöhung der Flexibilität der Finanzierung von Unternehmungen im Rahmen von Euro-Geldmarkt-Programmen bezwecken. Diese ergibt sich durch das Arrangement von **Mischprogrammen**, die **entweder** Emissionen von US-Commercial-Papers, Euro-Commercial-Papers und ggf. von Sterling-Commercial-Papers sowie anderen CPs **und/oder** Note Issuance Facilities sowie Back-up-Lines enthalten. Die Bezeichnungsweise für derartige Programme ist vielfältig, z.B. **Borrower's Option for Notes and Underwriting (BONUS)**, **Multi-Option-Funding** bzw. allgemeiner **Multiple-Component-Facilities (MCFs)**, wenn sie zusätzlich Optionsmöglichkeiten für Euro-Kreditleistungen vorsehen. Ähnliche **Paketfinanzierungen** bestehen darüber hinaus auf dem Euro-Kapitalmarkt, wenn eine MNU Anleihen gleichzeitig in US-$, in DM, in SFR und in £ begibt. Derartigen globalen Finanzierungsprogrammen für Unternehmungen gemeinsam sind die Notwendigkeiten, zum einen Finanzierungsmittel in verschiedenen Währungen aufbringen zu müssen, zum anderen können durch den **Paket-Mix** Währungs- und Zinsrisiken neutralisiert, die Fälligkeiten diversifiziert, die Finanzierungskosten gesenkt und insgesamt die Finanzierung flexibler den spezifischen Bedürfnissen einer MNU angepaßt werden, die in einer größeren Zahl von Ländern operiert.

**Euro-Geldleihe**
Marktsegment des -> **Euro-Geldmarktes**, in dem die Anlage/Leihe von -> **Euro-Währungen** Gegenstand des Handels ist. Die Laufzeiten können von einem Tag bis zu zwölf Monaten betragen. Die Zinssätze sind i.d.R. für Geldangebote -> **LIBID**, für Geldnachfrage -> **LIBOR**.

**Euro-Geldmarkt**
Auf dem **Euro-Geldmarkt** als Teilmarkt der -> **Euromärkte** werden vorwiegend kurzfri-

stige Interbankleistungen angeboten und nachgefragt, bei denen die Währung eine relativ untergeordnete Rolle spielt. Es handelt sich dabei um finanzielle Transaktionen auf der Basis von Banken-Giralgeld in Währungen verschiedener Länder außerhalb der Hoheitsgebiete der betreffenden Währungen (Euro-Dollar, Euro-DM, Euro-Pfund, Euro-Gulden usw.). Der Eurogeldmarkt selbst hat somit nur abgeleitete (derivative) Währungen, nicht aber eine eigene (originäre) Währung. Am Eurogeldmarkt wird jede Übertragung eines Währungsbetrages erst durch eine Übertragung im Ursprungsland der Währung ermöglicht. Insofern weisen internationale Geldmärkte Berührungspunkte zu den **Devisenmärkten** auf, mit denen auch enge Wechselbeziehungen bestehen. **Internationale Geldmärkte** stellen dagegen ihrem Wesen nach kurzfristige Kreditmärkte dar, während auf Devisenmärkten Ansprüche auf Zahlungen in fremder Währung (Devisen) gegen Gläubiger an einem ausländischen Platz gekauft und verkauft werden.

Der **Euro-Geldmarkt** weist zwei Marktsegmente auf: Auf dem **Markt für Euro-Geldmarktpapiere** erfolgt die Emission und (anschließend) der Handel von -> **Certificates of Deposit (CDs)** sowie von -> **Internationalen Promissory Notes** (-> **Commercial Papers** und -> **Euro-Notes**). Der Markt für -> **Euro-Geldleihen** betrifft den Handel mit Banken-Giralgeld, das auf ausländische Währung lautet, d.h. in der Übertragung von Sichtguthaben oder kurzfristigen Terminforderungen (die nicht in CDs verbrieft sind) zum Zwecke des Liquiditätsausgleichs von internationalen Banken (und multinationalen Unternehmungen) sowie der rentablen kurzfristigen Anlage von Überschüssen. In **organisatorischer Hinsicht** weist der Euro-Geldmarkt entsprechend der Handelsobjekte folgende Grundstruktur auf:

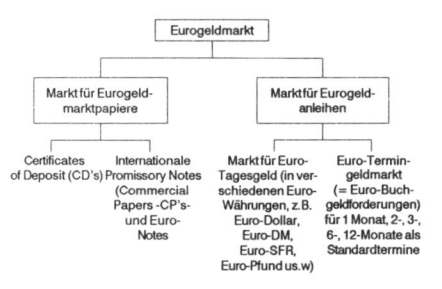

```
                    Eurogeldmarkt
                   /            \
    Markt für Eurogeld-      Markt für Eurogeld-
    marktpapiere             anleihen
```

| Certificates of Deposit (CD's) | Internationale Promissory Notes (Commercial Papers - CP's- und Euro-Notes | Markt für Euro-Tagesgeld (in verschiedenen Euro-Währungen, z.B. Euro-Dollar, Euro-DM, Euro-SFR, Euro-Pfund us.w) | Euro-Termingeldmarkt (= Euro-Buchgeldforderungen) für 1 Monat, 2-, 3-, 6-, 12-Monate als Standardtermine |

Aus der Sicht der **Unternehmensfinanzierung** sind insbesondere folgende Segmente des Marktes für Euro-Geldmarktpapiere von Bedeutung:

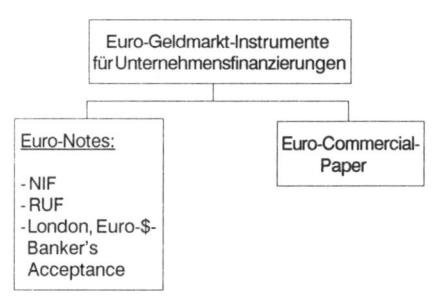

```
        Euro-Geldmarkt-Instrumente
        für Unternehmensfinanzierungen
              /              \
    Euro-Notes:         Euro-Commercial-
    - NIF               Paper
    - RUF
    - London, Euro-$-
      Banker's
      Acceptance
```

**Lit.:** Eilenberger 1987, 263 ff; Eilenberger 1990, 270 ff.

### Euro-Geldmarkt-Termine

**Tagesgeld** wird **overnight** (von heute bis zum nächsten Arbeitstag) **tom-next** (von morgen bis zum folgenden Arbeitstag bzw. übermorgen, auch **tomorrow / next day**) oder **spot next** (vom übernächsten Arbeitstag bis zum darauf folgenden Arbeitstag auch **spot / next day**) gehandelt. Bei **Kündigungsgeldern** kann entsprechend der Kündigungsfristen zwischen **call money** (tägliches Geld), **two days notice** (Zwei-Tage-Kündigungsgeld) und **seven days notice** (Sieben-Tage-Kündigungsgeld) unterschieden werden.

**Termingeld** ist dagegen im wesentlichen **one, two, three, six month fixed**, wenn es sich um Festgelder für 1-, 2-, 3-, 6-Monate handelt. Daneben besteht auch die Möglichkeit, kürzere Fristen zu wählen (z.B.

## Euro-Geldmarktpapiere

Festgeld für 2, 7 oder 14 Tage: **two, seven days fixed** bzw. **two weeks fixed**).

### Euro-Geldmarktpapiere
Gegenstand des Handels im Segment für Eurogeldmarktpapiere des -> **Euro-Geldmarktes** sind insbesondere -> **CDs** und -> **Internationale Promissory Notes** (-> **Euro-CPs** und -> **Euro-Notes**).

### Euro-Geldmarktsatz
-> **Euro-Zinsen**

### Euro-Kapitalmarkt
Teilmarkt der -> **Euromärkte** für **Euro-Aktien** und **Euro-Forderungspapiere**. Während der **Eurokapitalmarkt** bis 1985 ausschließlich ein Markt für Euro-Anleihen und Euro-Schuldscheine war und gegenüber dem Eurokreditmarkt ein relativ geringes Volumen aufgewiesen hat, führte in diesem Marktbereich die internationale Verschuldungskrise zu einer Veränderung insofern, als die Kreditvergaben in Form von Eurokrediten durch Banken von Schuldverschreibungsemissionen durch die Schuldner abgelöst wurden (-> **Securitization**), und andererseits infolge der neuen Technik des Vertriebes von **Euro-Aktien** nach dem Muster von Euro-Anleiheemissionen (siehe -> **Euro-Konsortialkredit**) ein zusätzliches Marktsegment entstanden ist:

```
                    Eurokapitalmarkt
         ┌──────────────┼──────────────┐
  Markt für        Markt für Euro-Schuld-    Markt für Euro-Aktien
Euro-Anleihen          scheine
         └──────────────┬──────────────┘
              Märkte für Euro-Forderungspapiere
```

### Euro-Konsortialkredit
Für -> **Roll-over-Eurokredite** und -> **Roll-over-Eurodarlehen** typische Durchführungsform bei größeren Volumina, die von einer einzelnen Bank allein nicht geleistet werden kann oder soll. Dabei findet im Regelfall die angelsächsische Emissionsmethode des -> **Underwriting** Anwendung. Auf Grund der Kreditvergabe durch jeweils gebildete -> **Syndicates** (= Konsortien) handelt es sich um sog. **syndizierte Kredite**.

### Euro-Kreditleistungen
Über den -> **Euro-Kreditmarkt** erbrachte internationale Bankmarktleistungen von einzelnen Banken oder Bankenkonsortien (-> **Euro-Konsortialkredit**) in Form von **Euro-Festsatzkrediten** (mit fester Verzinsung) und -> **Roll-over-Krediten**.

### Euro-Kreditmarkt
Mittel- bis langfristiger Markt für Kredite - insbesondere Konsortialkredite - in -> **Euro-Währungen**, der vornehmlich aus kurzfristigen Einlagen vom -> **Euro-Geldmarkt** finanziert wird. Er fungiert als Transformator, indem er auf der Grundlage des Revolving-Systems diese kurzfristigen Mittel in mittel- und langfristige Kredite umformt. Die Kreditvergaben erfolgen auf der Grundlage bilateraler Verträge. Die Ermittlung des Volumens des Eurokreditmarktes bereitet insofern Schwierigkeiten, als zum einen die Erhebungen auf der Basis aller Kreditzusagen, zum anderen auf der Grundlage tatsächlich abgeschlossener Verträge oder von Auszahlungen erfolgen können. Entsprechend der Finanzierungsbesonderheiten zeigt der Eurokreditmarkt zwei Marktsegmente, eines für relativ kurzfristige **Festsatzkredite** und eines für mittel- bzw. längerfristige **Roll-over-Kredite**, bei denen regelmäßige Zinsanpassungen auf der Basis von -> **LIBOR** vereinbart sind, um die Zinsänderungsrisiken, die durch kurzfristige Eurogeldmarktfinanzierungen bedingt sind, an die Kreditnehmer abzuwälzen. Im Gefolge der internationalen Verschuldungskrise ergab sich eine Reduzierung der Eurokreditvergabe, die durch Emissionen von -> **Euro-Geldmarktpapieren** (-> **Euro-Notes**) seitens der Schuldner (ggf. unter Garantie der Banken) und durch Emission von Schuldverschreibungen (-> **Securitization**) zum Teil ersetzt worden sind. Die Grundstruktur des Euro-Kredit-

markts nach Kreditarten zeigt folgende Abbildung:

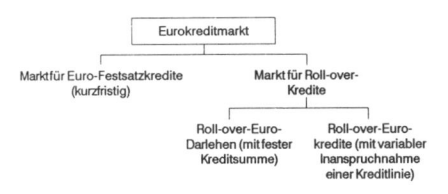

```
                    Eurokreditmarkt
        ┌──────────────┴──────────────┐
Markt für Euro-Festsatzkredite    Markt für Roll-over-
    (kurzfristig)                      Kredite
                              ┌──────────┴──────────┐
                        Roll-over-Euro-        Roll-over-Euro-
                        Darlehen (mit fester   kredite (mit variabler
                        Kreditsumme)           Inanspruchnahme
                                               einer Kreditlinie)
```

## Euromark-Terminkontrakt
-> **Drei-Monats-Euro-DM-Zinstermin-Kontrakt** ("Euromarkkontrakt")

## Euromärkte
Internationale Finanzmärkte, deren gemeinsames Charakteristikum darin besteht, daß sie nicht streng lokalisiert sind und die Transaktionen sich zumeist unter Einschaltung der Banken abspielen, die Kreditleistungen und/oder Anlageleistungen, z.B. in Form von Neuemissionen, ihrem Publikum (Unternehmungen, Regierungen, zentrale monetäre Institutionen, andere Banken, internationale Organisationen, sonstige öffentliche und private Finanzinstitutionen) anbieten. Zentren der Euromärkte sind London, Luxemburg und die Off-Shore-Zentren (Cayman Islands, Niederländische Antillen, Bahamas, Singapur, Liberia, Panama). Als Teilmärkte haben sich der -> **Euro-Geldmarkt**, der -> **Euro-Kreditmarkt** und der -> **Euro-Kapitalmarkt** etabliert. Einen **Teilmarkt besonderer Art** stellt die seit 3.12.1981 etablierte Bankenfreizone von New York dar, die als "amerikanischer Eurodollarmarkt" insbesondere Transaktionen (-> **International Banking Facilities**) zwischen Banken in den USA und der ausländischen Kundschaft, aber auch mit amerikanischen Unternehmungen umfaßt.
Der **Umfang** der über Euromärkte abgewickelten Transaktionen wird im wesentlichen durch
- die Zinsdifferenzen zu nationalen Geld-, Kredit- und Kapitalmärkten,
- die weitgehende Unabhängigkeit von nationalen geldpolitischen Lenkungsinstrumenten und nationaler Bankenaufsicht,
- die steuerliche Begünstigung gegenüber gleichgelagerten Aktivitäten auf nationalen Geld-, Kredit- und Kapitalmärkten sowie
- den ungehinderten Austausch von Kapitalien bestimmt.

## Euro-MTN
-> **Medium Term Note**

## Euro-Note-Fazilität
-> **Euro-Notes**

## Euro-Notes
Kurzfristige Papiere des -> **Euro-Geldmarktes** im Rahmen mittel- bis längerfristiger -> **Euro-Finanzierungsprogramme**. Als **Short Term Notes** stellen sie umlauffähigen Eigenwechseln von Kreditnehmern entsprechende "fully negotiable promissory notes" (-> **internationale Promissory Notes**) dar, deren Laufzeit bis zu zwölf Monaten betragen kann. Im Gegensatz zu Commercial Papers kommen als Aussteller auch "souveräne" Schuldner, also ausländische öffentlich-rechtliche Gebietskörperschaften bzw. Staaten, in Betracht. Darüber hinaus zeigt sich der Unterschied zu -> **Euro-CPs** vor allem darin, daß Euro-Notes als sog. **Underwritten Facilities** mit Plazierungsgarantien eines Bankenkonsortiums ausgestattet sein können, während Euro-CPs keine offizielle Absicherung aufweisen (Non-Underwritten Facilities). In beiden Fällen betragen jedoch die Mindestnennwerte der Papiere in der Regel 500000 $. Der Handel ist in Anbetracht der geringen Zahl umlaufender Papiere einerseits überschaubar, andererseits jedoch bislang im wesentlichen auf Banken und Wertpapierhäuser beschränkt ; dann ist auch Liquidierbarkeit aus der Sicht der einzelnen Investoren (Banken) und der Bankenaufsicht begrenzt.

## Europäische Liste
Auswahl von (200 bis 300) Standardwerten

aus allen EG-Ländern, die an allen EG-Börsen in einem Marktsegment gehandelt werden. Vorarbeiten zur Erstellung einer derartigen Liste, die ihrerseits wiederum Grundlage für den -> EURAX wäre, haben Ende 1989 in Zusammenhang mit -> PIPE begonnen.

**Europäische Option**
Kauf- oder Verkaufsoption, die nur am Fälligkeitstermin ausgeübt werden kann. Europäische Optionen werden z.B. an der -> **American Stock Exchange** in New York gehandelt.

**Europäische Währungseinheit (ECU)**
Bezugsgröße für Devisenkurse, Indikator für Devisenkursabweichungen, Rechengröße für Forderungen und Verbindlichkeiten im -> EWS sowie Zahlungsmittel und Reserveinstrument der EG-Zentralbanken innerhalb des EWS. Dem Wesen nach ist die -> **ECU** ein **Währungskorb**, dem seit 21.9.1989 alle 12 EG-Währungen mit unterschiedlichen Anteilen angehören. Die folgende Tabelle zeigt die Anteile der einzelnen Währungen im ECU-Währungskorb (Spalte A).

**Korbrevisionen** sind in Intervallen von jeweils fünf Jahren vorgesehen; die **bilateralen Leitkurse** (-> **EWS**) blieben bei der zweiten Revision (21.9.1989) unberührt (Spalte C). Die Währungsbeträge sind gemäß Spalte B definiert. Da die täglichen Kursentwicklungen der einzelnen Währungen von den Leitkursen abweichen, wird der **ECU-Tageskurs** jeweils in den Gegenwerten der einzelnen Währungen (z.B. DM, aber auch $) von der **EG-Kommission** durch Konzentration festgestellt. Dadurch ändern sich die Anteile der einzelnen Währungen

| EG- Währungen[1] | Anteil in % | Währungs-betrag | Bilaterale Leitkurse in DM | DM-Gegenwert |
|---|---|---|---|---|
| | (A) | (B) | (C) | (D) |
| Deutsche Mark | 30,1 | 0,6242 | 1 | 0,62420 |
| Französischer Franc | 19,0 | 1,332 | 0,29816 | 0,39715 |
| Pfund Sterling[2] | 13,0 | 0,08784 | 2,82520 | 0,24817 |
| Holländischer Gulden | 9,4 | 0,2198 | 0,88753 | 0,19508 |
| Italienische Lira | 10,75 | 151,8 | 0,00139 | 0,21063 |
| Belgischer und Luxemburgischer Franc | 7,9 | 3,431 | 0,04848 | 0,16635 |
| Dänische Krone | 2,45 | 0,1976 | 0,26216 | 0,05180 |
| Irisches Pfund | 1,1 | 0,008552 | 2,67894 | 0,02291 |
| Griechische Drachme[2] | 0,8 | 1,44 | 0,01365 | 0,01966 |
| Spanische Peseta[2] | 5,3 | 6,885 | 0,015385 | 0,10592 |
| Portugiesischer Escudo[2] | 0,8 | 1,393 | 0,01196 | 0,01666 |
| | 100,0 | ECU-Leitkurs in DM | | 2,05853 |

[1] Jeweils 1 Einheit Fremdwährung = ... DM;
[2] Fiktiver Leitkurs seit 21.9.1989;
[3] seit 19.6.1989

im ECU-Währungskorb täglich (geringfügig) gegenüber den definierten Anteilen (Spalte A) zum 21.9.1989: Es ergibt sich jeweils ein **ECU-Währungskorb nach Tageskursen**. Dieser hat am 21.9.1989 in Abweichung vom **ECU-Leitkurs** (Tabelle), der seit 12.1.1987 unverändert ist, 2,07487 DM (neuer Korb) betragen. Die Berechnung erfolgt auf der Basis der von den EG-Zentralbanken um 14.30 Uhr gemeldeten repräsentativen $-Kurse ihrer Währungen. In einem ersten Schritt wird der $-Gegenwert des ECU, in einem zweiten Schritt auf dieser Grundlage der jeweilige Gegenwert des ECU in Landeswährung festgestellt.

**Europäisches Währungssystem (EWS)**
Vereinbarung der EG-Mitgliedsstaaten zur Verringerung von Devisenkursschwankungen, die am 13.3.1979 in Kraft getreten ist und den bis dahin bestehenden Europäischen Wechselkursverbund von 1972 ("Schlange") abgelöst hat: Auf der Basis bilateraler Leitkurse, die in -> **Europäischen Währungseinheiten** (ECU) ausgedrückt sind, werden untere und obere **Interventionspunkte** in Form eines **Paritätengitters** festgelegt (im Regelfall ± 2,25%), bei deren Erreichen bzw. Überschreiten nach unten oder oben die teilnehmenden Zentralnotenbanken zur Intervention in Teilnehmerwährung verpflichtet sind. Korrekturen der festgelegten Wechselkursbeziehungen sind durch Leitkursänderungen auf Beschluß der Teilnehmer am EWS möglich. Insofern handelt es sich um ein System begrenzt flexibler Devisenkurse bezüglich der teilnehmenden EG-Mitgliedsstaaten. Die Schlüsselrolle im EWS nimmt die Europäische Währungseinheit (als ein "Währungskorb") ein, die als Bezugsgröße für die Wechselkurse, Indikator für Wechselkursabweichungen, Rechengröße für Forderungen und Verbindlichkeiten im EWS sowie als Zahlungsmittel und Reserveinstrument der EG-Zentralnotenbanken dient. Insgesamt bewirkt das Bestehen der Interventionspflichten der Zentralnotenbanken eine Devisenkursbildung innerhalb der vorgegebenen Schwankungsbreiten. Dies bedeutet für den Außenhandel und den Devisenhandel eine Reduzierung der Unsicherheitssituation über die Kursbildung. Dabei zeigt sich eine Besonderheit insofern, als der amtliche Mittelkurs für Währungen, die am EWS teilnehmen, mindestens mit dem unteren Interventionspunkt oder maximal mit dem oberen Interventionspunkt identisch sein muß. Die Spanne zwischen Geld- und Mittelkurs einerseits und zwischen Brief- und Mittelkurs andererseits kann jedoch die jeweiligen Interventionspunkte über- oder unterschreiten.

**European Currency Unit (ECU)**
-> **Europäische Währungseinheit**

**European Monetary System (EMS)**
-> **Europäisches Währungssystem**

**European Monetary Unit (EMU)**
-> **Europäische Währungseinheit**

**European Option**
-> **Europäische Option**

**European Options Exchange (EOE)**
-> **Europäische Optionsbörse (EOB)**

**Europäische Optionsbörse (EOB)**
Dam 21, 1012 JS Amsterdam, Niederlande
1978 in Amsterdam eröffnete Optionsbörse, bei der sich das Mitgliedschaftssystem am amerikanischen Vorbild orientiert. -> **Aktienindex-Optionen**, Anleihe-Optionen sowie Handel in ECU-Optionen, darüber hinaus erfolgt der Handel in -> **Währungs-Optionen** sowie in -> **Goldoptionen** und -> **Silberoptionen**.

**European-Style Option**
-> **European Option**

**Euro-Programme**
-> **Euro-Finanzierungsprogramme**

**Euro-Schuldscheine**
Internationale Schuldscheindarlehen über den -> **Euro-Kapitalmarkt** (oder über den -> **Euro-Kreditmarkt**) durch Privatplazierungen (-> **Private Placement**) von Bankenkonsortien an institutionelle Anleger. In der Regel gelten für derartige "Privatanleihen" die Publizitätsvorschriften, die bei Schuldverschreibungsemissionen Anwendung finden, nicht.

**Euro-Tagesgeld**
-> **Euro-Geldmarkt**

**Euro-Termingeld**
-> **Euro-Geldmarkt**

**Euro-Warrant**
Variante einer -> **Optionsschuldverschreibung** am -> **Euro-Kapitalmarkt**.

**Euro-Währung**
Bankengiralgeld in Währungen verschiedener Länder außerhalb der Hoheitsgebiete der betreffenden Währungen (z.B. Euro-$ als Giralgeld auf Konten von Banken außerhalb der USA; Euro-DM; Euro-SFR; Euro-Yen usw.) als Basis der Transaktionen auf -> **Euro-Märkten**.

**Euro-Zinsen**
Zinsen für Anlagen/Kredite auf den -> **Euro-Märkten**. Die **Zinsbildung** erfolgt ohne Beeinträchtigung durch nationale administrative Kontrollen von staatlichen Aufsichtsorganen völlig frei, wobei der Teilmarkt **London** Orientierungsfunktion aufweist. Dabei ergibt sich ein Einstandszins (Nachfragezins für Eurogeld) in Form der London-Interbank-Bid-Rate (-> **LIBID**) und ein Angebotszins für Kreditgewährungen am Eurogeldmarkt in Form der London-Interbank-Offered-Rate (-> **LIBOR**):

| Mittelzufluß zu LIBID (Geldkurs) | Euro-Geldmarkt (Geldhandel) | Mittelausleihungen zu LIBOR (Briefkurs) |
|---|---|---|

Als **Mittelkurs** im Sinne des arithmetischen Mittels zwischen LIBID und LIBOR kann -> **LIMEAN** angesehen werden, der Bedeutung für die Zinsgestaltung von Schuldverschreibungen am -> **Euro-Kapitalmarkt** oder für -> **Euro-Kredite** (bezüglich Schuldnern von hervorragender Bonität) haben kann.

**Evaluation Table**
-> **Settlement Value**

**Eventual-Swap**
Eventual-Swaps weisen eine ähnliche Struktur wie -> **Swaptions** auf. Sowohl bei den Eventual-Swaps, wie auch bei den Swaptions besteht für die Swap-Gegenpartei eine gewisse Unsicherheitskomponente, z.B. zu welchem Zeitpunkt der Swap ausgeübt wird. Das grundlegende Merkmal zur Unterscheidung der Eventual-Swaps von den Swaptions bezieht sich auf die Partei, die die Swap-Transaktion initiiert. Bei Swaptions hat der Käufer der Option das Recht, die Swap-Transaktion zu beginnen. Bei Eventual-Swaps hingegen wird die Swap-Transaktion von einer dritten Partei initiiert, die an dem Swap nicht beteiligt ist. Solche Eventual-Swaps werden üblicherweise bei der Emission von Warrant-Anleihen verwendet. Das dominierende Anwendungsgebiet von Eventual-Swaps ist bei der Begebung von Anleihen mit Warrants zum Bezug einer zweiten Anleihe gegeben. Bei einer solchen Anleihekonstruktion wird z.B. eine US $-Anleihe gegeben, gleichzeitig erwirbt der Investor einen Warrant, der zum Bezug einer 5-jährigen DM 6 3/8 %-Anleihe berechtigt. Der DM-Warrant wird vom Investor nur dann ausgeübt, wenn während der Ausübungsfrist der Anleihezinssatz für 5-jährige DM-Anleihen unter 6 3/8 %

liegt. Unter der Annahme, daß der Emittent einen Bedarf an fixen französischen Franc hat, müssen zwei Währungsswaps konstruiert werden:
a) ein üblicher Währungsswap von US $ in fixe FF während der Laufzeit der US $-Anleihe und
b) ein Eventual-Swap, wobei die fixe DM-Verbindlichkeit bei Ausübung des Warrants in zinsfixe FF-Cash-Flows getauscht wird. Eine solche Struktur muß nicht notwendigerweise mit einer Anleihe-Emission verbunden sein. Die Konzeption eines Eventual-Swaps kann auch bei einer "Naked-Warrant-Struktur" notwendig sein. Hierbei werden ausschließlich Warrants emittiert, die zum Kauf einer Anleihe berechtigen. Durch einen Eventual-Swap kann erreicht werden, daß bei Ausübung des Warrants die Verbindlichkeit aus der Anleihe in eine vom Emittenten der Warrants gewünschte und zum Zeitpunkt der Emission bereits fixierte andere Währung und/oder Zinsstruktur getauscht wird. *PL*

**Ewige Doppelwährungs-Floating Rate Note**
Variante einer -> **Doppelwährungsanleihe** ohne Rückzahlungstermin auf der Basis periodischer Zinsanpassungen (siehe dazu -> **FRN**).

**EWS**
-> **Europäisches Währungssystem**

**Exchange**
Börse als -> **Kassamarkt** oder als -> **Terminmarkt**.

**Exchange Delivery Settlement Price (EDSP)**
Abrechnungspreis der Börse bei Lieferung eines bestimmten Future-Kontraktes am letzten Handelstag. Abhängig von den jeweiligen -> **Kontraktspezifikationen**. Der jeweilige Rechnungsbetrag für lieferbare Anleihen wird dabei durch das -> **Preisfaktor-System** berechnet.

**Exchange for Physical (EFP)**
Simultaner Austausch eines spezifizierten Kassainstrumentes gegen eine entsprechende Futures-Position.

**Exchange Stock Portfolio (ESP)**
-> **Aktienkorb**

**Exchange-Traded Options**
-> **Traded Options**

**Execution**
Börsenausführung von -> **Finanzterminkontrakten** (zum **Ausführungspreis**; -> **Execution Price**).

**Execution Price**
Ausführungspreis von -> **Finanzterminkontrakten** an Börsen.

**Exercise Date**
-> **Verfalldatum** von Optionen

**Exercise Price**
-> **Basispreis**

**Exit Bond**
Schuldverschreibungen von Ländern mit hoher Auslandsverschuldung, die zur Ablösung von internationalen Verbindlichkeiten an die (bisherigen) Gläubiger begeben werden. Letztere akzeptieren damit zwar längere Laufzeiten und für sie ungünstigere Zinskonditionen, andererseits entfällt durch diese Form der Umschuldung die Notwendigkeit, zusätzliche Kreditmittel ("fresh money") bereitzustellen.

**Expected Volatility**
-> **Volatilität**

**Expiration**
Ausübung von Optionen (**Expiry**), die zu einem bestimmten Zeitpunkt (**Expiration Date**) bei -> **Amerikanischen Optionen** oder zum Fälligkeitstag (**Verfalltag; Maturity Day**) bei -> **Europäischen Optionen** erfolgen kann.

## Expiration Date
In den Optionsbedingungen festgelegter Ausübungszeitpunkt bzw. Verfalltag (-> **Expiration**).

## Expiration Month
-> **Delivery Month**

## Expiry
-> **Expiration**

## Export-Leasing
Verfahren des -> **internationalen Leasing** in der Weise, daß Hersteller und Leasing-Geber sich in Land A, der Leasing-Nehmer-/Nutzer in Land B befinden und der Hersteller grenzüberschreitende Warenlieferungen mit einem Leasing-Vertrag zum Zwecke der Absatzfinanzierung koppelt. Zah!reiche Leasinggesellschaften bieten im Rahmen von -> **Vendorprogrammen** dem Lieferanten (Hersteller) die Möglichkeit, das Produkt bzw. die Produkte mittels parallel zum Warenvorgang verlaufendem (internationalem) Leasing zu finanzieren und damit gleichzeitig das Exportgeschäft (durch Einschaltung einer inländischen Leasinggesellschaft) in ein "Inlandsgeschäft" ohne Valutarisiken zu verwandeln.

## Exposure
-> **Offene Position**

## Express Delivery Service
-> **Programmhandel**

## Extendable Swap
Variante von -> **Swaptions** in Form des "Verlängerungsswap". Bei einem extendable Swap hat der Käufer der -> **Swapoption** das Recht, aber nicht die Verpflichtung, einen bestehenden -> **Zins-** und/oder -> **Währungs-Swap** über die ursprüngliche Zeit hinaus für eine vorher festgelegte Zeit zu verlängern.
Ein solcher Swap wird beispielsweise dann eingegangen, wenn der Festsatzzahler bei einem Zins-Swap der Meinung ist, daß die Zinsen nach Ablauf der Anfangsperiode stark steigen werden, allerdings ist er von seiner Meinung nicht vollständig überzeugt. Ein Verlängerungs-Swap erlaubt es der Swappartei, mit diesem Zinsszenario zu leben. Bei einem starken Zinsanstieg wird die Option auf eine Verlängerung des Swaps ausgeübt. Umgekehrt: Bei einem Zinsrückgang wird auf die Ausübung verzichtet. *PL*

## Extendable Bond
Schuldverschreibung mit der Option (-> **Optionsschuldverschreibung**) für den Investor, zu einem oder mehreren festgesetzten Terminen die Laufzeit zu verlängern.

# F

**Facility Fee**
Gebühr bei Emission von -> **Euro-Notes**- und -> **Euro-CPs**.

**Factor**
-> **Delivery Factor**; -> **Pay-down Factor**

**Fairer Optionspreis**
-> **Volatilität**

**Falcon**
-> **Fixed term agreement for long term Call Options on existing securities**

**Fannie Mae**
US-amerikanische Pfandbriefe, die von der -> **FNMA** garantiert werden (ähnlich auch -> **Ginnie Mae** und -> **Sallie Mae**).

**FAZ-Aktienindex**
Auf der Index-Formel nach Paasche beruhender allgemeiner -> **Aktienindex** der Frankfurter Allgemeinen Zeitung, der zum 2.1.1989 erstmals in neuer Form berechnet und publiziert wurde. Die Formel lautet:

$$\text{FAZ-Index} = \frac{\sum_i N_i \cdot K_i}{\sum_i N_i \cdot C_i \cdot \pi_i A_{ij}} \cdot 100$$

wobei:
$\Sigma_i$ = Summierung über die hundert erfaßten Aktien
$\Sigma_j$ = laufender Zähler für eine einzelne Aktie
$N_i$ = Grundkapital der Aktie $_i$ am Berechnungstag
$K_i$ = Kurs der Aktie $_i$ am Berechnungstag
$C_i$ = Kurs der Aktie $_i$ am Basistag (31.12.58)
$\pi_j$ = Produktbildung der Ausgleichsfaktoren
$j$ = laufender Zähler für einen einzelnen Ausgleichsfaktor
$A_{ji}$ = j-ter Ausgleichsfaktor der Aktie $_i$

Die hundert Aktien des FAZ-Index verkörpern einen Index-Gesamtkurswert von rund 327 Mrd DM (29.12.1988) und repräsentieren damit rund 76% des Kurswertes aller an deutschen Börsen gehandelten Aktien. Die Aktien sind nach 12 Branchenindizes systematisiert, wobei jede Aktie mit einer spezifischen **Index-Struktur nach Kurswerten** ( = zum Börsenhandel zugelassenes Kapital x Tageskurs) in den jeweiligen Branchen-Index bzw. dessen Unterindizes eingeht. Beispielsweise:

| | |
|---|---:|
| **Branchenindex 1** | |
| (Banken und Versicherungen) | **26,62** |
| **Unterindex Großbanken** | **10,53** |
| Commerzbank | 1,62 |
| Deutsche Bank | 6,10 |
| Dresdner Bank | 2,81 |
| **Unterindex Regionalbanken** | **3,41** |
| **Unterindex Versicherungen** | **12,68** |

Die 12 Branchen-Indizes ergeben auf diese Weise den Gesamtindex 100,00 zum 29.12.1988.
Lit.: Erlenbach, E., 24 neue Werte im aktualisierten F.A.Z.-Aktienindex. FAZ vom 2.1.1989

**FCM**
-> **Futures Commission Merchant**

**Federal Financial Institution Examination Council**
Organisation von "regulatory agencies", die für die US-Einlagen-Einrichtungen (**US depository institutions**) durch Förderung einer einheitlichen Aufsicht und von Prüfungsanforderungen ("examination policies") verantwortlich ist. Folgende regulatory agencies gehören dem Council an: Federal Deposit Insurance Corp.; -> **FHLMC**; Federal Reserve Board; National Credit

Union Association; Office of the Comptroller of the Currency.

## Federal Funds Market
Kurzfristiger US-amerikanischer Markt für nicht versicherte Kredite zwischen "depository institutions" in den USA (siehe auch -> **Federal Financial Institution Examination Council**) in Form unmittelbar verfügbarer Fonds (die im wesentlichen als Reserven bei den Federal Reserve Banks gehalten werden). Die hauptsächlichen Aktivitäten betreffen kürzestfristig fällige Mittel ("next-day-maturities") - im Gegensatz zu **Term Federal Funds**, die längere Fälligkeiten bis zu mehreren Wochen oder Monaten aufweisen können.

## Federal Home Loan Banks
Zwölf US-Government-Agencies zur Beaufsichtigung und zur Kreditvergabe an Savings and Loan Associations und an Savings Banks (-> **FHLMC**).

## Federal Home Loan Mortgage Corporation (FHLMC)
US-Gesellschaft im Eigentum der 12 -> **Federal Home Loan Banks** zur Unterstützung der Finanzierung des Wohnungsbaumarktes und zur Regulierung der auf diesem Sektor tätigen Institute. Die FHLMC kauft sog. "conventional mortgages", d.h. unbesicherte Hypothekenbriefe (Pfandbriefe) von Thrift-Institutions und anderen Hypothekarkreditgebern an und bündelt sie neu zu FHLMC-garantierten **Participation Certificates (PCs)** zum Absatz an Hypothekenpfandbrief-Käufer. Häufig beinhalten derartige Transaktionen einen -> **Swap** der PCs mit Hypothekarkreditgebern.

## Federal National Mortgage Association (FNMA)
Eine US-Government-chartered Gesellschaft zur Unterstützung des Wohnungsmarktes, die von privaten Aktionären getragen wird. Die FNMA hält ein breites Portefeuille von Pfandbriefen, die teilweise federal-guaranteed oder versichert sind (ein Teil besteht aus unversicherten, sog. "conventional" Hypothekenbriefen). Zur Finanzierung ihrer Aktivitäten verkauft die FNMA Schuldverschreibungen am Kapitalmarkt und -> **Short Term Notes** am Kreditmarkt. Darüber hinaus poolt die FNMA Hypotheken(briefe).

## Fedwire
Nationales elektronisches Buchverwahrungs- und -übertragungssystem der US-Federal Reserve für den Zahlungsverkehr (hoher Beträge) und für das Wertpapier-Clearing von Wertpapieren des amerikanischen Schatzamtes und von Bundesbehörden. Das Fedwire-Netz besteht aus einem Paketvermittlungs-Datenübertragungsnetz, das die 12 Federal Reserve Banks verbindet, und aus 12 lokalen Datenübertragungsnetzen, das die 7000 Einlagen annehmenden Banken an die Vielzweckrechner der jeweiligen Reserve Banks anschließt, auf denen Überweisungs-Anwendungs-Software läuft (die übrigen 4000 Einlagen annehmenden Institute erledigen die Überweisungen per Telefon über die Federal Reserve Banks). **Fedwire-Überweisungen** und **Fedwire-Wertpapierclearing** stellen Übertragungen in den Büchern des Federal Reserve System dar. Das Wertpapierclearing erfolgt über 1117 elektronische Endpunkte und benutzt dieselbe Geräte- und Datenübertragungs-Infrastruktur, über die der Zahlungsverkehr abgewickelt wird. Jede Übertragungsnachricht löst beim Absender eine Belastung des Wertpapier- oder Geldkontos, beim Empfänger eine Gutschrift aus.

**Lit.:** BIZ 1989, 247 ff.

## FHA
-> **Federal Housing Administration**

## FHA-Insured Mortgage
Ein -> **FHA** garantierter (= versicherter) Hypothekarkredit eines (privaten) Kreditgebers in den USA.

## FHLMC
-> Federal Home Loan Mortgage Corporation

## FIBOR
-> Frankfurt Interbank Offered Rate

## FIBOR-Zins-Sparen
Neue Sparanlageform, bei welcher der Zins fest an einen -> Referenzzinssatz (hier: -> FIBOR) gekoppelt ist. In den Anfang 1990 angebotenen Modellen erhält der Anleger einen Zinssatz, der 90% des -> FIBOR-Satzes beträgt. Die Zinsanpassungen der Anlage auf einem Sparbuch mit mindestens sechsmonatiger Kündigungsfrist erfolgen zu vier fixierten Stichtagen pro Jahr.

## Fidelity Card
-> Treuekarte

## Fill or Kill-Order (FOK-Order)
Auftragsart an -> Financial Futures-Märkten, die darauf gerichtet ist, den betreffenden Börsenauftrag sofort möglichst vollständig zu einem Kurs auszuführen. Andernfalls erfolgt Teilausführung zum angegebenen Kurs, wobei der nicht ausgeführte Teil des Auftrages sofort annulliert wird (zu erfüllen oder zu annullieren).

## Financial Assets
Vermögensgegenstände in Form von Nominalgütern (insbesondere Forderungen), welche die Basis für Finanzinnovationen bilden (siehe z.B. -> ABS).

## Financial Exposure
-> Offene Position

## Financial Futures Contracts
-> Finanzterminkontrakte

## Financial Futures Exchange
-> Terminbörse

## Financial Futures Trading
-> Financial Futures-Märkte

## Financial Futures
-> Finanzterminkontrakt

## Financial Futures-Märkte
Ursprünglich nach dem Vorbild der Warenterminbörsen entwickelte Möglichkeit des Handels mit standardisierten Finanz-Kontrakten aller Art (**Financial Futures**) auf standardisierte Termine (**Financial Futures trading**) an ausländischen Terminbörsen (Chicago, New York, Philadelphia, London). Während ein Teil der Financial Futures nach wie vor analog zu den Usancen der Warentermingeschäfte an **Terminbörsen** (**Financial Futures-Märkte i.e.S.**) abgewickelt wird, erfolgt ein spezialisierter Handel für Optionen an spezifischen **Optionsbörsen** (z.B. auch an der -> **Europäischen Optionsbörse** in Amsterdam). Die **Motive** zur Teilnahme am Financial Futures-Markt bestehen einerseits in Sicherungsüberlegungen (-> **Hedging**), andererseits in kurzfristigen Gewinnerwartungen (-> **Spekulation**). Hinsichtlich der Akteure an **Financial Futures-Märkten i.e.S.** ist daher zu unterscheiden zwischen -> **Hedgern**, die eine Kurssicherung anstreben (typischerweise Bank- und Versicherungsbetriebe, private Investoren mit Risikoaversion u.ä.), -> **Tradern** als risikofreudigen Teilnehmern, die von Kursschwankungen profitieren möchten ("risikofreudige" private Investoren, Handelsfirmen), und -> **Arbitrageuren**, die Unterschiede zwischen Kassamärkten und Terminmärkten (vergleichbarer Kassa- und Kontraktinstrumente) nutzen. Zur **Sicherung der Erfüllung** des Kontrakthandels dienen an den ausländischen Terminbörsen spezifische Clearing-Institutionen (Clearing House, dem die Clearing-Members als Börsenmitglieder und damit **direkte Marktteilnehmer** angehören). Weitere Börsenmitglieder, die nicht der Clearing-Organisation angehören (**Non Clearing Members**), und alle anderen am Marktgeschehen Beteilig-

ten zählen zu den **indirekten Marktteilnehmern**. Die Abwicklung von Transaktionen auf den Futures-Märkten bleibt den direkten Marktteilnehmern vorbehalten, so daß die in der folgenden Abbildung dargestellte **Abwicklungsstruktur** gegeben ist; bezüglich der Organisation der **DTB** siehe -> **Clearing-Lizenz (DTB)** und -> **Clearing-Struktur (DTB)**.

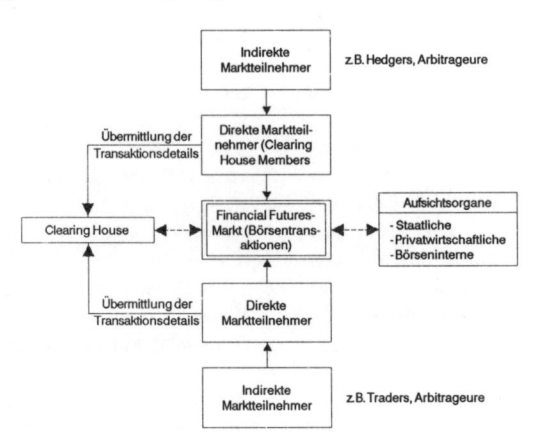

```
                    ┌─────────────────┐
                    │    Indirekte    │   z.B. Hedgers, Arbitrageure
                    │ Marktteilnehmer │
                    └────────┬────────┘
                             │
          ┌──────────────────┴──────────┐
          │ Direkte Marktteil-          │
   Übermittlung der  │ nehmer (Clearing │
   Transaktionsdetails│ House Members)  │
          └──────────────────┬──────────┘
                             │
   ┌──────────────┐  ┌───────┴────────┐  ┌──────────────────┐
   │   Clearing   │◄─│ Financial      │◄─│ Aufsichtsorgane  │
   │    House     │─►│ Futures-Markt  │─►│ - Staatliche     │
   └──────────────┘  │ (Börsentrans-  │  │ - Privatwirt-    │
                     │  aktionen)     │  │   schaftliche    │
                     └───────┬────────┘  │ - Börseninterne  │
                             │           └──────────────────┘
   Übermittlung der  ┌───────┴────────┐
   Transaktionsdetails│    Direkte    │
                     │ Marktteilnehmer│
                     └───────┬────────┘
                             │
                    ┌────────┴────────┐
                    │    Indirekte    │   z.B. Traders, Arbitrageure
                    │ Marktteilnehmer │
                    └─────────────────┘
```

Der **Financial Futures-Markt i.e.S.** weist darüber hinaus entsprechend der grundsätzlich existierenden Futures (Futures auf konkreter Basis und Futures auf abstrakter Basis) verschiedene **Marktsegmente** auf: **Futures auf konkreter Basis** sind dadurch charakterisiert, daß reale Handelsobjekte zugrunde liegen und deshalb auch eine **physische** -> **Andienung** der betreffenden Handelsobjekte möglich ist (wenn auch in der Regel von dieser letztlich nicht Gebrauch gemacht wird); dazu zählen somit -> **Zins-Futures** und -> **Währungs-Futures**. Dagegen ist das Handelsobjekt von **Futures auf abstrakter Basis** fiktiv und eine physische Andienung somit unmöglich (-> cash settlement). Insbesondere dienen -> **Aktienindex-Futures** zur Absicherung vor bzw. Spekulation auf Aktienkursschwankungen und betreffen die vertragliche Vereinbarung, einen bestimmten Kontraktwert zum kontrahierten Kurs zu einem späteren (standardisierten) Fälligkeitstag kaufen oder verkaufen zu können. Die Andienung erfolgt bar auf Grund des Standes, den der Kassa-Index am letzten Handelstag erreicht hat.

**Optionsbörsen** ermöglichen einen Handel mit **Finanz-Optionen** aller Art, wobei analog zu den Futures zwischen **Optionen auf konkreter Basis**, also -> **Zins-Optionen** und -> **Devisen-Optionen** sowie -> **Optionen auf Futures** (z.B. Optionen auf Währungs-Futures), und **Optionen auf abstrakter Basis** (-> **Aktienindex-Optionen**) unterschieden werden kann.

Insgesamt ergibt sich unter Berücksichtigung der verschiedenen Marktsegmente (und Teilmärkte) für die verschiedenen Erscheinungsformen von Financial Futures das nebenstehende Bild der Struktur von **Financial Futures-Märkten im weiteren Sinne**.

**Lit.:** Cordero, 80 ff.; Schwarz/ Hill/ Schneeweiß, 398 ff.; Eilenberger 1990, 274 ff.

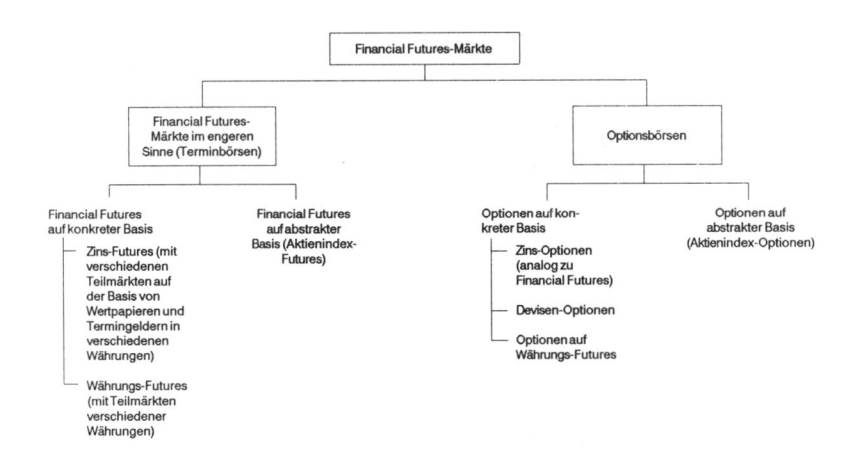

## Financial Instrument Exchange (FINEX)   Financial Times-Stock Exchange-Index

```
                        Financial Futures-Märkte
                               |
           ┌───────────────────┴───────────────────┐
   Financial Futures-                         Optionsbörsen
   Märkte im engeren
   Sinne (Terminbörsen)
        |                                          |
   ┌────┴─────┐                          ┌─────────┴─────────┐
Financial Futures  Financial Futures   Optionen auf kon-   Optionen auf
auf konkreter Basis auf abstrakter     kreter Basis        abstrakter Basis
 ├ Zins-Futures (mit Basis (Aktienindex- ├ Zins-Optionen   (Aktienindex-Optionen)
 │  verschiedenen   Futures)            │  (analog zu
 │  Teilmärkten auf                     │  Financial Futures)
 │  der Basis von                       ├ Devisen-Optionen
 │  Wertpapieren und                    └ Optionen auf
 │  Termingeldern in                       Währungs-Futures
 │  verschiedenen
 │  Währungen)
 └ Währungs-Futures
   (mit Teilmärkten
   verschiedener
   Währungen)
```

## Financial Instrument Exchange (FINEX)
4 World Trade Center, New York, N. Y. 10048, USA
Als Teil der -> **New York Cotton Exchange** werden an der FINEX Futures auf einen Dollar-Index-Kontrakt sowie auf einen ECU-Kontrakt gehandelt. *DR*

## Financial Swaps
Das Grundprinzip eines Financial Swap (Swapstrukturen) beruht auf dem gegenseitigen Austausch von zins- und/oder währungsindizierten Zahlungsforderungen oder Zahlungsverbindlichkeiten (-> **Swap**).

## Financial Times-Stock Exchange-Index (FT-SE-Index; Footsie-Index)
Jüngster veröffentlichter -> **Aktienindex** Großbritanniens (umgangssprachlich auch als "Footsie" bezeichnet), welcher als **FT-SE 100 Share Index** 100 der führenden Aktiengesellschaften und damit 70% des an der UK-Stock Exchange notierten Totalmarktes umfaßt. Die Basierung des FT-SE erfolgte zu den Kursen vom 30.12.1983 und erhielt die Index-Zahl 1000. Der Zweck dieses arithmetischen, (eigenkapital-)gewichteten Aktienindex besteht vor allem darin, als Bezugsgröße für börsengehandelte -> **Optionen** und -> **Financial Futures** zu dienen. Aus diesem Grund erfolgen die Angaben über Änderungen des FT-SE-Index in Minutenabständen, erfaßt vom EPIC-Computersystem der Börse und veröffentlicht vom TOPIC-Viewdata-System (für den -> **Market Floor** und die Medien). Der FT-SE-Index berücksichtigt auf Grund seiner Konstruktion Kapitalveränderungen und die Ausgabe bzw. Gewährung von Rechten durch die einbezogenen Gesellschaften. Auf Grund einer sog. "**90-110 rule**" erfolgen bei den einbezogenen Gesellschaften und unter Rückgriff auf eine Ranking-Liste vierteljährlich Veränderungen der Zusammensetzung der 100 führenden Aktienwerte: Papiere, welche den Anforderungen bezüglich Marktkapitalisierung der Position 110 nicht mehr entsprechen, werden durch andere, den Anforderungen besser Rechnung tragende Werte ersetzt. Dasselbe gilt für Werte, die voraussichtlich die Position 90 nicht mehr erreichen werden. Darüber hinaus wird ein **All-Share-Index** auf der Basis von 686 Aktien, die in fünf Gruppen zusammengefaßt sind (Capital Goods, 202; Consumer Groups, 176; Other Groups, 140; Financial Group, 113; Oil & Gas 18) ermittelt, mit **Subindizes** für die jeweilige Gruppe sowie gruppenübergreifende Subindizes für die **Industrial Group** mit 482 Gesellschaften und ein **500 Share Index**, der zusätzlich 18 Werte für Gas & Oil einschließt.

**Lit.:** The Stock Exchange, London, The 100

Share Index: a supplement of the Stock Exchange Fact Service. o.J.

**Finanzhedging**
Währungssicherung über **ausländische** oder **internationale Finanzmärkte** im Außenhandel (beim Export durch Aufnahme eines Währungskredits und anschließende Anlage in Inlandswährung; beim Importeur durch Aufnahme eines Kredits in Inlandswährung und anschließende Anlage in der benötigten Fremdwährung) sowie bei reinen internationalen Finanztransaktionen.
Lit.: Eilenberger 1986, S. 94 ff.; 102 ff.; 109 ff.

**Finanzierung öffentlicher Betriebe**
Die Finanzierung öffentlicher Betriebe weicht aus Gründen, die in der Existenzberechtigung öffentlicher Betriebe in der Marktwirtschaft liegen, von jener der privaten Unternehmen in wesentlicher Hinsicht ab. In einem durch marktwirtschaftliche Prinzipien gekennzeichneten Wirtschaftssystem haben öffentliche Dienste dort ihre Berechtigung, wo private Betriebe entsprechende Leistungen nicht oder nicht in der gesellschaftlich erwünschten Art und Weise erbringen. Dies kann aus verschiedenen Gründen der Fall sein:
- Der Staat (Bund, Länder) und seine autonomen Glieder (Gemeinden und Gemeindeverbände) erstellen dort Leistungen, wo diese nicht an einzelne Personen oder Personengruppen abgegeben werden können, sondern nur an die Mitglieder des Staates insgesamt, und wo wegen der Nichtzurechenbarkeit der Leistungen an einzelne für die Leistungen auch keine direkten Entgelte abverlangt werden können. Das gilt beispielsweise bei der Aufrechterhaltung der inneren und äußeren Sicherheit und der Rechtsordnung.
- Weiterhin wird die öffentliche Hand in Bereichen tätig, wo durch die Erstellung von Leistungen keine Gewinne erzielt werden können, wo aber verschiedene (politische) Gründe dafür sprechen, diese zu erbringen. Auf Grund mangelnder Gewinnchancen ziehen sich private erwerbsstrebige Unternehmen aus diesen Aufgabenbereichen zurück.
- Ein wichtiges Aufgabengebiet der öffentlichen Hand liegt weiterhin dort, wo natürliche Monopole bestehen, deren Ausnützung durch private Unternehmen im Rahmen der Ordnungspolitik durch politische Instanzen zwar weitgehend verhindert werden kann, wo aber aus Zweckmäßigkeitsgründen der Staat selbst die entsprechenden Leistungen erstellt.

Es ist festzustellen, daß es letztlich politische Entscheidungen für den Einzelfall sind, durch welche öffentliche Aufgabengebiete bestimmt werden. Logische Ableitungen für die Bestimmung öffentlicher Aufgaben gibt es demnach nicht.

Öffentlichen Betrieben stehen prinzipiell drei verschiedene Finanzquellen zur Verfügung:
- Spezielle Entgelte (bzw. Gebühren), die für erbrachte Leistungen erhoben werden.
- Zuschüsse der Eigentümerkörperschaften, die als Ausgleich für nicht vom unmittelbaren Nutzer erbrachte kostendeckende Entgelte anzusehen sind. Diese Zuschüsse werden aus vereinnahmten Steuermitteln getragen und stellen generelle Entgelte für Leistungen der öffentlichen Betriebe dar.
- Auf das Finanzierungsmittel der Kreditaufnahme greifen öffentliche Betriebe insbesondere bei einmaligen großen Finanzierungsaufgaben zurück. Hohe Finanzsummen können häufig nicht aus den laufenden Einnahmen aufgebracht werden.

Die Finanzierung über Entgelte unterliegt engen Grenzen. Aus Gründen der Staatsmoral sollten die speziellen Entgelte nicht höher sein als die Kosten, die bei der Erstellung der entsprechenden Leistung anfallen. Der Staat kann nicht Gewinnmaximierung bei seinen Bürgern praktizieren, wenn er nicht gegen das Prinzip der Solidarität verstoßen will. Häufig kann es darüber hinaus sein, daß die Entgelte weit unter den Kosten liegen müssen.

Zum einen fordern verteilungspolitische Gründe die Verfolgung von Entlastungszielen, wodurch einkommensschwächere Bevölkerungsschichten bei der Inanspruchnahme der Leistungen bevorzugt werden sollen. Zum anderen können die Entgelte die Kosten oft dort nicht decken, wo die Inanspruchnahme der öffentlichen Leistungen durch niedrige Entgelte auf Grund von Beeinflussungszielen angeregt werden soll. So hat beispielsweise der öffentliche Verkehr die Aufgabe, die Straßen vom Individualverkehr zu entlasten. Oder ländliche Gebiete sollen durch niedrige Gebühren vor Entleerung durch Bevölkerungsabwanderung bewahrt werden.

Die Diskussion um Aufgaben und Ziele öffentlicher Betriebe und deren instrumentaler Charakter zur Verfolgung öffentlicher Interessen wird jedoch von vielen Vertretern der Volkswirtschaftslehre vernachlässigt, wenn sie die Orientierung der Entgelte an langfristigen oder kurzfristigen Grenzkosten fordern. Bei den langfristigen Grenzkosten handelt es sich im Prinzip um langfristige Durchschnittskosten (Kosten je Leistungseinheit). Sie ergeben sich aus einem Kostenniveau, das bestehen würde, wenn die gesamten technischen Anlagen des Betriebs modernisiert werden, damit das Unternehmen seine für absehbare Zeit optimale Kapazität erreicht. Nach den langfristigen Grenzkosten festgelegte Entgelte haben daher den Vorzug, daß auch die zukünftige Versorgung zum gleichen Preis sichergestellt ist. Kurzfristige Grenzkosten ergeben sich aus dem Zuwachs an Kosten, die durch die Produktion einer zusätzlichen Leistungseinheit entstehen. Da dabei von einer bestehenden Anlage ausgegangen wird, handelt es sich bei dem Kostenzuwachs um ausschließlich variable Kosten.

Die Grenzkostenprinzipien fordern nun, die Ausbringung derart zu bemessen, daß die Grenzkosten gleich dem auf dem Markt erzielten Entgelt sind. Die Forderung der Bindung der Entgelte an die Grenzkosten beruht auf dem von der Volkswirtschaftslehre entwickelten wohlfahrtstheoretischen Modell. Dabei handelt es sich um ein sehr abstraktes Modell, das jedoch in sich geschlossen und unangreifbar ist. Bei einem Abbau des Abstraktionsgrades und bei einer Anpassung an die Realität zeigt sich allerdings, daß ein großer Teil der vom Modell gestellten Bedingungen nicht erfüllt werden kann.

Bei dem Modell geht es um eine optimale Allokation von Mitteln, wobei politische Ziele, die sich nicht in Marktmechanismen niederschlagen und folglich nicht zu (Grenz-) Kosten führen, nicht berücksichtigt werden. Daher sollte, statt von Patentrezepten bei der Fixierung von Entgelten für öffentliche Leistungen auszugehen, durch eine differenzierte Entgeltfestsetzung der Vielzahl der Ziele öffentlicher Betriebe entsprochen werden. Für die Finanzierung öffentlicher Leistungen bedeutet dies, daß jeweils Einzelentscheidungen getroffen werden müssen. Dabei sind eventuelle Lücken, die bei der Finanzierung mittels Entgelten auftreten, durch Steuereinnahmen oder Kreditaufnahmen des Staates und der Gemeinden zu schließen. Auf Grund begrenzter Finanzeinnahmen des Staates müssen Entscheidungen über das Ausmaß der Wahrnehmung öffentlicher Aufgaben getroffen werden.

Die Finanzierung öffentlicher Betriebe über Kredite verbietet sich prinzipiell dort, wo durch sie laufende Betriebskosten zu decken sind. Insbesondere regelmäßig und dauerhaft anfallende Betriebsausgaben müssen durch Entgelteinnahmen oder durch laufende Zuschüsse gedeckt werden, wenn nicht haushaltswirtschaftliche Grundsätze verletzt werden sollen. (Dies schließt nicht aus, daß Liquiditätsengpässe durch kurzfristige Kredite behoben werden.)

Kreditfinanzierung von Investitionskosten kann dort geboten sein, wo das aufzubringende Kapital so hoch ist, daß es aus den laufenden Betriebseinnahmen nicht angesammelt werden kann und wo angestrebt wird, die Kapitalkosten aus verteilungspolitischen Gründen auf zukünftige Nutznießer der Investition zu übertragen. Letzteres ist im Hinblick auf die Leistungen öffentlicher Betriebe auch deswegen häufig der Fall, weil dort die Nutzungsdauer der öffentlichen Investitionen sehr lang ist und es als gerecht angesehen wird, zukünftige Nutzer auch mit entsprechenden Kapitalkosten zu belasten.

Auf jeden Fall haben öffentliche Investoren auf eine Minimierung der Finanzierungskosten zu achten. Wie dies im Zusammenhang mit Innovationen des Finanzsektors möglich ist, zeigt das Beispiel der Deutschen Bundespost, die erstmals 1986 das Konzept der -> **Stripped Bonds** angewandt hat:

Das der Bundespost gewährte Darlehen wurde mit einer Laufzeit von 30 Jahren versehen, wobei jährliche Zinszahlungen während der ersten 10 Jahre und danach Zinszahlungen in fünfjährigen Intervallen vorgesehen sind.

Die gebündelten Zinszahlungen der ersten 10 Jahre wurden als Annuitätendarlehen, jene für jeweils weitere fünf Jahre wurden als Nullkuponanleihen in drei Tranchen mit 15, 20 und 25 Jahren Laufzeit, die Zinsen für die letzte Fünfjahresperiode sowie für die Kapitalrückzahlung als 4. Tranche mit 30 Jahren Laufzeit verkauft.

Die Gesamtkosten für die Bundespost dürften bei dieser innovativen Finanzierungsform ein halbes Prozent unter den Kosten für ein normales Schuldscheindarlehen und ein Prozent der Kosten für eine vergleichbare Anleihe liegen. Neben der bedeutenden Kostenersparnis spricht auch der Mangel an finanz- und bilanztechnischen Schwierigkeiten, die normalerweise mit einem Nullkupon verbunden sind, für das Konzept der flexiblen Zinssätze (-> **FRN**).

Das Risiko steigender Zinsen kann (wie dies bei einer Bahnanleihe Anfang 1990 vorgesehen wurde) durch die Vereinbarung eines Kündigungsrechts (-> **Call**) beseitigt werden (-> **Bundesbahn-Floater**).

Die mit der Kreditfinanzierung bewirkte Belastung zukünftiger Nutzer wird auch durch die Umwandlung von Investitionskosten in Betriebskosten erreicht. Dabei wird die Investition nicht von dem öffentlichen Betrieb, sondern von einem Privatunternehmen getätigt und das Investitionsobjekt an den öffentlichen Betrieb vermietet. Ein solches als **Leasinggeschäft** bezeichnetes Vorgehen findet in der öffentlichen Wirtschaft zunehmend Verbreitung. Gründe dafür sind:

- keine Belastung durch die Erstellung des Investitionsobjektes
- steuerliche Minderung der Ertragssteuern (die Kapitalkosten bei Eigeninvestitionen sind zwar auch ertragssteuermindernd, aber die kürzere Abschreibungsdauer beim Leasinggeber ermöglichen es in Zeiten hoher Erträge, hohe Spitzensteuersätze zu kappen, so daß insgesamt weniger Steuern zu zahlen sind)
- Nichtinanspruchnahme von Fremd- und Eigenkapital, wodurch Kreditspielräume und Eigenkapital für andere Zwecke genutzt werden können
- möglicherweise kann der Leasinggeber das Leasingobjekt aufgrund höheren Sachwissens und der Ausnützung von Größendegression der Kosten wirtschaftlicher erstellen oder beschaffen als die öffentliche Hand.

Diese Vorteile sind abzuwägen mit dem wesentlichen Nachteil, daß die Leasinggeber als Dienstleistungsbetriebe zu verstehen sind, die ihrerseits Gewinn und Risikozuschläge ansetzen. Werden öffentliche Leistungen unter sonst gleichen Bedingungen erstellt, sind mithin jene, die über Leasinggeschäfte getätigt werden, teurer als diejenigen, die von den öffentlichen Betrieben selbst finanziert werden. Darüber hinaus ist bei den Investitionsobjekten die Einflußnahme bei ihrer Erstellung und bei ihrer anschließenden Nutzung eingeschränkt. *DW*

Lit.: Eichhorn, P./T.Thichmeyer (Hrsg.): Finanzierung öffentlicher Unternehmungen. Baden-Baden 1979; Oettle,

K., Unternehmerische Finanzpolitik. Stuttgart 1966; Sieben, G./M. J. Matschke/T. Schildbach (Hrsg.), Entgelte für öffentliche Leistungen.BFuP, 1/1990; Thiemeyer, T., Grenzkostenpreise bei öffentlichen Unternehmen. Köln 1964; Witt, D., Einflüsse öffentlich-wirtschaftlicher Ziele auf die rationale Finanzierung öffentlicher Betriebe. München 1972

## Finanzinnovationen

Finanzinnovationen stellen das Ergebnis von Problemlösungsprozessen der Beteiligten des Finanzbereiches dar, die dadurch ausgelöst worden sind, daß **entweder** mit den bisher bekannten Verfahren, Produkten und Märkten den Herausforderungen bzw. den Anforderungen überregionaler, internationaler sowie globaler Unternehmens- und Banktätigkeit nicht (mehr) adäquat Rechnung getragen werden konnte **oder** die technische und finanzwirtschaftliche Entwicklung den (weltweit) tätigen Unternehmungen und Banken neue Möglichkeiten eröffnete, finanzwirtschaftlich relevante Erfolge zu erzielen, die bislang nicht gegeben waren. Entsprechend den wesentlichen Schwerpunkten und Charakteristika derartiger Neuerungen, die völlige **Neuschöpfungen** (oft auch als **echte** Finanzinnovationen bezeichnet) ebenso umfassen wie relevante Modifikationen hinsichtlich bisher schon bekannter Finanzinstrumente, Finanzprozesse und Finanzmärkte, kann nach **Finanzinstrument-Innovationen** (Finanzprodukt-Innovationen), **Finanzprozeßinnovationen** und **Finanzmarkt-Innovationen** systematisiert werden (siehe Abbildung). Der zeitliche Rahmen für die Klassifikation als Finanzinnovation erstreckt sich sinnvollerweise auf einen Zeitraum der letzten fünf Jahre, im Ausnahmefall (wenn die Innovation schon etwas länger zurückliegt, diese jedoch die Basis für wesentliche Modifikationen bildet) auch auf einen weiter in die Vergangenheit reichenden Zeitraum (z.B. die letzten zehn Jahre). Finanzmarkt- und Finanzprodukt-Innovationen stehen in der Regel in enger Wechselwirkung. Erst die (organisatorische) Schaffung von beispielsweise -> **Financial Futures-Märkten**, -> **Optionsmärkten** und Märkten für -> **Financial Swaps** ermöglichen den Einsatz entsprechender Finanzinstrument-Innovationen, wie z.B. -> **Financial Futures**, -> **Optionen** und -> **Financial Swaps** aller Art. Dasselbe gilt für **Finanzmarkt-Segmentinnovationen**, bei denen Modifikationen bzw. Erweiterungen schon bisher grundsätzlich bestehender Finanzmärkte (Geld-, Kredit-, Kapitalmarkt) erfolgten: Beispiele dafür zeigen sich in der Schaffung von Segmenten für die Abwicklung von/und den Handel mit -> **ABS**, -> **MLP**, -> **REIT**, -> **Geldmarktfonds**, -> **REPO** oder Marktsegmenten für -> **FRN**, -> **Zero Bonds**, bestimmte Geldmarktinstrumente (-> **RUFs**, -> **NIFs**, -> **CP**, -> **CD**) und Leasing (-> **Vendor**). Als Produktinnovationen ergeben sich darüber hinaus **einerseits** derivative Finanzierungsinstrumente wie -> **Stripped Bonds**, die durch Trennung von Mantel und Zinsbogen internationaler Schuldverschreibungen entstehen (-> **Coupon Stripping**), **andererseits** spezifische neuartige **Finanzdienstleistungen**, die von Banken angeboten werden, wie beispielsweise -> **Portfolio Management** (für die Kundschaft), **Programmfinanzierungen** in Zusammenhang mit Euro-Geldmarktfinanzierungen (bei denen Banken -> **Back up-Fazilitäten** anbieten) und **Unterstützungen** bei Wertpapieremissionen von Unternehmungen (durch konsortialen Absatz u.ä.) sowie durch -> **Portfolio Insurance**. Finanzmarkt-Innovationen bestehen darüber hinaus auch in **Finanzmarkt-Funktionsinnovationen**, die Grundlage für die Funktionsweise bestimmter Financial Futures-Märkte (einschl. Optionsmärkte) sind (z.B. die Schaffung von spezifischen Aktienindizes, wie -> **DAX**; -> **FT-SE 100**; -> **S&P 100**; -> **CAC 40**, als Basis für Aktienindex-Futures und Aktienindex-Optionen). Dazu kommen **Finanzmarkt-Organi-**

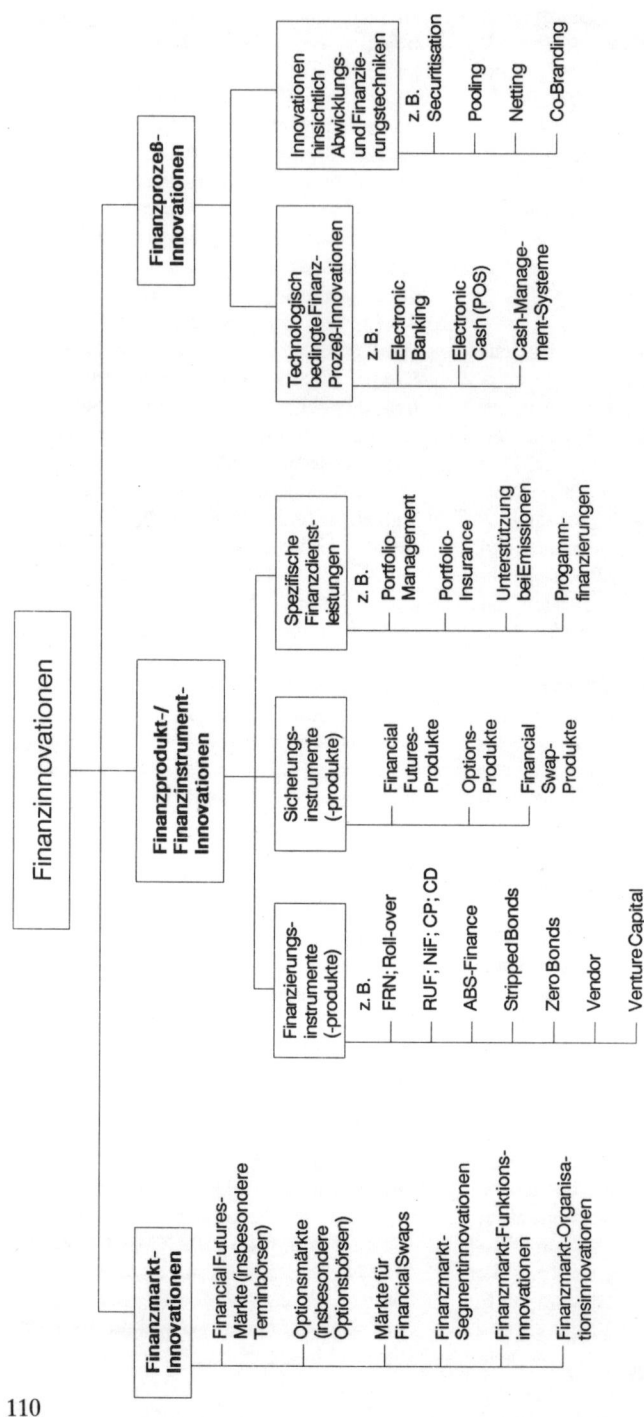

# Finanzinnovationen

## Finanzmarkt-Innovationen
- Financial Futures-Märkte (insbesondere Terminbörsen)
- Optionsmärkte (insbesondere Optionsbörsen)
- Märkte für Financial Swaps
- Finanzmarkt-Segmentinnovationen
- Finanzmarkt-Funktionsinnovationen
- Finanzmarkt-Organisationsinnovationen

## Finanzprodukt-/Finanzinstrument-Innovationen

### Finanzierungsinstrumente (-produkte)
z. B.
- FRN; Roll-over
- RUF; NIF; CP; CD
- ABS-Finance
- Stripped Bonds
- Zero Bonds
- Vendor
- Venture Capital

### Sicherungsinstrumente (-produkte)
- Financial Futures-Produkte
- Options-Produkte
- Financial Swap-Produkte

### Spezifische Finanzdienstleistungen
z. B.
- Portfolio-Management
- Portfolio-Insurance
- Unterstützung bei Emissionen
- Progammfinanzierungen

## Finanzprozeß-Innovationen

### Technologisch bedingte Finanz-Prozeß-Innovationen
z. B.
- Electronic Banking
- Electronic Cash (POS)
- Cash-Management-Systeme

### Innovationen hinsichtlich Abwicklungs- und Finanzierungstechniken
z. B.
- Securitisation
- Pooling
- Netting
- Co-Branding

sationsinnovationen, welche beispielsweise die EDV-Software zur Börsenprozeßsteuerung oder den Börsenverbund mit Market-Makern und Banken (z.B. DTB-Pool bzw. DTB-Verbund) betreffen. Der Gesamtkomplex von Neuerungen, die als **Finanzprozeß-Innovationen** bezeichnet werden können, läßt sich differenzieren in **technologisch bedingte Finanzprozeß-Innovationen** (z.B. -> **Electronic Banking**; -> **Electronic Cash** bzw. -> **POS**; -> **Cash Management-Systeme**) und in Innovationen hinsichtlich **Abwicklungs- und Finanzierungstechniken,** wie sie beispielsweise in den Möglichkeiten der -> **Securitisation,** der Zahlungsverkehrsrationalisierungen im internationalen Bereich (-> **Netting**; -> **Pooling**) oder bestimmter neuer Vertriebstechniken von (innovativen) Finanzdienstleistungen (z.B. -> **Co-Branding** von Kreditkarten) in Erscheinung treten.

**Finanzinstrument-Innovation**
-> **Finanzinnovation**

**Finanzmarkt-Funktionsinnovation**
-> **Finanzinnovation**

**Finanzmarkt-Innovation**
-> **Finanzinnovation**

**Finanzmarkt-Organisationsinnovation**
-> **Finanzinnovation**

**Finanzmarkt-Segmentinnovation**
-> **Finanzinnovation**

**Finanzmarktförderungsgesetz**
Gesetz vom 22.2.1990 (BGBl I, 266), das zur Förderung der Kapitalmarktbedingungen insbesondere Änderungen des "Gesetzes über die Kapitalanlagegesellschaften" und des "Gesetzes über den Vertrieb ausländischer Investmentanteile und über die Besteuerung der Erträge aus ausländischen Investmentanteilen" (in das auch die "Vorschriften über den Vertrieb von EG-Investmentanteilen gemäß der Richtlinie 85/611/EWG" eingefügt sind) betrifft.

**Finanz-Option**
Im Gegensatz zur -> **Devisen-Option** können Finanz-Optionen auf der Grundlage von Wertpapieren und Indizes geschrieben werden (siehe auch -> **Financial Futures-Märkte**).

**Finanzprodukt-Innovation**
-> **Finanzinnovation**

**Finanzprozeß-Innovation**
-> **Finanzinnovation**

**Finanz-Switch**
Synonym für -> **Devisen-Switch**

**Finanzterminkontrakt**
Sammelbegriff für börsengehandelte, standardisierte Finanzterminkontrakte (Financial Futures) und standardisierte Optionskontrakte (**Finanzterminkontrakte im weiteren Sinne**). Vertragliche Vereinbarungen zweier Parteien, zu einem künftigen Zeitpunkt eine bestimmte Ware zu einem vorab festgelegten Preis zu kaufen bzw. zu verkaufen (**Financial Futures**) oder das Recht auf Kauf oder Verkauf von Vermögensgegenständen zu erwerben (**Optionen**). Zum Unterschied zu den -> **Warentermingeschäften** (Commodity Futures) bilden bei Finanztermingeschäften Interest Rate Futures (Zinsterminkontrakte), Stock Index Futures (Aktienindexterminkontrakte) und Currency Futures (Devisenterminkontrakte) die Grundlage für vertragliche Vereinbarungen (bezüglich der Grundlage von Optionen siehe dort).

**FINEX**
-> **Financial Instrument Exchange**

**FIPS**
-> **Foreign Interest Payment Security**

## First Day of Notice
Erster Tag, an dem die Modifikation (Änderungsabsicht) des Inhabers einer -> **Short Position** in einem -> **Financial Futures-Kontrakt** gemäß den Regularien des jeweiligen -> **Clearing Houses** an dieses geleitet werden kann.

## First Notice Day
-> First Day of Notice

## Fixed Rate CD
Variante eines -> **CD** mit fixem Zinssatz über die gesamte Laufzeit.

## Fixed Rate Note
Variante einer relativ kurzfristig (bis zu fünf Jahren) laufenden Schuldverschreibung auf dem -> **Euro-Kapitalmarkt** mit fixem Zinssatz während der gesamten Laufzeit.

## Fixed term agreements for long term Call Options on existing securities
Variante von -> **Naked Warrants** zum Bezug von Aktien, die der Emittent (bereits) im Bestand hält.

## Fixer / fixer Währungs- und Zinsswap
-> **Swap**, bei dem beide beteiligten Parteien zinsfixe Zahlungsverpflichtungen in Währung übernehmen. Ein typisches Beispiel für einen fixen/fixen Währungsswap ist dann gegeben, wenn die Swappartei A unter dem Swap zinsfixe US $-Zinsen zahlt und im Gegenzug von der Swappartei A zinsfixe DM-Zahlungen erhält. Für die Gegenpartei B stellt sich die Situation genau spiegelverkehrt dar: Unter dem fixen/fixen Währungsswap erhält sie festgeschriebene US $-Zinsen und zahlt an die Gegenpartei zinsfixe DM-Zinsen. *PL*

## Fixer / variabler Währungs- und Zinsswap
Alternative Variante eines -> **Währungs- und Zinsswaps** (-> **fixer/fixer Währungs- und Zinsswap**). Unter dieser Swapkonstruktion erhält eine Partei zinsfixe Zahlungen und zahlt im Gegenzug an die Gegenpartei variable Zinsen in einer anderen Währung. So kann die Swappartei unter einem fixen/variablen Zins- und Währungsswap variable DM-Zahlungen auf der Basis von DM- -> **Libor** erhalten, und im Gegenzug zahlt die Swappartei eine festgeschriebene Zinsverpflichtung in US $ an die Gegenpartei. *PL*

## Fixer / variabler Zinsswap
Häufigste Variante eines -> **Zinsswaps**. Hierbei wird kein Austausch des Swapbetrages vorgenommen, allerdings übernimmt die Swappartei eine feste Zahlungsverpflichtung auf den nominalen Swapbetrag und erhält im Gegenzug von der Swapgegenpartei zinsvariable Zahlungen in der **gleichen Währung**. Unter einem typischen variablen/fixen Zinsswap zahlt die Swappartei A 7 % z.B. für eine Laufzeit von 5 Jahren und erhält in Gegenzug von der Swapgegenpartei DM 6 Monate Libor. Beide Zahlungsverpflichtungen sind dabei in DM denominiert. *PL*

## Flip Flop Floater
-> Flip Flop Floating Rate Note

## Flip Flop Floating Rate Note
Variante einer -> **FRN**, die eine sehr lange Laufzeit (ggf. auch Festlegung einer "ewigen" Laufzeit möglich) mit der Optionsmöglichkeit des Investors kombiniert, nach einer im voraus festgelegten Mindestlaufzeit in eine FRN mit kürzerer Laufzeit zu konvertieren. Darüber hinaus ist dem Investor i.d.R. eine weitere -> **Option** auf Rückwandlung in die ursprüngliche Emission (vor der Konversion) eingeräumt.

## Floater
-> Floating Rate Note

## Floating Floating Swap
-> **Basis Swap**; -> **Prime LIBOR Swap**; -> **LIBOR-T Bill Swap**

## Floating Rate
-> **Zinssatz** auf ein Finanzinstrument, der insofern Veränderungen unterliegt, als auf der Basis eines bestimmten -> **Referenzzinssatzes** zu bestimmten (vereinbarten) Terminen Zinsanpassungen erfolgen (siehe -> **Floating Rate Note**; -> **Roll-over-Kredit**).

## Floating Rate Bond
**Langfristige** Variante einer internationalen Schuldverschreibung mit periodischer Zinsanpassung (wegen Einzelheiten siehe -> **Floating Rate Note**).

## Floating Rate CD
Variante eines -> **CD** mit variablem Anlagezins (siehe -> **Euro-Certificate of Deposit**).

## Floating Rate Note (FRN)
**Mittel- bis kurzfristige** Variante einer internationalen Schuldverschreibung (**Short Term Obligation**) mit periodischer Zinsanpassung auf der Basis eines -> **Referenzzinssatzes**, der ebenso wie die Zinsanpassungstermine Gegenstand der Anleihebedingungen ist. Üblicherweise wird zusätzlich ein -> **Spread** (z.B. LIBOR + 1/8%) ebenso vereinbart wie Zahlung der Zinsen am Ende der jeweiligen Zinsperiode (z.B. ein, drei, sechs Monate). Auf der Basis dieser Grundform sind eine Reihe von **Varianten** entstanden, die i.d.R. die Zinsvarianzen begrenzen oder Optionen bezüglich fester Zinsen zum Gegenstand haben (siehe v.a. -> **Drop Lock Bond**; -> **Mis-Match-FRN**; -> **Capped FRN**; -> **Flip-Flop-FRN**; -> **Convertible FRN**; -> **Mini-Max-FRN**; -> **Perpetual FRN**).

## Floor
Handelsraum einer Terminbörse.
oder: Interest rate agreement that places a lower bound on floating rate assets (**Floor Rate Agreement**). For example see -> **Cap**. Also used by floating rate (**Floorfloater**) issues for reducing cap premiums by selling an additional floor and retaining the premium for it (-> **Collar**). *WH*

## Floor Broker
Broker an -> **Financial Futures-Märkten**, der für die Ausführung von Aufträgen am -> **Floor** der jeweiligen Terminbörse verantwortlich ist (siehe auch -> **Broker**).

## Floor Limit
Je nach Branche unterschiedlicher Maximal-Betrag, den der -> **Kartenemittent** einem -> **Vertragsunternehmen** pro Transaktion auch ohne online- -> **Autorisierung** garantiert. Ein höherer Betrag muß bei der -> **Autorisierungszentrale** genehmigt werden, damit der Emittent dafür haftet. *EK*

## Floor Rate Agreement
-> **Floor**

## Floorfloater
-> **Floor**

## Floorpreis
Preisuntergrenze bei -> **Optionsscheinen** (-> **Devisen-Bear-Spread-Schein**) zur Risikobegrenzung des Optionsschreibers (-> **Stillhalter**).

## FNMA
-> **Federal National Mortgage Association**

## FOK
-> **Fill or Kill**

## FOK-Order
-> **Fill or Kill-Order**

## Footsie-Index
-> **Financial Times-Stock Exchange-Index**

## Forecast of Country Risk for International Lenders (FORELEND)
Beurteilungsmethode der Kreditwürdigkeit von (internationalen) Kreditnehmern unter spezifischer Berücksichtigung des -> **Länder-Risikos** auf der Basis eines Scoring-

(= Punktbewertungs-) Modells, die vom College of Business and Economics der University of Delaware entwickelt worden ist.
**Lit.:** Hake, B., Die Prognose des Länder-Risikos für Kreditgeber. ZfK 1984, 57 - 58.

**Foreign Bond**
-> Auslandsanleihe

**Foreign exchange spot market**
-> Devisenkassamarkt

**Foreign Interest Payment Security (FIPS)**
Variante von internationalen Schuldverschreibungen, bei denen der Nennwert der Emission auf die Währung des Emissionsmarktes (z.B. Bundesrepublik Deutschland) lautet, die Zinszahlungen dagegen in Valuta vereinbart sind. Insofern enthalten FIPS Charakteristika von -> **Auslandsanleihen** und -> **Doppelwährungsanleihen** (ohne diese jedoch in reiner Form zu verkörpern).

**FORELEND**
-> Forecast of Country Risk for International Lenders.

**Forward Swap**
Forward Swaps haben sich zu einem wichtigen Swapprodukt ausgebildet. Die Struktur von Forward Swaps ist einfach (siehe auch -> FRA): Eine Swappartei schließt zum Zeitpunkt $t_0$ z.B. einen Zins- oder Währungs-Swap ab, wobei der Beginn der Cash-Flow-Zahlungen nicht identisch mit dem Vertragsabschluß ist; die Swap-Transaktion beginnt zu einem späteren Zeitpunkt (z.B. $t_1$). Beispiel:
Die Gesellschaft A vereinbart am 2.1.1987 mit der Bank X einen 3-jährigen Zinsswap, wobei das Unternehmen A für den Erhalt von Libor 10% p.a. zahlt. Der Beginn des Swaps ist dabei nicht auf den Vertragsabschluß vom 2.1.1987 terminiert, sondern der Swap startet später am 2.1.1989 und läuft bis zum 1.1.1992.

Durch ihre Struktur erlauben die Forward Swaps dem Treasurer von Unternehmen ein aktives Zinsmanagement. Ist z.B. aus der Finanzplanung ersichtlich, daß in 2 Jahren ein längerfristiger Kapitalbedarf bestehen wird, und herrscht bei den Unternehmen gleichzeitig die Meinung vor, daß die Festsatzzinsen gegenüber dem gegenwärtigen Zeitpunkt steigen werden, so bietet der Forward Swap eine Möglichkeit, das gegenwärtige niedrige Zinsniveau für zukünftigen Kapitalbedarf festzuschreiben.
Das Konzept einer zukünftigen festgeschrieben Verbindlichkeit ist nicht neu. Unabhängig von dem Forward Swap kann das gleiche Resultat durch z.B. einen zinsfixen Kredit und die gleichzeitige Anlage der Mittel für zwei Jahre realisiert werden. Der Vorteil von Forward Swaps gegenüber anderen Strukturen liegt darin begründet, daß Swaps ein bilanzneutrales Instrument sind, während die simultane Geldaufnahme und Mittelanlage bilanzwirksam ist und die Bilanzsumme verlängert.
Die Popularität von Forward Swaps seit der 2. Jahreshälfte 1986 war insbesondere durch die erwartete Zinsentwicklung be-dingt. Viele Unternehmen waren der festen Meinung, daß das Zinstal erreicht war und wollten das niedrige Zinsniveau festschreiben. Daneben wirkte sich auch die Tatsache einer sehr flachen -> **Zinsstruktur** vorteilhaft für die Nachfrage nach dieser Swap-Variante aus. Durch die sehr flache Zinskurve war die für einen Forward Swap zu zahlende Prämie relativ niedrig.
Insgesamt werden durch Forward Swaps die gleichen Ergebnisse realisiert wie durch -> **Futures-Transaktionen** oder durch simultane Aufnahme und Anlage am Kapitalmarkt in Form von -> **FRA**. Der Vorteil von Forward Swaps liegt in der größeren Flexibilität gegenüber den alternativen Instrumenten. Forward Swaps können flexibel den Bedürfnissen der Kunden hinsichtlich Laufzeit, Betragsvolumen und Zahlungsterminen angepaßt werden. *PL*

### Forfaitierung

Verkauf von Exportforderungen an einen Forfaiteur (Bank), der alle den Forderungen immanenten Risiken trägt. Der Verkauf erfolgt somit à forfait (= in Bausch und Bogen) unter Verzicht des Käufers auf Regreß gegen den Verkäufer im Falle der Nichteinbringlichkeit. Die Banken, die sich als Forfaiteure betätigen, stellen für jede Währung spezifische Forfaitierungssätze (= Diskontsätze, die in einem Jahresprozentsatz zum Ausdruck gebracht und bei Ankauf der Exportforderung vom Forderungsbetrag in Abzug gebracht werden).
Lit.: Eilenberger 1986, 166 f.

### Forward Agreement

An agreement to buy or sell a -> **Forward Contract** at a specified time and place in the future. *WH*

### Forward Forward Contract

An agreement in currency transactions, under which a deposit with a fixed maturity is agreed upon at a fixed price for deferred delivery (-> **Zinsausgleichsvereinbarung**). *WH*

### Forward Forward Deposit

Vereinbarung über eine Einlage, die zu einem in der Zukunft liegenden Zeitpunkt (z.B. in drei Monaten) in Höhe eines bestimmten Betrages zu leisten ist, und zwar zu einem bereits zum Zeitpunkt des Vertragsabschlusses festgelegten Zinssatz (analog dazu -> **Zinsausgleichsvereinbarung**). Im Rahmen derartiger Verträge werden somit zu einem späteren Zeitpunkt tatsächlich Kapitalbeträge ausgetauscht, so daß sowohl Liquiditäts- als auch Bilanzwirksamkeit derartiger Konstruktionen besteht.

### Forward Future Rate Agreement

That allows the buyer to fix interest costs for a specific period in the future. The interest that has to be paid on a notional deposit of a specified maturity on a predetermined date in the future is agreed between the buyer and the seller. If, at maturity, rates have risen above the agreed rate, the seller has to pay the difference to the buyer. If rates have fallen below the agreed rate, the buyer pays the difference to the seller. The principal is not exchanged, this means -> **Cash Settlement** at the start date of the deposit (-> **Forward Rate Agreement**). *WH*

### Forward Market

Markt für Terminkontrakte (im Unterschied zum -> **Financial Futures-Markt**) auf der Basis individueller Abschlüsse und Laufzeiten (z.B. Devisenterminmarkt; siehe auch -> **Forward-Kontrakt**).

### Forward Option

-> **Europäische Option**

### Forward Rate Agreement

Zinssicherungsinstrument in Form einer -> **Zinsausgleichsvereinbarung**, das Geldgebern wie -nehmern die Möglichkeit bietet, bereits jetzt für eine künftige Termineinlage oder Mittelaufnahme die aktuellen Zinskonditionen festzuschreiben. Das FRA ist somit ein Kauf bzw. Verkauf von Termingeldern per Termin, wobei keine Kapitalbewegungen stattfinden. Bei Erreichen des vereinbarten Starttages vergüten die beiden Partner einander lediglich die Abweichung zwischen vereinbartem FRA-Kontrakt-Zinssatz und dem dann am Geldmarkt festgestellten gültigen Satz (Referenzzins).
Anwendungsmöglichkeiten:
Ein Treasurer, der sich gegen Zinsänderungsrisiken absichern möchte, schreibt die aktuellen Geldmarkt-Konditionen heute fest. So kann ein absehbarer Kreditbedarf durch den Kauf von FRA gegen steigende Zinsen und eine zukünftige Mittelanlage durch den Verkauf von FRA gegen sinkende Zinsen abgesichert werden. Der Barausgleich (-> **Cash Settlement**) verhindert kostenintensive Liquiditätsbewegungen, die Ausgleichszahlung ist dabei auf die Höhe des Unterschiedsbetrages zwischen FRA-

# Forward Rate Agreement

Zins und zukünftigem Referenzzins beschränkt.
Bei Geschäftsabschluß (trade date) werden
- Beginn und Länge des zukünftigen Zeitraumes (start date, end date),
- der fiktive Kapitalbetrag, der dem Geschäft zugrunde liegt (notional amount) sowie der
- Zinssatz (FRA contract rate) für die künftige Laufzeit festgelegt.

Zwei Tage vor Beginn der vereinbarten Laufzeit (Fixing- Tag) wird der am Markt quotierte Referenzzinssatz für die jeweilige Laufzeit (in der Regel der 3- bzw. 6-Monats Libor) festgestellt. Die Differenz zwischen Referenz- und FRA-Zinssatz wird durch eine auf den Beginn des Anlage-/Aufnahmezeitraums **abdiskontierte** Zahlung (start date) zwischen den Partnern ausgeglichen. Liegt der Referenzsatz über dem FRA-Satz, erhält der Käufer des FRA von seinem Partner zum Laufzeitbeginn (start date) eine Ausgleichszahlung (Nominalbetrag x Laufzeit x Zinsdifferenz abdiskontiert auf den Tag des Laufzeitbeginns). Nimmt der FRA-Käufer nunmehr zum (höheren) Marktzinssatz Geldmarktmittel auf, so gewährleistet die erhaltene Ausgleichszahlung, daß seine Finanzierungskosten exakt dem vereinbarten FRA-Satz entsprechen.

Im entgegengesetzten Fall zahlt der FRA-Käufer an seinen Partner die Differenz, was seine günstigen Finanzierungskosten verteuert. Auch in diesem Fall entsprechen die tatsächlichen Kosten nach Ausgleichszahlung dem FRA-Satz.

Die **Formel** zur Berechnung der Ausgleichszahlung lautet

$$\frac{(i - iFRA) \cdot tFRA \cdot K}{36000 + i \cdot tFRA}$$

- i: Referenzzinssatz (i.d.R. LIBOR) am Ausgleichstag
- i FRA: vereinbarter FRA-Zinssatz
- i · t FRA: Abzinsungsfaktor
- K: Kapitalbetrag
- t FRA: Laufzeit des FRA in Tagen

**FRA-Kontrakteinzelheiten:**
Üblich sind als zugrundeliegende Instrumente Termingelder für 3-, 6-, 9- und 12-monatige Laufzeiten, die 1 bis 24 Monate in der Zukunft liegen. Darüber hinaus ist die Marktliquidität von FRA zu gering. Für langfristige Hedgingmöglichkeiten empfiehlt sich daher der Einsatz von -> **Swaps**. FRA werden in der Regel auf Basis der veröffentlichten Libor-Sätze (London Interbank Offered Rate) gehandelt. Grundlage für FRA stellen in der Regel die Bestimmungen der British Bankers Association (-> **FRABBA-Terms**) dar. Hauptwährungen sind USD, GBP, JPY, DM, aber auch andere Währungen sind handelbar (z.B. Ptas).

**Break Even FRA-Zinssatz:**
Die Kalkulation des "theoretischen Markt-FRA-Zinssatzes" leitet sich aus den Zinssätzen der aktuellen Geldmarktsätze (spot rates) ab. Die Absicherung eines zukünftigen Liquiditätsbedarfes läßt sich auch über eine Kombination gegenläufiger Termingeldgeschäfte erreichen. Im Falle einer zukünftigen Kreditaufnahme beispielsweise könnte ein "**synthetisches FRA**" durch eine Mittelaufnahme für den Zeitraum von jetzt (-> **spot**) bis zum Ende der Kreditlaufzeit bei gleichzeitiger Wiederanlage der Mittel bis zum Beginn der Kreditaufnahme erreicht werden. Die notwendigen hohen Liquiditätsbewegungen, Kreditlinien und Transaktionskosten lassen jedoch den Kauf eines FRA günstiger erscheinen.

Die **Formel**, nach der die Zinskosten für die dargestellten Geldmarktoperationen berechnet würden, ist (Break Even-Satz):

$$\left[ \frac{\frac{T \cdot iT}{360 \cdot 100} + 1}{\frac{t \cdot it}{360 \cdot 100} + 1} - 1 \right] \cdot \frac{360 \cdot 100}{T - t} = iFRA$$

- T: Dauer lange Periode (in Tagen)
- t: Dauer kurze Periode (in Tagen)
- iT: Zinssatz für die lange Periode (in %)
- it: Zinssatz für die kurze Periode (in %)

# Forward Rate Agreement

i FRA: Theoretischer (break even) Zinssatz des FRA

**Vorteile von FRAs:**
- in der Regel günstigere Zinsen durch geringere Aufschläge als bei Termingeldgeschäften
- sichere Kalkulationsgrundlage
- jederzeit durch entgegengesetzte FRA-Transaktionen zu kompensieren
- kein Austausch von Kapitalströmen, d.h. keine bilanzverlängernde Transaktion
- keine Ausschöpfung knapper Kreditlinien.

**Beispiel:**
Unternehmen A beabsichtigt in 3 Monaten eine 6-monatige Kreditaufnahme von DM 10 Mio, rechnet aber mit steigenden Zinsen. Absicherung durch den Kauf eines FRA wird erwogen.

Preis des FRA: 5.65%
Marktpreise heute:
3-Monatsdepotsatz 5.0% (90 Tage)
9-Monatsdepotsatz 5.5% (270 Tage)
FRA-Break Even-Satz:

$$\left[ \frac{\frac{270 \cdot 0{,}055}{36000} + 1}{\frac{90 \cdot 0{,}050}{36000} + 1} - 1 \right] \cdot \frac{36000}{270-90} = 0{,}05748 = 5{,}75\,\%$$

Nachdem der aktuelle FRA Satz unter dem Break Even-Satz liegt, ist der Kauf des FRA (5.65%) günstiger als die (bilanzwirksame) Kombination gegenläufiger Termingeldgeschäfte (synthethisch gebildeter Satz von 5.75%).

Szenario am Fixing Tag:
Szenario 1: 6.00% Fixing Satz
Szenario 2: 5.30% Fixing Satz

Ermittlung der Ausgleichszahlung:
Szenario 1:

$$10000000\,\text{DM} \cdot (6\,\% - 5{,}65\,\%) \cdot 180/360 = 17500$$

Abdiskontierung mit dem Fixing Satz 6%

$$\frac{17500\,\text{DM}}{\left[ 1 + (0{,}06 \cdot \frac{180}{360}) \right]} = 16990{,}29\,\text{DM}$$

Diesen Betrag hätte der Verkäufer des FRA somit an Unternehmen A zu zahlen.

Szenario 2:

$$10000000\,\text{DM} \cdot (5{,}30\,\% - 5{,}65\,\%) \cdot 180/360 = -17500\,\text{DM}$$

Abdiskontierung mit dem Fixing Satz 5,30%

$$\frac{-17500}{\left[ 1 + (0{,}053 \cdot \frac{180}{360}) \right]} = -17048{,}22\,\text{DM}$$

Diesen Betrag hätte Unternehmen A somit an den Verkäufer des FRA zu zahlen. Dies bedeutet folgende **Kalkulation** für Unternehmen A:

Szenario 1

| | |
|---|---|
| Kreditaufnahme zu 6,0%: | 300 000,00 DM |
| - FRA Ausgleichszahlung: (Geldmarktanlage der 16 990,29DM zu 6% für 180 Tage, da die Zahlung der Kreditzinsen nachschüssig erfolgt) | - 17 500,00 DM |
| Finanzierungskosten total: | **282 500,00 DM** |

Szenario 2

| | |
|---|---|
| Kreditaufnahme zu 5,3%: | 265 000,00 DM |
| FRA Ausgleichszahlung: (Geldmarktaufnahme der 17 048,22 DM zu 5,3%, da die Zahlung der Kreditzinsen nachschüssig erfolgt) | + 17 500,00 DM |
| Finanzierungskosten total: | **282 500,00 DM.** |

*WH*

## Forward Rate
A rate associated with the purchase and sale of a currency for a specific deferred delivery day (-> **Terminsatz**).*WH*

## Forward-Kontrakt
Im Gegensatz zu einem -> **Financial Futures-Kontrakt**, der an -> **Financial Futures-Märkten** emittiert und gehandelt wird, handelt es sich beim Forward-Kontrakt um einen Termin-Kontrakt, der am **Forward Market** (individuell) abgeschlossen wird und nicht handelbar ist.

## Fox
-> **Futures and Options Exchange**

## FRA
-> **Forward Rate Agreement**

## FRABBA-Terms
"Forward Rate Agreements der British Banker's Association". Musterbedingungen (Standard-Terms) über Zinsterminkontrakte (-> **Forward Rate Agreements**), die von der British Banker's Association (BBA) im Jahre 1985 festgelegt wurden und auf deren Grundlage die überwiegende Mehrzahl der abgeschlossenen FRA-Geschäfte beruht.

## Frankfurt Interbank Offered Rate (FIBOR)
DM- -> **Referenzzinssatz** für DM- -> **FRN**, die am deutschen Kapitalmarkt begeben werden; neuerdings findet FIBOR auch Anwendung für andere zinsvariable Geschäfte (-> **FIBOR-Zins-Sparen**). FIBOR entsteht durch Satzeingaben (Geldmarkt-Briefzinsen für erste Adressen für **drei** und **sechs** Monate) von 12 Banken (Deutsche Bank, Dresdner Bank, Commerzbank, BHF-Bank, Hypobank, Bay. Vereinsbank, WestLB, Helaba, DGZ/DKB, Bay. Landesbank, DG-Bank und BfG) bei der Privatdiskont-AG, Frankfurt/M., nach Eliminierung jeweils des höchsten und niedrigsten Zinssatzes als Durchschnittszinssatz (von 10 Nennungen) in Form des **3-Monats**-FIBOR und des **6-Monats-FIBOR**. FIBOR wird börsentäglich ermittelt und veröffentlicht.

## FRCD
-> **Floating Rate CD**

## Freddie Mac
Schuldverschreibungen der -> **Federal Home Loan Mortgage Corporation (FHLMC)** in Form von Anteilszertifikaten und garantierten Hypothekendarlehenszertifikaten gegenüber einem Portfolio, das aus - von der FHLMC angekauften - konventionellen Hypothekendarlehen von Savings and Loans Associations sowie anderen Kreditgebern gebildet wird.

## Freiverkehrs-Option
Optionen können in von Banken angebotene und börsengehandelte Optionen differenziert werden. Erstgenannte werden auch als Freiverkehrs-Optionen (-> **Over-the-counter-Option**) bezeichnet, wobei für diese Bezeichnung die Art des zugrundeliegenden -> **Basisobjektes**, z.B. Aktien, Renten, Devisen, keine Rolle spielt, auch wenn in Deutschland nur den Devisen-Freiverkehrs-Optionen größere Bedeutung zukommt. Der Vorteil dieser bankmäßigen Devisenoptionen liegt in der Möglichkeit, individuelle Fälligkeitstermine, Volumina und Basispreise vereinbaren zu können (vgl. Eilenberger 1986), weshalb sie auf die individuellen Bedürfnisse der Optionskontraktpartner besser abgestellt werden können. Fehlende Standardisierung bedeutet aber gleichzeitig geringere Handelbarkeit, d.h. die Optionskontraktpartner können sich i.d.R. nicht durch Verkauf der Option am Sekundärmarkt von ihrer Position trennen. *TG*

## FRN
-> **Floating Rate Note**

## Front (month) contract
Terminkontrakt an -> **Financial Futures-**

Märkten, der als erster Kontrakt (der gleichen Gattung) gehandelt worden ist und somit als erster Kontrakt zur **Ausübung** fällig wird (auch als "nearby contract" bezeichnet).

**FT-SE 100 Stock Index Future-Kontrakt**
LIFFE-Kontraktspezifikationen:
Gehandelte Einheit
GBP 25 je ganzem Index Punkt (entspricht dem Wert von GBP 25000 bei 1000.00)
Liefermonate
März, Juni, September, Dezember
Liefertag
Erster Geschäftstag nach dem letzten Handelstag
Letzter Handelstag
Letzter Geschäftstag im Liefermonat 11.20 Uhr.
Notierung
FT-SE 100 Index / 10 (entspricht 100.00)
Mindestkursveränderung
Tick-Größe (Tick-Wert):
USD 0.05 (GBP 12.50)
Originaleinschuß (Straddle-Einschuß)
GBP 1250 (GBP 100)
Handelszeiten
09.05 Uhr - 16.05 Uhr Londoner Zeit
EDSP
Durchschnittliches Niveau des FT-SE 100 Index zwischen 11.10 Uhr und 11.20 Uhr am letzten Handelstag. *WH*

**FT-SE-Index**
-> **Footsie-Index**

**Fully underwritten**
Emissionsmethode bei -> **Eurogeldmarktpapieren** (siehe -> **Underwritten Facilities**; -> **Euro-Notes**).

**Future**
Das Funktionsprinzip von Futures beruht auf dem Konzept der Waren-Terminkontrakte (Commodity Futures). Der Handel an den wichtigsten Rohwarenbörsen der USA und England geht dabei bis auf das mittlere bis späte 19. Jahrhundert zurück (-> **Chicago Board of Trade**, 1848 gegr.; -> **Chicago Mercantile Exchange**, 1874 gegr.). Termingeschäfte zeichnen sich dadurch aus, daß zwischen Vertragsabschluß und -erfüllung eine bestimmte Zeitspanne liegt; die Vertragspartner können somit bereits bei Geschäftsabschluß das Kursrisiko bis zum Erfüllungszeitpunkt des Geschäfts begrenzen. Dies bedeutet für beide eine feste Kalkulationsgrundlage (-> **Terminmarkt**).

Der Unterschied zwischen Termingeschäft und Terminkontrakt ist darin begründet, daß zum organisierten Börsenhandel eine Standardisierung der einzelnen Vertragselemente (z.B. Bezeichnung und Qualität des Gutes, Vertragsgröße, Vertragswert, Erfüllungstermin, Erfüllungsort) notwendig war. Diese Rohwarenbörsen stellten dabei Märkte dar, auf denen die physische Lieferung der gehandelten Ware das Ziel der Marktteilnehmer war (-> **Terminkontraktmarkt**).

Future-Kontrakte als Weiterentwicklung der Terminkontrakte stellen nach heutigem Sprachverständnis eine vertragliche Verpflichtung dar, eine bestimmte Menge einer Ware zu einem fest vorgegebenen Preis zu kaufen oder zu verkaufen und die Ware an einem späteren Fälligkeitstag auch zu übernehmen bzw. zu liefern; die physische Übernahme der Ware ist jedoch nicht unbedingt das eigentliche Ziel des Vertragsabschlusses. In der Regel wird ein Future-Kontrakt noch vor Vertragsfälligkeit wieder glattgestellt (Eingehen einer Gegenposition), so daß als vorrangiges Ziel von Future-Geschäften der Schutz gegen das finanzielle Risiko aus Preisfluktuationen und nicht die tatsächliche Lieferung anzusehen ist. Mit der Einführung der Future-Kontrakte wurden die Rohwarenbörsen alter Prägung von Waren- zu Finanzmärkten transformiert.

Charakteristisch für den Future-Markt ist somit die **börsenmäßige Organisation**. Handelsobjekt ist ein standardisierter Vertrag (Kontrakt), welcher die Lieferung eines

Gutes innerhalb eines bestimmten künftigen Zeitraumes festlegt. Die Kontrakte können dabei nur von zugelassenen Börsenmitgliedern auf eigene oder fremde Rechnung gehandelt werden. *WH*

**Futures and Options Exchange (Fox)** Regulierte Terminbörse in London für den Handel mit Rohstoff-Futures, auch auf der Basis des -> **MGMI**; ab Frühsommer 1990 sollen sieben Forward-Termin-Kontrakte (mit Laufzeiten bis zu 15 Monaten) gehandelt werden. Der Handel erfolgt per Computer, wodurch die Markttransparenz verbessert und die Möglichkeit eines weltumspannenden Brokernetzes geschaffen bzw. genutzt werden kann. Die Futures-Kontrakte auf NE-Metalle sind grundsätzlich geeignet, eine Absicherung von korrespondierenden Minenaktien bzw. Minenaktien-Portefeuilles (bzw.-depots) zu realisieren (= Verbriefung von Rohstoffen bzw.-> **Securitisation of Commodities**).

**Futures-Arbitrage**
Ausnutzung örtlicher oder internationaler Kursunterschiede bestimmter Vermögensgegenstände (-> **Arbitrage**), wobei diese Werte auf dem Markt mit dem geringsten Preis gekauft und am Markt mit dem höchsten Preis verkauft werden. Der **Arbitrageur** versucht durch Ausnützen der Kursunterschiede risikolose Gewinne zu erzielen. Futures-Arbitrage findet statt, wenn zwischen verschiedenen Future-Märkten oder zwischen dem Kassamarkt einerseits und dem Future-Markt andererseits Kursunterschiede genutzt werden können. Folgende grundlegende **Arbitrage-Strategien** sind dabei in der Praxis zu beobachten.

- **Inter Market-Arbitrage:**

Ausnutzen von Kursunterschieden desselben Kontrakts an verschiedenen Futures-Märkten bzw. eines Future-Kontraktes und des entsprechenden Kassa-Termininstrumentes.

Beispiel:

Am 20.7 sei der 2-Monats-Terminkurs DM/US$ 2,12 = 0,4717 $/DM. Der September-DM-Währungskontrakt an der Liffe (1 DM Kontrakt = 125000 DM, vgl. -> **Kontraktspezifikation**) notiert mit 0,4670 $/DM.

| Terminmarkt | Future Markt |
|---|---|
| 20.07<br>Verkauf von DM 1 Mio<br>auf 2 Monate zum<br>Kurs von 0,4717$/DM | 20.07<br>Kauf von 4 September<br>DM Kontrakten zum<br>Kurs von 0,470 $/DM |
| 26. 07<br>Kauf von DM 1 Mio<br>auf denselben Termin<br>zum Kurs von 0,4637$/DM<br><br>Kursgewinn :<br>0,4717$/DM - 0,4637$/DM =<br>0,008 $/DM | 26.07<br>Verkauf von 4 September<br>DM Kontrakten zum<br>Kurs von 0,4637$/DM<br><br>Kursverlust :<br>0,470 $/DM - 0,4637$/DM =<br>0,0063 /DM |
| Netto Kursgewinn:<br>0,008 $/DM - 0,0063$/DM = 0,0017$/DM = 0,0017$/DM x 1 Mio DM =<br>**$ 1700** | |

# Futures-Arbitrage

- **Cash and Carry-Arbitrage:**
Bei dieser Art von Arbitrage sind neben der -> **Basis** vor allem die -> **Cost of Carry** von Bedeutung. Diese zeigen auf, ob die Finanzierungskosten für den Kauf eines Kassainstrumentes für eine bestimmte Laufzeit größer oder kleiner sind als die Rendite des Kassainstrumentes während der Laufzeit. Ist die Basis größer als die Cost of Carry(Abweichung theoretischer/Future Marktkurs-F/F'), besteht die Möglichkeit zur Cash and Carry Arbitrage; das Kassainstrument wird gekauft, die entsprechende Anzahl von Future Kontrakten gleichzeitig verkauft (vgl. Futures-Hedging zu den Einflußfaktoren auf die Basis). Die generelle Formel lautet:

| Cash & Carry Arbitrage Nutzen | = | Rechnungsbetrag Future Kontrakt | - | Wert des Kassainstruments | - | Finanzierungskosten |
|---|---|---|---|---|---|---|

Die folgenden Ausführungen basieren auf dem DM-Bundesanleihe-Terminkontrakt (vgl. -> **Kontraktspezifikationen**), andere Kontraktspezifikationen - vor allem für -> **Futures auf abstrakter Basis** - sind entsprechend anzupassen. Der Rechnungsbetrag des Future-Kontraktes bei Lieferung berechnet sich nach der folgenden Formel:

| Rechnungsbetrag | = | [Abrechnungspreis der Börse • Preisfaktor • DM 2500 bei Lieferung] | + | Stückzinsen |
|---|---|---|---|---|

Beispiel 1:
Liefertag (Dez.88) = 12.Dez.88
Bundesanleihe (CTD) = 6 3/8 %,
  20. Jan. 1998
Preisfaktor (Dez.88) = 1,025543
Stückzinsen = DM 14255,21
EDSP (Dez.88) = 98,50

=> Rechnungsbetrag =
(DM 2500 · 98,50 · 1,025543) + DM 14255,21

= **266 795,17 DM**

(Da für die Berechnung der Rendite von prozentualen Größen ausgegangen wird, kann für die weitere Vorgehensweise die Multiplikation mit 2500 unterbleiben).

Beispiel 2:
Abwicklungstag = 20.Juli 1988
Bundesanleihe (CTD) = 6 3/8 %,
Laufzeit = 20.Jan 1998
Kurs = 96,45
Liefertag (Sept. 88) = 12. Sept. 1988
Preisfaktor (Sept. 88) = 1,025804
Kontraktkurs (Sept. 88) = 93,70
Zeit zwischen Abwicklungstag und Liefertag = 52 Tage
  (30/360)
Zeit zwischen
letztem Coupon
und Abwicklungstag = 180 Tage
  (30/360)
Zeit zwischen
letztem Coupon
und Liefertag = 232 Tage
  (30/360)

Besonderheiten
a) Besteht wie im Falle des DM-Bundesanleihe-Terminkontraktes die Möglichkeit, zwischen mehreren Anleihen für die Lieferung zu wählen, wird diejenige Anleihe gewählt, die -> **Cheapest to Deliver** ist. Es kann gezeigt werden, daß diese Anleihe die größte Rendite aufweist.
b) Für eine effektive Cash and Carry-Arbitrage ist es notwendig, zu jeder Zeit zu wissen, ob der gegenwärtige Future-Kontraktkurs Arbitragemöglichkeiten zuläßt. Zu diesem Zweck wird der Kontraktkurs, der sog. "Fair Value Futures Price" = Theoretischer Wert des Terminkontraktes, errechnet.

Sind die Finanzierungskosten wie im vorhergehendem Fall beispielsweise 3,50%, so hätte das für den theoretischen Future-Kurs folgende Auswirkungen.

- Wert des Kassainstrumentes
  Spot-Preis = Kurs + Stückzinsen = 96,45 + 3,1875 = 99,6375;

- Rechnungsbetrag
  Rechnungsbetrag = (Kontraktkurs x Preisfaktor) + Stückzinsen =
  (93,70 x 1,025804) + 4,1083 = 100,2262;

- Rendite:

  R = [(Rechnungsbetrag - Spot-Preis) x 360] / (Spot-Preis

  x Tage bis zur Lieferung) =

  $$= \frac{(100{,}2262 - 99{,}6375) \times 360}{99{,}6375 \times 52} = 4{,}09\ \%\ p.a.;$$

- Finanzierungskosten: 3,5 % (hier unterstellt)
  ==> Cash and Carry-Arbitrage-Nutzen:
  C & C = 4,09 % - 3,50 % = 0,59 % (p.a.)

---

- Spot-Kurs
  Spot-Kurs = Kurs + Stückzinsen = 96,45 + 3,1875 = 99,6375

- Rechnungsbetrag
  Rechnungsbetrag =

  $$= \text{Spot-Preis} \times \left[1 + \frac{\text{Carrying Kosten} \times \text{Zeitraum}}{36.000}\right]$$

  $$= 99{,}6375 \times \left[1 + \frac{3{,}50 \times 52}{36.000}\right] = 100{,}1412$$

- Rechnungsbetrag = (Theoretischer Kontraktkurs x Preisfaktor) + Stückzinsen
  ==> Theoretischer Kontraktkurs =

  $$= \frac{(\text{Rechnungsbetrag} - \text{Stückzinsen})}{\text{Preisfaktor}} =$$

  $$= \frac{(100{,}1412 - 4{,}1083)}{1{,}025804} = 93{,}62\ (\text{Fair Value Futures Price})$$

---

Ein Vergleich der beiden Kurse (93,70/93,62) zeigt, daß in diesem Fall erhöhter Refinanzierungskosten dann ein Cash and Carry-Arbitragenutzen entsteht, wenn der Kurs des Kontraktes über 93,62 steigt. Die Arbitragestrategie (Kauf Kassainstrument/Verkauf Future-Kontrakt) wäre hier also möglich.

Die im US-Markt übliche Gegenstrategie (**Reverse Cash and Carry-Arbitrage** = Verkauf Kassainstrument /Kauf Future-Kontrakt) bei Unterschreiten des theoretischen Future-Kurses (F') wäre hierbei nicht möglich, da im Bereich DM-Anleihen Leerverkäufe nicht gestattet sind.

## Futures-Arbitrage

**- Futures and Forward Forward-Arbitrage:**
Diese Strategie nutzt Abweichungen zwischen den im Kassamarkt ermittelten Forward-Zinssätzen und den für den gleichen Zeitraum geltenden implizierten Future-Zinssätzen. Im Gegensatz zur Cash and Carry-Arbitrage stehen hier kurzfristige Kontrakte im Mittelpunkt.

Beispiel zu Eurodollar-Futures:
Der 3 Monats-Eurodollar Future-Kontrakt repräsentiert den zum Liefertermin erwarteten 3-Monats-US$-Geldmarktzinssatz. Durch die Kombination zweier Kassageschäfte läßt sich dieser "implizierte" Forward-Zinssatz aber ebenfalls (synthetisch) konstruieren. Werden Unterschiede in den zwei Zinssätzen festgestellt, kann arbitriert werden:
Am 20.3 notiere der Juni Eurodollar-FutureKontrakt (vgl -> **Kontraktspezifikationen**) mit 92,50 (= implizierter Zinssatz von 7,50 %). Der 90 Tage-LIBOR sei 7,75 %, der 180 Tage-LIBOR ebenfalls 7,75 %. Nach der Forward Forward-Formel (-> **FRA**) läßt sich der erwartete 3-Monatszinssatz in 3 Monaten durch eine Geldmarktanlage von 6 Monaten und eine Geldmarktaufnahme von 3 Monaten feststellen.

$$\text{Forward-Forward-Zinssatz} = \left[ \frac{\frac{T \cdot iT}{360 \cdot 100} + 1}{\frac{t \cdot it}{360 \cdot 100} + 1} - 1 \right] \cdot \frac{360 \cdot 100}{T-t}$$

T: Laufzeit lange Periode
iT: Zinssatz lange Periode
t: Laufzeit kurze Periode
it: Zinssatz kurze Periode

$$F/F = \left[ \frac{\frac{180 \cdot 7,75}{36000} + 1}{\frac{90 \cdot 7,75}{36000} + 1} - 1 \right] \cdot \frac{36000}{180-90} = 7,60\%$$

Der Vergleich des synthetischen Geldmarktsatzes (7,60%) mit dem Future-Kontraktzins (7,50%) zeigt die Arbitragemöglichkeit auf.

| Kassamarkt | Future-Markt |
|---|---|
| 20.03<br>Anlage 2 Mio US$ zu 7,75%<br>für 6 Monate<br>Aufnahme 2 Mio US$<br>zu 7,75 % für 3 Monate | 20.03<br>Verkauf von 2 Juni<br>Eurodollar Future-<br>Kontrakten zum Kurs<br>von 92,50 |
| 20.06<br>Rollierende Aufnahme<br>von 2 Mio US$ zu 6,50 %<br>für 3 Monate | 20.06<br>Kauf von 2 Juni<br>Eurodollar Future-<br>Kontrakten zum Kurs<br>von 93,50 |
| 1) Zinsertrag: US$ 77.500,-<br>   (6 Monate)<br>2) Zinsaufwand: US$ 71.250,-<br>   (3 Monate +<br>   3 folgende<br>   Monate) | Kursverlust: 1,00<br>US$ 5000   3) |
| Nettozinsertrag US$ 6250,- | |
| Nettoarbitragegewinn: US$ 6250 - US$ 5000 = US$ 1250 ||

1) 7,75% x 6/12 x US$ 2 Mio = US$ 77500,-
2) (7,75% x 3/12 + 6,50% x 3/12) x US$ 2 Mio = US$ 71250,-
3) $ 25,00      x      100      x      2      = US$  5000,-
   (Tickwert)     (Tickanzahl)    (Kontraktanzahl)

Die großen Transaktionsvolumina lassen diese Strategien nur für institutionelle Anleger sinnvoll erscheinen; Banken profitieren hierbei von den für sie günstigen Geldmarktkonditionen. **WH**

Lit.: Melton, C. R./Pukula, T. V. Financial Futures. Reston 1984; Cordero, R. 1986; Büschgen, H.E. 1988; Bühler, W./Feuchtmüller, W./Vogel, M. 1987.

**Futures auf abstrakter Basis**
Kennzeichen ist die fehlende Möglichkeit zur physischen Andienung des zugrundeliegenden Kassainstrumentes. Das fiktive Handelsobjekt bedingt einen Bar-Ausgleich bei Fälligkeit (-> **Cash Settlement**).

**Futures Commission Merchant (FCM)**
Unternehmung oder natürliche Person, die von der -> **CFTC** lizensiert ist, Börsenorders an Terminbörsen anzunehmen und auszuführen sowie zu deren Abgabe aufzufordern. In Erfüllung dieser Aufgaben, die in Einklang mit der jeweiligen Börsenordnung stehen müssen, ist der FCM auch berechtigt, Geld oder Wertpapiere zur Erfüllung der Verpflichtung aus der -> **margin** entgegenzunehmen.

**Futures equivalent value**
Preis des um den relevanten Änderungsfaktor (-> **Hedge Ratio**) berichtigten Finanzinstruments des Kassamarktes.

**Futures Hedging**
Für professionelle Händler wie auch Investoren ist es nicht ungewöhnlich, bei der Vielzahl von Finanzinstrumenten eine Kassaposition zu besitzen, die zu den gegenwärtigen Markttendenzen in Gegensatz steht. So ist ein Portfolio, bestehend aus langfristigen Zinstiteln, bei steigendem Zinsniveau starken Kursverlusten unterworfen. Futures haben sich dabei in den vergangenen Jahren als nützliche Instrumente erwiesen, diese Risiken auszuschalten (zu hedgen = absichern). So kann ein Investor, der **steigende Zinsen** erwartet (was fallende Kurse bedeutet), Future-Kontrakte auf ein identisches bzw. geeignetes Kassainstrument **verkaufen**. Bei Erwartung **sinkender Zinsen** bietet sich als Hedging-Alternative der **Kauf** entsprechender Future-Kontrakte an. Im Vordergrund steht somit neben Spekulation und Arbitrage für institutionelle Anleger Hedging als wesentliche Anwendungsmöglichkeit von Future-Kontrakten. Futures bieten ein Mittel, das Risiko unerwarteter Preisänderungen zu hedgen (abzusichern), weil sie den Kauf/Verkauf eines Wertpapiers zu einem künftigen Zeitpunkt zu einem bereits heute festgelegten Kurs erlauben. Unter -> **Hedge** ist dabei definitionsgemäß der Kauf (Verkauf) einer zukünftigen Marktposition als ein zeitliches Substitut für den Kauf (Verkauf) des Wertpapiers im Kassamarkt zu verstehen.

Durch -> **Hedging** wird das Investmentrisiko reduziert, da der Gewinn (Verlust) der Futuresposition den Verlust (Gewinn) der Kassaposition ausgleicht. Somit wirkt Hedging in der Weise, daß es das Preisänderungsrisiko einer Position des Kassamarkts (z.B. Wertpapier) in ein meist geringeres "Änderungsrisiko" einer Kassa-/Futures-Position transformiert (siehe auch -> **offene Position**). Grundsätzlich kann das Hedging auf zwei Arten vorgenommen werden:

-> **Long Hedge:** Aufbau/Kauf von Future-Kontrakten (-> **Long Position**), um das Risiko steigender Kurse (sinkende Zinsen) einer bestehenden oder erst zukünftigen zu begründenden Kassaposition zu reduzieren.

-> **Short Hedge:** Abbau/Verkauf von Future-Kontrakten (-> **Short Position**), um das Risiko fallender Kurse (steigende Zinsen) einer bestehenden oder zukünftigen zu begründenden Kassaposition zu reduzieren.

Beispiele:

- **Short Hedge:** Unternehmen X hat einen Eurodollarkredit von 1 Mio $; die Zinsanpassung erfolgt auf der Basis des 3-Monats-$-Libor; das aktuelle Fixing am 1. April ergab 15 3/8 %; der nächste Rollover Termin sei der 30. Juni. Es werden steigende Zinsen befürchtet. Hedging-Alternative ist der Verkauf eines 3-Monats-September-Eurodollar-Future-Kontraktes (1 Mio $ Nominalwert, Kontraktverfalltag 13.09.).

Kassatransaktion

| | |
|---|---|
| 1. April | Zinsziel 15 3/8 % für 90 Tage (1 Mio $) ab 30. Juni |
| 30. Juni | Roll Over 1 Mio $ zu 16 1/16 % |
| Zinsaufwand für 90 Tage | $ 40.156,25 |

Future-Transaktion

| | |
|---|---|
| 1. April | Verkauf 1. September Euro-$ Kontrakt-Kurs 84,50 = 15,5% 1) |
| 30. Juni | Euro $ Kontrakt Kurs 83,79 = 16,21% |
| Gewinn aus Future-Position | 0,71% = $ 1.775,-2) |
| Gesamtaufwand: | $ 40 156,25 − $ 1 775,- = $ 38 381,25 = 15,353% (Zinsziel 1. April: 15 3/8 %) |

= = > Gewinn aus Hedging 0,022%

1) 100% - 84,50% = 15,5 %
2) 71 Ticks x 25 $ x 1 Kontrakt = 1 775 $

- **Long Hedge:** Unternehmen X erwartet am 26. Mai 1 Mio $ Bareingang; Wunsch nach Euromarktanlage von 90 Tagen; aktueller 3-Monats-Euro Depotsatz sei heute (24. Februar) 15% -> Befürchtung fallender Zinsen. Hedging-Alternative ist der Kauf eines 3-Monats-Juni-Eurodollar-Future-Kontraktes (1 Mio $ Nominalwert, Kontraktverfalltag 14. Juni)

Kassatransaktion

| | |
|---|---|
| 24. Februar | Zinsziel 15 % für Anlage ab 26. Mai (1 Mio $), 90 Tage Laufzeit |
| 26. Mai | Anlage 1 Mio $ zu 14,5% |
| Zinsertrag für 90 Tage | $ 36 250,- |

Future-Transaktion

| | |
|---|---|
| 24. Februar | Kauf 1. Juni Euro $-Kontrakt Kurs 85,32 = 14,68% |
| 26. Mai | Verkauf 1. Juni Euro-$-Kontrakt Kurs 85,84 = 14,16% |
| Gewinn aus Future-Position | 0,52% = $ 1 300,- |
| Gesamtaufwand | $ 36 250,- + $ 1 300,- = $ 37 550,- = 15,02% (Zinsziel per 24. Februar 15%) |

= = > Gewinn aus Hedging 0,02%

Die angeführten Beispiele zeigen, daß Gewinne aus den Future-Transaktionen entstehen können. Analog würden sich bei einer entgegengesetzten Marktentwicklung Verluste ergeben. Da -> **Hedging** mittels -> **Futures** darauf abzielt, durch Aufbau einer Position im Future-Markt eine bestehende oder geplante Wertpapierposition abzusichern, müssen -> **Hedger** die Beziehung zwischen dem Wert der abzusichernden Wertpapierpositionen und dem Preis des korrespondierenden -> **Future-Kontraktes** berücksichtigen. Von besonderer Bedeutung ist dabei, daß Hedging nur dann erfolgreich sein kann, wenn bestimmte grundlegende Aspekte beachtet werden, wie

- sorgfältige Analyse der Marktentwicklung,
- Kenntnis um die Probleme des sog. -> **Basisrisikos**, damit korrespondierend
- Wahl des geeigneten Hedge-Kontraktes sowie
- Berechnung der notwendigen Anzahl von Kontrakten (-> **Hedge Ratio**)
- **Analyse der Marktentwicklung:**
  Der Aufbau einer Hedge Position setzt eine systematische und fundierte fundamentale wie technische Analyse des wirtschaftlichen Umfeldes voraus. Fundamentale Aspekte betreffen dabei neben Daten der Wirtschaftsforschungsinstitute, Konjunkturindikatoren, Geld- und Kapitalmarktzinssätzen auch die Bewegungen an den Devisenmärkten oder sonstige demographische oder unternehmensspezifische Entwicklungen. Die technische Analyse untersucht dagegen technische Faktoren, die das Kursverhalten auf den Finanzmärkten beeinflussen (Trendlinien, Kursformationen u.ä.)
- **Basis(risiko):**
  Die enge Beziehung zwischen Kassa- und Termininstrument (-> **Future**) spiegelt sich auch in den Kursen wider. Der Unterschied zwischen dem Kassakurs und dem Future-Kurs wird dabei als -> **Basis** bezeichnet und ist auf verschiedene während der Zeitspanne bis zur Erfüllung (-> **Delivery**) wirkende Faktoren zurückzuführen.
- **Kurs des Kassainstrumentes:**
  Der Futurekontrakt entwickelt sich konträr zum Kurstrend des Kassainstrumentes. Sind z.B. am Kassamarkt steigende Kurse zu verzeichnen, folgen auch die Futurekurse diesem Trend.
- Der erwartete **Ertrag** des Kassainstrumentes:
  Wirft ein Kassainstrument während seiner Laufzeit Erträge ab (z.B. Zinsen), so wird der Kurs des Kontraktes in diesem Ausmaß unter dem Kurs des Kassainstrumentes liegen (Basis verstärkt sich; Future < Kassakurs).
- Die **Finanzierungskosten** des Kassainstrumentes:
  Während der Laufzeit erhöhen die Finanzierungskosten für die dem Kontrakt entsprechende Kassaposition den Futurekurs um dieses Ausmaß (Basis schwächt sich ab; Future > Kassakurs).
- Die **Laufzeit** der Kontraktes:
  Bei langer Laufzeit gewinnen die Faktoren Ertrag und Finanzierungskosten für die Bestimmung des Future-Kurses an Bedeutung (größere Auswirkung des Nettoergebnisses Ertrag - Kosten; -> **Cost of Carry**).
- Die Rolle der **Erwartungen**:
  Im Gegensatz zu den o.a. nautitativen Einflußfaktoren spielen mit der Erwartungshaltung der Marktteilnehmer auch psychologische Faktoren eine große Rolle. Gründe hierfür sind neben den unterschiedlichen **Zielsetzungen** der einzelnen Marktteilnehmer (-> **Hedger, Trader, Arbitrageure**) am Future-Markt zum anderen die unterschiedlichen **Annahmen** der Marktteilnehmer über die künftige Marktentwicklung.

Der **theoretische Futurekurs** stellt sich damit als der Kurs dar, den das Kassainstrument unter Berücksichtigung bestimmter Faktoren (Kassakurs, Zinsertrag, Finanzierungskosten, Laufzeit) während der Laufzeit des Kontraktes annehmen würde.

F' = Kassakurs - Ertrag aus dem Kassainstrument + Finanzierungskosten des Kassainstrumentes (ohne Transaktionskosten)

Falls diese Relation verletzt wird, setzt Arbitrage zwischen dem Kassa- und dem Future-Markt ein. Falls dieser ideale Zustand auch in der Realität gelten würde, müßte die Basis relativ wenig schwanken.
**Problem:**
Vor der Fälligkeit des Kontraktes kann sich die Basis aufgrund unerwarteter Änderungen in der Preisrelation zwischen dem Wertpapier am Kassamarkt und dem Future-Kontrakt stark verändern. Empirisch

läßt sich dies auch beobachten, und so folgt die Basis nicht immer dem angeführten Zusammenhang. Die Basis kann dabei sowohl positiv als auch negativ sein und ist während der Hedge-Periode nicht immer konstant (Verstärkung der Basis-Abschwächung der Basis). Gegen Fälligkeit konvergiert die Basis gegen Null.

Das Ziel des Hedging ist das Eingehen einer die Kassamarkt-Position ausgleichenden Futureposition, so daß die Preisänderung der Futureposition die Preisänderung der Kassaposition ausgleicht. Beispiele:

- **Short Hedge**

Der Hedger verkauft den Future-Kontrakt

Auswirkungen einer Veränderung der Basis auf die gehedgte Position beim Short Hedge:

```
             Kassaposition      Futureposition                  Basis
   (1)
     Kauf:     100           Verkauf:   97                       +3
     Verkauf:   93           Kauf   :   90                       +3
                ───                     ───
               - 7                     + 7    Veränderung:        0

              Netto: 0. Keine Änderung der Basis

   (2)  Kauf:    100           Verkauf: 103                      -3
        Verkauf:  98           Kauf:  :  97                      +1
                 ───                    ───
                - 2                    + 6    Veränderung:       +4

              Netto: +4. Basis vergrößert sich -
            Netto(Opportunitäts)gewinn

   (3)  Kauf:    100           Verkauf:   97                     +3
        Verkauf:  93           Kauf   :   92                     +1
                 ───                     ───
                - 7                     + 5    Veränderung:      -2

              Netto: -2. Basis verkleinert sich
            Netto(Opportunitäts)verlust
```

leer, um sich vor einem unerwarteten Sinken des Kassapreises zu schützen, also wird er das Kassapapier später verkaufen und die leerverkaufte Futureposition durch den Rückkauf des entsprechenden Future-Kontraktes ausgleichen. In einem Short Hedge entsteht ein Nettogewinn, wenn sich entweder der Kassapreis im Verhältnis zum Futurepreis langsamer bewegt oder der Futurepreis im Verhältnis zum Kassapreis schneller fällt (e.g. die Basis steigt im Wert).

- **Long Hedge:**

Kauf eines Future-Kontrakts, um sich vor unerwarteten Preissteigerungen zu schützen. Der Hedger strebt einen späteren Kauf des Wertpapiers und einen Ausgleich seiner Futureposition durch den Verkauf des Future-Kontraktes an.

Auswirkungen einer Veränderung der Basis auf die gehedgte Position beim Long Hedge:

127

## Futures-Hedging

```
          Kassaposition       Futureposition              Basis
(1)
    Marktpreis:  100     Kauf:     97                      +3
    Kauf      :  105     Verkauf: 102                      +3
                 ---              ----
                 - 5              + 5    Veränderung:       0

              Netto: 0. Keine Änderung der Basis

(2)
    Marktpreis:  100     Kauf:     97                      +3
    Kauf      :  105     Verkauf: 103                      +2
                 ---              ----
                 - 5              + 6    Veränderung:      +1

              Netto: +1. Basis verkleinert sich
         Netto(Opportunitäts)gewinn

(3)
    Marktpreis:  100     Kauf:    105                      -5
    Kauf      :  110     Verkauf: 108                      +2
                 ----             ----
                 - 10             + 3    Veränderung:      -7

              Netto: -7. Basis vergrößert sich
         Netto(Opportunitäts)verlust
```

Selbst wenn das Ergebnis des Hedge ein Nettoverlust ist, wird der Gewinn aus der Futureposition einen Teil des Verlustes aus der Kassaposition ausgleichen.

Im allgemeinen wird die Wertveränderung der gehedgten Position, über einen längeren Zeitraum betrachtet, kleiner sein als die Veränderung der ungehedgten Kassaposition. Dies gilt deshalb, da die Schwankungen der gehedgten Position nur von den Veränderungen der Basis abhängen, während die Schwankungen der ungehedgten Position von den Preisänderungen des Wertpapiers abhängen.

- Der geeignete -> Hedge-Kontrakt

Es liegt nahe, die Wahl des Hedge-Kontraktes auf die zugrundeliegende Kassaposition abzustellen. So werden Wechselkursrisiken i.d.R. mit Währungsfutures (-> **Currency Futures**) abgesichert, während bei Zinsrisiken ZinsFutures (-> **Financial Futures**) verwendet werden. Existieren keine identischen -> **Future-Kontrakte**, so ist darauf zu achten, daß eine möglichst große Ähnlichkeit erreicht wird (Schwankungen kurzfristiger Zinsen -> **Kontrakt**, der auf einem kurzfristigen Zinsinstrument basiert). Auch die Marktliquidität ist hierbei bedeutsam, denn der Kauf/Verkauf einer großen Anzahl von Kontrakten erfordert große Handelsvolumina.

- Die Berechnung der -> **Hedge-Ratio**

Ziel der Berechnung geeigneter Kontraktgrößen ist, Kassainstrument und Future-Kontrakt auf eine gemeinsame, vergleichbare Basis zu stellen. Dabei ist von Bedeutung, welcher Kontrakttyp Hedginginstrument darstellt. *WH*

Lit.: Melton, C. R./Pukula, T. V., Financial Futures. Reston 1984; Figlewski, S., Hedging with Financial Futures for Institutional Investors. Cambridge, Massachussetts 1986; Cordero, R., 1986; Büschgen, H. E., 1988; Bühler, W./Feuchtmüller, W./Vogel, M., 1987

## Future-Kontrakt

Eine Vereinbarung zwischen zwei Parteien, eine bestimmte standardisierte Menge einer

Ware (-> **Finanz-Termingeschäfte** bzw. -> **Financial Futures**, -> **Warentermingeschäfte** bzw. **Commodity Futures**) zu einem heute vereinbarten Preis an einem bestimmten Ort (Börse) und zu einem von vornherein festgelegten Zeitpunkt zu kaufen oder zu verkaufen.

**Future-Markt**
-> **Future**

**Futures Options**
-> **Option auf Financial Futures**

**Future-Rate Agreement**
-> **Forward Rate Agreement**, -> **Zinsausgleichsvereinbarung**

**Futures Trading**
Grundsätzliche Motive für ein Engagement am Future-Markt sind das Hedging, Trading und die Spekulation. -> **Hedging** bedeutet, daß am Future-Markt Transaktionen durchgeführt werden, die dazu dienen, das finanzielle Risiko (Zins-, Währungsrisiko) von bestehenden oder noch einzugehenden Positionen zu vermindern, indem eine Position im Terminmarkt eingegangen wird, die der Kassaposition entgegengesetzt ist (-> **Future-Hedging**). Die Gruppe der -> **Arbitrageure**, die zum Funktionieren eines effizienten Financial Futures-Marktes wesentlich beiträgt, versucht, vergleichbare Kursunterschiede zwischen Kontrakten oder zwischen Kontrakten und entsprechendem Kassainstrument auszunützen (= Preisanomalien zwischen Kassa- und Terminmarkt). Die positiven Folgen für beide Märkte bestehen im laufenden Kursausgleich, der den ständigen Bezug vom Future- Markte zum Kassamarkt gewährleistet (-> **Futures-Arbitrage**). Im Gegensatz dazu setzt sich die Gruppe der -> **Trader** (Handel) aus risikofreudigen, auf die Ausnutzung von zukünftigen Kursschwankungen der jeweiligen Kontrakte abzielenden Marktteilnehmern zusammen. Die oben angesprochene Hebelwirkung durch das margin-System (**Leverage-Effekt**) bietet die Möglichkeit, größere spekulative Positionen entsprechend der Zins-/ Währungsentwicklung einzugehen. So können in der Erwartung einer Aufwärtsbewegung der Zinsen Terminkontrakte verkauft (Leerverkauf), bei einer Abwärtsbewegung dagegen Terminkontrakte gekauft werden (Leerkauf). Die Trader und Arbitrageure sorgen für die notwendige Marktliquidität in den einzelnen Kontrakten. Bei der Arbitrage wird gleichzeitig das relativ überbewertete Instrument verkauft und das relativ unterbewertete Instrument gekauft. Eine umfassende Betätigung im Bereich des Future- Handels läßt es für Banken ratsam erscheinen, alle drei Positionen einzunehmen. Für spekulativ orientierte Anleger bietet der Handel in Future-Kontrakten wegen des geringen Kapitaleinsatzes (-> **initial margin**) erhebliche Kurs-Gewinn-Potentiale (Leverage-Effekt). Da der Kontraktpreis nur einen Bruchteil des Kontraktwertes darstellt, errechnen sich alle Gewinne und Verluste aus den Kursveränderungen und den wesentlich höheren Nominalbeträgen der zugrundeliegenden Future-Kontrakte. Nicht selten wird die Verbindung aufgrund hoher Kontraktgrößen, großer Preisschwankungen und relativ kurzer Bindungsdauer unterschätzt. Erst durch den Trader, der bereit ist, das hohe Risiko von einem Hedger zu übernehmen (-> **Future-Hedging**), wird die für das Funktionieren eines effizienten Future-Marktes notwendige Marktbreite und -liquidität garantiert. Die Standardisierung wie auch die Handelsbedingungen (Nachschußpflicht/-> **variation margin**/ -> **variation margin call**) gestatten dabei dem Spekulanten eine Risikobegrenzung. Üblicherweise werden drei Arten von Future-Tradern unterschieden, nämlich -> **Scalpers** -> **Day Traders** -> **Position Traders**.
Beispiel:
DM-Bundesanleihe Terminkontrakt
(1) Kauf/Verkauf eines Kontrakttyps desselben Fälligkeitstermins (-> **Position Trading**)

- **Kauf (-> Long-position)**
  Händlererwartung freundliche Kursentwicklung
  (sinkendes Zinsniveau)
  Kauf von 100 Kontrakten zu 95,73
  Einschuß 250.000 DM (= Anleihe Volumen 25 Mio)
  Handelsende:
  - Um 16.00 Uhr zum Schluß steht der Future-bei 95,80
  - Konto bei Broker          Guthaben Einschuß         250 000,-
    95,80 - 95,73 = 7 Ticks x 25 DM x 100 Kontrakte =   17 500,-
                                                    rd. 267 500,-
  nächster Tag
  - Future-fällt auf 95,75 (Schlußkurs)
    Einschuß                                            250 000,-
    95,75 - 95,73 = 2 Ticks x 25 DM x 100 Kontrakte =     5 000,-
                                                        255 000,-
  übernächster Tag
  - Es werden 100 Kontrakte bei 95,78 verkauft
  = Glattstellung                                       250 000,-
    95,78 - 95,73 = 4 Ticks x 25 DM x 100 Kontrakt =     10 000,-
                                                        260 000,-

- **Verkauf (-> Short-position)**
  * Händlererwartung fallende Kurse (steigendes Zinsniveau)
    - Verkauf von 100 Kontrakten bei 95,73 Einschuß    250 000,-
    - Rückkauf am gleichen Tag mit 95,70
      95,73 - 95,70 = 3 Ticks x 25 DM x 100 Kontrakte
      = Gewinn                                           7 500,-
                                                        257 500,-

- Vergleich einer Kassa-Position versus Future-Kontrakt
  (Kursgewinne)
  Kauf     29.09.88   1 Mio   6,75 Bund 20.08.98 101,10
  Verkauf  14.10.88   1 Mio   6,75 Bund 20.08.98 102,55
                                          =>Gewinn = 14 500,-DM
  Kauf     29.09.88   4 Kontrakte a 95,35 °
  Verkauf  14.10.88   4 Kontrakte a 96,96 °
                  ==> Gewinn = 161 Ticks x 25 DM x 4 = 16 100,-DM

° = Schlußkurs am jeweiligen Tag

(2) Im Gegensatz zum **Position Trading** (Handel in einem Kontrakttyp desselben Fälligkeitstermins) werden beim sog. **Spread Trading** Typ bzw. Fälligkeitstermin modifiziert.
- -> **Intra Contract Spreading:** Gleichzeitiger Kauf und Verkauf von Future-Kontrakten desselben Kontrakttyps mit verschiedenen Fälligkeitsmonaten. Spread bedeutet dabei die Differenz zwischen dem Kontraktkurs des näheren Erfüllungstermins (-> **nearby contract**) und demjenigen des entfernteren Erfüllungstermins (-> **deferred contract**).
- -> **Inter Contract Spreading:** Gleichzeitiger Kauf und Verkauf von verschiedenen Future-Kontrakttypen am gleichen Platz oder an verschiedenen Börsenplätzen. Spread bedeutet dabei die Differenz zwischen den beiden unterschiedlichen Kursen der Kontrakttypen.

Da die -> **Basis** positiv wie negativ sein kann, wird auch der Spread positiv oder negativ ausfallen. Anwendungsmöglich-keiten: (Beispiel T-Bond Future-Kontrakt)

- **Intra Contract Spreading**

| | | Spread |
|---|---|---|
| 10.5.<br>Verkauf von 1 Juni<br>T-Bond Kontrakt<br>Kurs 96,00 | 10.5.<br>Kauf von 1 September<br>T-Bond Kontrakt<br>Kurs 95,10 | 0,22  1)<br>(22/32) |
| 22.5.<br>Kauf von 1 Juni<br>T-Bond Kontrakt<br>Kurs 97,00 | 22.5.<br>Verkauf von 1 September<br>T-Bond Kontrakt<br>Kurs 96,20 | 0,12  2)<br>(12/32) |
| Kursverlust 1,00 | Kursgewinn 1,10 | - 0,10<br>(10/32) |
| | Netto Kursgewinn:<br>10 x $ 31,25 = 312,50 $ | |

1) 96,00 - 95 10/32 = 22/32 = 0,22
2) 97,00 - 96 20/32 = 12/32 = 0,12

Trifft die Erwartung, daß sich der -> **Spread** zwischen den beiden Fälligkeitsterminen **verringert**, zu ( - 0,10), so wird der Spread **verkauft** (Verkauf des -> **nearby contract**, Kauf des -> **deferred contract**).

Bei gegenteiligen Erwartungen (**Spread nimmt zu**) wird der Spread **gekauft** (Kauf des -> **nearby contract**, Verkauf des -> **deferred contract**).

- **Inter Contract Spreading**

| | | Spread |
|---|---|---|
| 10.5.<br>Verkauf von 1 Juni<br>T-Note Kontrakt<br>Kurs 100,00 | 10.5.<br>Kauf von 1 Juni<br>T-Bond Kontrakt<br>Kurs 98,05 | 1,27  1)<br>(59/32) |
| 22.5.<br>Kauf von 1 Juni<br>T-Note Kontrakt<br>Kurs 101,00 | 22.5.<br>Verkauf von 1 Juni<br>T-Bond Kontrakt<br>Kurs 100,00 | 1,00<br>(32/32) |
| Kursverlust 1,00 | Kursgewinn 1,27   2) | - 0,27<br>(27/32) |
| | Netto Kursgewinn:    3)<br>27 x $ 31,25 = 843,75 $ | |

1) 100,00 - 98 5/32 = 1 27/32 = 1,27
2) 100,00 - 98,05  = 1 27/32 = 1,27
3) 59/32 - 32/32  = 27/32  = 0,27

Trifft die Entscheidung weiter sinkender Zinsen zu, wobei angenommen wird, daß die Zinssenkung im langfristigen Bereich (T-Bonds) stärker ausfällt als im mittleren Bereich (T-Notes), so ist mit einem Zusammenschmelzen der Spreads zu rechnen. Deshalb wird der Spread **verkauft** (Verkauf des T-Note-Kontraktes, Kauf des T-Bond-Kontraktes). Bei gegenteiligen Erwartungen wird der Spread analog **gekauft**. Grundmaxime beim "spreading" ist die Einschätzung über Richtung und Ausmaß erwarteter Kursveränderungen der einzelnen Kontrakttypen, ohne die ein effektives Trading nicht möglich ist. *WH*

**Lit.:** Labuszewski, J. W./ Nyhoff, J. E., Trading Financial Futures. 1988; Cordero; Büschgen, H. E., 1988; Bühler, W./Feuchtmüller, W./Vogel, M.,1987

**Futures and Forward Forward-Arbitrage**
-> **Arbitrage mit Financial Futures**

**Futures-Notierung**
Kursnotierung von Futures-Kontrakten an der Börse (für die jeweiligen Kontraktspezifikationen).

**Futures-Option**
-> **Option auf Futures**

**Futurisierung**
Finanzmarktentwicklung in Richtung auf Emission von und Handel mit Finanzinstrumenten auf konkreter und abstrakter Basis, deren Erfüllung nicht sofort (am -> **Kassamarkt**), sondern definitionsgemäß entweder zu bestimmten Standardterminen oder zu freigewählten Terminen (Erfüllung später als zwei Börsentage nach Gschäftsabschluß) erfolgt (-> **Financial Futures**; -> **Optionen**).

# G

## GAA
-> Geldausgabeautomat

## Gamma
Kennzahl zur Beurteilung von -> **Premium Sensitivities** bei Optionen, die Aufschluß gibt über das Verhältnis einer Veränderung von -> **Delta** zur Kursänderung des zugrunde liegenden Wertpapiers (-> **Underlying**); insofern erweist sich Gamma als Maß für die Reagibilität von Delta. Bewirkt beispielsweise eine Kursänderung des Underlying um einen Punkt eine Veränderung des Delta um 0,2, so beträgt Gamma 0,2. Allgemein lautet die Beziehung:

$$\text{Gamma} = \frac{\text{Veränderung von Delta}}{\text{Veränderung des Kurses des Underlying}}$$

Höchste Gamma-Werte (= hoher Grad an **Premium Convexity**) ergeben sich bei -> **at-the-money**-Optionen mit kurzer Restlaufzeit.

## Gamma von Devisen-Optionen
Änderung des -> **Deltas einer Devisen-Option** als Reaktion auf die Änderung des zugrunde liegenden Devisenkassakurses (oder Devisenterminkurses) um eine Einheit (-> **Gamma**).

## Garantie-Fonds
Einrichtung an der -> **DTB** zur Sicherstellung des -> **Clearings** (wegen Einzelheiten der Garantien siehe -> **Clearing-Lizenz**).

## Garman-Kohlhagen-Modell
Instrument zur Ermittlung des theoretisch "richtigen" Preises von -> **Devisen-Optionen** (in Abwandlung der Grundstruktur des -> **Black-Scholes-Modells** für den Aktienmarkt) für -> europäische Optionen. Notwendig ist eine antizipierende Schätzung der -> **Volatilität** der Devisenkurse (auf der Basis von Vergangenheitswerten und aktuellen Kursen).

a) **Preis der Call-Option (C)**

$$C = e^{-at} \cdot K \cdot N(d_2) - e^{-it} \cdot E \cdot N(d_1)$$

wobei: $d_1 = \dfrac{\ln(K/E) + (i - a - s^2 \cdot 0{,}5) \cdot t}{s\sqrt{t}}$

$d_2 = d_1 + s\,t$
$N(..)$ = Wert der kumulierten Normalverteilung
$K$ = Devisenkassakurs
$E$ = Basispreis
$a$ = risikofreier Zinssatz Auslandswährung (p.a.)
$i$ = risikoloser Zinssatz Inlandswährung (p.a.)
$t$ = Restlaufzeit der Option (in Jahren)
$s$ = Volatilität des Devisenkurses (in %)
$e$ = 2,718
$\ln$ = Logarithmus naturalis
$s^2$ = Varianz des Devisenkurses.

b) **Preis der Put-Option (p)**

$$p = e^{-at} \cdot K \cdot [N(d_2) - 1] - e^{-it} \cdot E \cdot [N(d_1) - 1]$$

Lit.: Garman, M.B./St. W. Kohlhagen, Foreign Currency Option Values. Journal of International Money and Finance, Vol. 2 Nr. 3, 231-238; BIS, 104; Lipfert, H., 156 ff.

## GATOR
-> **Government and Agency Term Obligation Receipt**

## GCM
-> **General-Clearing-Mitglied**

## Gedeckter Optionsschein
-> **Optionsschein**, -> **Covered warrant**

## Gedeckter Optionsschein auf Optionsscheine

Variante von -> **Optionsscheinen**, die von Banken im Rahmen öffentlichen Angebotes (-> **public offering**) emittiert werden und den Inhaber zum Bezug von jeweils einem Optionsschein (einer -> **Optionsschuldverschreibung**) berechtigen (z.B. Trinkaus & Burkhardt-Emission von gedeckten Optionsscheinen auf RWE-Optionsscheine von 1986/1996 im Februar 1990). Die Emittentin unterhält für die (Basis-)Optionsscheine (-> **Basisobjekt**) einen Deckungsbestand. Gegen Zahlung des Verkaufspreises (-> **Optionspreis**) kann innerhalb der -> **Optionsfrist** (-> **Amerikanische Option**) das Optionsrecht ausgeübt werden. Die Verbriefung der Optionsscheine erfolgt während der Laufzeit in Form eines -> **Inhaber-Sammeloptionsscheins**; effektive Optionsscheine werden nicht ausgegeben. Im Sinne eines Verwässerungsschutzes kann bei bestimmten Kapitalmaßnahmen der Unternehmung, welche die Options-Schuldverschreibungen emittiert hat, der Optionspreis ermäßigt werden. Ein Handel der Papiere ist entweder im Geregelten Markt oder im Freiverkehr möglich.

## Gedeckter Verkauf einer Kaufoption

Der Verkauf einer Kaufoption (vgl. auch -> **Aktien-Put-Option**) führt beim Verkäufer (-> **Stillhalter in Wertpapieren**) zu der Verpflichtung, auf Verlangen des Käufers die Basisobjekte zum vereinbarten Basispreis liefern zu müssen. Hält der Verkäufer die Basisobjekte im Bestand, dann handelt es sich um einen gedeckten Verkauf einer Kaufoption.
Der Verkäufer einer gedeckten Kaufoption erwartet stagnierende oder nur leicht steigende Kurse des Basisobjektes, da stark steigende Kurse zu einer Ausübung der Option und damit zu einer Lieferpflicht führen würden, während fallende Kurse zu einer Wertminderung der im Portefeuille gehaltenen Basisobjekte führen. Nur im Falle stagnierender oder nur wenig steigender Kurse der Basisobjekte erwirtschaftet der Verkäufer einer gedeckten Kaufoption einen Zusatzertrag in Form des erhaltenen Optionspreises. Der Break-even-point (Gewinnschwelle) ergibt sich für den Verkäufer aus der Differenz zwischen dem ursprünglichen Basisobjektkaufpreis und dem erhaltenen Optionspreis; d.h., wenn die Differenz zwischen dem (aktuellen) niedrigeren Basisobjektpreis und dem höheren (ursprünglichen) Kaufpreis größer ist als der Optionspreis, erleidet der Verkäufer einen Verlust, der maximal 100% seines Portefeuillewertes betragen kann. Die folgende graphische Darstellung der Gewinn- und Verlustkurve eines gedeckten Verkaufs einer Kaufoption soll dies verdeutlichen:

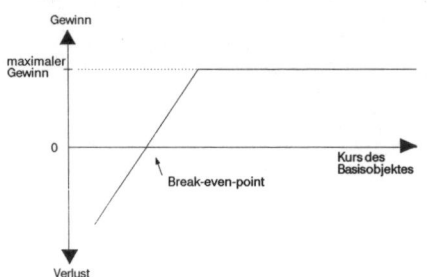

## Gedeckter Verkauf einer Verkaufsoption

Der Verkäufer einer Verkaufsoption (-> **Stillhalter in Geld**) kann seine Position nicht durch Halten von Kasse (anders: Ebneter, 1987), sondern nur durch den Kauf einer äquivalenten Verkaufsoption (-> **Spread**) oder durch einen Leerverkauf der Basisobjekte decken.
Übt der -> **Wähler** die Verkaufsoption aus, dann kann der Stillhalter in Geld durch Ausübung der gekauften Verkaufsoption die erhaltenen Basisobjekte zum Basispreis weiterveräußern. Dies setzt aber voraus, daß die gekaufte Verkaufsoption mindestens die gleiche Restlaufzeit wie die verkaufte Verkaufsoption hat. Der Gewinn bzw. Verlust des Verkäufers der gedeckten Verkaufsoption ergibt sich aus dem Verhältnis der Basispreise und Optionspreise der verkauften und gekauften Verkaufsoption.

## Gegen-Swap

Im Falle der Deckung durch einen Leerverkauf besteht die Gefahr, daß die gedeckte Verkaufsoption nicht ausgeübt wird und der Verkäufer die benötigten Basisobjekte zur Erfüllung des Leerverkaufs am Markt noch beschaffen muß. Ist der Marktpreis der Basisobjekte mittlerweile stark gestiegen, dann entsteht dem Verkäufer der gedeckten Verkaufsoption ein Verlust in Höhe der Differenz zwischen dem vereinbarten Verkaufspreis aus dem Leerverkauf und dem aktuellen Marktpreis, der theoretisch unbegrenzt sein kann. Bei sinkenden Kursen des Basisobjektes erwirtschaftet der Verkäufer der gedeckten Verkaufsoption einen Gewinn, der aber auf die Höhe des erhaltenen Optionspreises beschränkt ist, sofern Basispreis der Verkaufsoption und vereinbarter Verkaufspreis aus dem Leerverkauf gleich sind. *TG*

## Gegen-Swap

Durch einen Gegen-Swap wird eine bestehende Swap-Position vollständig neutralisiert (-> **Umkehr-Swap**). Erhält z.B. eine Bank unter einem -> **Zins-Swap** zinsvariable Zahlungen gegen Zahlung von fixen Zinsen, wird in einem Gegenswap mit einer dritten Partei von der Bank vereinbart, daß die Bank zinsvariable Zahlungen an die dritte Partei leistet. Im Gegenzug erhält die Bank von der dritten Partei zinsfixe Zahlungen, d.h. die unter den Zins-Swaps zu leistenden Zahlungen neutralisieren sich und die Bank hat unter Refinanzierungsgesichtspunkten eine zinsvariable Verpflichtung aufgenommen. *PL*

## Gegenposition

Zum Zwecke der Risikovermeidung erfolgt bei einer -> **offenen Position** deren Schließung durch den Aufbau einer Gegenposition mittels entsprechender Aktiva im Falle einer offenen passiven Position, oder mittels geeigneter Passiva bei Vorliegen einer offenen aktiven Position.

## Gegenseitigkeitsgeschäft

Synonym für -> **Countertrade** und -> **Verbundgeschäft**.

## Geldausgabeautomat (GAA)

Auch als -> **ATM** bezeichnet, gibt nach Einführung einer -> **Plastikkarte** und Eingabe einer persönlichen Geheimzahl (-> **PIN**) den gewünschten, allerdings limitierten (in Deutschland an Automaten von Kreditinstituten, bei denen der Kunde nicht sein Girokonto führt, pro Tag maximal DM 400, an Automaten des kontoführenden Institutes individuell auch mehr, sofern eine direkte - online - Verbindung mit seinem Girokonto besteht) Geldbetrag aus, sofern der Betrag positiv autorisiert werden konnte (-> **Autorisierung**). *EK*

## Geldkurs
-> **Bid Price**

## Geldmarkt-Zertifikat

Anteilschein an einem -> **Geldmarktfonds**. In Deutschland derzeit noch nicht praktiziert, aber im Rahmen eines "Finanzmarktgesetzes" angestrebt. Dagegen sind Geldmarkt-Zertifikate über Luxemburger -> **Euro-Banken** erhältlich: Diese sind in Anlehnung an amerikanische Geldmarktfonds (-> **Money Market Funds**) als hochverzinsliche, täglich fällige Titel (= hochverzinsliche "Girokonten") konzipiert und weisen Stückelungen ab einer Mindestgröße von rund 5 000 US-Dollar oder einer entsprechenden Währungskombination auf. Wenn auch versucht wird, mit Blockkäufen von Geldmarktpapieren eine relativ hohe Rendite zu erreichen, schlagen doch häufig die mit derartigen Anlageformen verbundenen Währungsrisiken negativ zu Buche.

## Geldmarktfonds

In den USA etablierte, auf die Anlage der Fondsmittel v.a. in -> **Commercial Papers**, Regierungsanleihen und -> **CDs** spezialisierte Investmentfonds, die den Bedürfnissen von Anlegern für sichere, kurzfristige Geldanlagen Rechnung tragen. Das Markt-

**Geldmarktfonds**

volumen wird von der Federal Reserve Bank auf rund 530 Mrd $ geschätzt. Die Rentabilität liegt über derjenigen von **Money Market Deposits** bei Banken (1989 mit 7,7% gegenüber durchschnittlich 6,1%). Um einem Abfluß von Anlagemitteln gegenzusteuern, bieten amerikanische Banken sog. **Money Market Accounts** als geldmarktähnliche Konten zu Zinsen zwischen denjenigen von -> **Money Market Funds** und Money Market Deposits an. Im Gegenzuge finanzieren amerikanische Geldmarktfonds nicht selten von Banken begebene -> **Jumbo Certificates of Deposits** (zu höheren Zinsen als dies bei "normalen -> **CDs** der Fall wäre). In Deutschland ist die Diskussion über die Zulassung von Geldmarktfonds noch nicht abgeschlossen. Während die Deutsche Bundesbank die Ansicht vertritt, **DM-Geldmarktfonds** würden zu einer Reduzierung der Mindestreservebasis führen, wodurch das finanzpolitische Mindestreserveinstrument geschwächt würde, und die Zulassung der nicht-mindestreservepflichtigen Geldmarktfonds störe den Wettbewerb (da diese in Konkurrenz mit anderen mindestreservepflichtigen Anlagemöglichkeiten träten), argumentieren Wissenschaft und Wirtschaft dahingehend, daß Geldmarktfonds ein durchaus wünschenswertes Instrument der Vermögensbildung darstellen würden, zumal sie den Wettbewerb beleben könnten, indem sie Druck auf Banken ausübten, ihre Zinsspannen anzupassen. Gerade dem kleinen Sparer eröffneten sie attraktive Anlagemöglichkeiten. Da diese Fonds nicht der Mindestreserve unterlägen, könnten Geldmarktfonds den Anlegern vermutlich eine bessere Rendite als die Zinssätze für Bankeinlagen bieten. Wichtig sei aber, daß der Druck auf die Banken vom Markt käme. Deshalb sollte der Gesetzgeber hier nicht reglementierend eingreifen. Die Nichtzulassung von Geldmarktfonds würde deutsche Kapitalanleger zwingen, auf ausländische Fonds auszuweichen. Dies bedeute hohe Risiken für deutsche Investment-Gesellschaften.

**Genußschein**

**Gemischte MLP**
Sonderform von -> **MLPs**, die aus der Zusammenfassung bisher bestehender, mehrerer privater US-KGs in eine public partnership in Form der MLP hervorgegangen sind.

**Gemischte REIT**
Anwendungsform einer -> **REIT** mit diversifiziertem Portfolio von Hypotheken (-> **Hypotheken-REIT**) und Immobilien in Form gewerblicher Objekte (-> **Dienstleistungs-REIT**).

**General-Clearing-Lizenz**
-> **Clearing-Lizenz**

**General-Clearing-Mitglied (GCM)**
-> **Clearing-Lizenz**

**General-Clearing-Zulassung**
Gegenüber der -> **Direkt-Clearing-Zulassung** auf Geschäfte mit -> **Nicht-Clearing-Mitgliedern** erweiterte Zulassung.

**Genußschein**
Wertpapiere, die Genußrechte verbriefen und wegen ihrer weitgehenden inhaltlichen Gestaltungsfreiheit ein interessantes Finanzierungsinstrument für Unternehmungen und Banken darstellen. Mit Ausnahme von § 221 II AktG fehlen rechtliche Regelungen bezüglich des Wesens von Genußscheinen weitgehend. Die Gestaltungsmöglichkeiten reichen vom reinen Gläubigerpapier bis zu Lösungen, die den Einsatz als nachrangiges Haftkapital (z.B. bei Banken durch § 10 V KWG) ermöglichen. Um in den Genuß der Abzugsfähigkeit der Aufwendungen (als Betriebsausgabe) für dieses Finanzierungsinstrument zu kommen, bedarf es einer Gestaltung, die das Recht auf Liquidationserlös ausschließt. Der Qualifikation als **steuerliches** Fremdkapital ist die Einräumung einer Gewinnbeteiligung jedoch nicht abträglich. Daher finden sich meist Kombinationen von fester Verzinsung und zusätzlicher Gewinnbeteiligung als wesentliche

Konstruktionsmerkmale der Genußscheine.
Lit.: Eilenberger 1990, 196

**Genußscheinfonds**
Form einer -> **Venture Capital-Gesellschaft**, die vom österreichischen Gesetzgeber durch das Beteiligungsfondsgesetz (BFG) von 1982 gefördert wird. Dieses **Beteiligungsfondsmodell** (-> Venture Capital) sieht die Ausgabe von Genußscheinen zur Aufbringung privaten Risikokapitals vor und kann daher als **Genußscheinfondsmodell** bezeichnet werden: Die Finanzierung von (innovativen) Unternehmensbeteiligungen erfolgt durch Beteiligungsfonds, die sich im Besitz einer Beteiligungsfondsgesellschaft befinden, und ihre Refinanzierung über die Ausgabe von Genußscheinen vornehmen. Dabei findet ein spezifischer -> **Genußschein-Typ** Anwendung, der keinen aktienrechtlichen Genußschein darstellt, sondern ein besonderes Inhaberpapier ist, das einen anteiligen Anspruch auf den **Jahresüberschuß des Beteiligungsfonds** verbrieft. Die Risikostreuung der Beteiligungen, die in Form von Kommanditbeteiligungen, stillen Beteiligungen oder als Beteiligungen an Kapitalgesellschaften gestaltet sein können, wird durch Anlagevorschriften sichergestellt: Einzelbeteiligungen dürfen 20% des Fondsvermögens nicht übersteigen, zwei Drittel des Fondsvermögens sind in Gewerbe und/oder Industrie-Unternehmungen zu investieren, mindestens ein Drittel des Fondsvermögens ist für Unternehmungen mit Betriebsleistungen bis zu 200 Mio ÖS reserviert, ein weiteres Drittel darf eine Betriebsleistung von 1500 Mio ÖS nicht übersteigen. Die frühestmögliche Kündigung der Beteiligungsverträge ist nach 10 Jahren vorgesehen, so daß die Unternehmung sich bis dahin konsolidiert hat und eine adäquate Anschlußfinanzierung finden kann.
Lit.: Stöber, K., Zur Entwicklung von Beteiligungsfonds. ÖBA 1987, 786 ff.; Eilenberger 1989, 236 f.

**German Government Bond (Bund) Futures Contract**
-> **Bundesanleihe-Terminkontrakt**

**Germany Restores Earth's Environment Now (GREEN)**
Variante eines -> **Aktienkorbes**, bestehend aus Anteilen an deutschen Unternehmungen, die in der Umwelttechnologie engagiert sind (-> "GREEN" Warrants).

**Geschlossener Länderfonds**
Vorzugsweise in den USA entstandene Aktiengesellschaften, welche die Beteiligung an Investments in solchen Ländern ermöglichen, die ausländischen Anlegern üblicherweise den unmittelbaren Marktzugang verwehren. Derartige **Country Funds** (z.B. Brazil Fund, Malaysia Fund, Mexico Fund, Taiwan Fund, Thai Fund) erweisen sich auf Grund der rechtlichen Konstruktion als sog. **Closed-end Funds**, da die Zahl der umlaufenden Aktien limitiert ist und der Emittent keine Rücknahmeverpflichtung der Anteile hat. Erweiterungen dieser Funds sind somit nur mittels Kapitalerhöhung möglich.

**Gesellschaft für Zahlungssysteme (GZS)**
Von den deutschen Kreditinstituten 1982 gemeinschaftlich gegründetes Unternehmen (40% private Banken, 40% Sparkassen, 20% Genossenschaftsbanken) mit den Bereichen
- Eurocard (u.a. -> **Autorisierung** und Verrechnung von Eurocard-/Mastercard-Umsätzen)
- eurocheque (grenzüberschreitende Verrechnung von eurocheques und internationalen Geldautomaten-Umsätzen deutscher -> **Karteninhaber** im Ausland bzw. ausländischer Karteninhaber in Deutschland)
- Zahlungssystementwicklung (Aufbau der Infrastruktur für vollelektronisches Bezahlen mit -> **ec-Karte**; -> **Electronic Cash**).

Deutscher Lizenznehmer von -> **Mastercard international**. *EK*

**Gespaltene Parallelanleihe**
-> Split-issue

**Gewinnwachstumsanleihe**
Variante einer festverzinslichen -> **Schuldverschreibung**, die bei Erreichen der budgetierten Ertragsziele der emittierenden Unternehmung eine Zusatzausschüttung bietet.

**Ginnie Mae**
Schuldverschreibungen des amerikanischen Pfandbriefmarktes, die von der -> **Government National Mortgage Association (GNMA)**, einer amerikanischen Regierungs-Agentur, auf der Basis des National Housing Act emittiert werden. Es handelt sich um -> **Mortgage-Backed Securities** eines Pools von Hypothekendarlehen, die bei der -> **FHA** versichert oder von der Veterians Administration oder der Farmers Home Administration garantiert sind.

**Global Bond**
Neue Anleiheform der Weltbank, die gleichzeitig an Investoren des -> **Yankee-Marktes**, des -> **Euro-Kapitalmarktes** (Eurodollar-Marktes) und ggf. anderer ausländischer Kapitalmärkte (z.B. des -> **Shogun-Marktes**) gerichtet ist. Die Weltbank bietet seit September 1989 Global Bonds zeitgleich auf diesen beiden Dollar-Teilmärkten mit einem gebündelten Volumen von 1,5 Mrd Dollar mit Festzinskupon an (anstatt bisheriger Bond-Emissionsvolumina zwischen 150 und 200 Mio \$). Die Laufzeit beträgt zwischen fünf und zehn Jahren. Dazu kommt, daß die Abwicklung des Handels mit "Globals" insofern erleichtert ist, als das Clearing entweder über -> **Fedwire** oder - am Euro-Kapitalmarkt - über die Clearingorganisationen -> **Cedel** oder -> **Euro-Clear** erfolgen kann.

**Global Certificate**
Wertpapier bzw. Zertifikat, das die gesamte Emission in einem Wertpapier repräsentiert. Dieses Zertifikat bildet die Grundlage für die Stückelung der Emission in -> **Wertrechte**, so daß die Lieferung effektiver Stücke entbehrlich ist. Diese Methode der Verbriefung findet auch in Zusammenhang mit -> **Währungs-Optionsscheinen** und -> **Zins-Optionsscheinen** Anwendung (Global-Inhaber-Optionsschein bzw. Inhaber-Sammeloptionsschein).

**Global-Inhaber-Optionsschein**
-> Global Certificate; -> Währungs-Optionsschein; -> Zins-Optionsschein.

**Globalanleihe**
-> Global Bond

**Globalisierung**
Entwicklung der internationalen Geld-, Kredit- und Kapitalmärkte in dem Sinne, daß eine weltweite Emission von Wertpapieren (einschl. Geldmarktpapieren) und Krediten sowie ein weltweiter Handel mit diesen Finanzinstrumenten rund um die Uhr an den Börsenplätzen der verschiedenen Kontinente möglich wird. Voraussetzungen dafür sind der Aufbau weltweiter Kommunikationsnetze und der Aufbau von geeigneten Sekundärmärkten bezüglich der Wertpapiere der verschiedenen Ursprungsgebiete (siehe -> **Euro-Clear**; -> **CEDEL**).

**Globalization**
-> Globalisierung

**Globalurkunde**
-> Global Certificate

**Globex-System**
Elektronisches Handels- und Abwicklungssystem für den Handel mit -> **Financial Futures** und -> **Optionen** (ausgenommen Aktienoptionen) der -> **CME**, dem sich Ende 1989 auch die -> **MATIF** angeschlossen hat. Nach Implementierung des Globex-Network in Paris, zu dem Reuters die techni-

sche Unterstützung und das Kommunikationssystem beiträgt, eröffnet sich die Möglichkeit einer Internationalisierung und Automatisierung der Märkte, und zwar vorerst in den Devisen- und Zinskontrakten der CME über Terminals zunächst in Chicago, New York, London und Paris.

**GNMA**
-> **Government National Mortgage Association**

**Go-go-Fonds**
Wertpapierfonds mit Anlagen in hochspekulativen Papieren, die häufig umgeschichtet werden, wobei auch Leerverkäufe erfolgen können. Zur Finanzierung werden auch Kredite aufgenommen. In Deutschland rechtlich nicht zulässig.

**Going Public**
-> **Going Public-Optionsschuldverschreibung**

**Going Public-Optionsschuldverschreibung**
Variante einer -> **Optionsschuldverschreibung** für Unternehmungen, die noch nicht börsennotiert sind, jedoch eine Börsenzulassung anstreben. Auf Grund dieses Sachverhaltes handelt es sich bei der Plazierung derartiger Anleihen, deren laufende Verzinsung weit unter derjenigen von -> **Straight Bonds** liegen muß, i.d.R. um eine Privatplazierung (-> **private placement**); allerdings sind auch öffentliche Plazierungen (-> **public offering**) möglich (mit kleinerer Stückelung der Anteile). Die Besonderheit der GP-Anleihe liegt v.a. darin, daß den Investoren ein weit über pari liegender Rückzahlungskurs (als marktkonforme Verzinsung) angeboten wird, wenn die Unternehmung während der Laufzeit der Anleihe den Gang an die Börse (**Going Public**) nicht antritt oder der Investor auf das Optionsrecht verzichtet. Im Falle des Going Public jedoch steht dem Investor das Recht zu, die -> **Optionsscheine** von der Schuldverschreibung zu trennen und dafür handelbare Optionsscheine zu erhalten, die ihn berechtigen, innerhalb einer bestimmten Optionsfrist (i.d.R. zwei Jahre) Aktien der Unternehmung zu Originalemissionsbedingungen zu erwerben. Somit kann der Investor die Entwicklung des Aktienkurses abwarten. Das maximale Risiko des Investors beschränkt sich auf den Zinsverzicht. Der Nutzen der Unternehmung liegt darin, daß einerseits Kreditkapital zu günstigen Konditionen aufgenommen, andererseits eine Vorentscheidung über die Plazierungsmöglichkeiten getroffen wird. Seit 1987 erfolgen Emissionen derartiger Anleihen in der Schweiz.

**Gold-Option**
Variante einer -> **Option** in Form einer **Edelmetall-Option**, die im wesentlichen das Recht bedeutet, eine bestimmte, in den Kontrakten (**Gold Option Contracts**) festgelegte Menge Goldes (z.B. zu jeweils 10 Troy-Unzen à 31,1035 Gramm an der -> **EOE**, bzw. 100 Troy-Unzen an der -> **COMEX**) vom -> **Stillhalter** gegen Zahlung einer -> **Optionsprämie** zum vereinbarten -> **Basispreis** entweder kaufen oder an ihn verkaufen zu können. Gold-Optionen werden sowohl börsenmäßig auf der Basis standardisierter Kontrakte (z.B. an der -> **EOE**) gehandelt, als auch in Form von Freiverkehrs-Optionen (-> **OTC-Markt**) von Banken geschrieben und an die Kundschaft verkauft.

**Good Till Cancel-Order (GTC-Order)**
Ausführungsart eines Börsenauftrages an -> **Financial Futures-Märkten** ohne Definition des Ausführungszeitpunktes. Der Auftrag endet entweder mit seiner Ausführung oder dem Widerruf (till cancel) des Auftraggebers (**good till cancelled**).

**Good Till Date (GTD)**
Uneingeschränkt limitierter Auftrag an Financial Futures-Märkten, dessen Gültigkeit vom angegebenen Datum begrenzt wird.

## Government and Agency Term Obligation Receipt (GATOR)
Durch das Verfahren des -> **Repackaging** entstandene -> **Schuldverschreibung** in Form einer -> **Null-Kupon-Anleihe**, die von mehreren Brokern emittiert wird (-> **Stripped Bond**).

## Government National Mortgage Association (GNMA)
Amerikanische Regierungs-Agentur in der Zuständigkeit des Department of Housing and Urban Development mit der Jurisdiktion, -> **Mortgage Backed Securities** in Form von **Ginnie Mae** mit der vollen Garantie für Rückzahlung des Kapitals und für die Zahlung der Zinsen durch das amerikanische Schatzamt (U.S. Treasury) entsprechend dem Standardprospekt HUD 1717, 3/73 auszugeben.

## GP-Anleihe
-> **Going Public-Optionsschuldverschreibung**

## Grantor
Synonym für -> **Writer** als "Schreiber" bzw. Verkäufer einer Option (-> **Stillhalter**).

## Grantor Underwritten Note (GUN)
Variante einer -> **FRN**, ähnlich einer -> **NIF**, bei der eine Gruppe von Banken (Grantors) zusichert, alle Notes dieser Emission zu kaufen, die von Investoren im Falle der nicht akzeptierten FRN-Zinsanpassung zurückgegeben werden. Anschließend ggf. Versteigerung der Notes durch die Grantors (zum Verfahren siehe auch -> **Variable Rate Notes**).

## GREEN
-> **Germany Restores Earth's Environment Now**; -> **GREEN-Warrants**

## GREEN-Warrants
Emission von -> **Optionsscheinen** in Form von GREEN-Warrants (Germany Restores Earth's Environment Now) zum Bezug eines Korbes (-> **Aktienkorb**), bestehend aus Aktien deutscher Unternehmen, die sehr stark in der Umwelttechnologie engagiert sind (-> **Ethic Funds**), vorbehaltlich eines Geldausgleiches durch die Emittenten, durch Finanzintermediäre im Wege des öffentlichen Angebots (-> **public offering**). Im März 1990 von der Paribas Capital Markets Effekten GmbH, Frankfurt am Main, federführend begeben. Eine bestimmte Zahl von Optionsscheinen berechtigt zum Bezug eines Korbes von Aktien nach Maßgabe der Optionsbedingungen. Neben der Einbeziehung in den Freiverkehr der Frankfurter Wertpapierbörse ist während der gesamten Laufzeit ein Sekundärmarkthandel (**Reuters**) vorgesehen.

## Grenzüberschreitendes Pooling
Verfahren des -> **internationalen Cash Managements**, bei dem mindestens zwei Währungen (im Regelfall jedoch mehrere Währungen) in die Disposition der Liquidität(en) der einzelnen Einheiten von MNU und MNB als Ganzes einbezogen sind. Grenzüberschreitendes Pooling ist in einer größeren Zahl von Staaten unzulässig; in der EG wird es ab 1.1.1993 auf Grund der Liberalisierungen des Zahlungsverkehrs und der Finanzmärkte grundsätzlich anwendbar sein. Notwendig sind Vereinbarungen zwischen den Beteiligten über Höhe der Zinssätze und über die zugrunde zu legenden Devisenkurse. Zur Vermeidung von Gewinnverschiebungen in multinationalen Konzernen hat eine Orientierung bei der Festlegung dieser Sätze an den vergleichbaren Marktpreisen (= Anwendung der Preisvergleichsmethode im Rahmen der "Verwaltungsgrundsätze" für deutsche MNK) zu erfolgen.
Lit.: Eilenberger 1987, 194 f.

## Grey Market
Markt für Neuemissionen vor der offiziellen Markteinführung an einer zugelassenen Börse (= "ungeregelter Markt"). Die Transaktionen erfolgen auf der Basis der "If, as and when issued"-Klausel.

# GTC

**GTC**
-> Good till cancelled

**GTC-Order**
-> Good Till Cancel-Order

**GTD**
-> Good Till Date

**GUN**
-> Grantor-Underwritten Note

**GZS**
-> Gesellschaft für Zahlungssysteme

# H

**Handdrucker**
-> **Imprinter**; eine Vorrichtung beim -> **Vertragsunternehmen** zum Übertragen seiner Daten und derjenigen des -> **Karteninhabers** auf den -> **Leistungsbeleg** bei einer Kreditkartenzahlung. Die auf der Karte (Kartennummer und Name des Karteninhabers) und auf dem Handdrucker (Name, Anschrift, Nummer des Vertragsunternehmens) hochgeprägten Daten (-> **Embossierung**) lassen sich durch Druck auf dem Durchschreibepapier des Leistungsbeleges abdrucken. *EK*

**Handelskarte**
-> **Kundenkarte** des Handels, z.B. von Kaufhauskonzernen herausgegeben ("Goldene Kundenkarte" von Hertie), dient vorrangig der Kundenbindung; der -> **Karteninhaber** kann im jeweiligen Unternehmen bargeldlos bezahlen. *EK*

**Hassle Fee**
-> **Swap-Sekundärmarkt**

**Hauptkarte**
Erste -> **Kreditkarte** zu einem bestimmten Girokonto, von dem die Rechnungsbeträge abgebucht werden; daneben bestehen -> **Zusatzkarten**. *EK*

**Heaven and Hell Bond**
Synonym für -> **Aktienindex-Anleihe**

**Hedge**
Gegenposition zu einer -> **offenen Position** zur Reduzierung bzw. zum Ausschluß von (Markt-) Risiken (= kompensatorisches Risiko), insbesondere bezüglich Zins-, Kurs- und Preisrisiken.

**Hedge-Kontrakt**
Ein zum Aufbau eines -> **Hedge** bzw. einer -> **Hedge-Position** geeigneter -> **Financial Futures-Kontrakt** oder -> **Optionskontrakt**.

**Hedge-Position**
In Abhängigkeit von der Art der -> **offenen Position** im Rahmen eines -> **Hedge** notwendige Schließung durch Aufbau einer Gegenposition, die im Falle von -> **Financial Futures** bei Sicherungsmaßnahmen von Devisenkursrisiken primär durch Einsatz von -> **Währungs-Futures** und bei Sicherungsmaßnahmen vor Zinsänderungsrisiken primär durch Anwendung von -> **Zins-Futures** möglich ist (analog dazu entsprechende -> **Optionen**).

**Hedger**
Gruppe von Marktteilnehmern am **Financial Futures-Markt**, die durch -> **Hedging** (= Sicherungsgeschäfte) ihre Kalkulationsgrundlagen verbessern, wobei sowohl -> **Financial Futures-Kontrakte** (-> **Zins-**, -> **Index-**, **Währungs-Kontrakte**) als auch -> **Optionskontrakte** zur Anwendung kommen können. Neben Absicherungsgeschäften im Außenhandel sind im reinen Finanzbereich Sicherungsgeschäfte bezüglich größerer Wertpapierpositionen mittels -> **Financial Futures** von Interesse, wobei die gegenläufige Entwicklung von Kassa- und Terminmarkt eine Kompensation von Verlusten auf dem einen durch Gewinne auf dem anderen Markt bewirken soll; über die Effizienz der Absicherung entscheidet nicht zuletzt die gewählte -> **Hedge Ratio**. Bei der Sicherung mittels -> **Optionen** betätigt sich der Hedger als -> **Stillhalter**; seine Kontrahenten sind -> **Spekulanten** und/oder -> **Arbitrageure**.

**Hedge Ratio**
Maßgröße zur Ermittlung der Anzahl von -> **Hedge-Kontrakten**, die bei -> **Hedging** über -> **Financial Futures-Märkte** bezüglich der abzusichernden -> **Kassaposition** ggf. unter Berücksichtigung bestimmter -> **Adjustierungsfaktoren** (bei Zins- und Aktienindex-Futures) erforderlich erscheinen. Grundsätzlich beruht die Ermittlung

## Hedge Ratio

der Hedge Ratio (HR) auf folgender Struktur:

$$HR = \frac{\text{Wert der offenen Kassaposition}}{\text{Kontraktwert}} \cdot \text{Adjustierungsfaktor}$$

Für die Ermittlung der HR für -> **Währungs-Futures** erübrigt sich der Ansatz eines Adjustierungsfaktors. Bei Absicherung eines Betrages von 100 Mio $ gegen Kursveränderungen gegenüber der DM ergibt sich daher folgende Rechnung (aktueller Kassakurs des $ = 1,70 DM; Kontraktwert eines DM-Kontrakts = 100000 DM):

$$HR = \frac{100000000\,\$ \cdot 1{,}7\,DM}{100000\,DM} = 170\ \text{Kontrakte}$$

Bezüglich der Verfahren zur Ermittlung der HR für -> **Zins-Futures** und -> **Aktienindex-Futures** und die zur Wahl stehenden -> **Adjustierungsfaktoren** siehe dort.
Lit.: Cordero, 99 ff.

## Hedge Ratio-Bestimmung

Bestimmung des Verhältnisses vom Marktwert einer Futureposition zum Marktwert der abzusichernden Kassaposition. Dabei kommen folgende Strategien bzw. Modelle in Betracht:

- -> **Naive Hedging**
- -> **Currency Future Model** — Währungs-Futures
- -> **Conversion Factor Model**
- -> **Duration Model**
- -> **Basis Point Model** — Zins-Futures
- -> **Regression Model**
- -> **Beta Factor Model** — Aktienindex-Futures

Alle Alternativen berücksichtigen neben dem Marktwert der Kassaposition und dem Wert der entsprechenden Futureposition (-> **Kontraktspezifikationen**) bestimmte -> **Adjustierungsfaktoren**, um das Hedginginstrument (Future) und die Kassaposition abzustimmen und vergleichbar zu machen. Auf diese Art und Weise sollen Unterschiede im Typ, in Laufzeit, Volatilität u.ä. ausgeschaltet werden. Wegen Einzelheiten zur Hedge Ratio bei -> **Optionen** siehe -> **Hedging (Aktienportfolio)**.

## Hedging

Verfahren bzw. Techniken zum Aufbau eines -> **Hedge** (siehe auch -> **Cross Hedge**). Entsprechend den zu kompensierenden (zu schließenden) -> **offenen Positionen** kann zwischen dem Hedging einer **Zinsposition** (Interest Position), einer **Währungsposition** (Currency Position) und einer **Aktienposition** (Stock Position) jeweils nach -> **Short** oder -> **Long Position** unterschieden werden.

## Hedging (Aktienportfolio)

Hedging bedeutet die aus einer Kurssenkung resultierende Wertminderung einer Kassaposition durch eine Wertsteigerung einer gegenläufigen Position (teilweise) auszugleichen, so daß dem Investor aus dem Gesamtportefeuille kein - oder nur ein begrenzter - negativer Erfolgsbeitrag entsteht. Fällt beispielsweise der Kurs einer Aktie um eine Geldeinheit und steigt gleichzeitig der Wert der gegenläufigen Position um eine bzw. eine halbe Geldeinheit, dann benötigt der Investor eine bzw. zwei gegenläufige Positionen, um die Wertminderung der Kassaposition auszugleichen. Aktienportfolios können durch den Einsatz unterschiedlichster Instrumente, wie z.B. Aktienoptionen oder Aktien-Termingeschäfte gehedgt werden, wobei der Hedge vollkommen oder unvollkommen sein kann.
Der vollkommene Hedge (-> **Perfect Hedge**) ist dadurch charakterisiert, daß bei jeder zukünftigen Aktienkursentwicklung das gehedgte Aktienportfolio risikolos ist, d.h. daß der Investor unabhängig von der zukünftigen Kursentwicklung immer dasselbe Ergebnis erwirtschaftet. Ein vollkommener Hedge ergibt sich beispielsweise aus der Kombination eines Aktienportfolios mit einem Aktien-Terminverkauf, wobei unterstellt wird, daß das Risiko des Aktienbe-

sitzes gleich dem Risiko eines Terminkaufs und dem gleichzeitigen Halten von Kasse in Höhe des Kaufpreises der Aktien ist (vgl. Welcker/Brutscher, 1985). Aus der graphischen Darstellung der Gewinn- und Verlustkurven der Termingeschäfte erkennt man die mögliche kompensatorische Wirkung:

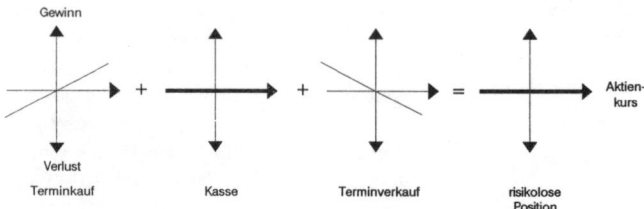

sifiziertes Aktienportfolio, das mit Hilfe einer -> **Aktienindex-Option** gehedgt wird. Aber auch dann, wenn im Portfolio nur eine Aktienart vorhanden ist, kann aus den Regeln über die Kombination und Zerlegung von Termingeschäften erkannt werden, daß sich aus der Verbindung eines Aktienportfolios mit einem Optionsgeschäft nicht ohne

Ökonomisch läßt sich die kompensatorische Wirkung des Terminverkaufs dadurch erklären, daß der Investor unabhängig von der zukünftigen Aktienkursentwicklung sein Aktienportefeuille zu einem durch den Terminverkauf fixierten Preis verkaufen muß. Ist der ursprüngliche Einstandspreis genauso hoch wie der fixierte Verkaufspreis, dann entsteht dem Investor weder ein Gewinn noch ein Verlust. Sofern der ursprüngliche Einstandspreis kleiner ist als der fixierte Verkaufspreis, erzielt der Investor einen Gewinn, im umgekehrten Fall erleidet er einen - von Anfang an bekannten und fixierten - Verlust.

Da der Gewinn bzw. Verlust nicht von der zukünftigen Aktienkursentwicklung, sondern nur vom Verhältnis des ursprünglichen Einstandskurses zum fixierten Verkaufspreis determiniert wird, handelt es sich um einen vollkommenen Hedge.

Der **unvollkommene Hedge** ist dadurch charakterisiert, daß ein Verlust aus dem Aktienportfolio nicht immer im vollen Umfang durch einen entsprechend hohen Gewinn aus einem gegenläufigen Termingeschäft kompensiert wird und der entstehende Verlust (oder Gewinn) von der zukünftigen Aktienkursentwicklung bestimmt wird, weshalb er anfänglich nicht bekannt ist. Typisch ist diese Situation für ein diver-

weiteres ein vollkommener Hedge bilden läßt. Dies soll mit Hilfe der Vektorschreibweise von Termingeschäften gezeigt werden, indem die vier Grundarten der Optionsgeschäfte jeweils mit einem Aktienkassabestand kombiniert werden. In keinem Fall erhält man eine risikolose Position:

Risikolose Position: $\begin{bmatrix} 0 \\ 0 \end{bmatrix}$-Position

1) Verkauf einer Verkaufsoption:

$\begin{bmatrix} 0 \\ -1 \end{bmatrix} + \begin{bmatrix} +1 \\ -1 \end{bmatrix} = \begin{bmatrix} +1 \\ -2 \end{bmatrix}$

2) Verkauf einer Kaufoption:

$\begin{bmatrix} -1 \\ 0 \end{bmatrix} + \begin{bmatrix} +1 \\ -1 \end{bmatrix} = \begin{bmatrix} 0 \\ -1 \end{bmatrix}$

3) Kauf einer Kaufoption:

$\begin{bmatrix} +1 \\ 0 \end{bmatrix} + \begin{bmatrix} +1 \\ -1 \end{bmatrix} = \begin{bmatrix} +2 \\ -1 \end{bmatrix}$

4) Kauf einer Verkaufsoption:

$\begin{bmatrix} 0 \\ +1 \end{bmatrix} + \begin{bmatrix} +1 \\ -1 \end{bmatrix} = \begin{bmatrix} +1 \\ 0 \end{bmatrix}$

Zur Verdeutlichung dieses Sachverhaltes soll für den Fall des Verkaufs einer Kaufoption die graphische Darstellung der Gewinn- und Verlustkurven dienen:

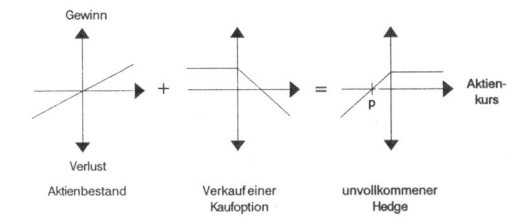

*Aktienbestand + Verkauf einer Kaufoption = unvollkommener Hedge*

Aus dieser Darstellung ist erkennbar, daß der Investor einen umso größeren Verlust erleidet, je stärker der Aktienkurs unter den Wert P fällt. Sofern der Aktienkurs einen Wert größer oder gleich P annimmt, entsteht kein Verlust.
Verkauft der Investor zwei Kaufoptionen zum Hedge des Aktienbestandes, dann ergibt sich für den unvollkommenen Hedge nachfolgende Gewinn- und Verlustkurve:

*Aktienbestand + Verkauf einer Kaufoption + Verkauf einer Kaufoption = unvollkommener Hedge*

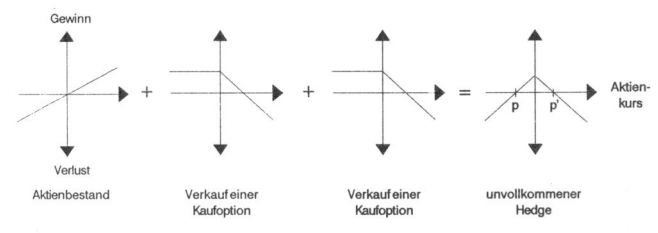

Im Gegensatz zum obigen Beispiel erleidet der Investor nicht nur bei fallenden Aktienkursen, sondern auch bei steigenden Aktienkursen einen Verlust, sofern der Aktienkurs einen Wert größer P' annimmt.
Aus diesen beiden Beispielen ist ersichtlich, daß die Anzahl der einzusetzenden Optionen, die zum Hedge des Aktienbestandes herangezogen werden müssen, in Abhängigkeit von der zukünftigen Aktienkursentwicklung zu bestimmen ist. Steigt der Aktienkurs über P', dann kann ein Verlust nur durch den Verkauf einer Kaufoption vermieden werden. Daraus kann der Schluß gezogen werden, daß ein Hedge des Aktienbestandes nur in denjenigen Fällen erfolgversprechend ist, in denen die Anzahl der zum Hedge herangezogenen Optionen

eine Funktion des aktuellen Aktienkurses sind (vgl. Grützemacher).
Demzufolge ergibt sich bei der (Kurs-) Absicherung eines Aktienbestandes zunächst die Problemstellung, um welchen Wert sich der Preis einer Option verändert, wenn sich der Wert des Basisobjektes um eine Einheit ändert. Man benötigt also einen Ansatz, der die Stärke der Optionspreisreaktion bei Veränderung des Aktienkurses angibt. Ausgehend von der -> **Black-Scholes Formel** kann durch partielle Ableitung nach dem aktuellen Aktienkurs (hier für die Kaufoption) die gesuchte Höhe der Optionspreisreaktion bestimmt werden. Die partielle Ableitung ergibt sich aus folgenden Einzelschritten:

$$\frac{dC}{dA} = N(d_1) + A \frac{dN(d_1)}{dd_1} \frac{dd_1}{dA} - B e^{-rt} \frac{dN(d_2)}{dd_2} \frac{dd_2}{dA}$$

$$= N(d_1) + \frac{e^{-0,5d_1^2}}{\sqrt{2\pi} \, s \sqrt{t}} \left[ 1 - \frac{B e^{-rt} e^{rt} A}{A B} \right]$$

$$= N(d_1) > 0$$

Dabei gilt:
C = Optionswert einer Kaufoption
A = aktueller Aktienkurs
B = Basispreis
VAR = Varianz der Aktienrendite
t = (Rest-) Laufzeit der Option
r = risikoloser Zinssatz
$N(d_1)$ = Wert der Verteilungsfunktion bei logarithmischer Normalverteilung von $d_1$

Der Wert der partiellen Ableitung wird gewöhnlich als -> **Hedge Ratio** bezeichnet. Die Hedge Ratio sagt aus, wieviel Aktien durch eine Option vollkommem (perfekt) gehedgt werden. Berechnet man den reziproken Wert der Hedge Ratio, dann erhält man diejenige Anzahl von Optionen, die benötigt werden, um eine Aktie perfekt zu hedgen.

Aus der partiellen Ableitung der Black-Scholes-Formel nach dem aktuellen Aktienkurs kann das wesentliche Problem des perfekten Hedge erkannt werden. Die Anzahl der benötigten Optionen variiert mit Änderung der Restlaufzeit und dem jeweiligen aktuellen Aktienkurs. Das Problem bzgl. des aktuellen Aktienkurses wurde bereits oben erkannt. Soll ein Aktienportfolio über einen längeren Zeitraum perfekt gehedgt werden, dann muß die Anzahl der zum Hedge herangezogenen Optionsgeschäfte permanent angepaßt werden. Es ist verständlich, daß eine solche Anpassung aufgrund der Existenz von Transaktionskosten sowie der fehlenden Möglichkeit des kontinuierlichen Handels nicht exakt realisierbar ist, weshalb ein mit Optionen gesichertes Aktienportfolio in der Realität zumeist einen unvollkommenen Hedge darstellt. Zur Lösung dieses Problems wird vorgeschlagen, in Abhängigkeit von der Höhe der Varianz der Aktienrendite sogenannte **Hedge Ratio-Zonen** zu bestimmen, innerhalb derer eine Anpassung nicht durchgeführt wird, mit der Wirkung, daß derartig gesicherte Aktienportfolios einen begrenzten Gewinn- bzw. Verlustbeitrag liefern. Bei der Festlegung der Hedge Ratio-Zonen sollte darauf geachtet werden, daß diese umso kleiner sind, je höher die Varianz der Aktienrendite der zugrundeliegenden Aktie ist, da eine steigende Varianz grundsätzlich ein steigendes Kursrisiko bedeutet. Je höher das Kursrisiko aber ist, desto präziser sollten die Hedgepositionen aufgebaut sein. Erst bei Erreichen bzw. Überschreiten der festgesetzten **Hedge Ratio-Grenzwerte** sind Anpassungsmaßnahmen, z.B. hinsichtlich der Anzahl der zum Hedge herangezogenen Optionen erforderlich. *TG*

**Hedging-Technik**
-> **Hedging**; -> **Hedge Ratio**

**Hell and Heaven Bond**
Synonym für -> **Aktienindex-Anleihe**

**High Yielded Bond**
Hochspekulative -> **Schuldverschreibung** insbesondere des US-Kapitalmarkts (-> **OTC-Markt**), auch als -> **Junk Bond** bezeichnet. Grundsätzlich auch auf anderen nationalen Kapitalmärkten anzutreffen.

**Hinterlegungszertifikat**
Hilfskonstruktion zur Erhöhung der Fungibilität und Sekundärmarktfähigkeit von internationalen Beteiligungspapieren, die nicht auf die betreffende Landeswährung lauten, auf nationalen Aktienmärkten nach dem **Depositary-Receipt-System**. Hinterlegungszertifikate (**Depositary Receipts**) verkörpern eine bestimmte Stückzahl von hinterlegten Originalaktien, in der Regel 5, 20 oder 100 Stück, die über die Niederlassungen einer **Depositary-Bank** international handelbar sind (z.B. in Form von Hongkong Depositary Receipts an der Wertpapierbörse Hongkong oder von **American Depositary Receipts - ADRs** - des amerikanischen Kapitalmarkts). Ein besonderer Vorteil dieses Systems wird in der Förderung der Beteiligungsfinanzierung mittlerer und kleinerer MNU gesehen, die zwar über ein be-

trächtliches Wachstumspotential, nicht jedoch über entsprechende Vermögenswerte verfügen und für die deshalb eine breite Aktienemission nicht in Frage kommen kann. Varianten dieses Systems werden vom **Deutschen Auslandskassenverein (AKV)** in Form der **Inhaber-Sammelzertifikate** und der **Share Certificates** praktiziert.
Lit.: Eilenberger 1990, 310 ff.

### Home Banking
Automatisierte, EDV-gestützte Form der Geschäftsabwicklung zwischen Kunde und Bank, welche die Existenz (offener) Kommunikationsnetze voraussetzt. Der Bankkunde tritt mit seiner Bank über entsprechende Terminals in Kontakt und tätigt auf diese Weise Geschäfte ohne Beratungsbedarf (z.b. Zahlungsverkehr, Wertpapierver- und -ankäufe, Abfragen von Finanzinformationen u.ä.). Der Vorteil besteht in der Abwicklungsmöglichkeit der Kundenbedürfnisse rund um die Uhr, ohne an Schalteröffnungszeiten gebunden zu sein.

### Hongkong Futures Exchange
Warenterminbörse in Hongkong, bei der als Teil der Effektenbörse mit Futures in Gold, Soft-Futures (Sojabohnen, Zucker) und mit Optionen gehandelt wird. *DR*

### Hongkong Stock Exchange
Effektenbörse Hongkongs. Ein Teil der Hongkong Stock Exchange ist die -> **Hongkong Futures Exchange**. *DR*

### Horizontal Spread
Kombination von gekauften und gleichzeitig verkauften Optionen (-> **Spread**), also von -> **Long-** und -> **Short-Position**, mit demselben -> **Basisobjekt** und demselben -> **Basispreis**, jedoch unterschiedlichen -> **Verfalldaten** (zum Unterschied dazu siehe -> **Vertical Spread**); zum Einsatz können sowohl -> **Calls** als auch -> **Puts** kommen (siehe auch -> **Aktienoptionsstrategie**).

### Hybrid-Anleihe
-> **Doppelwährungsanleihe**

### Hybridkarte
Karte mit Magnetstreifen und Chip, mit der sowohl online, über Magnetstreifen, als auch offline, über Chip, autorisiert werden kann (-> **Autorisierungsverfahren**), versuchsweise in Form der Hybrid- -> **ec-Karte** für -> **Electronic Cash** eingesetzt. *EK*

### HYPAX
-> **Hypo-Bank-Aktienindex**

### HYPAX-Warrants
Variante von -> **Optionsscheinen** auf den -> **HYPAX** mit folgenden Optionsrechten (Emission 15./16. Februar 1990):
Jeweils 2 **HYPAX Bull Warrants** gewähren eine -> **Kaufoption** mit dem Recht, bei Ausübung von der Emittentin die Gutschrift eines bestimmten Geldbetrages zu verlangen. Dieser Betrag ist 1/10 der in DM ausgedrückten Differenz, um den der HYPAX am Berechnungstag den Basispreis (11000) unterschreitet (Ausgabepreis: 60 DM).
Jeweils 1 **HYPAX Bear Warrant** gewährt eine -> **Verkaufsoption** mit dem Recht, bei Ausübung von der Emittentin die Gutschrift eines bestimmten Geldbetrages zu verlangen. Dieser Betrag ist 1/10 der in DM ausgedrückten Differenz, um den der HYPAX am Berechnungstag den Basispreis (9300) unterschreitet (Ausgabepreis: 95 DM).
Der HYPAX-Schlußstand am 14. Februar wurde mit 10351 festgestellt. Optionsfrist: 26.2.1990 - 26.2.1991. Effektive Optionsscheine werden nicht ausgegeben; die Verbriefung der Optionsscheine erfolgt in je einem -> **Inhaber-Sammeloptionsschein**.

### Hypo-Bank-Aktienindex (HYPAX)
Spezifizierung eines -> **Aktienindex**, der von der Hypo-Bank AG, München, entwickelt worden ist, und der die Basis für neue Produkte (die indexbezogen sind) zum Zwecke des Risikomanagements abgeben

soll. Der HYPAX umfaßt die zum Optionshandel an der -> **DTB** zugelassenen Werte. Im Falle der Zulassung weiterer Aktien zum DTB-Optionshandel werden diese jeweils zum Ultimo des ersten Handelsmonats in den Index aufgenommen. Die 14 Einzelwerte des HYPAX sind die marktbreitesten und umsatzstärksten Werte der deutschen Aktienbörse. Wenn auch der Index derzeit noch weniger als 3% aller Aktien enthält, deckt er über 47% der Marktkapitalisierung und über 60% des Börsenumsatzes des deutschen Marktes ab. Die Korrelation des HYPAX zu anderen Indizes, wie zum -> **DAX** oder zum -> **FAZ-Index**, ist außerordentlich hoch. Man kann davon ausgehen, daß der Index auch die Gesamtkursentwicklung aller 486 deutschen Aktiengesellschaften zu etwa 90% richtig wiedergibt. Die Konstruktion des HYPAX ist ihrem Wesen nach ein Preisindex nach Laspeyres (siehe -> **FAZ-Index**). Die Gewichtung der Kurse erfolgt mit dem zugelassenen Grundkapital zum Basiszeitpunkt. Eine Anpassung der Gewichte wird im Regelfall zum Ende eines jeden Jahres vorgenommen. Als Basiszeitpunkt des Index wurde der Ultimo 1989, als Basishöhe 10000 gewählt. Die Bezugsbasis für die Kursveränderungen ist damit aktuell und hinreichend genau.

Um eine Vergleichbarkeit des HYPAX im Zeitverlauf zu gewährleisten, wird bei Kapitalveränderungen eine Bereinigung des entsprechenden Aktienkurses nach der -> **Opération blanche** vorgenommen. Die jeweiligen Korrekturfaktoren ermitteln sich als Quotient aus dem Kurs vor Veränderung minus rechnerischem Bezugsrecht. Auf eine Index-Korrektur beim Abschlag von Normaldividenden wird jedoch bewußt verzichtet. Damit unterscheidet sich der HYPAX grundsätzlich vom -> **DAX**. Während der HYPAX als -> **Major Market Index** den Kursverlauf der 14 DTB-Werte wiedergibt, ist der 30 Werte umfassende DAX als Performance-Index konzipiert.

Der HYPAX reicht bis zum 1.1.1987 zurück. Er deckt dabei die Kursentwicklung der zurückliegenden drei Jahre exakt für die 14 DTB-Werte. Indexverkettungen mit bereits bestehenden Indizes erfolgten nicht.

Die Ermittlung des HYPAX erfolgt börsen-

| WP-Nummer | Name | Kurs Ultimo 1989 | Grundkapital in Mio. DM | Gewichtungsfaktor | Indexanteil | Börsenkapitalisierung |
|---|---|---|---|---|---|---|
| 840400 | Allianz | 2.425.00 DM | 750,00000 | 2,7729 | 12,94 % | 36375,00 |
| 515100 | BASF | 298.00 DM | 2.854,87690 | 10,5550 | 6,05 % | 17015,07 |
| 575200 | Bayer | 312.70 DM | 3.200,24980 | 11,8319 | 7,12 % | 20014,36 |
| 519000 | BMW | 563.00 DM | 787,50000 | 2,9115 | 3,16 % | 8867,25 |
| 803200 | Commerz Bank | 295.00 DM | 1.252,68745 | 4,6314 | 2,63 % | 7390,86 |
| 550000 | Daimler | 808.00 DM | 2.329,63800 | 8,6131 | 13,40 % | 37646,95 |
| 804610 | Dresdner Bank | 432.00 DM | 1.745,90405 | 6,4549 | 5,37 % | 15084,61 |
| 804010 | Deutsche Bank | 835.00 DM | 1.988,22405 | 7,3508 | 11,82 % | 33203,34 |
| 575800 | Hoechst | 291.20 DM | 2.903,37130 | 10,7343 | 6,02 % | 16909,23 |
| 656000 | Mannesmann | 372.00 DM | 1.446,07780 | 5,3464 | 3,83 % | 10758,82 |
| 723600 | Siemens | 720.00 DM | 2.497,90125 | 9,2352 | 12,80 % | 35969,78 |
| 748500 | Thyssen | 273.00 DM | 1.565,00000 | 5,7861 | 3,04 % | 8544,90 |
| 761440 | Veba | 382.00 DM | 2.226,18085 | 8,2306 | 6,05 % | 17008,02 |
| 766400 | VW | 541.00 DM | 1.500,00000 | 5,5458 | 5,78 % | 16230,00 |
| | HYPAX | 10 000 | 27047,61145 | | 100,00 % | 281018,19 |

täglich als **Laufindex** während der gesamten Handelszeit der deutschen Börsen.
**Quelle:** Hypo-Bank AG, Trend & Hintergrund Nr. 6 vom 14.2.1990

**Hypotheken-MLP**
Anwendungsform einer -> **MLP**, die Portefeuilles an Hypotheken mit Restlaufzeiten von 10 Jahren (bei erstrangiger Besicherung) erwirbt. Der Zinsendienst ist bei -> **GNMA** oder -> **FNMA** versichert. Der Vorteil des Investors bei Erwerb von Anteilen an derartigen MLPs liegt darin, daß sie höhere Rentabilitäten als analog sichere Papiere (z.B. -> **US-Treasury-Bonds**) aufweisen. Die Struktur von Hypotheken-MLP zeigt folgende Abbildung:

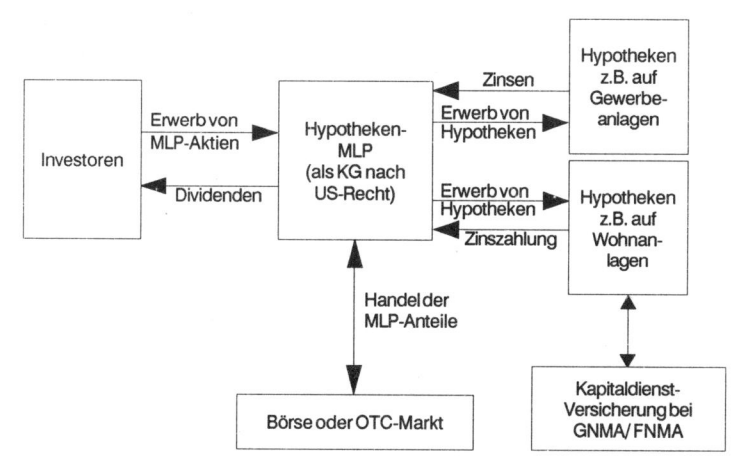

**Hypotheken-REIT**
Anwendungsform einer -> **REIT**, welche die Fondsmittel zum Erwerb von Hypotheken, Bauzwischenfinanzierungen, Bürogebäuden u.ä. einsetzt (analog zu -> **Hypotheken-MLP**).

# I

**IBF**
-> International Banking Facilities

**IBIS**
-> Inter-Banken-Informations-System

**ICCH**
-> International Commodities Clearing House

**ICON**
-> Indexed Currency Option Note

**IDP**
-> Incremental Dividend Depository Preferred Share

**IMM**
-> International Monetary Market

**Immediate or Cancel (IOC)**
Eingeschränkt limitierte Auftragsart an -> **Financial Futures-Börsen**, die auf sofortige, vollständige (oder teilweise) Ausführung gerichtet ist. Im Falle teilweiser Ausführung ist der nicht ausgeführte Teil des Auftrages zu eliminieren (bzw sofort auszuführen oder zu annullieren).

**Immobilienfonds auf Aktien**
Geschlossener Immobilienfonds (**REIT - Real Estate Investment Trusts**) in der Rechtsform einer US-Aktiengesellschaft. Die Investitionen erfolgen ausschließlich in Immobilien; die Fondsanteile dürfen nach ihrer Erstemission nur an einem -> **Sekundärmarkt** in Form einer Börse gehandelt werden. Die Vorteile für den Investor bestehen darin, daß einerseits diese Fonds von der Körperschaftsteuer befreit und von der Steuerreform 1986 begünstigt sind sowie eine Durchleitung der Ergebnisse auf die Aktionäre erfolgt, andererseits die Anteile börsengehandelt werden (so daß eine Lösung aus dem Engagement problemlos möglich ist) und der Fonds keine neuen Anteile ausgibt. REIT-Aktien als -> **Finanzinstrument-Innovation** entstehen, wenn durch Investment-Banken Anteile an REIT bei der SEC zum öffentlichen Verkauf registriert und anschließend auf einem speziellen Marktsegment der -> NYSE bzw. der -> ASE zum amtlichen Börsenhandel oder im -> **OTC-Markt** plaziert werden. Insofern ergibt sich - analog zu -> MLP - die Konsequenz, daß eine Finanzinstrument-Innovation eine -> **Finanzmarkt-Segmentinnovation**, in diesem Falle der REIT, nach sich zieht. Die Anlage der Mittel des geschlossenen Immobilienfonds erfolgt insbesondere mit Schwerpunkten im Hypothekenbereich (-> **Hypotheken-REIT**), im Dienstleistungsbereich (-> **Dienstleistungs-REIT**) und in -> **gemischten REIT**. Die grundsätzliche Struktur einer REIT-Konstruktion gibt die folgende Abbildung wieder:

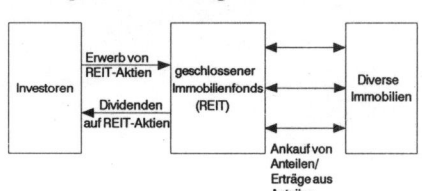

Als jüngste Finanzinstrument-Innovationen erweisen sich die -> **REIT-Fonds** und -> **REITs mit begrenzter Laufzeit**.
Lit.: Rölle, 121 ff.

**Implied Repo Rate**
Die aus einer -> **Spread Position** erzielbare Ertragsrate.

**Implied Volatility**
-> **Volatilität**

**Imprinter**
-> **Handdrucker**

## Increased cost clause

Klausel in Kreditverträgen und Anleihebedingungen, welche die Überwälzung gestiegener Aufwendungen auf Grund geänderter steuerrechtlicher und administrativer Regelungen auf den Kreditnehmer/Schuldner ermöglichen soll.

## Incremental Dividend Depositary Preferred Share (IDP)

-> **Unbundled Stock Unit**

## Index-Anleihe

Schuldverschreibung mit der Bindung von Zinszahlungen und/oder Tilgung und/oder Emissionsbetrag an einen Index (-> **Aktienindex-Anleihe**; -> **Rechnungseinheiten-Anleihe**; Inflationsrate; Goldpreis; Rohölpreis; Devisenkurs; Zinsindex).

## Index-Arbitrage

Nutzung von Termingeschäften auf Aktien-Indizes (-> **Stock Index Futures**) in Relation zu den Entwicklungen auf den zugrunde liegenden Kassamärkten. Bei kurzfristig auseinanderlaufender Entwicklung der Kurse für die Aktienindex-Futures (-> **Stock Index Futures**) und für die Einzelwerte in den zugrundeliegenden -> **Aktienkörben** bzw -> **Index Funds**, die durch Großcomputer erfolgt, reagieren die entsprechend programmierten Computer (siehe auch -> **Programmhandel**) in der Weise, daß sie **entweder** große Mengen an Aktien kaufen und zugleich per Termin verkaufen **oder** Futures kaufen und Aktien verkaufen; dabei werden zum Teil kleinste Margen realisiert, die in Anbetracht der großen Mengen an gehandelten Finanzinstrumenten jedoch noch die Erzielung von Nettoerfolgen ausreichenden Umfanges zulassen.

## Index-Arbitrageur

Marktteilnehmer, der auf Grund der technischen Voraussetzungen, die durch den -> **Programmhandel** eröffnet werden, Bewertungsdifferenzen zwischen den Ergebnissen von -> **Index Funds** als spezifische Form einer Kapitalanlagestrategie und von **Stock Index Futures**, die auf demselben -> **Aktienindex** (z.B. -> **Standard & Poors 500**) basieren (siehe auch -> **Aktienkorb**),nutzt

## Index-Fonds

-> **Aktienindex-Fonds**

## Index Fund

Variante eines Investmentfonds (Index-Fonds), dessen Struktur einem gebräuchlichen -> **Aktienindex** entspricht (z.B. -> **FAZ-Index**; -> **Standard & Poors 500**). Voraussetzung zur -> **Index-Arbitrage**.

## Index Future-Kontrakt

Index-Terminkontrakt, der - ausgehend von den Vereinigten Staaten - auf einer Reihe unterschiedlicher Indizes (Index der Unternehmensgewinne, der Neubauvorhaben, des Automobilsatzes, der Verbraucherpreise oder auch der Frachtraten) weltweit vor allem in Form von Kontrakten auf -> **Aktienindizes** Bedeutung erlangt hat (-> **Stock-Index Future Contracts**); möglich sind auch Indizes auf Rentenwerte (-> **Municipal Bond Index Future Contract**). *WH*

## Index Future-Optionskontrakt

Option auf einen Index-Terminkontrakt. Größte Verbreitung weisen dabei Optionen auf Aktienterminkontrakte (**Option on Stock Index Future Contracts**) auf.

## Index Futures

Futures-Kontrakt, dessen Konstruktion auf einem bestimmten (Preis-) Index beruht (z.B. -> **Stock-Index-Futures**).

## Index Participations (IPs)

Index Participations (auch **Stock Baskets, Wertpapierkörbe**) verkörpern Ansprüche auf einen gesamten, durch einen -> **Aktienindex** abgebildeten Markt und wurden im Mai 1989 an zwei amerikanischen Börsen (Philadelphia Stock

Exchange, American Stock Exchange) mit zunächst großem Erfolg eingeführt. Finanztechnisch bilden sie das Bindeglied zwischen Aktien und -> **Index Futures** und verschaffen dem Käufer eine Position gleich der, die ihm zukäme, wenn er tatsächlich alle in einem Index erfaßten Titel nach ihren jeweiligen Anteilen erworben hätte. IPs sind im Gegensatz zu Index Futures grundsätzlich zeitlich unbefristet, und beim Kauf ist der volle Gegenwert zu entrichten (es gibt keine Margin wie bei den Futures). Eine Kontrakteinheit entspricht dem Vielfachen des jeweils dem Kontrakt zugrundegelegten Index (für den S&P 500 CIP der Philadelphia Stock Exchange z.B. 1/10 des -> **Standard & Poors 500 Index,** wobei eine Schlußeinheit 100 IPs umfaßt).

IPs können jederzeit am Markt gehandelt werden, wobei gleichermaßen Käufe wie (Leer-)Verkäufe möglich sind; allerdings muß der Leerverkäufer eine Sicherheitsleistung in Höhe von 150% des Kontraktwertes entrichten (ähnlich wie bei Aktienleerverkäufen). Wie bei den -> **Financial Futures** tritt zwischen die Vertragspartner ein -> **Clearing-Haus**, das den Vertragspartnern ihre Rechte garantiert und das Erfüllungsrisiko ausschaltet: nach Abschluß des Kontraktes ist das Clearing-Haus der einzige Vertragspartner für beide Parteien. Vierteljährlich erfolgt eine Ausschüttung, die den Dividenden entspricht, die die in den Index einbezogenen Aktien im Bezugsquartal gezahlt haben; das Clearing-Haus berechnet dieses Dividendenäquivalent, stellt es dem (Leer-)Verkäufer in Rechnung und schreibt es dem Käufer gut.

Eine -> **offene Position** in Index Participations wird i.d.R. durch Eingehen eines Gegengeschäftes am Markt glattgestellt: der vormalige Käufer eines Kontraktes verkauft, der vormalige Verkäufer kauft einen Kontrakt derselben Art. Daneben gibt es noch weitere Möglichkeiten, die je nach Kontrakttyp (bzw. je nach Börse) variieren: so besteht bei dem oben genannten S&P 500 CIP die Möglichkeit, einmal im Quartal eine Barauszahlung in Höhe des aktuellen Indexstands oder zu einem freigewählten Zeitpunkt eine derartige Barauszahlung unter Abzug eines Strafzinses von 0,5% zu verlangen (-> **Cash Settlement**). Mit diesen Regelungen wird gewährleistet, daß die Kurse der IPs nur marginal von den jeweiligen Indexwerten abweichen werden.

Aufgrund eines Gerichtsurteils (United States Court of Appeals, 18. August 1989) wurde allerdings bereits im Sommer 1989 der Handel mit IPs wieder eingestellt. Ursache war ein Streit zwischen den Aufsichtsbehörden. Nach dem Urteil war die Aufsichtskompetenz fehlerhaft geregelt: da es sich nach Ansicht des Gerichts bei den IPs eher um Futures denn um aktienähnliche Kontrakte handelte, hätte die Regulierungshoheit der -> **CFTC** und nicht der **SEC** zugesprochen werden müssen. Es steht allerdings zu erwarten, daß die IPs in Kürze - nunmehr unter anderen Rahmenregelungen, aber in grundsätzlich ähnlicher Form - wieder zum Handel zugelassen werden. Man muß vermuten, daß die Einfachheit ihrer Konstruktion die IPs zu einer ernsten Konkurrenz für die -> **Index-Fonds** und die Index Futures werden lassen. Im Gegensatz zu den Index-Fonds sind sie weit kostengünstiger zu handhaben: die Wertpapiere brauchen nicht gekauft, gelagert, versichert und verwaltet zu werden. Im Gegensatz zu den Index Futures erlauben sie zeitlich unbegrenzte Engagements in Gesamtmarktpositionen, ohne jeweils neue aufwendige Abschlüsse notwendig zu machen; zudem zahlen sie Dividende und weisen nicht das durch die enorme Hebelwirkung der Futures gegebene hohe Risiko auf. Im Zusammenhang mit anderen Finanzinstrumenten eröffnen die IPs vielfältige Anwendungsmöglichkeiten: durch den Kauf von IPs und den gleichzeitigen Verkauf von Index-Calls kann eine Renditenverbesserung herbeigeführt werden; mit IPs können bestehende Aktienportefeuilles "eingefroren" werden; mit IPs können Index-Call-Positionen in Index-Puts (und vice versa) umgewandelt

## Index Participation Certificate (IPC)

werden etc.
Es dürfte damit zu rechnen sein, daß die IPs recht bald in anderen Ländern Nachahmer finden werden, und vieles spricht dafür, daß sie die Finanzinnovationen der neunziger Jahre werden könnten. *KS*

**Index Participation Certificate (IPC)**
-> **Aktienkorb**

**Index-linked Bond**
-> **Index-Anleihe**

**Index Option**
-> **Aktienindex-Option**

**Indexed Currency Option Note (ICON)**
Mittelfristige Schuldverschreibung, die eine Option für den Emittenten dahingehend enthält, bei bestimmten, festgelegten Veränderungen des Devisenkurses einer anderen Währung eine verringerte Tilgungsleistung erbringen zu können. Damit wird veränderten Rückzahlungsbedingungen aus Auslandsinvestitionen des Emittenten, die mit der ICON finanziert sind, entsprochen und damit das Valutarisiko des Emittenten verringert.

**Indextermin-Kontrakt**
-> **Index Future-Kontrakt**

**Inertia Speculation**
Spekulation durch völlige Untätigkeit ("managing risk through lack of action").

**Inhaber-Sammeloptionsschein**
-> **Global Certificate**; -> **Währungs-Optionsschein**; -> **Zins-Optionsschein**; -> **Aktienindex-Warrant**.

**Initial Margin**
"Einschuß" in Form eines Betrages, der dem Käufer und Verkäufer von Future-Kontrakten für das Eingehen einer Position vom -> **Clearing House** verrechnet wird. Die Höhe der Einschußpflicht ist dabei aus den jeweiligen Kontraktspezifikationen zu ersehen (-> **Margin-Systematik**).

**Innerer Wert**
-> **Intrinsic Value**

**Innovationsfinanzierung**
-> **Venture Capital**

**Intelligente Kundenkarte**
-> **Silicium-Geld**

## Inter-Banken-Informations-System (IBIS)

Von den Großbanken (Deutsche Bank, Dresdner Bank, Commerzbank) und den Spitzeninstituten des Spar- und Genossenschaftssektors (DGZ- und DG-Bank) entwickeltes außerbörsliches Informations- und Abwicklungssystem (siehe auch -> **MATIS**; -> **MIDAS**), dessen Start am 1.12.1989 erfolgte und dessen Ausbau zu einem umfassenden elektronischen Handelssystem an der Frankfurter Wertpapierbörse geplant ist. Zunächst findet der Handel zwischen 9 und 17 Uhr statt und umfaßt die 14 Aktien, die an der -> **DTB** die Grundlage für den Handel mit Optionskontrakten bilden (Tabelle).

**Ibis-System** Außerbörslicher Handel

| 30.5.90 Titel | Hoch / Tief | Kurse von 16.00 Uhr | Umsätze in Stück [1] |
|---|---|---|---|
| Allianz | 2580.00 / 2580.00 | 2580.00 | 500 |
| BASF | 295.50 / 295.50 | 295.50 | 4000 |
| Bay. Hyp | -/- | - | 0 |
| BMW | 604.00 / 595.00 | 596.00 | 6400 |
| Bay Vereinsbk. | -/- | - | 0 |
| Bayer | 298.00 / 296.50 | 297.00 | 14000 |
| Commerzbank | 280.00 / 277.00 | 278.00 | 14000 |
| Continental | -/- | - | 0 |
| Daimler-Benz | 832.00 / 826.00 | 826.00 | 19000 |
| Degussa | -/- | - | 0 |
| Dt. Babcock | -/- | - | 0 |
| Deutsche Bank | 786.50 / 779.00 | 779.00 | 13000 |
| Dresdner Bank | 420.00 / 419.00 | 419.00 | 8000 |
| Feldmühle Nobel | -/- | - | 0 |
| Henkel KGaA | -/- | - | 0 |
| Hoechst | 288.00 / 287.00 | 288.00 | 8000 |
| Karstadt | -/- | - | 0 |
| Kaufhof | -/- | - | 0 |
| Linde | -/- | - | 0 |
| Lufthansa | -/- | - | 0 |
| MAN | 480.00 / 478.00 | 478.00 | 2400 |
| Mannesmann | 365.00 / 358.00 | 358.80 | 22000 |
| Nixdorf Comput | 343.00 / 343.00 | 343.00 | 1000 |
| RWE | 486.00 / 486.00 | 486.00 | 2000 |
| Schering | -/- | - | 0 |
| Siemens | 729.00 / 723.50 | 725.00 | 20000 |
| Thyssen | 292.00 / 287.50 | 288.25 | 10000 |
| Veba | 434.50 / 430.00 | 430.50 | 12000 |
| VIAG | / | - | 0 |
| VW St.A | 610.00 / 605.50 | 606.00 | 20200 |

[1] Umsätze: Kauf und Verkauf addiert

Im Zuge der DTB-Marktausweitung sollen weitere Aktien und Anleihen dazukommen.

Noch zu entscheiden ist, ob IBIS sich im Rahmen des weiteren Ausbaus am bisher üblichen **Auktionssystem** oder am -> **Market Maker-Prinzip** orientieren wird. Aus rechtlichen Gründen beantragen die Betreiber von IBIS keine Börsengenehmigung als Kassa-Computerbörse. Vielmehr besteht IBIS als **neues EDV-Angebot** im Verbund mit den übrigen Börsendienstleistungen der Frankfurter Wertpapierbörse. Von dieser Seite her bietet sich auch eine Beteiligung an -> **PIPE** mittels IBIS an (für das es als Abwicklungssystem sogar beispielgebend sein könnte). Trotz der vielversprechenden Pläne, die mit IBIS verfolgt werden, stellt es sich zu Beginn des Jahres 1990 noch als eine Einrichtung dar, die zwar Kurse am Bildschirm zeigt, bei welcher der eigentliche Geschäftsabschluß durch die Händler jedoch per Telefon erfolgt. Im Gegensatz zu MATIS und MIDAS verfügt IBIS jedoch - als besonderer Vorzug - über ein vollautomatisiertes Abwicklungssystem. Dem steht in der Anfangsphase eine im Vergleich zu den angeführten Konkurrenzsystemen geringe Akzeptanz der Marktteilnehmer gegenüber. Diese dürfte neben der schwerfälligen Geschäftsabwicklung darauf zurückzuführen sein, daß Manipulationsmöglichkeiten der IBIS-Kurse durch Eingabe fiktiver Geschäfte entstehen könnten, zumal der tatsächliche Geschäftsabschluß nicht dokumentationspflichtig ist. Darüber hinaus können Handelspartner nicht über den Computer angesprochen werden. Auch besteht kein Kontrahierungszwang. Wie die Testphase im Herbst 1989 zeigte, handelt es sich in diesem Zusammenhang um nicht unerhebliche Schwachstellen.

**Interchange Fee**
Umsatzbezogene Vergütung aus dem -> **Disagio** an den Kartenemittenten, wird insbesondere bei Einsatz der Karte im Ausland von der ausländischen Partnergesellschaft an den inländischen -> **Kartenemittenten** gezahlt. *EK*

**Inter Contract Spreading**
Variante des -> **Spreading**, die im **gleichzeitigen** Kauf und Verkauf **unterschiedlicher** Kontrakte am selben oder an verschiedenen -> **Financial Futures-Märkten** besteht.

**Interest Option**
-> **Zins-Option**

**Interest Rate Agreement**
-> **Cap**

**Interest Rate Cap**
-> **Cap**

**Interest Rate Exposure**
Offene Zinsposition (-> **offene Position**)

**Interest Rate Futures**
-> **Zinsterminkontrakt**

**Interest Rate Gap**
-> **Interest Rate Mismatch**

**Interest Rate Hedge**
Variante eines -> **Hedge** zur Schließung einer offenen Zinsposition mittels -> **Financial Futures**.

**Interest Rate Hedging in other Currencies**
Durchführung eines -> **Interest Rate Hedge** in der Weise, daß die zur Sicherung dienenden -> **Financial Futures** nicht demselben Währungsraum entstammen wie die zu sichernden Wirtschaftsgüter (Währungsaktiva oder Währungspassiva). In diesem Fall entsteht somit ggf. ein Valutarisiko, das zusätzlicher Sicherungsmaßnahmen bedarf.

**Interest Rate Mismatch**
Synonym für offene Zinsposition (Interest Rate Gap; -> **offene Position**).

**Interest Rate Option**
-> **Zins-Option**

## Inter Market Arbitrage
-> **Arbitrage** (Financial Futures)

## International Banking Facilities (IBF)
Euro-Freihandelszentrum (-> **Euro-Märkte**) in Form von Buchungsstellen ohne eigene Rechtspersönlichkeit, die von amerikanischen und ausländischen Banken in New York für Geschäfte mit ausländischen Kunden seit 1981 errichtet werden können. Sie sind von der Mindestreservepflicht auf Einlagen und von den Zinsvorschriften der US-Bankenaufsicht ebenso befreit wie von den New Yorker Stadt- und Staatssteuern. Allerdings bestehen Beschränkungen der Geschäftstätigkeit unter Geldmarktaspekten insofern, als die Emission von Geldmarktpapieren verboten ist und lediglich Sicht- und Termineinlagen mit bestimmten Mindestfristen (mindestens 1 Tag unter Banken) und Mindestbeträgen (500000 $ für die Ersteinlage, 100000 $ für jede Transaktion von Sichteinlagen; mindestens 100000 $ bei Termineinlagen) zugelassen sind.

## International Commodities Clearing House (ICCH)
Clearing-Organisation der -> **LIFFE**, die ursprünglich 1888 als London Produce Clearing House gegründet worden war und 1973 in ICCH umfirmierte. *DR*

## International Equity Market
Markt für internationale Beteiligungspapiere. In Anbetracht der Problematik der Börseneinführung und des Börsenhandels mit Beteiligungspapieren, die auf fremde Währungen lauten, an den nationalen Kapitalmärkten, wird häufig als Hilfskonstruktion das System der -> **Hinterlegungszertifikate** praktiziert.

## Internationale Groß-Projektfinanzierung
Neben der häufigeren Gründung von Konsortien (-> **Syndicate**) zur Gewährung von -> **Euro-Kreditleistungen** wird die Bildung internationaler Konsortien zur Bereitstellung und Abwicklung von Krediten zur Errichtung von Großanlagen der Industrie und Energiewirtschaft (vornehmlich in Entwicklungsländern) notwendig. Derartige Konsortien dienen zum einen der Aufbringung der erforderlichen Mittel für Großkredite, zum anderen aber gleichermaßen der Risikoverteilung auf eine größere Zahl von Kreditgebern in verschiedenen Ländern (**Project Financing**). Die Kreditmittel stammen daher von den einzelnen Finanzmärkten der betreffenden Länder, in denen die Konsortiumbanken ihren Sitz haben, und vom Euro-Kreditmarkt. Spezielle Formen dieser Finanzierung zeigen sich im -> **Co-Financing**.

## Internationale Konsortialkreditleistung
Die Gewährung internationaler Kreditleistungen größerer Volumina setzen meist eine -> **Syndizierung** (Bildung von **Konsortien**) voraus. Dies trifft sowohl insbesondere für die Kreditleistungen von Eurobanken auf Roll-over-Basis (-> **Euro-Konsortialkredit**) als auch für die -> **Internationalen Groß-Projektfinanzierungen** zu.

## Internationale Promissory Notes
Internationale Promissory Notes sind ihrem Wesen nach grundsätzlich Solawechseln ähnliche Papiere, die ein Zahlungsversprechen des Emittenten enthalten, aber durch Schaffung bestimmter Voraussetzungen (Emissionsbedingungen, Usancen, Standing des Emittenten, Negoziierungserklärung und Garantien Dritter) umlauffähig und damit an bestimmten Märkten (ausländischen Geldmärkten, insbesondere CP-Märkten und Euro-Geldmarkt) handelbar werden. Für den -> **Euro-Geldmarkt** sind vor allem die Formen der -> **Euro-Commercial-Papers** und der -> **Euro-Notes** von Bedeutung. Sie können einerseits als (kurzfristige) Diskontpapiere, andererseits auch als Zinspapiere gestaltet sein. Eine Steigerung der Anwendbarkeit ergibt sich dann, wenn Promissory Notes, die grundsätzlich nicht börsenfähig sind, im Ausnahmefall an

155

Börsen zugelassen werden.

**Internationale Zinsdifferenzarbitrage**
Form der -> **Arbitrage**, die auf den Ausgleich von Zinsdifferenzen zwischen nationalen und internationalen Finanzmärkten sowie zwischen Teilmärkten der internationalen Finanzmärkte abzielt.

**Internationaler Aktienindex**
-> **Aktienindex-Fonds**; -> **EURAX**; -> **Aktienindex, internationaler**

**Internationales-Cash Management**
Grenz- und währungsüberschreitendes -> **Cash Management** durch multinationale Unternehmungen und multinationale Banken. Mangels eigener Zahlungsverkehrssysteme sind die Unternehmungen auf die Inanspruchnahme der bankeigenen oder internationalen Zahlungsverkehrsnetze oder internationalen Finanzinformationssysteme (-> **SWIFT**) angewiesen. Im Rahmen ihres Leistungsprogrammes bieten multinationale Banken in diesem Zusammenhang spezifische Software zur Abwicklung des internationalen Cash Managements an (z.B. **Citi-Banking-System** der Citibank; **Transend/Interplex System** von Manufacturers Hannover; **db-direct** der Deutschen Bank; **CO-BRA** der Commerzbank).
**Lit.:** Eilenberger 1987. 192 ff.

**Internationales Cash Pooling**
Auch als grenzüberschreitendes (internationales) Pooling bezeichnetes Verfahren der valutaorientierten Liquiditätssteuerung von multinationalen Unternehmungen, in das mindestens zwei, im Regelfall jedoch mehrere, Währungen einbezogen sind. Diese Form des internationalen Konzern-Clearing ist allerdings in einer größeren Zahl von Staaten aus devisenrechtlichen Gründen unzulässig. Darüber hinaus besteht latent das Problem der Erfolgsverlagerung, zumal von der Konzernspitze interne Devisenkurse (und interne Zinssätze) für das Clearing festgesetzt werden (müssen).

**Lit.:** Eilenberger 1987, 193 f.

**Internationales Clearing-Verfahren**
Wertpapier-Clearing durch -> **CEDEL** und -> **Euro-Clear**.

**Internationales Leasing**
Grenzüberschreitendes bzw. transnationales bzw. Cross-border-Leasing in Form des -> **Export-Leasing** und des -> **Leasing ausländischer Grundeinheiten** multinationaler Unternehmungen im eigenen Konzernverbund.
**Lit.:** Eilenberger 1987, 266 ff.

**Internationales Schuldscheindarlehen**
Internationaler Kredit auf der Basis von Schuldscheinen, der von international renommierten Unternehmungen in Anspruch genommen werden kann. In der Regel sind derartige Emissionen, die von Kapitalsammelstellen aufgenommen werden und keines Sekundärmarktes bedürfen, genehmigungsfrei und werden privat plaziert (-> **Private placement**). Vorteile ergeben sich für den Emittenten darüber hinaus durch die - im Vergleich zur Schuldverschreibung - geringeren Emissionskosten und die häufig günstigeren Zinskonditionen.

**International Futures Exchange (INTEX)**
EDV-automatisierte Warenterminbörse in Hamilton/Bermudas, deren Handel 1984 mit einem Goldterminkontrakt eröffnet wurde. Nach Übereinkunft mit der Währungsbehörde der Regierung der Bermudas wird die Tätigkeit der INTEX durch umfangreiche Regelungen kontrolliert. Den Börsenteilnehmern steht eine Verbindung mit regionalen Datenzentren in New York, London und Singapur zur Verfügung. *DR*

**International Monetary Market (IMM)**
1972 als Zweig der -> **Chicago Mercantile Exchange** eingerichtet. Haupthandelsbereiche in -> **Aktienindex-Optionen** und -> **Währungs-Optionen**. *DR*

## International Organization of Securities Commissions (IOSCO)
Internationale Vereinigung von Wertpapieraufsichtsorganen.

## International Petroleum Exchange (IPE)
Cereal House, 58 Mark Lane, London EC3R 7 NE, England
Der -> **London Commodity Exchange** angeschlossene Londoner Terminbörse für Rohölkontrakte. Vornehmliches Handelsobjekt der IPE ist das Nordseeöl "Brent" auf 6-monatige Lieferung. "Brent" und einige bestimmte amerikanische Ölsorten zeigen eine ähnliche Beschaffenheit, womit sich das in London gehandelte Öl zur Arbitrage zwischen US-Terminbörsen und dem Londoner Markt sowie der Energy Options Exchange in Rotterdam eignet. Neben der Standard-Mindest-Kontrakteinheit von 1000 US-Barrel pro Los, können auch verschiedene andere Mengen und Öle an der IPE gehandelt werden. Die jeweiligen Auf- und Abschläge auf den Standardkontrakt werden von den Parteien gehandelt. Die Anonymität der Marktteilnehmer ist aufgrund der Vermittlung durch die Börse sichergestellt. *DR*

## International Primary Market Association (IPMA)
Verband der führenden Emissionshäuser am Euromarkt (Primärmarkt), 1985 gegründet.

## International Securities Regulatory Organisation (ISRO)
Körperschaft zur Selbstregulierung der Eurobondmarkt-relevanten Geschäfte von Marktteilnehmern am Platz London (Teilgruppe der -> **IPMA**).

## INTEX
-> **International Futures Exchange**

## Intra Contract Spreading
Variante des -> **Spreading**, deren Wesen durch **gleichzeitigen** Kauf und Verkauf von gleichen Kontrakten mit **unterschiedlichen** Erfüllungsterminen am gleichen -> **Financial Futures-Markt** charakterisiert ist.

## Intra Market Arbitrage
-> **Arbitrage** (Financial Futures)

## Intrinsic Value
Differenz zwischen dem -> **Basispreis** und dem aktuellen **Preis** (Kurs) des zugrunde liegenden Finanzinstruments (-> **Underlying**) bei -> **Optionen** (auch als **innerer Wert** bezeichnet; siehe -> **Aktienoptionshandel**). Eine **Call-Option** hat einen inneren Wert, wenn der Basispreis niedriger als der aktuelle Marktkurs ist; eine Put-Option weist einen inneren Wert dann auf, wenn der Basispreis über dem aktuellen Marktpreis liegt (siehe auch -> **in the money**).

## Inverse Floater
Schuldverschreibung, bei der von einem festen Zinssatz (z.B. 15 %) der jeweilige -> **LIBOR** (oder ein anderer -> **Referenzzinssatz**) **abgezogen** wird. Dadurch wird eine spiegelbildlich zur LIBOR-Entwicklung verlaufende ( = **inverse**) Zinsanpassung vereinbart; meist ist eine Zinsuntergrenze (-> **Floor**) festgelegt (z.B. Abzug maximal 12%), die eine Minimalverzinsung garantiert (-> **Reverse Pricing**; -> **Yield Curve Adjustable Note**).

## Investment Banking
Zusammenfassung von kapitalmarktbezogenen Bankleistungen, die Vermittlungsleistungen darstellen und damit primär provisionsorientiert sind, zu einem spezialisierten Geschäftszweig international operierender (multinationaler) Banken. Als förderliche Faktoren erwiesen sich dabei die Entwicklung zur -> **Securitisation**, zur -> **Globalisierung** und zur **Computerisierung** der (internationalen) Kapitalmärkte. Im wesentlichen lassen sich dem Investment Banking nach herrschender Auffassung folgende **Hauptsparten** zuordnen (nach dem Vorbild des amerikanischen Trennsystems

der Banktätigkeit nach Commercial und Investment Banking):
- **Konsortialgeschäft** (Emission und Plazierung auf eigene oder fremde Rechnung an internationalen Geld-, Kredit- und Kapitalmärkten): -> **Commercial Papers,** -> **NIFs,** -> **RUFs,** -> **MTNs,** -> **Syndizierte Kredite,** -> **Equity Issues,** -> **Bond Issues,** -> **Equity-linked Issues;**
- **Handel mit Finanzinstrumenten** (auf eigene oder fremde Rechnung an internationalen Geld- und Kapitalmärkten; Instrumente wie oben);
- **Risiko-Management-Produkte** (geeignet zum -> **Hedging** von Valuta-, Zins- und Kursrisiken für Anleger, Emittenten und Außenhandelsunternehmungen): -> **Swaps,** -> **Futures,** -> **Optionen;**
- **Corporate Advisory** (Beratung von Kunden im Rahmen des -> **Corporate Financing**) bezüglich -> **Mergers & Acquisitions, Risiko-Management** (s.o.), -> **Venture Capital,** -> **Going public** (Börseneinführung); **Investment** bzw. -> **Portfolio Management;**
- Portfolio-Management (für Kunden): -> **Fondsgeschäft, Broker-Geschäft.**

**Invoicing Formula**
-> **Konversionsfaktor**

**IOC**
-> **Immediate or Cancel**

**IOSCO**
-> **International Organization of Securities Commissions**

**IPs**
-> **Index Participations**

**IPC**
-> **Index Participation Certificate**

**IPE**
-> **International Petroleum Exchange**

**IPMA**
-> **International Primary Market Association**

**Irrevocable Revolving Credit Agreement**
Verbindliche (unwiderrufliche) Kreditzusage einer Bank an einen Kunden (siehe auch -> **Revolving Credit Agreement**).

**ISDA**
-> **International Swap Dealers Association**

**ISRO**
-> **International Primary Market Association**

**Issuer**
-> **Kartenemittent;** Emittent von Wertpapieren

**Issuer Set Margin**
Plazierungsmechanismus bei -> **Note Issuance Facilities,** bei dem der Emittent der -> **Euro-Notes** zusammen mit dem Placing Agent die Marge festlegt, zu der die Wertpapiere am -> **Euro-Geldmarkt** plaziert werden sollen. Im Gegensatz zur -> **Sole Placing Agency** kann der Schuldner von verbesserten Marktbedingungen profitieren. Bedeutsame Underwriter können dabei das Recht haben, -> **Euro-Notes** bis zu einem im voraus bestimmten Anteil zu übernehmen und diese im Anschluß daran bei Investoren zu plazieren. Der größte Teil der Wertpapiere wird jedoch über den Placing Agent abgesetzt, der häufig mit dem -> **Arranger** identisch ist. Investoren wissen bei dem Plazierungsmechanismus der Issuer Set Margin eher als bei -> **Tender Panel,** welche Kreditinstitute im Besitz von Wertpapieren sind. Diejenigen Wertpapiere, die nicht zu der Issuer Set Margin abgesetzt werden konnten, werden den Underwritern ihrer Quote entsprechend zum Referenzzinssatz zuzüglich des Predetermined Spread zugeteilt. *GT.*

**Italian Lira Contract**

**Italian Lira Option Contract**
Auf italienische Währung lautender -> **Options-Kontrakt**.

# J

**Japanese Government Bond (JGB) Future**
-> **Kontrakt über japanische Staatsanleihen**

**Japanese Yen Currency Futures**
LIFFE Kontrakt/Kontraktspezifikationen:

Handelseinheit:
Y 12500000 gegen $
Liefermonate:
März, Juni, September, Dezember
Liefertag:
Dritter Mittwoch des Liefermonats
Letzter Handelstag:
10.30 Uhr zwei Geschäftstage vor Lieferung
Notierung: US $ per 100 Y
Mindestkursveränderung
Tick-Größe (Tick-Wert):
0,01 cents per 100 Yen ($ 12,50)
Originaleinschuß (Straddle Margin):
$ 1000 ($ 100)
Handelszeiten:
08.30-16.00 Uhr Londoner Zeit
EDSP:
Offizieller LIFFE-Schlußkurs am letzten Handelstag. *WH*

**Japanese Yen Option Contract**
Auf japanische Währung lautender -> **Options-Kontrakt**.

**Jägerkarte**
-> **Lifestyle-Karte** mit Kreditkartenfunktion für Inhaber einer deutschen Jagderlaubnis; Besonderheit: Jagd-Haftpflicht- und Jagd-Unfall-Versicherung. *EK*

**Jumbo Certificate of Deposit**
Von amerikanischen Banken in sieben- bis neunstelliger Höhe begebenes -> **CD**, das insbesondere bei -> **Geldmarktfonds** untergebracht wird.

**Jumbo Floater**
Bezeichnung für eine -> **FRN** mit erheblichem Emissionsvolumen (z.B. 1 Mrd DM und mehr). Beispiel: Variabel verzinslicher DM-Eurobond der Deutschen Lufthansa AG vom März 1990, der mit 1 Mrd DM über die Zwischeneinheit Lufthansa International Finance N.V. emittiert wurde (halbjährliche Zinszahlung zum jeweiligen Satz für DM-6-Monats -> **LIBOR**, Laufzeit 10 Jahre, Ausgabekurs 100%). Die Emission dient der Finanzierung von Flugzeuganschaffungen.

**Junk Bond**
Auch als **Ramsch-Anleihe** bezeichnete Schuldverschreibung hochspekulativen Charakters mit niedrigem Rating, die vorzugsweise zur Finanzierung von -> **Buy Outs** Anwendung findet. Emission und Handel erfolgen an -> **Over the Counter-Märkten**. Entsprechend dem -> **Rating** von Moody's sind alle Anleihen mit Bewertungen unter Ba bereits in diese Kategorie einzustufen. Während der amerikanische Junk Bond-Markt bei rund 3000 - 4000 Emissionen ein Volumen von 200 - 220 Mrd $ umfaßt (zu den Neu-Emissionen seit 1980 siehe die nebenstehende Abbildung), stufte Moody's von 610 geprüften Anleihen des schweizerischen Kapitalmarktes 34 als "Junks" mit einem Volumen von 4,1 Mrd SFR ein. Junk-Bonds werden v.a. in Form von -> **Null-Kupon-Anleihen** und -> **Payment in kind**-Papieren begeben.

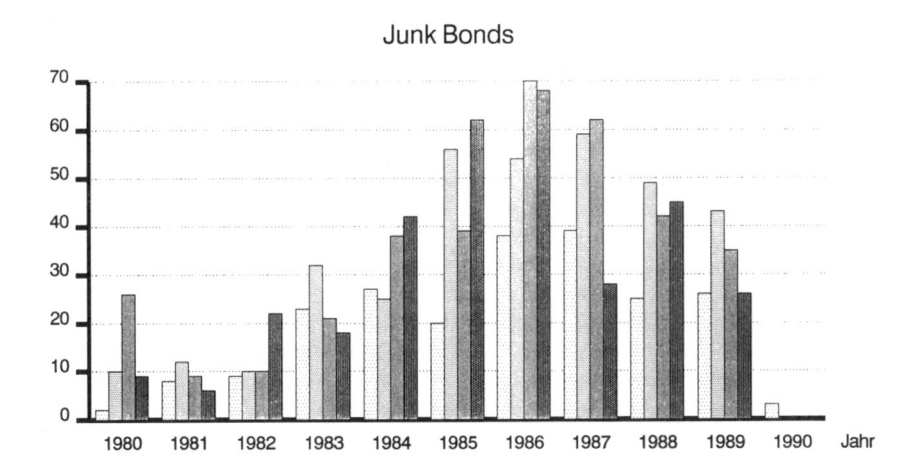

## Junk Bonds

# K

**KAD**
-> Kontoauszugsdrucker

**Kapitaleinsatz bei Futures**
Beim Abschluß eines Financial Futures-Kontrakts wird nur ein Bruchteil der Kontraktgröße als Kapitaleinsatz eingefordert (-> **initial margin**). Je nach Kontraktspezifikation beträgt dieser zwischen 1% und 3%. Liegt der am Schluß eines jeden Börsentages festgesetzte Kurs des Kontraktes (-> **settlement price**) unter dem Einstandspreis, besteht Nachschußpflicht, um den entstandenen Verlust auszugleichen (-> **variation margin**). Gleiches gilt auch für Gewinne, die entnommen werden dürfen. Das System der -> **initial** und -> **variation margins** bedeutet für die Marktteilnehmer neben dem Hebeleffekt aufgrund des geringen Kapitaleinsatzes (vergleichbar mit dem Hebeleffekt bei Optionen, Optionsscheinen) ein sich ständig veränderndes Konto bei dem die Börsengeschäfte ausführenden Brokerhaus (**margin account**). *WH*

**Kappa**
Synonym für -> **Vega**

**Kartenemittent**
Herausgeber einer Karte; trägt das unternehmerische Risiko der Kartenemission, d.h. sämtliche Risiken, insbesondere das Delkredere-, Mißbrauchs-, Betrugsrisiko; sämtliche Kosten für Abwicklung, Marketing, Kunden-, Händlerakquisition/-betreuung gehen zu seinen Lasten, sämtliche Erlöse wie Jahresbeitrag, -> **Disagio**, -> **Interchange Fee** gehen zu seinen Gunsten. *EK*

**Kartengesellschaft**
-> Kreditkartengesellschaft

**Karteninhaber**
Je nach Zielgruppe der Karte gehobene Privatkunden, Mengenkunden und auch Firmen. Bei z.B. -> **Kreditkarten** und -> **ec-Karten** ist die Bonität des Kunden Voraussetzung für den Erhalt der Karte (-> **Bonitätsprüfung**), für Servicekarten von Kreditinstituten (-> **Bankkarte**) muß i.d.R. ein laufendes Konto geführt werden. *EK*

**Kartenorganisation**
-> Kreditkartengesellschaft

**Kartentelefon**
Öffentlicher Fernsprecher, der anstatt mit Münzgeld mit -> **Telefonkarten** bedient wird.

**Kartenzahlungsmittel**
-> **Plastikgeld**, -> **Kreditkarte** existieren in verschiedenen Ausprägungen und lassen sich unterscheiden nach

a) dem **Zeitpunkt**, zu dem der -> **Karteninhaber** mit dem von ihm verfügten Betrag belastet wird:
  -> **Debitcard**, -> **Debitkarte**, -> **Bezahltkarte** z.B. -> **ec-Karte**; -> **Chargecard**, üblicherweise auch als -> **Kreditkarte** bezeichnet, z.B. -> **Eurocard, American Express-Karte, Diners Club-Karte**;
  -> **Creditcard** z.B. Visa-Karte

b) **Emittenten**
  - Karten von -> **Kartenorganisationen** z.B. -> **Amexco**, -> **Diners**
  - Bankkarten, die zusammen mit einer -> **Kartenorganisation** herausgegeben werden, z.B. Visa, Eurocard
  - Co-Branding Karten, die von Nichtbanken zusammen mit einer Bank bzw. einer -> **Kartenorganisation** oder auch mit beiden herausgegeben werden (-> **Co-Branding**)
  - Handelskarten, die vom Einzelhandel, Kaufhausketten herausgegeben werden, z.B. "Goldene Kundenkarte" von Hertie

c) **Einsatzbereich**
- Universalkreditkarten -> **T&E-Karten**
- Spezialkreditkarten -> **Affinitäts-**, -> **Treuekarten**

d) **Zielgruppen**
- Massenkarten z.B. von Visa, Eurocard, Amexco
- Karten für die gehobene Kundschaft, Gold-Platinkarte, z.B. Diners, Amexco Gold. *EK*

### Kassahandel
Durchführung des Austausches von -> **Kassainstrumenten** am -> **Kassamarkt**.

### Kassainstrument
-> **Kassamarkt**

### Kassamarkt
Markt für Austausch von Finanzinstrumenten gegen Entgelt, nach dessen Regeln bzw. Usancen zwischen Vertragsabschluß (Kauf/Verkauf des Finanzinstruments) und Erfüllung (Lieferung des Finanzinstruments/Leistung des Entgelts) ein Zeitraum von zwei Börsentagen nicht überschritten werden darf (**Spot Market**). Andernfalls handelt es sich um einen -> **Terminmarkt** (**Forward Market**). Hinsichtlich der rechtlichen Ausgestaltung und der räumlichen Lokalisierung kann zwischen **institutionellen (Punkt-) Kassamärkten (Börsen)** und **freien Kassamärkten (außerbörsliche** und **überlokale/internationale Kassamärkte)** unterschieden werden. Finanzinstrumente, die Gegenstand des -> **Kassahandels** sind, werden auch als **Kassainstrumente** bezeichnet.

### Kaufoption
Beinhaltet für den Käufer (Wähler) das Recht, bzw. für den Verkäufer (Stillhalter) die Pflicht, eine bestimmte Anzahl von Basisobjekten jederzeit während der Optionsfrist (-> **Amerikanische Option**) oder zu einem bestimmten Zeitpunkt (-> **Europäische Option**) zu einem im voraus vereinbarten Basispreis kaufen zu können, bzw. bei Ausübung verkaufen zu müssen (-> **Call Option**).

### Killer Warrant
Variante einer -> **Optionsschuldverschreibung**, bei der durch Ausübung der Option bzw. des -> **Warrant** automatisch die Rückzahlung bzw. Tilgung der Anleihe ausgelöst wird.

### KISS
-> **Kurs-Informations-Service-System**

### Kiwi Bonds
Schuldverschreibungen, die am neuseeländischen Rentenmarkt und ggf. am Euromarkt emittiert werden und auf **NZ-$** lauten. Während der Inlandsmarkt ein Umlaufvolumen von (umgerechnet) rund 30 Mrd DM aufweist, beträgt das Euromarktvolumen lediglich 5 Mrd DM.

### Komparativer Finanzierungskostenvorteil
-> **Swap-Motive**

### Kompensationsgeschäft
-> **Countertrade**

### Kontoauszugsdrucker (KAD)
Zum Abruf von Kontoauszügen in Kundenselbstbedienung. Druckt i.d.R. alle Umsätze seit dem letzten Abruf (sofern nicht eine bestimmte Zeilenzahl bzw. Zeitspanne überschritten wurde), kann mittels -> **ec-Karte** bzw. -> **Servicekarte** eines Kreditinstitutes bedient werden. *EK*

### Kontokonzentration
(Finanz-)Managementtechnik für Konzern- und Filialunternehmungen sowie für Unternehmungen mit mehreren Bankverbindungen (Bankkonten): Die Abwicklung der Zahlungsein- und -ausgänge, die ansonsten über verschiedene Konten und an mehreren Bankplätzen erfolgt, wird dabei zum Zwecke der Rationalisierung und Ertragssteigerung im Rahmen eines zentralen Finanzmanagements auf **eine** Hauptbankver-

bindung konzentriert, über die alle Finanztransaktionen von der Unternehmenszentrale gesteuert und ausgeführt werden. Damit erweist sich diese Handhabung der Zahlungsverkehrsabwicklung als wesentliches Element des -> **Cash Managements** bzw. **Liquiditätsmanagements,** zumal auf diese Weise ein sparsamer Umgang mit knappen Finanzmitteln erfolgen und die erhöhte Übersichtlichkeit der Finanzmittelbewegungen einschließlich deren Ergebnis zur Erzielung von Zinserträgen genutzt werden kann. Allerdings beschränkt diese Vorgehensweise die Mitwirkung der Filialen oder Konzernunternehmungen auf die Zuteilung der notwendigen Liquidität. Das zentrale Finanzmanagement von **Filial- und Konzernunternehmungen** wählt grundsätzlich diejenige Bankverbindung, welche einerseits durch **Kontokonzentration** die erforderliche Liquiditätskonzentration bezüglich des Zielkontos auf kürzestem Wege (über das korrespondierende Filialsystem einer Regionalbank oder einer bundesweit tätigen Großbank) ermöglicht, andererseits der Unternehmung die Vereinbarung einheitlicher Zins-, Provisions- und Wertstellungskonditionen eröffnet. Der besondere Vorteil besteht darin, daß die automatische Zusammenführung und Übertragung der Umsätze von Konten an verschiedenen Standorten auf ein **zentrales Zielkonto** tag- und valutengleich gewährleistet ist und das zentrale Finanzmanagement unmittelbar Konto-, Umsatz- und Liquiditätsinformationen für die Unternehmung insgesamt, aber auch getrennt nach Filialen oder Konzernunternehmungen abrufen kann. Für **Einzelunternehmungen** beschränken sich die Möglichkeiten auf eine Konzentration der Zahlungsverkehrsbewegungen auf ein (Haupt-)Konto, wobei allerdings Probleme bezüglich der Kundenakzeptanz und des Abwicklungsflusses der Zahlungen entstehen können (wenn beispielsweise Gironetz-Übergänge in großem Umfang notwendig werden).

**Kontrakt**
Begriff, der entweder ein Vertragsverhältnis mit standardisiertem Vertragsgegenstand zwischen zwei Parteien (Käufer, Verkäufer) beschreibt oder die Einheit einer börsengehandelten Ware bzw. eines Finanzinstrumentes näher festlegt.

**Kontrakthalter**
Käufer eines Future-Kontraktes

**Kontraktspezifikationen**
Regelwerk der jeweiligen -> **Future-Börse**, das jeden -> **Kontrakt** dergestalt spezifiziert, daß alle wesentlichen Kontraktmerkmale im vorhinein exakt bestimmt werden.

**Kontrakt über 10-jährige mittelfristige US-Staatsanleihen (Notes)**
CBOT-Kontrakt/Kontraktspezifikationen:
Gehandelte Einheit:
US $ 100 000 Nennwert einer 6,5-10-jährigen Treasury Note mit Coupon 8%
Liefermonate:
März, Juni, September, Dezember
Liefertag:
Jeder Geschäftstag bis zum letzten Geschäftstag des Monats
Letzter Handelstag:
Sieben Geschäftstage vor dem letzten Geschäftstag des Monats
Notierung:
per US $ 100 Nennwert
Mindestkursveränderung: (Tick, Größe und Wert)
US $ 1/32 ($ 31,25)
Handelszeiten:
8.00 Uhr - 02.00 Uhr Chicago Zeit. *WH*

**Kontrakt über 5-jährige mittelfristige US-Staatsanleihen (Notes)**
CBOT-Kontrakt/Kontraktspezifikationen:
Gehandelte Einheit:
USD 100 000 Nennwert einer 4.25-5.25-jährigen Treasury Note mit Coupon 8%
Liefermonate:
März, Juni, September, Dezember

## Kontrakt über Einlagenzertifikate

Liefertag:
Jeder Geschäftstag bis zum letzten Geschäftstag des Liefermonats
Letzter Handelstag:
Der achte Tag vor dem letzten Geschäftstag des Liefermonats
Notierung:
per USD 100 Nennwert
Mindestkursveränderung: (Tick: Größe und Wert) USD 1/64 (USD 15.625)
Handelszeiten:
08.00 Uhr - 02.00 Uhr Chicago Zeit. *WH*

**Kontrakt über Einlagenzertifikate** (-> Certificates of Deposit)
CME Kontrakt/Kontraktspezifikationen:
Kontrakteinheit:
$ 1 000 000 für dreimonatige Certificates of Deposit
Liefermonate:
März, Juni, September, Dezember
Mindestkursveränderung
Tick-Größe (Tick-Wert) 0,01 ($ 25,00)
Handelslimit: Keines
Letzter Handelstag:
Zweiter Geschäftstag vor dem Monatsende
Liefertag:
Jeder Geschäftstag vom 15.-ten zum Monatsende
Handelszeiten:
7.20 Uhr bis 2.00 Uhr (11.00 Uhr letzter Handelstag) Chicago Zeit. *WH*

**Kontrakt über japanische Staatsanleihen**
LIFFE-Kontrakt/Kontraktspezifikationen:
Gehandelte Einheit:
JPY 100 000 000 Nennwert einer 6%-japanischen Staatsanleihe
Liefermonate:
März, Juni, September, Dezember
Liefertag:
Erster Geschäftstag nach dem letzten Handelstag der Tokyo Stock Exchange
Letzter Handelstag:
ein Geschäftstag vor dem letzten Handelstag der Tokyo Stock Exchange um 16.05 Uhr

## Kontrakt über kurzfristige britische Staatsanleihen

Notierung:
Pro JPY 100 Nennwert
Mindestkursveränderung: (Tick: Größe und Wert) JPY 0.01 (JPY 10 000)
Originaleinschuß (Straddle Margin):
JPY 1 000 000 (JPY 250 000)
Handelszeiten:
08.12 Uhr - 16.00 Uhr Londoner Zeit
EDSP:
Cash Settlement, das auf dem Lieferungspreis der Tokyo Stock Exchange für den JGB Futures-Kontrakt basiert. *WH*

**Kontrakt über kurzfristige britische Staatsanleihen**
LIFFE-Kontrakt/Kontraktspezifikationen:
Gehandelte Einheit:
GBP 100 000 Nennwert einer Gilt-Anleihe mit Coupon von 9%
Liefermonate:
März, Juni, September, Dezember
Liefertag:
An jedem Geschäftstag im Liefermonat (vom Verkäufer beliebig wählbar)
Letzter Handelstag:
11.00 Uhr. Zwei Geschäftstage vor dem letzten Geschäftstag im Liefermonat
Notierung:
per GBP 100 Nennwert
Mindestkursveränderung: (Tick: Größe und Wert)
GBP 1/64 (GBP 15.625)
Originaleinschuß: (Einschuß bei Straddle)
GBP 500 (GBP 125)
Handelszeiten:
09.05 Uhr - 16.20 Uhr Londoner Zeit
EDSP:
Der Liffe-Marktpreis am zweiten Geschäftstag vor der Lieferung. Der Rechnungsbetrag jeder lieferbaren Anleihe wird durch das -> **Preisfaktorsystem** errechnet. Die Preisfaktoren werden vor der Börse errechnet und vor Beginn des relevanten Kontraktmonats verkündet. Anpassungen erfolgen durch Strukturberücksichtigung. *WH*

**Kontrakt über langfristige britische Staatsanleihen**

Kontrakt über langfristige britische Staatsanleihen
LIFFE-Kontrakt/Kontraktspezifikationen:
Gehandelte Einheit:
GBP 50 000 Nennwert einer Gilt-Anleihe mit Coupon von 9%
Liefermonate:
März, Juni, September, Dezember
Liefertag:
An jedem Geschäftstag im Liefermonat (vom Verkäufer beliebig wählbar)
Letzter Handelstag:
11.00 Uhr. Zwei Geschäftstage vor dem letzten Geschäftstag im Liefermonat
Notierung:
per GBP 100 Nennwert
Mindestkursveränderung: (Tick: Größe und Wert)
GBP 1/32 (GBP 15.625)
Originaleinschuß (Einschuß bei Straddle):
GBP 500 (GBP 125)
Handelszeiten:
09.00 Uhr - 16.15 Uhr Londoner Zeit
EDSP:
Der Liffe-Marktpreis am zweiten Geschäftstag vor der Lieferung. Der Rechnungsbetrag jeder lieferbaren Anleihe wird durch das -> **Preisfaktorsystem** errechnet. Die Preisfaktoren werden vor der Börse errechnet und vor Beginn des relevanten Kontraktmonats verkündet. Anpassungen erfolgen durch Strukturberücksichtigung.*WH*

**Kontrakt über mittelfristige britische Staatsanleihen**
LIFFE-Kontrakt/Kontraktspezifikationen:
Gehandelte Einheit
GBP 50 000 Nennwert einer Gilt-Anleihe mit Coupon von 9%
Liefermonate:
März, Juni, September, Dezember
Liefertag:
An jedem Geschäftstag im Liefermonat (vom Verkäufer beliebig wählbar)
Letzter Handelstag:
11.00 Uhr. Zwei Geschäftstage vor dem letzten Geschäftstag im Liefermonat
Notierung:
per GBP 100 Nennwert
Mindestkursveränderung: (Tick: Größe und Wert)
GBP 1/32 (GBP 15.625)
Originaleinschuß (Einschuß bei straddle):
GBP 500 (GBP 125)
Handelszeiten:
08.55 Uhr - 16.10 Uhr Londoner Zeit
EDSP:
Der Liffe Marktpreis am zweiten Geschäftstag vor der Lieferung. Der Rechnungsbetrag jeder lieferbaren Anleihe wird durch das -> **Preisfaktorsystem** errechnet. Die Preisfaktoren werden vor der Börse errechnet und vor Beginn des relevanten Kontraktmonats verkündet. Anpassungen erfolgen durch Strukturberücksichtigung.*WH*

**Kontrakt über US-Staatsanleihen (Bonds)**
LIFFE-Kontrakt/Kontraktspezifikationen:
Gehandelte Einheit:
USD 100 000 Nennwert eines US Treasury Bonds mit Coupon von 8%.
Liefermonate:
März, Juni, September, Dezember
Liefertag:
Jeder Geschäftstag im Liefermonat (vom Verkäufer wählbar)
Letzter Handelstag:
Sieben CBOT-Arbeitstage vor dem letzen Geschäftstag im Liefermonat. 16.10 Uhr
Notierung:
per USD 100 Nennwert
Mindestkursveränderung: (Tick: Größe und Wert) USD 1/32 (USD 31.25)
Originaleinschuß (Straddle-Einschuß):
USD 1250 (USD 125)
Handelszeiten:
08.15 Uhr - 16.10 Uhr Londoner Zeit
EDSP:
Der Settlementpreis des selben Tages am CBOT bei Lieferungen des Treasury Bond Future-Kontraktes. *WH*

**Kontraktzeichner**
Verkäufer eines Future-Kontraktes

## Kontraktzinssatz
-> Zinsausgleichsvereinbarung

## Konversionsfaktor
Die Kontraktspezifikationen einiger -> **Financial Future-Kontrakte** sehen für die Andienung (-> **Delivery**) Wahlmöglichkeiten vor, wie z.b.

**Kontraktspezifikation des Treasury Bond Future-Kontraktes:**
8% Treasury Bond (T-Bond) mit (ständiger) Laufzeit von 20 Jahren
- Lieferung/Andienung aller kündbaren Treasury Bonds mit einer Mindestlaufzeit von 15 Jahren bis zum ersten Kündigungstermin
- Lieferung/Andienung aller unkündbaren Treasury Bonds mit einer Restlaufzeit von mindestens 15 Jahren

**Kontraktspezifikation des DM-Bund Future-Kontraktes:**
6% DM-Bundesanleihe mit (ständiger) Laufzeit von 10 Jahren
- Lieferung/Andienung aller DM-Bundesanleihen mit einer Restlaufzeit zwischen 8,5 und 10 Jahren

Nachstehende Erläuterungen beziehen sich auf den DM-Bundesanleihe-Terminkontrakt, wobei die Aussagen auf andere Kontrakte unter Berücksichtigung der jeweiligen Kontraktspezifikationen übertragen werden können. Am Tag der Andienung kann somit jeder Treasury Bond/jede DM-Bundesanleihe geliefert werden, der/die diese Voraussetzung erfüllt. Um alle möglichen lieferbaren Anleihen auf eine Vergleichsbasis mit dem Future-Kontrakt stellen zu können, wird mit Hilfe der o.g. -> **Konversionsfaktoren** die Relation zwischen Kassainstrument und Future-Kontrakt festgelegt. Anders wäre eine renditemäßige Vergleichbarkeit zwischen den möglichen Alternativen nicht gewährleistet. Der Konversionsfaktor für jede lieferbare Anleihe wird in die folgende Formel zur Ermittlung des Rechnungsbetrages (**invoicing formula**) eingesetzt.

Rechnungsbetrag = (EDSP x Konversionsfaktor x 2500) + Stückzinsen am Andienungstag

Erläuterung der Formelbestandteile:
- **EDSP:**
Offizieller Schlußkurs des DM-Bundesanleihe-Terminkontraktes (-> **Exchange Delivery Settlement Price**), der im -> **Pit** am letzten Handelstag zwischen 10.59 und 11.00 Uhr Frankfurter Zeit an der LIFFE festgestellt wird.
- **Stückzinsen:**
Aufgelaufene anteilige Zinsen bis zum Andienungstag
- **Konversionsfaktor:**
Die Funktion des Preisfaktors/Konversionsfaktors ist, die Unterschiede in Laufzeit und Kupon jeder lieferbaren Bundesanleihe auf eine gemeinsame Basis zu bringen. Der Konversionsfaktor ist der Preis per DM 1 Nominalwert, bei dem entsprechend lieferbare Bundesanleihen 6% Rendite erbringen würden.

**Einflußfaktoren auf den Konversionsfaktor:**
- Laufzeit der lieferbaren Anleihe am zehnten Tag des Liefermonats, gemessen in ganzen 1-Monats-Abständen (z.B. 8 Jahre 7 Monate 20 Tage = 8 Jahre 7 Monate)
- Höhe des Kupons der Anleihe

$$KV(6\%) = \frac{1}{(1,06)^f} \left[ \frac{C}{6} \left[ 1,06 - \frac{1}{(1,06)^n} \right] + \frac{1}{(1,06)^n} \right] - \frac{C(1-f)}{100}$$

KV: Konversionsfaktor
f: Anzahl der Monate zum nächsten Kupontermin (abgerundet zur nächsten ganzen Zahl), dividiert durch 12
C: Kupon der Anleihe (in %)
n: Anzahl der verbleibenden ganzen Jahre bis zur Fälligkeit

**Beispiel:**
Dezember 1988 Bund Future-Kontrakt; Andienungstag 12. Dezember 1988; zu liefernde Anleihe 6% Bund 20 Oktober 1998;

n: Restlaufzeit der 6% 20 Oktober 1998 am 10. Dezember 1988 in ganzen Jahren 9 Jahre
f: Anzahl der Monate zum nächsten Kupontermin 10 Monate
C: 6,0000%

$$KV(6\%) = \frac{1}{(1,06)^{\frac{10}{12}}} \left[ \frac{6,0000}{6} \left[ 1,06 - \frac{1}{(1,06)^9} \right] + \frac{1}{(1,06)^9} \right] - \frac{6,0000 \cdot (1-10/12)}{100}$$

f = 10/12 = 5/6
n = 9           -> KV (6%) = 0,999759
C = 6,0000

Stückzinsen auf 250 000 DM nominal per 12. Dezember 1988: 2 166,67 DM
EDSP am letzten Handelstag (angenommen) 94,80
**Rechnungsbetrag** für die Lieferung von DM 250 000 nominal (1 lot) einer 6% Bundesanleihe, 20. Oktober 1998:
(94,80 x 0,999759 x 2500) + 2166,67 = **DM 239 109,55**. *WH*

## Konvertierungsrisiko
Gefahr (Risiko) des Verlustes der Möglichkeit bislang bestehenden uneingeschränkten Austausches von Guthaben des Auslandes, insbesondere der Umwandlung von auf ausländische Währung lautenden und an einem ausländischen Platz zahlbaren Forderungen (**Devisen**), in inländische Währung und der freien Verfügbarkeit über Guthaben im Ausland. Hinsichtlich der Formen der **Konvertierbarkeit** (Konvertibilität) siehe Eilenberger 1986, 19 ff.

## Konzern-Clearing
(Finanz-)Managementtechnik im Rahmen des konzerninternen Liquiditätsausgleiches. Die Charakteristika des **Konzern-Clearing**, dessen Zweck und Grundzüge dem Industrie-Clearing analog sind, werden durch die Struktur des Unternehmensverbundes (Konzernstruktur) und die Anzahl der Konzernunternehmungen bestimmt. Der spezielle Zweck des Konzern-Clearing besteht in der Minimierung des -> **Konzernboden**satzes an liquiden Mitteln, der dadurch entsteht, daß bei einzelnen Konzernunternehmungen Finanzmittelüberschüsse vorhanden sind, die nicht disponiert werden - weder durch Anlage außerhalb, noch innerhalb des Konzerns. In diesem Falle wären andere Konzernunternehmungen, die Liquiditätsbedarf haben, gezwungen, sich die benötigten Finanzmittel von außerhalb des Konzerns über den Geldmarkt oder über Banken zu beschaffen und dafür den Marktzins als Entgelt zu bezahlen. Da ein derartiger Zustand ersichtlich unwirtschaftlich ist, bietet es sich an, den Konzernbodensatz durch koordinierende Maßnahmen der Spitzeneinheit zu beseitigen: Auf dem **konzerninternen Geldmarkt** erfolgt ein Ausgleich der Finanzmitteldefizite und -überschüsse zwischen den Tochtergesellschaften und ggf. der Spitzeneinheit selbst (-> **Cash Management**). Erst wenn alle internen Ausgleichsmöglichkeiten ausgeschöpft sind, wird der Unternehmensgeldmarkt im Rahmen des Industrie-Clearing oder die Mitwirkung von Banken am Liquiditätsausgleich in Anspruch genommen.

Das Problem des konzerninternen Liquiditätsausgleiches und Managements des Konzernbodensatzes besteht in der Festsetzung der konzerninternen Verrechnungspreise (**Verrechnungszinsen**), zumal bei zu niedrigen internen Zinsen für Finanzmittelanlagen die betreffende (rechtlich selbständige) Grundeinheit der internen Verwendung Widerstand entgegensetzen und konzernexterne Anlagen zu höheren Marktzinsen vorziehen könnte. Dasselbe gilt mit umgekehrten Vorzeichen für interne Finanzmittelbeschaffungen. Durch konzerninterne Maßnahmen der Liquiditätssteuerung können sich nicht unerhebliche Einsparungen an ansonsten anfallenden Liquiditätskosten (Zinsvorteile) ergeben, zumal die Dienste des Bankenapparates nur insofern in Anspruch genommen werden, als die jeweiligen Konten der Tochtergesellschaften berührt werden und sich somit auf den reinen Zahlungsverkehr beschränken (siehe auch

-> **Kontokonzentration**).
Lit.: Eilenberger 1989 a, 78 ff.

## Kooperation
Form der Direktinvestition von MNU, wenn Joint Ventures nicht möglich oder nicht angezeigt sind. Die Kooperation bezieht sich auf die Zusammenarbeit mit einem oder mehreren ausländischen Partnern insbesondere im Rahmen von Aufbau und Ausbau von Vertriebssystemen, Abstimmungen der Produktionsprogramme und gemeinsamen Vermarktungen. Derartige Konstruktionen haben insbesondere für mittelständische Unternehmungen im Hinblick auf die Realisierung des **EG-Binnenmarktes** zum 1.1.1993 wesentliche Relevanz.

## Korb-Produkte
-> **Aktienkorb**; -> **GREEN-Warrants**

## Kreditkarte
Im allgemeinen Sprachgebrauch jede Art von -> **Plastikkarte** mit Zahlungsmittelfunktion (-> **Zahlungskarte**) und verzögerter Belastung des Kontos (Kreditkarte im weiteren Sinne). Wird der verfügte Betrag einmal monatlich in einer Summe dem Konto belastet, handelt es sich um eine -> **Charge card**, ist der Betrag in Raten rückzahlbar (unter Berechnung von Sollzinsen), so handelt es sich um eine Kreditkarte im engeren Sinne. *EK*

## Kreditkartengesellschaft
Organisation mit internationalem Abwicklungs- und Akzeptanzstellennetz, Lizenzgeber für -> **Kreditkarten**, deren internationale Akzeptanz sie garantiert; übernimmt die Autorisierung internationaler und meist auch nationaler Umsätze der -> **Karteninhaber**, rechnet die Umsätze mit den -> **Vertragsunternehmen** international ab (-> **Clearing**), oft auch mit dem Karteninhaber (-> **Zwei-Parteien-System**) bzw. dem -> **Kartenemittenten**, der wiederum mit dem Karteninhaber über dessen Hausbank abrechnet (-> **Drei-Parteien-System**). *EK*

## Kreditkartenorganisation
-> **Kreditkartengesellschaft**

## Kreditkartenzahlungsverfahren
Bargeldlose Abwicklung einer Zahlung per -> **Kreditkarte**. Der Kunde legt beim Kauf seine Karte vor, das -> **Vertragsunternehmen** autorisiert den gewünschten Betrag (-> **Autorisierung**, -> **Autorisierungsverfahren**), erstellt einen -> **Leistungsbeleg** mit den Daten des -> **Karteninhabers**, des Vertragsunternehmens und dem verfügten Betrag, den der Kunde unterschreibt.
Der Vertragsunternehmer reicht den Leistungsbeleg bei der -> **Kreditkartengesellschaft** ein, die ihm den - garantierten - Betrag i.d.R. einmal pro Woche gutschreibt, abzüglich eines -> **Disagios** (Forderungsankauf durch die Kartengesellschaft).
Die Kartengesellschaft schickt dem Karteninhaber einmal pro Monat eine Rechnung mit den jeweils aufgelaufenen Umsatzbeträgen, zieht diese bei seiner Hausbank in einer Summe ein (-> **Charge Card**) bzw. fordert entsprechende Rückzahlungsraten (-> **Kreditkarte im engeren Sinne**), die der Kunde im Lastschrifteinzugsverfahren oder auch per Scheck begleichen kann.
Der Kunde kann anhand der ihm vom Vertragshändler ausgehändigten Leistungsbelegkopien kontrollieren, ob die Forderungen berechtigt sind, andernfalls kann er z.B. die Lastschrift zurückgeben.
Die effektiven Zahlungsvorgänge zwischen der Kartenorganisation und den Verfahrensbeteiligten werden über die üblichen Gironetze der Kreditinstitute abgewickelt. *EK*

# Kreditkartenzahlungsverfahren

## Kreditkartengesellschaft als -> Kartenemittent

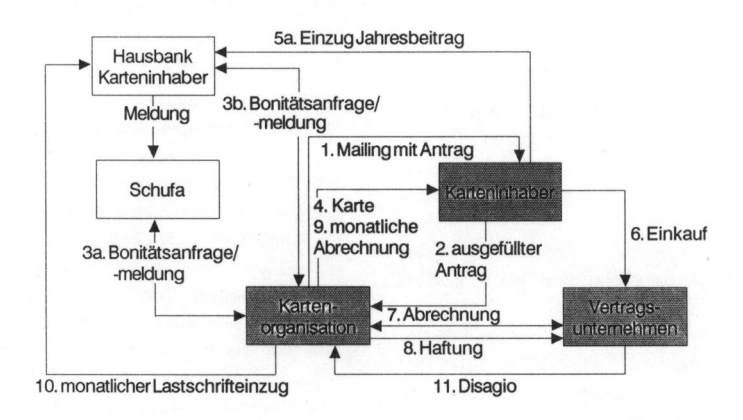

- 5a. Einzug Jahresbeitrag
- Hausbank Karteninhaber
- Meldung
- 3b. Bonitätsanfrage/-meldung
- Schufa
- 1. Mailing mit Antrag
- Karteninhaber
- 4. Karte
- 9. monatliche Abrechnung
- 2. ausgefüllter Antrag
- 6. Einkauf
- 3a. Bonitätsanfrage/-meldung
- Kartenorganisation
- 7. Abrechnung
- Vertragsunternehmen
- 8. Haftung
- 10. monatlicher Lastschrifteinzug
- 11. Disagio

## Kreditinstitut als -> Kartenemittent

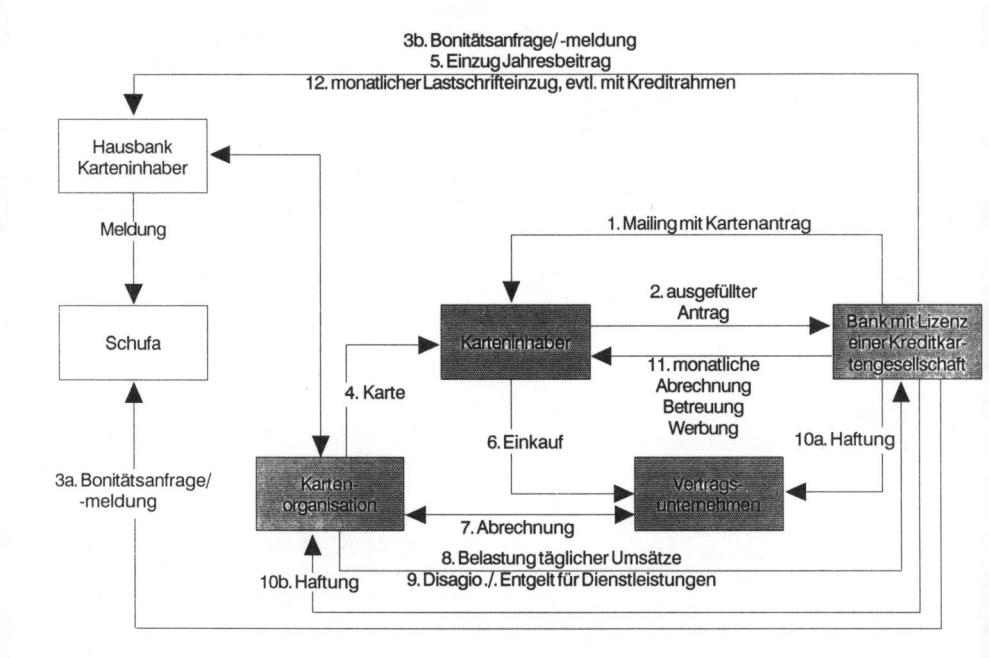

- 3b. Bonitätsanfrage/-meldung
- 5. Einzug Jahresbeitrag
- 12. monatlicher Lastschrifteinzug, evtl. mit Kreditrahmen
- Hausbank Karteninhaber
- Meldung
- Schufa
- 3a. Bonitätsanfrage/-meldung
- 1. Mailing mit Kartenantrag
- 2. ausgefüllter Antrag
- Karteninhaber
- Bank mit Lizenz einer Kreditkartengesellschaft
- 11. monatliche Abrechnung Betreuung Werbung
- 4. Karte
- 6. Einkauf
- 10a. Haftung
- Kartenorganisation
- Vertragsunternehmen
- 7. Abrechnung
- 8. Belastung täglicher Umsätze
- 10b. Haftung
- 9. Disagio ./. Entgelt für Dienstleistungen

**Kundenkarte**
-> Handelskarte, -> Servicekarte

**Kundenkreditkarte**
In den USA bereits um die Jahrhundertwende entstanden, zunächst von Hotels als Bonitätsausweise an Stammgäste ausgegeben, seit den 20er Jahren auch von Mineralölkonzernen und Kaufhausgesellschaften; mit Kredit ausgestattet, der die Zahlung erleichtern und die Firmentreue festigen soll. *EK*

**Kunstwährungen**
Durch internationale, zwischenstaatliche Vereinbarungen geschaffene Währungseinheiten, die sich i.d.R. aus gewichteten Anteilen verschiedener Währungen zusammensetzen. Derzeit sind vor allem die -> **ECU** der Europäischen Gemeinschaft und die -> **Sonderziehungsrechte** (-> **SZR** bzw. -> **SDR**) des Internationalen Währungsfonds (IWF) von Bedeutung.

**Kurs-Informations-Service-System (KISS)**
Elektronisches Erfassungs- und Übermittlungssystem aller an der Frankfurter Wertpapierbörse gehandelten Aktien in Echtzeit (seit 16.9.1987). Darüber hinaus werden auch Wandel- und Optionsanleihen sowie Optionsscheine (seit 4.1.1988) und variabel gehandelte Bundesanleihen (seit 3.10.1989) erfaßt. Unmittelbar nach Feststellung geben die Kursmakler die betreffenden Kurse in den Rechner ein, so daß sie sofort in KISS sichtbar werden. 103 in die Maklerschranken integrierte Plasmabildschirme zeigen in einer festen Anordnung das Skontro des jeweiligen Kursmaklers. 40 weitere Geräte im Saal für Auslandsaktien und im Rentensaal zeigen vor allem die Kurse der umsatzaktiven Werte, der Blue Chips, an und ermöglichen so eine rasche Information über die Entwicklung am Aktienmarkt. Insgesamt bietet das System etwa 80 Seiten mit 4 000 Kursen von 1.000 Wertpapieren. Zur Zeit sind 520 Abfrageterminals vorhanden, die den Abruf jeder gewünschten Seite ermöglichen. Dazu kommen Sonderseiten für den Tagesverlauf des Deutschen Aktienindex DAX und ausgewählte Kurse der Pariser Börse. Seit dem 1. Februar 1989 offeriert KISS Wirtschaftsmeldungen und Devisenkurse der Nachrichtenagentur VWD; seit dem 15. November 1989 werden auch Informationen von Reuters veröffentlicht. Seit dem 1.Dezember bringt KISS Informationen von -> **IBIS**. Für die 14 dort gehandelten Werte werden der letzte Preis und der akkumulierte Tagesumsatz in Stück angegeben. Weitere Sonderseiten ermöglichen mit Hilfe einer Fernsehkamera einen Blick auf die graphische Darstellung des Deutschen Aktienindex (-> **DAX**) sowie auf die beiden Texttafeln im Aktiensaal.

Darüber hinaus bietet KISS ausgewählte Kurse aus dem CAC-System der Pariser Börse. Frankfurt ist damit die einzige Börse, die fremde Börsenkurse in ihrem eigenen System empfangen kann. Die KISS-Monitore zeigen das Originalbild des französischen Systems. Besondere Kennzeichen von KISS sind das lastunabhängige Antwortzeitverhalten (unter 2 Sekunden), die absolut gleichzeitige Information aller Nutzer, das Anzeigen aller Kurse und Kursmerkmale (z.B. Ankündigungen) sowie die modulare Ausbaufähigkeit des Systems. Damit sind die Grundvoraussetzungen für die Gleichbehandlung aller Marktteilnehmer und die Schaffung liquider Märkte erfüllt.

Die einmal erfolgende Eingabe der im Parkett entstehenden Kurse führt zu einer Vielzahl von Abruf- und Verwendungsmöglichkeiten, und zwar
- in die KISS-Bildschirme im Saal und in Bankenbüros,
- in die Kursanzeigetafel im Parkett,
- in Datenbanken von Informationsanbietern und Kreditinstituten,
- in Datenströme zu anderen Börsenplätzen,
- in die laufende minütliche Berechnung des Deutschen Aktienindex DAX,
- in den Fotosatz zum Druck des Kursblattes.

Der DAX wird seit dem 1. Juli 1988 offiziell

171

**Kursvolatilität**

berechnet. Er wurde so angelegt, daß er auch für operative Zwecke - als Bezugsgrösse für einen Index-Future-im Rahmen der -> **Deutschen Terminbörse** - verwendbar ist. Der Ausbau von KISS soll auf Beschluß des Frankfurter Börsenvorstandes vom November 1989 - zusammen mit -> **BOSS** - im Jahre 1990 vorangetrieben werden.
Ab Sommer 1990 wird mit **PC-KISS** ein technisches Instrument zur Verfügung stehen, das folgende Handels- und Informationssysteme auf einem Bildschirm integriert:
- IBIS-Handelsterminal
- DTB-Handelsterminal
- BOSS-Handels- und Maklerterminal
- aktuelle und historische Kurse von KISS als digitale Information.

**Lit.**: Arbeitsgemeinschaft der Deutschen Wertpapierbörsen, Jahresbericht 1989, 59 ff.

**Kursvolatilität**
-> **Volatilität**

**Kurzfristiger Optionsschein**
-> **Optionsschein**

# L

**Länder-Aktienkorb**
-> Cash Basket

**LAFM**
-> London Agricultural Futures Market

**Lagging**
Finanztechnik von Exporteuren und Importeuren zum Schutze vor erwarteten nachteiligen Devisenkursänderungen, in der Weise, daß sie den Verkauf der Valuta gegen Inlandswährung und umgekehrt **verzögern**; das Pendant dazu stellt die **Beschleunigung (Leading)** derartiger Transaktionen dar:
**Importeure** werden bei prognostizierten **Kurssteigerungen** versuchen, möglichst schnell die Zahlungen zu leisten und damit Vorteile gegenüber einer späteren Zahlung zu einem ungünstigeren Austauschverhältnis der Währungen zu erzielen. Erwartet der Importeur dagegen ein **Sinken der Devisenkassakurse** (bei offener Valutaposition), so gehen seine Bestrebungen dahin, möglichst eine Verzögerung der Valutazahlungen zu erreichen, ggf. das Zahlungsziel zu übertreffen und damit die ausländische Währung günstiger einkaufen zu können.
In ähnlicher Weise - allerdings mit umgekehrten Vorzeichen - verfährt der **Exporteur**, der eine **Kursverschlechterung** erwartet. In diesem Falle muß er versuchen, den Kontrahenten durch Anreize (z.B. Rabatte, Skonti) zu Zahlungen vor Ablauf der Zahlungsfrist zu bewegen. Allerdings sind die Möglichkeiten beschränkt, und der Erfolg der Bemühungen ist ungewiß. Erwartet dagegen der Exporteur **Kurssteigerungen**, kann er sich Zugeständnisse der zuvor angesprochenen Art ersparen und ggf. die Valuta nach Zahlungseingang für eine gewisse Zeit im Ausland anlegen. Die Möglichkeiten des Exporteurs zu Leading und Lagging erweisen sich gegenüber der Situation des Importeurs jedoch als eingeschränkt anwendbar.

**Landwirtschafts-MLP**
Anwendungsform einer -> MLP, die an Plantagen, Farmen, Forsten u.ä. beteiligt ist, aus deren Nutzung Erlöse fließen.

**Last Trading Day**
Letzter Handelstag im Erfüllungsmonat eines Finanzkontraktes.

**Länder-Ranking**
-> Länder-Rating

**Länder-Rating**
Eingruppierung von Zielländern für Direktinvestitionen von MNU und von Außenhandelstransaktionen nach dem Ausmaß des jeweiligen (individuellen) -> **Länderrisikos**, gemessen durch einen -> **Länderindex**. Dadurch entstehen Länder-Ranglisten, wobei an der Spitze solche Länder mit geringem Länderrisiko ("Länderrisiko Null") stehen und die Länderrisiken mit höherem Rangplatz im **Länder-Ranking** zunehmen. Durch **Rating-Agenturen** werden darüber hinaus Zuordnungen für die Einzelbeurteilung in der Weise gegeben, daß die einzelnen Länder und Unternehmungen bzw. Bonds Klassifikationen von AAA ("triple A") bis D bzw. von Aaa bis C erhalten, wobei die erstgenannten Beurteilungen makellose Bonität signalisieren. Die nachstehende Tabelle enthält eine Gegenüberstellung der Rating-Kategorien von **Moody's** und **Standard & Poor's** Bond Quality Ratings. Die wohl bekannteste **Ranking-Liste**, die Institutional Investor Ranking-List, wird halbjährlich für 109 Länder erstellt.

## Erläuterungen zu Moody's und Standard & Poor's Bond Quality Ratings

| Category | Moody's | Standard & Poor's | Definition of rating |
|---|---|---|---|
| High grade | Aaa | AAA | The AAA rating is the highest rating assigned to a debt instrument. It indicates extremely strong capacity to pay principal and interest. Bonds in this category are often referred to as "blue-chip" bonds. |
| | Aa | AA | These are high-quality bonds by all standards. They are rated lower primarily because the margins of protection are not quite as strong as those rated Aaa or AAA |
| Medium | A | A | These bonds possess many grade favorable investment attributes, but there may be a susceptibility to impairment if adverse economic changes occur. |
| | Baa | BBB | Bonds regarded as having adequate capacity to pay principal and interest are rated BBB if the bond issue lacks certain protective elements so that adverse economic conditions could lead to a weakened capacity for payment. |
| Speculative | Ba | BB | These are bonds regarded as having minimum protection for principal and interest payments during both good and bad times. Bonds in this or any lower category are called junk bonds. |
| | B | B | These bonds lack characteristics of other more desirable investments. Assurance of interest and principal payments over any long period of time may be very weak. |
| Default | Caa | CCC | These are poorquality issues that may be in default or in danger of default. |
| | Ca | CC | These are highly speculative issues, often in default or possessing other marked shortcomings. |
| | C | | This is the lowest-rated class of bonds. These issues can be regarded as extremely poor in investment quality; they might go bankrupt, in Moody's opinion. |
| | | C | Income bonds on which no interest is being paid are rated C by Standard & Poor's. |
| | | D | A bond issue rated D by Standard & Poor's is in default, with principal and/or interest payments in arrears. |

## Länderindex

Mit Hilfe von Punktbewertungsverfahren (Scoring-Modellen) erfolgt die Generierung von Gesamtpunktwerten hinsichtlich der Klassifikation von Ländern entsprechend ihres jeweiligen -> **Länderrisikos**. Die bekanntesten Indizes dieser Art sind der **BERI-Index** und der -> **Forelend**-Index.
**Lit.:** Eilenberger 1987, 115 ff.

## Länderlimit

Interne Begrenzung von Budgets für Unternehmungen, Investitionen oder Warenverkehrsbeziehungen oder Finanztransaktionen mit einem bestimmten Land abzuwickeln. Der Zweck dieser Managementtechnik besteht darin, sog. **Klumpenrisiken** zu vermeiden, die durch einseitige Bevorzugung eines Landes mit relativ hohem Länderrisiko entstehen können. Gesperrtes Risiko bedeutet in diesem Zusammenhang die Anweisung, mit einem bestimmten Land Austauschbeziehungen nicht (mehr) vorzunehmen.

## Länderrisiko

Unternehmensumweltbezogene Kategorie spezieller Risiken, die - im Unterschied zum individuellen Risiko, das aus einem Schuldner des betreffenden Landes resultiert - in den politischen und wirtschaftlichen Verhältnissen eines bestimmten (ausländischen) Staates ihre Ursachen haben und somit ein **kollektives Risiko** dieses Landes für jeden ausländischen Investor oder Außenhandelsteilnehmer darstellen. Die Ursachen der **politischen Risiken** können im wesentlichen auf die Haupteinflußgrößen "Innenpolitik" und "Außenpolitik" zurückgeführt werden. Während sich **außenpolitische** Risiken aus der Zugehörigkeit eines Staates zu einer politischen Allianz oder aus dem (feindseligen) Verhalten anderer Staaten gegenüber dem betreffenden Land ergeben können (die dann z.B. die Freizügigkeit des Außenhandels und der Kapitalbewegungen im internationalen Raum einschränken), liegen die Ursachen **innenpolitischer** Risiken meist in ideologischen Auseinandersetzungen der Parteien des Landes. Dazu kommen politische Risiken auf Grund sozialer Spannungen, funktionsuntüchtiger staatlicher Administrationen und handlungsunfähiger Regierungen. Zu beachten ist allerdings in diesem Zusammenhang, daß von der Existenz politischer Risiken nur dann gesprochen werden kann, wenn die angeführten Gefährdungen nicht vorhersehbar und auch nicht das Ergebnis einer kontinuierlichen, prognostizierbaren negativen Entwicklung sind, da diesen Entwicklungen dann das Unsicherheitsmoment fehlen würde. Dasselbe gilt für den Fall, daß von politischen Risiken keine nachteiligen Wirkungen auf die Abwicklung der internationalen Transaktion(en) ausgehen und somit eine Beeinträchtigung der Zielerreichung des Entscheidungsträgers nicht eintritt. Das politische Risiko wird oft mit dem Extremfall der Gefahr der **Enteignung** der Unternehmung im Ausland gleichgesetzt, was jedoch die Natur des politischen Risikos nur unvollständig kennzeichnet. Zu berücksichtigen sind nämlich noch **weitere Abstufungen** des politischen Risikos, die in Form **diskriminierender** und **nichtdiskriminierender Einmischungen** ausländischer Staaten in die Geschäftstätigkeit von Unternehmungen sowie in Form **diskriminierender Maßnahmen** in Erscheinung treten. Diskriminierende Einmischungen bestehen im Konkurrenzschutz lokaler, inländischer Wettbewerber gegenüber den dort tätigen ausländischen Unternehmungen. Nichtdiskriminierende Einmischungen dagegen treffen zwar grundsätzlich alle Unternehmungen des Landes in gleicher Weise, nur belasten sie praktisch ausschließlich Unternehmungen in ausländischem Besitz (z.B. Besetzung von Führungspositionen mit Einheimischen, vorübergehende Inkonvertibilität der Währung). Diskriminierende Maßnahmen knüpfen an die Formen der diskriminierenden Einmischungen an. Sie stellen eine Verschärfung insofern dar, als sie in erheblichen Pressionen gegen Unternehmungen in ausländischem Eigentum bestehen, um sie aus dem betreffenden Land zu vertreiben. Die dabei eingesetzten Mittel bezwecken die Einschränkung der wirtschaftlichen Möglichkeiten der Unternehmung, die letztlich den Entzug der (rentablen) Existenzgrundlagen, z.B. in Form "schleichender" Enteignung infolge Übersteuerung oder Erhebung spezieller Abgaben, zum Ziele hat. Dieses bereits beachtliche Spektrum politischer Risiken wird erweitert durch Verlustgefahren, die sich aus der **Zahlungsunwilligkeit** eines Staates ergeben, der die Exportzahlungen oder die Rückführung von Krediten und/oder Zinszahlungen durch die auf seinem Hoheitsgebiet tätigen Unternehmungen an ausländische Gläubiger nicht oder nur eingeschränkt zuläßt (-> **Transferrisiko**). Derartige Risiken resultieren vorwiegend aus außenpolitischen, aber auch aus wirtschaftlichen Überlegungen, so daß damit auch der Bereich wirtschaftlicher Risiken tangiert wird.

**Wirtschaftliche Risiken** bestehen zum einen in **mikroökonomischen** Risiken (z.B. Fehleinschätzungen der infrastrukturellen Umweltbedingungen durch den Kreditnehmer beim Aufbau von Produktionsstätten oder bei der Gestaltung von Vertriebssystemen) und in **makroökonomischen** Risiken, die aus der Struktur der betreffenden Volkswirtschaft resultieren, zum anderen in den **Devisenkursrisiken (Valutarisiken)** und den -> **Transferrisiken**. Devisenkursrisiken entstehen bei Existenz flexibler Wechselkurse infolge laufender Veränderungen des Wertes der Verbindlichkeiten und Forderungen gegenüber der inländischen Währung. Bestehen feste Wechselkurse und bedarf es daher bei Änderungen der Währungsparitäten formeller Beschlüsse der Währungsbehörden, so treten keine laufenden Anpassungen der Wechselkurse wie im Falle des Systems flexibler Kurse auf, sondern gelegentliche Auf- oder Abwertungen; man spricht in diesem Falle daher von Aufwertungs- oder Abwertungsrisiko. Für den ungehinderten internationalen Kapitalaustausch ist schließlich das Bestehen bzw. das Ausmaß des -> **Transferrisikos** von Bedeutung, das die ungehinderte Rückführung der an den Kreditnehmer überlassenen Kapitalnutzungen einschließlich der Zinszahlungen an die kreditgebende Bank betrifft. Der Grund für Transferbeschränkungen besteht in Devisenknappheit, die ihrerseits auf mangelnde Leistungsfähigkeit der betreffenden ausländischen Volkswirtschaft als einer Ausprägung makroökonomischer Risiken zurückzuführen ist. Devisenknappheit führt dazu, daß ein zahlungswilliger und zahlungsfähiger Kreditnehmer seinen Verpflichtungen gegenüber der kreditgebenden Bank nicht nachkommen kann, weil die Zahlungsfähigkeit und/oder Zahlungswilligkeit des ausländischen Staates nur eingeschränkt gegeben ist oder sogar Zahlungsunfähigkeit besteht.

**Lit.:** Eilenberger 1987, 109 ff.; Eilenberger 1989 a, 50 ff. und 103 f.; Eilenberger 1990, 278 ff.

### Länderrisiko-Atlas

Umsetzung von Länderrisiko-Beurteilungen mit Hilfe verschiedener Verfahren (-> **Länderindex**; -> **Länder-Rating**) in visueller Form durch Kennzeichnung von Zonen unterschiedlicher Länderrisiken, die dem Interessenten einen ersten Überblick zur Risiko-Einstufung eines bestimmten Landes gibt. Grundsätzlich kann in diesem Zusammenhang i.d.R. nur zwischen maximal drei Kategorien unterschieden werden, und zwar zwischen kreditwürdigen, nicht kreditwürdigen Ländern und nicht bewerteten Ländern.

### Länder-Spread
-> **Cash Basket**

### LBO
-> **Leveraged Buy Out**

### LCE
-> **London Commodity Exchange**

### LDC
Lokale Währung eines Landes (local denominated currency).

### LDC-Loan Swap
Im Rahmen eines -> **Kredit-Swaps** erfolgender Austausch von Kreditgebern mit Krediten in lokaler Währung (LDC). Die Übertragungen der Kredite können gegen

"cash", also gegen andere Währung als die LDC, erfolgen oder in Form eines -> **Debt Equity Swaps** vorgenommen werden.

**Lead Management Fee**
Im Rahmen eines -> **Euro-Konsortialkredits** oder einer -> **Euro-Anleihe** dem -> **Lead Manager** zustehende (Emissions-) Gebühr.

**Lead Manager**
Führer eines -> **Syndicate** bzw. Konsortiums, der für den Ablauf der Emission (bzw. Kreditgewährung) und die vorangehende Prüfung der Emissionswürdigkeit (bzw. Kreditwürdigkeit) des Emittenten (bzw. Kreditnehmers) verantwortlich zeichnet. Zusammen mit dem (den) -> Co-Lead Manager (bzw. Co-Manager) bildet er im System des -> **Underwriting** die **Management Group**.

**Leading**
Managementtechnik im internationalen Zahlungsverkehr zur Verminderung von Devisenkursrisiken. Wegen Einzelheiten siehe -> **Lagging**.

**Leasing ausländischer Grundeinheiten**
Verfahren des -> **internationalen Leasing**, das in drei Formen möglich und im Rahmen des Konzernverbundes multinationaler Unternehmungen praktizierbar ist:
- Export-Leasing einzelner Grundeinheiten, wobei sich im wesentlichen die unter -> **Export-Leasing** beschriebenen Verhältnisse ergeben, mit der Besonderheit, daß Leasing-Geber und Leasing-Nehmer dem Konzernverbund angehören;
- **Leasing ausländischer Grundeinheiten**, die Mietfinanzierungen in der Weise vorsehen, daß der Leasing-Geber eine konzernangehörige Grundeinheit oder die Spitzeneinheit selbst ist, die der ausländischen Grundeinheit ein bei einem "fremden" Hersteller erworbenes Investitionsgut vermietet;
- **Multinationales Leasing ausländischer** **Grundeinheiten**, das eine Erweiterung des Leasing ausländischer Grundeinheiten insofern bedeutet, als ein Subleasingnehmer oder Nutzer in einem "dritten" Land (= Land weder der leasingnehmenden noch der leasinggebenden Grundeinheit) operiert.

**LEBA**
-> **London Eurodollar Banker's Acceptances**

**Leerverkauf**
Verkauf von Wertpapieren an Terminbörsen (per Termin), ohne im Zeitpunkt des Verkaufs bereits im Besitz der ggf. zu leistenden Wertpapiere zu sein (-> **Short Selling**). Das Motiv des Leerverkaufes ist spekulativ und auf sinkende Wertpapierkurse gerichtet.

**Leistungsbeleg**
Dient -> **Vertragsunternehmen** und -> **Karteninhabern** als Nachweis gegenüber dem -> **Kartenemittenten** über Lieferung/Bezug einer Leistung, die per Kreditkarte bezahlt wurde, trägt die vom Vertragsunternehmen geprüfte Unterschrift des Karteninhabers sowie bei Überschreitung des -> **Floor Limits** die Genehmigungsnummer der -> **Autorisierungszentrale** (-> **Autorisierungsverfahren**) und wird vom Vertragsunternehmen zur Abrechnung beim Kartenemittenten eingereicht. Der -> **Karteninhaber** erhält ein Duplikat zur Kontrolle seiner monatlichen Sammelrechnung (-> **Kreditkartenzahlungsverfahren**). *EK*

**Leland-Option-Pricing-Model**
Modell zur Optionspreisermittlung (siehe auch -> **Black-Scholes-Model**; für Devisenoptionen -> **Garman-Kohlhagen-Model**) unter Berücksichtigung von **Transaktionskosten**. Der Preis von -> **Call-Optionen** (c) ergibt sich aus:

$$C = S \cdot N(\hat{d}_1) - E \cdot e^{-rt} \cdot N(\hat{d}_1 - \hat{s}\sqrt{T})$$

wobei: $\hat{d}_1 = \dfrac{\ln(S/E \cdot e^{-rt})}{\hat{s}\sqrt{T} + 0{,}5 \cdot \hat{s}\sqrt{T}}$

$\hat{s} = \left[1 + E\sqrt{2/\pi}\,/\,s\sqrt{\Delta t}\,\right]^{1/2}$

mit:
- S = Kurs des Wertpapiers (Kassamarkt)
- E = Basispreis (Exercise-Price)
- r = Zinsniveau risikoloser Wertpapiere
- s = Volatilität (Kassakurse)
- T = Restlaufzeit bis zur Fälligkeit
- $\Delta$t = "Revision Interval"
- N(x) = kumulierte Normalverteilung

Geprüft werden können insbesondere die Sensitivitäten von c auf Veränderungen von t und k ("proportional round trip transaction cost") und die Sensitivitäten der -> **Hedge Ratio** auf Veränderungen von t und k.

Lit.: Leland, H.E., Option Pricing and Replication with Transactions Cost, Working Paper No. 144, Institute of Business and Economic Research, University of California, Berkeley, 1984.

**Leveraged Buy Out**
-> Buy Out

**Liability Hedge**
Variation eines -> **Hedge** zur Schließung einer -> **Long Position**.

**LIBID**
-> London Interbank Bid Rate

**LIBOR**
-> London Interbank Offered Rate

**LIBOR-T-Bill Swap**
Variante eines -> **Basis-Swaps** mit jeweils variablem Zinssatz der beiden Partner (auch als **Floating Floating Swap** bezeichnet): Während der eine Swap-Partner Mittel zu einem 6-Monats-T-Bill-Bond-Äquivalent aufnimmt, beschafft der andere Partner Mittel zum 6-Monats-LIBOR-Satz; im Rahmen des Swap-Vertrages tauschen die beiden Partner die jeweils variablen Zinszahlungen (analog zur Struktur des -> **Prime-LIBOR-Swap**) aus.

Lit.: Arnold, T.S., How to do interest rate swaps. HBR Sept./Okt. 1984, 96 ff.

**Life of contract**
Restlaufzeit eines Finanzkontrakts bis zu dessen Erfüllungstermin.

**Lifestyle-Karte**
Karte, die spezielle "Lifestyle-Bedürfnisse" des Karteninhabers abdecken soll, ähnlich -> **Affinitätskarte**, z.B. die "Jäger-Karte", die ein besonderes Versicherungspaket (u.a. "Jägerhaftpflicht") für Jäger bietet. *EK*

**LIFFE**
-> **London International Financial Futures Exchange**.

**LIMEAN**
Mischzinssatz aus -> **LIBID** und -> **LIBOR** (z.B. arithmetisches Mittel), der als -> **Referenzzinssatz** Emittenten von den Emissionsbanken als Basis für Zinsanpassungen von -> **FRN** am -> **Euro-Kapitalmarkt** eingeräumt werden kann.

**Limit**
Instrument zur Begrenzung (ansonsten) heftiger, kurzfristiger Kursausschläge von -> **Finanzterminkontrakten**. Festgelegt werden die Limits nach oben (**limit up**) oder nach unten (**limit down**) durch eine bestimmte Punktezahl in Abhängigkeit vom -> **Settlement Price**, die nicht überschritten werden darf. Im Falle des Übertreffens dieser **daily trading limits**, welche die Schwankungsbreite des Kurses einzelner Kontrakte während der Börsensitzung be-

grenzen, wird ggf. der Handel für den Rest des Tages eingestellt (amerikanische Börsen) oder für eine bestimmte Zeitspanne unterbrochen (-> LIFFE).
Lit.: Cordero, 52 ff.

### Limit bid or Limit sell moves
Synonym für -> **daily trading limit**.

### Limit Order
Auftragsart an -> **Financial Futures-Märkten**, bei der die Ausführung an ein Kurslimit (Mindestkurs/Maximalkurs) gebunden ist, das nicht über- oder unterschritten werden darf.

### Liquid Market
Eigenschaft eines -> **Financial Futures-Markts**, auf dem große Kontraktmengen angesichts einer großen Zahl von Marktteilnehmern ohne erhebliche Kursdifferenzen (reibungslos) ausgetauscht werden können; insofern erweist sich eine derartige Marktkonstellation als "liquide".

### Liquid Yield Option Note (LYON)
Kombination einer -> **Null-Kupon-Anleihe** mit Elementen einer **Wandelanleihe**: Innerhalb einer in den Emissionsbedingungen spezifizierten Periode während der Laufzeit der Anleihe kann der Inhaber des Forderungspapiers zu einem festgelegten Konversions-(Wandlungs-)Preis in Aktien der emittierenden Unternehmung wandeln. In diesem Falle erlischt die Null-Kupon-Anleihe; wird vom Wandlungsrecht nicht Gebrauch gemacht, erhält der Inhaber am Ende der Laufzeit den (aufgezinsten) Zinsertrag.

### Liquidationskassen
Die meist in der Rechtsform der AG firmierenden und von den im Liquidationsverein zusammengeschlossenen Banken gegründeten Liquidationskassen haben die Aufgaben der Abwicklung und der Garantie im börsenmäßigen Terminhandel. Im Warenterminhandel treten die Liquidationskassen häufig als Selbstkontrahenten ein. Im Effektenterminhandel (börsenmäßiger Optionshandel) gewährleisten die Liquidationskassen die ordnungsmäßige Erfüllung der Optionsgeschäfte, sofern sie nach den "Besonderen Bedingungen für Optionsgeschäfte an den deutschen Wertpapierbörsen" abgeschlossen wurden. Diese Gewährleistung beschränkt sich zwar auf den börsenmäßigen Optionshandel, tritt aber auch dann ein, wenn der Optionskontrahent Teilnehmer einer anderen Liquidationskasse ist. Wegen dieser Garantiefunktion setzt die Teilnahme am börsenmäßigen Optionshandel die Anerkennung des Teilnehmers durch die Liquidationskasse voraus, wobei die Teilnehmer beim Abschluß von Optionsgeschäften die im "Regulativ der Lombardkasse/Liquidationskassen für den Optionshandel" vorgeschriebenen Meldungen zu erstatten haben. Für Schäden, die aus einer nicht rechtzeitigen oder fehlerhaften Meldung entstehen, haften die Teilnehmer der Liquidationskasse (vgl. Arbeitsgruppe Optionsgeschäft 1983). *TG*

### Liquidity
Eigenschaft eines -> **Finanztermin-Kontrakts** hinsichtlich seiner Preissensitivität: Liquidity kann als Maßgröße für den Orderumfang angesehen werden, bis zu dem Börsenausführungen (**Executions**) ohne signifikanten Einfluß auf den **Ausführungspreis** bleiben.

### LME
-> **London Metal Exchange**

### LMFE
-> **London Meat Futures Exchange**

### Local (trader)
Börsenteilnehmer an einem -> **Financial Futures-Markt**, der ausschließlich für eigene Rechnung handelt; auch als -> **Floor Trader** bezeichnet.

### Lock up-Periode
-> **Temporary Global Certificate**

**Lombardkasse**
-> Liquidationskasse

**London Agricultural Futures Market (LAFM)**
Handel mit landwirtschaftlichen Futures. Die LAFM umfaßt:
-> London Meat Futures Exchange
-> London Potato Futures Association
-> London Grain Futures Market
-> Soybean Meat Futures Association. *DR*

**London CD-market**
-> Certificates of Deposit

**London Commodity Exchange (LCE)**
Cereal House, 58 Mark Lane, London EC3R 7 NE, England
Die LCE gilt als führende europäische Warenbörse für den Handel mit Soft-Futures (z. B. Kakao, Kaffee) und Energie-Futures. *DR*

**London Eurodollar Banker's Acceptances (LEBA)**
Kurzfristiges Papier des -> Euro-Geldmarktes am Platz London in Form einer "bill of exchange", also eines Bankakzepts, gezogen von einer Unternehmung auf eine "prime"-Bank, und von dieser akzeptiert. Die Laufzeiten betragen grundsätzlich drei oder sechs Monate, der Zinssatz liegt geringfügig unter dem entsprechenden -> LIBOR-Satz, die Ausgabe erfolgt zu einem abdiskontierten Kurs. LEBAs eignen sich insbesondere für Unternehmungen, die sich nicht direkt über -> **Euro-Commercial-Papers** oder über den (öffentlichen) -> **Euro-Kapitalmarkt** zu finanzieren wünschen oder dies nicht können.

**London Interbank Bid Rate (LIBID)**
Am Platz London festgestellter -> **Geldkurs** unter Banken des -> **Euro-Geldmarkts** (mit Standardlaufzeiten); die Differenz zu -> **LIBOR** beträgt i.d.R. 1/8% p.a.

**London Interbank Offered Rate (LIBOR)**
Am Platz London festgestellter -> **Briefkurs** des -> **Euro-Geldmarkts** (mit Standardlaufzeiten), der in der Regel bei -> **FRN** des -> **Euro-Kapitalmarktes** als -> **Referenzzinssatz** für die Zinsanpassung(en) dient (in Analogie dazu beispielsweise -> **FIBOR** für deutsche FRN).

**London International Financial Futures Exchange (LIFFE)**
66 Canon Street, London EC4N 6AE, England
1982, hauptsächlich als Antwort auf den zunehmenden Wettbewerb der US-Futures-Börsen gegründet, wurde die LIFFE zum ersten europäischen Markt und zugleich zu einem der bedeutendsten internationalen Märkte für den Futures-Handel in Währungen, Zinssätzen und Staatstiteln. *DR*

**London Meat Futures Exchange (LMFE)**
Börse hauptsächlich für (lebende) Schweine- und Schweinefleisch-Futures; Teil der -> **LAFM**. *DR*

**London Metal Exchange (LME)**
Plantation House, Frenchurch Street, London EC3, England
Londoner Metallbörse, die in Europa als führende Börse für Waren- und Termin-Geschäfte in Metallen gilt. *DR*

**London Potato Futures Association (LPFA)**
Londoner Börse für Kartoffel-Futures; Teil der -> **LAFM**.

**London Stock Exchange (LSE)**
Cereal House, 58 Mark Lane, London EC3R 7 NE, England
1802 in London gegründete Effektenbörse, die zu den größten und bedeutendsten der Welt zählt und zugleich als wichtigste europäische Börse gilt. Wichtiger Markt für Financial Options und Currency Options. *DR*

**London Traded Options Market (LTOM)**
Tochtergesellschaft der Londoner International Stock Exchange, an die der gesamte Optionshandel dieser Börse Ende 1989 ausgegliedert worden ist.

**Long**
Käufer eines -> **Finanztermin-Kontrakts** bzw. einer Kontrakt-Position.

**Long Currency Position**
Währungsplusposition (-> **Offene Position**)

**Long Gilt Future**
-> **Kontrakt über langfristige britische Staatsanleihen**

**Long Hedge**
Variante eines -> **Hedge** am -> **Financial Futures-Markt**, der im Aufbau einer -> **Long Position** zur Verminderung des Risikos steigender Kurse (am -> **Kassamarkt**) besteht.

**Long Interest Rate Hedge**
Zinsplusposition (-> **Offene Position**)

**Long Option Position**
Position des Käufers von -> **Optionen**: Der Käufer von -> **Call Options** (Kaufoptionen) kann von Kurssteigerungen des zugrunde liegenden Objekts (-> **Underlying**) profitieren, während dem Käufer von -> **Put Options** (Verkaufsoptionen) Kurssenkungen des -> **Underlying** Vorteile bringen.

**Long Position**
Kaufengagement in -> **Finanzterminkontrakten** und -> **Optionen**; auch als **Plusposition** bezeichnet.

**Löwenkonto**
Geldanlagemöglichkeit auf Bankkonto mit Mindestlaufzeit von sieben Tagen und Mindestbetrag von 20 000 DM, deren Verzinsung generell zwei Prozentpunkte über dem Lombardsatz der Deutschen Bundesbank liegt (Lombardsatz als -> **Referenzzinssatz**); analog -> **Fibor-Zins-Sparen**.

**LPFA**
-> **London Potato Futures Association**

**LSE**
-> **London Stock Exchange**

**LTOM**
-> **London Traded Options Market**

**Lump payment**
-> **Umkehr-Swap**

**LUXIBOR**
Luxembourg Interbank Offered Rate. Referenzzinssatz für -> **FRN**, der für den Markt Luxemburg ermittelt wird (analog zu -> **LIBOR**).

**LYON**
-> **Liquid Yield Option Note**

# M

**M & A**
-> **Merger and Acquisitions**

**Magnetkarten-POS**
-> **Silicium-Geld**

**Magnetstreifenkarte**
-> **Plastikkarte** mit integriertem Magnetstreifen, auf dem zum einen Kundendaten gespeichert sind zur Identifizierung des -> **Karteninhabers** bei elektronischen Anwendungen der Karte, zum anderen Transaktionsdaten festgehalten werden können wie z.B. das Datum der letzten Verfügung am -> **Geldautomaten**. *EK*

**Maintenance Margin**
Mindestbetragshöhe der -> **initial margin** während der Laufzeit einer Finanzterminkontrakt-Position. Im Falle von Kursverlusten wird die initial margin durch die Leistung von -> **variation margins** dem Niveau der maintenance margin angepaßt (-> **Margin-Systematik**).

**Major Market Index (MMI)**
Ursprünglich im September 1983 bei der -> **ASE** (für Index-Optionen) eingeführter, preisgewichteter (arithmetisches Mittel der Aktienkurse) -> **Aktienindex**, der auf Grund eines Übereinkommens mit der -> **CBT** von dieser nunmehr als Basis für -> **Aktienindex-Futures** benutzt wird. Der MMI enthält 20 Blue Chip-Aktien, von denen 15 Werte auch im Dow Jones Industrial Average-Index enthalten sind. Die Konstruktion des MMI, die derjenigen des -> **DJIA** analog ist, ist dadurch charakterisiert, daß die Kurse der Aktien addiert werden und die Summe durch einen Wert (**Divisor**), der die Kapitalveränderungen (Aktien-Splits, Bezugsrechte, Dividenden u.ä.) reflektiert, dividiert wird (**adjustierter Durchschnitt**). Beispielsweise sei der Einfachheit halber unterstellt, für drei verschiedene Aktien ergeben sich die Kurswerte (Preise) von 30 $, 20 $ und 10 $. Der Durchschnitt beträgt in diesem Falle 20 $. Erfolgt nunmehr ein Aktien-Split (Stock-Split) für die Aktie mit dem Wert 30 $ im Verhältnis 2 : 1, dann hätte der Eigner zwei Aktien zu je 15 $, und falls der Durchschnitt **nicht** adjustiert würde ("without adjustment"), würde der Index ebenfalls einen Wert von 15 aufweisen (was einer Verringerung um 25% entspräche). Zur **Adjustierung** des gewogenen Durchschnitts wird daher ein neuer Divisor berechnet, der sich am ursprünglichen Wert 20 $ orientiert. Die Summe der Aktienpreise (45 $) wird zum "initial average" (20 $) in Beziehung gesetzt, also 45 : 20, so daß der neue Divisor 2,25 beträgt (anstatt wie vorher 3). Der neue Divisor führt zu einem unveränderten Index-Wert von 20 (45 : 2,25). Aus der Anwendung dieser Methode resultieren allerdings im Laufe der Jahre bei ensprechenden Aktien-Splits zunehmend geringere Werte für den Divisor. Auf der Basis von MMI begebene Stock Index-Futures eignen sich wegen der Nähe zu den zu Grunde liegenden Werten in besonderer Weise für die -> **Arbitrage**.

**Major Market Stock Index Future Kontrakt**
CBOT Kontrakt/Kontraktspezifikationen:
Gehandelte Einheit:
$ 250 x Wert Major Market Index; Cash Settlement
Liefermonate: Monatlich
Liefertag:
Cash Settlement zum Schlußkurs des MMI am letzten Handelstag
Letzter Handelstag:
Dritter Freitag des Kontraktmonats
Notierung:
Mehrfaches von 0,05; $ 250 pro ganzem Indexpunkt
Mindestkursveränderung (Tick, Größe und

Wert):
0,05 ($ 12,50)
Handelszeiten:
8.15 Uhr bis 15.15 Uhr Chicago Zeit. *WH*

**Makatel**
Magnetkarten-Telefon der Deutschen Bundespost, beim -> **Vertragsunternehmen** installiert zur Kreditkarten-Prüfung bzw. -> **Autorisierung** einer Kartenzahlung. Das Vertragsunternehmen zieht die -> **Kreditkarte** durch den Führungsschlitz und gibt den Rechnungsbetrag ein, das Gerät stellt über Telefonleitung eine Verbindung zur Genehmigungsstelle der -> **Kartenorganisation** her und prüft, ob der Betrag genehmigt werden kann (-> **Autorisierungsverfahren**), u.a. wird die -> **Sperrliste** überprüft. Das Prüfungsergebnis erscheint auf einem Display und einem Beleg über einen angegliederten Drucker, der den -> **Leistungsbeleg** erstellt. Die entsprechenden Daten werden gleichzeitig an die -> **Kartengesellschaft** übermittelt, dort erfaßt und für die Abrechnung der Umsätze mit dem Vertragsunternehmen verarbeitet. Gleichzeitig ist das Gerät als Telefon mit verschiedenen Zusatzfunktionen (z.B. Telefon-Gebührenerfassung getrennt nach unterschiedlichen -> **Kreditkartenorganisationen**, Speichern von Rufnummern, Wahlwiederholung etc.) verwendbar. *EK*

**Makler-Tele-Informations-System (MATIS)**
Seit Dezember 1989 bestehendes Wertpapierinformationssystem des Bundesverbandes der (deutschen) Kursmakler, das als Reaktion auf -> **IBIS** der deutschen Großbanken entstanden ist. Es handelt sich um ein Informationssystem für den außerbörslichen Handel, der 30 Minuten vor Eröffnung der Präsenzbörse Frankfurt a.Main ausgesetzt und 30 Minuten nach Ende der Börsensitzung wieder aufgenommen wird. Grundsätzlich läßt sich dieses System auch zu einem Handelssystem und damit zu einer (Computer-)Börse entwickeln. Über 60 Kursmakler stellen im außerbörslichen

Handel verbindliche Preise für 40 Standard-Aktien, die zehn jüngsten Bundesanleihen, fünf Bundesobligationen, die Wandelanleihe der Deutschen Bank und vier weitere Rentenwerte. Die Publikation der ermittelten Kurse erfolgt über das Netz der Nachrichtenagentur Reuters und ggf. auch über die Presse (unter Angabe von Umsätzen; siehe Abbildung).

## Matis-System Außerbörsl. Handel

| Titel 30.5.90 | Hoch/Tief | Kurse von 16 Uhr | Umsätze in Stück *) |
|---|---|---|---|
| AEG | -/- | - | 0 |
| Allianz | 2590,00 / 2560,00 | 2590,00 | 1300 |
| BASF | 296,00 / 295,50 | 296,00 | 3700 |
| Bayer | 299,00 / 297,00 | 297,00 | 3000 |
| Bayernhypo | 375,00 / 375,00 | 375,00 | 600 |
| BMW | -/- | - | 0 |
| Bayer. Verbk. | -/- | - | 0 |
| Bremer Vulkan | -/- | - | 0 |
| Commerzbank | 358,50 / 358,50 | 358,50 | 6450 |
| Continental | 298,00 / 296,00 | 296,00 | 2500 |
| Daimler-Benz | 823,00 / 830,00 | 832,00 | 5000 |
| Degussa | -/- | - | 0 |
| Dt. Babcock St. A. | -/- | - | 0 |
| Deutsche Bank | 778,00 / 778,00 | 778,00 | 86500 |
| Dresdner Bank | 421,50 / 416,00 | 416,00 | 14250 |
| Feldmühle Nobel | -/- | - | 0 |
| Henkel VA | -/- | - | 0 |
| Hoechst | -/- | - | 0 |
| Hoesch | 354,00 / 353,00 | 354,00 | 6950 |
| Karstadt | 680,00 / 680,00 | 680,00 | 250 |
| Kaufhof St. A. | -/- | - | 0 |
| Linde | -/- | - | 0 |
| Lufthansa St. A. | -/- | - | 0 |
| MAN St. A. | -/- | - | 0 |
| Mannesmann | 366,50 / 358,00 | 358,00 | 10000 |
| Nixdorf VA | 348,00 / 341,50 | 348,00 | 3400 |
| RWE St. A. | 487,50 / 486,50 | 487,00 | 7500 |
| RWE VA | 400,00 / 399,00 | 400,00 | 1500 |
| Schering | 800,00 / 800,00 | 800,00 | 250 |
| Siemens | 728,50 / 724,00 | 725,00 | 10500 |
| Thyssen | 293,00 / 290,00 | 290,00 | 3100 |
| Veba | 434,00 / 430,50 | 431,00 | 18850 |
| Viag | 412,00 / 412,00 | 412,00 | 1000 |
| VW St. A. | 610,50 / 606,00 | 606,00 | 28200 |
| VW VA | 512,00 / 512,00 | 512,00 | 1000 |
| Philips | 30,80 / 30,60 | 30,80 | 28000 |
| Royal Dutch | 128,50 / 128,20 | 128,50 | 6000 |
| Unilever | 135,20 / 135,00 | 135,20 | 1000 |
| BASF v. 85 (94) | -/- | - | 0 |
| Bayer v. 84 (94) | -/- | - | 0 |
| Bayer v. 85 (95) | -/- | - | 0 |
| Dt.Bk.Lux.v.63(91) | -/- | - | 0 |
| RWE v. 86 (96) | -/- | - | 0 |
| Veba v. 83 (93) | -/- | - | 0 |
| Dt. Bk. Wandelanl. | 315,25 / 313,00 | 313,00 | 600000 |

*) Festverzinsliche in DM

Für Makler besteht Kontrahierungszwang in der Weise, zu den publizierten Kursen jeweils mindestens 250 Stück Aktien oder Rentenwerte von 1 Mio DM oder Wandel-/Optionsschuldverschreibungen im Volumen von 100 000 DM solange handeln zu müssen, bis neue Preise über Reuters veröffentlicht werden. Handelspartner können alle an deutschen Wertpapierbörsen zugelassenen Firmen (Freimakler) sein. MATIS unterliegt der Überwachung durch die Börsenaufsicht.

**Management Buy In**
-> **Buy In**

## Management Buy Out
-> Buy Out

## Management Fee
Gebühr für Konsortialmitglieder der management group im Rahmen von Konsortialgeschäften der Banken (-> **Lead Management Fee**).

## Marché à Terme des Instruments Financiers de Paris (MATIF)
15, Rue de la Banque, F-75002 Paris
Die Pariser Terminbörse wurde 1986 eröffnet und entwickelte sich in nur drei Jahren zur drittgrößten Terminbörse der Welt. Gehandelt werden Warenterminkontrakte (auf Kakao, Zucker, Kaffee, Kartoffeln), Finanzterminkontrakte, Optionen sowie ein Aktienindex-Terminkontrakt auf französische Staatsanleihen. *DR*

## Marché frd. Options Négociables sur Actions (MONEP)
Speziell für Aktien-Optionen errichtete Börse, an der die Börsengesellschaften entweder als reine Vermittler oder als Market Maker agieren. *DR*

## Margen-Float
Variable Marge von -> **Roll-over-Krediten** mit vereinbarten Höchst- und Mindestaufschlägen auf die marktübliche Zinsmarge (Basis: -> **Referenzzinssatz**, z.B. -> **LIBOR**).

## Margenkauf
-> Margin Buying

## Margen-Splitting
Festlegung der Marge für die gesamte Laufzeit von -> **Roll-over-Krediten** des -> **Euro-Kreditmarkts** in der Weise, daß für das erste Jahr und die restlichen Jahre der Laufzeit unterschiedliche Margen-Sätze gefordert werden. Im Unterschied zum -> **Margen-Float** sind jedoch die vereinbarten Margen-Sätze fest.

## Margin
Betrag, der im Rahmen von -> **Finanzterminkontrakten** dem Käufer und Verkäufer derartiger Kontrakte für das Begründen und Halten eines Engagements (einer **Position**) in Abhängigkeit von der -> **Volatilität** des -> **Underlying** vom -> **Clearing House** (als Gegenpart) zur Sicherstellung der Abnahme- und Lieferverpflichtungen der Beteiligten in Rechnung gestellt (= verrechnet) wird. Je nach Anlaß kann eine -> **initial margin**, -> **maintenance margin** und -> **variation margin** notwendig sein. An -> **Optionsbörsen** dient die Margin als Sicherheitsleistung, um das mit -> **Short positions** eingegangene Risiko zu begrenzen. Die -> **DTB** ermittelt die -> **Margin-Erfordernisse** börsentäglich auf der Basis der Schlußposition jedes -> **Clearing-Mitgliedes** (im Anschluß an die -> **Post-Trading-Periode**) und des -> **Settlement-Preises**.

## Margin-Anforderung
Aufforderung des -> **Clearing House** an Käufer und Verkäufer von -> **Finanzterminkontrakten** bei Begründung und/oder Halten einer Position, den zur Deckung der jeweiligen -> **Margin** notwendigen Betrag auf das **Margin-Konto** einzuzahlen. Bei der -> **DTB** ist dem **Margin Call** bis spätestens 9.45 Uhr des nächsten Börsentages Folge zu leisten, ansonsten die Positionen des -> **Clearing-Mitgliedes** liquidiert werden.

## Margin-Berechnung
Ermittlung des -> **Margin-Erfordernisses** zur Begrenzung des täglichen Preisänderungsrisikos.

## Margin Buying
Wertpapierkauf mittels Kreditaufnahme und gleichzeitiger Verpfändung der zu erwerbenden bzw. erworbenen Wertpapiere als Sicherheit für den Kredit (**Margenkauf**); die Obergrenze für die Kreditaufnahme stellen die -> **Margin Requirements** dar.

## Margin Call
Ausübung der Nachschußpflicht bei Halten einer Position am -> **Financial Futures-Markt** (-> initial margin); -> **Margin-Anforderung**.

## Margin-Erfordernis (DTB)
Grundlage der -> **Margin-Anforderung**. Die -> **DTB** ermittelt das Margin-Erfordernis für die jeweiligen Optionsserien wie folgt:
- Optionen -> **in-the-money** und Optionen -> **at-the-money**: -> **Settlement-Preis** der Optionsserie + 10% des Schlußkurses des -> **Underlying**.
- Optionen -> **out-of-the-money**: -> **Settlement-Preis** der Optionsserie + 5% des Schlußkurses des -> **Underlying**.

## Margin Requirements
Die im Rahmen des -> **Margin Buying** festgelegte Quote, die nicht beliehen werden darf.

## Margin-Systematik
Hinsichtlich der Einschüsse im Rahmen des Handels an -> **Financial Futures-Märkten** kann grundsätzlich zwischen der **initial margin** und der **variation margin** unterschieden werden. Während erstere den **Einschuß** darstellt, der zur **Begründung** einer Position vom -> **Clearing House** verrechnet wird, bedeutet letztere einen **Nachschuß** bei Bestehen einer Position, dessen Höhe nach Maßgabe der Kursentwicklung vom Clearing House verrechnet wird. In Ergänzung zur initial margin kann eine **maintenance margin** zum Schutz vor Kursverlusten während der gesamten Laufzeit der Position als **Mindestbetrag** für die initial margin gefordert werden.

## Marketable Eurodollar Collateralized Security (MECS)
-> **Eurodollar collateralized security**

## Market Floor
Handelsplatz der -> **Financial Futures-Märkte** (siehe auch -> **Floor Trader**).

## Market if touched-Order (MIT-Order)
Auftragsart an -> **Financial Futures-Märkten**, bei der die Verpflichtung besteht, ab einem bestimmten Kursniveau den Auftrag möglichst schnell auszuführen. Oberhalb dieses Kursniveaus wandelt sich die MIT-Order zur -> **Market Order**, bei welcher der gesamte Auftrag so schnell wie möglich auszuführen ist.

## Market liquidity risk
Gefahr, daß ein Finanzinstrument (mangels -> **liquidity**) nicht in der erforderlichen Zeit und nicht zum vollen Marktwert verkauft werden kann (= **Marktliquiditätsrisiko**).

## Market Maker
Börsenmitglied eines -> **Financial Futures-Marktes**, das auf eigene Rechnung (und auf eigenes Risiko) Wertpapiere handelt und insofern zur -> **liquidity** beiträgt, als von ihm grundsätzlich jeweils gleichzeitig und ständig verbindliche -> **Geldkurse** und -> **Briefkurse** für das Finanzinstrument (bzw. für die ihm zugewiesenen Optionsklassen an der -> **DTB**) gestellt werden. Werden keine Stückzahlen in den Geboten genannt, gelten die von der jeweiligen Marktordnung festgelegten Mindeststückzahlen. Für Market maker ergibt sich somit die Besonderheit, daß sie jeweils im Rahmen ihrer Gebote kauf- und lieferbereit sein müssen und nicht vorhersehbar ist, in welcher Reihenfolge sie zuerst in Anspruch genommen werden (also, ob sie nur kaufen oder nur verkaufen, oder ob sie zuerst kaufen und dann verkaufen und umgekehrt). Aus dieser Sachlage resultiert, daß die Tätigkeit der Market Maker zur Bildung marktgerechter, realistischer Kurse führen muß.

## Market on closing-Order (MOC-Order)
Auftragsart an -> **Financial Futures-Märkten**, die innerhalb der sog. **Closing Range**

(Kursbandbreite bei Schluß des Handels) im Sinne einer -> **Market Order** zu realisieren ist (also bei Schluß des Handels in einem -> **Financial Futures-Kontrakt**).

**Market on opening-Order (MOO-Order)**
Auftragsart an -> **Financial Futures-Märkten**, die innerhalb der sog. **Opening Range** (erstbezahlte Kursbreite) im Sinne einer -> **Market Order** zu handhaben ist.

**Market Order**
-> **Market if touched-Order**

**Market Participant**
Marktteilnehmer an -> **Financial Futures-Märkten** (-> **Börsenteilnehmer**).

**Marktliquidität**
-> **Liquidity**

**Mark to Market**
Das Konzept von Mark to Market von -> **Swaps** hat auch unter Bilanzierungsgesichtspunkten bei Banken an Bedeutung gewonnen. Unter diesem Ansatz wird hierbei verstanden, daß regelmäßig einmal abgeschlossene -> **Zins-** und -> **Währungs-Swaps** neu bewertet werden und bei der Neubewertung fiktiv so vorgegangen wird, als ob der Swap am Neubewertungstag auf der Basis der aktuellen Marktkonditionen neu abgeschlossen würde. Diese Neubewertung auf der Basis der aktuellen Marktkonditionen erlaubt die sofortige Feststellung für jeden einzelnen Swap, ob bei der Auflösung eines Swaps ein Gewinn oder ein Verlust entstehen würde. Bei einer Mark to Market aller Swaps kann somit beurteilt werden, ob das Swapportefeuille einer Bank oder eines Unternehmens beim Ausfall aller Gegenparteien einen Gewinn oder Verlust aufweisen würde. *PL*

**Marktvolatilität**
-> **Volatilität**

**Master Agreement**
-> **Swap Documentation**; -> **Swap-Sekundärmarkt**

**Master Limited Partnership (MLP)**
Finanzinstrument-Innovation in den USA, deren Besonderheit darin besteht, daß die Anteile einer Kommanditgesellschaft, die der MLP rechtlich zu Grunde liegt, börsenhandelsfähig (gemacht worden) sind. Die Verbriefung der KG-Anteile erfolgt durch -> **Hinterlegungsscheine** auf die bei einem US-Finanzinstitut deponierten Gesellschaftsanteile. Die Errichtung einer MLP erfolgt nach dem KG-Gesetz des jeweiligen Bundesstaates. Die -> **Finanzinstrument-Innovation** der MLP erfordert auch eine -> **Finanzmarkt-Segmentinnovation**: Da die KG-Anteile bei der SEC als Public Partnership registriert sind, können die MLP bei der -> **NYSE**, der -> **ASE** und der -> **NASD** entweder eine Zulassung für den amtlichen Börsenhandel (-> **NYSE**; -> **AMEX**) oder für den -> **OTC-Handel** bei der -> **NASDAQ** erhalten (mit täglichem Börsenhandel). Als Anwendungsbereiche von MLPs können insbesondere -> **Hypotheken-MLP**, -> **Dienstleistungs-MLP**, -> **Energie-MLP**, -> **Landwirtschafts-MLP** und **gemischte MLP** in Betracht kommen (zur Struktur von MLP siehe die Abbildung bei -> **Hypotheken-MLP**).
**Lit.:** Rölle 1990

**Master Swap-Vertrag**
-> **Swap-Dokumentation**

**Mastercard International**
internationale -> **Kreditkartengesellschaft**, Lizenzgeber für -> **Access** und -> **Eurocard**, mit Sitz in San Francisco.

**Matching**
Prozeß der Zusammenführung von Kauf- und Verkaufsaufträgen an -> **Financial Futures-Märkten** als 1. Stufe des Clearing-

**Material adverse change clause**      **Medium Term Note (MTN)**

Prozesses (**Auftragsausführung**) eines Börsenhandelstages. Im System der -> **DTB** werden die Aufträge bzw. -> **Quoten** eingegeben und - sobald Ausführbarkeit gegeben ist - nach den Kriterien "Preis" und "Zeit" durch das System zusammengeführt. Vorrang haben somit der höchste Nachfrage- und der niedrigste Angebotspreis; bei gleichem Preis erhält der zuerst eingegebene Auftrag bzw. die zuerst eingegebene Quote den Vorrang. Generellen Vorrang genießen daher **unlimitierte** Aufträge bzw. Quotes (siehe auch -> **DTB-Handelszeiten**). Außerhalb des Börsenbereiches bedeutet Matching auch die Schließung einer offenen Devisenposition durch entsprechende volumens- und zeitkongruente Kompensationen.

**Material adverse change clause**
Schutzklausel für -> **Underwriter** im Rahmen der Begebung von -> **Euronotes**: Im Falle drastischer Bonitätsverschlechterung des Emittenten und daraus resultierender Plazierungsprobleme am -> **Euro-Geldmarkt** kann der Underwriter die durch Einräumung einer -> **Back up Line** grundsätzlich zugesagte Kreditgewährung (die durch Aufnahme der emittierten Euronotes in das Portefeuille des Underwriters und entsprechende Abgeltung dieses Kaufes erfolgen würde) verweigern.

**MATIF**
-> **Marché à Terme des Instruments Financiers de Paris**

**MATIS**
-> **Makler-Tele-Informations-System**

**Maturity**
Fälligkeit eines -> **Finanzterminkontrakts** zur -> **Andienung**.

**Maximum price fluctuation**
Maximaler Spielraum für Kursausschläge des Kontraktpreises (-kurses) während einer Börsensitzung an -> **Financial Futures**-Märkten, der durch die jeweiligen Börsenregeln festgelegt ist.

**MBB**
-> **Mortgage Backed Bond**

**MBI**
-> **Buy In**

**MBO**
-> **Buy Out**

**MBO-Fonds**
-> **Buy Out**

**MBS**
-> **Mortgage Backed Security**

**MCF**
-> **Multi Component Facility**

**Medium Gilt Future**
-> **Kontrakt über mittelfristige britische Staatsanleihen**

**Medium Term Note (MTN)**
Finanzierungsinstrument in Form von -> **Notes**, die im Rahmen eines spezifizierten Finanzierungsprogramms von Unternehmungen mit Laufzeiten zwischen einem und zehn Jahren sowie individuellen Volumina der jeweiligen zu begebenden Tranchen emittiert werden. MTNs lassen sich maßgeschneidert den Finanzierungsbedürfnissen in Abhängigkeit von den Cash-Flow-Strömen sowohl des Emittenten als auch der Anleger anpassen. Der Vorteil von MTNs gegenüber Bond-Programmen besteht darüber hinaus im geringeren Umfang der Tranchen, so daß dieses Finanzinstrument auch mittleren Unternehmungen zur Verfügung steht. Einführung der MTNs an Börsen ist grundsätzlich möglich. Ursprünglich in den USA zu Beginn der 80-er Jahre entstanden, entwickelte sich seit 1986 auch ein Euromarkt-Segment (**Euro-MTNs**). Mit Erklärung vom 20.6.1989 hat die Deutsche Bundesbank zum 1.7.1989 den Weg für in

DM denominierte MTNs auf Euromärkten freigegeben (**Euro-DM MTNs**).

**Mehrparteien-Swap**
Variante eines -> **Swap**, an dem mehr als zwei Parteien beteiligt sind.

**Mengentender**
-> **Tender**

**Mergers & Acquisitions (M&A)**
Firmenkäufe zum Zwecke der Fusion auf die aufnehmende Unternehmung (im Unterschied zu -> **LBO** und **MBO**, bei denen prima facie durch den Auskauf die betroffene Unternehmung bestehen bleibt). Die Motive für M&As, deren Umfang 1988 in den USA mit rund 226 Mrd $ fast 70% der gesamten Ausrüstungsinvestitionen erreichte (zum Vergleich: BRD: 60 Mrd DM; rund 30% der gesamten Ausrüstungsinvestitionen), bestehen vor allem in der beabsichtigten Nutzung von Synergie-Effekten (bei wachsender Unternehmensgröße ergeben sich Kostenvorteile bezüglich Einkauf und Produktion, bessere Auslastung von Vertriebssystemen), in der Diversifikation (Eintritt in neue Märkte, die durch die Fusion erleichtert wird, oder im Sinne eines -> **Portfolio Managements**, das unter Ertragsgesichtspunkten erfolgt), in der Teilnahme am EG-Binnenmarkt (ohne zeitraubende Neuinvestitionen vornehmen zu müssen) und in der Nutzung von Management- und Verwaltungskapazitäten. Banken und spezialisierte Unternehmensberatungsgesellschaften unterstützen im Rahmen von -> **Corporate Finance**-Programmen die Entscheidungsfindung von M&A-Interessenten. Die Finanzierung derartiger M&A erfolgt durch spezialisierte Banken (z.B. Investment Banks), die einerseits die erforderlichen Finanzmittel zur Verfügung stellen, andererseits sich aber auch auf reine Vermittlungs- und Beratungstätigkeiten (wie spezialisierte Unternehmensberatungs- und/oder Vermögensverwaltungsfirmen) beschränken können. Im letztgenannten Fall sind für den Erfolg von M&A wesentlich die Suche und Auswahl von Finanz- und Technologiepartnern. Die Abwicklung von M&A kann schließlich als -> **Buy Outs** bzw. -> **Buy Ins**, ggf. unter Einbezug von Maßnahmen des -> **Venture Capital** erfolgen bzw. durch diese unterstützt werden.

**Lit.:** Matuschka, A., Die Märkte für Mergers & Acquisitions aus finanzpolitischer Sicht. In: Strategisches Finanzmanagement der Unternehmen, hrsgg. von B. Rudolph, Frankfurt/M. 1989, 11 - 25; Green, M.B., Mergers and Acquisitions. London/New York 1990

**Metallgesellschaft-Metall-Index (MGMI)**
Erstmals am 19.1.1989 von der Metallgesellschaft AG (MG), Frankfurt am Main, veröffentlichter Index (**MG Base Metal Index**), auf den seit 1.8.1989 Futures-Kontrakte im -> **OTC-Markt** der Londoner -> **Fox** gehandelt werden. Der Index beruht auf den Preisen von sechs an der -> **LME** notierten Nichteisen-Metallen (**NE-Metalle**); der Handel soll ab Frühsommer 1990 per Computer erfolgen. Die Gewichtung der Metalle entspricht ihrem Verbrauchsanteil in der westlichen Welt: Aluminium 42,6%, Kupfer 25,4%, Zink 16%, Blei 13,6%, Zinn 0,5% und Nickel 1,9%. Der MGMI ist für Investoren von Interesse, die unter Hedging-Gesichtspunkten über "Shorting" eine Absicherung von **Minenaktien** (**-Depots**) gegen Preisänderungsrisiken von NE-Metallen (= Kursverluste) erreichen wollen (-> **Hedging**). Die Entwicklung des MGMI im Zeitraum 1985 bis Juni 1989 zeigt die Abbildung auf der folgenden Seite.

**MG Base Metal Index**
-> **Metallgesellschaft-Metall-Index**

**MGMI**
-> **Metallgesellschaft-Metall-Index**

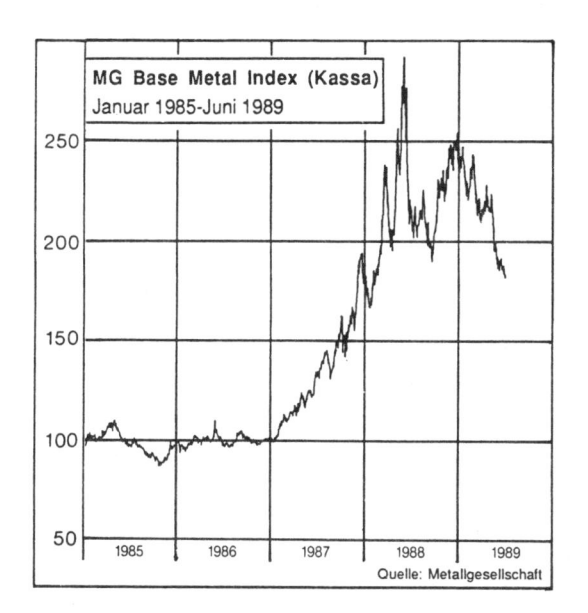

## MIDAS

Elektronisches Wertpapier-Informations- und Handelssystem, das Anfang 1991 in Betrieb gehen wird (in Konkurrenz zu -> **IBIS** und -> **MATIS**). Träger des Systems ist die Midas GmbH in München, die auf Initiative des Bundesverbandes der freien Börsenmakler e. V. von 15 Freimaklern aus München und Frankfurt sowie einer Hamburger Beteiligungsgesellschaft (zu der 12 selbstständige Freimakler zählen) gegründet wurde. In einer ersten (Einführungs-) Phase entsteht ein Preisinformationssystem bezüglich rund 600 Titel (Standartwerte, regionale Wertpapiere) mit der Erweiterungsmöglichkeit in der zweiten (Entwicklungs-) Phase zu einem Handelssystem. Das Midas-System ist computerunterstützt konzipiert mit Vernetzung zu allen Börsenplätzen; die Abwicklung der Geschäfte (bei Einführung des Computerhandels) wird über das -> **Quotron-System** der Citibank erfolgen.

## Midwest Stock Exchange

120 South LaSalle Street, Chicago Ill., 60603, USA

Chicagoer Wertpapierbörse, die ihre Bedeutung vor allem aufgrund der großen Wirtschaftskraft Chicagos besitzt. *DR*

## MIGA
-> **Multilaterale Investitions-Garantie-Agentur**

## Minenaktien-Portefeuille
-> **Securitisation of Commodities**; -> **Fox**; -> **MGMI**.

## Mini-Max-Floater
-> **Mini-Max-Floating Rate Note**

## Mini-Max-Floating Rate Note
Variante einer -> **FRN** mit Festschreibung eines Minimal- und eines Maximal-Zinssatzes, so daß die Zinsänderungsrisiken auf diese Spanne beschränkt bleiben (**Mini-Max-Floater**).

## Minimum price fluctuation
Kleinste (marginale) Kursänderungsmöglichkeit für den Handel bestimmter -> **Finanzterminkontrakte** entsprechend den jeweiligen Börsenregeln.

**Mirror Swap**
Synonym für einen -> **Gegenswap**.

**Mis-Match-Floater**
-> **Mis-Match-Floating Rate Note**

**Mis-Match-Floating Rate Note**
Variante einer -> **FRN**, bei der Zinssatzänderungen (z.B. monatlich) von dem zu Grunde gelegten -> **Referenzzinssatz** (z.B. -> **LIBOR** für 6 Monate) abweichen (**Mismatch-Floater**). Die Zinsen ergeben sich somit zu den jeweiligen Zinsanpassungsterminen auf Grund des dann jeweils ermittelten Referenzzinssatzes (mit abweichender Fälligkeit).

**Mismatch-Risiko**
Bezeichnung für Risiko, das sich **entweder** aus einer offenen Swap-Position (-> **Swap**) **oder** allgemein aus der nicht erfolgten Abstimmung von Volumina (bezüglich Zinssatzänderungen und/oder Devisenkursänderungen) während der Laufzeit von Finanzinstrumenten ergeben kann (siehe dazu v.a. die Ausführungen zur Problematik der -> **offenen Position**).

**MIT-Order**
-> **Market if touched-Order**

**ML-Global Government Bond Index**
-> **Weltindizes**

**MLP**
-> **Master Limited Partnership**

**MM-Merkmal**
In deutsche -> **Geldausgabeautomaten** eingebaute Vorrichtung zur Prüfung der Kartenechtheit. Der in der Box zur Prüfung eingesetzte Algorithmus zerstört sich selbst, sobald die Box geöffnet wird. *EK*

**MMMF**
-> **Money Market Mutual Fund**

**MMP**
-> **Money Market Preferred Stock**

**MOC-Order**
-> **Market on closing-Order**

**MOF**
-> **Multi Option Funding**

**MONEP**
-> **Marché frd. Options Négociables sur Actions**

**Money Market Account**
-> **Geldmarktfonds**

**Money Market Deposits**
-> **Geldmarktfonds**

**Money Market Funds**
-> **Geldmarktfonds**

**Money Market Mutual Fund (MMMF)**
Variante eines -> **Geldmarktfonds** in den USA, die den Investoren gewisse Transaktionsmöglichkeiten insofern gewähren, als diese über ihre Anlage(n) Schecks ausstellen können. Dadurch erhöht sich der Liquiditätsspielraum des Investors bzw. der Liquiditätsgrad der Anlage(n).

**Money Market Preferred Stock (MMP)**
Variante eines -> **Geldmarktfonds** in den USA, die eine Synchronisierung von Erträgen (dividends) aus dem Investmentfonds, die i.d.R. im Monatsrhythmus variieren werden, mit den korrespondierenden Zinssatzbewegungen der Geldmarktanlagen des Fonds herstellt.

**MOO-Order**
-> **Market on opening-Order**

**Mortgage Backed Bond (MBB)**
Variante der -> **Securitization** von Hypotheken in den USA (-> **ABS**; siehe auch

**Mortgage Pass Through Certificates (MPTC)**

-> MPTC; -> CMO). Die Konstruktion des MBB entspricht im wesentlichen derjenigen einer üblichen Obligation: Die Emission erfolgt auf der Basis eines Pools von marktgängigen Hypothekarkrediten und anderen Aktiva; die Laufzeiten betragen zwischen fünf und zwölf Jahren. Die Besonderheit von MBB bezieht sich auf die Regelung bei Verzug bzw. Ausfall (**Default**) des Kreditnehmers. Wenn ein derartiges Ereignis eintritt, kann der Treuhänder die entsprechenden korrespondierenden (und häufig von einer Bundesagentur garantierten) Forderungen an sich ziehen und zur Befriedigung der Ansprüche der Gläubiger der Schuldverschreibung verkaufen bzw. verwerten.

**Mortgage Pass Through Certificates (MPTC)**

Wertpapier, das Ansprüche an einen Pool von Hypothekarkrediten in den USA und die daraus fließenden Zahlungsströme repräsentiert. Die Cash Flow-Charakteristika werden durch die zugrunde liegenden Hypothekarkredite mit monatlicher Tilgung und Zinszahlung bestimmt. Diese Konstruktion stellt den Hauptanwendungsfall der hypothekargestützten Finanzierung in den USA dar, wobei -> GNMA, -> FNMA und -> FNMC regelmäßig involviert sind (erstmalige Securitization eines MPTC durch die GNMA im Jahre 1970).

Lit.: Henderson, J./J.P. Scott, Securitization. Cambridge, England 1988, 27 ff.

**MPTC**
-> **Mortgage Pass Through Certificates**

**MSCI-Index**
-> **Weltindizes**

**MTN**
-> **Medium Term Note**

**Multi Component Facility (MCF)**
-> **Multiple Component Facility**

**Multifunktionale Karte**
-> **Silicium-Geld**

**Multilaterale Investitions-Garantie-Agentur (MIGA)**

Von 148 Mitgliedsstaaten der Weltbank gegründete Organisation (**Multilateral Investment Guarantee Agency**) zum Zwecke des Investitionsschutzes auf multilateraler Ebene, der auch die Bundesrepublik Deutschland beigetreten ist (BGBl II 1987,454 ff.). Sie soll insbesondere der Förderung von internationalen (Direkt-) Investitionen in Entwicklungsländern dienen. Die **Aufgabe** der MIGA besteht v.a. darin, die Abdeckung der politischen Risiken von Direktinvestitionen durch Abgabe von Garantien gegenüber den ausländischen Investoren zu übernehmen. Voraussetzung dafür ist, daß die Investitionen mittel- und langfristig erfolgen und von der MIGA als wirtschaftlich gerechtfertigt angesehen werden, wenn sie zur Entwicklung des Empfängerlandes beitragen. Zusätzlich zu den Garantien fördert die MIGA Direktinvestitionen in Entwicklungsländern durch Informationen über interessante Investitionsmöglichkeiten, Beratung in Grundsatzfragen und Mitwirkung an Marktstudien.

Die langfristigen Garantien der MIGA bestehen aus folgenden Kategorien:
- Garantien gegen Transferrisiken;
- Garantien gegen Verlustrisiken, die durch Maßnahmen der Regierung des Ziellandes, durch Gesetze oder Verwaltungshandeln entstehen und die Erträge der Direktinvestition einzuschränken in der Lage sind und/oder eine Enteignung bewirken;
- Garantien gegen die Aufkündigung von Verträgen, die mit staatlichen Stellen des Ziellandes geschlossen worden sind (z.B. Garantien oder Bürgschaften gegen Konvertierungs-, Transfer- und Währungseventualrisiken);
- Garantien gegen Risiken in Verbindung mit bewaffneten Konflikten und Bürger-

kriegsunruhen (die Währungsrisiken bewirken können).
Zusätzlich kann die MIGA im Rahmen ihrer Möglichkeiten Versicherungsverträge zugunsten ausländischer Direktinvestitionen als Treuhänder zeichnen. Die Garantien werden auch für den Fall der Repatriierung von Auslandskapital durch gebietsansässige Unternehmungen des Entwicklungslandes gewährt (die zuvor durch Kapitalflucht das Land verlassen haben). Die Antragsberechtigung erstreckt sich somit nicht nur auf Staatsangehörige der Mitgliedsländer als Kapitalgeber, sondern auch auf Staatsangehörige der Empfängerländer, sofern damit eine Kapitalrückführung erreicht wird.

Lit.: Ebenroth, C.T./J. Karl, Multilaterale Investitions-Garantie-Agentur. Kommentar. Heidelberg 1989

## Multilaterales Netting

Variante des -> Netting mit mehr als zwei Teilnehmern (im Unterschied zu **bilateralem** Netting, das von zwei Teilnehmern, z.B. Einheiten einer MNU, durchgeführt wird).

## Multinationales Konzern-Clearing

Anwendung des Prinzips des -> **internationalen Cash Managements** auf die Verhältnisse von multinationalen Konzernen. Insofern handelt es sich grundsätzlich um -> **grenzüberschreitendes Pooling** mit mehr als zwei beteiligten Währungen.

## Multinationales Leasing

-> **Leasing ausländischer Grundeinheiten**

## Multinationales Netting

Von multinationalen Unternehmungen praktizierte bzw. praktizierbare Managementtechnik zur Reduzierung von Zahlungsverkehrsbewegungen in ausländischen Währungen (-> Netting). Als Instrument zur Durchführung multinationalen Nettings zwischen Einheiten von MNU in verschiedenen Währungsgebieten dient die **Netting-Matrix**; diese gibt Auskunft über das grundsätzlich bestehende Netting-Potential und die mögliche Ersparnis an Zahlungsverkehrsbewegungen und Zahlungsverkehrskosten. Wie das nachfolgende Beispiel zeigt, ermäßigt sich das Ausgleichserfordernis - bezogen auf einen Brutto-Zahlungsstrom von insgesamt 88 Mio $ - auf 20 Mio $ (wobei in $ als Konzernwährung gerechnet wird; der Ausgleich könnte auch in der jeweiligen Landeswährung erfolgen):

| Empfangende Einheit (Mio $) \ Zahlende Einheit (Mio $) | Deutsche GE | Englische GE | Amerikanische GE | Französische GE | Gesamterhalt an Zahlungen | Nettoerhalt an Zahlungen | Eliminierter Zahlungserhalt |
|---|---|---|---|---|---|---|---|
| Deutsche GE | X | 10 | 8 | 0 | 18 | 0 | 18 |
| Englische GE | 10 | X | 5 | 8 | 23 | 2 | 21 |
| Amerikanische GE | 20 | 5 | X | 3 | 28 | 10 | 18 |
| Französische GE | 8 | 6 | 5 | X | 19 | 8 | 11 |
| Gesamtzahlungen | 38 | 21 | 18 | 11 | 88 | X | X |
| Nettozahlungen | 20 | 0 | 0 | 0 | X | 20 | X |
| Ersparte (eliminierte Zahlungen) | 18 | 21 | 18 | 11 | X | X | 68 |

**Lit.:** Pausenberger, E./H. Völker, Praxis des internationalen Finanzmanagements. Wiesbaden 1985; Eilenberger 1986, 149 ff.

**Multi-Option Financing Facility (MOFF)**
-> MCF

**Multi-Option Funding**
-> Euro-Finanzierungsprogramme

**Multiple Component Facility (MCF)**
Finanzinstrument (**Facility**) in Form eines Finanzierungspakets, das Optionen auf unterschiedliche, für den Kreditnehmer (Schuldner) verfügbare Finanzierungsquellen der Euro-Märkte enthält und die Ausnützung von Marktsegmentvorteilen durch den Schuldner ermöglicht (z.B. die Finanzierung über -> **Euro-Notes** des -> **Euro-Geldmarktes**, über kurz- und mittelfristige Kreditformen des -> **Euro-Kreditmarktes**, über -> **Swinglines** u.ä.). MCFs sollen dem Schuldner eine maßgeschneiderte Finanzierung ermöglichen, damit er seinen Finanzmittelbedarf flexibel decken kann. Als -> **Referenzzinssätze** kommen neben -> **LIBOR**, -> **LIBID**, auch die T-Bill-Rate, die Prime Rate oder Interbankenzinssätze anderer Staaten in Betracht. Als Emissionswährung dient ganz überwiegend der US-$. Eine Denominierung der -> **Euro-Notes** in -> **ECU**, £ oder in eine andere Währung ist möglich. Die Laufzeiten im Rahmen von MCFs emittierten -> **Euro-Notes** betragen insbesondere drei Monate und sechs Monate. *GT*

**Multiple Klauseln**
Methode der Steuerung des -> **Valutarisikos** durch Bindung der Vertragswährung an mehrere Bezugswährungen. Als **Vertragswährung** kann entweder eine tatsächliche Währung oder eine "Kunstwährung" (siehe dazu -> **ECU**) beziehungsweise eine andere Recheneinheit dienen. Die **Bezugswährungen** stellen ausschließlich die tatsächlichen Währungen dar, die in einem Land als gesetzliche Zahlungsmittel gelten.
**Lit.:** Eilenberger 1986, 143 f.

**Multipler Option-Spread**
-> Spread-Typologie

**MULTI-PLUS-Konten**
Individuelle Anlagekonten, welche von der UNION BANK OF FINLAND INTERNATIONAL S.A. in Luxemburg angeboten und verwaltet werden. Bei der Einrichtung eines solchen Kontos entschließt sich der Anleger lediglich für eine bestimmte Art von MULTI-PLUS-Konten und zahlt ein Grundkapital von mindestens DM 50 000,- pro Konto ein. Nach der Unterzeichnung eines Vermögensverwaltungsvertrages übernimmt die UNION BANK OF FINLAND INTERNATIONAL S.A. dann die volle Verwaltung des Kontos, unter Berücksichtigung der jeweiligen Marktgegebenheiten und mit dem Ziel, die bestmögliche Rendite für den Kunden zu erwirtschaften: Das **MULTI PLUS 1-Konto** umfaßt ausschließlich verzinsliche Sichtkonten, kurzfristige Festgeldkonten sowie festverzinsliche Wertpapiere in verschiedenen, als stabil anzusehenden Währungen. Neben kurzfristigen Anlagen und festverzinslichen Wertpapieren werden den **MULTI-PLUS 2-Konten** auch Wandel- und Optionsanleihen sowie Aktien beigemischt. Es entsteht somit ein diversifiziertes Depot, das unterschiedliche Anlageinstrumente in verschiedenen Währungen beinhaltet. Die Gewichtung der einzelnen Instrumente und Währungen wird den Marktgegebenheiten so angepaßt, daß die bestmögliche Rendite erzielt werden kann, ohne daß aber überhöhte Risiken eingegangen werden.
Bei **MULTI-PLUS 3**-Anlagekonten wird generell auf Festgeldkonten und festverzinsliche Wertpapiere verzichtet, um den Anlageschwerpunkt auf die internationalen Aktienmärkte legen zu können. Sowohl Wandel- und Optionsanleihen als auch Optionen können dem Depot beigemischt werden. Die erarbeitete Rendite entsteht nahezu

ausschließlich aus etwaigen Kurs- und Währungsgewinnen.
**MULTI-PLUS 4** bietet die Möglichkeit, ein diversifiziertes Depot mit festverzinslichen Wertpapieren guter Bonität in hochrentierenden Währungen (wie z.B. Australische Dollar, Neuseeland Dollar, Pfund Sterling) anzulegen.

**Municipal Bond Index Futures Contract**
CBOT Kontrakt/Kontraktspezifikationen:
Handelseinheit:
$ 1000 x Wert des Municipal Bond Index. Ein Preis in Höhe von 90,00 bedeutet dabei eine Kontraktgröße von $ 90 000
Notierung:
In Punkten und 1/32 eines Punktes (i.e. 84,01 = 84 1/32)
Minimale Kursveränderung: (Tick: Größe und Wert)
1/32 ($ 31,25)
Tägliches Handelslimit:
3 Punkte ($3000) pro Tag über oder unter dem Schlußkurs des letzten Tages
Liefermonate:
März, Juni, September, Dezember
Letzter Handelstag:
Der achte Tag vor dem letzten Geschäftstag des Kontraktmonats
Liefertag:
Cash Settlement am letzten Handelstag auf der Basis des Municipal Bond Index-Wertes dieses Tages
Handelszeiten:
8.00 Uhr bis 2.00 Uhr Chicago Zeit. *WH*

# N

**Nachfolge-Buy Out**
Spezifische Form von -> **MBOs**, bei denen der Generationenwechsel innerhalb des Gesellschafterkreises (= Nachfolgerproblem) zum Auskauf führt. Besondere Bedeutung erlangt diese Variante v.a. für Deutschland, da bei rund 4 000 mittelständischen Unternehmungen derartige Veränderungen in der Gesellschafterstruktur anstehen.

**Naive Hedging**
Die -> **Hedge Ratio-Bestimmung** kann nach folgender Formel erfolgen:

$$\text{Hedge Ratio} = \frac{\text{Nominalwert der Kassaposition}}{\text{Nominalwert des Future-Kontraktes}}$$

Da diese Methode keine Rücksicht auf wichtige übergreifende Zusammenhänge zwischen den Positionen nimmt, wird sie auch als "naive Methode" bezeichnet.

**Naked Warrant**
Variante der Gestaltung der Emission von -> **Optionsscheinen**, die darin besteht,daß die (nackten) Optionsscheine allein emittiert werden (also ohne zugrundeliegende Schuldverschreibung wie beim -> **Debt Warrant**).

**Naked Writing**
Ausstellen (Schreiben) eines -> **Call** oder -> **Put** (durch den -> **Stillhalter** eines Optionskontraktes), wobei der Verkäufer des Kontraktes auf die Risikoreduzierung durch Schließung der -> **offenen Position** ( durch die zu Grunde liegenden Wertpapiere oder durch andere Vermögensgegenstände, wie Devisen, oder durch andere Optionen) verzichtet; daher wird auch die Bezeichnung **Uncovered Writing** verwendet. Der Stillhalter rechnet in diesem Falle mit einer bestimmten Entwicklung des Kassamarktes, insbesondere antizipiert er das Fallen des Wertes der Option.

**NASD Automated Quotation System Composite-Index (NASDAQ Composite-Index)**
Von der **NASD** (National Association of Security Dealers) entwickeltes USA-weites Kommunikationssystem, in das die brokerdealers die häufigsten bid-ask-Quoten des -> **OTC-Marktes** eingeben (rund 4 500 Werte). Der NASDAQ Composite-Index enthält mehr als 3 000 OTC-Werte verschiedener Branchen; er beruht auf den Werten vom 5.2.1971 mit der Basis 100. In ähnlicher Weise wie dies beim -> **ASE-Index** der Fall ist, beeinflussen die Veränderungen bei den kleineren Gesellschaften den Wert des NASDAQ-Index überproportional.

**NASDAQ Composite-Index**
-> **NASD Automated Quotation System Composite-Index.**

**National Futures Association (NFA)**
Vereinigung der am Terminkontrakt tätigen US-Broker-Häuser.

**NCM**
-> **Nicht-Clearing-Mitglied**

**NDJA-Index**
-> **Nikkei Dow Jones Average-Index**

**Nearby**
Kennzeichnung eines Finanzterminkontrakts (Optionskontrakts), der den nächstliegenden Erfüllungstermin aufweist (siehe auch -> **Front (month) contract**).

**Nearby Futures**
The nearest active trading month of a financial or commodity futures market. *WH*

**Negative Carry**
The net cost incurred when the cost of finance exceed the return on the purchased asset. *WH*

195

**Negative pledge clause**
-> Negativklausel

**Negativklausel**
Sicherung einer -> **internationalen Anleihe** in der Weise, daß der Emittent in den Anleihebedingungen versichert, die Gläubiger der betreffenden Schuldverschreibung in Zusammenhang mit künftigen Emissionen nicht schlechter zu stellen (z.b. bezüglich Sicherheiten) als die Gläubiger (= Zeichner) künftiger Anleihe-Emissionen. Wenn es sich bei den Emittenten um erste Adressen handelt, ist eine darüber hinausgehende (dingliche) Sicherung entbehrlich.

**Net Exposure**
-> **Offene Position**

**Net writers**
Market Makers und -> **Trader**, die mehr Finanzkontrakte geschrieben oder verkauft als sie erworben haben (und insofern eine -> **offene Position** halten).

**Netting**
Technik des Finanzmanagements zur Reduzierung der Zahl und des Volumens von Zahlungsverkehrsbewegungen innerhalb von nationalen und multinationalen Konzernen (-> **multinationales Netting**). Als Instrument dient die **Netting-Matrix**.

**Netting (DTB)**
-> **DTB-Handelszeiten**

**New York Coffee, Sugar & Cocoa Exchange**
4, World Trade Center, New York, N. Y. 10048, USA
Warenterminbörse für Soft-Futures in Kaffee, Zucker und Kakao, an die -> **NYMEX** angebunden. *DR*

**New York Cotton Exchange (NYCE)**
4, World Trade Center, New York, N. Y. 10048, USA
Der Börsenhandel erfolgt in Finex-Financial-Futures wie US-Dollar-Index-Futures, Soft-Futures (Baumwolle, Orangensaft), Energie-Futures und Optionen. *FR*

**New York Futures Exchange (NYFE)**
20, Broad Street, New York, N. Y. 10005, USA
New Yorker Börse für Finanzterminkontrakte. Der Handel findet vor allem in Aktienindexkontrakten mit *NYSE*-Composite-Futures und mit Options statt. Die NYFE ist an die -> **New York Stock Exchange** angegliedert. *FR*

**New York Interbank Offered Rate (NIBOR)**
Der analog zu -> **LIBOR** am Markt New York um 11:00 a.m. New York time ermittelte -> **Referenzzinssatz** (für -> **FRN**).

**New York Mercantile Exchange (NYMEX)**
4 World Trade Center, New York, N. Y. 10048, USA:
Bedeutende Financial Futures-Börse, an der vor allem Energie-Futures (verbleite und unverbleite Benzin-Futures, Heizöl-Futures und Rohöl-Futures), Metall-Futures (Platin- und Palladium-Futures) sowie Landwirtschaftsprodukte-Futures gehandelt werden. *DR*

**New York Stock Exchange (NYSE)**
11 Wall Street, New York, N. Y. 10005, USA
Bedeutendste Wertpapierhandelsbörse der Welt, die 1792 gegründet wurde. Im Börsenjargon wird die größte Börse der Welt unter dem Kürzel "Wall Street" oder unter dem Begriff "Big Board" geführt. Segmente für Kassa- und Terminhandel in Wertpapieren. *DR*
Lit.: New York Stock Exchange, Fact Book.

**New York Stock Exchange Composite-Index (NYSE-Index)**
1966 auf der Grundlage der Werte vom 31.12.1965 mit dem Wert 50 für die Basis eingeführter -> **Aktienindex**, der ebenso

wie der -> **S&P 500-Index** marktwertgewichtet ist. Er enthält **alle** (rund 1 700) an der -> **NYSE** gehandelten Aktienwerte. Auf Grund der spezifischen Konstruktion (siehe dazu -> **S&P 500-Index**) üben Preisveränderungen bei Werten von Gesellschaften mit den meisten ausgegebenen Aktien einen überdurchschnittlichen Einfluß auf die Index-Entwicklung aus. Erstmals an der NYSE im Mai 1982 für **Aktienindex-Futures** eingesetzt. Wie der S&P 500 berechnet sich der Wert des NYSE Composite Future Kontraktes durch Multiplikation des Indexwertes mit $ 500.

**New Zealand Futures Exchange (NZFE)**
P.O. Box 6734, Auckland, Neuseeland
Vollautomatisierte Terminbörse in Neuseeland für Waren- (Rohstoff-) Terminkontrakte auf der auch der Handel mit Aktienindex-Futures stattfindet. *DR*

**NIBOR**
-> New York Interbank Offered Rate.

**Nicht-Clearing-Mitglied (DTB)**
Börsenteilnehmer an der -> **DTB** ohne -> **Clearing-Lizenz**. NCM sind verpflichtet, ein -> **GCM**, über das sie ihre Geschäfte abwickeln, zu wählen (-> **Non Clearing Member**)

**NIF**
-> Note Issuance Facility

**Nikkei-Index**
-> Nikkei Dow Jones Average-Index

**Nikkei Dow Jones Average-Index (NDJA-Index)**
Wichtigster -> **Aktienindex** der Börse von Tokyo. Der NDJA - in Kurzform **Nikkei-Index** - enthält 225 Aktien der sog. **First Section** der Tokyo Stock Exchange und bildet den **ungewichteten** arithmetischen Durchschnitt der Kursbewegungen dieser Papiere ab (Veränderungen des Aktienkurses der kleinsten einbezogenen Gesellschaft wirken sich auf den Index in derselben Weise aus wie Veränderungen des Aktienkurses der größten Gesellschaft). Somit steht der NDJA, der insbesondere Grundlage für -> **Aktienindex-Futures** sein kann, im Gegensatz zu dem (weniger präferierten) -> **TSE-Index**. Als **Laufindex** (siehe auch -> **DAX**) wird der Nikkei-Index während der Börsensitzung in kurzen zeitlichen Abständen ständig neu berechnet.

**Non Clearing Member**
Börsenmitglied eines -> **Financial Future Marktes**, das **nicht** zu direkten Transaktionen mit dem -> **Clearing House** zugelassen ist. In diesem Falle hat die Verarbeitung von Transaktionen über -> **Clearing Member** zu erfolgen.

**Note Issuance Facility (NIF)**
Diese Geldmarktpapiere geben dem Schuldner das Recht, sich bis zur Höhe der Fazilität durch Emission kurzfristiger Schuldtitel, sogenannter -> **Euro-Notes**, am Euro-Geldmarkt zu finanzieren. Die Emission erfolgt dabei in eigenem Namen. Sollte die Emission dieser Titel nicht oder nicht zu bestimmten Konditionen möglich sein, so ist der Schuldner gegen diesen Fehlschlag durch ein Underwriting-Konsortium abgesichert, das ihm im Rahmen langfristiger -> **Back Up-Linien** die Übernahme dieser Titel oder eine direkte Kreditgewährung garantiert. Folglich stehen bei einer NIF dem Kreditnehmer zwei Möglichkeiten zur Wahl, seinen Finanzmittelbedarf zu decken. Für die Plazierung der -> **Euro-Notes** steht dem Emittenten entweder der -> **Sole Placing Agent**, ein -> **Tender Panel**, ein -> **Continuous Tender Panel** oder die Plazierungsform der -> **Issuer Set Margin** zur Verfügung. Können die Wertpapiere bei Investoren untergebracht werden, setzen sich die Zinskosten des Schuldners aus einem Referenzzinssatz, z.B. -> **LIBOR**, zuzüglich eines bestimmten Auf- bzw. Abschlags, der im folgenden als Marktspread bezeichnet wird (vgl. 1 in der folgenden

197

Abbildung), zusammen.

Für den Fall, daß die Plazierung mißlingt, übernehmen die Underwriter diese Papiere zu Konditionen, die sich aus einem Referenzzinssatz, z.B. ebenfalls -> **LIBOR**, und einem bei Arrangierung der Fazilität vereinbarten Auf- bzw. Abschlag - nachfolgend als predetermined spread bezeichnet - ergeben. (vgl. 2 in folgender Abbildung).

Ist der Referenzzins in beiden Fällen (1 und 2) identisch, wird deutlich, daß das Verhältnis von Emittent zu -> **Underwriter** mit der Beziehung des -> **Call Buyer** zum -> **Call Writer** vergleichbar ist. Solange der Marktspread niedriger ist als der Predetermined Spread, nimmt der Schuldner die benötigten Mittel am -> **Euro-Geldmarkt** auf. In dem Moment, in dem jener jedoch den Predetermined Spread übersteigt, werden die Underwriter in Anspruch genommen. Das Risiko des Emittenten bezüglich der Veränderung des von ihm zu bezahlenden Aufschlags ist auf die Höhe des predetermined spread begrenzt. Der Underwriter hingegen geht ein nach oben unbegrenztes Risiko ein. Als -> **Optionsprämie** können die Gebühren angesehen werden, die der Schuldner an die Underwriter zu entrichten hat. Bei NIFs ist zwischen dem Volumen und der Laufzeit der Fazilität sowie dem Volumen und der Laufzeit der emittierten -> **Euro-Notes** zu unterscheiden. Die Fazilitäten sind durchschnittlich mit einer Laufzeit von 7, unter Umständen auch 15, Jahren und einem durchschnittlichen Volumen von US $ 500 Mio. ausgestattet. Das Volumen der **Euro-Notes** hängt von dem zum Zeitpunkt der Emission bestehenden Finanzmittelbedarf des Schuldners ab. Es ist jedoch in seiner Höhe auf das Volumen der Fazilität begrenzt. Dabei betragen die Laufzeiten gewöhnlich 1, 3 oder 6 Monate.

Der **Markt von NIFs** erlebte 1984 und vor

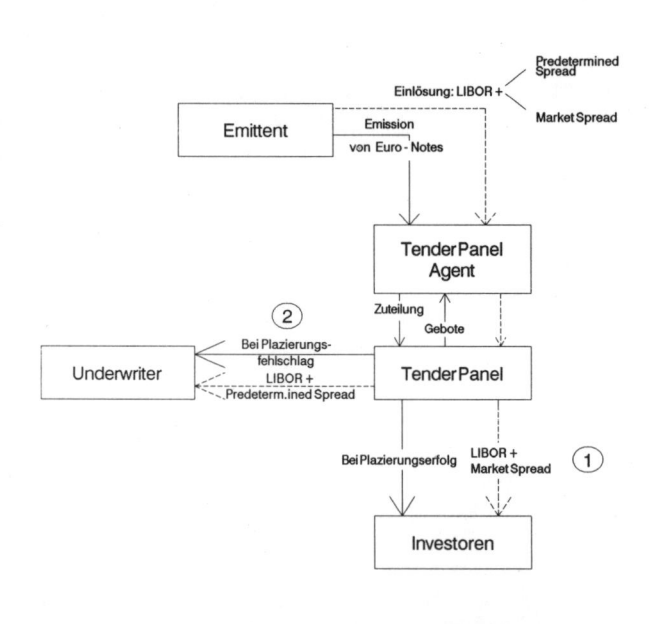

allem 1985 eine boomhafte Aufwärtsentwicklung. Das Volumen der NIFs stieg 1984 auf US $ 18,20 Mrd., erreichte 1985 mit $ 33,07 Mrd. einen Höhepunkt und sank 1986 auf US $ 15,2 Mrd. ebenso rapide wieder ab, wie es zuvor angestiegen war. Seit 1987 betragen die Volumina der angekündigten, mit einer Absicherungsverpflichtung versehenen, -> **Euro Note-Fazilitäten** pro Jahr knapp US $ 4 Mrd. Mit dem Volumenrückgang der NIFs ging die positive Entwicklung des -> **Euro-Commercial Paper**- Marktes einher.

Für den **Emittenten** ist neben der Liquiditätsgarantie durch das Underwriting-Konsortium von Vorteil, daß er jederzeit während der Laufzeit der Fazilität -> **Euro-Notes** emittieren kann. Sie eignen sich daher als Instrument des -> **Cash Managements**, wenn auch nur eingeschränkt, da sie feste Laufzeiten aufweisen und nicht wie -> **Commercial Papers** mit krummen Laufzeiten, sogenannten odd-dated maturities, ausgestattet sind. Emittenten bei NIFs sind primär Industrieunternehmen, in geringerem Umfang Finanzinstitutionen, Staaten oder Supranationale Institutionen.

Die **Zinskosten** bei der revolvierenden Begebung der -> **Euro Notes** setzen sich, wie bereits erwähnt, aus dem Referenzzins zuzüglich eines Market- oder Predetermined Spread zusammen. Daneben fallen für den Emittenten **Gebühren** an die Underwriter an. Dazu zählen die -> **Underwriting-Fee**, die -> **Mangagement-** bzw. **Participation Fee** sowie die -> **Utilization Fee**. Nicht bei allen Fazilitäten sind sämtliche aufgeführten Gebühren zu entrichten.

Die -> **Tender Panel Fee** ist an den -> **Tender Panel Agent**, die -> **Arrangement Fee** an den -> **Arranger** der Fazilität zu leisten. Aufgrund der am Euromarkt ausgeprägten Konkurrenzsituation gerieten sämtliche Gebührenteile seit 1985 unter starken Druck. So fiel die Underwriting Fee 1986 auf bis zu 2,5 -> **Basispunkte**.

Für **Investoren** bieten -> **Euro-Notes** den Vorteil, daß sie eine Anlagealternative zu -> **CDs**, -> **FRNs** und -> **Commercial Papers** darstellen, zumal die Bonität der Emittenten als überwiegend gut angesehen wird. Ein Nachteil ist das weitgehend fehlende Rating bei Euro Notes, wie dies ebenfalls bei -> **Euro-Commercial Papers** der Fall ist.

Auch für Investoren eignen sich -> **Euro-Notes** aufgrund der festen Laufzeiten nur bedingt für ein -> **Cash Management**. Zwar existiert für **Euro-Notes** ein Sekundärmarkt, der aber neben dem Risiko von Marktzinsänderungen noch die Gefahr unzureichender Liquidität in sich birgt, da das Volumen an ausstehenden -> **Euro-Notes** gering sein kann, die Stückelung der Wertpapiere in der Regel sehr hoch ist. Nicht jeder Teilnehmer am -> **Tender Panel** handelt am Sekundärmarkt mit den Papieren, die er zuvor plaziert hatte. Sowohl im -> **Primary Market** als auch im -> **Sekundärmarkt** erfolgt das -> **Clearing** über -> **CEDEL** und -> **Euro-Clear**. Obwohl keine genaue Kenntnis über die Investoren bei Euro-Notes besteht, gelten Banken als die hauptsächliche Anlegergruppe, gefolgt von den institutionellen Investoren.

Als Underwriter verpflichten sich fast ausschließlich Kredit- und Universalbanken aus Japan und Europa. Da es sich bei NIFs um -> **off-balance sheet activities** handelt, die die Bilanz der Kreditinstitute entlasten, konnten Underwriter ursprünglich die Eigenkapitalvorschriften der einzelnen Staaten umgehen. Zugleich wollten viele Underwriter in einem neuen, stark expandierenden Marktsegment eine aussichtsreiche Ausgangsposition erreichen.

Die durch die Underwriting-Verpflichtung eingegangenen Risiken entsprechen weitgehend denen des traditionellen Kreditgeschäfts. Mittel- bis langfristig ist das Bonitätsrisiko des Emittenten bedeutsam, da es sich auf den Marktspread auswirkt, der zusätzlich zum Referenzzins zu entrichten ist. Bei Verschlechterung der Bonität nimmt der Marktspread und mit ihm das Risiko zu, daß er über den Predetermined Spread steigt und die Underwriter aus diesem Grund in Anspruch genommen werden.

Das **Länderrisiko** ist demgegenüber von geringer Bedeutung, da die Emittenten ganz überwiegend aus OECD-Ländern stammen und nur wenige aus Entwicklungsländern.

Das **Liquiditätsrisiko** wird dann virulent, wenn die Underwriter die -> **Euro-Notes** übernehmen und dem Emittenten die Finanzmittel zur Verfügung stellen müssen. In Notlagen des Emittenten kann es auch vorkommen, daß die Euro-Notes nicht eingelöst werden. Des weiteren ist denkbar, daß die Anschlußfinanzierung nicht oder nur zu höheren Zinsen möglich ist.

Eng verbunden mit dem Bonitäts- und Liquiditätsrisiko ist das **Plazierungsrisiko**. Es hängt von der Plazierungskraft des vereinbarten Distributions- bzw. Plazierungsmechanismus sowie der Liquidität des Euromarktes ab. Sind diese unzureichend, können die Papiere nicht bei den Investoren plaziert werden.

Sind -> **Euro-Notes** mit einem anderen Referenzzins als -> **LIBOR**, z.B der T-Bill-Rate, ausgestattet, wie dies bei -> **Multiple Component Facilities** der Fall sein kann, und sind Underwriter verpflichtet, -> **Euro-Notes** zu übernehmen, so kann sich für sie ein variables **Zinsänderungsrisiko** ergeben, wenn sich die Spanne zwischen -> **LIBOR** und der T-Bill-Rate erweitert. In der Regel ist -> **LIBOR** größer als die T-Bill-Rate.

Die Vielzahl der übernommenen Risiken in Verbindung mit dem geringen Gebührenaufkommen veranlaßte Bankaufsichtsbehörden aus verschiedenen Ländern, diese Verpflichtungen durch **Eigenkapital** unterlegen zu lassen. Bei bundesdeutschen Kreditinstituten sind seit 1986 diese Verpflichtungen mit 50 bzw. 20 Prozent des übernommenen Volumens einzubeziehen. Auch in die Großkreditregelung wurden diese Verpflichtungen integriert.

Die **Risiken aus den Underwriting-Verpflichtungen** versuchen die Kreditinstitute vor allem mit Hilfe verschiedener Vertragsklauseln abzuwälzen. Die sogenannte -> **material adverse change clause** widerspricht dem Sinn dieser Absicherungsfazilität, nämlich der Liquiditätsgarantie in Ausnahmesituationen, wozu auch eine verschlechterte Bonität zu zählen ist. Weitere Klauseln sind die -> **increased cost clause** sowie die -> **subject to availability clause**. Vor allem bei **Multiple Component Facilities** ist das Liquiditätsrisiko der Underwriter höher als bei gewöhnlichen NIFs, da der Emittent -> **Euro-Notes** z.B. auch in -> **ECU** begeben darf. Diesen Klauseln ist gemeinsam, daß sie im wesentlichen dem traditionellen Eurokonsortialgeschäft entstammen.

Es ist allerdings fraglich, ob sich nicht aufgrund der Konkurrenzsituation am Euromarkt bzw. aus Standingaspekten eine Geltendmachung dieser Klauseln gegenüber dem Emittenten verbietet. Das Risiko aus diesen Verpflichtungen kann mit einer Limitierung des Gesamtvolumens an eingegangenen Underwriting-Verpflichtungen bzw. der Höhe eines einzelnen Commitments begrenzt werden. Risikodeckung können Underwriter betreiben, indem sie für drohende Verluste aus den Verpflichtungen , z.B. einer teureren Refinanzierung, Eigenmittel bzw. zur Vermeidung von Liquiditätsengpässen Refinanzierungslinien vorhalten. *GT*

Lit.: Bank for International Settlements: Recent Innovations In International Banking, 1986. Parente, G. M.: Introduction to the Note Issuance Facility Market, Soloman Brothers Inc. Bond Market Research (Hrsg.), New York, 1985. Statistiken: Bank of England: Quarterly Bulletins, Kapitel: International financial developments.

## Notional Principal

Hypothetischer Betrag, auf dem Swap-Zahlungen basiert sind, und der nicht Gegenstand des Austausches ist. Beispielsweise wird dieser Betrag bei einem -> **Zins-Swap** weder gezahlt, noch erhält ihn einer der Teilnehmer, er dient aber als Berechnungs-

## Null-Kupon-Anleihe

basis für die von der jeweiligen Seite zu leistenden Zinszahlungen.

**Null-Kupon-Anleihe**
Schuldverschreibung ohne (regelmäßige) Zinszahlung, also **ohne** Zinskupon, (auch als **Zero Bond** bezeichnet), die seit 1981 am amerikanischen und am Euro-Kapitalmarkt, in der Folge auch an anderen nationalen Kapitalmärkten (z.B. dem deutschen Kapitalmarkt) von namhaften Emittenten **originär** plaziert werden. Dazu kommen die später **derivativ** durch Trennung von Mantel und Bogen üblicher verzinster Schuldverschreibungen entstandenen Null-Kupon-Anleihen (-> **Coupon Stripping**; -> **Stripped Bonds**; -> **Principal Zero**; -> **Repackaging**). Daneben sind noch Mischformen festzustellen, wie beispielsweise -> **Null-Kupon-Wandelanleihen** (**Zero Coupon Convertible**), die allerdings auch **originär** emittiert werden. Unabhängig von ihrer Entstehung können Null-Kupon-Anleihen entweder als **abgezinste** Schuldverschreibung (**Deep Discount Bond**) oder als **aufgezinste** Schuldverschreibung (**Capital Growth Bond** bzw. **Zinssammler**) ausgestattet sein. Im ersten Fall werden die rechnerischen Zinsen vom Rückzahlungswert abgeschlagen (= abdiskontiert), weshalb die Ausgabepreise, die auf aktuelle Markttrenditen abgestimmt sind und mit der Laufzeit der Anleihe variieren, entsprechend tief unter dem Nominalwert liegen. Dagegen beträgt im zweiten Fall der Ausgabekurs 100% mit Vereinbarung eines um die Marktverzinsung **erhöhten Rückgabekurses** (z.B. 150% nach 6 Jahren). Zu verzinsten Schuldverschreibungen ergeben sich vor allem folgende wesentliche Unterschiede:
- Kein Kündigungsrisiko bei fallendem Zinsniveau
- höhere Kursvolatilität (Kursbeweglichkeit) auf Zinsniveauänderungen,
- keine Probleme der Wiederanlage von periodisch gezahlten Zinserträgen, da der Anleger zum Rückzahlungstermin den Kapitalgewinn in einer Summe erhält.

Für den Anleger bieten sich Vorteile insofern, als er für relativ geringe Anlagemittel abgezinste Schuldverschreibungen erwerben kann, und die Kurschancen (aber auch die Kursrisiken) wesentlich größer sind als bei den "normalen" Bonds.

**Null-Kupon-Wandelanleihe**
-> LYON

**NYCE**
-> **New York Cotton Exchange**

**NYFE**
-> **New York Futures-Exchange**

**NYMEX**
-> **New York Mercantile Exchange**

**NYSE**
-> **New York Stock Exchange**

**NYSE Composite Index Futures-Kontrakt**
NYFE-Kontrakt/Kontraktspezifikationen
Gehandelte Einheit:
$ 500 x Wert des NYSE-Index
Liefermonate/Verfallmonate:
März, Juni, September, Dezember
Liefertag:
Cash Settlement zum Schlußkurs des NYSE-Index am letzten Handelstag
Letzter Handelstag:
Dritter Freitag des Kontraktmonats
Notierung:
Mehrfaches von 0,05; $ 500 pro ganzem Indexpunkt
Mindestkursveränderung (Tick: Größe und Wert): 0,05 ($ 25,00) *WH*

**NYSE Composite-Index**
-> **New York Stock Exchange Composite-Index**

**NYSE-Aktienkorb**
Finanzmarktkreation der New York Stock Exchange (-> **NYSE**) in Form eines -> **Aktienkorbes** mit Start im Oktober 1989. Die-

**NZFE**

ser Aktienkorb schließt alle Titel des -> **S&P-500-Index** ein; die kleinste Handelseinheit beträgt 5 Mio $.

**NZFE**
-> **New Zealand Futures-Exchange**

# O

**OCC**
-> Options Clearing Corporation

**OCO-Order**
-> One Cancels the Other-Order.

**Öffentliche Plazierung**
Emissionsverfahren von insbesondere -> **internationalen Schuldverschreibungen**, das durch öffentliche Ankündigung und öffentlich festgesetzten Emissionspreis charakterisiert ist; als Konsortialtypus wird i.d.R. das -> **Underwriting** gewählt. Öffentlich plazierte Papiere werden regelmäßig an Börsen zugelassen und gehandelt. Im Gegensatz zu Papieren, die durch -> **Privatplazierung** begeben worden sind, besteht für öffentlich plazierte Werte ein organisierter -> **Sekundärmarkt**.

**Österreichische Termin- und Optionsbörse (ÖTOB)**
Projekt eines -> **Financial Futures-Marktes** in Österreich, initiiert von vier Wiener Geschäftsbanken und der Österreichischen Kontrollbank (als Wertpapiersammelbank) auf der Basis des am 1.12.1989 in Kraft getretenen neuen österreichischen Börsengesetzes, das den Handel mit -> **Optionen** und -> **Financial Futures** ermöglicht. Das Produktprogramm der ÖTOB soll analog demjenigen der -> **SOFFEX** und der -> **DTB** gestaltet sein.

**ÖTOB**
-> Österreichische Termin- und Optionsbörse

**OEX**
-> Standard & Poor's 500 Stock Index

**Off-Balance Sheet Activities**
Bankleistungen in Zusammenhang mit Finanzinnovationen (z.B. Swaps, Optionen, Stand by-Linien) auf Provisionsbasis, die primär in der Bankbilanz keinen Niederschlag finden (allerdings ergeben sich Bilanzwirkungen für den Fall drohender Verluste); daher auch als "bilanzunwirksame" Geschäfte bezeichnet (**Off-Balance Sheet-Produkte**).

**Off-Balance Sheet-Produkt**
-> Off-Balance Sheet Activities

**Offene Optionsposition**
-> Optionsposition

**Offene Position**
Saldo von Aktiva und Passiva von Unternehmungen, die Preisänderungen ausgesetzt sind (**net exposure**) zu einem bestimmten Zeitpunkt (Tagesposition). Hinsichtlich der Preisänderungen sind v.a. Preisänderungen von Edelmetallen, Zinsänderungen und Devisenkursschwankungen relevant. Zur Bewältigung dieser Risiken hat die Unternehmung nicht nur die **Gesamtposition** aller risikotragenden Aktiva und Passiva taggenau festzustellen (und ggf. zu kompensieren), sondern auch jeweils die **Einzelpositionen**. Die Konsequenz offener Positionen besteht einerseits in einer Verlustgefahr bei ungünstiger Kurs- oder Zinsentwicklung, andererseits in Chancen bei günstiger Kurs- oder Zinsentwicklung. Überwiegen die risikotragenden Aktiva die risikotragenden Passiva, handelt es sich um eine **Plusposition** (Hausse-Position, aktive Position, lange Position, -> long position), während bei Überwiegen der risikotragenden Passiva eine **Minusposition** (Baisse-Position, passive Position, kurze Position, -> short position) vorliegt. Die festgestellten Diskrepanzen zwischen risikotragenden Aktiva und Passiva werden im Rahmen des Währungs-, Zins- und Edelmetallmanagements durch den Aufbau von **Gegenpositionen** in Höhe des betreffenden Saldos kompensiert; dazu bedarf es der jeweils geeigneten **Finanzin-**

strumente der Terminmärkte (und ggf. Kassamärkte). Die Schließung einer offenen Position durch zweckentsprechende gegenläufige Geschäfte im Zins-, Währungs- und Edelmetallbereich wird als **Glattstellung** bezeichnet. Als innovative Instrumente dienen im Rahmen des Zins- und Währungsmanagements insbesondere -> **Futures**, -> **Optionen** und -> **Swaps**.

**Offer**
Angebot bzw. Bereitschaft eines Marktteilnehmers, einen Futures-Kontrakt oder eine Option oder ein anderes Finanzinstrument zu einem bestimmten (gegebenen) Preis (Kurs) zu verkaufen.

**Offered Price**
-> **Asked Price**

**Offered Rate**
Kurs, zu dem ein Marktteilnehmer bereit ist, ein Finanzinstrument zu verkaufen (Angebotskurs; **Briefkurs**).

**Offerte**
Börsenauftrag

**Offset**
Vorgang des **Glattstellens** einer -> **offenen Position** (z.B. einer bestehenden Futures-Position durch eine Kassatransaktion oder umgekehrt).

**Offset transaction**
Finanztransaktion bzw. Geschäft, das den Ausgleich der -> **offenen Position** (-> **Offset**) bewirkt.

**Offset-Wert**
auf dem Magnetstreifen einer -> **Plastikkarte** gespeicherter, aus neun Zahlen bestehender Algorithmus, aus dem z.B. der -> **Geldausgabeautomat** die zur Karte gehörige PIN errechnet, mit der vom -> **Karteninhaber** eingegebenen PIN vergleicht und diese so verifiziert.

**Offshore-Länder**
Staaten mit geringer oder fehlender Besteuerung bestimmter Finanztransaktionen, die für Emittent und Investor gleichermaßen zu Minderungen der Steuerbelastung beitragen können (auch als "Steuer-Oasen" bezeichnet). Von Interesse ist in diesem Zusammenhang insbesondere die Quellensteuerfreiheit von Wertpapieremissionen.

**Offshore-Aktienmarkt**
Projekt der australischen Börse in Sydney eines Offshore-Marktes, an dem ausländische Aktien vereinfacht zugelassen werden sollen. Das Ziel besteht in der Schaffung einer breiteren Basis des inländischen Marktes und in der Internationalisierung der Finanzmärkte. Bereits zum 1.7.1989 erfolgte eine Lockerung des Zulassungsverfahrens für ausländische Aktien, die insbesondere an den Börsen von London und New York gehandelt werden. Allerdings bestehen Zulassungsvoraussetzungen zum amtlichen Handel in Gestalt einer Mindest-Bilanzsumme (500 Mio A-$) und eines Mindest-Betriebsgewinnes (100 Mio A-$) in den vorangegangenen drei Jahren.

**On Opening**
Variante einer Auftragsart an -> **Financial Futures-Märkten**, bei der die Ausführung eines Börsenauftrages zu Beginn des Handelstages und innerhalb einer festgelegten Reihenfolge (-> **opening range**) zu erfolgen hat.

**One/two/three/six month fixed**
-> **Euro-Geldmarkt-Termine**

**One Cancels the Other-Order (OCO-Order)**
Variante einer Auftragsart an -> **Financial Futures-Märkten**, die bei Ausführung des einen Auftrags einen anderen Auftrag, der gleichzeitig erteilt worden war, eliminiert.

## Open Contract

Diejenigen Future-Kontrakte, die zum gegenwärtigen Zeitpunkt weder glattgestellt noch angedient wurden. (Contracts that have been initiated but not yet been liquidated through the parties by purchasing or selling or going into the delivery process; equivalent name is also "open interest"). *WH*

## Opening

Bezeichnung für **entweder** die Eröffnung einer Optionsposition bzw. einer Financial Futures-Position, **oder** Zeitperiode für die Eröffnung aller Optionsserien und Financial Futures-Serien zu Beginn der täglichen Börsenzeit nach einer festgelegten Reihenfolge (-> **on opening**) und Bestimmung der jeweiligen Eröffnungspreise (opening rotation).

## Opening range

Bandbreite der zu Beginn eines Handelstages an -> **Financial Futures-Märkten** für einen Kontrakt auf Grund der Angebots-/Nachfragesituation festgestellten Kurse (-> **MOO-Order**).

## Opening transaction

- Beginn des Handels von Finanzinstrumenten an Wertpapiermärkten (-> **Sekundärmarkt**);
- Eröffnung einer neuen Serie an -> **Financial Futures-Märkten** (bestimmt durch die jeweiligen Börsenordnungen und Börsenorgane).

## Opening-Periode
-> **DTB-Handelszeiten**

## Open interest

Gesamtheit der -> **offenen Positionen** innerhalb einer Optionsserie bzw. Financial Futures-Serie, die noch nicht durch kompensierende Transaktionen (-> **offset transactions**) glattgestellt worden ist.

## Open outcry

Technik einer öffentlichen Auktion, um Angebote und Nachfragen im -> **Pit** auszulösen (siehe auch -> **Aurora**).

## Open position
-> **Offene Position**

## Opération blanche

Verfahren der Finanzierung von Kapitalerhöhung durch Aktionäre, die keine zusätzlichen Finanzmittel investieren wollen oder können. In diesem Fall verkauft der Aktionär einen Teil der ihm zustehenden Bezugsrechte und finanziert mit dem Erlös den Ankauf der durch die restlichen (verbleibenden) Bezugsrechte beziehbaren Aktien. Der Aktionär kommt somit bei dieser Methode ohne Zuzahlung aus ("Bezugsrecht ohne Zuzahlung").

## Option

Kontrakt, der das (vertragliche) **Recht** enthält, **bestimmte Mengen** von Vermögensgegenständen (auch als -> **Basisobjekte** bezeichnet) zu einem vereinbarten Preis (-> **Basispreis** oder **Exercise-** oder **Strike-** oder **Striking-Price**) bis zu einem vorbestimmten Zeitpunkt (**Optionsfrist;** -> **Amerikanische Option**) oder **an einem** bestimmten Zeitpunkt (-> **Europäische Option**) entweder zu **erwerben** oder zu **veräußern**. Dementsprechend können zwei **Grundformen** von Optionsgeschäften unterschieden werden, nämlich die **Kaufoption (Call Option** bzw. **Call)** und die **Verkaufsoption (Put Option** bzw. **Put)** mit jeweils einer **Käufer**seite (als dem **aktiven** Kontrahenten) und einer **Verkäufer**seite (als dem **passiven** Kontrahenten; **Stillhalter**). Der Käufer entscheidet über die Ausübung der Option und ggf. den Zeitpunkt der Ausübung; dafür bezahlt er den **Optionspreis**. Der Verkäufer einer Option dagegen wartet auf die Entscheidung des Käufers; für das Stillhalten erhält er den Optionspreis. Auf Grund der angeführten Alternativen für Käufer- und

Verkäuferseite und des **Inhaltes** von Optionsgeschäften ergeben sich folgende **vier Arten** von **Optionsgeschäften:**
- Kauf einer Kaufoption
- Verkauf einer Kaufoption
- Kauf einer Verkaufsoption
- Verkauf einer Verkaufsoption.

Unter Berücksichtigung der möglichen **Basisobjekte** läßt sich weiters unterscheiden zwischen **Optionen auf konkreter Basis** (Basisobjekte sind Effekten in Form von Aktien und Rentenwerten -> **Effekten-Optionen**, oder in Form von Devisen -> **Devisen-Optionen**) und **Optionen auf abstrakter Basis** (-> **cash settlement options**), bei denen die Entwicklung eines bestimmten Aktien-Index (**Index-Optionen** bzw. -> **Aktienindex-Optionen**) oder die Entwicklung des Kurses eines bestimmten Rentenwertes (**Zins-Optionen** bzw. -> **Zins-Optionsscheine**) Basisobjekt ist. Während in den erstgenannten Fällen ein tatsächlicher Austausch von (konkreten) Vermögensgegenständen stattfindet, werden in den letztgenannten Fällen lediglich Differenzbeträge zur Zahlung fällig bzw. ausgetauscht. Als Optionen auf konkreter Basis gelten darüber hinaus **Optionen auf Financial Futures** (**Futures Options**); dagegen erweisen sich -> **Optionen auf Swaps** als Optionen auf abstrakter Basis. Die Besonderheit von Optionen gegenüber -> **Financial Futures** zeigt sich vor allem darin, daß bei einem Futures-Kontrakt beide Parteien, also Käufer und Verkäufer des Futures, zur Abnahme bzw. Lieferung des Basisobjekts (-> **Underlying**) verpflichtet sind, während bei der Option der **Käufer** der Option die Wahl hat, abzunehmen (Call) oder zu liefern (Put); der **Verkäufer** der Option allerdings hat die Pflicht, auf Anforderung des Käufers das Basisobjekt zu liefern (Call; **Stillhalter in Effekten oder Devisen**) oder gegen Zahlung abzunehmen (Put; **Stillhalter in Geld**). Die Motive zum Abschluß von Optionskontrakten können in -> **Hedging**, -> **Trading** und in -> **Spekulation** bestehen. **Die Risiken** von Optionen

hängen von der jeweiligen -> **Optionsposition** ab. Hinsichtlich der Marktgängigkeit von Optionskontrakten wird zwischen **börsengehandelten Optionen** (mit Standardisierung von Kontraktsumme, Basispreis, Laufzeit und Optionspreis) und **außerbörslich gehandelten Optionen** (**Freiverkehrsoptionen**, -> **OTC-Optionen**) unterschieden.

**Option auf abstrakter Basis**
-> **Option**

**Option auf den Bundesanleihe-Terminkontrakt**
20.April 1989: Handelsbeginn der an der LIFFE eingeführten Option auf den
-> **Bundesanleihe Terminkontrakt**.
LIFFE-Kontrakt/Kontraktspezifikationen:
Gehandelte Einheit:
1-Bund-Terminkontrakt
Liefermonate:
März, Juni, September, Dezember
Ausübung:
Ausübung an jedem Geschäftstag bis 17.00 Uhr
Lieferung:
Am ersten Geschäftstag nach dem Ausführungstag
Letzter Handelstag/Verfalltag:
6 Geschäftstage vor dem ersten Tag des Liefermonats des Bund-Terminkontraktes; Verfall um 18.00 Uhr
Notierung: Mehrfaches von 0.01
Mindestkursveränderung (Tick: Größe und Wert): DM 0.01 (DM 25)
Basispreise:
9 Basispreise werden für neue Optionen ausgeführt (Basispreisschnitte: DM 0.50)
Handelszeiten:
08.12 Uhr - 16.00 Uhr Londoner Zeit. *WH*

**Option auf den Drei-Monats-Eurodollar Zinsterminkontrakt**
LIFFE-Kontrakt/Kontraktspezifikationen
Gehandelte Einheit:
1 Eurodollar Future-Kontrakt
Verfallmonate:

März, Juni, September, Dezember
Ausführungs-, Verfall- Liefertag:
Ausführung bis 17.00 Uhr an jedem Geschäftstag. Lieferung am ersten Geschäftstag nach dem Ausübungstag. Verfall um 17.00 Uhr am letzten Handelstag. Automatische Ausübung von "in-the-money-options" am letzten Handelstag.
Letzter Handelstag:
letzter Handelstag des Eurodollar Future-Kontraktes. 11.00 Uhr.
Notierung:
Vielfaches von 0.01%
Mindestkursveränderung (Tick: Größe und Wert): USD 0.01 (USD 25)
Handelszeiten:
08.32 Uhr - 16.00 Uhr Londoner Zeit
EDSP:
Basierend auf dem Zinssatz für 3-Monats-Eurodollar-Einlagen zwischen erstklassigen Kontrahenten am letzten Handelstag. 16 Quotierungen (minus der 3 höchsten und 3 niedrigsten) per Zufall aus einer Liste designierter Banken: EDSP entspricht 100.00 minus dem Durchschnitt der 10 verbleibenden Banken. *WH*

### Option auf den Drei-Monats-Sterling-Zinsterminkontrakt

LIFFE-Kontrakt/Kontraktspezifikationen
Gehandelte Einheit:
1 Drei-Monats-Sterling Future-Kontrakt
Verfallmonate:
März, Juni, September, Dezember
Ausführungs-, Verfall- Liefertag:
Ausführung um 17.00 Uhr an jedem Geschäftstag. Lieferung am ersten Geschäftstag nach dem Ausübungstag. Verfall um 17.00 Uhr am letzten Handelstag. Automatische Ausübung von "in-the-money-options" am letzten Handelstag 11.00 Uhr.
Notierung: Vielfaches von 0.01%
Mindestkursveränderung (Tick: Größe und Wert): GBP 0.01 (GBP 25)
Handelszeiten:
08.22 Uhr - 16.02 Uhr Londoner Zeit
EDSP:
Basierend auf dem Zinssatz für 3-Monats-Sterling Einlagen zwischen erstklassigen Banken zwischen 09.30 Uhr und 11.00 Uhr am letzten Handelstag. 16 Quotierungen (minus der 3 höchsten und 3 niedrigsten) per Zufall aus einer Liste designierter Banken: EDSP entspricht 100.00 minus dem Durchschnitt der 10 verbleibenden Banken. *WH*

### Option auf den FT-SE-100 Stock Index Future-Kontrakt

LIFFE-Kontrakt/Kontraktspezifikationen:
Gehandelte Einheit:
1 FT-SE 100 Terminkontrakt; Cash Settlement; GBP 25,00 x Indexwert
Verfallmonate:
März, Juni, September, Dezember und die drei bevorstehenden Monate
Ausübungs-,/Verfall-,Liefertag:
Ausübung bis 17.00 Uhr an jedem Geschäftstag. Lieferung am ersten Geschäftstag nach dem Ausübungstag. Verfall um 17.00 Uhr am letzten Handelstag.
Letzter Handelstag:
Fünf Geschäftstage vor dem letzten Geschäftstag des Liefermonats.
Handelsschluß: 16.05 Uhr.
Notierung (Tick: Größe und Wert): Mehrfaches von 0,01 (GBP 2,50)
Handelszeiten: 9.07 Uhr bis 16.05 Uhr Londoner Zeit. *WH*

### Option auf den Kontrakt über langfristige britische Staatsanleihen

LIFFE-Kontrakt/Kontraktspezifikationen:
Gehandelte Einheit:
1 Long Gilt Future-Kontrakt
Liefermonate:
März, Juni, September, Dezember
Ausführungs-,Verfalltag; Liefertag:
Ausübung bis 17.00 Uhr an jedem Geschäftstag, ausgedehnt bis 18.00 Uhr am letzten Handelstag. Lieferung am ersten Geschäftstag nach dem Ausführungstag. Verfall um 18.00 Uhr am letzten Handelstag.
Letzter Handelstag:
16.15 Uhr. Sechs Geschäftstage vor dem er-

## Option auf den Kontrakt über US-Staatsanleihen

sten Geschäftstag im Liefermonat
Notierung: Vielfaches von 1/64
Mindestkursveränderung (Tick: Größe und Wert): GBP 1/64 (GBP 7.8125)
Handelszeiten:
09.02 Uhr - 16.15 Uhr Londoner Zeit. *WH*

**Option auf den Kontrakt über US-Staatsanleihen (Bonds)**
LIFFE-Kontrakt/Kontraktspezifikationen:
Gehandelte Einheit:
1 US Treasury Bond Future-Kontrakt
Liefermonate:
März, Juni, September, Dezember
Ausführungs-, Liefer-, Verfalltag:
Ausübung bis 17.00 Uhr an jedem Geschäftstag, ausgedehnt bis 20.30 Uhr am letzten Handelstag. Lieferung am ersten Geschäftstag nach dem Ausführungstag. Verfall um 20.30 Uhr am letzten Handelstag.
Letzter Handelstag:
16.10 Uhr. Erster Freitag, der wenigstens 6 CBOT-Arbeitstage nach dem ersten Liefertag des US Treasury Bond Future-Kontraktes liegt.
Notierung: Vielfaches von 1/64
Mindestkursveränderung (Tick: Größe und Wert): GBP 1/64 (GBP 15.625)
Handelszeiten:
08.17 Uhr - 16.10 Uhr Londoner Zeit. *WH*

**Option auf den Kontrakt über US-Treasury Bonds und US-Treasury Notes**
CBOT-Kontrakt/Kontraktspezifikationen:
Gehandelte Einheit:
USD 100 000 Nennwert CBOT Treasury Bond/Note Future-Kontrakt
Verfallmonate:
März, Juni, September, Dezember
Ausführungs-,Verfall-, Liefertag:
Ausübungsanzeige um 08.00 Uhr an jedem Geschäftstag vor dem Verfalltag; Lieferung am ersten Geschäftstag nach dem Ausführungstag. Verfall um 10.00 Uhr am ersten Samstag, der dem letzten Handelstag folgt.
Letzter Handelstag:
Der Monat vor dem Liefermonat des zu-

## Option auf den S&P 500 Index Future-Kontrakt

grunde liegenden T-Bond/Note Future-Kontraktes. Am Nachmittag des letzten Freitags, der wenigstens 5 Geschäftstage dem ersten Ankündigungstag des zugrunde liegenden T-Bond/Note Future-Kontraktes vorangeht. *WH*

**Option auf den Municipal Bond Index-Future-Kontrakt**
CBOT Kontrakt/Kontraktspezifikationen:
Handelseinheit:
$ 100 000 x CBOT des Municipal Bond Index Future-Kontraktes, Liefermonate März, Juni, September, Dezember
Notierung:
In Punkten und 1/64 eines Punktes
Minimale Kursveränderung (Tick: Größe und Wert): 1/64 ($ 15,625)
Tägliches Handelslimit:
3 Punkte ($3000) pro Tag über oder unter dem Schlußkurs des letzten Tages
Verfallmonate:
März, Juni, September, Dezember
Letzter Handelstag:
Verfall um 2.00 Uhr Chicago Zeit am letzten Handelstag des **Municipal Bond Index-Kontraktes** im entsprechenden Liefermonat
Ausübung:
Jederzeitige Ausübung vor Verfall möglich
Verfall:
Um 8.00 Uhr Chicago Zeit am letzen Handelstag
Handelszeiten:
8.00 Uhr bis 2.00 Uhr Chicago Zeit. *WH*

**Option auf den S&P 500 Index Future-Kontrakt**
CME-Kontrakt/Kontraktspezifikationen:
Handelseinheit:
1 S&P 500 Future-Kontrakt
Basispreisintervalle:
5,00 Punkte-Intervallgröße
Liefermonate:
Alle 12 Kalendermonate. Das zugrundeliegende Instrument für 3-monatliche Optionsausübung innerhalb eines Quartals ist der jeweilige Quartals-Future-Kontrakt (z.B. Ausübung einer Januar, Februar oder

März Option bedeutet Übernahme einer Position zum Strike Price im März Future-Kontrakt)
Minimale Kursveränderung (Tick: Größe und Wert): 0,05 ($ 25,00)
Letzter Handelstag:
März, Juni, September, Dezember am dem dritten Freitag vorhergehenden Donnerstag.
Restliche Monate am dritten Freitag
Liefertag:
Außer am letzten Handelstag der Monate März, Juni, September, Dezember bedeutet die Ausübung eines Calls eine "long futures" Position zum Strike Price des zugrundeliegenden Kontraktmonats (analog Put). Ausübung einer März, Juni, September, Dezember-Option am letzten Handelstag bedeutet Cash Settlement für "in-the-money-Option".
Handelszeiten:
8.30 Uhr bis 03.15 Uhr Chicago Zeit. *WH*

**Option auf den Treasury Bill Future-Kontrakt**
CME-Kontrakt/Kontraktspezifikationen:
Handelseinheit:
1 Treasury Bill Future-Kontrakt
Verfallmonate:
März, Juni, September, Dezember
Basispreis Intervalle:
Unter 91.00 0,50 Punkte
Über 91.00 0,25 Punkte
Minimale Kursveränderung (Tick: Größe und Wert): 0,01 ($ 25,00)
Handelslimit: keines
Letzter Handelstag: siehe Börsenbedingungen
Liefertag:
Ausübbar an jedem Handelstag bis zum Verfall am letzten Handelstag
Handelszeiten:
7.20 Uhr bis 2.00 Uhr Chicago Zeit. *WH*

**Option auf Devisen-Option**
Zur Vermeidung des Kaufes von langfristigen Devisen-Verkaufsoptionen (mit relativ hohen Prämien) durch Exporteure besteht die Möglichkeit, Optionen auf Devisen-Optionen zu erwerben. In diesem Fall handelt es sich somit grundsätzlich um eine **zweiteilige Option**, deren **erster Teil** den -> **Basispreis**, die Laufzeit und den Zeitpunkt bestimmt, ab dem die **zweite** Option erworben werden kann. Für beide Optionsteile erfolgt die Festlegung einer **Gesamtprämie**, von der aber nur ein Teil (für den ersten Abschnitt) sofort fällig ist; der zweite Teil dieser Gesamtprämie wird erst bei tatsächlichem Abschluß des zweiten Optionsvertrages fällig. Die Entscheidung über den zweiten Teil der Option wird i.d.R. bis zum Ende der Laufzeit des ersten Teiles zu treffen sein.

**Option auf Financial Futures**
Grundsätzlich sind -> **Optionen** auf -> **Zinsterminkontrakte** (-> **Zins-Futures**), auf **Aktienindex-Terminkontrakte** (-> **Index-Futures**) und auf **Devisenterminkontrakte** (-> **Währungs-Futures**) möglich, wobei die -> **Optionen auf Währungs-Futures** den Hauptanwendungsbereich bilden. Grundsätzlich geben Optionen auf Financial Futures dem Inhaber der Option das Recht (aber nicht die Pflicht), Terminkontrakte der oben angeführten Art innerhalb der Laufzeit der Option jederzeit zum Basispreis kaufen bzw. verkaufen zu können, wobei Preis und Fälligkeit des zugrundeliegenden Kontraktes feststehen. Die Option auf Futures bietet Schutz vor gegenläufigen Marktbewegungen, ohne Gewinnchancen aus günstigen Schwankungen des Marktes zu beschränken. Ausübungspreis, Prämie und Optionsbewertung erfolgen dabei in Analogie zur Option auf Kassainstrumente (**option on cash**).

**Option auf konkreter Basis**
-> **Option**

**Option auf Währungs-Futures**
Optionen auf Währungs-Futures (**Currency Futures Options**) geben dem Inhaber das Recht, dem -> **Stillhalter** eine (standardisierte) **Devisenterminkontraktvereinbarung**

209

(-> **Währungs-Future**) innerhalb der Optionsfrist bis zum Verfalltag der Option jederzeit zum Basispreis kaufen oder verkaufen zu können. Im Unterschied zur -> **Devisen-Option** ist bei Ausübung der Option nicht ein bestimmter (standardisierter) Valuta-Betrag, sondern ist eine (oder sind mehrere) Devisenterminkontrakt-Vereinbarung(en), also Währungs-Futures, zu kaufen oder zu liefern. Als Kontraktmonate kommen in Analogie zu den Devisen-Optionen ebenfalls die Monate März, Juni, September und Dezember in Betracht, wobei die Optionen jeweils 12 Tage vor den Verfalltagen der Kontraktmonate (dritter Mittwoch der betreffenden Monate) auslaufen. Derartige Geschäfte werden u.a. abgeschlossen, um die Zeit bis zum Abschluß von Gegengeschäften zu überbrücken und gleichwohl Kurssicherung zu gewährleisten. Siehe die Beispielsrechnung Eilenberger 1986, 194 f.

### Optionen auf OZX-Index
-> **Aktienindex-Optionen** der "OZ Zürich Optionen und Futures AG" auf den -> **Schweizer Aktienindex OZX**.

### Optionen auf Swaps
Optionen auf Swaps können zur Kategorie von -> **Spezialswaps** gerechnet werden. Bei diesen Swaps wird ein -> **Zins-** oder -> **Währungsswap** mit einer Option versehen (-> **Swaption**).

### Option class
-> **Optionsklasse**

### Option on Bond Futures Contract
-> **Option auf Bundesanleihe-Terminkontrakt**

### Option on cash
-> **Option auf Financial Futures**

### Option on Dollar-Mark Currency-Future
LIFFE-Kontrakt/Kontraktspezifikationen:
Handelseinheit: $ 50 000 gegen DM
Liefermonate (Verfallmonat):
März, Juni, September, Dezember mit den drei nächstliegenden Monaten.
Liefer-, Ausübungs-, Verfalltag:
Ausübung bis 17.00 Uhr an jedem Geschäftstag bis zum Verfalltag 10.00 Uhr. Lieferung am 3. Geschäftstag nach Ausübung (bei Ausübung am Verfalltag 2 Geschäftstage). Verfall um 10.00 Uhr 2 Geschäftstage vor dem dritten Mittwoch des Verfallmonats.
Letzter Handelstag:
16.04 Uhr drei Geschäftstage vor dem dritten Mittwoch des Verfallmonats
Notierung: Pfennige per US$
Minimale Kursveränderung (Tick, Größe und Wert): 0,01 Pfennige per US$ (DM 5,00)
Originaleinschuß (Straddle Margin) 1250,-DM (100,-DM)
Handelszeiten:
08.36-16.04 Uhr Londoner Zeit. *WH*

### Option on FT-SE 100 Stock Index Futures Contract
-> **Option auf den FT-SE 100 Stock Index Future-Kontrakt**

### Option on Futures
-> **Option auf Financial Futures**

### Option on German Government Bond (Bund) Futures Contract
-> **Option auf den Bundesanleihe-Terminkontrakt**

### Option on Long Gilt Future-
-> **Option auf den Kontrakt über langfristige britische Staatsanleihen**

### Option on Sterling Currency Futures
LIFFE-Kontrakt/Kontrakt spezifikationen:
Handelseinheit: GBP 25 000 gegen US$
Liefermonate (Verfallmonat):
März, Juni, September, Dezember mit den drei nächstliegenden Monaten
Liefertag (Ausübungstag/Verfalltag):
Ausübung bis 17.00 Uhr an jedem Ge-

schäftstag bis zum Verfalltag. Lieferung am 3. Geschäftstag nach dem Ausübungstag.
Verfall um 17.00 Uhr am letzten Handelstag
Letzter Handelstag:
16.02 Uhr drei Geschäftstage vor dem dritten Mittwoch des Verfallmonats
Notierung: US cents per GBP
Minimale Kursveränderung: (Tick, Größe und Wert): 0,01 cents per GBP ($2,50)
Originaleinschuß (Straddle Margin): keine
Handelszeiten:
08.34-16.02 Uhr Londoner Zeit. *WH*

**Option on Stock Index Future-Contracts**
-> **Index Future-Optionskontrakt**

**Option on Three Month Eurodollar Interest Rate Future-**
-> **Option auf den Drei-Monats-Eurodollar-Zinsterminkontrakt**

**Option on Three Month Sterling Interest Rate Future**
-> **Option auf den Drei-Monats-Sterling-Zinsterminkontrakt**

**Option on Treasury Bill Futures Contract**
-> **Option auf den Treasury Bill Future-Kontrakt**

**Option on US-Treasury Bond Future**
-> **Optionen auf den Kontrakt über US-Treasury Bonds und US-Treasury Notes**

**Option on US-Treasury Note Future**
-> **Optionen auf den Kontrakt über US-Treasury Bonds und US-Treasury Notes**

**Optionsanleihe**
-> **Optionsschuldverschreibung**

**Optionsbewertung**
Mit Hilfe der Optionsbewertung soll insbesondere zum einen der "faire" Optionspreis von -> **Kaufoptionen** und -> **Verkaufsoptionen** ermittelt, zum anderen sollen Vergleiche bezüglich der Preiswürdigkeit von Optionen ermöglicht werden, und zwar hinsichtlich von zwei oder mehreren Optionen desselben Typs auf denselben Vermögensgegenstand, die sich in den -> **Basispreisen** und/oder in den Laufzeiten unterscheiden, **oder** hinsichtlich eines anderen Typs (z.B. ist eine Kaufoption im Vergleich zur Verkaufsoption mit gleicher -> **Basis** preiswürdiger oder nicht, und wie lassen sich daraus ggf. Erfolge realisieren). Die in der wissenschaftlichen Literatur beschriebenen **Verfahren** der Optionsbewertung können in deskriptive und analytische Ansätze systematisiert werden. Das gemeinsame Charakteristikum **deskriptiver Modelle** besteht darin, mathematische Bewertungsformeln in Anlehnung an **empirische** Kursdaten zu entwickeln (siehe z.B. Abel/Boing). **Analytische Modelle** berücksichtigen grundsätzlich die Marktverhältnisse, über die Annahmen zu treffen sind, sowie die Eigenschaften der Optionen und leiten auf dieser (analytischen) Basis das Optionsbewertungsmodell **theoretisch** ab, wobei zwischen statischen und dynamischen Ausformungen zu unterscheiden ist. Die **statische** Variante beschränkt sich ausschließlich auf die Analyse von Arbitrage-Beziehungen und die dabei mögliche unmittelbare Nutzung von Vorteilen (-> **Arbitrage**); diese Art der Statusquo-Betrachtung erübrigt Annahmen über (künftige) Kurs- bzw. Preisentwicklungen. Dagegen geht die **dynamische** Variante von Annahmen über zukünftige (Aktien-) Kursbewegungen und damit die Marktentwicklung aus und leitet daraus mathematische Formeln (= mathematische Deduktion) im Sinne von **Modellgleichungen** her; das bekannteste Beispiel dieser Gruppe ist das -> **Black-Scholes-Modell**, das für -> **Calls** nach dem Muster der -> **Europäischen Option** Anhaltspunkte des Modellpreises im Sinne eines "fairen" -> **Optionspreises** liefert (siehe auch Cox/Ross). **Empirische Tests** prüfen die Effizienz derartiger Modelle (Vergleich der Modell- mit den Marktpreisen der Optionen). Insbesondere

erscheint in diesem Zusammenhang auch die Prüfung der geschätzten -> **Volatilitäten** von Interesse, zumal diese im Vergleich mit den Angeboten anderer -> **Stillhalter** über deren Risikoeinstellung und/oder die Qualität der zugrundeliegenden Daten(reihen) Aufschluß geben. Derartige Vergleiche sind insbesondere bei öffentlich angebotenen -> **Währungsoptionsscheinen** und -> **Zinsoptionsscheinen** möglich: Bei entsprechender Umstellung der Black-Scholes-Formel ergibt sich die vom Stillhalter in das Modell - v.a. auf Grund seiner Zeitreihen - eingeführte Volatilität (der Devisenkurse bzw. der Zinsen). Hohe (geschätzte) Volatilität weist auf höheres Risiko (für den Stillhalter) hin und führt grundsätzlich zu höheren -> **Optionspreisen** als niedrigere Volatilitäten. Allerdings ist mit diesem Vorgehen noch keine Prüfung der Frage verbunden, ob und inwieweit der Stillhalter die tatsächlich in der Zukunft eintretende Volatilität durch die gegenwärtige (-> **implizite**) Volatilität zutreffend geschätzt und welche Rolle ggf. die -> **historische** Volatilität gespielt hat (siehe auch -> **Aktienoptionshandel**).

Lit.: Abel, U./G. Boing, Optionen. Neuss 1986; Abel, U./H. Bergmann/G. Boing, Optionsbewertung, ÖBA 1989, 1047 ff.; Cox, J.C./Rubinstein, M., Options market. Englewood Cliffs, N.J. 1985

**Optionsbörse**
Organisierter Handelsplatz für -> **Optionen** (wegen Einzelheiten siehe z.B. -> **DTB**; -> **LIFFE**).

**Options book**
Zusammenfassung aller "geschriebenen" und gekauften -> **Optionen** eines Marktteilnehmers.

**Options Clearing Corporation (OCC)**
Weltweit größte Clearing-Organisation für -> **derivative Finanzinstrumente** und allgemeine Clearing-Stelle für an Börsen notierte Optionen. Das OCC-System für -> **Margin-Anforderungen (Theoretical Intermarket Margin System)** ist auch von der -> **DTB** übernommen worden.

**Options Clearing House**
Einrichtung eines -> **Clearing House** für börsengehandelte -> **Optionen** eines bestimmten Optionsmarktes (einer bestimmten Optionsbörse).

**Option series**
-> **Optionsserie**

**Options Exchange**
-> **Optionsbörse**

**Optionsfrist**
Zeitraum zwischen Ausstellung der Option und Zeitpunkt, zu dem ausgeübt werden kann oder muß. In Abhängigkeit von diesen Modalitäten kann zwischen -> **Amerikanischer** und -> **Europäischer Option** als Optionstypen unterschieden werden.

**Optionsgenußschein**
Wertpapierkombination von -> **Genußschein** (Inhaber-Genußschein) und -> **Optionsschein** (Inhaber-Optionsschein), mit der Möglichkeit des Erwerbes von **Aktien**, die für den Anleger in rentabilitätsmäßiger Hinsicht und für den Emittenten unter steuerlichen Aspekten von Interesse ist. Der Emittent hat wegen der Optionsmöglichkeit auf Aktien im Umfang der Emission von Optionsscheinen, die zum Erwerb eines bestimmten Volumens an Inhaber-Aktien berechtigen, eine entsprechende bedingte Kapitalerhöhung durchzuführen. Die Genußscheininhaber erhalten eine ggf. dem Gewinnanteil der (Alt-)Aktionäre vorgehende (garantierte) jährliche Ausschüttung in % des Nennbetrages der Genußscheine. Bei Verlustbeteiligung ergibt sich eine anteilsmäßige Verringerung des Ausschüttungsanspruchs. Den **Genußscheinen**, die lediglich Gläubigerrechte verbriefen, sind ein oder mehrere **Optionsscheine** mit der Berechti-

gung zum Bezug einer bestimmten Zahl von Aktien der Gesellschaft zum Nennwert, gegen Zahlung des festgelegten -> **Optionspreises** (= eigenkapitalorientierte Optionsscheine), beigegeben. Dem **Verwässerungsschutz** ist insofern Rechnung zu tragen, als bei Kapitalerhöhungen während der -> **Optionsfrist** Ermäßigungen des jeweils geltenden -> **Optionspreises** vorzunehmen sind.

**Optionshandel**
Handel mit standardisierten -> **Optionskontrakten** an -> **Optionsbörsen** (options trading).

**Optionsklasse**
Gesamtheit von -> **Optionen** desselben Typs (Call/Put) mit identischem -> **Basisobjekt**.

**Optionskontrakt**
-> **Option**

**Optionsmarkt, deutscher**
Entsprechend der Organisationsform und den rechtlichen Voraussetzungen kann zwischen einem börsenmäßig organisierten Optionsmarkt für
- Aktienoptionen (auf 60 Werte) und Rentenoptionen (auf 14 Werte) an den deutschen Wertpapierbörsen, insbesondere an den Plätzen Frankfurt/Main und Düsseldorf;
- Aktienoptionen (auf 14 Werte) an der -> **DTB**
- Optionsscheine, die in Zusammenhang mit -> **Optionsschuldverschreibungen** begeben worden sind und Gegenstand des amtlichen Handels, Geregelten Marktes oder des Freiverkehrs sein können;
- Optionsscheine in Form -> **gedeckter Optionsscheine** (auf Aktien oder -> **Aktienkörbe**), in Form von -> **Zins-Optionsscheinen** und in Form von -> **Währungs-Optionsscheinen**, die Gegenstand des Freiverkehrs sind; und einem **außerbörslichen Freiverkehrsmarkt** ( -> **OTC-Markt**; Telefonhandel) für nicht standardisierte Aktien- und Rentenoptionen sowie für -> **Devisen-Optionen** aller Art unterschieden werden.

**Optionsposition**
Die Optionsposition gibt Auskunft über Rechte/Pflichten und somit die Risiken, die aus Optionstransaktionen zu einem bestimmten Zeitpunkt während des Bestehens der -> **Option** gegeben sind. Insofern beschreibt die Optionsposition auch die **Risiko-/Chancen-Situation** der Partner des Optionsgeschäfts. Grundsätzlich können die Positionen, sofern sie nicht glattgestellt sind (siehe -> **offene Position**), **Long** oder **Short** sein. Bezogen auf Optionsgeschäfte bedeutet eine -> **Long Position**, daß ein Marktteilnehmer eine größere Anzahl an Optionskontrakten (einer Serie) **gekauft** als verkauft hat, oder generell: Option "Long" weist darauf hin, Inhaber einer Option zu sein. Im Falle einer -> **Short Position** hat ein Marktteilnehmer eine größere Zahl von Optionskontrakten (einer Serie) **verkauft** als gekauft, oder generell: Option "Short" weist auf die Stillhalterschaft eines Marktteilnehmers hin. Unter Berücksichtigung von -> **Calls** und -> **Puts** können jeweils Long- und Short-Positionen folgender Art unterschieden werden:

| Call | Put | Erwartung |
|---|---|---|
| Long | Short | Hausse |
| Short | Long | Baisse |

Marktteilnehmer mit **Call Long-Position** und **Put Short-Position** profitieren vom **Anstieg** des Kurses des Basisobjekts: **Ersterer** kann das Basisobjekt zum Basispreis kaufen und am Kassamarkt zu höherem Preis verkaufen, während im **zweiten** Fall der Inhaber des Puts die Option verfallen läßt und somit der Stillhalter den Optionspreis als Gewinn verbucht.
Marktteilnehmer mit **Put Long-Position** und **Call Short-Position** profitieren vom

**Fallen** des Kurses des Basisobjekts: **Ersterer** kann das Basisobjekt zum Basispreis, der über dem Kurs des -> **Underlying** auf dem Kassamarkt liegt, verkaufen (und somit den Put ausüben), während im **zweiten** Fall dem Stillhalter - bei Nichtausübung des Call durch den Inhaber der Option - die Optionsprämie als Ertrag verbleibt.

Call Short-Positionen entstehen durch Verkauf, Call Long-Positionen durch Kauf eines Call; Put Short-Postionen resultieren aus Verkauf eines Puts, Put Long-Positionen aus Kauf eines Puts.

Der **maximal mögliche Gewinn** einer Call Short-Position ist auf den eingenommenen Optionspreis beschränkt, während der **maximal mögliche Verlust** bei entsprechender Entwicklung des (aktuellen) Kurses des Basisobjekts unbegrenzt ist (B = Basispreis; K = Kurs des Basisobjekts bei Verfall/Ausübung):

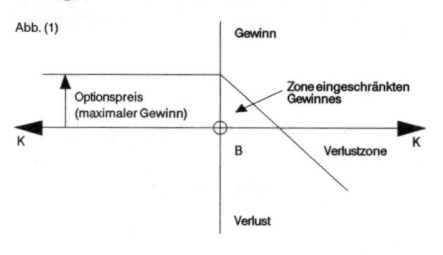

Abb. (1)

**Formal** läßt sich der Erfolg (E) wie folgt ermitteln (P = Optionspreis/-prämie):

$$E = (B + P) - K$$

Der maximale Gewinn einer **Call Long-Position** ist theoretisch unbegrenzt, der maximal mögliche Verlust dagegen auf die gezahlte Optionsprämie begrenzt:

$$E = K - (B + P)$$

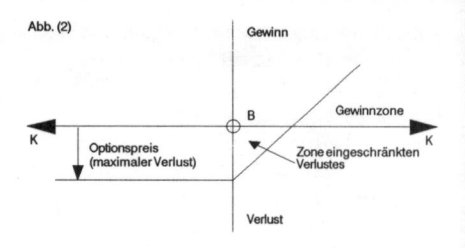

Abb. (2)

Der maximal mögliche Gewinn einer **Put Short-Position** beschränkt sich auf den eingenommenen Optionspreis, während der maximal mögliche Verlust theoretisch unbegrenzt ist:

$$E = K - (B - P)$$

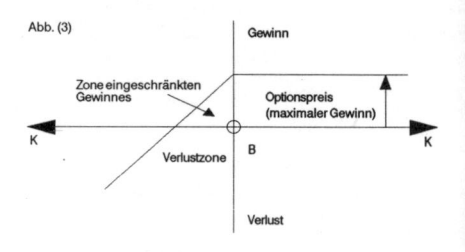

Abb. (3)

Der maximal mögliche Gewinn einer **Put Long-Position** ist theoretisch unbegrenzt, der maximal mögliche Verlust dagegen auf die gezahlte Optionsprämie begrenzt:

$$E = (B - P) - K$$

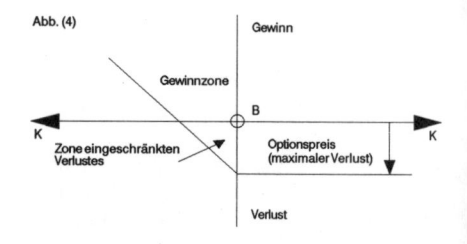

Abb. (4)

Zur **Glattstellung** von -> **offenen Positionen** (in Optionen: **Offene Optionspositionen**) sind somit folgende Gegengeschäfte

(Glattstellungstransaktionen; -> Closing Transactions) angezeigt:

| Offene Optionspositionen | Closing transaction (jeweils derselben Serie) |
|---|---|
| Call Short-Position | Kauf von Calls |
| Call Long-Position | Verkauf von Calls |
| Put Short-Position | Kauf von Puts |
| Put Long-Position | Verkauf von Puts |

**Optionsprämie**
-> Optionspreis

**Optionspreis**
Prämie (Premium), die für eine -> **Option** an den Aussteller (Schreiber; -> **Stillhalter**) zu zahlen ist. Die Höhe der Prämie richtet sich nach der Risikoeinschätzung des Ausstellers der Option für jeden angebotenen -> **Basispreis** und den Marktverhältnissen (bei börsengehandelten Optionen bestimmen Angebot und Nachfrage den für einzelne Basispreise festgestellten Markt-Optionspreis).

**Optionsschein**
Wertpapiere, die entweder in Zusammenhang mit einer -> **Optionsschuldverschreibung** oder neuerdings (seit Mitte 1989) als selbständige Optionsrechte begeben werden. In letzterem Fall kann es sich um sog. **gedeckte (unterlegte)** Optionsscheine (auf Bezug von Aktien) ebenso handeln wie um Inhaber-Optionen auf Währungen (-> **Währungsoptionsscheine**), auf Zinsen (-> **Zinsoptionsscheine**) oder auf Zahlung von **Differenzbeträgen** (auf Grund von Währungsbeträgen, z.B. -> **Bull-Spread-Scheine**, oder Aktienkursentwicklungen, z.B. bei -> **Branchen-Optionen**). In der Regel werden effektive Scheine nicht ausgegeben; vielmehr erfolgt die Verbriefung der In-haberrechte über Miteigentumsanteile an einer Globalurkunde oder einem Sammelzertifikat, die bei der Deutschen Kassenverein AG, Frankfurt/M. hinterlegt sind. Eine Spezialität stellen sog. **Shorties (Short Term Warrants)** als kurzfristige Optionsscheine dar. In diesem Fall verpflichtet sich der -> **Stillhalter**, eine bestimmte Aktie zu einem bestimmten Kurs für beispielsweise drei Monate auf seinem Konto bzw. Depot stillzuhalten; dafür erhält er vom Käufer der Shorties einen bestimmten Prozentsatz des Aktienkurses als -> **Optionspreis** sowie zusätzlich einen weiteren Prozentsatz des Bezugspreises (-> **Basispreises**) bei Ausübung der Option (wegen Einzelheiten siehe Lielacher, M., ÖBA 1989, 719 f.).

**Optionsschein auf Barausgleich auf BUND-Futures**
Im Wege öffentlicher Plazierung (-> **public offering**) von Banken oder Finanzintermediären begebene spekulative -> **Optionsscheine**. Eine bestimmte Anzahl von Optionsscheinen gewähren dem Inhaber das Recht, nach Maßgabe der Optionsbedingungen die Zahlung des **Differenzbetrages** zu verlangen, um den der in DM ausgedrückte Tagesschlußkurs für je nom. 100 DM des jeweils maßgebenden Bundesanleihe-Terminkontrakts (-> **BUND-Future**) der **LIFFE** am Ausübungstag den -> **Basispreis** der Optionsscheine bzw. des Optionsscheines überschreitet. Maßgebendes -> **Basisobjekt** ist jeweils am Ausübungstag derjenige BUND-Future-der LIFFE, welcher der diesbezüglichen offiziell an der LIFFE gehandelten Option mit dem nächstfolgenden Verfalltermin zugrundeliegt. Der erste maßgebende BUND-Future-ist der (z. B. im März 1990) fällige Kontrakt. Die -> **Ausübung** der Optionsrechte, die i.d.R. innerhalb einer Frist von einem Jahr möglich ist, setzt grundsätzlich voraus, daß an der LIFFE ein Tagesschlußkurs festgestellt und veröffentlicht wird. Das Optionsrecht verfällt bei Nichtausübung mit Ablauf der -> **Optionsfrist**. Die Optionsscheine sind börsenumsatzsteuerfrei; die Mindestzeichnung beträgt z.B. 2 000 oder ein Vielfaches davon. Die Verbriefung der Optionsscheine, für die keine effektiven Stücke ausgegeben werden, erfolgt während der gesamten

215

Laufzeit durch einen -> **Inhaber-Sammeloptionsschein**. Börsennotierung kann im Freiverkehr, z.b. an der Frankfurter Wertpapierbörse, vorgesehen werden. (Beispiel: Emission der CSFB-Effektenbank AG, Frankfurt am Main, von 10 000 000 Optionsscheinen auf einen Barausgleich, bezogen auf Bundesanleihe-Terminkontrakte der LIFFE vom Januar 1990).

**Optionsschein auf Bundesobligationen**
Emission von -> **Optionsscheinen** durch Banken, die ein Bezugsrecht auf bestimmte Bundesobligationen enthalten. Die Optionsscheine sind durch hinterlegte effektive Stücke gedeckt (-> **gedeckte Optionsscheine**), so daß Lieferung gemäß den Optionsbedingungen während der Laufzeit (-> **Amerikanische Option**) verlangt werden kann.

**Optionsschuldverschreibung**
Sonderform einer Schuldverschreibung, auch als **Optionsanleihe** bezeichnet, die in ihrer **traditionellen Form** ein Optionsrecht des Obligationärs auf zusätzlichen Bezug einer bestimmten Zahl von Aktien der Gesellschaft unter Beibehaltung der Schuldverschreibung enthält (**eigenkapitalorientierte** Optionsschuldverschreibung). Bei Ausübung der Option dieses Schuldverschreibungstyps wird der Obligationär gleichzeitig Aktionär der Gesellschaft. In den letzten Jahren entstanden auf den internationalen Kapitalmärkten zusätzlich **fremdkapitalorientierte** Optionsschuldverschreibungen, die eine Option auf den Bezug einer später zu begebenden Schuldverschreibung enthalten. In diesem Fall bleibt der Obligationär bei Ausübung der Option nach wie vor Gläubiger der Gesellschaft. Unabhängig vom Typus der Optionsschuldverschreibung wird das Optionsrecht vom -> **Optionsschein** (**Warrant**) verkörpert, der von der Obligation getrennt und selbständig gehandelt werden kann. Der Optionsschein, der ein Bezugsrecht verbrieft, ist in diesem Falle als ein spekulatives Wertpapier anzusehen, da bei geringem Kapitaleinsatz hohe Gewinnchancen bestehen (wenn z.B. der Börsenkurs der Aktie steigt); allerdings sind in Anbetracht der Möglichkeit des Sinkens des Börsenkurses der Aktie Verlustrisiken gegeben. Der **rechnerische Wert** des Optionsscheins auf **Aktien** entspricht dem Unterschiedsbetrag zwischen dem Kurs der Aktie und dem Ausgabekurs der Bezugsaktie; entsprechend den Kurserwartungen weicht der **tatsächliche** Kurs der Optionsscheine (i.d.R. nach oben) vom rechnerischen Wert ab.

Ähnlich dem Umtauschverhältnis bei Wandelobligationen ist bei **eigenkapitalorientierten** Optionsschuldverschreibungen ein **Bezugsverhältnis** (von Aktien auf Grund des Optionsrechts) festgelegt. Ebenso kann ein bestimmter **Bezugskurs** vorgegeben werden (Bezug von Aktien gegen bestimmte Zuzahlung). Die Festsetzung von Zuzahlungen verfolgt den Zweck, ein möglichst großes Finanzmittelaufkommen zu realisieren. Daher geht der **Emittent** bei der Ermittlung des Optionspreises in Analogie zur Bestimmung des Break Even-Kurses bei -> **Kaufoptionen** (Emittent als Verkäufer der Kaufoption) vom aktuellen Kurswert der Aktien zum Kalkulationszeitpunkt aus. Unter Berücksichtigung des zu erwartenden Aktienkurses im Ausübungszeitraum der Option erfolgt die Festlegung des -> **Optionspreises** als Prämie, sowie ggf. des Bezugsverhältnisses. Der tatsächliche Erfolg läßt sich für den Emittenten allerdings erst nach Ende der Optionsfrist feststellen.
**Lit.:** Eilenberger 1990, 194 f.

**Optionsserie**
Gesamtheit von -> **Optionen** identischen Typs (-> **Call/Put**) und identischer Ausstattung (-> **Basisobjekt**, -> **Basispreis** und -> **Verfalldatum**).

**Options Trading**
-> **Optionshandel**

**Optionswährung**
-> **Währungsoptionsrecht**

**Option Writer**
-> **Stillhalter** bei Optionskontrakten

**Option Writer's Risk**
Risiko des -> **Stillhalters** (= Schreibers) einer Option, das theoretisch unbegrenzt ist, während das Risiko des Wählers (Käufer der Option) maximal auf den Verlust des Optionspreises begrenzt bleibt (siehe im einzelnen dazu -> **Aktienoption** und -> **Optionsposition**).

**Original margin**
Synonym für -> **initial margin** (zur Systematik siehe auch -> **margin**).

**Osteuropabank**
Projekt einer **supranationalen Bank** zur Deckung finanzieller Bedürfnisse der osteuropäischen Staaten, deren Gründung und Arbeitsaufnahme noch 1990 erfolgen soll.

**Ost-West-Fonds**
Spezifische Form eines -> **Debt Equity Swaps** zur Lösung des Schuldnerproblems von Ostblockländern. Die von der österreichischen Bundesregierung initiierte Variante besteht in der Ende 1989 erfolgten Gründung eines "Ost-West-Fonds" als Tochtergesellschaft der staatlichen **Finanzierungs-Garantie-Gesellschaft** (FRG), der als bankähnliche Institution die beträchtlichen Schulden der östlichen Länder (nach inoffiziellen Schätzungen rd. 20 Mrd DM) zu einem Teil in Beteiligungen österreichischer Unternehmungen in den Schuldnerländern umwandeln soll. Zu einem Teil sollen die Schulden erlassen werden. Zur Finanzierung werden in der ersten Phase rd. 700 Mio DM von der österreichischen Seite zur Verfügung gestellt. Es ist beabsichtigt, die Weltbank und den IWF zu einer Mitwirkung anzuregen.

**OTC-Markt**
-> **Over the Counter Market**

**OTC-Option**
-> **Over the Counter Option**; -> **Optionshandel**

**Overnight**
-> **Euro-Geldmarkt-Termine**

**Overnight position**
Tagesgeldposition (am -> **Euro-Geldmarkt**)

**Overnight trade**
Tagesgeldhandel (-> **Eurogeldmarkt-Termine**)

**Over the Counter Market (OTC-Markt)**
Markt für den Handel mit Finanzinstrumenten, die an organisierten Börsen nicht zugelassen sind. Die Markttransaktionen erfolgen (i.d.R. mittels Telefon) zwischen Market Makern oder zwischen Market Makern und ihrer Kundschaft (siehe auch -> **Over the Counter Option**; -> **Freiverkehrsoption**).

**Over the Counter Option (OTC-Option)**
Im Gegensatz zu **börsengehandelten Optionen** (-> **Option**) sind OTC-Optionen nicht-standardisierte Kontrakte, können also beliebige Kontraktsummen, Basispreise, Laufzeiten und Optionspreise aufweisen, die in Absprache zwischen Käufer und Verkäufer der Option **individuell** vereinbart werden. Allerdings ist zu beachten, daß das Kreditrisiko bei OTC-Optionen **nicht** eine -> **Clearing-Stelle** (wie bei börsengehandelten Optionen; -> **DTB-Option**) übernimmt, sondern von jeder Partei zu tragen ist. Auch die -> **Margin-Erfordernisse** (für den -> **Stillhalter**) unterliegen individueller Vereinbarung (während sie bei börsengehandelten Optionen ebenfalls standardisiert sind).

**OZX**
-> **Schweizer Aktienindex OZX**

# P

**PAC**
-> Planned Amortization Class

**Paketfinanzierung**
-> Euro-Finanzierungsprogramme

**Parallel Contract**
-> Parallelgeschäft

**Parallelanleihe**
Emissionsverfahren von Schuldverschreibungen in der Form, daß der gesamte (notwendige) Anleihebetrag in einzelne Ländertranchen aufgeteilt wird, wobei Emissionszeitpunkt, Nominalverzinsung und Laufzeit übereinstimmen (abweichend davon
-> split-issue).

**Parallelgeschäft**
Variante von -> **Kompensationsgeschäften** insofern, als zwei getrennte Verträge (**Parallel Contracts**) die Modalitäten des Parallelgeschäfts bezüglich Warenlieferungen und Zahlungsabwicklung regeln: Ein Vertrag über den Export und die Bezahlung des Exporteurs durch den ausländischen Importeur sowie ein Vertrag über die Gegenlieferung von Waren und die Abgeltung an den ausländischen Geschäftspartner.
Der inländische Exporteur erhält in diesem Falle nach Lieferung der Exportgüter entsprechend den vereinbarten Zahlungsbedingungen die volle Bezahlung in Valuta oder Inlandswährung, während das Entgelt für die Abnahme der Güter aus der Gegenleistung gesondert nach Auslieferung der Kompensationsgüter fällig wird.
Lit.: Eilenberger 1986, 205 f.

**Parallelkredit**
-> Back to Back-Kredit

**Paris Interbank Offered Rate (Pibor)**
Relevanter -> **Referenzzinssatz** für den Pariser Finanzterminmarkt (-> **MATIF**).

**Participation Certificate (PC)**
-> FHLMC

**Partly Paid Bond**
Teileingezahlte festverzinsliche Schuldverschreibungen, insbesondere in US-Dollar und Pfund Sterling. Der Käufer der Anleihe bezahlt bei Emission des Papiers lediglich einen bestimmten Teil des gesamten Ausgabepreises. Der jeweilige Inhaber ist verpflichtet, an vorbestimmten Terminen jeweils zusätzliche Einzahlungen vorzunehmen, so daß dem Emittenten der Emissionserlös in zeitlichen Abständen zufließt und synchron für fällige Finanzierungen (z.B. bei mehrperiodiger Durchführungsdauer von Direktinvestitionen) Verwendung findet. Die Zinszahlungen betreffen jeweils nur den eingezahlten Teil.

**Pass Throughs**
Wertpapiere in Form von Zertifikaten, die das Eigentum an einem Pool von "Assets" verkörpern (-> **Asset Backed Securities**). Die Bezeichnung "pass through" kennzeichnet die Synchronisation von Zins- und Tilgungszahlungen, die auf Grund der "Assets" in den Pool einfließen, mit den periodischen Zahlungen des Pools an die Eigentümer der Wertpapiere.

**Patronatserklärung**
Atypische Kreditsicherheit im Rahmen der Finanzierung von Tochtergesellschaften bzw. Zwischengesellschaften multinationaler Unternehmungen, die von der Spitzengesellschaft gegenüber den Kreditgebern bzw. Zeichnern von Schuldverschreibungen in Form einer unwiderruflichen Garantie erteilt wird.

**Paydown factor**
Abzinsungsfaktor zur Ermittlung des ausständigen Kapitals pro Periode eines (Cash-) Pools, auf den -> **Asset Backed Securities** emittiert sind.

**Payment Cap**
-> Cap

**Payment-in-kind-Papiere**
Schuldverschreibungen ohne regelmäßige Zinszahlungen. Die Gläubiger akzeptieren anstatt Zinsen weitere Schuldverschreibungen gleicher Art, wobei die Zinskonditionen später emittierter Papiere der Kursentwicklung (Zinsentwicklung) angepaßt werden können (je tiefer die Kurse, umso höher die Zinsen).

**Payment shock**
-> Cap

**Pay Through**
-> ABS

**Pay Through Bond**
Variante einer "Asset"-gestützten Schuldverschreibung eines Emittenten (-> **Asset Backed Securities**). Zins- und Tilgungszahlungen der Assets sind mit der Bedienung der Schuldverschreibung synchronisiert.

**PC**
-> Participation Certificate

**PC-KISS**
-> KISS

**Penny Stocks**
"Billig-Aktien", die in den USA vor allem von jungen, aufstrebenden Unternehmungen (zu niedrigen Kursen) begeben werden (z.B. im Rahmen von -> **Venture Capital-Finanzierungen**). Für den Anleger besteht die - spekulative - Möglichkeit, bei erfolgreicher Entwicklung der betreffenden Unternehmung, die sich in einer positiven Kursentwicklung der Penny Stocks niederschlägt, diese Aktien mit erheblichen Kursgewinnen verkaufen zu können. Allerdings besteht kein offizieller Markt für Penny Stocks, zumal sie nicht in das -> **NASDAQ**-Computersystem aufgenommen und damit auch nicht Gegenstand des -> **OTC-Mark**tes sind. Vielmehr erfolgt die Kursstellung ausschließlich über -> **Broker**; die unverbindlichen Preisstellungen können allenfalls der sog. **pink sheet**, also einer rosafarbenen Liste, entnommen werden. Wegen der zahlreichen Mißbrauchsmöglichkeiten sieht ein am 4.4.1990 im US-Kongreß eingebrachter Gesetzesvorschlag die Schaffung eines eigenen **Marktes für Penny Stocks** mit Handel über ein Computersystem vor. Bezüglich der Emissionsmethoden siehe -> **Black Check-Gesellschaft** und -> **Blind Pool**.

**Pink sheet**
-> Penny Stocks

**Pensionsgeschäft**
Verträge über Transaktionen von Vermögensgegenständen mit Rückkaufvereinbarung (-> **REPOs**) unter Kreditinstituten bzw. unter Beteiligung deren Kunden. Eine **gesetzliche Definition** des Begriffes und der Arten von Pensionsgeschäften erfolgte 1990 im Rahmen des Entwurfes eines **Bankbilanzrichtlinie-Gesetzes** durch Aufnahme "Ergänzender Vorschriften für Kreditinstitute" als Vierter Abschnitt des Dritten Buches des HGB durch § 340b:
(1) Pensionsgeschäfte sind Verträge, durch die ein Kreditinstitut oder der Kunde eines Kreditinstituts (Pensionsgeber) ihm gehörende Vermögensgegenstände einem anderen Kreditinstitut oder einem seiner Kunden (Pensionsnehmer) gegen Zahlung eines Betrags überträgt und in denen gleichzeitig vereinbart wird, daß die Vermögensgegenstände später gegen Entrichtung des empfangenen oder eines im voraus vereinbarten anderen Betrags an den Pensionsgeber zurückübertragen werden müssen oder können.
(2) Übernimmt der Pensionsnehmer die Verpflichtung, die Vermögensgegenstände zu einem bestimmten oder vom Pensionsgeber zu bestimmenden Zeitpunkt zurückzuübertragen, so handelt es sich um ein echtes Pensionsgeschäft.

(3) Ist der Pensionsnehmer lediglich berechtigt, die Vermögensgegenstände zu einem vorher bestimmten oder von ihm noch zu bestimmenden Zeitpunkt zurückzuübertragen, so handelt es sich um ein unechtes Pensionsgeschäft.
Lit.: Eilenberger 1990, 57; 253 ff.

**Perfect Hedge**
Kennzeichnung eines -> **Hedge**, bei dem die sog. **Sicherungseffizienz** 100% beträgt. In diesem Falle gleichen sich Verluste oder Gewinne auf dem -> **Kassamarkt** durch Gewinne oder Verluste auf dem -> **Financial Futures-Markt** exakt und vollständig aus.

**Perpetual Bond**
Schuldverschreibung mit "ewiger" Laufzeit, die erst im Falle der Liquidation des Emittenten zur Rückzahlung fällig wird. Der Zinssatz kann über die gesamte Laufzeit oder nur für einen bestimmten Zeitraum (z.B. die ersten zehn Jahre) fixiert sein; in den Folgeperioden müßten dann Neufestsetzungen der Zinsen nach den in den Anleihebedingungen festgelegten Modalitäten und Grundsätzen erfolgen. Die Ausstattung mit einer -> **Call Option** auf eine -> **Prämie** ist üblich.

**Perpetual Floater**
-> **Perpetual FRN**

**Perpetual FRN**
Variante einer -> **FRN** ohne Rückzahlungstermin (**ewige FRN**). Der Anleger kann eine Wiedergewinnung des investierten Betrages allenfalls durch Verkauf über den -> **Sekundärmarkt** realisieren. Für die emittierende Unternehmung haben die ewigen FRN Eigenkapitalcharakter, wenn sie auch mit Zinszahlungsverpflichtung verbunden sind; allerdings liegen diese i.d.R. unter den Kosten einer vergleichbaren Eigenkapitalfinanzierung.

**Personal Identification Number**
-> **PIN**

**Pfund Sterling-Auslandsanleihe**
-> **Bulldog Bond**

**Philadelphia Stock Exchange**
The Philadelphia Stock Exchange Bld., 1900 Market Street, Philadelphia, PA, 10103 USA
Handel in Futures und Optionen, insbesondere Index- und Währungsoptionen. *DR*

**Physical Settlement**
-> **Andienung**; -> **Delivery**

**Physicals**
Variante einer -> **Option**, die auf Erfüllung durch ein (physisch vorhandenes bzw. konkretes) **Kassainstrument** (-> **Actual**) gerichtet ist; daher auch die Bezeichnung als Option auf **konkreter Basis** (im Gegensatz zu Optionen auf abstrakter Basis, die auf Aktienindizes oder Financial Futures gerichtet sind).

**Physische Andienung**
-> **Delivery**

**PIBOR**
-> **Paris Interbank Offered Rate**

**PIN**
Persönliche Identifikationsnummer, engl. **Personal Identification Number**; elektronische Zugangsberechtigung zum Konto des Karteninhabers, anstelle einer Unterschrift bei elektronischen Verfügungen per -> **Plastikkarte** z.B. am -> **Geldausgabeautomat**, an Selbstbedienungsterminals von Banken bzw. an -> **ec-Kassen** des Handels (-> **Electronic Cash**) zur Identifizierung und Prüfung der Berechtigung des Karteninhabers. Auf einer -> **Magnetstreifenkarte** ist ein Steuersignal (-> **Offset-Wert**) gespeichert, über das entsprechende Kontrollvorgänge aus-

gelöst werden, die PIN selbst ist jedoch nicht auf dem Magnetstreifen gespeichert. Die Kenntnis des Steuerungssignals ermöglicht nicht die Ermittlung der PIN außerhalb des Systems.

**PIPE**
-> **Price Informations Project Europe**

**Pit**
A special area on the exchange floor where physical trading happens (Handelsraum an US-Börsen). *WH*

**Plain Vanilla Issue**
Standardemission einer Schuldverschreibung mit üblichen Standardkonditionen, auch als "**Allerwelts-Emission**" bzw. **Vanilla Issue** ohne Besonderheiten bezeichnet.

**Plain Vanilla Swap**
Synonym für einfache -> **Zins-** oder -> **Währungs-Swap-Strukturen**. Bei diesen Swaps beruht die Strukturierung auf typischen Vertragsbestandteilen und allgemein üblichen Klauseln.

**Planned Amortisation Class (PAC)**
Variante einer -> **CMO** mit festgelegtem Tilgungsplan, der durch Kapitalrückzahlungen primär (zu Lasten anderer Tranchen) zu bedienen ist. Die dadurch erfolgte Überwälzung des Tilgungsrisikos auf die anderen Tranchen wird insofern zu kompensieren versucht, als diese in Form eines Floaters oder einer -> **ARB** begeben oder mit einem höheren Zinssatz ausgestattet werden.

**Plastikgeld**
Auch -> **Plastikkarte**, "Plastik", -> **Kreditkarte**, -> **Silicium-Geld**, -> **Kartenzahlungsmittel**. Darunter versteht man üblicherweise genormte 86 mm x 54 mm große Karten aus Plastik, die von -> **Vertragsunternehmen** der jeweiligen -> **Kreditkartenorganisationen** als bargeldloses Zahlungsmittel akzeptiert werden. Sie sind in der Regel mit einem Magnetstreifen bzw. Chip versehen, auf dem kundenbezogene Daten gespeichert sind. Um Mißbrauch zu erschweren, werden meist zusätzliche Sicherheitsmerkmale auf den Karten aufgebracht wie z.b. Hologramm, -> **MM-Merkmal** bei der -> **ec-Karte**, Hochprägung personenbezogener Daten (-> **Embossierung**), Integration des Magnetstreifens in die Kartenoberfläche (Streifen nicht auf die Kartenoberfläche aufgebracht, sondern integriert). Man unterscheidet z.B. -> **eurocheque-Karten**, -> **Kreditkarten**, -> **Kundenkarten** des Einzelhandels oder der Kreditwirtschaft, auch in der Form von reinen -> **Servicekarten**. *EK*

**Plastikkarte**
-> **Plastikgeld**, -> **Kreditkarte**, -> **Kartenzahlungsmittel**. Man unterscheidet verschiedene Arten von Plastikkarten:

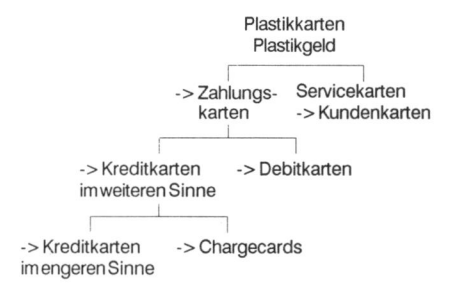

```
                    Plastikkarten
                    Plastikgeld
            ┌───────────┴───────────┐
        -> Zahlungs-          Servicekarten
           karten              -> Kundenkarten
    ┌───────────┴───────────┐
 -> Kreditkarten         -> Debitkarten
 im weiteren Sinne
    │
 -> Kreditkarten         -> Chargecards
 im engeren Sinne
```

Plastikkarten können verschiedene **Funktionen** erfüllen:
a) Aus der Sicht des -> **Karteninhabers**:
- Zahlungsmittelfunktion
  -> **Kreditkartenzahlungsverfahren**,
  -> **Electronic Cash**
- Kreditierungsfunktion
  -> **Kreditkarten im engeren Sinne**
- Bargeldbeschaffungsfunktion
  über -> **Geldausgabeautomaten** bzw. Geschäftsstellen von Kartenorganisationen bzw. Kreditinstituten
- Versicherungsfunktion
  Je nach -> **Kartenemittent** zählen einzelne Versicherungen zu den Kar-

tenleistungen z.B. Unfall-, Rechtsschutz-, Auslandskrankenversicherung etc.
- Servicefunktion
Manche Karten berechtigen zur Inanspruchnahme bestimmter Dienstleistungen wie Informationsdienst, Rückhol-, Notdienst etc.
- Bekennerfunktion
-> **Affinitätskarten**
- Prestigefunktion
Mit dem Einsatz einer Karte, die an bestimmte Einkommens- bzw. Vermögensverhälnisse geknüpft ist, weist sich der -> **Karteninhaber** als Angehöriger einer bestimmten sozialen "Schicht" aus
b) Aus der Sicht des -> **Kartenemittenten**:
- Abschottungsfunktion
der eigenen Kunden gegenüber der Konkurrenz, Festigung der Kundenverbindung - Stärkung von Firmenkontakten über -> **CoBranding**
- Cross Selling-Funktion:
Nutzung der Karte als Vertriebskanal für weitere Angebote des -> **Emittenten**
- Rationalisierungsfunktion
im Zahlungsverkehr, da statt mehrerer Buchungen für Bargeldabhebung bzw. Scheckein-reichung nur jeweils eine Buchung pro Monat entsteht. *EK*

**Plusposition**
-> **Offene Position**

**Point**
Maßgröße für die Verzinsung von Finanzinstrumenten: 100 Points (-> **Basispunkte**) entsprechen 1%.

**Point of Sale**
Eigentlich "Verkaufsort", im allgemeinen Sprachgebrauch auch Kassensystem im Einzelhandel für bargeldlose Zahlungen an der Ladenkasse mit einer -> **Zahlungskarte**, z.B. der -> **ec-Karte**; der Einzelhändler benötigt ein spezielles Terminal, über das er den Zahlungsvorgang abwickelt und die Karte autorisieren (-> **Autorisierung**) läßt. Der entsprechende Betrag wird dann vom Kundenkonto abgebucht. *EK*

**Point of Sale-Banking**
Beteiligung von Banken an automatisierten Kassensystemen (**Point of Sale-Systeme**) des Handels zur Verringerung des Bargeldeinsatzes: Voraussetzung für den Einsatz von POS-Systemen ist die elektronische Anbindung der Kassenterminals der Handelsbetriebe an Bankbetriebe. Die Bezahlung der Rechnung über die gekauften Waren erfolgt unter Einsatz geeigneter Medien (Magnetkarten oder Chips), die entweder eine direkte Beziehung (on-line-Schaltung) zum Kundenkonto bei dessen Bank herstellen (**Magnetkarte**) oder eine Bezahlung durch Abbuchung von einer in einem Mikroprozessor (**Chip**) gespeicherten Geldsumme herbeiführen. Sind on-line-Beziehungen nicht möglich und auch Chips nicht vorgesehen, kann ersatzweise auch eine off-line-Abwicklung mit Stapelverarbeitung über eine Clearing-Stelle erfolgen. Allerdings ergeben sich im letztgenannten Fall für den Handelsbetrieb Probleme insofern, als eine bei on-line-Betrieb mögliche Überprüfung der Deckung des Kundenkontos bei dessen Bank ausscheidet.
Die Einführung des elektronischen Austausches bargeldloser und belegloser Zahlungsverkehrsleistungen im Zusammenhang mit automatisierten Kassensystemen des Handels steht auch in der Bundesrepublik Deutschland zur Diskussion, nachdem dieses Verfahren zur rationellen Abwicklung des Einzahlungsverkehrs im Einzelhandel in den USA bereits Verbreitung gefunden hat, und wird nunmehr als -> **Electronic Cash** bezeichnet.

**Lit.:** Priewasser, E., Kartengesteuerte Zahlungsverkehrssysteme, Stuttgart 1981; Eilenberger 1990, 33 ff.; Eilenberger 1990, 119; 244.

**Politisches Risiko**
Sammelbegriff für Risiken von Finanztrans-

aktionen und Operationen von Unternehmungen (sowie Banken), deren Ursachen in Veränderungen der politischen Verhältnisse in dem in Betracht kommenden Land bzw. der Region begründet sind. Von den verschiedenen Erscheinungsformen des politischen Risikos (Enteignung, Kriegsfall) haben für den Finanzbereich insbesondere **Zahlungsverbote, Moratorien, Transfer- und Kapitalverkehrsbeschränkungen** und Einschränkungen der **Konvertierbarkeit** der betreffenden Währung (gegenüber anderen Währungen) sowie der Handelbarkeit bzw. der Zulässigkeit von Finanzinnovationen und Finanzinstrumenten aller Art wesentliche Bedeutung.

### Pooling
Managementtechnik im Rahmen des -> **Cash Managements** zum Zwecke des nationalen und internationalen Clearings von Zahlungsströmen multinationaler Unternehmungen (nationales, grenzüberschreitendes und multilaterales Pooling).
Lit.: Eilenberger 1987, 192 ff.

### Portal
Computersystem der **NASD** (National Association of Security Dealers), das den Marktteilnehmern in Zusammenhang mit der Neuregelung (Rule 144a) der -> **Privatplazierungen** auf dem amerikanischen Kapitalmarkt die Möglichkeit eröffnet, neue Privatplazierungen über Computer zu zeichnen, Transaktionen vorzunehmen und die Buchungen durchzuführen sowie den Handel mit Privatplazierungen zu unterstützen. Als Ergänzungsgeschäfte können ausländische Teilnehmer auch Devisengeschäfte über "Portal" abwickeln.

### Portfolio Insurance
-> **Portfolio-Versicherung**

### Portfolio Management
Verwaltung und Führung von Wertpapierportefeuilles durch professionelle Portfoliomanager im Auftrag einer Gruppe von (privaten und/oder öffentlichen) Investoren i.d.R. nach dem Grundsatz der Risikomischung. In diesem Zusammenhang stellt sich das Problem der -> **Portfolio-Optimierung** für Aktien und für Schuldverschreibungen bzw. Anleihen (-> **Bond Portfolio Management**; siehe auch -> **M&A**; -> **Investment Banks**).

### Portfolio-Optimierung
Gestaltung eines Aktien-Portfolios in der Weise, daß eine bestmögliche Ertrags-/Risiko-Relation für den Investor entsteht (Portfolio Selection Theorie von *Markowitz*). Notwendig ist somit eine Quantifizierung der erwarteten Erträge und erwarteten Risiken der auszuwählenden Aktien, letztere definiert als Abweichungen der tatsächlichen Erträge von den erwarteten Erträgen. Die Quantifizierung derartiger Ertragserwartungen kann sich wie folgt vornehmen lassen:

$$E = \triangle K + D$$

wobei: $E$ = Ertrag der Aktie pro Periode
$\triangle K$ = Kursveränderung der Aktie
$D$ = Dividende der Aktie

Die Kursveränderung ihrerseits wird bestimmt durch die Veränderung des KGV (Kurs-Gewinn-Verhältnis) und die Veränderung des Gewinnes je Aktie (Delta G), also:

$$\triangle K = \triangle KGV \cdot \triangle G$$

(siehe auch unter -> **Portfolio Selection**).

### Portfolio Selection
Finanzanlagen auf der Basis des von *Markowitz* entwickelten Verfahrens der **Risikomischung**, wobei das Streben nach Maximierung des Ertrages der Anlage in Finanztiteln gegenüber der Zielsetzung der Risikoreduzierung durch Risikodiversifizierung nachrangig ist. Nicht die Erzielung eines maximalen Ertrages durch einseitige Ausrichtung auf eine spezifische Wertpapier-

anlage steht im Vordergrund, sondern die Erzielung eines maximalen Ertrages für ein risikodiversifiziertes Portfolio. Die Forderung nach Risikomischung beruht auf der Erkenntnis, daß sich das Gesamtrisiko der Anlage in einem Wertpapier (oder in einer geringen Zahl von Wertpapieren) durch Einbeziehung weiterer geeigneter Wertpapiere in ein Portfolio reduzieren läßt. Dies deshalb, weil das **Gesamtrisiko** differenziert werden kann in das
- **systematische Risiko** (= Marktrisiko), das sich in einer Kursbewegung abbildet, die proportional mit einem repräsentativen -> **Aktienindex** verläuft, und nicht diversifizierbar ist;
- **unsystematische Risiko**, das sich in Kursreaktionen des betreffenden Wertpapiers auf **unternehmensspezifische** (nicht marktbedingte) Ereignisse (z.B. Mismanagement) widerspiegelt, das insofern **diversifizierbar** ist, als durch die Einbeziehung einer Vielzahl von Wertpapieren mit unterschiedlichen Korrelationen in das Portfolio die weitgehende Ausschaltung des auf Zufallsereignissen beruhenden unsystematischen Risikos möglich erscheint:

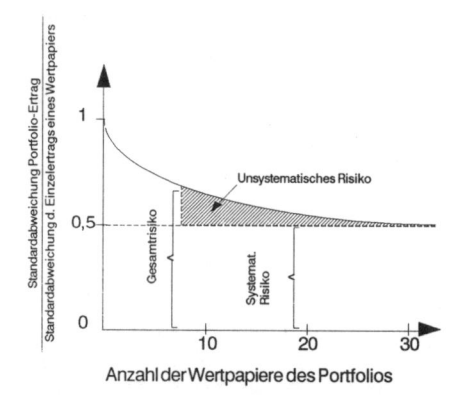

Die Ermittlung eines **optimalen risikodiversifizierten Portfolios** erfolgt im Grundzuge so, daß zunächst alle Entscheidungsmöglichkeiten analysiert und nach einem bestimmten Kriterium geordnet werden. Die Auswahl wird dann entsprechend der unterstellten Zielsetzung getroffen, so daß der erwartete Nutzen (z.B. Rendite) maximiert wird. Die Gruppierung der Entscheidungsalternativen erfolgt auf Grund der Zielsetzung derart, daß für jede erwartete Eigenkapitalrendite des Portefeuilles E(r) diejenige Portefeuillestruktur ermittelt wird, die bei den gegebenen Ertragssätzen der verschiedenen Wertpapiere (i = 1,2,...,n), also $E(r_i)$, und ihrer Varianzen sowie Kovarianzen $V_{ij}$ (i = ...,n; j = 1,...,n) zur geringsten Varianz V(r) führt:

Die **erwartete Rendite** des Portfolios entspricht der Summe der mit ihren Anteilen am Kapitaleinsatz gewichteten Renditen der Einzelwerte:

$$E(r) = \sum_{i=1}^{n} E(r_i) x_i$$

Da das **Portfolio-Risiko** sowohl von der Varianz als auch vom Ausmaß der Korrelation der Renditen der Einzelanlagen abhängt, gilt:

$$V(r) = \sum_{i=1}^{n} \sum_{j=1}^{n} x_i x_j V_{ij} = \sum_{i=1}^{n} \sum_{j=1}^{n} x_i x_j c_{ij} \sigma_i \sigma_j$$

wobei:
$x_i$ Anteil der Titelart i am Gesamtportefeuille $\sum_{i=1}^{n} x_i = 1$
$\sigma_i$ Standardabweichung der Rendite in Titelart i
$c_{ij}$ Korrelationskoeffizient zwischen Renditen der Titelarten i und j

Zu berücksichtigen ist, daß im Falle **perfekt positiver** Korrelation (c = +1) das Risiko durch Diversifikation **nicht** vermindert werden kann, während bei **perfekt negativer** Korrelation (c = -1) der Idealfall der Verminderung der Risiken auf Null wegen gegenläufiger Entwicklung der Renditen gegeben wäre. Im allgemeinen treten positive Korrelationen auf (c > 0), die in gewissem Umfang durch entsprechende Mischung (siehe -> **CAPM**) diversifizierbar sind.

## Portfolio-Versicherung
Gesamtheit von Strategien im -> **Kassamarkt**, die von den Finanztermin-Märkten

theoretisch unabhängig sind. In Betracht kommen alle Hedge-Techniken, die sich der Instrumente -> **Optionen** und -> **Financial Futures** bedienen und zur Schließung -> **offener Positionen** dienen können. Da mit Hilfe der Portfolio-Versicherung (**Portfolio Insurance**) vor allem große Portfolios vor Kursverlusten zu schützen sind, muß ein rascher Verkauf der Kassainstrumente an den Kassamärkten möglich sein (andernfalls versagt die Portfolio-Versicherung, wie dies am 19.10.1987 der Fall war). Darüber hinaus ist der Einsatz des -> **Programmhandels** weitere Voraussetzung für den Erfolg der Portfolio-Versicherung. Als typische Sicherungsinstrumente dienen **Optionen**. Insbesondere amerikanische Pensionskassen sichern seit 1985 mit diesem Verfahren ihren Aktienbesitz, wobei der Zeithorizont der Sicherung in der Regel drei Jahre beträgt. Im Gegensatz zum Hedging, das Risiken in ihrer Gesamtheit grundsätzlich auszuschalten versucht und damit auch die Gewinnchancen begrenzt, bedeutet der Einsatz von Optionen ausschließlich eine **Versicherung** gegenüber **negativen** Ereignissen, wobei jedoch die Möglichkeit zur Gewinnerzielung ungeschmälert bestehen bleibt (allerdings sind die Gewinne ggf. um die "Versicherungsprämie" in Form des -> **Optionspreises** zu bereinigen).

Lit.: Beilner, T., Portfolio Insurance an der DTB. Die Bank 1989, 415 ff.

## POS
-> **Point of Sale**

## Position
-> **Offene Position**; -> **Positionslimit**

## Position limit
-> **Positionslimit**

## Position Trader
Marktteilnehmer am -> **Financial Futures-Markt**, dessen Motiv Gewinnerzielung ist (-> **Trader**) und dessen Zeithorizont über mehrere Tage hinweg reicht.

## Position Trading
Strategie eines -> **Traders**, Financial Futures-Positionen über mehrere Tage zu halten. Gewinnchancen und Verlustrisiken sind dabei grundsätzlich - unabhängig von Short- oder Long-Position - unbegrenzt.

## Positionslimit
Maximale Anzahl offener Kontrakte (= Positionen) auf derselben Marktseite, die eine Person oder eine Gruppe gemeinsam handelnder Personen in einem bestimmten Kontrakttyp zu einem bestimmten Zeitpunkt halten dürfen (**position limit**).

## Post Trading-Periode
-> **DTB-Handelszeiten**

## Prämie
Bei Financial Futures der Betrag (**premium**) um den der Kurs eines Kontrakts über dem Kurs eines anderen Kontrakts liegt. Bezüglich -> **Optionen** siehe -> **Optionspreis**.

## Pre Opening-Periode
-> **DTB-Handelszeiten**

## Pre Trading-Periode
-> **DTB-Handelszeiten**

## Preisfaktor-System
-> **Konversionsfaktor**

## Preislimits
-> **Programmhandel**

## Premium
-> **Optionspreis**; -> **Prämie**

## Premium Convexity
-> **Gamma**

## Premium Sensitivities
Kennzahlen, die angeben, in welchem Umfang Reaktionen in der Bewertung von Optionen auftreten, wenn sich Preisveränderungen der zugrunde liegenden Objekte

oder Veränderungen der Prämie ergeben. Sie dienen zur Beurteilung im -> **Optionshandel** und bei der Auswahl von Hedging-Strategien (-> **Aktienoptionsstrategien**). Im einzelnen handelt es sich um die Kennzahlen -> **Delta**, -> **Gamma**, -> **Theta** und -> **Vega**.

**Price Informations Project Europe (PIPE)**
Geplantes europäisches Handels- und Informationssystem, auf dessen Schaffung sich die Wertpapierbörsen der EG Mitte September 1989 in London geeinigt haben ("Europäische Börse" zum Handel großer Standardwerte). Analog zu -> **IBIS** soll ein länderübergreifender Handel mit den 200 bis 300 wichtigsten europäischen Aktien und Staatsanleihen stattfinden.
Lit.: Eilenberger, G. 1990, 523 f.

**Price Spread**
-> **Vertical Spread**

**Primary Market**
-> **Primärmarkt**

**Primärmarkt**
Entweder **Markt für Erstemissionen** (Neuemissionen - der Handel dieser Papiere erfolgt dann am -> **Sekundärmarkt**), oder **Hauptmarkt** für ein Finanzinstrument.

**Prime-LIBOR-Swap**
Variante eines -> **Basis Swaps** mit jeweils variablem Zinssatz der beiden Partner (auch als **Floating Floating Swap** bezeichnet; ähnlich -> **LIBOR-T-Bill-Swap**). Beispielsweise nimmt der eine Swappartner in den USA einen **$-Kredit** auf Basis der **Prime Rate** auf und swapt diese **Zinsbasis** gegen -> **LIBOR** bei einer -> **Euro-Bank**, die sich ihrerseits einen **Euro-$-Kredit** auf dem -> **Euro-Kreditmarkt** beschafft hat:

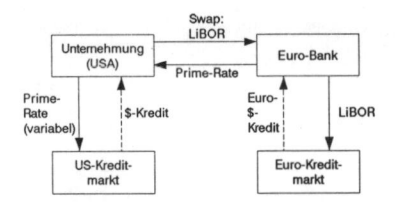

**Principal**
Entweder **Marktteilnehmer** bzw. Person, die auf eigene Rechnung handelt, oder **Kapital** (einer Anleihe).

**Principal Zero**
Im Wege des -> **Repackaging** entstandene -> **Null-Kupon-Anleihe**, welche die Eigentümerschaft an den Tilgungen bzw. dem Kapital(rückfluß) der ursprünglichen -> Schuldverschreibung repräsentiert (-> **Stripped Bond**).

**Private placement**
-> **Privatplazierung**

**Privatplazierung**
Plazierungsart bei -> **Eurokrediten** und -> **internationalen Schuldverschreibungen**, bei der auf öffentliche Ankündigung und Zeichnungsaufforderung durch das Publikum verzichtet wird. Dementsprechend werden die entsprechenden Anteile bei Kapitalsammelstellen untergebracht, und es entfällt der Handel am -> **Sekundärmarkt**. Der Vorteil dieser Emissionsmethode besteht in der Ersparnis von einmaligen Emissionskosten und in der Vereinfachung bzw. Rationalisierung der Zinszahlungen.
Im April 1990 hat die SEC die Bestimmungen über Privatplazierungen - insbesondere ausländischer Unternehmungen und Körperschaften - am amerikanischen Kapitalmarkt liberalisiert (**Rule 144a**). In diesem Zusammenhang werden als Privatplazierung diejenigen Emissionen von Wertpapieren bezeichnet, die nicht nach öffentlich-reglementierten Verfahren angeboten und abgesetzt, sondern an ausgesuchte Investo-

ren verkauft werden. Die Liberalisierung durch die Rule 144a betrifft **institutionelle Großinvestoren** mit einem Wertpapierbesitz von mindestens 100 Mio US-$, zumal diese weniger Schutz benötigen als private Anleger. Darüber hinaus erlaubt die Rule 144a den uneingeschränkten Handel mit Privatplazierungen (siehe -> **Portal**).

Programmauftrag
-> Programmhandel

Program Trading
-> Programmhandel

**Programmhandel**
Automatisierung des Wertpapierhandels an amerikanischen Börsen durch Einsatz von Computern und speziellen Computerprogrammen (Software), die zur selbständigen Durchführung von charttechnischen Wertpapieranalysen, Arbitrage-Analysen und zur Realisierung von Strategien der -> **Portfolio-Versicherung** geeignet sind. Der Programmhandel beschränkt sich nicht nur auf Transaktionen am -> **Kassamarkt**, sondern bezieht auch die Finanzterminmärkte mit ein (z.B. -> **Aktienindex-Arbitrage**). Durch rasche Reaktion bei Erreichen von vorbestimmten Kauf- und Verkaufskursen werden automatisch größere Wertpapiermengen bewegt, alle Arbitragemöglichkeiten genutzt (auch zwischen Kassa- und Terminmärkten) und insofern auch die -> **Volatilitäten** reduziert. Erheblicher Kritik ausgesetzt war in jüngster Vergangenheit - wegen seiner kursbeeinflussenden Konsequenzen - der **Programmhandel im engeren Sinne**, der charakterisiert ist durch die (automatisierte) Nutzung von Vorteilen aus Preisdifferenzen zwischen Aktienindex-Futures und den von diesen -> **Aktienindizes** (z.B. -> **S&P**) repräsentierten **Aktienkörben**, und zwar mittels simultaner Käufe und Verkäufe der jeweiligen Titel. Programmhandel wird i.d.R. von institutionellen Anlegern auf eigene Rechnung durchgeführt. Die (amerikanischen) Börsen versuchen die negativen Auswirkungen des Programmhandels auf die Marktstabilität insbesondere durch bestimmte Regularien zu begrenzen. So wird der **Korbhandel** der -> **NYSE** erschwert durch neue und relativ straff formulierte -> **Preislimits**, bei deren Erreichen programmgesteuerte Aufträge verzögert werden. Als **Programmaufträge** gelten Transaktionen, die gleichzeitig mindestens 15 Aktien betreffen. Die **erste** Preisgrenze, die eine solche Verzögerung um bis zu 15 Minuten auslöst, liegt bei einem Rückgang des -> **DJIA** gegenüber dem Vortagesschluß um 30 Punkte. Bei einem Rückgang des Index um 75 Punkte beträgt die Verzögerung 30 Minuten. Bei einem Rückgang des -> **S&P-500-Index**, auf den an der -> **CME** ein Futures-Kontrakt gehandelt wird, um 12 Punkte (entspricht knapp 100 Dow-Punkten) wird der Programmhandel in New York um eine Stunde verzögert. Über -> **Floor Broker** können während dieser Zeiten jedoch weiterhin Programmaufträge in den Markt geschleust werden. Aufträge von individuellen Anlegern sollen zu jeder Zeit vorrangig vor Programmaufträgen Zugang zum automatischen **Express Delivery Service** der Börse haben. Die Markttransparenz soll durch wöchentliche Publikation von Daten über den Programmhandel erhöht, und durch einen neuen Ausschuß namens -> **Blue Ribbon Panel** das Phänomen der -> **Volatilitäten** der Kurse analysiert werden.

Project Financing
-> Internationale Großprojektfinanzierung

**Promissory Note**
Wertpapiere mit Zahlungsversprechen, die von Finanz-, Industrie- und Handelsunternehmungen ursprünglich in Form von -> **CPs** am amerikanischen Geldmarkt begeben worden sind und der kurzfristigen Finanzierung dienen. Mittlerweile hat sich diese Konstruktion als Vorbild für die am -> **Eurogeldmarkt** emittierten kurzfristigen

(Diskont-)Papiere durchgesetzt (-> **Euro-CP**; -> **NIF**; -> **RUF**).

**Protective Put**
Strategie im Rahmen des -> **Portfolio Management**, die darin besteht, gleichzeitig den Kauf einer Aktie und den Kauf einer Verkaufsoption (-> **Put**) vorzunehmen. Durch diese Maßnahme erfolgt eine Begrenzung der **Verluste** aus der Gesamtposition auf einen bestimmten (kalkulierbaren) Betrag. Dagegen bleibt das **Gewinnpotential** theoretisch unbegrenzt, wenn sich auch Kursgewinne aus dem (späteren) Verkauf der Aktie um den vom Marktteilnehmer beim Kauf des Put entrichteten -> **Optionspreis** vermindern. Dementsprechend wird der **maximale Verlust** aus der Gesamtposition wie folgt ermittelt:

$$(B-K-P) \cdot x$$

wobei:
B = Basispreis
K = aktueller Kassakurs
P = Optionspreis
x = Anzahl der Aktien

Der **Break-Even-Kurs** ergibt sich daher als (ohne Spesen):

$$K + P$$

Hinsichtlich der Hedgewirkung eines Protective Put ist zu unterscheiden, ob der Put -> **in-the-money** oder -> **out-of-the-money** ist: Der erstere Zustand bietet eine höhere Schutzwirkung vor Verlustrisiken (bedeutet jedoch einen höheren Optionspreis), während im zweiten Fall die Sicherungswirkung erst bei stärkeren Kursverlusten eintritt, dafür allerdings bei Kursanstieg der gekauften Aktie ein höheres Gewinnpotential entsteht. Die stärkere Sicherungseffizienz des in-the-money-put wird darüber hinaus durch ein geringeres Gewinnpotential (als beim out-of-the-money-put) erkauft.

**PSE**
-> **Philadelphia Stock Exchange**

**Public offering**
-> **Öffentliche Plazierung**

**Purchase Fund**
Ausstattungsmerkmal -> **internationaler Schuld-verschreibungen**: Der Emittent verpflich-tet sich, den Anleihebetrag innerhalb einer festgelegten Frist zurückzukaufen (= zu tilgen), in welcher der Kurs des Wertpapiers unter pari liegt. Ähnlich wie bei -> **Sinking Funds** handelt es sich bei Purchase Funds um eine Tilgungsfonds-Variante.

**Put**
-> **Option**

**Put Bear Spread**
-> **Vertical Spread**

**Put Bull Spread**
-> **Vertical Spread**

**Put Option**
- Gläubigerkündigungsrecht bei -> **internationalen Schuldverschreibungen** (z.B. -> **Doppelwährungsanleihen**; -> **Optionsanleihen**; Wandelschuldverschreibungen; bestimmten Formen von -> **FRNs**)
- **Verkaufsoption** von Finanzinstrumenten (Aktien, Renten), von Devisen und von bestimmten Futures (-> **Option**).

**Puttable Swap**
Variante einer -> **Swaption**, die dem Käufer das Recht einräumt, aber nicht die verpflichtet, den Swap vorzeitig vor Laufzeitende aufzulösen. Diese Variante wird insbesondere von einem Festsatzzahler dann gewählt, wenn er für einen kürzeren Zeitraum mit steigenden Zinsen rechnet. Ist der erwartete Zinsrückgang eingetreten, wird die

**Pyramiding**

Option ausgeübt, und die notwendige Festsatzfinanzierung kann für die restliche Laufzeit auf einem niedrigeren Zinsniveau festgeschrieben werden. Falls es jedoch im umgekehrten Fall nicht zu einer Zinssenkung gekommen ist, wird die Option nicht ausgeübt und der Festsatzzahler hat sich gegen die steigenden Zinsen abgesichert. Oftmals wird für diesen Swap auch der Begriff -> **Callable Swap** verwendet, d.h. der Optionskäufer hat das Recht, den Swap zu kündigen. Von der wirtschaftlichen Konsequenz beschreiben sowohl Puttable wie auch Callable Swap den gleichen Sachverhalt. *PL*

**Pyramiding**
Aufbau von Positionen in -> **Financial Futures** in der Weise, daß die ursprünglich bestehende Futures-Position um zusätzliche Kontrakte schrittweise aufgestockt wird und die Finanzierung aus erzielten Gewinnen erfolgt.

# Q

**Quotation**
-> Quote

**Quote**
Offerte eines -> **Market Maker** an -> **Financial Futures-Märkten**, bei der gleichzeitig ein -> **Geldkurs** und ein -> **Briefkurs** gestellt wird (-> **Quotation**).

**Quotron-System**
Internationales Informationssystem, das von Quotron, einer Tochtergesellschaft der Citibank in den USA, betrieben wird und in den USA marktführend ist. Das Quotron-System ermöglicht auch den Zugang zu Datenbanken und damit zu Recherchen aller Art in Zusammenhang mit wertpapierrelevanten Informationen. In Deutschland als Trägersystem zur Abwicklung im Rahmen des geplanten Wertpapierhandels von -> **MIDAS** vorgesehen.

# R

**Ramsch-Anleihe**
-> **Junk Bond**

**Ranking-Liste**
-> **Länder-Rating**

**Rating**
-> **Länder-Rating**

**Ratio Spread**
-> **Spread-Typologie**

**Real Estate Investment Trusts (REIT)**
-> **Immobilienfonds auf Aktien**

**Rechnungseinheiten-Anleihe**
Form einer -> **Index-Anleihe**, die auf **Währungs-Körbe** (-> **ECU**; -> **SZR**) oder andere Rechnungseinheiten (aus zusammengesetzten Währungen) basiert ist.

**Recourse**
Bezeichnung für den Sachverhalt des Regresses für den Fall, daß dem Käufer eines -> **financial asset** über den ursprünglichen Gläubiger ein Rückgriffsrecht auf den Schuldner, auf den sich das financial asset bezieht, zusteht. Recourse hat Bedeutung für eine Reihe von Finanzinnovationen, wie z.B. -> **ABS** und sonstige **securitised assets**; -> **Loan Swaps**; Ankauf von assets vor Fälligkeit.

**Referenzzinssatz**
Zinssatz für zinsvariable Finanzinstrumente (-> **FRN**; -> **Roll-over-Kredite**), der als Basis für Zinsanpassungen an den vereinbarten Terminen dient (-> **FIBOR**; -> **LIBOR**; -> **LUXIBOR**; -> **NIBOR**; -> **PIBOR**; -> **SIBOR**; -> **VIBOR**).

**Registered Bond**
Im Gegensatz zu **internationalen Schuldverschreibungen**, die in Form von Wertpapieren oder auf der Basis von Sammel- oder Globalurkunden verbrieft sind, handelt es sich bei Registered Bonds um **Buchschuldverschreibungen** von i.d.r. öffentlichen Emittenten, die Schuldbücher führen. Es werden keine effektiven Stücke ausgegeben, sondern nur Eintragungen in öffentliche Register (Schuldbücher) vorgenommen.

**Reinvoicing**
Managementtechnik im Zahlungsverkehr internationaler und multinationaler Unternehmungen - ggf. in Zusammenhang mit -> **Netting** - zur Vermeidung von -> **Valutarisiken (valutaorientiertes Liquiditätsmanagement)**. Das Wesen von Reinvoicing besteht darin, durch doppelte oder mehrfache Rechnungsstellung über ein Reinvoicing-Center kapitalverkehrsbeschränkende Maßnahmen zu relativieren bzw. zu umgehen und letztlich ein modifiziertes Netting, jedoch nicht in der (den) Ursprungswährung(en), sondern in einer anderen (dritten) Währung, zu ermöglichen. Gleichzeitig läßt sich ggf. häufig eine Erfolgsverlagerung bewerkstelligen, weshalb Reinvoicing auch in Währungen ohne Kapitalverkehrsbeschränkungen praktiziert wird (gleichzeitig kann Reinvoicing zur Umgehung des Verbotes -> **grenzüberschreitenden Poolings** Einsatz finden). Grundsätzlich nimmt das **Reinvoicing Center** als Verrechnungs-Pool die notwendigen Währungsumrechnungen vor, saldiert die jeweiligen Währungen und sorgt ggf. für den Liquiditätsausgleich. Die Warenlieferungen erfolgen direkt an die jeweiligen Partner, während die Finanzbeziehungen über das Reinvoicing-Center laufen.
Lit.: Eilenberger 1986, 201 f.; 1987, 197 f.

**Regression Model (Zins-Futures)**
-> **Hedge Ratio-Bestimmung** kann nach untenstehender "Formel" vorgenommen werden:

$$\text{Hedge Ratio} = \frac{\text{Nominalwert der Kassaposition}}{\text{Nominalwert des Future Kontraktes}} \bullet \frac{\text{Wertveränd. der Kassapos. pro Basispunktveränderung (0.01)}}{\text{Wertveränd. des Future Kontraktes pro Basispunktveränderung (0.01)}} \bullet \frac{\text{Regressionskoeffizient zw. Kassainstrument und Future Kontrakt}}{}$$

## REIT
-> Real Estate Investment Trusts; -> Immobilienfonds auf Aktien

### REIT mit begrenzter Laufzeit
Variante von -> **Immobilienfonds auf Aktien** (in den USA), deren Unternehmensdauer begrenzt ist und die nach Ende der festgelegten Laufzeit liquidiert werden.

### REIT-Aktien
Aktien auf geschlossene, börsengehandelte US-Immobilienfonds (-> **Immobilienfonds auf Aktien**).

### REIT-Fonds
Abwandlung der urspünglichen Form von -> **REITs** in der Weise, daß offene REIT-Fonds gegründet werden, die ihrerseits vorzugsweise in REIT-(Aktien-)Gesellschaften investieren.

## Rentenoption
Variante einer -> **Option** in Form der Rentenkaufoption oder der Rentenverkaufsoption, wobei jede Optionsart gekauft oder verkauft werden kann, so daß grundsätzlich vier Arten von Optionsgeschäften zu unterscheiden sind:
- Kauf einer Rentenkaufoption
- Verkauf einer Rentenkaufoption
- Kauf einer Rentenverkaufsoption
- Verkauf einer Rentenverkaufsoption.

Die **Rentenkaufoption** beinhaltet für den Käufer (aktiver Kontrahent, Wähler) das Recht, bzw. für den Verkäufer (passiver Kontrahent, Stillhalter) die Pflicht, einen bestimmten Nominalwert von Renten, die zum -> **Rentenoptionsmarkt** zugelassen sind, jederzeit während der -> **Optionsfrist** (-> **Amerikanische Option**) oder zu einem bestimmten Zeitpunkt (-> **Europäische Option**) zu einem im voraus vereinbarten -> **Basispreis** kaufen zu können, bzw. bei Ausübung verkaufen zu müssen. Der Käufer einer Rentenkaufoption erwartet ein sinkendes Zinsniveau und damit steigende Rentenkurse. Tritt seine Erwartung ein, und steigt der Rentenkurs über den Basispreis zuzüglich Optionspreis, dann kann der Käufer die Option ausüben und einen Gewinn in Höhe der Differenz zwischen dem aktuellen Rentenkurs und dem Basispreis zuzüglich Optionspreis - ohne Berücksichtigung der Transaktionskosten - realisieren. Da im Falle steigender Rentenkurse aber auch die Optionspreise steigen werden, kann der Anleger sein Optionsrecht - unter der Voraussetzung eines funktionsfähigen Sekundärmarktes - auch verkaufen und ggf. einen höheren Gewinn erwirtschaften, da einerseits Transaktionskosten erspart werden, andererseits ein eventuell vorhandener Zeitwert der Option realisiert wird.

Der **Verkäufer** einer Rentenkaufoption erwartet sinkende oder gleichbleibende Rentenkurse und damit ein steigendes oder gleichbleibendes Zinsniveau. Da ihm während der Optionslaufzeit die Zinsen aus dem Basisobjekt zustehen, kann er durch den Verkauf einer Rentenkaufoption und die damit verbundene Vereinnahmung des Optionspreises versuchen, die Rendite seiner Finanzanlage zu erhöhen. Die Erfolgs- und Risikostruktur der Rentenkaufoption, die u.a. durch das Verhältnis des aktuellen Rentenkurses, des Basispreises und des Optionspreises determiniert wird, ist nachfolgend für den Käufer und den Verkäufer graphisch dargestellt. Dabei muß zwischen dem Kauf einer Kaufoption und dem Verkauf einer Kaufoption unterschieden werden.

Die **Rentenverkaufsoption** beinhaltet für den **Käufer** (aktiver Kontrahent, Wähler) das Recht, bzw. für den Verkäufer (passiver Kontrahent, Stillhalter) die Pflicht, einen bestimmten Nominalwert von Renten, die zum -> **Rentenoptionshandel** zugelassen

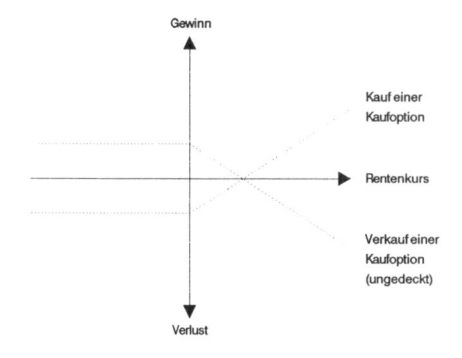

# Rentenoption

*[Diagramm: Gewinn/Verlust vs. Rentenkurs — Kauf einer Kaufoption, Verkauf einer Kaufoption (ungedeckt)]*

sind, jederzeit während der -> **Optionsfrist** (->**Amerikanische Option**) oder zu einem bestimmten Zeitpunkt (->**Europäische Option**) zu einem im voraus vereinbarten -> **Basispreis** verkaufen zu können, bzw. bei Ausübung abnehmen zu müssen. Der Käufer einer Rentenverkaufsoption rechnet mit einem steigenden Zinsniveau, also mit fallenden Rentenkursen. Er erwirtschaftet dann einen Gewinn, wenn der Marktwert des Basisobjektes zuzüglich bezahlten Optionspreis unter den Basispreis fällt. Zur Realisierung des Gewinns kann der Käufer der Rentenverkaufsoption die Option ausüben oder am Markt verkaufen. Unter Beachtung anfallender Transaktionskosten sowie des in einem Optionspreis enthaltenen Zeitwertes erscheint der Verkauf des Optionsrechtes am Sekundärmarkt häufig vorteilhafter. Der **Stillhalter** einer Rentenverkaufsoption erwartet konstante oder steigende Rentenkurse bzw. ein konstantes oder fallendes Zinsniveau. Tritt seine Erwartung ein, dann kann er davon ausgehen, daß der Wähler sein Optionsrecht verfallen läßt, da dieser beim Verkauf des Basisobjektes auf dem Markt einen höheren Preis erzielt. Der begrenzte Gewinn des Stillhalters ergibt sich damit aus der Höhe des vereinnahmten Optionspreises. Fallen die Rentenkurse entgegen den Erwartungen des Verkäufers unter den vereinbarten Basispreis abzüglich Optionspreis, dann ergibt sich für den Stillhalter ein Verlust in Höhe der Differenz zwischen vereinbartem Basis-

# Rentenoptionsbewertung

preis abzüglich erhaltenen Optionspreis und Marktwert des Basisobjektes. Inwieweit der Stillhalter eine Verlustrealisierung vornimmt, muß in Abhängigkeit der weiteren Zins- und Kurserwartungen des Stillhalters diskutiert werden.

Die Erfolgs- und Risikostruktur der Rentenverkaufsoption, die sich u.a. aus dem Verhältnis aktueller Rentenkurs, Basispreis und Optionspreis bestimmen läßt, wird nachfolgend für die Käufer- und Verkäuferposition graphisch dargestellt. *TG*

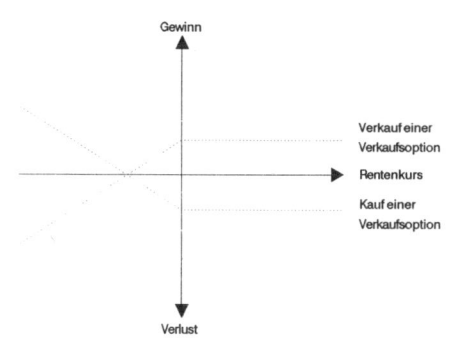

*[Diagramm: Gewinn/Verlust vs. Rentenkurs — Verkauf einer Verkaufsoption, Kauf einer Verkaufsoption]*

**Rentenkaufoption**
-> **Rentenoption**

## Rentenoptionsbewertung

Bei einem Engagement am Rentenoptionsmarkt stellt sich für den Anleger zunächst das Problem, ob der aktuelle Preis einer Option zu hoch, zu niedrig oder angemessen ist. Besitzt der Anleger eine Rentenoption, dann interessiert der Wert der Option während der Laufzeit, sowie die Stärke und Wirkungsrichtung, die von den Preisbestimmungsfaktoren ausgehen.
Bei der Bewertung von Rentenoptionen sind im Verhältnis zu den **Aktienoptionen** einige Besonderheiten zu berücksichtigen:
- Im Gegensatz zu den Aktien besitzen festverzinsliche Wertpapiere i.d.R. einen bestimmten Fälligkeitstermin, so daß sich der Kurswert mit abnehmender Restlaufzeit dem Rückzahlungsbetrag annähert. Darüber hinaus nehmen auch die Kurs-

schwankungen der Anleihen (**Volatilität**) mit abnehmender Restlaufzeit ab.
- Anders als bei Aktien läßt sich für festverzinsliche Wertpapiere ein maximaler Kurs errechnen, der sich aus der (abgezinsten) Summe des Rückzahlungskurses am Fälligkeitstermin und den noch ausstehenden Zinszahlungen ergibt.

Die Ansätze für die Rentenoptionsbewertung können in zwei Gruppen eingeteilt werden. Einerseits sind es die zinsorientierten Ansätze, die auf Annahmen über den zukünftigen Zinsverlauf aufbauen, andererseits sind es die kursorientierten Ansätze, welche auf Annahmen über die zukünftigen Rentenkurse beruhen.

Ausgangspunkt der **zinsorientierten Bewertung** ist das zukünftige Verhalten der relevanten Zinssätze. Daher sind im ersten Schritt repräsentative Zinssätze auszuwählen, im zweiten Schritt ist deren stochastisches Verhalten zu bestimmen. Da der Optionswert wesentlich vom zukünftigen Kurs des Basisobjektes determiniert wird, sind im nächsten Schritt die zukünftigen Rentenkurse in Abhängigkeit der zukünftigen Zinsentwicklung festzulegen, wobei auf folgende Zusammenhänge zwischen Zinsniveauänderung und Optionswertänderung zu achten ist (vgl. Eilenberger 1987, S. 210):

| Steigendes Zinsniveau | Sinkendes Zinsniveau |
|---|---|
| Kurssenkung des Basisobjektes ↓ Erhöhung des Optionswertes einer Verkaufsoption ↓ Ermäßigung des Optionswertes einer Kaufoption | Kurssteigerung des Basisobjektes ↓ Ermäßigung des Optionswertes einer Verkaufsoption ↓ Erhöhung des Optionswertes einer Kaufoption |

Ein zentrales Problem dieser Bewertungsansätze liegt in den auszuwählenden (repräsentativen) Zinssätzen, da sich der zukünftige Kurs des Basisobjektes in Abhängigkeit von der gesamten Zinsstruktur - und nicht nur einiger weniger Zinssätze - bilden wird. Im Rahmen der Bewertung von Rentenoptionen auf der Basis des **Zwei-Zeitpunkt-Zwei-Zustandsmodells** wird im ersten Schritt ein repräsentativer Zinssatz ausgewählt, für den im zweiten Schritt zwei alternative zukünftige Wertpapierkurse festgelegt werden. Dabei wird eine binominalverteilte Zinsentwicklung unterstellt, die in Zukunft entweder zu einem höheren oder zu einem niedrigeren Zinssatz führt. Aus einem Zinsanstieg resultiert ein niedrigerer Rentenkurs, aus einer Zinssenkung ein höherer Rentenkurs. In Kenntnis dieser Zusammenhänge, und auf der Basis des bekannten Rentenkurses zum Bewertungszeitpunkt wird der Rentenkurs am Ende der Periode ermittelt; damit ist aber auch der Optionswert am Ende der Periode bestimmbar. Auf dieser Grundlage formulierte *Hubbes* nebenstehenden Bewertungsansatz für Europäische Rentenoptionen (vgl. dazu Loistl 1989, 332 f.).

Der Ansatz von Bühler (1988, 851-883), welcher zu den **kursorientierten Bewertungsansätzen** zu zählen ist, geht bei der Herleitung der Bewertungsformel von einem risikolosen Portefeuille aus, das aus verzinslichen Wertpapieren und Optionen besteht. Der Rentenkurs wird dabei als stetig in der Zeit angenommen. Auf der Grundlage bestimmter Annahmen sowie vorher festgelegter End- und Randbedingungen formuliert wird eine partielle Differentialgleichung für den Optionspreis einer Rentenoption, die weder für Amerikanische noch für Europäische Rentenoptionen explizit gelöst werden kann, so daß auf ein numerisches Lösungsverfahren zurückzugreifen ist.

Loistl (1989, 335) weist auf die noch ungelösten Probleme dieses Bewertungsansatzes hin:
1) Der im Modell unterstellte Zusammenhang zwischen dem kurzfristigen Zinssatz und dem internen Zinsfuß der Anleihe ist in der Realität nicht nachvollziehbar.
2) Ähnlich wie bei der **Black-Scholes-Formel** bestehen auch beim Ansatz von *Bühler* Probleme bei der Ermittlung

$$C = \frac{C_{E-} \cdot \dfrac{2 + (1+\triangle r)^T - d}{u-d} + C_{E+} \cdot \dfrac{u - 2 + (1+\triangle r)^T}{u-d}}{(1+i)^T}$$

C = Optionswert einer Europäischen Rentenoption
$C_{E-}$ = Optionswert am Ende der Periode nach Zinssenkung
$C_{E+}$ = Optionswert am Ende der Periode nach Zinserhöhung
u = Kurssteigerungs-Faktor
d = Kurssenkungs-Faktor
$\triangle r$ = Differenz zwischen Basisobjektrendite und Zinssatz für kurzfristiges Kapital
T = Optionslaufzeit

### Ansatz von Hubbes

optionswertbestimmender Faktoren, wie z.B. bei der Ermittlung der Standardabweichung.
3) Durch die Anwendung eines numerischen Lösungsverfahrens können Fehler auftreten.

Der ebenfalls **kursorientierte Ansatz** von Garman-Kohlhagen, welcher sich aus deren Bewertungsansatz für -> **Devisenoptionen** ergibt, verwendet anstelle des Zinssatzes für inländische Anlagen den Marktzins für kurzfristiges Kapital und anstelle des Zinssatzes für ausländische Anlagen die Rendite des entsprechenden Basisobjektes; als Bewertungsansatz für die Rentenkauf- bzw. Rentenverkaufsoption ergibt sich:

$$C = S \cdot e^{-i_f \cdot T} \cdot N(y + \sigma \cdot \sqrt{T}) - K \cdot e^{-i_\alpha \cdot T} \cdot N(y)$$

$$P = K \cdot e^{-i_\alpha \cdot T} \cdot N(-y) - S \cdot e^{-i_f \cdot T} \cdot N(-y - \sigma \cdot \sqrt{T})$$

mit:
C = Preis der Kaufoption
P = Preis der Verkaufsoption
S = Kassakurs der Anleihe
e = 2,71828...
$i_f$ = Rendite des Basisobjektes
N(.) = Wert der kumulierten Standardnormalverteilung
T = Laufzeit der Option in Jahren
$\sigma$ = Volatilität
K = Basispreis
$i_d$ = Marktzins für kurzfristiges Kapital

$$y = \left[\ln(S/K) + (i_\alpha - i_f - 0,5 \cdot \sigma^2) \cdot T\right] \Big/ \sigma \cdot \sqrt{T}$$

Ein zentrales Problem dieser Bewertung liegt darin, daß eine über die Laufzeit konstante Varianz unterstellt wird, die gerade bei festverzinslichen Wertpapieren problematisch erscheint. Allerdings läßt sich dieses Problem nur für Wertpapiere mit kurzer Restlaufzeit erkennen, so daß dieser Bewertungsansatz für kurzlaufende Optionen und Basisobjekte mit langer Restlaufzeit brauchbar erscheint. Ein weiteres Problem ergibt sich daraus, daß der modifizierte Garman-Kohlhagen-Ansatz nur für Optionen europäischen Typs Anwendung finden kann. *TG*

## Rentenoptionshandel

Der börsenmäßige Rentenoptionshandel wird durch die jeweiligen nationalen Rahmenbedingungen beeinflußt, wobei für die Bundesrepublik Deutschland insbesondere das -> **Börsengesetz** (§§ 50 ff.), die Geschäftsbedingungen ( -> "**Besondere Bedingungen für Optionsgeschäfte**" als Geschäftsbedingungen der Effektenbörsen; -> "**Sonderbedingungen für Optionsgeschäfte im Börsenterminhandel**", die das Verhältnis zwischen Kreditinstitut und Kunde regeln) und die Handelsusancen zu erwähnen sind.

Die Struktur des Rentenoptionshandels ergibt sich aus der Differenzierung in Teilnehmer (zumeist Kreditinstitute) und Nicht-Teilnehmer (Bankkunden) am Optionshandel, wobei nur die Teilnehmer Geschäftsabschlüsse an den Börsen vornehmen können, während die Geschäftsabschlüsse zwischen den Nicht-Teilnehmern und den Teilnehmern außerhalb der Börsen erfolgen. Daher sind beim Rentenoptionshandel zwei Handelsebenen zu erkennen:

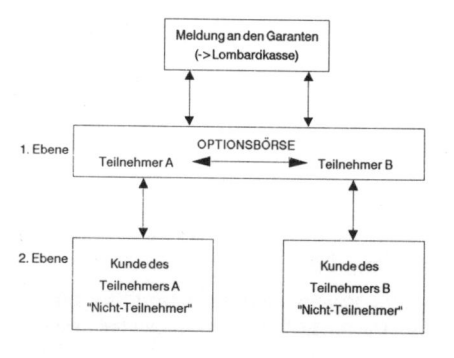

Da zwischen den Teilnehmern und den Nicht-Teilnehmern i.d.R. nur dann ein Optionsgeschäft zustande kommt, wenn der Teilnehmer an der Börse ein entsprechendes Gegengeschäft abschließen kann, können im Rahmen eines ökonomisch einheitlichen Optionsgeschäftes nicht nur bis zu drei rechtlich selbständige Kontrakte zustande kommen, sondern es werden auf der zweiten Handelsebene auch die Standardisierungsmerkmale der börsenmäßigen Rentenoptionsgeschäfte zugrundegelegt. Dazu gehören im wesentlichen:

-> **Basispreis**: Rentenoptionsgeschäfte können nur zu Basispreisen von DM 2,-- oder einem Vielfachen davon abgeschlossen werden; wegen der Prozentnotierung von Anleihen spricht man auch von zwei Prozentpunkten. Darüber hinaus dürfen nur die drei Basispreisgruppen gewählt werden, die auf- oder absteigend auf den letzten amtlichen Kurs des Basisobjektes vom Tag vor der Auftragserteilung folgen.

-> **Optionspreis**: Der Optionspreis wird in Prozent des Mindestschlusses mit zwei Stellen nach dem Komma angegeben. Da der Mindestschluß nominal DM 100 000,-- beträgt, ergibt sich für den Optionspreis von Rentenoptionsgeschäften eine Spanne von DM 10,--. Ein Optionspreis von z.B. 1,45% bedeutet einen ausmachenden Betrag von DM 1 450,--, der zudem im 10 DM-Sprung variieren kann.

-> **Optionsfrist**: Rentenoptionsgeschäfte sind am 25. Kalendertag der Monate Januar, April, Juli und Oktober fällig, wobei nur ein Fälligkeitszeitpunkt bei Geschäftsabschluß gewählt werden kann, der sich auf den zweiten oder vierten Fälligkeitstermin nach Ablauf des Kalendervierteljahres, in dem das Optionsgeschäft abgeschlossen wurde, bezieht. Somit enden Optionsgeschäfte, die im

- Januar, Februar und März eingegangen werden, am 25. Juli desselben Jahres oder am 25. Januar des nächsten Jahres;
- April, Mai und Juni eingegangen werden, am 25. Oktober desselben Jahres oder am

25. April des nächsten Jahres;
- Juli, August und September eingegangen werden, am 25. Januar oder 25. Juli des nächsten Jahres;
- Oktober, November und Dezember eingegangen werden, am 25. April oder 25. Oktober des nächsten Jahres.

Damit ergibt sich als kürzeste Laufzeit drei Monate und 25 Tage, als längste Laufzeit 12 Monate und 25 Tage.

-> **Basisobjekt**: Dabei handelt es sich um umsatzstärkere, zum Handel mit Amtlicher Notierung zugelassene Anleihen der öffentlichen Hand, wobei das Emissionsvolumen mindestens nominal DM 500 Mio. betragen muß und eine vorzeitige Tilgung oder Kündigung ausgeschlossen ist. Da festverzinsliche Wertpapiere i.d.R. eine begrenzte Laufzeit haben, kann sich die Art, Anzahl und Zusammensetzung aller möglichen Basisobjekte im Zeitablauf ändern.

Die Höhe der von den Nicht-Teilnehmern zu erbringenden Sicherheiten hängt einerseits von ihrer Termingeschäftsfähigkeit, andererseits von der Höhe der Sicherheit, die die Teilnehmer bei einem entsprechenden Geschäft an der Optionsbörse zu erbringen haben, ab. Weiterhin ist die Höhe der zu erbringenden Sicherheit von der Art des abgeschlossenen Optionsgeschäftes abhängig. *TG*

**Lit.:** Eilenberger 1990, 207 ff.

## Rentenoptionsstrategie

Aufgrund der Vielzahl denkbarer Entscheidungsalternativen, z.B. Grundgeschäft, Basispreis, Laufzeit, Portefeuilleanteil etc., können Rentenoptionsstrategien in ihrer denkbaren Gesamtheit weder eindeutig systematisiert, noch vollständig dargestellt werden.

Neben der Möglichkeit, Rentenoptionsgeschäfte analog den Aktienoptionsstrategien zu systematisieren, können sie auch entsprechend den Anlagezielen Ertrag und Risiko unterschieden werden.

Sofern das **Ertragsziel** bei einem Engagement am Rentenoptionsmarkt im Vordergrund steht, sind die Handlungsalternativen des Anlegers in Abhängigkeit seines gegebenen Portefeuilles zu diskutieren. Wenn der Anleger bereits die zugrundeliegenden Basisobjekte besitzt, kann er durch den Verkauf einer Rentenoption (-> **Stillhalter**) seinen Einstandskurs um die Höhe der erhaltenen Optionsprämie verbilligen, d.h. die Rendite der im Portefeuille liegenden Wertpapiere erhöhen; dies läßt sich aber nur dann realisieren, wenn die Option nicht ausgeübt wird. Welche Art von Option der Anleger verkauft, ist in Abhängigkeit seiner Zinserwartung zu entscheiden. Erwartet der Anleger ein steigendes Zinsniveau und damit sinkende Rentenkurse, dann muß er die Stellung des Stillhalters einer Rentenkaufoption einnehmen. Der Wähler der Option wird bei einem steigenden Zinsniveau auf die Ausübung seines Rechtes verzichten, dem Anleger verbleibt folglich die vereinnahmte Optionsprämie.

Erwartet der Anleger ein fallendes Zinsniveau und damit steigende Rentenkurse, dann wird er eine Rentenverkaufsoption verkaufen. Treten seine Erwartungen ein, wird der Wähler die Option verfallen lassen, da der Verkauf der Wertpapiere am Markt einen größeren Verkaufserlös erwarten läßt. Dem Anleger verbleibt wieder die vereinnahmte Optionsprämie.

In beiden Fällen hat der Anleger eine Optionsprämie erhalten, die zu einer Senkung des Einstandskurses seiner Basisobjekte und damit zu einer Erhöhung der Rendite geführt hat.

Sofern der Anleger die entsprechenden Basisobjekte nicht im Portefeuille hat, kann das Ertragsziel durch Zinsspekulation erreicht werden. In Abhängigkeit seiner Zinserwartungen ergeben sich folgende Möglichkeiten: Kauf einer Rentenkaufoption oder Verkauf einer Rentenverkaufsoption bei erwarteten Zinssenkungen, Kauf einer Rentenverkaufsoption bei erwarteten Zinserhöhungen. Insbesondere im Falle erwarteter Zinssenkungen muß sich der Anleger die unterschiedlichen Ertrags- und Risi-

kostrukturen beider Handlungsalternativen klar machen. Beim Verkauf einer Option steht einer begrenzten Gewinnchance eine theoretisch unbegrenzte Verlustmöglickeit gegenüber, während beim Kauf einer Option einer theoretisch unbegrenzten Gewinnchance eine auf die Höhe der bezahlten Optionsprämie begrenzte Verlustmöglichkeit gegenübersteht.
Steht beim Anleger das Ziel der **Risikominderung** bzw. **Risikovermeidung** im Vordergrund, dann kann er durch den Einsatz von Rentenoptionen Diversifikation bzw. -> **Hedging** betreiben.
Unter der Annahme eines begrenzten Kapitaleinsatzes ist es insbesondere für nicht institutionelle Anleger häufig schwierig, ein weit gestreutes Portefeuille aufzubauen, das den Variablen Bonität des Emittenten, Währung, Verzinslichkeit, Laufzeit etc. genügt. Durch den zusätzlichen Kauf von Optionen kann sich der Anleger bei einem begrenzten Kapitaleinsatz ein gut diversifiziertes Portefeuille schaffen, dessen Finanzierung z.B. aus den laufenden Zinserträgen der im Bestand befindlichen Wertpapiere erfolgen kann.
Eine weitere Möglichkeit ist das Hedging, das entweder zur Kurssicherung eines gegebenen Bestandes oder zur Sicherung eines gewünschten Einstandskurses herangezogen werden kann. Im ersten Fall kauft der Anleger eine Rentenverkaufsoption, im zweiten Fall eine Rentenkaufoption, bei der der Basispreis gleich dem gewünschten Einstandskurs ist.
Neben der richtigen Wahl der Optionsgeschäftsart ist für eine erfolgreiche Rentenoptionsstrategie auch die Wahl des Basispreises von Bedeutung. Ist ein -> **Stillhalter in Wertpapieren** beispielsweise nur an der vereinnahmten Optionsprämie interessiert, dann sollte er einen möglichst niedrigen Basispreis wählen. Einerseits erhält er dadurch eine relativ hohe Optionsprämie, andererseits besteht eine größere Wahrscheinlichkeit, daß die Option ausgeübt wird. Folglich müßte der Stillhalter die aufgrund der Deckungsvorschrift im Bestand gehaltenen Wertpapiere liefern, so daß er schließlich nur noch die erhaltene Optionsprämie besitzt. Zudem führt die Verkürzung der Kapitalbindungsfrist (bei früherer Ausübung der Option) zu einer Renditeverbesserung. Möchte der Stillhalter seine Wertpapiere jedoch im Bestand behalten, dann sollte er einen höheren Basispreis wählen. Einerseits wird dadurch die Ausübung der Option unwahrscheinlich, andererseits erhält der Stillhalter aber eine geringere Optionsprämie und damit eine geringere Renditeverbesserung. *TG*

**Rentenoptionsmarkt**
Der Rentenoptionsmarkt umfaßt i.w.S. nicht nur die an den Börsen gehandelten Rentenoptionen, sondern auch die außerhalb der Börse gehandelten Optionen.
Ein börsenmäßig organisierter Rentenoptionsmarkt wurde in der Bundesrepublik Deutschland am 1. April 1986 eröffnet, wobei unterstellt werden kann, daß die Entwicklung des Umsatzvolumens wesentlich hinter den ursprünglichen Erwartungen zurückgeblieben ist. Die Börsenstatistik der Frankfurter Wertpapierbörse spricht für das Jahr 1989 davon, daß der Rentenoptionshandel praktisch zum Erliegen gekommen ist.
Für die offensichtlich geringe Attraktivität bzw. Akzeptanz des bundesdeutschen Rentenoptionsmarktes lassen sich u.a. folgende Gründe nennen:
(1) Bei Einführung des börsenmäßigen Rentenoptionshandels konnten einige potentielle Marktteilnehmer, wie z.B. Versicherungsgesellschaften und Kapitalanlagegesellschaften, aufgrund bestehender Vorschriften nicht am Rentenoptionsmarkt teilnehmen. Folglich konnte dieses Marktsegment anfänglich keinen nachhaltig hohen Umsatz aufweisen.
(2) Im Gegensatz zu dem Stillhalter einer Aktienkaufoption, der seine Position zu 30% decken muß, hat der Stillhalter einer Rentenkaufoption eine 100%ige

**Optionsgeschäfte — Renten**

| | Gesamt | | | Kaufoptionen | | | Verkaufsoptionen | | |
|---|---|---|---|---|---|---|---|---|---|
| | Anzahl | Nominal Mio DM | Gesamt- basispreis in Mio DM | Anzahl | Nominal Mio DM | Gesamt- basispreis in Mio DM | Anzahl | Nominal Mio DM | Gesamt- basispreis in Mio DM |
| **Erstmarkt — Neuabschlüsse von Optionen** | | | | | | | | | |
| 1986 | 1278 | 127,800 | 138,126 | 665 | 66,500 | 71,644 | 613 | 61,300 | 66,482 |
| 1987 | 105 | 10,500 | 11,076 | 84 | 8,400 | 8,848 | 21 | 2,100 | 2,228 |
| 1988 | 14 | 1,400 | 1,444 | – | – | – | 14 | 1,400 | 1,444 |
| 1989 | – | – | – | – | – | – | – | – | – |
| **Zweitmarkt — Übertragungen von Optionen** | | | | | | | | | |
| 1986 | 826 | 82,600 | 89,238 | 287 | 28,700 | 30,972 | 539 | 53,900 | 58,266 |
| 1987 | 126 | 12,600 | 13,400 | 109 | 10,900 | 11,598 | 17 | 1,700 | 1,802 |
| 1988 | 8 | 0,800 | 0,848 | 1 | 0,100 | 0,110 | 7 | 0,700 | 0,738 |
| 1989 | – | – | – | – | – | – | – | – | – |
| **Erst- und Zweitmarkt insgesamt — Neuabschlüsse und Übertragungen von Optionen** | | | | | | | | | |
| 1986 | 2104 | 210,400 | 227,364 | 952 | 95,200 | 102,616 | 1152 | 115,200 | 124,748 |
| 1987 | 231 | 23,100 | 24,476 | 193 | 19,300 | 20,446 | 38 | 3,800 | 4,030 |
| 1988 | 22 | 2,200 | 2,292 | 1 | 0,100 | 0,110 | 21 | 2,100 | 2,182 |
| 1989 | – | – | – | – | – | – | – | – | – |

Quelle: (vgl. Frankfurter Wertpapierbörse, Börsenstatistik 1989, 44)

Deckung zu erbringen. Unter Beachtung des teilweisen Ausschlusses institutioneller Anleger - siehe Punkt (1) - und der Tatsache, daß Privatanleger i.d.R. keine 100%ige Deckung erbringen können, waren bzw. sind die Voraussetzungen für einen umsatzstarken deutschen Rentenoptionsmarkt denkbar ungünstig.

(3) Ebenfalls eher ungünstig als nützlich ist die hohe Anzahl möglicher Basisobjekte. Bei 14 zugelassenen Anleihen wird das Interesse der Marktteilnehmer zu breit gestreut, zumal sich unter Berücksichtigung der 4 Fälligkeitstermine und der Basispreisstaffelung - bei einer Effektivzinsänderung um 1% in einem Jahr sind dies 7 Ausübungskurse - 392 mögliche Optionskontrakte ergeben (vgl. Bartsch, Der Rentenoptionshandel, S. 13). Dadurch wird nicht nur die Transparenz dieses Marktsegmentes, sondern auch die Entstehung eines funktionsfähigen **Sekundärmarktes** erheblich erschwert.

(4) Schließlich darf auch die -> **Deutsche Terminbörse** nicht unbeachtet bleiben, an der u.a. DM-Futures gehandelt werden. In diesem Zusammenhang ist auch der an der LIFFE gehandelte DM-Bund-Future und die Tatsache zu erwähnen, daß Optionen im Verhältnis zu Futures häufig als zu teuer empfunden werden, um eine Anlagestrategie zu realisieren, zumal Spekulations- und Hedgingstrategien auch mit den genannten Futures durchführbar sind.

Die Notwendigkeit der Differenzierung in einen nicht-organisierten und in einen organisierten Kapitalmarkt ergibt sich u.a. aus wirtschaftlichen (z.B. Zulassungsvoraussetzungen, Handelsobjekte, Handelsregeln etc.) und rechtlichen Gründen, wobei der organisierte Kapitalmarkt aufgrund der Funktionen der Börse als Kapitalumschlagstelle und wirtschaftlicher Indikator in allen Bereichen wesentlich strengeren Reglementierungen unterworfen ist. Durch die Änderung des Börsengesetzes am 16.2.1986 wurde die Struktur des organisierten Kapitalmarktes dahingehend geändert, daß seit dem 1.5.1987 neben dem Amtlichen Markt und dem Geregelten Freiverkehr ein drittes Marktsegment, der Geregelte Markt, existiert.

Da für Zeitgeschäfte ein amtlicher Börsenpreis zu bestimmen ist (§ 29 I Börsengesetz), erscheint eine Zuordnung des Rentenoptionsmarktes zum amtlichen Markt sachgerecht. Folglich läßt sich der amtliche Markt in einen Kassa- und einen Termin-Markt differenzieren, wobei sich der Termin-Markt durch die Gründung der Deutschen Terminbörse weiterhin in einen Markt für Termingeschäfte (Optionen) und einen Markt für Festgeschäfte (Futures) einteilen läßt. Der Markt für Termingeschäfte kann entsprechend den zugrundeliegenden Handelsobjekten in einen Rentenoptionsmarkt und einen Aktienoptionsmarkt unterteilt werden.

Der organisierte Rentenoptionsmarkt der Bundesrepublik Deutschland wird im wesentlichen durch die jeweiligen Rahmenbedingungen beeinflußt, die sich u.a. aus dem -> **Börsengesetz**, den Geschäftsbedingungen und den Usancen des Rentenoptionshandels ergeben. Zu den wichtigsten Rahmenbedingungen zählen:
- Zulassung der Marktteilnehmer;
- Termingeschäftsfähigkeit gem. § 53 Börsengesetz und kraft Information;
- Handelbarkeit und Ausübbarkeit der Optionen;
- Anzahl und Art der zugelassenen -> Basisobjekte;
- Kontraktspezifikationen des -> Rentenoptionshandels, wie z.B. Fälligkeitstermine, Basispreisstaffelungen etc. *TG*

**Rentenverkaufsoption**
-> **Rentenoption**

**Repackaging**
"Neuverpackung" emittierter Wertpapiere i.d.R. durch Dritte oder durch den Emittenten selbst, die der Verbesserung der Konditionen für Investoren und Emittenten dienen soll; erfolgt das Repackaging durch Dritte, so liegt das Motiv in der Erzielung von Provisionen (-> **Stripped Bond**; -> **STRIPS**; -> **synthetische Schuldverschreibung**).

**Repo**
-> **Repurchase Agreement**

**Repo rate**
-> **Repurchase Agreement**

**Reporting limit**
Berichtspflicht über den Umfang von Positionen, die durch die Börsenordnung oder die Regularien der -> **CFTC** bezüglich -> **offener Positionen** ausgelöst wird, an die Börsenaufsichtsorgane. Derartige Limits wirken in der Regel einschränkend auf spekulative Positionen.

**Repurchase Agreement (REPO; RP)**
Rückkaufsvereinbarungen bei Wertpapiergeschäften: Der Inhaber von Wertpapieren **verkauft** (über die Börse) an einen Geschäftspartner ein bestimmtes Volumen an (i.d.R. festverzinslichen) Wertpapieren mit der bindenden Vereinbarung, diesen Posten zu einem bestimmten (= fixierten) Termin zu einem festgelegten Preis zurückzukaufen. In Deutschland ist diese Geschäftsart als -> **Pensionsgeschäft** (Wertpapier-Pensionsgeschäft) bekannt. An -> **Financial Futures-Märkten** dienen REPOs häufig zur Finanzierung von Positionen, die -> **Dealer** aufgebaut haben bzw. aufbauen. Da es sich bei REPOs grundsätzlich um Kredit-beziehungen handelt (die Wertpapiere dienen dem Kreditgeber, der als Käufer mit Rückgabeverpflichtung auftritt, als Sicherheit), wird regelmäßig eine Vergütung in Höhe der **repo rate** vereinbart, welche ggf. die Höhe des Rückkaufspreises mindert oder bei dem Verkauf an den Kreditnehmer vom Kaufpreis abgezogen (diskontiert) wird.
Lit.: Eilenberger 1990, 253 ff.

**Residual**
-> **CMO**

**Retractable Bond**
Schuldverschreibung mit der Option (-> **Optionsschuldverschreibung**) sowohl für den Emittenten als auch für die Investoren zur vorzeitigen Rückzahlung bzw. Tilgung zu einem oder mehreren fixierten Terminen zu pari. Bei Nichtausübung Ver-

längerung der Laufzeit der Anleihe um den in den Anleihebedingungen festgesetzten Zeitraum (zwischen drei und fünf Jahren), ggf. verbunden mit Neufestsetzung der Konditionen.

### Reverse Cash and Carry-Arbitrage
-> Futures-Arbitrage

### Reverse Conversion
Arbitragestrategie in Optionen (siehe auch -> **Aktienoptionsstrategien**), die im Gegensatz zur -> **Conversion** darin besteht, das zugrunde liegende Instrument zu verkaufen und eine -> **synthetische Position** (synthetic long position) in Optionen auf das zugrunde liegende Instrument zu schaffen (Kauf einer Call- und Verkauf einer Put-Option).

### Reverse Pricing
Zinsgestaltung bei -> **FRN** in der Weise, daß der Zinskupon steigt, wenn die Marktzinsen fallen (**inverser Floater**).

### Reverse Repo
-> Reverse Repurchase Agreement

### Reverse Repurchase Agreement (Reverse Repo)
In Umkehrung der Verhältnisse eines -> **REPO** geht dabei die Initiative nicht von einem -> **Dealer**, sondern von einem Investor aus, der für eine relativ kurzfristige Geldanlage ein Wertpapiergeschäft mit Rückkaufsvereinbarung abschließt, bei dem der Dealer (oder eine Bank) **liefert**.

### Reverse Swap
-> Swap-Motive; -> Gegen-Swap

### Reverse Take-over
- Variante einer -> **Akquisition**, bei der eine größere Unternehmung von einer kleineren übernommen wird.
- Aufkauf einer Unternehmung mit börsennotierten ("listed") Aktien durch eine solche, deren Aktien nicht an einer Börse zugelassen bzw. notiert sind ("not listed shares").

### Revolving Credit Agreement
Kreditzusage einer Bank zur Kreditvergabe unter bestimmten Bedingungen; insbesondere behält sich die Bank das Recht vor, die Kreditausreichung bzw. Kreditgewährung zu verweigern, wenn sich grundlegende Veränderungen in den finanziellen Verhältnissen des Schuldners abzeichnen.

### Revolving Underwriting Facility (RUF)
RUFs ähneln in starkem Maße -> **Note Issuance Facilities**. Gelegentlich wird als Abgrenzungskriterium der beiden die Existenz von -> **Back-UpFazilitäten** verwendet, und zwar in der Weise, daß bei -> **Note Issuance Facilities** die Back-Up-Linie für die -> **Euro Notes** entfällt bzw. auf die jeweilige Laufzeit der Wertpapiere begrenzt wird, während sie bei Revolving Underwriting Facilities für die gesamte Laufzeit der Fazilität gilt. Ein anderes Unterscheidungsmerkmal bezieht sich auf den Plazierungsmechanismus. Die -> **Sole Placing Agency** ist vor allem bei Revolving Underwriting Facilities anzutreffen, während bei -> **Note Issuance Facilities** der -> **Tender Panel** vorherrscht. *GT*
Lit.: BIS 1986

### Revolving Underwritten Facility
-> Revolving Underwriting Facility (RUF)

### Rich
Händlerbezeichnung für ein - im Verhältnis zu anderen Finanzinstrumenten - überbewertetes Finanzinstrument (Wertpapier; Gegensatz: -> **cheap**).

### Risiko
Jedes zielgerichtete (finale) Verhalten von Entscheidungsträgern beinhaltet die Möglichkeit des Mißlingens, wobei es hinsichtlich des Mißlingens verschiedene Abstufungen gibt (zwischen völlig, teilweise und ge-

ring). Das Ziel wird nicht im vorgesehenen Ausmaß erreicht, was die eine Seite des möglichen Mißlingens finalen Verhaltens darstellt; die andere Seite zeigt sich darin, daß an dieses Mißlingen auch noch verschiedenartige (nachteilige) Konsequenzen geknüpft sein können bzw. im Regelfall sein werden. Für die Unternehmung werden solche Folgen dann mehr oder weniger stark spürbar, wenn die zur Zielerreichung eingesetzten Mittel ganz oder teilweise verlorengehen. Durch diese Möglichkeit des Mißlingens, das seine Ursachen sowohl im subjektiven als auch im objektiven Bereich haben kann, und die daraus resultierenden unerwarteten, negativen Folgen wird der Begriff Risiko definiert. Ein Risiko ist somit immer dann nicht gegeben, wenn im Falle des Mißlingens entweder keinerlei oder nur geringfügige Nachteile für den Entscheidungsträger eintreten.

**Risikoprämie**
-> **CAPM**

**Risk Arbitrage**
Risiko-Arbitrage in den Fällen von solchen -> **Akquisitionen**, in denen Aktien der aufnehmenden Gesellschaft an Börsen zu ungünstigeren Kursen verkauft (begeben) werden, als auf Grund der Übernahme von Aktien der fusionierten Gesellschaft zu erwarten war; gleichwohl Kurssteigerungen auf Grund der wachsenden Substanz der aufnehmenden Gesellschaft unterstellt werden.

**Risk Eliminated Value Transport-System (SPC REVT)**
Vom Schweden Gunnar O. Persson entwickeltes Wertpapier- und Geldtransportsystem zwischen Banken und/oder Postämtern, das die Beute vernichtet oder wertlos macht, ehe die Täter bei einem Überfall an diese herankommen. Die Wertgegenstände werden in einer versperrbaren, eigens konstruierten Kassette ähnlich einem Diplomatenkoffer untergebracht und dieser in ein Spezialfach im Geschäft, in der Bank oder im Transportwagen gestellt. Die Kassette besitzt einen elektronischen Schaltkreis und eine Zeituhr, die Alarm auslöst und Rauch entwickelt, der wiederum einen Farbsprühmechanismus im Inneren der Kassette steuert, wenn diese nicht innerhalb einer vorbestimmten Zeit in eines der Fächer zurückgestellt wird. Die verfärbten Banknoten sind wertlos. Das System schützt die Wächter davor, verletzt oder als Geisel genommen zu werden, da auch sie die Zerstörung nicht aufhalten können. Das SPC REVT ist in Schweden, den USA und Australien patentiert und in weiteren 16 Ländern zum Patent angemeldet.

**Risk Free Arbitrage**
Risikolose Arbitragen durch Ausnutzung von Kursdifferenzen an Börsen und -> **Financial Futures-Märkten** (-> **Arbitragen mit Financial Futures**).

**Roll-over-Eurodarlehen**
-> **Roll-over-Kredit**

**Roll-over-Eurokredit**
-> **Roll-over-Kredit**

**Roll-over-Kredit**
Mittel- bis langfristige Kredite, die insbesondere am Euromarkt gewährt werden. Wegen der direkten Verbindung zum -> **Euro-Geldmarkt**, die eine revolvierende Finanzierung dieser Kredite erfordert, erfolgt eine Lösung des dabei für den Kreditgeber auftretenden Transformations- und Liquiditätsproblems durch die -> **Roll-over-Strategie**. Roll-over-Kredite sind daher durch das Fehlen fester Zinskonditionen über die gesamte Kreditlaufzeit charakterisiert. Die notwendigen Zinsanpassungen erfolgen auf der Basis eines -> **Referenzzinssatzes** (i.d.R. -> **LIBOR**). Ähnlich der Preisgestaltung bei -> **FRN** werden die individuellen Refinanzierungskosten des Kreditgebers als "Spread" bzw. "Premium" dem Referenzzinssatz zuge-

schlagen; diese **Marge** bedeutet somit die individuelle Zinsspanne zwischen dem Interbanksatz und dem Aktivzins des Kreditgebers, zu der er bereit ist, durch kurzfristige Refinanzierung einen formell mittel- bis langfristigen Kredit zu gewähren. Die Kreditdauer wird von vornherein festgelegt, nur die Kosten des Kredits ändern sich für den Kreditnehmer, auf den das Zinsänderungsrisiko des Kreditgebers auch bei dieser Kreditform voll überwälzt wird. Die Marge (Spread) hängt in erster Linie von der Einschätzung der Bonität des Kreditnehmers ab.

Entsprechend der Entwicklung des Referenzzinssatzes werden auch die Zinsen für solche Eurokredite in einem bestimmten Zeitrhythmus (z.B. 1, 3 und 6 Monate) angepaßt. Die Spreads, die maßgeblich für die Verdienste der Banken am Euro-Kreditmarkt sind, variieren mit den Wettbewerbsverhältnissen in Abhängigkeit von der internationalen Liquidität. Ebenso wie Euro-Anleihen können auch Roll-over-Eurokredite mit -> **Währungsoptionsklauseln** ausgestattet sein, wobei der Kreditnehmer zum Zinstermin die Währung wechseln und die Zinsen aufgrund der neuen Währung zahlen kann.

Entsprechend den Bedürfnissen der Kreditnehmer werden Euro-Kredite im wesentlichen in zwei Grundformen in Anspruch genommen: Beim **Roll-over-Eurodarlehen** wird eine feste Schuld begründet; der Kreditnehmer erhält den gewünschten Kreditbetrag in einer Summe ausbezahlt. Der Kredit kann sofort oder auch zu einem späteren Zeitpunkt in Anspruch genommen werden, wobei für die Zeit der Bereitstellung des Kredites eine Bereitstellungsgebühr zu entrichten ist. Die Rückzahlung erfolgt entweder in einer Summe am Ende der Laufzeit oder nach einer tilgungsfreien Zeit in Teilzahlungen. Im Gegensatz zum Roll-over-Eurodarlehen wird für den revolvierenden **Roll-over-Eurokredit** ein Maximalbetrag im Sinne einer Kreditlinie festgelegt, bis zu dem der Kreditnehmer Finanzmittel aufnehmen kann. Dies ermöglicht zugleich eine flexible Anpassung an den jeweiligen Finanzmittelbedarf des Kreditnehmers nach Art des Kontokorrentkredites.

**Roll-over-Strategie**
Strategie des **Überrollens** (= roll over) von insbesondere Zinsänderungsrisiken, die im Rahmen von -> **Euro-Kreditmarkt**- und -> **Euro-Kapitalmarkt**-Finanzierungen auftreten, vom Kreditgeber bzw. Investor/Anleger auf den Kreditnehmer bzw. Emittenten (-> **Roll-over-Kredit**; -> **FRN**).

**Rolling**
Vorgang, durch den eine **Financial Futures-Kontraktposition** in einen anderen Kontraktmonat umgewandelt wird.

**Rolling Rate Note (RRN)**
Synonym zu -> **FRN**

**RRN**
-> **Rolling Rate Note**

**RUF**
-> **Revolving Underwriting Facility**

**Rückkaufgeschäft**
-> **Repurchase Agreement**

**Rückzahlungsindex**
-> **Aktienindex-Anleihe**

**Rule 144a**
-> **Privatplazierung**

# S

**Samurai Bond**
Auf Yen lautende, öffentlich plazierte (-> **public offering**) -> **Schuldverschreibung** von nicht-japanischen Emittenten am japanischen Kapitalmarkt (Yen-Auslandsanleihe).

**Scalper**
Marktteilnehmer an -> **Financial Futures-Märkten**, der im Rahmen des -> **Trading** Kontrakte mit sehr hoher -> **Volatilität** sehr kurzfristig (üblicherweise nur innerhalb weniger Minuten) hält und dann weiterhandelt. Da die Kursdifferenzen relativ klein sind, wird eine größere Zahl von Kontrakten benötigt; insofern tragen scalper durch ihre Transaktionen zur Erhöhung der Marktliquidität bei.

**SCFA**
-> **Swiss Commodities and Futures Association**

**Schufa**
Schutzgemeinschaft für allgemeine Kreditsicherung, Gemeinschaftseinrichtung der kreditgebenden deutschen Wirtschaft; erteilt Auskünfte u.a. bezüglich der Bonität von -> **Kreditkarteninhabern**, insbesondere sog. Negativmerkmale wie die nicht ordnungsgemäße Abwicklung von Krediten, die wiederum von z.B. Kreditinstituten gemeldet wurden. *EK*

**Schulden gegen Beteiligungs-Swap**
Synonym für -> **Debt Equity Swap**

**Schweizer Aktienindex OZX**
-> **Aktienindex** für -> **Aktienindex-Optionen** und -> **Aktienindex-Futures** für an der Börse in Zürich gehandelte Aktien. Einbezogen sind 11 Aktien, die repräsentativ für den Kursverlauf der in Zürich gehandelten schweizerischen Dividendenpapiere sein sollen. Zugrunde liegt das Laspeyres-Konzept (wegen Einzelheiten siehe Merckli).
*Lit.:* Merckli, B., Der Schweizer Aktienindex OZX. ÖBA 1989, 803 ff.

**SDR**
-> **Special Drawing Right**

**SDR Bond**
-> **Special Drawing Right Bond**

**SEAQ**
-> **Stock Exchange Automated Quotation System**

**SEAQ International**
Elektronisches Notierungssystem der -> **LSE** im Rahmen des **Stock Exchange Automated Quotation System (SEAQ)**, über das von 50 Börsenfirmen Aktienkurse von rund 750 ausländischen Gesellschaften geführt werden.

**Seasoned Security**
Wertpapiere - insbesondere des -> **Euro-Kapitalmarkts** - mit Sperrfrist für den Handel im US-amerikanischen -> **Sekundärmarkt**. Die Verkaufsbeschränkung erstreckt sich üblicherweise auf einen Zeitraum von 90 Tagen.

**Secondary market**
-> **Sekundärmarkt**

**Securities lending**
-> **Bond lending**

**Securitisation (Securitization)**
Ersatz direkter Bankfinanzierungen durch vom Schuldner mit Wertpapieren unterlegte Finanzmittelaufnahmen, bei denen Banken ggf. Vermittlungs- und Garantiefunktionen übernehmen: Anstelle von Bankkreditaufnahmen emittieren Unternehmen über den -> **Euro-Kapitalmarkt** internationale (Euro-)Schuldverschreibungen und/oder

über den -> **Euro-Geldmarkt** internationale (-> **Euro-)Geldmarktpapiere** (-> **RUFs**; -> **NIFs**; -> **Euro-CPs**); die Finanzmittelaufbringung erfolgt also bei **Nicht-Banken** als Investoren. Die Papiere sind auf Grund der Fungibilität i.d.R. (börsen-) handelsfähig. Voraussetzung für die Inanspruchnahme der Möglichkeiten, welche die Securitisation bietet, sind einerseits ein entsprechendes Standing (bzw. eine entsprechende Kredit- und Emissionswürdigkeit) der betreffenden Unternehmung (= Geld- und Kapitalmarktfähigkeit), andererseits eine ausreichende Ergiebigkeit der jeweiligen internationalen Finanzmarktsegmente.
Lit.: Dombret, A.R., Die Verbriefung als innovative Finanzierungstechnik. Frankfurt/M. 1987

### Securitisation of Commodities
Technik der Verbriefung von Rohstoffen bzw. Rohstoff-Forderungen über entsprechende Terminbörsen, z.B. die -> **Fox**, mit der eine Sicherung (-> **Hedging**) von **Minenaktien** (des entsprechenden Metalls) oder von **Minenaktien-Portefeuilles** (der entsprechenden Zusammensetzung nach einem repräsentativen Index, z.B. dem -> **MGMI**) möglich wird (siehe auch -> **Securitisation**).

### Sekundärmarkt
Im Gegensatz zum -> **Primärmarkt** handelt es sich dabei um einen Finanzmarkt für bereits im Umlauf befindliche **Wertpapiere**, wobei hinsichtlich des Grades der Handelbarkeit zwischen Marktsegmenten für börsengängige Wertpapiere (Börsen) und -> **OTC-Werte** (= freier Markt) unterschieden werden kann. Neuerdings existiert neben dem Sekundärmarkt für Wertpapiere auch ein Sekundärmarkt für (internationale) **Kredite**, auf dem Bank-Forderungen unter Abschlag gehandelt werden (und ggf. für andere Zwecke Einsatz finden können; siehe z.B. -> **Debt Equity Swap**). Probleme der Handelbarkeit internationaler Wertpapiere ergeben sich ggf. daraus, daß eine internationale Börse i.e.S. und damit ein **Internationaler Sekundärmarkt** noch nicht existieren, so daß auf Hilfskonstruktionen (-> **Cedel**; -> **Euro-Clear**) ausgewichen werden muß und/oder die Börsenzulassung an einer Reihe ausländischer Börsen notwendig wird.

### Sekundärplazierung
Plazierung eines Teiles von bereits auf anderen, ausländischen Kapitalmärkten primär plazierten (-> **Primärmarkt**) Aktien (bzw. sonstigen Effekten) durch Banken oder Bankenkonsortien. Der Gesellschaft werden durch die Sekundärplazierung somit keine Finanzmittel zugeführt. Vielmehr besteht das **Ziel** der Sekundärplazierung darin, eine breitere Streuung der Stammaktien der Gesellschaft in einem oder mehreren Ländern außerhalb des Ursprungslandes zu erreichen und gleichzeitig die Erfordernisse für die Notierung der Stammaktien an der Börse bzw. den Börsen der zusätzlichen Kapitalmärkte zu erfüllen. Die sekundär plazierten Aktien zum jeweiligen Nennwert werden zum **Zeichnungspreis**, der sich am Kursniveau des Gastlandes orientiert, angeboten (**Beispiel:** Sekundärplazierung von 20 000 Inhaber-Stammaktien - von 1,2 Mio insgesamt - zum Nennwert von 50 DM der SAP-AG, Walldorf, Bundesrepublik Deutschland, in der Schweiz durch ein Bankenkonsortium zum 15.2.1990).

### Selling Group
Marktteilnehmer bei Anwendung des -> **Underwriting** als internationalem Emissionsverfahren für Wertpapiere und Kredite.

### Separate Trading of Registered Interest and Principal of Securities (STRIPS)
Akronym des US-Treasury für Zero Bonds, die durch Trennung von Zinsschein und Mantel von US-Treasuries entstanden sind (-> **Stripped Bonds**; -> **Coupon Stripping**); insofern handelt es sich bei STRIPS um die "Handelsmarke" des US-Schatzamtes.

## Sequal
Abstimmungs- und Bestätigungssystem der über -> **SEAQ International** erfolgten Transaktionen mit anschließender Abwicklung über -> **Cedel** oder -> **Euro-Clear**.

## Serie (Series)
-> **Optionsserie**

## Servicekarte
Karte, mit der Service-Leistungen abgerufen werden können, z.B. mit Service-Karten von Kreditinstituten Kontoauszüge vom Kontoauszugsdrucker, Geldabhebungen am -> **Geldausgabeautomat** des kontoführenden Institutes. *EK*

## Settlement
- **Bezahlung** bzw. **Ausgleich** in "cash" für Wertpapiere.
- **Lieferung** von Wertpapieren bzw. Wertpapiertransaktionen gegen Bezahlung.
- Bezeichnung für die -> **Andienung** (= Erfüllung) bei -> **Finanzterminkontrakten** und -> **Optionen,** wobei zwischen **Bar-Andienung (Cash Settlement)** für Financial Futures oder Optionen auf abstrakter Basis und **physischer Andienung (Physical Settlement)** für Financial Futures und Optionen auf konkreter Basis unterschieden wird.
- Ausgleich von Margin-Verpflichtungen zum -> **Settlement Date.**

## Settlement Date
Zeitpunkt des -> **Settlements** durch die verpflichtete Marktpartei (zum -> **Settlement-Preis**).

## Settlement-Preis
Schlußkurs von -> **Financial Futures** und -> **Optionen** bzw. täglich vom -> **Clearing House** festgestellter Kurs für die Bewertung aller ausstehenden Kontrakte (-> **Open Contracts**) eines bestimmten Kontrakttyps. Für Index-Futures und Index-Optionen wird der **Settlement Price** i.d.R. nach dem effektiven Schlußstand des zugrundeliegenden Kassa-Index (-> **Aktienindex**) festgelegt. Die -> **DTB** ermittelt den Settlement-Preis unter Verwendung der letzten Abschlüsse und/oder auf der Grundlage der im Auftragsbuch befindlichen -> **Geld-** und -> **Briefkurse**. Für laufende Kontrakte und laufende Optionen ergibt sich ggf. die Notwendigkeit der Anpassung der -> **Margins;** in diesem Zusammenhang dient der Settlement-Preis als Grundlage zur Feststellung der zum **Ausgleich** der Verbindlichkeiten und Forderungen der Marktteilnehmer beim -> **Clearing House** notwendigen Summe.

## Settlement Price
-> **Settlement-Preis**

## Settlement Risk
Gefahr, daß operative Schwierigkeiten und Risiken (die durch den Prozeß des -> **Settlement** bei Wertpapiertransaktionen entstehen können), die Andienung bzw. den Ausgleich unterbrechen oder stören (obwohl der verpflichtete Marktteilnehmer zur Leistung bereit und fähig ist).

## Settlement Value
Wert von -> **Financial Futures** und -> **Optionen**, der im Rahmen des -> **Settlements** laufender Kontrakte zu ermitteln ist (-> **Settlement-Preis**). Für **Index-Futures** kann die Approximation des Werts von entfernteren ("more distant") Kontrakten wie folgt vorgenommen werden: Gesucht ist der Wert des Kontraktes ($F_2$), der drei Monate nach dem nächstfälligen Kontrakt ($F_1$) zum Ausgleich (-> **Settlement**) kommen soll, also unter Berücksichtigung der Zinsen p.a. für ein Drei-Monats-Geldmarktpapier (i') und einem annualisierten Dividendensatz eines repräsentativen Aktienindex (z.B. -> **S&P 500**), die einer sog. "evaluation table" entnommen werden können (d).

$$F_2 = \left[ 1 + \frac{(i' - d)}{4} \right] \cdot F_1$$

Bei Umrechnung des Satzes für Drei-Monats-Papiere in einen **schuldverschreibungsäquivalenten Zinssatz i (Bond Equivalent Yield)** wird i' in der obigen Formel durch i ersetzt:

$$i = \frac{365\,i'}{360 - 90\,i'}$$

**Lit.**: Gastineau, G.L./A. Mandansky, Standard & Poor's 500 Composite Index Futures Evaluation Tables. In: Stock Index Futures. Ed. by F.J. Fabozzi/ G.M. Kipnis, Homewood, Illinois 1984, 99 ff.

**Seven days notice**
-> **Euro-Geldmarkt-Termine**

**SFE**
-> **Sydney Futures Exchange**

**Share Certificate**
Verfahren zur Herstellung der Handelbarkeit von **Shares** (amerikanischen bzw. ausländischen Aktien) an Börsen außerhalb des Ursprungslandes. Die deutsche Lösung über den Deutschen Auslandskassenverein als Treuhänder sieht die Bildung eines Sammelbestandes von share certificates als -> **Hinterlegungszertifikate** vor, die auf eine bestimmte Zahl von (Namens-)Stammaktien der ausländischen Gesellschaft lauten und grundsätzlich lieferbar sind. Die share certificates repräsentieren daher entsprechende Miteigentumsanteile an den ursprünglichen Aktien (in bestimmten Stückzahlen). Handel und Notierung der ausländischen Aktien erfolgen jedoch in DM je Stück an der Frankfurter Börse. Die Miteigentümer am Sammelbestand sind berechtigt, jederzeit die Lieferung der ihnen zustehenden Zahl von ausländischen Aktien zu verlangen.
**Lit.**: Eilenberger 1990, 312

**Shelf registration**
Vereinfachung des Börsenzulassungsverfahrens in den USA auf Grund der Rule 415 der SEC. Diese ermöglicht Großunternehmungen die unverzügliche Begebung von Wertpapieren, so daß eine direkte und kurzfristig durchführbare Finanzierung über den amerikanischen Kapitalmarkt in Form von Aktien- und Schuldverschreibungsemissionen möglich ist.

**Shibosai Bond**
Auf Yen lautende, privat plazierte (-> **private placement**) -> **Schuldverschreibung** eines nicht-japanischen Emittenten am japanischen Kapitalmarkt (**Yen-Auslandsanleihe**).

**Shogun-Markt**
Marktsegment für -> **Auslandsemissionen** am japanischen Kapitalmarkt.

**Short**
Verkäufer einer Kontraktposition an -> **Financial Futures-Märkten** (siehe auch -> **short position**).

**Short Gilt Future**
-> **Kontrakt über kurzfristige britische Staatsanleihen**

**Short Hedge**
Sicherungsmaßnahme gegen fallende Kurse durch Aufbau einer Verkaufsposition (-> **short position**).

**Short-Manipulation**
Manipulation der Kapitalmärkte durch rechtswidriges -> **short selling**. Auf Grund falscher negativer Meldungen über eine Unternehmung, deren Aktien leer verkauft werden sollen, kommt es zu Kursrückgängen. Der Leerverkäufer nutzt diese rechtswidrig geschaffene Situation beispielsweise, indem er Aktien, die er zu höherem Kurs verkauft hat, zu einem niedrigeren Kurs zurückkauft, sich also "zurückdeckt" und auf diese Weise einen illegalen Vorteil verschafft. Manipulierte Leerverkäufe erfolgen häufig in Zusammenhang mit Firmenüber-

nahmen durch ihre Manager (-> **Management Buy Out**).

## Short option position
-> **Short position**

## Short position
Verkaufsposition an Finanzmärkten, der keine Glattstellung durch eine entsprechende Gegenposition gegenübersteht; bei -> **Optionen** geht grundsätzlich der -> **Stillhalter**, unabhängig davon, ob es sich um einen -> **Call** oder -> **Put** handelt, eine short option position ein.

## Short Selling
Leerverkauf von Aktien in Zusammenhang mit Finanztermingeschäften und Optionen sowie Firmenübernahmen. In einigen Ländern sind Leerverkäufe generell unzulässig, in anderen - wie den USA - grundsätzlich nicht verboten. Das amerikanische Wertpapierrecht verbietet jedoch, falsche positive oder falsche negative Meldungen über eine Unternehmung in Umlauf zu bringen, um illegale Manipulationen zu vermeiden (-> **Short-Manipulation**).

## Short Spread
Variante einer Spread-Position (siehe auch -> **Aktienoptionsstrategien**), deren -> **Long Position** wegen unterschiedlicher Basispreise und/oder Verfalldaten günstiger als eine -> **Short position** ist (auch als **verkaufter Spread** bezeichnet).

## Short squeeze
Börsensituation, in der ein Mangel an lieferbarem Angebot die Preise für Finanzterminkontrakte nach oben tendieren läßt.

## Short Term Note
-> **Euro-Notes**

## Short Term Note Issuance Facility
-> **Euro-Notes**; -> **NIF**

## Short Term Obligation
-> **Floating Rate Note**

## Short Term Warrant
-> **Optionsschein**

## Short volatility position
Optionsposition, von der dadurch profitiert werden kann, daß durch erwartetes Sinken der impliziten -> **Volatilität** (positive) Wirkungen auf den Optionspreis ausgehen.

## Shorties
-> **Optionsschein**

## SIBOR
Singapore Interbank Offered Rate. Ermittlung der Referenzzinssätze für -> **FRN** am Markt Singapur (analog zu -> **LIBOR**).

## Sicherheitsleistung
-> **Margin**

## Sicherungseffizienz
-> **Perfect Hedge**

## Silber-Option
Variante einer -> **Option** in Form einer **Edelmetall-Option**, die im wesentlichen das Recht bedeutet, eine bestimmte, in den Kontrakten (**silver option contracts**) festgelegte Menge an Silber (z.B. 250 Unzen an der -> **EOE**; 5 000 Troy Unzen an der -> **COMEX**) vom -> **Stillhalter** gegen Zahlung einer -> **Optionsprämie** zum vereinbarten **Basispreis** entweder zu kaufen oder an ihn verkaufen zu können. Silber-Optionen werden sowohl börsenmäßig auf der Basis standardisierter Kontrakte gehandelt als auch in Form von Freiverkehrs-Optionen (-> **OTC-Markt**) von Banken geschrieben und an die Kundschaft verkauft.

## Silicium-Geld
Synonym für **Mikroprozessor-Chipkarten** (**Chips**), die als Medium für den bargeldlosen Zahlungsverkehr im Rahmen von

-> **Electronic Cash** bzw. -> **POS** Einsatz finden können (auch als -> **Plastikgeld** oder **intelligente Kundenkarte** bezeichnet). Chips besitzen eine wesentlich höhere Speicherkapazität als die alternativ zum Einsatz kommenden Magnetkarten und erlauben die Abbuchung eines programmierten Geldbetrages (= vorbezahlte Wertkarte). Werden sie an einem POS-Terminal oder an sonstigen geeigneten Terminals (wie z.B. bei Fernsprechautomaten als -> **Telefonkarte**) benutzt, erfolgt eine Erfassung aller Transaktionen durch das Terminal und gleichzeitig eine unlöschbare Speicherung des Vorgangs auf der Chipkarte; der verbleibende Restbetrag auf der Chipkarte kann jederzeit an den Terminals überprüft werden. Der Vorteil für die Zahlungsverkehrsabwicklung besteht darin, daß teure On line-Verbindungen entbehrlich sind und eine Verarbeitung der getätigten Transaktionen durch den Handelsbetrieb im Stapelverfahren zu verkehrsgünstigen Zeiten mit den jeweiligen Banken als Ausgeber der Chips erfolgen kann. Darüber hinaus schließen Chips die bei Magnetkarten bestehenden Mißbrauchsmöglichkeiten aus: Während durch Magnetkarten praktisch eine Kreditlinie eingeräumt wird, bis zu der Käufe getätigt werden können, und die Abrechnung über das Bankkonto erst im nachhinein erfolgt, erweisen sich Chips als Speicher eines bereits abgerechneten Volumens an Finanzmitteln, deren Verwendung für bestimmte Zahlungsvorgänge - im Gegensatz zur Magnetkarte - nachprüfbar ist. Auch lassen sich Chips prinzipiell an einem automatischen Bankschalter oder in einer weiteren künftigen Entwicklungsstufe an einem Heim-Terminal (im Rahmen des ggf. durch Btx möglichen -> **Home Banking**) mit einer Konto-Abbuchung "aufladen". Der Vorteil für den Einzelhändler besteht schließlich vor allem darin, daß sich die Software für den gesamten Zahlungsverkehr nicht mehr nur in seiner elektronischen "Ladenkasse" (Terminal) befindet, sondern auch in der Chipkarte. Damit verliert auch das bei **Magnetkarten-POS** bestehende Problem der Kostenverteilung zwischen Kunde, Einzelhändler und Bank an Schärfe, zumal der Einzelhandel eine Kostenentlastung durch die Anschaffung einfacherer POS-Kassensysteme erfährt und sich teure Standleitungen zwischen Einzelhändler und Bank erübrigen. Während in Deutschland von den Banken nach wie vor die Kartentechnologie bevorzugt wird, erfolgt - nach Ablauf einer Übergangsphase, in der Chip- und Magnetkarten Verwendung finden können - in Frankreich und Norwegen die landesweite Einführung der Chipkarte; die schweizerische PTT setzt ebenfalls auf die Chipkarte, zumal die Anhebung der Speicherkapazität von 8-kBit-Chips auf 64-kBit-Chips (1988) diese zu einer fälschungssicheren **multifunktionalen Karte** macht.

**SIMEX**
-> Singapore International Monetary Exchange

**Singapore International Monetary Exchange (SIMEX)**
16 Raffles Quay No. 16 - 03, Hong Leong Building, Singapore 0104, Singapore
Terminbörse im Stadtstaat Singapur, die für den asiatischen Raum erhebliche Bedeutung hat. Der Handel erfolgt in Financial Futures, Währungs-Futures und Metall-Futures. *DR*

**Singaporer Börse, Stock Exchange of Singapore Ltd.**
16 Raffles Quay No. 16 - 03, Hong Leong Building, Singapore 0104, Singapore
Wertpapierbörse für den wirtschaftlich bedeutenden Stadtstaat Singapur, die eng mit der Börse in Kuala Lumpur (Malaysia) verbunden ist. *DR*

**Sinking Fund**
Schuldverschreibungsform mit der Verpflichtung des Emittenten, jeweils zu bestimmten Terminen bestimmte Beträge zu

tilgen, wobei die Tilgung in Form von Auslosungen oder Rückkäufen erfolgen kann (= Tilgungsfonds).

**Smartcard**
-> Chipkarte

**SMBS**
-> **Stripped Mortgage-Backed Securities**

**SMI**
-> **Swiss Market Index**

**SMI-Future**
-> **Swiss Market Index-Future**

**SMI-Option**
Option der -> SOFFEX auf den -> Swiss Market Index seit 7.12.1989.

**SNIF**
-> **Short Term Note Issuance Facility**

**Society for Worldwide Interbank Financial Telecommunication (SWIFT)**
Internationales Finanzinformationsnetz für den Austausch von Finanzinformationen aller Art und zur Rationalisierung sowie Beschleunigung des internationalen Zahlungsverkehrs.

**SOFE**
-> **Sweden Options and Futures**

**SOFFEX**
-> **Swiss Options and Financial Futures Exchange**

**SOFFEX-Marktstruktur**
Die Marktstruktur der -> SOFFEX als vollintegriertes Computerhandels- und Computerclearing-System an einer Optionsbörse ist durch das Marktzutrittssystem einerseits und das eigentliche Handels- und Überwachungssystem andererseits charakterisiert (Abbildung).
In einer ersten Stufe erfolgt der Marktzutritt der Kundschaft (Investoren) über -> **Broker**, während die zweite Stufe durch Interaktionen von Brokern und -> **Market Makern** den Zugang zum eigentlichen Handelssystem (SOFFEX-Zentralcomputer) und -> **Clearingsystem** bedeutet.

**Lit.:** Cordero, R., SOFFEX. In: SBG-Wirtschaftsnotizen, Mai 1988; Matje, A., Wertpapieroptionen - Die SOFFEX als Schritt in die Zukunft? ÖBA 1989, 1056 f.; Köpf, G., SOFFEX. WiSt 1988, 137 f.; Mollet, E./E. Dempfle/P. Weckherlin, SOFFEX. Die Bank 1988, 622 ff.

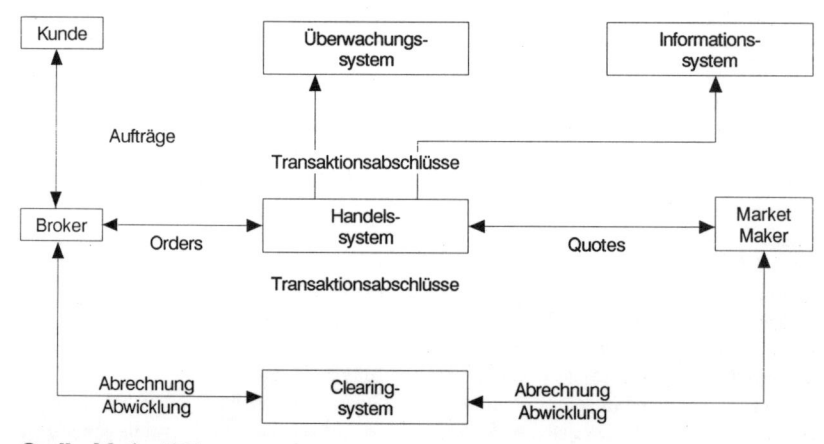

**Quelle:** Matje, 1061

**Sold Spread**
-> Short Spread

**Sole Placing Agent (SPA)**
In der Anfangsphase von -> **Note Issuance Facilties** bzw. -> **Revolving Underwriting Facilities** vorherrschender Plazierungsmechanismus, bei der ein Kreditinstitut, i.d.R. eine große Investmentbank, die Plazierung der -> **Euro-Notes**, die Betreuung einer Investorenbasis, die Pflege des Programms usw. übernimmt.
Der Plazierungsmechanismus des SPA hat gegenüber dem -> **Tender Panel** den Vorteil, daß er eher zu einer kontrollierten Marktumgebung führt, weil Investoren wissen, daß sie beim Sole Placing Agent -> **Euro-Notes** erwerben können.
Sowohl für den Schuldner als auch den Investor ist das Standing des Sole Placing Agent eine Sicherheit dafür, daß dieser sich während der gesamten Laufzeit der Fazilität um eine Marktpflege im -> **Primary** und **Secondary Market** (-> **Sekundärmarkt**) bemüht.
Ein Nachteil des Sole Placing Agent besteht darin, daß die an der Fazilität beteiligten Underwriter nicht die Möglichkeit haben, sich selber -> **Euro-Notes** zu sichern, um diese im Anschluß daran selber zu plazieren. Die Entstehung des -> **Tender Panels** trug diesem Bedürfnis Rechnung.
Für den Emittenten ist negativ, daß der Auf- bzw. Abschlag auf die -> **Euro-Notes** bei der Arrangierung der Fazilität festgelegt wird und der Schuldner deshalb von keiner Verbesserung der Marktkonditionen profitieren kann. Aufgrund dieses Nachteils entstand der Plazierungsmechanismus der -> **Issuer Set Margin**.
Der Sole Placing Agent ist im US- -> **Commercial Paper**-Markt die dominierende Plazierungsform. *GT*

**Sonderziehungsrechte (SZR)**
Die Werteinheit der SZR (auch als **Special Drawing Right** -SDR- bezeichnet) stellt eine **kombinierte Währungsoptionsklausel**, bestehend aus fünf unterschiedlich gewichteten Währungsbeträgen dar: Seit 1.1.1986 betragen die Wertanteile des $ 42%, der DM 19%, des Yen 15%, des FFR 12% und des £ 12%. Die "Mechanik" der SZR besteht darin, daß jede Kursverbesserung einer Währung deren Wertanteil zu Lasten der anderen Währungen, die in den SZR enthalten sind, erhöht und umgekehrt jede Kursverschlechterung einer Währung eine Verbesserung der anderen Währungen bedeutet. Die fixen Beträge der einzelnen Währungen (unter Berücksichtigung der durchschnittlichen Devisenkurse der Klauselwährungen im Zeitraum Oktober/Dezember 1985) stellen die Wertidentität der SZR sicher (für $ 0,45; DM 0,54; Yen 33; FFR 1,03 und £ 0,09).
**Lit.:** Deutsche Bundesbank, Internationale Organisationen und Abkommen im Bereich von Währung und Wirtschaft, 1986, 26 f.; Zehetner, F., ÖBA 1986, 50 ff.

**SPC REVT-System**
-> **Risk Eliminated Value Transport-System**

**Special Drawing Right (SDR)**
-> **Sonderziehungsrechte**

**Special Drawing Right Bond (SDR Bond)**
Internationale **Schuldverschreibung**, die in -> **Sonderziehungsrechten** denominiert ist; der Internationale Währungsfonds fixiert den US-$-Preis der Sonderziehungsrechte. Der Handel von SDR Bonds beschränkt sich ausschließlich auf den amerikanischen Kapitalmarkt.

**S&P 100-Index**
-> **Standard & Poor's 500 Stock-Index**

**S&P 500-Index**
-> **Standard & Poor's 500 Stock-Index**

## "S&P 500"-Optionsscheine

Von Banken begebene -> **Optionsscheine** in Form von -> **Calls** und -> **Puts**, bezogen auf den -> **Standard & Poor's 500-Aktienindex** im Wege des öffentlichen Angebotes (-> **public offering**). Jeder S&P 500-**Call-Optionsschein** berechtigt den Inhaber, gemäß den Optionsbedingungen von der Optionsschuldnerin (= emittierende Bank) die Zahlung eines **Differenzbetrages** zu verlangen: Der Differenzbetrag ist ein Zehntel der in US-$ ausgedrückten und in DM umgerechneten Differenz, um den der **S&P 500 Aktienindex** am Ausübungstag den -> **Basispreis** (in US-$ ausgedrückt) überschreitet. Der Differenzbetrag wird in DM ausgezahlt und richtet sich nach dem US-$/DM-Kassa-Geldkurs, der am Umrechnungstag an der Frankfurter Devisenbörse amtlich festgestellt wurde. -> **Ausübung** ist jederzeit während der (dreijährigen) Laufzeit möglich (-> **Amerikanische Option**). Effektive Scheine werden nicht ausgegeben; den Inhabern stehen Miteigentumsanteile an einem -> **Inhaber-Sammeloptionsschein** zu, der die Übertragbarkeit der Anteile der Deutschen Kassenverein AG und außerhalb der Bundesrepublik Deutschland durch -> **Cedel** und **Euro-Clear** gewährleistet. Börsennotierung erfolgt am Geregelten Markt in Frankfurt/M. Bei **Put-Optionsscheinen** wird der Differenzbetrag als ein Zehntel der in US-$ ausgedrückten und in DM umgerechneten Differenz ausgedrückt, um den der Basispreis (in US-$ ausgedrückt) am Ausübungstag den **S&P 500-Aktienindex** überschreitet. Erwerb und Ausgabe der Optionsscheine ist damit zusätzlich zu den Chancen und Risiken von -> **Index-Optionen** mit den Valutachancen und -> **Valutarisiken** verbunden.

## Speicherkarte
-> **Chipkarte**

## Spekulant
Marktteilnehmer, der an -> **Financial Futures-Märkten** auch als -> **Trader** bezeichnet wird. Seine Motive zur Teilnahme am Börsenhandel bestehen vor allem in der beabsichtigten Ausnutzung von erwarteten Kursänderungen (von Basisobjekten und/oder Finanzterminkontrakten). Insbesondere bei Financial Futures und bei Optionen ergibt sich auf Grund des relativ geringen notwendigen Kapitaleinsatzes (im Verhältnis zur Kontraktgröße) über den Leverage-Effekt die Möglichkeit der Erzielung überproportionaler Gewinne, allerdings auch die Gefahr von erheblichen Verlusten. Daher wählen Spekulanten i.d.R. Kontrakte mit hoher -> **Volatilität** und hohen Umsätzen. Spekulanten bilden im wesentlichen den Konterpart zu -> **Hedgern**, deren Verhalten risikoavers ist (wegen weiterer Einzelheiten der Durchführung siehe -> **Trading**).

## Sperrliste
enthält die Nummern aller als verloren gemeldeten, gestohlenen, gefälschten oder vom -> **Karteninhaber** mißbräuchlich verwendeten Karten, die von den -> **Vertragsunternehmen** bei Vorlage im Rahmen der -> **Autorisierung** einzuziehen sind. *EK*

## Spezial-Swaps
Seit der Etablierung der Swaptechnik ergab sich nicht nur ein starkes volumenmäßiges Wachstum, sondern auch eine bemerkenswert starke Innovationsdynamik, die zur Entwicklung von Spezial-Swaps führte. Diese Swaps können auf Grund ihrer besonderen Struktur nicht der Kategorie -> **Währungs-** oder -> **Zinsswap** zugerechnet werden. Im einzelnen handelt es sich vor allem um:

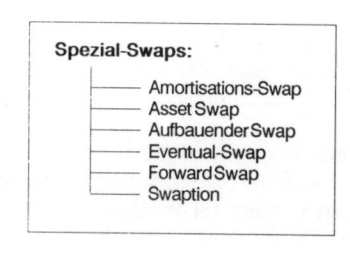

```
Spezial-Swaps:
    ── Amortisations-Swap
    ── Asset Swap
    ── Aufbauender Swap
    ── Eventual-Swap
    ── Forward Swap
    ── Swaption
```

## Spin-off

Sonderform des -> **Management Buy Out**, bei der die (angestellten) Manager die ursprüngliche Unternehmung unter Auflösung ihres Vertrages verlassen und in die neu geschaffene Spin-off-Unternehmung überwechseln. Dort werden - ggf. im kleinen Team - Produktideen der Ursprungsfirma, mit der alle Modalitäten abgestimmt sind, (weiter-)entwickelt und realisiert. Insofern sind unter Finanzierungsaspekten -> **Venture Capital**-Aktivitäten erforderlich.

## Split-issue

Schuldverschreibung in Form einer sog. **gespaltenen** -> **Parallelanleihe**, wobei die Kapitalaufbringung durch eine kurzfristige und eine langfristige Anleihe, ggf. mit festen und variablen Zinssätzen, erfolgen kann.

## Spot

Bezeichnung für die Eigenschaft von Finanzinstrumenten, die sofort bzw. innerhalb einer bestimmten kurzen Frist (i.d.R. innerhalb von längstens zwei Tagen) anzudienen bzw. zu liefern sind.

## Spot/next day
-> **Euro-Geldmarkt-Termine**

## Spot market
-> **Kassamarkt**

## Spot next
-> **Euro-Geldmarkt-Termine**

## Spot option
-> **Amerikanische Option**

## Spot price

Bezeichnung für Kassakurs (von Wertpapieren/Devisen).

## Spread

- **Financial Futures**: Differenz zwischen den Kursen unterschiedlicher Kontrakte **oder** Differenz der Kurse zwischen Kontrakten mit näherem Erfüllungstermin und weiter entferntem Erfüllungstermin derselben Kontraktart.
- Optionen: Differenz der -> **Basispreise** und/oder -> **Verfalldaten** derselben -> **Optionsserie**. Dementsprechend lassen sich folgende Varianten von Spreads unterscheiden: Optionen mit unterschiedlichen Basispreisen (-> **Vertical Spread**), Optionen mit unterschiedlichem Verfalldatum (-> **Horizontal Spread** bzw. -> **Time Spread** bzw. -> **Calendar Spread**) und Optionen mit unterschiedlichen Basispreisen **und** unterschiedlichen Verfalldaten (-> **Diagonal Spread**). Siehe auch -> **Spread-Typologie**.

## Spreading

In zwar geringerer Weise risikofreudig als das -> **Trading** (insbesondere die Transaktionen des -> **Position Traders**), jedoch nicht risikoausschließend wie das -> **Hedging** oder die -> **Arbitrage** mit -> **Financial Futures** entwickelt sich das Spreading. Für den Erfolg von Spread-Transaktionen, die in -> **Intra Contract Spreading** und in -> **Inter Contract Spreading** unterschieden werden können, ist nämlich der **Spread** (als Kursunterschied) von **mehreren** (gleichen oder verschiedenen) Kontrakten Gegenstand der (spekulativen) Überlegungen (und nicht **ein** Kontrakt wie beim Trading). Von wesentlicher Bedeutung unter Erfolgsaspekten sind beim Spreading daher Richtung und Ausmaß der Kursveränderungen der eingesetzten Kontrakte (-> **Spread**).
Lit.: Cordero, 128 ff.

## Spreading (Optionen)
-> **Aktienoptionsstrategien**

## Spread-Typologie

Dieser Begriff (-> **Spread**) wird in Literatur und Praxis mit drei verschiedenen Inhalten belegt:
- Differenz zwischen Ankaufspreis und Verkaufspreis, z.B. Spanne zwischen Geld- und Briefkurs am Devisenkassamarkt (vgl. Büschgen 1985).

- Aufschlag auf einen bestimmten Kreditzinssatz (Referenzzinssatz), z.B. **LIBOR** (vgl. Eilenberger 1990; -> **Spread (Kreditmarkt)**).
- Gleichzeitiger Kauf und Verkauf von Optionen oder Terminkontrakten (-> **Future Trading**); wird auch als Spreading bezeichnet.

Ein Spread auf der Basis von Optionen besteht aus einer gekauften und einer verkauften Kauf- oder Verkaufsoption bezüglich desselben Optionspapiers. Der Spread (Differenz) kann sich dabei auf die Basispreise und/oder Laufzeit der Optionen beziehen. Im Gegensatz zum alleinigen Kauf oder Verkauf einer Option kann durch das Eingehen einer Spread-Position das Risiko begrenzt worden sein und die Kosten der gekauften Option durch die Einnahme der Optionsprämie aus dem Verkauf einer Option verringert werden (vgl. Lingner, 1987). Wichtige **Spread-Typen** zeigt nachstehende Abbbildung:

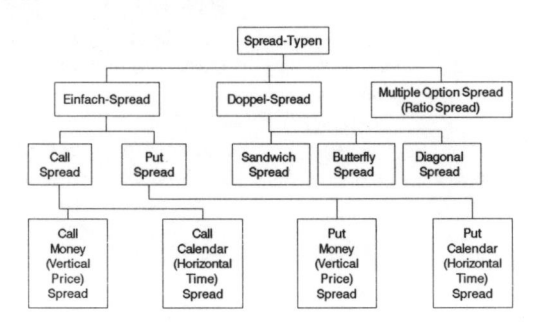

```
                            Spread-Typen
         ┌──────────────────────┼──────────────────────┐
   Einfach-Spread         Doppel-Spread        Multiple Option Spread
                                                  (Ratio Spread)
     ┌──────┐         ┌────────┬────────┐              │
   Call    Put     Sandwich  Butterfly  Diagonal
  Spread  Spread    Spread    Spread     Spread
     │       │                 │          │
   Call    Call              Put        Put
   Money  Calendar          Money     Calendar
 (Vertical)(Horizontal)   (Vertical) (Horizontal
   Price)   Time)           Price)     Time)
   Spread   Spread          Spread     Spread
```

Die **Einfach-Spreads** bestehen aus zwei Optionsgeschäften. Der Call Spread ist eine Kombination von zwei Kaufoptionen, der Put Spread ist eine Kombination von zwei Verkaufsoptionen. Unterscheiden sich die gekauften und verkauften Calls bzw. Puts im Basispreis, dann spricht man von einem Money, Vertical oder Price Spread. Erwartet der Anleger steigende Kurse des Basisobjektes, dann kauft er eine Option mit niedrigerem Basispreis und verkauft eine Option mit höherem Basispreis; wegen dieser Kurserwartung wird von Call Bull Price Spread bzw. von Put Bull Price Spread gesprochen. Erwartet der Anleger hingegen sinkende Kurse des Basisobjektes - er kauft dann eine Option mit höherem Basispreis und verkauft eine Option mit niedrigerem Basispreis -, dann handelt es sich um einen **Call Bear Price Spread** bzw. **Put Bear Price Spread**.

Unterscheiden sich die gekauften und verkauften Calls bzw. Puts in der Laufzeit, spricht man von einem Calendar, Horizontal oder Time Spread. Ähnlich wie bei den Price Spreads kann auch der Time Spread entsprechend den Erwartungen des Anlegers in Call (Put) Bull Time Spreads und Call (Put) Bear Time Spreads differenziert werden. Erwartet der Anleger steigende Kurse des Basisobjektes, dann sollte er einen Basispreis oberhalb des aktuellen Aktienkurses wählen (Bull Time Spread); erwartet er sinkende Kurse, sollte er einen Basispreis unterhalb des aktuellen Kurses wählen (Bear Time Spread), und erwartet er stagnierende Kurse, dann sollte der Basispreis möglichst nahe am aktuellen Kurs (Neutral Time Spread) liegen (vgl. Ebneter, 1987).

Die **Doppel-Spreads** sind dadurch charakterisiert, daß sie durch die Kombination von zwei Spreads entstehen. Der Sandwich Spread kombiniert einen Bull Price Spread mit Basispreisen B1 und B2, sowie einen Bear Price Spread mit Basispreisen B2 und

B3. Der Butterfly Spread, der die Umkehrung des Sandwich Spread ist, besteht aus einem Bear Price Spread mit Basispreisen B1 und B2, sowie einem Bull Price Spread mit Basispreisen B2 und B3. Für Sandwich Spread und Butterfly Spread gilt: B1 < B2 < B3 und B3 - B2 = B2 - B1 (vgl. Lingner, U., a.a.O., 1987)

Der **Diagonal Spread** ist eine Kombination zwischen Time Spread und Price Spread, wobei sich die zugrundeliegenden Optionen in Basispreis und Fälligkeitstermin unterscheiden. Entsprechend den Kurserwartungen des Anlegers können auch beim Diagonal Spread der Bull Diagonal Spread und der Bear Diagonal Spread unterschieden werden.

Der **Multiple Option Spread**, der auch als **Ratio Spread** bezeichnet wird, besteht aus mindestens drei Optionen. Der Ratio Spread unterscheidet sich vom Doppel-Spread dadurch, daß er eben nicht eine Kombination von zwei Einfach-Spreads ist, sondern sich aus einfachen Optionsgeschäften und Einfach-Spreads zusammensetzt. Das Spreadverhältnis gibt dabei das Verhältnis zwischen verkauften und gekauften Optionen an. Ein Spreadverhältnis von 2:1 bedeutet also, daß sich der Ratio Spread aus zwei verkauften Optionen und einer gekauften Option zusammensetzt. Der Ratio Spread kann als Price Spread, Time Spread oder Diagonal Spread aufgebaut sein, wobei diese Klassifizierung davon abhängig ist, ob die Basispreise oder die Fälligkeitstermine oder die Basispreise und Fälligkeitstermine der zugrundeliegenden Optionen verschieden sind. Für den Anleger ist von Bedeutung, daß beim Ratio Spread nicht immer eine Begrenzung der Verlustmöglichkeiten - wie bei den anderen Spread-Typen - gegeben ist. Vielmehr steht beim Ratio Spread einer begrenzten Gewinnchance ein in Abhängigkeit von der Kursentwicklung unbegrenztes Verlustrisiko gegenüber (vgl. Pelz, o.J.) *TG*

**Spread (Kreditmarkt)**
Abgeltung für die individuellen Finanzierungskosten des Kreditgebers bei insbesondere -> **Roll-over-Krediten**, die auf den vereinbarten -> **Referenzzinssatz** als jährlicher Prozentsatz aufgeschlagen wird, also z.B. LIBOR + Spread. Der Spread kann als Abgeltung für die Transformationskosten (von kurzfristigen Mitteln des -> **Euro-Geldmarktes** in längerlaufende Kredite) und für die eingegangenen Risiken (Risikokosten), die im Schuldner begründet liegen, angesehen werden. Der Spread wird auch als **Marge** bezeichnet.

**SPX**
-> **Standard & Poor's 500 Stock-Index**

**Stacking**
Einsatz einer Zahl von Finanzterminkontrakten/Optionen desselben Ausübungsmonats zur Glattstellung -> **offener Positionen** in anderen (abweichenden) Monaten (Zeiträumen).

**STAG**
-> **Sterling Transferable Accruing Government Securities**

**Standard & Poor's 500 Stock-Index (S&P 500-Index)**
Von der Standard & Poor's Corporation 1923 erstmals veröffentlichter -> **Aktienindex**, der seit Februar 1957 500 Aktienwerte im "composite index" und 95 "subgroup indexes" (-> **Subindex Stock Futures**) enthält (Ticker-Symbol: **SPX**). Seit Juli 1976 basiert der Index auf 400 Industrie-, 40 Versorgungs-, 40 Finanz- und 20 Transportwerten, die an der -> **NYSE** notiert sind, und umfaßt rund 75% des Marktwertes der an der NYSE gehandelten Aktien. Im Jahre 1982 erfolgte die erstmalige Nutzung des S&P 500 für Stock Index Futures; derzeit sind S&P 500 Index-Kontrakte die häufigst gehandelte Kontraktart. Die Konstruktion dieses (markt-)gewichteten Index besteht

darin, daß der Kurs jeder Aktie (des Index) multipliziert wird mit der Zahl der ausgegebenen Aktien (= **Marktwert** der jeweiligen Aktie); die Addition aller (Einzel-) Marktwerte ergibt den Gesamtmarktwert aller in den Index einbezogenen Werte. Damit lautet die "Formel" für die Berechnung des S&P 500-Index:

$$\sum_{i=1}^{n} \frac{P_{it} \cdot Q_{it}}{P_{i0} \cdot Q_{i0}} \cdot 10$$

wobei:

$P_{it}$ = aktueller Marktpreis für die i Aktien (zum Zeitpunkt t)

$P_{i0}$ = Marktpreis für die i Aktien in der Basisperiode (0)

$Q_{it}$ = Zahl der aktuell ausgegebenen i Aktien (zum Zeitpunkt t)

$Q_{i0}$ = Zahl der in der Basisperiode (0) ausgegebenen i Aktien

Für zwei Aktien X und Y ergibt sich daher folgende Beispielsrechnung:

| Aktie von | Kurs der Aktie in t | Ausgegebene Zahl der Aktien | Marktwert |
|---|---|---|---|
| X | 40 | 2000 | 80000 |
| Y | 60 | 1500 | 90000 |
| ∑ | | | 170000 |

Der Index-Level für X und Y ergibt sich (bei Basismarktwert von 95 000) als

$$\frac{170\,000}{95\,000} \times 10 = 17{,}89.$$

Auf Grund der spezifischen Konstruktionsmerkmale üben Gesellschaften mit hoher Zahl von ausgegebenen Aktien größeren Einfluß auf den Index aus als solche mit niedriger Zahl.

Gebräuchlicher im Hinblick auf die Verwendung als -> **Basisobjekt** ist jedoch der **Standard & Poor's 100-Index (S&P 100-Index;** Ticker Symbol: **OEX**); beispielsweise beträgt an der -> **CBOE** der Kontrakt-Tagesumsatz sowohl in -> **Calls** als auch in -> **Puts** auf den S&P 100-Index im allgemeinen das Vier- bis Fünffache der Tagesumsätze des S&P 500-Index. Der S&P 100-Index als **Subindex** des S&P 500-Index enthält 100 "Blue Chips", die im wesentlichen den Aktienmarkt repräsentieren (z.B. 28.3.1990: S&P 100-Index = 322,33 Punkte; S&P 500-Index = 341,50 Punkte).

**Standard & Poor's 100-Index-Contract**
Aktienindex-Kontrakt auf der Grundlage des -> **S&P 100-Index**, wobei die gehandelte Einheit $ 100 x Wert des S&P 100-Index beträgt.

**Standard & Poor's 500-Index-Contract**
Aktienindex-Kontrakt auf der Grundlage des -> **Standard & Poor's 500**.

**Standard & Poors (S&P) 500 Stock Index Future-Kontrakt**
CME Kontrakt/Kontraktspezifikationen:
Gehandelte Einheit:
$ 500 x Wert des S&P 500 Aktienindex
Liefer-,Verfallmonate:
März, Juni, September, Dezember
Liefertag:
Cash Settlement am Freitagmorgen zum Schlußkurs des S&P 500 am letzten Handelstag. Gewinne und Verluste werden den -> **Margin Accounts** belastet/vergütet, basierend auf den Eröffnungswerten der 500 Aktien am Freitag.
Letzter Handelstag:
Der dem dritten Freitag des Kontraktmonats vorhergehende Donnerstag.
Notierung:
Mehrfaches von 0,05; $ 500 pro ganzem Indexpunkt
Mindestkursveränderung (Tick: Größe und Wert):
0,05 ($ 25,00)
Handelszeiten:
08.30 Uhr bis 15.15 Uhr Chicago Zeit. *WH*

## Standardisierter Kontrakt
-> **Standardkontrakt**

## Standardkontrakt
Die vertragliche Vereinbarung, eine standardisierte Menge, Nominalwert oder Wert eines bestimmten Instrumentes (physische Ware/Finanzinstrument) zu einem im voraus bestimmten Kurs an einem späteren, standardisierten Fälligkeitstag zu kaufen bzw. zu verkaufen.

## Standby-Kredit(linie)
Im Rahmen von Euro-Kreditfinanzierungen und Euro-Geldmarktfinanzierungen (-> **Euro-Notes**; -> **NIFs**; -> **RUFs**) den Unternehmungen von Banken eingeräumte Kreditlinien bzw. Unterstützungslinien zur Sicherung der Finanzierung.

## Step Down FRN
Im Gegensatz zu -> **Step Up FRN** weist diese Variante von -> **FRN** höhere Zinssätze auf (z.B. -> **LIBOR** + 4%), während in späteren Perioden der Zinssatz weit unter LIBOR liegt oder überhaupt Null beträgt, so daß es sich in diesen Phasen der Laufzeit bei den Step Down FRN faktisch um einen -> **Zero Bond** handelt.

Auch in diesem Fall bedingen die steuerlichen Voraussetzungen bei den Investoren die Akzeptanz derartiger Papiere; für den Emittenten ergeben sich Vorteile insbesondere im Falle erwarteter und tatsächlich eintretender Zinssteigerungen, die von einem relativ niedrigen Niveau ausgehen.

## Step Up FRN
Variante von -> **FRN**, deren (variable) Zinssätze stufenweise von einem weit unter -> **LIBOR** befindlichen Niveau auf einen erheblich über LIBOR liegenden Betrag steigen (z.B. LIBOR ± 5 oder 7%). Der Effekt derartiger FRN besteht darin, einerseits die Zinseinkünfte des Investors im Sinne einer Wachstumsrate ansteigen zu lassen und damit auf einen späteren Zeitpunkt zu verschieben, andererseits profitiert der Emittent von den anfänglich niedrigen Zinszahlungen, zumal aus den zu finanzierenden Investitionen i.d.R. auch deren Überschüsse allmählich ansteigen; insofern ergibt sich eine für den Emittenten nützliche Synchronisation von Einnahmen aus den Investitionsüberschüssen und den zu leistenden Finanzierungskosten an die Gläubiger der Emission (siehe auch -> **Step Down FRN** und -> **Deferred Coupon Notes**).

## Sterling Currency Futures
LIFFE-Kontrakt/Kontraktspezifikationen:
Handelseinheit:
GBP 25.000 gegen $
Liefermonate:
März, Juni, September, Dezember
Liefertag:
Dritter Mittwoch des Liefermonats
Letzter Handelstag:
10.31 Uhr zwei Geschäftstage vor Lieferung
Notierung: US$ per GBP
Minimale Kursveränderung (Tick: Größe und Wert):
0,01 cents per GBP ($ 2,50)
Originaleinschuß: $ 750
Handelszeiten:
08.32-16.02 Uhr Londoner Zeit
EDSP:
Offizieller LIFFE Schlußkurs am letzten Handelstag. *WH*

## Sterling Gilt Contracts
-> **Long, Medium, Short Gilt Future**

## Sterling Transferable Accruing Government Securities (STAGS)
Variante von -> **Stripped Bonds**, die auf englischen Staatspapieren basieren.

## Stillhalter
Schreiber bzw. Verkäufer einer -> **Option** (zum Risiko siehe auch -> **option writer's risk**); auch "passiver" Kontrahent genannt.

## Stillhalter in Aktien
Verkäufer einer Aktienverkaufsoption

(-> **Aktien-Put-Option**), der auf die Ausübung durch den -> **Wähler** wartet. Er muß bei Ausübung die zugrundeliegenden Aktien liefern (siehe auch -> **gedeckter Verkauf einer Kaufoption**).

**Stillhalter in Devisen**
Schreiber einer Devisen-Put-Option (-> **Devisen-Option**), der bei Ausübung der Option durch den Wähler die vereinbarten Devisen (**Valuta**) zu leisten hat. Das Risiko bzw. die Chance hängt dabei davon ab, ob sich der Stillhalter bereits zum Zeitpunkt des Abschlusses des Optionskontraktes oder bis zur Ausübung eingedeckt hat oder erst zum Ausübungszeitpunkt (am -> **Devisenkassamarkt**) die benötigten Devisen anschafft.

**Stillhalter in DM-Futures**
Schreiber einer Put Option auf DM-Futures, der bei Ausübung durch den Wähler die vereinbarte Anzahl von -> **DM-Futures-Kontrakten** zu leisten hat (zum Risiko siehe -> **option writer's risk** und -> **Stillhalter in Devisen**).

**Stillhalter in Geld**
Verkäufer einer Verkaufsoption, der auf die Ausübung der Option durch den Wähler wartet; er hat bei Ausübung die -> **Basisobjekte** zum vereinbarten -> **Basispreis** gegen Zahlung in Geld abzunehmen (siehe auch -> **gedeckter Verkauf einer Verkaufsoption**).

**Stillhalter in Valuta**
-> **Stillhalter in Devisen**

**Stock Basket**
-> **Index Participations**

**Stock Exchange Automated Quotation System (SEAQ)**

**Stock Index**
-> **Aktienindex**

**Stock Index Option**
-> **Aktienindex-Option**

**Stock Index Future Contract**
Since their introduction at the Kansas City Board of Trade in 1982 Future Contracts on Stock Indexes faced a rapid growth. The most popular Contracts are the Standard & Poors 500 Stock Price Index, the Value Line Composite Average Index (1680 shares), the NYSE Composite Index (all listed shares at the NYSE) and the Major Market Index. The value of this contracts is the index value times 500 (S & P, NYSE, Value Line) or 100 (MMI). *WH*

**Stock Option**
-> **Aktienoption**

**Stop-Buy Order**
In Analogie zur -> **Stop-Loss Order** Möglichkeit der Auftragserteilung bei Wertpapierkäufen, bei der ein **Stopkurs**, d.h. ein Limit, gesetzt wird, bei dessen Realisierung oder Überschreitung der Auftrag als "Billigst"-**Kauforder** auszuführen ist.

**Stop List**
-> **Sperrliste**

**Stop-Loss Order**
Seit 1.1.1989 auch an deutschen Börsen eingeführte Möglichkeit der Auftragserteilung in Anlehnung an die Usancen der -> **NYSE** (vorerst für die 30 Aktienwerte -> des **DAX**): Bei einer Stop-Loss Order wird vom Auftraggeber ein **Stopkurs**, d.h. ein Limit, gesetzt, bei dessen Realisierung oder Unterschreitung der Auftrag als "Bestens"-**Verkaufsorder** auszuführen ist.

**Stop Order**
Auftragsart an -> **Financial Futures-Märkten**, bei welcher beim Verkauf ein **niedrigerer** und beim Kauf ein **höherer** als der vorbestimmte (Stop-)Kurs zu realisieren ist (Ähnlichkeit zur -> **MIT-Order**).

## Straddle
Gleichzeitiger Kauf eines -> **Put** und eines -> **Call** desselben -> **Basisobjektes** und -> **Verfalldatums** sowie zum gleichen -> **Basispreis**. Das Motiv besteht in der Nutzung des erwarteten Anstiegs der Preisvolatilität des zugrundeliegenden Finanzinstruments (siehe auch -> **Aktienoptionsstrategien**).

## Straddle write
-> **Aktienoptionsstrategie**, die das Ziel verfolgt, von einem erwarteten Sinken der impliziten -> **Volatilität** zu profitieren. Der -> **Stillhalter** verkauft einen -> **Straddle**.

## Straight Bond
Schuldverschreibung mit festem Zinssatz während der gesamten Laufzeit.

## Straight line yield
Näherungsmethode zur Renditeberechnung von Finanzinstrumenten mit variabler Verzinsung:

$$\text{LIBOR} + \text{Marge} + \frac{\text{Provision}}{\text{Laufzeit (bis 1. Put oder 1. Call)}}$$

## Strangle
Gleichzeitiger Kauf eines -> **Put** und eines -> **Call** desselben -> **Basisobjekts** und desselben -> **Verfalldatums**, jedoch - im Unterschied zum -> **Straddle** - mit abweichendem (unterschiedlichem) -> **Basispreis** (-> **Aktienoptionsstrategie**).

## Strap
-> **Aktienoptionsstrategie**, die darin besteht, eine größere Zahl -> **Calls** als -> **Puts** zu kaufen, wobei alle Optionen denselben -> **Basispreis** und dasselbe -> **Verfalldatum** aufweisen. Das Motiv des Traders beruht auf der erwarteten Steigerung der Preisvolatilität, wobei die Annahmen über die erwartete Kursentwicklung des zugrundeliegenden Finanzinstruments eher ein Ansteigen als ein Fallen beinhalten.

## Strategische Allianz
Form der (internationalen bzw. globalen) Kooperation von (multinationalen) Unternehmungen, mit dem Ziel, die internationale Wettbewerbsfähigkeit durch Nutzung komplementärer Stärken (und Verringerung der Schwächen) auf dem Weltmarkt zu verbessern bzw. zu stabilisieren. Dem Eingehen von strategischen Allianzen, deren rechtliche Grundlagen in bilateralen Vereinbarungen bzw. Kooperationsverträgen bestehen, liegt die Erkenntnis zugrunde, daß die **Finanzkraft** jedes Partners der Allianz für sich allein gesehen unzureichend wäre, das angestrebte Wettbewerbsziel zu realisieren, und daß Übernahmen von Unternehmungen (-> **M&A**) ausscheiden. Insofern umfassen strategische Allianzen langfristige, strategische Finanzierungskonzepte für globale Investitionen jedes Partners unter Berücksichtigung des Wettbewerbsziels der strategischen Allianz, die sich ihrerseits angesichts des Charakters der Erstmaligkeit und der Einmaligkeit als -> **Finanzinstrument-Innovation** auffassen lassen.

## Strike Price
-> **Basispreis**

## Strip
-> **Aktienoptionsstrategie**, die im Kauf einer größeren Anzahl von -> **Puts** als von -> **Calls** (zum selben -> **Basispreis** und -> **Verfalldatum** der Optionen) besteht. Das Motiv für einen Strip ist gegenläufig zu demjenigen eines -> **Strap**.

## Stripped Bond
Trennung von Kupon (Zinsschein) und Mantel einer Schuldverschreibung mit anschließendem getrennten Verkauf als -> **Null-Kupon-Anleihe** (-> **Coupon Stripping**) oder mit Zusammenfassung mehrerer Zinsscheine (Zinszahlungen) auf **einen Zinstermin** und Verkauf als Null-Koupon-Anleihe (wobei die Abzinsung zum internen Zinsfuß erfolgt). Erste Instrumente dieser

**Stripped Mortgage Backed Securities (SMBS)**

Art waren in den USA -> **CAT** und -> **TIGR** (siehe -> **STRIPS**); dabei wurden US-Schatzscheine von US-Banken erworben, bei einer Treuhandbank deponiert und Null-Koupon-Anleihen begeben, deren Sicherung durch die hinterlegten Schatzscheine erfolgte. Das -> **Coupon Stripping** bewirkt, daß die ursprünglich festverzinsliche Schuldverschreibung den Charakter eines -> **Zero Bonds** annimmt, zumal aus ihr nur noch die Forderung auf Rückzahlung des Nennbetrages zum Fälligkeitstag abgeleitet werden kann. Da die Trennung von Mantel und Zinsscheinen zu einem Kursrückgang der Schuldverschreibung führt, erwirbt der Anleger den Stripped Bond - analog zur Ausgabe eines **Zero Bonds** - **abgezinst**. Der durch Zusammenfassung der Zinsscheine (**Coupon Stripping**) entstandene zusätzliche Zero Bond ist dagegen seinem Wesen nach ein sog. Zinssammler (= **aufgezinster** Zero Bond; siehe dazu v.a. -> **SMBS**). Für den Investor ergibt sich der Vorteil eines relativ geringen Kapitaleinsatzes und die Aussicht, an Kurssteigerungen über den Leverage-Effekt teilzuhaben; Der Emittent profitiert von niedrigeren Finanzierungskosten und längeren Laufzeiten. Die Deutsche Bundespost wandte dieses Konzept in Zusammenarbeit mit der Commerzbank erstmals 1986 (unter Einschaltung einer Off-Shore-Finanzierungsgesellschaft, die formal als Emittent der Null-Koupon-Anleihe fungierte - Euro DM Securities, St. Helier, Jersey) an.

Lit.: Fink, A., Stripped Bonds. ÖBA 1986, 298 f.

**Stripped Mortgage Backed Securities (SMBS)**
Variante einer -> **CMO**, die durch Trennung von Kapital- und Zinszahlungsströmen der Rückflüsse aus Hypothekarkrediten und Zuordnung bzw. Zusammenfassung zu neuen Wertpapieren - i.d.R. -> **Zero Bonds** - entsteht (siehe auch -> **Coupon Stripping** und -> **AB Finance**; -> **MBS**). Bei Zuordnung der Kapitalrückflüsse zu einer Tranche wird diese als **Principal Only**, bei Zuordnung der Zinszuflüsse zu einer anderen Tranche wird diese als **Interest Only** bezeichnet. Diese (neuen) Zero Bonds eignen sich in unterschiedlicher Weise auch als -> **Hedge-Instrumente**, und zwar Interest Only bei steigenden und Principal Only bei fallenden Zinsen. Während das Risiko eines Principal Only v.a. darin besteht, eine geringere als die erwartete Rendite zu erzielen, führen Zinssenkungen im Falle eines Interest Only u.U. zu Kapitalverlusten.

**STRIPS**
-> **Separate Trading of Registered Interest and Principal of Securities**

**Student Loan Marketing Association**
Auf US-Charter basierende (US-Government-sponsored) Publikumsgesellschaft, die Finanzierungen von Studenten durchführt, indem sie -> **ABS** begibt, und zwar auf Kredite, die den Studenten von Dritten gewährt worden sind. Die entsprechenden Wertpapiere sind von erstklassiger Bonität und werden als **Sallie Mae** bezeichnet (siehe auch die analogen ABS in Form der -> **Fannie Mae** und -> **Ginnie Mae**).

**Subindex Stock Futures**
Varianten von -> **Aktienindex-Futures**, die nicht auf einem Gesamt-(Haupt-)Index, wie -> **MMI**, -> **S&P 500**, basieren, sondern auf **Subgruppen** aus einem derartigen Index (z.B. S&P 100), beispielsweise einer bestimmten Branche. Bereits im Januar 1984 erließ die -> **CFTC** Richtlinien, die eine Subindizierung auf die letzten 25 Gesellschaften (mit erheblichem ausstehenden Aktienkapital) des Gesamtindex ausschließt.

**Subject to availability clause**
Klausel, die das Liquiditätsrisiko der -> **Underwriter** dadurch vermindern soll, daß dem Emittenten die benötigten Mittel nur dann zur Verfügung gestellt werden, wenn sich die Underwriter Mittel derselben

Währung im benötigten Volumen besorgen können.

## Swap
Das Grundprinzip eines Swaps besteht im Austausch von Zahlungsforderungen und Zahlungsverpflichtungen zwischen zwei Parteien mit dem Ziel, relative Vorteile, die eine Partei gegenüber der anderen aufgrund ihrer Stellung an einem bestimmten Markt realisieren kann, zu arbitrieren. Die effektive Gestaltungsfreiheit und Innovationen haben zu einer vielfältigen Ausgestaltung von Swaps geführt (-> **Swap-Motive**; -> **Swapstrukturen**). *PL*

## Swap-Bedingungen
Die rechtliche Seite einer Swap-Transaktion wird durch eine Swap-Dokumentation erfaßt. Die Swap-Bedingungen, wie z.B. -> **Assignment** oder **Cross Default-Klausel** spielen in der -> **Swap-Dokumentation** eine wichtige Rolle.

## Swap Buyout
-> **Umkehr-Swap**

## Swap-Dokumentation
Die Swap-Dokumentation stellt die rechtliche Basis für eine **Swap-Transaktion** dar. Wegen seiner großen Bedeutung muß das Vertragswerk mit größter Sorgfalt ausgearbeitet werden. In den Anfangszeiten von Swaptransaktionen wurde für jede Swaptransaktion ein eigenes Vertragswerk erstellt. Ausgehend von der Notwendigkeit einer gewissen Standardisierung, hat die -> **ISDA** Referenzverträge ausgearbeitet, die heute oftmals die Grundlage für Swaptransaktionen darstellen. Eine sorgfältig formulierte Dokumentation ist ein wichtiges Instrument zur Risikoreduzierung von Swaps. Spezielle Ansatzpunkte sind hierbei zum Beispiel:
Bilanzrelationen, wie EK-Höhe, die von der Partei erfüllt werden müssen, oder -> **Cross Default-Klauseln**. Diese geben der Swappartei das Recht, alle Swaptransaktionen zu kündigen, falls die Verpflichtungen aus einem Swapvertrag nicht erfüllt werden. Ein weiteres Instrument in Bereich der Dokumentation sind **Master Agreements**. Durch solche Master Agreements werden alle existierenden Swap-Verträge mit einer Gegenpartei zusammengefaßt und eine gegenseitige Aufrechnung ist möglich. Solche **Master Swap-Verträge** sollten insbesondere zwischen zwei Parteien abgeschlossen werden, die häufig Swap-Transaktionen durchführen. *PL*

## Swap-Garantie
Die Swap-Garantie ist bei -> **Zins-** und -> **Währungs-Swaps** eine wichtige Risikobegrenzungsmaßnahme. Eine Swappartei kann bei einer nicht erstklassigen Gegenpartei eine Garantie zur Erfüllung der Verpflichtungen unter dem Swapvertrag durch eine bonitätsmäßig positiv beurteilte dritte Partei verlangen. Die häufige Anwendung dieses Instruments wird allerdings dadurch beeinträchtigt, daß der entsprechenden Swappartei zusätzliche Kosten entstehen, die die Kostenvorteile unter einem Swap teilweise oder vollständig zunichte machen können. *PL*

## Swap-Eventualrisiko
-> **Swap-Motive**

## Swaplimit
Das den -> **Zins-** oder -> **Währungsswaps** immanente Risiko kann durch risikoreduzierende Maßnahmen verringert werden. Eine wichtige Rolle spielen hierbei Swaplimits. Ähnlich wie bei der Kreditvergabe durch Banken werden auch für potentielle Swapparteien **Swaplinien** festgelegt. Im Rahmen dieser Linien werden das Swapgesamtvolumen einschließlich Laufzeitbegrenzungen und Währungsbegrenzungen für Zins- und Währungsswaps festgelegt. Die Höhe und Ausgestaltung der Swaplimits ist primär von der Bonität der jeweiligen Swappartei bestimmt. *PL*

## Swaplinie
-> Swaplimit

## Swap-Indikationen
Swap-Indikationen repräsentieren einen Zinssatz, zu dem die Bank bereit ist, eine Swap-Transaktion durchzuführen (-> **Swap-Notierungen**, -> **Swap Spread**). Swap-Indikationen werden insbesondere in der Anfangsphase von geplanten Swap-Transaktionen abgegeben. Entsprechend können sich Swap-Notierungen noch ändern, falls es zu einem Abschluß kommt, bedingt auch durch Marktverschiebungen. *PL*

## Swap-Markt
Der Umfang des Swap-Marktes (siehe auch -> **Swap-Sekundärmarkt**) wird Anfang 1990 weltweit auf rund 3 Billionen $ geschätzt. Dagegen dürfte das Volumen des inländischen (deutschen) Swap-Marktes bei rund 250 Mrd DM liegen; allerdings weist die Marktentwicklung, die erst Anfang 1986 einsetzte, exponentielle Steigerungsraten auf (Abbildung).

## Swap-Motive
Im wesentlichen werden -> **Swaps** aus folgenden Gründen abgeschlossen:
- Dienstleistungen durch Banken, die entsprechende Swap-Partner zusammenführen. Sie erbringen in diesem Falle Vermittlungsleistungen, wofür sie eine **Arrangement Fee** (für die Konstruktion des Swap und für die Abwicklung des Zahlungsverkehrs sowie für die Verwaltung von Sicherheiten) erhalten. Darüber hinaus profitiert die Bank von der Festzins-

**SWAPVOLUMEN INLAND**
Deutsche Bundesbank

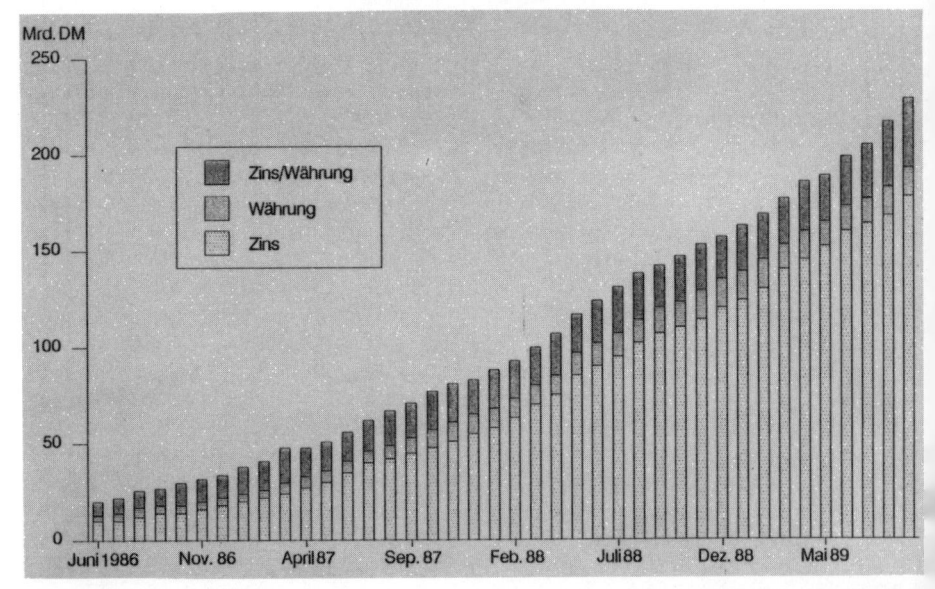

Quelle: Security Pacific Merchant Bank

satzdifferenz. Die Bank selbst schließt durch das Glattstellen von offenen **Swap-Positionen** primär das -> **Swap-Risiko** in Form des **Preisrisikos**, das entweder durch eine Veränderung der variablen Zinssätze oder durch eine Variation der Devisenkurse entsteht,aus. Nicht ausgeschlossen ist damit jedoch das **Swap-Eventualrisiko** in Form des **Ausfallrisikos**, das durch Leistungsverzug eines Swappartners eintreten kann; in diesem Falle müßte die Bank selbst leisten. Die Situation einer **Swap-Vermittlung** zeigt folgende Abbildung für einen inländischen Zinsswap (in DM), auch als **Reverse Swap** bezeichnet:

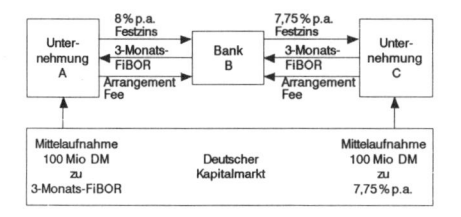

```
                8% p.a.                7,75% p.a.
                Festzins               Festzins
┌──────┐  →   ┌──────┐   →            ┌──────┐
│Unter-│  3-Monats-  │ Bank │ 3-Monats-│Unter-│
│nehmung│  FiBOR    │  B   │ FiBOR   │nehmung│
│  A   │  ←   │      │  ←   Arrangement│  C   │
│      │  Arrangement           Fee   │      │
│      │  Fee                         │      │
└──┬───┘                              └──┬───┘
   ↑                                     ↑
Mittelaufnahme    Deutscher         Mittelaufnahme
100 Mio DM        Kapitalmarkt      100 Mio DM
   zu                                   zu
3-Monats-FiBOR                      7,75 % p.a.
```

- Die Motivlage der Swappartner der Bank ist unterschiedlich: Während A Steigen des Zinsniveaus erwartet, setzt B auf Sinken des Zinsniveaus (sofern A und B nicht andere Möglichkeiten des Aufbaues von Gegenpositionen haben). A fixiert durch den Zinssatz von 8% p.a. seine laufenden Finanzierungskosten, während B sich der Zinsänderungschance öffnet, sich aber auch dem Zinsänderungsrisiko aussetzt. Das Verhalten von A entspricht dem eines -> **Hedgers** (Risiko-Management), dasjenige von B dem eines -> **Spekulanten**.
- Im Rahmen der **Finanzierung** von internationalen bzw. multinationalen Unternehmungen (aber auch in Zusammenarbeit mit Banken) tritt als Motiv häufig die **Nutzung komparativer Kostenvorteile** der internationalen Finanzierung in Erscheinung. Benötigt beispielsweise eine amerikanische **Unternehmung A** für Investitionen auf dem Deutschen Markt DM und

erhält sie am amerikanischen Kapitalmarkt Kredite zu 11% p.a. und am deutschen Kapitalmarkt für 7% p.a., so wird sie ggf. mit einer deutschen **Unternehmung D** einen Swap abschließen, wenn D für Investitionen in den USA $ benötigt und am amerikanischen Kapitalmarkt Mittel nur zu 13% p.a., am deutschen Kapitalmarkt jedoch für 7,5% p.a. erhält:

|  | US-Kapitalmarkt (% p.a.) | Deutscher Kapitalmarkt (% p.a.) |
|---|---|---|
| Unternehmung A (benötigt DM) | 11 | 7,0 |
| Unternehmung D (benötigt $) | 13 | 7,5 |
| Spread zwischen A und D (in -> **Basispunkten**) | 200 | 50 |
|  | 150 |  |

A hat zwar einen **absoluten** Vorteil auf beiden Kapitalmärkten, D jedoch auf dem deutschen Kapitalmarkt einen geringeren Nachteil gegenüber A als am US-Kapitalmarkt. Zu vergleichen ist jedoch der Vorteil von 200 Basispunkten des US-Kapitalmarktes mit den 50 Basispunkten des deutschen Kapitalmarkts. Um diesen komparativen Finanzierungskostenvorteil zu nutzen, nimmt jeder Partner von dem Markt die Finanzmittel in Anspruch, auf dem er einen größeren Vorteil oder hier einen geringeren Nachteil hat: Daher geht A auf den US-Kapitalmarkt und D auf den deutschen Kapitalmarkt, anschließend erfolgt im Rahmen eines -> **Währungsswaps** der Austausch der Finanzmittel. Zu teilen sind die 150 Basispunkte: In Anbetracht der Bonität bzw. der Marktstärke der Swap-Partner erhält A 100 Basispunkte und D 50 Basispunkte. Damit verbilligt sich für **A** von 7% auf **6% p.a.** für DM und für D von 13% auf **12,5% p.a.** für $. Neben den angeführten komparativen Vorteilen der Finanzierung lassen sich für die jeweiligen Partner entsprechend den Gestaltungsmöglichkeiten zusätzliche Vorteile aus den Vereinbarungen über die zu Grunde zu legenden (historischen) Devisenkurse ziehen.

## Swap-Notierungen

In den wichtigsten Währungen, wie US-$, DM, dem englischen Pfund, Can- und Aus-$ hat sich durch das hohe Marktvolumen ein liquider Markt gebildet. Dieser Swapmarkt wird durch -> **Market Makers** dargestellt. Diese Market Makers sind Banken, die jederzeit zum Abschluß eines Swaps bereit sind (-> **Intermediary**), ohne daß eine entsprechende Swap-Gegenpartei schon gefunden ist.
Im Rahmen dieser Tätigkeit geben sie Swapnotierungen ab, d.h. Geld- und Briefkurse (two way prices) für verschiedene Währungen. Die Banken sind in der Lage, diese Swap-Notierungen zu stellen, da sie ein Sawpbuch führen; die entsprechenden Notierungen der Banken können oftmals auf dem Reuters-Schirm eingesehen werden. *PL*

## Swap-Offerte

Swap Offerte ist ein synonymer Fachausdruck für -> **Swap-Indikation**.

## Swapoption
-> **Swaption**

## Swapoptions-Markt

Die Schwerpunkte von Swapoptions-Aktivitäten erstrecken sich auf die Währungen US-$ (seit 1985), Britische £ (seit 1987) und DM (seit 1987). Der DM-Swapoptions-Markt erweist sich in erster Linie als Interbankenmarkt (mit Beteiligung von Auslandsbanken); es dominiert der Typ der sog. -> **Europäischen Option**. Das Marktvolumen liegt bei rund 10 Mrd DM.

Lit.: Zugehör, G., Verbindung von Option und Zinsswap: Die Swapoption. Die Bank 1989, 323 ff.; Maier, A., Swaptions. WiSt 1988, 416 f.

## Swap-Positionen
-> **Swap-Motive**

## Swap-Risiken

Bei einer Beurteilung der Swap-Risiken sind im wesentlichen folgende Risiken zu berücksichtigen:

- **Bonitätsrisiko**

Dieses Risiko bezieht sich bei Swapgeschäften auf die Gefahr, daß die vereinbarten Zahlungen überhaupt nicht oder nur teilweise gezahlt werden (siehe auch -> **Swap-Eventualrisiko**). Im Gegensatz zu den Krediten ist das Bonitätsrisiko bei Swap-Geschäften von geringerer Bedeutung, da keine Tilgungsverpflichtung besteht. Bei -> **Swaps** bestehen gegenseitige Kreditverpflichtungen, und falls ein Partner seine Zahlungsverpflichtungen nicht einhalten kann, wird vom anderen keine Zahlung vorgenommen. Ein vollständiger Kapitalverlust ist dadurch nicht möglich, da z.B. die bei -> **Währungs-Swaps** vereinbarte Schlußtransaktion dann nicht durchgeführt wird.

- **Liquiditätsrisiko (Terminrisiko)**

Das Liquiditätsrisiko erfaßt bei Swapgeschäften den Sachverhalt, daß die vereinbarte Zinszahlung nicht termingerecht vorgenommen wird. Für das betroffene Unternehmen entstehen dadurch möglicherweise Liquiditätsschwierigkeiten.

- **Mismatchrisiko**

Ist das typische und charakteristische Risiko bei einer Vermittlungstätigkeit einer Bank im Rahmen eines Swap-Geschäfts. Das an einer Swap-Transaktion interessierte Unternehmen erwartet von dem angesprochenen Vermittler sofort ein konkretes und detailliertes, auf die speziellen Gegebenheiten des Unternehmens bezugnehmendes Angebot. Auf Grund des starken Wettbewerbs kann die Bank mit der Ausarbeitung des Angebots nicht warten, bis sie einen weiteren entsprechenden Partner für das avisierte Swap-Geschäft gefunden hat. Entsprechend besteht das Risiko, daß die Bank keine entsprechenden Partner findet, wenn das Unternehmen das Bankangebot akzeptiert. In diesem Fall wird die Bank möglicherweise zum zweiten Partner beim Swap-Geschäft. Das Ausmaß des Mismatch-Risikos darf nicht zu gering beurteilt werden, da bezüglich der Swap-Komponenten Betragshöhe, Laufzeit und Timing erhebliche Divergenzen bei den potentiellen Swap-Partnern bestehen können. Das Mismatch-Risiko ist dabei umso höher, je spezifischer und individueller die projektierte Swap-Transaktion ausgearbeitet wurde. Bei typischen und standardisierten Swap-Transaktionen ist das Risiko entsprechend geringer.

- **Substitutionsrisiko**

Es stellt keine originäre Risikokategorie bei einem Swap-Geschäft dar. Dieses Risiko ist nur dann relevant, wenn ein Partner seine Zahlungsverpflichtungen nicht mehr erfüllen kann und der Swap-Vertrag gekündigt wurde. Das Substitutionsrisiko bei Swap-Geschäften bezieht sich in dieser Situation auf den Sachverhalt, daß bei dem notwendigen Neuabschluß des Swapgeschäfts auf Grund zwischenzeitlich eingetretener Zins- oder Währungsentwicklung ungünstigere Konditionen hingenommen werden müssen als beim Erstabschluß des Swap-Geschäfts.

- **Sicherheitenrisiko**

Üblicherweise werden bei Swapgeschäften keine Sicherheitsleistungen gefordert, da gegenseitige Kreditverpflichtungen bestehen. Bei bestimmten Konstellationen - u.a. wenn zwischen den beteiligten Unternehmen große Bonitätsunterschiede bestehen - müssen gewisse Sicherheiten gestellt werden. Das Risiko besteht darin, daß die übergebene Sicherheit an Wert verliert.

- **Transferrisiko**

Swapgeschäfte sind in der Regel internationale Finanztransaktionen. Für den ungehinderten internationalen Kapitaltransfer ist das Transferrisiko von Bedeutung. Dieses bezieht sich auf die Gefahr, daß die Devisenkonvertierung und die Durchführung grenzüberschreitender Transaktionen wegen behördlicher Eingriffe überhaupt nicht oder nicht fristgerecht erfolgen kann. Generell ist das Ausmaß des Transferrisikos bei Swap-Geschäften nicht von entscheidender Bedeutung. Der überwiegende Teil von Swap-Geschäften wird in Währungen abgeschlossen, bei denen das entsprechende Risiko relativ gering ist. Trotzdem darf dieses Risiko nicht negiert werden (-> **Transferrisiko**).

- **Betriebsrisiko**

Swap-Transaktionen stellen relativ komplizierte Vereinbarungen dar. Entsprechend erfordern Swap-Geschäfte spezielle und profunde Kenntnisse, um das Betriebsrisiko auszuschalten. Grundsätzlich bezieht sich das Betriebsrisiko auf die Gefahr von Fehlleistungen seitens der beteiligten Vertragspartner bei der Gestaltung, den rechtlichen Vereinbarungen und der Konzeption des Swap-Geschäfts, die sich nachteilig auf die Unternehmen auswirken. *PL*

**Swap Spreads**

Insbesondere im US $- und Can $-Swap-Markt werden -> **Swap-Indikationen** für -> **Zins-** oder -> **Währungs-Swaps** nicht auf absoluter Basis angegeben (z.B. Zahlung von US $ Libor gegen den Erhalt von 10 % fest), sondern die Festzahlungskomponente des Swaps wird in der Form eines -> **Spread** (Aufschlag) in Prozentpunkten über den festverzinslichen amerikanischen oder kanadischen Treasuries angegeben. Bei einem Swap von 0,8 % und einer Rendite der amerikanischen Staatsanleihen von 8,5 % beträgt somit der **Festsatz** für einen Zinsswap 9,3 % gegen den Erhalt von US $ Libor.

Diese Vorgehensweise zur Festlegung von -> **Swap-Notierungen** wird deshalb gewählt, da sich durch den ständigen Handel der US $-Staatspapiere die entsprechenden Renditen ständig ändern. Bei einer Preisnotierung auf fester Basis könnte es damit leicht zu falschen Swap-Indikationen kommen. *PL*

**Swap-Sekundärhandel**
-> **Swap-Sekundärmarkt**

265

## Swap-Sekundärmarkt
-> **Finanzmarkt-Segmentinnovation.** Aus unterschiedlichen Gründen kann eine Übertragung (= Verkauf) des Swapvertrages an Dritte notwendig bzw. vorteilhaft sein (z.B. veränderte Rahmenbedingungen bei einem Swappartner, für den der Grund des Swaps wegen vorzeitiger Kreditrückzahlung bzw. Kündigung entfallen ist, oder wegen Veränderung der Zinssituation, die den Swap entbehrlich erscheinen läßt). In der Regel wird Zustimmung des Swappartners erforderlich sein, der dafür eine **Hassle Fee** als Entgelt fordern kann. Banken nutzen die Möglichkeiten des **Swap-Sekundärhandels** auch zur Schließung offener Swap-Positionen. In jedem Fall der Übertragung wird eine Überprüfung der Risikosituation notwendig, von deren Ergebnis der Erwerbspreis des Swapvertrages abhängt (ggf. Abschlag gegenüber dem Nominalwert bzw. den ursprünglichen Konditionen). Notwendige Voraussetzung für den Swapsekundärhandel sind in jedem Falle **standardisierte Swapverträge**, denen sog. **Master Agreements** und ggf. einheitliche Richtlinien für den Sekundärhandel zwischen den großen Swap-Banken zu Grunde liegen.

## Swapstrukturen
In den Swapmärkten haben sich entsprechend den Anforderungen der Kunden und besonderer Marktgegebenheiten eine Vielzahl von möglichen Swapstrukturen ergeben. Bei einer Differenzierung der verschiedenen Swapvarianten kann eine grundlegende Einteilung in die drei Basisvarianten -> **Zins-Swap**, -> **Währungs-Swap** und -> **Spezial-Swaps** vorgenommen werden.

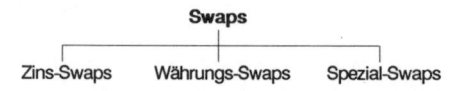

```
              Swaps
    ┌───────────┼───────────┐
Zins-Swaps  Währungs-Swaps  Spezial-Swaps
```

## Swap-Vermittlung
-> **Swap-Motive**

## Swaption (Swap mit Option)
Swaptions stellen das äquivalente Instrument im Swap-Bereich zu den -> **Optionen bei Aktien** dar. Der Käufer einer Swaption kauft das Recht, aber nicht die Verpflichtung, innerhalb einer vereinbarten Frist und zu den vereinbarten Konditionen einen -> **Währungs-** oder -> **Zins-Swap** durchzuführen. Die Gegenpartei des Swaption-Käufers ist der Stillhalter. Gegen den Erhalt einer Prämie geht der Stillhalter die Verpflichtung ein, die Gegenpartei bei dem Swap zu stellen. Dabei ergeben sich folgende Besonderheiten:

**Amerikan Style Swaption:**
Die Option auf einen Swap kann vom Käufer an jedem Geschäftstag innerhalb der vereinbarten Frist ausgeübt werden.

**European Style Swaption:**
Die Option auf den Swap kann nur am vereinbarten Verfalltag vom Käufer ausgeübt werden.

**Exercise/Strike Price (Basispreis):** Der Basispreis (Zinsrate und/oder Währungsrelation) stellt die Konditionen fest, zu denen der Swap durchgeführt wird.

**Premium** (Prämie):
Die Prämie repräsentiert den Preis, den der Swaption-Käufer für sein Recht auf einen Swap zahlen muß.

**Expiring Date** (Verfalltag):
Der Verfalltag ist der letzte Tag, an dem die Swaption ausgeübt werden kann.

Eine Swaption ist entsprechend ihrem Charakter eine Kombination aus einem normalen Swap und einer Option. Die Kombination beider Instrumente in einem Produkt eröffnet dem Käufer wichtige Vorteile:
- Sie ermöglicht die Reduzierung der Unsicherheit zukünftiger Finanzierungskosten und
- er erhält ein zusätzliches Gewinnpotential in Perioden volatiler Zinssätze.

Dem Käufer einer Swaption steht der -> **Stillhalter** gegenüber. Der Swaption-Stillhalter geht für den Erhalt einer Optionsprämie die Verpflichtung ein, innerhalb der Optionsfrist in den Swap zu

vorher vereinbarten Konditionen einzutreten. Aus diesem Grund ist es für diesen Stillhalter unerläßlich, vor Abschluß einer solchen Transaktion Sensitivitätsanalysen durchzuführen und ggf. Break-Even-Kurse zu ermitteln.
Wichtigste Varianten von Swaptions sind:
-> **Ausübungs-Swap** (Draw down-Swap),
-> **Extendable Swap**, -> **Puttable Swap** (Callable Swap). *PL*

**Sweden Options and Futures Exchange (SOFE)**
Terminbörse in Stockholm für den Handel mit Financial Futures auf einen Aktienindex-Kontrakt sowie Zins-Kontrakt und Optionshandel auf schwedische Standardwerte. *DR*

**SWIFT**
-> **Society for Worldwide Interbank Financial Telecommunication**

**Swing**
Vertraglich vereinbarte Möglichkeit, im Rahmen von -> **Kompensationsgeschäften** zusätzlich zur Verrechnung der Teilkompensationsbeträge über ein **Valuta-Kompensationskonto** auch wechselseitige Kredite in Anspruch nehmen zu können (z.B. im Vorgriff auf erwartete Kompensationseingänge oder Lieferverzögerungen), so daß eine Erleichterung der Abwicklung eintritt. Die Rolle der (den Swing einräumenden) Bank geht dann über die bei Führung eines reinen Kompensationskontos bestehende treuhänderische Funktion zwischen den Partnern des Kompensationsgeschäfts hinaus.

**Swingline**
Kurzfristige Kreditfazilität im Rahmen der Emission von -> **NIFs**, von -> **MCFs** sowie -> **Euro-Notes**, die von einer Bank dem Emittenten zur Überbrückung des Zeitraumes zwischen dem Angebot von entsprechenden Papieren und dem Zufluß der Mittel von Investoren eingeräumt wird.

**Swiss Commodities and Futures Association (SCFA)**
Vereinigung der sich in der Schweiz mit dem Terminhandel befassenden Verbände, Unternehmen und Institutionen; Möglichkeit zum gegenseitigen Meinungs- und Informationsaustausch. *DR*

**Swiss Franc Currency Futures**
LIFFE-Kontrakt/Kontraktspezifikationen:
Handelseinheit:
SFR 125 000 gegen $
Liefermonate:
März, Juni, September, Dezember
Liefertag:
Dritter Mittwoch des Liefermonats
Letzter Handelstag:
10.33 Uhr zwei Geschäftstage vor Lieferung
Notierung: US$ per SF
Minimale Kursveränderung (Tick, Größe und Wert):
0,01 cents per SFR ($ 12,50)
Originaleinschuß (Straddle Margin):
$ 1000 ($ 100)
Handelszeiten:
08.36-16.06 Uhr Londoner Zeit
EDSP:
Offizieller LIFFE-Schlußkurs am letzten Handelstag. *WH*

**Swiss Franc Option Contract**
Auf Schweizer Franken lautender Optionskontrakt.

**Swiss Market Index (SMI)**
-> **Swiss Market Index-Future**

**Swiss Options and Financial Futures Exchange (SOFFEX)**
1988 gegründete Options- und Terminbörse. Basiswerte der Optionen sind die Aktien von 12 bekannten und hochkapitalisierten schweizerischen Gesellschaften. Zusätzlich wurde eine Aktienindex-Option eingeführt, die auf dem Swiss Market Index basiert. Die SOFFEX beruht auf einem vollelektronischen Handels- und Clearingsystem, welches den Marktteilnehmern ermöglicht,

landesweit und standortunabhängig mit der Börse in Verbindung zu treten (-> **SOFFEX-Marktstruktur**). *DR*

### Swiss Market Index-Future
Variante von vorerst außerbörslich gehandelten -> **Aktienindex-Futures** auf den **Swiss Market Index**, der auf der Basis von 24 permanent gehandelten Schweizer Aktien beruht und dessen Korrelation zum Gesamtmarkt mit 0,99 sehr hoch ist. SMI-Futures weisen folgende Kontraktspezifikationen auf:
**Verfallmonate:** April und Oktober
**Verfalltermin:** Der dritte Freitag des Verfallmonats; Abrechnungskurs identisch mit demjenigen für SMI-Optionen an der -> **SOFFEX**.
**Basis:** Swiss Market Index (SMI)
**Handelseinheit:**
25 SFR x SMI-Index in Punkten
**Liquidation:** Barausgleich
**Kommission:**
0,9% pro Kontrakt; Kauf und Verkauf bzw. Verkauf und Kauf gilt als eine Transaktion
**Einschußmarge:**
5 000 SFR/Kontrakt; in bar oder verpfändeten Wertpapieren
**Variable Marge:**
Wird auf Grund einer täglichen Bewertung neu errechnet.
**Handelsart:** Außerbörslich
**Handelszeiten:**
9.30 Uhr bis 15 Minuten nach Schluß der Züricher Börse.

### Switch(-Geschäft)
Switch-Geschäfte stellen ihrem Wesen nach grundsätzlich -> **Kompensationen** indirekter Art dar, bei denen der Austausch der Güter über Dritte (im Land des Exporteurs oder des Importeurs oder in einem dritten Land) erfolgt (**Waren-Switch**). Darüber hinaus treten sie als Devisentransaktionen in Erscheinung, die eine Umwandlung der Verrechnungswährung des Verbundgeschäfts in eine konvertierbare (= freie) Währung bezwecken (**Finanz-Switch** oder

**Devisen-Switch**). Dies ist dann der Fall, wenn die das Kompensationskonto führende Bank oder ein spezieller **Switch-Händler** den Verkauf des (positiven) Fremdwährungssaldos beispielsweise einer nichtkonvertiblen Valuta in eine bestimmte freie Währung im Auftrag des Exporteurs durchführt: Der ursprüngliche Waren-Switch erweitert sich zum Devisen-Switch, für dessen Abwicklung die ausführende Bank oder der Switch-Händler eine Prämie in Rechnung stellt.
Lit.: Eilenberger 1986, 207 ff.

### Switching
Liquidation einer bestehenden Terminposition bei gleichzeitigem Aufbau einer neuen Terminposition, deren Erfüllungstermin weiter in der Zukunft liegt als bei der ursprünglich bestehenden Terminposition.

### Sydney Futures Exchange (SFE)
13 - 15 O'Connelly Street, Sydney NSW 2000 - Australien
Wertpapierbörse für den australischen Terminhandel, der allerdings ohne Festgeschäfte im üblichen Sinn stattfindet. Es gibt lediglich Wertpapier-Kreditkäufe und -verkäufe. In der Variante des Optionsgeschäfts kommen auch bedingte Terminabschlüsse vor. *DR*

### Sydney Stock Exchange
Börse für den australischen Wertpapierhandel in Sydney.

### Syndicated Swap
In einigen Fällen kann es bei -> **Zins-** oder -> **Währungs-Swaps** vorkommen, daß der zu arrangierende Swap auf Grund von Besonderheiten, wie z.B. einer extrem langen Laufzeit oder eines sehr großen Volumens, einer -> **Syndizierung** bedarf. Bei einem syndizierten Swap agiert als Gegenpartei zu dem Swap nicht ausschließlich eine Partei, sondern der Swap wird aufgeteilt auf mehrere Swap-Gegenparteien.

## Syndicate
Konsortium (**Syndikat**) zur Vergabe von -> **Euro-Konsortialkrediten** oder zur Emission von -> **Euro-Anleihen** oder ggf. Swaps (-> **Syndicated Swaps**).

## Syndikat
-> Syndicate

## Syndizierte Anleihe
-> Syndizierung

## Syndizierter Kredit
-> Syndizierung

## Syndizierung
Kreditvergabe (**syndizierter Kredit**) oder Wertpapieremission (**syndizierte Anleihe**) auf den Euromärkten, oder Swapgeschäft (-> **Syndicated Swaps**) unter Einschaltung eines -> **Syndikats** (Konsortiums); auch als **Syndikation** bezeichnet.

## Synthetic Instrument
Kurzfristiges Investment in Form einer kombinierten Kassa- und Futures-Position bzw. Kassa- und Optionsposition (-> **Synthetische Position**).

## Synthetic Security
-> Synthetische Schuldverschreibung

## Synthetische FRA
-> Forward Rate Agreement

## Synthetische (Devisen-) Kaufoption
Sicherungsstrategie in Form der Kombination einer Devisen-Verkaufsoption (z.B. $) mit einem Terminkauf (z.B. $), die denselben Schutz vor Valutarisiken wie eine "normale" Kaufoption bietet. Synthetische Calls finden Anwendung, wenn steigende Valuta-($-)Kurse erwartet werden und wenn die -> **Prämien** für Devisen-Verkaufsoptionen geringer sind als für Devisen-Kaufoptionen. Bei Devisenkursen unter dem -> **Basispreis** der Put-Option werden bis zum Break-Even-Kurs Verluste aus dem Terminkauf bis auf die Prämie durch Gewinne aus der Put-Option kompensiert, darüberliegende Devisenkassakurse ergeben bei steigenden Valutakursen Erträge aus dem Terminkauf, die höher als die Prämie sind.

## Synthetischer Geldmarktzins
Auf der Basis eines Durchschnittssatzes (durch Meldung der tatsächlichen Geldmarktsätze einer bestimmten Zahl von Marktteilnehmern) gebildeter -> **Referenzzinssatz** (zur Ermittlungsmethode siehe insbesondere -> **FIBOR**).

## Synthetische Position (Option)
Kombination von -> **Optionen** und dem zugrundeliegenden -> **Basisobjekt** zur Herstellung einer gewünschten (bestimmten) Gewinn-/Verlustposition. Dementsprechend sind folgende Varianten grundsätzlich möglich:
- **Synthetische Optionsposition** als Spielart einer Optionsstrategie, bei der durch Kombination einer Optionsposition und einer Position im Basisobjekt dasselbe Risiko-/Chancen-Verhältnis entsteht wie im Falle einer Call-Position, also
  -- **synthetischer long call**: Kauf eines Put und Kauf des zugehörigen Basisobjekts
  -- **synthetischer long put**: Kauf eines Call und Verkauf des zugehörigen Basisobjekts
  -- **synthetischer short call**
  -- **synthetischer short put**
- **Synthetische Position im Basisobjekt** als Kombination zweier Optionen, die ein Risiko-/Chancen-Verhältnis erwarten lassen, das der Position im Basisobjekt entspricht, und zwar
  -- **synthetische long position** im zugrundeliegenden Basisobjekt: Kauf eines -> **Call** und Verkauf eines -> **Put** mit demselben -> **Basispreis** und demselben -> **Verfalldatum**;
  -- **synthetische short position** im zugrundeliegenden Basisobjekt: Verkauf eines Call und Kauf eines Put mit dem-

selben Basispreis und demselben Verfalldatum.

**Synthetische Schuldverschreibung**
Aus bereits umlaufenden Schuldverschreibungen durch **Repackaging** neu geschaffene, **derivative** Wertpapiere mit ggf. unterschiedlicher (abweichender) Ausstattung und unterschiedlichen Konditionen (-> **Stripped Bond**; -> **Coupon Stripping**).

**Systematic risk**
-> **Systematisches Risiko**

**Systematisches Risiko**
-> **Portfolio Management**; -> **Portfolio Selection**

**SZR**
-> **Sonderziehungsrecht**; -> **SDR**

# T

**Tap Issue**
Emissionsmethode, bei der das Emissionsvolumen in verschiedenen Tranchen in Abhängigkeit von Marktsituation und Finanzmittelbedarf des Emittenten, also schrittweise (= tap), abgesetzt wird.

**Targeted Issue**
Emission von Schuldverschreibungen, die auf bestimmte (regionale) Anlegergruppen abzielt (z.B. **Targeted-registered US Treasuries**).

**Targeted-registered US-Treasuries**
Schuldverschreibungen des US-Schatzamtes (US-Treasury), die für Nicht-US-Bürger bestimmt sind (-> Targeted Issue).

**TAURUS**
Projekt eines elektronischen Aktienregisters, das in den nächsten Jahren an der -> LSE realisiert werden soll. Das Ziel von TAURUS besteht darin, unter Verzicht auf die Ausstellung von Aktien den bürokratischen Aufwand von Börsenfirmen bei der Abwicklung von Aktientransaktionen zu verringern.

**T&E-Karte**
-> **Travel & Entertainment Cards** ab ca. 1950 entstanden, auf die Bedürfnisse von Reisenden ausgerichtet, insbesondere weltweit bargeldlos bezahlen zu können. Kennzeichen ist die internationale Verbreitung, Akzeptanz der Karte, vor allem bei Hotels, Restaurants, Mietwagengesellschaften und Fluglinien, Universalkarte, i.d.R. -> **Charge Card**. *EK*

**Teileingezahlte Anleihe**
-> **Partly Paid Bond**

**Teilnehmer am Futures-Markt:**
Die Teilnehmer an den Futures-Märkten sind neben **privaten Anlegern**, die aus spekulativen Gründen durch Banken oder Broker Risikokapital einsetzen, vor allem Banken und Unternehmen.
Insbesondere **Banken** nutzen -> **Futures** als Absicherungsinstrumente (-> Hedging) gegen Zinsänderungsrisiken und Wechselkursschwankungen. Neben Absicherungen bankeigener Wertpapierportefeuilles sowie von nicht fristkongruent refinanzierten Festzinskrediten können auch Kundenbestände abgesichert sowie Beratungsleistungen für Kunden erbracht werden.
Das oftmals erhebliche Wertpapierportefeuille sowie der für bundesdeutsche Unternehmen charakteristische hohe Internationalisierungsgrad bilden auch für **Industrieunternehmen** eine wesentliche Grundlage für Absicherungsgeschäfte gegen Zinsänderungsrisiken und Wechselkursschwankungen.
Neben den sog. **direkten Marktteilnehmern** (Banken/Broker mit Börsensitz), die auf eigene und/oder fremde Rechnung in einem oder mehreren Kontrakten handeln, gelten als sog. **indirekte Marktteilnehmer** diejenigen Personen oder Institutionen, die keine Börsenmitglieder sind und somit ihre Transaktionen nur über zugelassene Banken/-> **Broker** ausführen lassen.
Zur Verminderung des Erfüllungsrisikos der Marktpartner besteht an allen Futures-Märkten ein sog. -> **Clearing House**, das sich jeweils nach Abschluß eines Handelsgeschäftes zwischenschaltet. Diese Clearing-Organisation ist der Futures-Börse angehörend oder von ihr unabhängig, je nach institutioneller Ausgestaltung. *WH*

**Telebörse**
-> **Deutscher Aktienindex**

**Telefon-Plus-Konto**
Im Direktmarketing der Quelle-Bank angebotene -> **Produktinnovation**, welche die Möglichkeit bietet, sowohl Gelder zu

271

Marktzinsen anzulegen (Mindesteinlage 1 000 DM) als auch täglich darüber verfügen zu können und ggf. noch Ratenkredite (bis zur vereinbarten Kreditlinie) mit variablem Zins in Anspruch nehmen zu können. Die Kunden verfügen telefonisch, die Abwicklung erfolgt über bereits bestehende Konten bei anderen Banken (keine Führung von Girokonten und/oder Abwicklung von Daueraufträgen).

**Telefonkarte**
-> **Kartenzahlungsmittel**, das die Deutsche Bundespost in zwei Ausprägungen anbietet:
- **Telekarte:**
  Hier werden die Telefonkosten vom Fernmeldekonto des Karteninhabers abgebucht. Neben dem Kartenpreis werden die angefallenen Telefoneinheiten und monatliche Bearbeitungskosten belastet.
- **Telefonkarte:**
  Hier ist eine bestimmte Anzahl von Gesprächseinheiten gespeichert (40 bzw. 200 Einheiten), die sich mit jedem Einsatz der Karte verringert (-> **Chip**). *EK*

**Telekurs**
-> **Deutscher Aktienindex**

**Temporary Global Certificate**
Vorübergehend ausgegebenes -> **Global Certificate**, und zwar für den Zeitraum zwischen -> **closing** und Druck der effektiven Stücke (**lock-up-Periode**). Der Emittent begibt somit im Unterschied zu den Global Certificates zu einem späteren Zeitpunkt körperliche Wertpapiere. Die -> **Wertrechte** sind somit nur temporärer Ersatz.

**Tender**
Emissionsverfahren im Sinne einer **Ausschreibung**, das den Charakter einer Versteigerung aufweist. Dabei können den Interessenten verschiedene **Bietungsmöglichkeiten** eingeräumt werden. Die Bietung kann sich grundsätzlich auf alle Determinanten einer Emission beziehen, insbesondere aber auf die Bietung des Zinses (**Zinstender**) und/oder des Kurses und/oder des Volumens (**Mengentender**). Von dieser Methode wird vor allem zum Zwecke des Absatzes öffentlicher Emissionen (z.B. Kassenobligationen des Bundes, aber auch von Geldmarktpapieren durch die Deutsche Bundesbank oder bei deren -> **Pensionsgeschäften**) Gebrauch gemacht. Zu unterscheiden ist darüber hinaus das **Amerikanische Bietungsverfahren**, bei dem die Zuteilungen im Rahmen eines Zinstenders entsprechend der Höhe der Zinsgebote erfolgt (höchste Gebote werden bevorzugt zugeteilt) und das **Holländische Bietungsverfahren**, das Zuteilungen zu einem einheitlich ermittelten Zinssatz vorsieht.

**Tender Panel**
Spezifische Emissionsmethode für Papiere des -> **Euro-Geldmarktes** (-> **Euro-Notes**; -> **Euro-CPs**; -> **NIFs**); dabei hat ein Bankenkonsortium das Recht, im Rahmen eines Bietungsverfahrens (-> **Tender**) Zinsangebote (-> **bid**) für diese Papiere abzugeben, zu erwerben und sie dann auf dem Markt zu plazieren, wobei diejenigen Offerten mit der niedrigsten Rendite zum Zuge kommen. Aufgrund dieses Bietungsmechanismus herrscht bei Tender Panel Wettbewerb, was zu einer besonders günstigen Kapitalaufnahme durch den Emittenten führen soll.
Ein wesentlicher Nachteil des Tender Panel ist, daß der Bietungsmechanismus nicht notwendigerweise zu einer geordneten Marktumgebung führt, da Investoren nicht wissen, welcher Tender Panelist -> **Euro Notes** erhält und sie weiterplazieren kann. Dieser Nachteil führte zur Entstehung des -> **Continuous Tender Panel**.
Des weiteren kann der Schuldner nicht davon ausgehen, daß Tender Panelists langfristig an einer Präsenz im Euro-Notes-Markt interessiert bzw. überhaupt in der Lage sind, diese aufgrund des Konkurrenzdrucks am -> **Euro-Geldmarkt** aufrechtzuerhalten. Daher kann es dazu kommen, daß Tender Panelists keine oder nurmehr unrealistische Gebote für die Papiere abgeben und nur

noch wenige Marktteilnehmer die Bietungsprozedur bestimmen.
In einer solchen Situation steigt das Risiko der Underwriter, bei einer -> **Note Issuance Facility** in Anspruch genommen zu werden.
Bei einem Tender Panel ist das Commitment der einzelnen Kreditinstitute gewöhnlich geringer als beim -> **Sole Placing Agent**, sich für die Pflege der Fazilität einzusetzen. *GT*

### Tender Panel Agent
Mitglied eines Bankenkonsortiums, das den Bietungsprozeß bei -> **Note Issuance Facilities** (mit dem -> **Tender Panel** als Bietungsprozedur) koordiniert.

### Tender Panel Fee
Der -> **Tender Panel Agent** erhält für die Organisation der einzelnen -> **Euro-Notes**-Auktionen eine rund 10 -> **Basispunkte** betragende Gebühr.

### Term Federal Funds Market
-> **Federal Funds Market**

### Terminbörsen
Börsen, an denen der Handel mit standardisierten Kontrakten (-> **Futures-Kontrakte**), wie Finanzterminkontrakten, Warenterminkontrakten sowie Optionshandel stattfindet. Der Terminhandel hat in der Agrarmetropole Chicago im 19. Jahrhundert erstmals wesentliche Bedeutung erhalten, als aus dem Bedürfnis der Farmer heraus, gegen die Risiken der schwankenden Ernteerträge eine Absicherung zu finden, ein leistungsfähiger Terminhandel mit landwirtschaftlichen Rohstoffkontrakten entstand. Erst in den siebziger Jahren unseres Jahrhunderts entwickelte sich dann nach den Regeln für standardisierten Warenterminhandel auch ein Markt für Finanzterminkontrakte und schließlich ein Optionshandel auf diese Kontrakte. Die wichtigste Funktion der Terminbörsen ist auch heute noch die Ausgleichsfunktion für Risiken. Während für die einen die Absicherung von Ernte-, Zins-, Devisen- oder Kursrisiken im Vordergrund stehen, sind andere bereit, gegen Entgelt das Risiko zu tragen. Sie haben dabei spekulativ die Chance, einen hohen Gewinn zu erzielen.
Kontraktmerkmale sind Handelseinheit, Fälligkeitstermine, Mindesteinschuß, Future Clearing-System und Nachschußpflicht. Die nachfolgende Übersicht zeigt die -> **Börsenstruktur** der bedeutendsten Länder mit internationalem Wertpapier- und Terminhandel. Nähere Informationen zu den gehandelten Wertpapieren, Terminkontrakten und Optionen sind unter der einzelnen Börsenbezeichnung zu finden (z.B. -> **CBOT**):

**Bundesrepublik Deutschland**
Merkmale: Mehrere Börsenplätze, an denen internationaler Wertpapierhandel stattfindet (Zentren sind Frankfurt, München, Düsseldorf). Der Markt für Financial Futures ist ab dem Januar 1990 an der -> **DTB** in Frankfurt organisiert.
Frankfurt mit **Frankfurter Wertpapierbörse** für Wertpapierhandel und Terminhandel.
**Deutsche Terminbörse (DTB)** für Finanzterminkontrakte (Index Future auf -> **DAX**, Optionshandel auf Standardwerte).

**England**
Merkmale: Zentraler Börsenplatz London mit wirtschaftlich bedeutenden Börsen, die zum Teil eigenständig organisiert sind (LIFFE), bzw. teilweise an eine eigenständige Terminbörse angegliedert sind (z. B. IPE und LME).
London mit **London Stock Exchange** für Wertpapierhandel (wichtigste europäische Börse). Handel mit Financial Options, Index Options sowie Currency Options.
**London International Financial Futures Exchange (LIFFE)** für Financial Futures auf Devisen und Staatstitel sowie Zinsentwicklungen.
**London Commodity Exchange (LCE)** für sogenannte Soft-Futures und Energie-Futures. Zur LCE gehört auch die -> **International Petroleum Exchange, IPE**, an der ein

bedeutender Handel für Rohölkontrakte stattfindet.
**London Agricultural Futures Market (LAFM)** für Futures in Landwirtschaftsprodukten. Zur LAFM gehört auch die -> **London Meat Futures Exchange** für Schweinefleisch-Futures.

**Frankreich**
**Merkmale:** Mehrere Börsenplätze, von denen international nur Paris von Bedeutung ist, da alle national und international wichtigen Wertpapiere in Paris gehandelt werden. Die Futuresbörse ist eigenständig organisiert.
Paris mit -> **Bourse de Paris** für Wertpapierhandel.
**Bourse de Commerce de Paris** für Warentermingeschäfte in Soft-Futures.
**Marché à Terme des Instruments Financiers de Paris (Matif)** (drittgrößte) Terminbörse mit Warenterminkontrakten, Finanzterminkontrakten und Optionshandel sowie Aktienindex-Terminkontrakten.
**Marché frd. Options Négociables sur Actions (MONEP)** für Aktien-Optionen.

**Japan**
**Merkmale:** Zentraler Börsenplatz Tokyo, an dem auch der Handel mit Financial Futures integriert ist.
Tokyo mit **Tokyo Stock Exchange** für Wertpapierhandel und Handel mit Financial Futures (10-Jahres-Staatspapiere).

**Schweiz**
**Merkmale:** Zentraler Börsenplatz Zürich mit eigenständig organisierten Börsen für Warenterminkontrakte und Finanzterminkontrakte.
Zürich mit **Zürcher Börse** für Wertpapierhandel.
**Swiss Options and Financial Futures Exchange (SOFFEX)** für Aktienoptionshandel und Aktienindex-Optionshandel (Swiss Market Index).

**United States of Amerika (USA)**
**Merkmale:** Mehrere wirtschaftlich bedeutende Börsenplätze mit jeweils eigenständig organisierten Börsen für den Handel mit Wertpapieren, Terminkontrakten (Financial Futures und Commodity Futures) und Optionen (auf Wertpapiere und Terminkontrakte). Die bedeutendsten Börsenplätze sind New York und Chicago; daneben spielen die Börsen in Philadelphia, Los Angeles und Boston eine wichtige Rolle.
New York mit **New York Stock Exchange (NYSE)** (größte Börse der Welt) für Wertpapierhandel sowie der **New York Futures Exchange (NYFE)** für Aktienindexhandel und Optionshandel.
**American Stock Exchange (AMEX)** für Aktienindex-Optionen.
**New York Mercantile Exchange (NYMEX)** für Warenterminkontrakthandel, u. a. mit Energie-Futures, Metall-Futures und Terminkontrakten für landwirtschaftliche Produkte.
**New York Coffee, Sugar & Cocoa Exchange** für Soft-Futures mit Kaffee, Zucker und Kakao.
**New York Cotton Exchange (NYCE)** für Finanzterminkontrakt-Index-Handel sowie Warenterminkontrakthandel mit sogenannten Soft-Futures.
**Commodity Exchange Inc. (COMMEX)** für Metall-Futures und -Optionen sowie Rohstoffterminkontrakte (Kupfer, Silber, Gold).
Chicago mit **Midwest Stock Exchange** für Wertpapierhandel.
**Chicago Board of Trade (CBOT)** (weltweit größte) Rohstoffterminbörse mit Financial Futures, Commodity Futures sowie Optionshandel.
**Chicago Board Options Exchange (CBOE)** für Devisenterminhandel und Warenminhandel in landwirtschaftlichen Produkten.
**Chicago Mercantile Exchange (CME)** (zweitgrößte) Warenterminbörse der Welt mit dem **International Monetary Market (IMM)** für Aktienindex-Optionen und Devisen-Optionskontrakte.
**Chicago Rice and Cotton Exchange** für Baumwoll- und Reis-Terminkontrakte.
Philadelphia mit **Philadelphia Stock**

Exchange für Wertpapierhandel, Handel in Financial Futures und Optionshandel. *DR*

**Termingeschäftsfähigkeit kraft Information**
Anforderungen des deutschen Gesetzgebers, welche die Termingeschäftsfähigkeit von Privatpersonen durch Erfüllung festgelegter Informationspflichten herstellen. Gemäß § 53 Abs.2 BörsG i.d.F. vom 11. Juli 1989 führt bei Termingeschäften zwischen (termingeschäftsfähigem) Kaufmann und (nicht-termingeschäftsfähigem) Anleger die Information über Sachverhalte zur Termingeschäftsfähigkeit kraft Information des Nicht-Kaufmanns (Dokumentation durch **Unterrichtungsschrift**): Zur Kenntnis zu bringen ist (gegen Unterschrift), daß
- die aus Börsentermingeschäften erworbenen befristeten Rechte verfallen oder eine Wertminderung erleiden können;
- das Verlustrisiko nicht bestimmbar sein und auch über etwaige geleistete Sicherheiten hinausgehen kann;
- Geschäfte, mit denen die Risiken aus eingegangenen Börsentermingeschäften ausgeschlossen oder eingeschränkt werden sollen, möglicherweise nicht oder nur zu einem verlustbringenden Marktpreis getätigt werden können;
- sich das Verlustrisiko erhöht, wenn
 -- zur Erfüllung von Verpflichtungen aus Börsentermingeschäften Kredit in Anspruch genommen wird, oder
 -- die Verpflichtung aus Börsentermingeschäften oder die hieraus zu beanspruchende Gegenleistung auf ausländische Währung oder eine Rechnungseinheit lautet.

Lit.: Eilenberger 1990, 508

**Terminkontrakt-Markt**
Die jüngste Entwicklung der -> **Terminmärkte**; stets börsenmäßig organisierter Finanzmarkt; der Handel in seinen Objekten, den Terminkontrakten (-> **Futures**), ist stark standardisiert und streng reglementiert. Gegenstand des Handels sind standardisierte Verträge über die Lieferung von Waren (-> **Future-Kontrakt**) innerhalb einer zukünftigen Periode. Die Standardisierung nach Art des Handelsobjektes, Qualität, Lieferbedingungen und Erfüllungsterminen wird von der Börsenorganisation vorgenommen. *WH*

**Terminmarkt**
Im Gegensatz zu den Kassamärkten (spot markets) der Markt für "klassische Termingeschäfte". Möglich sind börsenmäßige Organisation (-> **Terminbörsen**) oder Abwicklung zwischen Banken, anderen Finanzinstitutionen und Nichtbanken (-> **over the counter**). Charakteristisch sind das zeitliche Auseinanderfallen zwischen Vertragsabschluß und Vertragserfüllung und die individuelle Gestaltbarkeit der Vertragsinhalte. Weiterentwicklung zum -> **Terminkontrakt-Markt**. *WH*

**Theoretical Intermarket Margin System (TIMS)**
Margin System der -> **OCC**, das die -> **DTB** zur Integration in die eigene Software erworben hat.

**Theta**
Kennzahl zur Beurteilung von **Premium Sensitivities** bei Optionen, die Aufschluß über die Reaktion der Optionsprämie (ausgedrückt in Einheiten von 0,1 je Punkt) auf eine Verkürzung der Restlaufzeit (ausgedrückt in Einheiten von jeweils einem Tag) gibt:

$$\text{Theta} = \frac{\text{Veränderung der Optionsprämie}}{\text{Restlaufzeitverkürzung (Tage)}}$$

Eine Verkürzung der Restlaufzeit um 10 Tage und eine Verringerung der Optionsprämie um 0,2 Punkte führt zu einem Theta von 0,02. Grundsätzlich treten bei -> **at-the-money**-Optionen und bei abnehmender bzw. kurzer Restlaufzeit zunehmend steigende Theta-Werte auf.

**Third Party System**
-> **Drei-Parteien-System**

**Three Month Domestic Certificates of Deposit Future Contract**
-> Kontrakt über Einlagenzertifikate (-> Certificates of Deposit)

**Three Month Eurodeutschmark Contract**
-> Drei-Monats-Euro-DM-Zinstermin-Kontrakt ("Euromarkkontrakt")

**Three Month Eurodeutschmark Interest Rate Futures ("Euromark")**
-> Euromark-Terminkontrakt

**Three Month Eurodollar Interest Rate Future**
-> Drei-Monats-Eurodollar-Zinsterminkontrakt

**Three Month Sterling Interest Rate Future**
-> Drei-Monats-Sterling-Zinsterminkontrakt

**Three Month US Treasury Bill Futures Contract**
->Drei-Monats-US Treasury Bill Future-Kontrakt

**Three Party Parallel Loan**
Variante eines -> **Parallelkredits** mit drei Beteiligten (anstatt zwei Parteien - **Two Party Parallel Loan** - in der Grundform).

**Tick**
Kleinste Preisbewegung eines Finanzinstruments, i.d.R. gemessen in Einheiten von 0,01.

**Tick size**
Der minimalen Kursveränderung eines Future-Kontraktes (-> **Tick**) wertmäßig entsprechender Betrag, der sich aus den Faktoren Nominalwert des Kontraktes, minimale Kursveränderung in % und Zinsberechnungsbasis errechnen läßt.
**Beispiel 1:**
3-Monats-Eurodollar-Terminkontrakt:
1 Tick = Kursveränderung von 0,01% = 0,0001

Nominalwert der Kontraktes 1 000 000 US$
Zinsberechnungsbasis des zugrundeliegenden Kassainstrumentes 3 Monate
Tickwertberechnung:

$$1\,000\,000\ US\$ \cdot 0{,}0001 \cdot \frac{90}{360} = 25\ US\$$$

**Beispiel 2:**
Bundesanleihe Terminkontrakt:
1 Tick = Kursveränderung von 0,01% = 0,0001
Nominalwert des Kontraktes 250 000 DM.
Zinsberechnungsbasis des zugrundeliegenden Kassainstrumentes p.a.
Tickwertberechnung:
250 000 DM · 0,0001 · 1 = 25 DM. *WH*

**TIGR**
-> **Treasury Investment Growth Receipt**

**Time Spread**
-> **Calendar Spread**

**Time Value**
Diejenige Komponente, die zusammen mit dem **inneren Wert** als **Zeitwert** den **Gesamtwert** einer -> **Option** bestimmt, d.h. die Differenz zwischen Gesamtwert und innerem Wert darstellt.

**TIMS**
-> **Theoretical Intermarket Margin System**

**Titrisation**
Umwandlung von Forderungen aus Konsumentenkrediten in Wertpapiere durch französische Banken, die seit 1990 möglich ist. Diese Variante der Verbriefung von Forderungen (-> **Asset-Backed Securities**), die am -> **Euro-Kapitalmarkt** als Euroemission und am französischen Markt je zur Hälfte untergebracht wurden, orientiert sich in der Rendite an kurzfristigen französischen Staatspapieren, auf die eine Marge bis zu 1% p.a. aufgeschlagen wird. Die Zinszahlungen erfolgen monatlich, die

Laufzeit beträgt bei Stückelungen von 10 000 FF bis zu fünf Jahren. Für Papiere mit einem -> **Rating AAA** (von Moody's) ist die Notierung an der Pariser Börse beantragt.

**TLC**
-> **Transferable Loan Certificate**

**TLF**
-> **Transferable Loan Facility**

**TLI**
-> **Transferable Loan Instrument**

**Tokyo Stock Exchange**
2 - 1 - 1, Kayaba-Cho, Nihonbashi, J - Tokyo 103, Japan
1878 gegründete Effektenbörse, die auch in Financial Futures handelt, z. B. 10-Jahres-Staatspapiere in Japan. Der Handel mit Financial Futures ist in Japan noch sehr eingeschränkt, da die japanische Regierung einen Deregulationsprozeß äußerst kontrolliert vorantreibt. *DR*

**Tokyo Stock Exchange-Index (TSE-Index)**
Im Jahre 1969 eingeführter, auf den 4.1.1968 basierter (= 100) -> **Aktienindex** an der Börse von Tokyo (-> siehe auch **NDJA-Index**), der **alle** Aktien der Gesellschaften der sog. First Section enthält und als **gewichteter** Index konstruiert ist. Damit erfolgen bei Ausgabe neuer Papiere, von (Zusatz-)Rechten u.ä. Anpassungen der Basis. Differenzierte Indizes für Groß-, Mittel- und Kleinunternehmungen werden ebenso veröffentlicht wie die Indizes von 28 industriellen Branchen.

**Tom-next**
-> **Euro-Geldmarkt-Termine**

**Tomorrow/next day**
-> **Euro-Geldmarkt-Termine**

**Toronto Futures Exchange**
Exchange Tower, 2 First Canadian Place, Toronto, Ontario
Finanzterminbörse in Toronto. Handel erfolgt in Financial Futures, Währungs-Futures und Metalloptionen. *DR*

**Toronto Stock Exchange**
The Exchange Tower, 2 First Canadian Place, Toronto, Ontario M5X 1J2, Canada
1852 gegründete Effektenbörse in Toronto, bei der auch ein Handel in Aktienindexoptionen stattfindet. *DR*

**Traded Options**
Standardisierte Optionskontrakte, die an Optionsbörsen Gegenstand des -> **Optionshandels** sein können (auch als **exchange traded options** bezeichnet).

**Trader**
Gruppe von Teilnehmern am -> **Financial Futures-Markt**, deren Motiv im Gegensatz zu -> **Hedgern** und -> **Arbitrageuren** Gewinnerzielung durch Übernahme von Risiken ist. Typischerweise betrifft das Engagement nur **eine** Kontraktart. Entsprechend dem Umfang und der Zeitdauer des Engagements kann zwischen folgenden **Akteuren** als Trader unterschieden werden:

| Dauer des Engagements | Bezeichnung des Marktteilnehmers |
|---|---|
| Mehrere Tage | -> **Position Trader** |
| Innerhalb eines Tages bis ein Tag | -> **Day Trader** |
| Innerhalb weniger Minuten bzw. Stunden eines Tages | -> **Scalper** |

Lit.: Cordero, 123 ff.

**Trading Card**
Kontrollkarte, auf der Händler an Financial Futures-Börsen unmittelbar die getätigten Abschlüsse mit allen wesentlichen - auch die Kunden betreffenden - Informationen einzutragen haben. Zur Verhinderung von

Manipulationen werden auf Anordnung der -> **CFTC** die dem Skontro deutscher Kursmakler und Börsenhändler entsprechenden Trading Cards alle 30 Minuten eingesammelt. Am Ende einer Börsensitzung bleibt den Händlern nochmals 15 Minuten Zeit, die Aufzeichnungen zu vervollständigen.

**Trading-Periode**
-> **DTB-Handelszeiten**

**Transferable Loan Certificate (TLC)**
Variante einer -> **TLF**, die sich von den -> **TLIs** insbesondere darin unterscheidet, daß bei TLCs ein Gläubigerwechsel eine Umwandlung des Schuldverhältnisses impliziert. Dies bedeutet eine Modifikation (Novation) des ursprünglichen Darlehensvertrags.

**Transferable Loan Facility (TLF)**
Innovation im Bereich des -> **Eurokonsortialkredits**, die darin besteht, Kredite in Unterbeteiligungen aufzuspalten, diese an weitere Beteiligte außerhalb des Konsortiums verkaufen zu können und letztlich die Kreditanteile als **übertragbare** Kreditfazilitäten handelbar zu machen. Entsprechend der rechtlichen Ausgestaltung kann zwischen -> **TLCs** und -> **TLIs** unterschieden werden.

**Transferable Loan Instrument (TLI)**
Variante einer -> **TLF**, die einen durch Abtretung übertragbaren Anteil an einem Eurokonsortialkredit verbrieft. Auf diese Weise können ursprünglich nicht handelbare Kreditanteile nunmehr an spezifischen -> **Sekundärmärkten** (für TLFs) ausgetauscht werden (= **Asset Trading**). Für die beteiligten Banken ergibt sich der Vorteil, daß durch die Verbriefung und Weitergabe von Kreditanteilen einerseits die Bilanz von Risiken entlastet, andererseits Liquidität realisiert werden kann. Sofern TLIs mit Abschlägen am Sekundärmarkt angeboten werden, ergeben sich auch für Investoren (z.B. im Rahmen von -> **Debt Equity Swaps**) und für andere Banken, welche die Risiken anders einschätzen, ggf. Vorteile.

**Transend/Interplex-System**
-> **Internationales Cash Management**

**Transferable Revolving Underwriting Facility (TRUF)**
Variante einer -> **RUF**, welche eine Vereinbarung über die Übertragbarkeit der Underwriting-Verpflichtung (-> **Underwriting**) enthält. Bei TRUFs ist somit ein Wechsel in der Zusammensetzung der Garanten für die Plazierung der Papiere der jeweiligen Tranche möglich. Insofern besteht eine gewisse Analogie zur -> **TLF**.

**Transferrisiko**
Gefahr des (administrativen) Eingriffs in laufende zwischenstaatliche bzw. internationale Zahlungsverkehrsabwicklungen von Banken und Unternehmungen (über Zentralnotenbanken).
Lit.: Eilenberger 1986, 21 ff.

**Travel & Entertainment Card**
-> **T&E-Karte**

**Treasury Bill**
Kurzfristiges Finanzierungsinstrument des US-Treasury mit Laufzeiten bis zu einem Jahr ("Schatzwechsel").

**Treasury Bond**
Längerfristiges Finanzierungsinstrument des US-Treasury in Form einer Schuldverschreibung (Anleihe) mit Laufzeiten von 10 Jahren und mehr.

**Treasury Investment Growth Receipt (TIGR)**
Variante von -> **Stripped Bonds**, die von Merrill Lynch auf der Basis von US-Treasuries geschaffen worden sind (= "Handelsmarke" von Merrill Lynch).

**Treasury Note**
Längerfristiges Finanzierungsinstrument

**Treuekarte**
des US-Schatzamtes in Form einer Schuldverschreibung mit Laufzeiten von mindestens zwei und höchstens zehn Jahren.

**Treuekarte**
-> **Fidelitykarte**, Karte des Handels, gewährt i.d.R. Rabatte, Boni etc. für treue Kunden

**True Hedge Options**
Übliche -> **Devisen-Optionen**, die von Banken als Stillhalter "geschrieben" werden, wobei dem Käufer (Wähler) Wahlmöglichkeiten einerseits bezüglich des Währungsbetrages, der Laufzeit (ein Tag bis 15 Monate oder ggf. länger) und des -> **Basispreises**, andererseits bezüglich der Ausübung ( entweder -> **Amerikanische** oder -> **Europäische Option**) eingeräumt sind.

**TRUF**
-> **Transferable Revolving Underwriting Facility**

**TSE**
-> **Tokyo Stock Exchange**

**TSE-Index**
-> **Tokyo Stock Exchange-Index**

**Two/seven days fixed**
-> **Euro-Geldmarkt-Termine**

**Two days notice**
-> **Euro-Geldmarkt-Termine**

**Two weeks fixed**
-> **Euro-Geldmarkt-Termine**

# U

**UBG**
-> **Unternehmensbeteiligungsgesellschaft**

**Umkehr-Swap**
"Drehung" einer existierenden Swap-Position. Hierzu kann zum einen ein sogenannter **Gegen-Swap** abgeschlossen werden, eine zweite Möglichkeit ist der direkte Verkauf dieses Swaps an einem Sekundärmarkt (**Swap Buyout**), d.h. eine dritte Partei tritt in den Swap ein (Abbildung).
Bei einem Swap Buyout verkauft die Swap-Partei sämtliche Verpflichtungen und Forderungen aus dem Swapgeschäft an einem Sekundärmarkt. In Abhängigkeit von der Zinsentwicklung erhält oder zahlt das Unternehmen B nach Abschluß einen **Lump Payment** als Pauschalsumme. Falls die Zinsen gestiegen sind, hat der Swap auf Grund der niedrigen Festsatzverpflichtungen an Wert gewonnen, und das Unternehmen B erhält eine Ausgleichszahlung. Die umgekehrte Situation ergibt sich bei einem Zinsrückgang. Bei einer solchen Entwicklung muß das Unternehmen B eine Ausgleichszahlung leisten.
In Abhängigkeit von erwarteten Zins- und Währungsentwicklungen werden offene Swappositionen aufgebaut, die nach Eintreten der erwarteten Entwicklung mit Gewinn durch Umkehr-Swap aufgelöst werden. Die Attraktivität dieser Vorgehensweise liegt insbesondere darin begründet, daß der Gewinn ohne Auswirkungen auf die Bilanz, bedingt durch die Bilanzneutralität der Vorgänge, entstanden ist. *PL*

**Unbundled Stock Unit (USU)**
Separierung der drei Komponenten des Gewinnpotentials einer Aktie, nämlich Dividende, Dividendenerhöhung und Kursentwicklung, und Schaffung von **drei neuen derivativen Finanzinstrumenten**:
- Langfristige **Schuldverschreibung**, welche die Dividende repräsentiert, mit einer Verzinsung in Höhe der voraussichtlichen Dividende (**Base Yield Bond** für 30 Jahre).
- **Vorzugsaktie**, die denjenigen Gewinn als Ausschüttung umfaßt, der pro Quartal über die Bedienung der Verzinsung der Base Yield Bonds hinausgeht; dieses Papier entschädigt den Inhaber für 30 Jahre für jede Dividendenerhöhung und wird als **Incremental Dividend Depository Preferred Share (IDP)** bezeichnet.

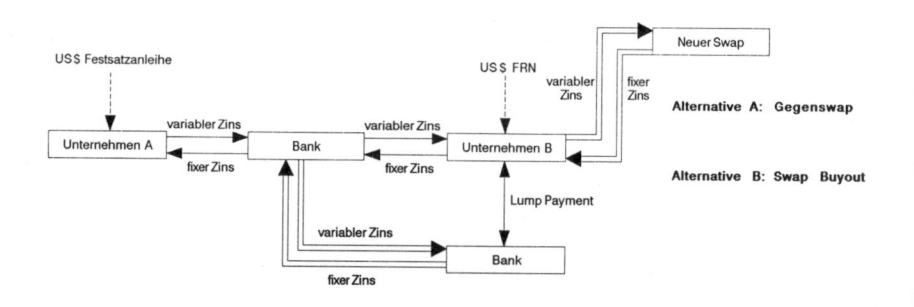

---

Mittelfluß der Kapitalsumme

Mittelfluß der originären Swap-Cash-Flows

Mittelfluß der sekundären Swap-Cash-Flows

**Uncovered Short Position**

- Equity Appreciation Certificates berechtigen als eine Art -> **Option** den Inhaber, im Falle von Kurssteigerungen des zugrundeliegenden Finanzinstruments im Zeitraum von 30 Jahren Vorzugspapiere zu einem relativ günstigen Kurs zu beziehen. Dieses **Bezugsrecht** gibt dem Inhaber das Recht, jeweils eine Stammaktie zum Preis des Nominalwertes des Bonds plus einer IDP zu erwerben.
Nach 30 Jahren werden die drei Papiere, die bis dahin getrennt an der Börse gehandelt werden können, wieder in eine "normale" Aktie zusammengefaßt. Die Motive für eine derartige Konstruktion bestehen zum einen in der Möglichkeit, die Liquidität zu schonen (weil sichergestellt ist, daß die Zinsen die Dividenden nicht übersteigen), zum anderen aber vor allem in erhöhtem Schutz gegen Übernahmen. Allerdings bedeutet die Aufspaltung in drei weitere Papiere die Notwendigkeit der Schaffung neuer Marktsegmente für den Sekundärhandel (-> **Finanzmarkt-Segmentinnovation**).

**Uncovered Short Position**
-> **Ungedeckte Short-Position**

**Uncovered Writing**
-> **Naked Writing**

**Underlying**
-> **Basisobjekt** (Wertpapier; Devisen) eines Optionskontrakts oder eines Financial Futures-Kontrakts bzw. das einem Terminkontrakt zugrundeliegende Finanzinstrument, das körperlich lieferbar ist.

**Underlying Futures Contract**
Derjenige Future-Kontrakt, der bei -> **Optionen auf Future-Kontrakte** Gegenstand der Optionsausübung ist. Teilweise wird der Begriff verwendet, um bei Hedgingoperationen den zur Absicherung der Kassaposition verwendeten Future-Kontrakt zu konkretisieren.

**Underwriter**
Mitglied einer Underwriting Group im Rahmen des -> **Underwriting**.

**Underwriting**
Angelsächsische Methode der Emission von Wertpapieren und der Vergabe von -> **syndizierten Krediten**, die im Euromarktbereich praktisch ausschließlich Anwendung findet. Die typische Struktur eines -> **Syndikats** zeigt folgende Abbildung:

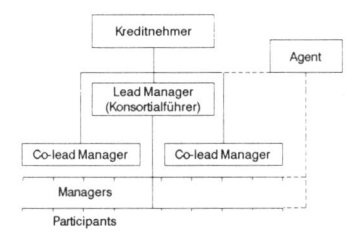

```
                Kreditnehmer
                                        Agent
            Lead Manager
            (Konsortialführer)

  Co-lead Manager      Co-lead Manager
            Managers
            Participants
```

Die **Underwriting Group** setzt sich zusammen aus der **Management Group** (Lead- und Co-lead-Manager) und den -> **Underwriters**; als Abgeltung erhalten sie u.a. die **Underwriting Fee**. Die übrigen Beteiligten werden als **Selling Group Members** bezeichnet, die zusammen mit der Underwriting Group den Absatz der Emission sicherstellen sollen. Eine herausragende Rolle spielt daneben der **Agent**, der im Regelfall mit dem Lead Manager identisch ist. Dem Agent obliegt die Verwaltung des Konsortialkredites, d.h. er hat ebenso wie die Auszahlung der Darlehensvaluta auch den Eingang der Zins- und Tilgungszahlungen sowie ggf. der Sonderleistungen ("Einmalgebühren") zu überwachen und auf die Konsorten entsprechend ihrer Quote zu verteilen. Er wird somit als Verrechnungsstelle tätig und hat darüber hinaus als Vertreter des Bankenkonsortiums die Aufgaben der Kreditüberwachung einschließlich der damit verbundenen Mitteilungspflichten wahrzunehmen.

**Underwriting Fee**
Abgeltung, die der Emittent im Rahmen

des -> **Underwriting** an die -> **Underwriter** zu leisten hat. Sie ist jährlich zu zahlen und hängt von der Bonität des Emittenten sowie von der Laufzeit der Fazilität, nicht jedoch von ihrer Ausnutzung ab.

**Underwritten Facility**
-> **Euro-Notes**

**Ungedeckte Short-Position**
Short-Position, die keine als Deckung anerkannte Position im -> **Basisobjekt** aufweist.

**Universalkarte**
In Form des -> **Drei-Parteien-Systems** emittiert; umfaßt alle gängigen -> **Kreditkarten**, die von internationalen -> **Kreditkartengesellschaften** herausgegeben werden (-> **T&E-Karte**).

**Unsystematic Risk**
-> **Unsystematisches Risiko**; -> **Portfolio Selection**

**Unterlegter Optionsschein**
-> **Covered Warrant**

**Unternehmensbeteiligungsgesellschaft (UBG)**
Mögliche Form einer -> **Venture Capital-Gesellschaft**, deren Geschäftstätigkeit vom deutschen Gesetzgeber durch das "Gesetz über Unternehmensbeteiligungsgesellschaften" (UBGG) vom 17.12.1986 geregelt ist. Der Unternehmensgegenstand einer UBG, die in der Rechtsform der AG zu gründen ist, beschränkt sich ausschließlich auf den Erwerb, die Verwaltung und die Veräußerung von Anteilen oder von Beteiligungen als stiller Gesellschafter an Unternehmen mit Sitz im Inland, deren Anteile im Erwerbszeitpunkt weder zur amtlichen Notierung oder zum Geregelten Markt an einer inländischen Börse zugelassen sind, noch an einem inländischen organisierten Markt gehandelt werden. Die Obergrenze des jeweiligen Anteilsbesitzes darf grundsätzlich 49% der Stimmrechte nicht übersteigen. Bezüglich ihrer Finanzierung ist die UBG gehalten, innerhalb von 10 Jahren nach ihrer Errichtung mindestens 70% ihrer Aktien öffentlich zum Erwerb anzubieten; in der Folgezeit ist das öffentliche Angebot jeweils jährlich zu wiederholen, bis 70% der Aktien der UBG auf diese Weise veräußert sind.

**US-Schatzwechsel-Kontrakte**
Auf US-Treasury Bills lautende Finanzterminkontrakte.

**US-Treasury Bond Future**
-> **Kontrakt über US-Staatsanleihen** (Bonds)

**US-Treasury Bond Futures Option Contract**
-> **Debt Options**

**US Treasury Issue Options**
-> **Debt Options**

**US-Treasury Note Future**
-> **Kontrakt über mittelfristige US-Staatspapiere** (Notes / 5 und 10 Jahre)

**USU**
-> **Unbundled Stock Unit**

**Utilization Fee**
Abnahmegebühr, die analog zur -> **Management Fee** ebenfalls gestaffelt vorkommen kann und sich an der Inanspruchnahme der Underwriter orientiert, d.h. zu wieviel Prozent das Volumen der Fazilität bei einer Euro-Notes-Emission bei den Underwritern untergebracht werden mußte (sofern sie nicht bei Investoren plaziert werden konnte).

# V

**VA-Guaranteed Mortgage**
Durch die Veterans Administration (VA) garantierter US-Hypothekarkredit.

**Value Line Composite Average Index Future-Kontrakt**
NYFE-Kontrakt/Kontraktspezifikationen:
Gehandelte Einheit:
$ 500 x Wert des Value Line Composite
Liefermonate/Verfallmonate:
März, Juni, September, Dezember
Liefertag:
Cash Settlement zum Schlußkurs des Value Line Composite am letzten Handelstag
Letzter Handelstag:
Dritter Freitag des Kontraktmonats
Notierung:
Mehrfaches von 0,05; $ 500 pro ganzem Indexpunkt
Mindestkursveränderung:
(Tick: Größe und Wert): 0,05 ($ 25,00). *WH*

**Value Line Composite Index (VLCI)**
Im Gegensatz zu der Mehrzahl arithmetisch gewichteter Indizes (z.B. -> **MMI**, -> **S&P 500**) handelt es sich dabei um einen (markt-) gewichteten Index, der auf dem **geometrischen Mittel** beruht. Im Vergleich zum -> **NYSE-Index** und -> **S&P 500-Index**, die den **Gesamtmarktwert** der einbezogenen Aktien messen, gibt der VLCI Auskunft über den **Durchschnittswert der Aktien**. Obwohl ursprünglich der erste Index, auf dem Stock Index-Futures basiert waren, hat der VLCI seine führende Stellung eingebüßt. Er umfaßt rund 1 700 Werte (1 500 Industrie-, 180 Versorgungs- und 20 Eisenbahnwerte). Die Messung mit Hilfe des geometrischen Mittels führt tendenziell zu niedrigeren -> **Volatilitäten** des VLCI (im Vergleich zu -> **MMI** u.ä. gestalteten Indizes). Die Ermittlung des VLCI erfolgt in drei Schritten:

- Division des aktuellen Kurses durch den Kurs der Vorperiode für jede Aktie
- Feststellung der "Ratio of Price" jeder Aktie
- Ermittlung der n-ten Wurzel aus dem Produkt der "Ratios" aller Aktien und Subtraktion von 1 von diesem Ergebnis.

Weisen beispielsweise die beiden Aktien X und Y folgende Kurse auf, so ergibt sich ein Index-Wert von 44,48%:

| Aktie | Kurswerte | | Ratio of Prices |
|---|---|---|---|
| | Vorperiode | Aktuelle Periode | |
| X | 60 | 85 | 1,42 |
| Y | 30 | 44 | 1,47 |
| $\sum$ | 90 | 129 | -- |

$$VLCI = \sqrt[2]{(1,42) \cdot (1,47)} - 1 = 0,4448 = 44,48\%$$

Die **arithmetische** Gewichtung der Returns von 42% und 47% würde 44,5% ergeben.

**Valuta-Kompensationskonto**
-> **Swing**

**Valuta-Option**
Synonym für -> **Devisen-Option**

**Valutaorientiertes Liquiditätsmanagement**
-> **Reinvoicing**

**Valutarisiko**
Gefahr der Entwertung von Währungsaktiva durch Abwertung der ausländischen Währung (**Valuta**) gegenüber der inländischen Währung **oder** der Werterhöhung von Währungspassiva durch Aufwertung der ausländischen Währung gegenüber der inländischen Währung. Die Einwirkungsdauer von Valutarisiken beginnt bei Unterneh-

mungen bereits ab dem Zeitpunkt der Entscheidung, ein Exportgut herzustellen bzw. zu liefern, ein Importgut abzunehmen, eine Direktinvestition zu planen oder eine Finanztransaktion abzuschließen.
Lit.: Eilenberger 1986, 16 ff.

**Vancouver Stock Exchange (VSE)**
Stock Exchange Tower, PO Box 10333, 609 Granville Street, Vancouver, British Columbia
Wertpapierbörse in Vancouver, an die auch eine Terminbörse angeschlossen ist. *DR*

**Vanilla Issue**
-> Plain Vanilla Issue

**Vanilla Swap**
-> Plain Vanilla Swap

**Variable Note**
-> Variable Rate Note

**Variable Rate Note (VRN)**
Variante von -> **FRN** insofern, als der Aufschlag oder Abschlag auf den (variablen) -> **Referenzinssatz**, also der -> **Spread**, zu jedem Zinstermin neu festgesetzt wird (während der Spread für FRNs über die gesamte Laufzeit konstant bleibt); somit weisen VRN mit dem variablen Referenzinssatz und dem variablen Spread zwei Anpassungskomponenten auf. Die **Neufestsetzung**, die i.d.R. alle drei Monate erfolgt, kann entweder durch **Auktion** oder durch (bilaterale) **Vereinbarung** zwischen Emittent und Emissionshaus erfolgen. Im Falle der Auktion bieten die bisherigen und ggf. neue Investoren für die Notes; kommen bisherige Investoren mit ihren (zu niedrigen) Geboten nicht zum Zuge, so werden die Anteile zu pari abgelöst. Bei bilateraler Neufestsetzung entsteht das Problem, daß Investoren mit dem neuen Spread nicht einverstanden sind; dann ist das Emissionshaus zum Rückkauf der entsprechenden Anteile zu pari verpflichtet. Sollte jedoch keine Einigung zustande kommen, so tritt ein in den Anleihebedingungen fixierter (Maximal-) Spread an die Stelle des einvernehmlich zu erzielenden Satzes.
Lit.: Lucius, O., Variable Rate Notes. ÖBA 1988, 1018 ff.

**Variabler/Variabler Zinsswap**
Variante des -> **Zinsswaps** in einer Währung (-> **Basis Swap**). Im kurzfristigen Interbankenmarkt zur Refinanzierung von zinsvariablen Bilanzaktiva haben sich verschiedene zinsvariable Zinsindizes ausgebildet. Es sei hier insbesondere auf -> **Libor**, -> **Commercial Paper Index**, -> **Treasury Bill Rate** oder Bankers Acceptance Rate hingewiesen. Bei einem variablen/variablen Zinsswap werden nun die gegenseitigen Swapverpflichtungen auf Basis unterschiedlicher variabler Zinsindizes festgelegt. So kann z.B. die Swappartei A unter einem variablen/variablen Zinsswap 6-Monate-Libor-Zinszahlungen erhalten und im Gegenzug zahlt die Swappartei an die Gegenpartei variable Zinsen auf der Basis eines variablen Commercial Paper Index. *PL*

**Variabler/Variabler Zins- und Währungs-Swap**
Austausch der Swapverpflichtungen auf zwei unterschiedlichen Währungen, wobei die von der Swappartei in einer Währung zu leistende Zahlung und der in einer anderen Währung zu erhaltende Cash Flow auf zinsvariabler Basis Gegenstand des Vertrages sind. So erhält z.B. die Swappartei A bei einem variablen/variablen Zins- und Währungs-Swap z.B. 6-Monats Libor in DM und zahlt im Gegenzug an die Gegenpartei auf den entsprechenden US $ Betrag 6-Monats US $ Libor. Beide durch den Swap initiierten Cash Flows basieren auf zinsvariabler Basis. *PL*

**Variation Margin**
-> Margin-Systematik

## Variation Margin

"Nachschuß": Betrag, der dem Käufer und Verkäufer von Future-Kontrakten für das Halten einer Position verrechnet wird. Die Notwendigkeit zum Nachschuß ergibt sich dabei aus den täglichen Marktschwankungen und wird täglich vom -> **Clearing House** aufgrund der offiziellen Schlußkurse (-> **Settlement Prices**) pro Fälligkeitstermin und pro Kontrakt errechnet (mark to market). Kursgewinne werden den Clearing-Teilnehmern sofort verrechnet, Kursverluste von diesen eingefordert. Im Anschluß rechnen die Clearing-Teilnehmer diese Beträge mit ihren Kunden ab (siehe auch -> **Margin-Systematik**). *WH*

## Variation Margin Call

Demand for money to deposit the margin account of a participant to bring the equity back up to the initial level. *WH*

## V-C-Finanzierung

-> **Venture Capital**

## Vega

Kennzahl zur Beurteilung von -> **Premium Sensitivities** bei Optionen, die Erkenntnisse über das Verhalten der Optionsprämie bei einer Veränderung der **implizierten** -> **Volatilität** vermittelt und daher auch als **Volatility** -> **Delta** bezeichnet werden kann:

$$\text{Vega} = \frac{\text{Veränderung der Optionsprämie}}{\text{Veränderung der implizierten Volatilität}}$$

Vega vermittelt ein Maß für die Sensitivität einer Optionsposition bezüglich Volatilitätsschwankungen (ausgedrückt in % p.a.) in Währungseinheiten (z.B. in DM). Bei Sinken der Volatilität um 1% p.a. reduziert sich der Wert eines Call bei einem bestimmten Kurs um den Wert des Vega (in DM). Zum Ausgleich müßte das **Volatility Delta** so hoch sein, daß absolut ein DM-Wertzuwachs durch Steigen des Kurses des Kassainstruments um mindestens das Doppelte des Vega-Wertes realisiert wird. Das Vega einer Option wird auch als **Epsilon** bezeichnet.

Bei Erhöhung der implizierten Volatilität um einen Punkt bzw. um ein Prozent und gleichzeitiger Erhöhung der Prämie um 0,2 Punkte beträgt Vega 0,2. Im Gegensatz zu -> **Theta** erreicht Vega bei -> **at-the-money**-Optionen mit **langen** Restlaufzeiten die höchsten Werte.

## Vektorschreibweise von Börsentermingeschäften

In der Vektorschreibweise werden Börsentermingeschäfte durch zwei übereinanderstehende Zahlen geschrieben. Dabei gibt die obere Zahl an, wie sich der Wert des Termingeschäftes verhält, wenn der Preis des dem Termingeschäft zugrundeliegenden Objektes steigt; die untere Zahl gibt an, wie sich der Wert des Termingeschäftes bei fallenden Kursen des zugrundeliegenden Objektes verhält. Ein Plus vor jeder Zahl zeigt eine Wertsteigerung des Termingeschäftes, ein Minus eine Wertsenkung und eine Null einen gleichbleibenden Wert des Termingeschäftes an.

Die Vektorschreibweise soll nachfolgend am Beispiel der Käuferposition einer Kaufoption gezeigt werden, die sich folgendermaßen darstellt:
Steigt der Wert des zugrundeliegenden Basisobjektes, dann steigt auch der Wert der Kaufoption, was durch die (obere) Zahl +1 zum Ausdruck gebracht wird. Fällt der Wert des Basisobjektes, dann sinkt zwar der Wert der Kaufoption, der Optionskäufer hat jedoch - abgesehen von dem bezahlten Optionspreis - keinen Verlust, weshalb die untere Zahl Null (und nicht -1) ist. Hält der Käufer insgesamt zwei Optionspositionen, stellen sich die wichtigsten Options- und Termingeschäfte stellen sich wie folgt dar:

| | |
|---|---|
| Kauf einer Kaufoption: | $\begin{bmatrix} +1 \\ 0 \end{bmatrix}$ |
| Verkauf einer Kaufoption: | $\begin{bmatrix} -1 \\ 0 \end{bmatrix}$ |
| Kauf einer Verkaufsoption: | $\begin{bmatrix} 0 \\ +1 \end{bmatrix}$ |
| Verkauf einer Verkaufsoption: | $\begin{bmatrix} 0 \\ -1 \end{bmatrix}$ |
| Terminkauf: | $\begin{bmatrix} +1 \\ -1 \end{bmatrix}$ |
| Terminverkauf: | $\begin{bmatrix} -1 \\ +1 \end{bmatrix}$ |
| Kasse (kursunabhängige Position): | $\begin{bmatrix} 0 \\ 0 \end{bmatrix}$ |

Die einzelnen Vektoren können elementweise addiert oder subtrahiert werden, indem die oben stehenden Zahlen einerseits, die unten stehenden Zahlen andererseits addiert bzw. subtrahiert werden. Zur Verdeutlichung soll angenommen werden, daß in einem Portefeuille eine verkaufte Kaufoption und ein Terminkauf kombiniert werden:
Das sich ergebende (Gesamt-) Portefeuille verhält sich bei Kursschwankungen des zugrundeliegenden Basisobjektes wie der Verkauf einer Verkaufsoption (vgl. Grützemacher). *TG*

## Vendor Financing

Langfristige Finanzierung von (längerfristig nutzbaren) Gebrauchsgütern durch die Verkäufer der Güter; mit dem Kaufakt ist somit eine Kreditbeziehung zum Verkäufer (bzw. einer von ihm spezialisiert eingesetzten Finanzierungsgesellschaft) verbunden; insofern handelt es sich um eine spezifische Form des Hersteller-Leasings. Darüber hinaus bieten zahlreiche Leasinggesellschaften im Rahmen von sog. **Vendorprogrammen** dem Lieferanten (Hersteller) von beispielsweise Exportgütern die Möglichkeit, das Produkt mit - zum Warenvorgang parallel verlaufendem - **internationalem Leasing** zu finanzieren (**Mietfinanzierung**), und damit gleichzeitig das Exportgeschäft durch Einschaltung einer inländischen Leasinggesellschaft unter dem Aspekt des -> **Valutarisi**kos in ein "Inlandsgeschäft" zu transformieren.
Lit.: Brennan, M.J./V. Maksimovic/J. Zechner, Vendor Financing. Journal of Finance 1988, Vol. XLIII, p. 1127 ff.; Feinen, K., Leasing kann einen Beitrag zur Exportförderung leisten. Leasing. RIW-Beilage 1 zu Heft 4, 1 ff.; Eilenberger 1986, 138 ff.

## Venture Capital

Gesamtheit von möglichen Finanzierungsmaßnahmen zur Förderung von Produkt-, Prozeß- und Marktinnovationen im Bereich der Realgüter, auch als **Innovationsfinanzierung** bezeichnet, die ihrerseits häufig den Bereich der Innovationen im Nominalgüterbereich betreffen, so daß in diesen Fällen -> **Finanzinnovationen** die Realisierung von Realgüterinnovationen bewirken. Der Zweck der Innovationsfinanzierung (**Venture Capital-Finanzierung**) besteht grundsätzlich darin, einer Unternehmung für den Zeitraum der eigentlichen Innovationsphase Beteiligungskapital zur Verfügung zu stellen, das in dieser (Verlust-)Phase der Unternehmung keine unmittelbaren laufenden Finanzierungskosten verursacht und gleichzeitig - durch Verbesserung der Kapitalstruktur bzw. des Verschuldungsgrades - die Möglichkeiten der Unternehmung zur zusätzlichen Fremdmittelaufnahme (**Kreditfinanzierung**) verbessert. Nimmt der Venture Capital-Geber für einen bestimmten Zeitraum den Ausfall einer marktgerechten Verzinsung seines (Beteiligungs-)Kapitals hin, muß er in den folgenden Perioden laufende Kapitalerträge in einem Umfang erzielen können, der die ausgefallenen Erträge der Innovationsphase weit übersteigt. Alternativ kommt als Anreiz für eine Venture Capital-Beteiligung die mit fortschreitender Realisierung der Innovation verbundene Werterhöhung der Beteiligung und entsprechende Vermarktung der Geschäftsanteile in Betracht. Für die Finanzmittelbeschaffung zur Durchführung von Innovationen ergibt sich das generelle Problem, für

überdurchschnittlich riskante Investitionsobjekte Kapitalgeber zu finden, deren Rendite-Erwartungen nicht im selben Maße übertrieben sein dürfen.
Als **Alternative** der Innovationsfinanzierung mit Venture Capital (Abbildung), das vornehmlich als **Risikokapital (Hoffnungskapital)**, also als Eigenkapital ohne Zinszahlungsverpflichtungen, aufzubringen ist, eröffnen sich entweder die Aufnahme zusätzlicher Gesellschafter (einschließlich stiller Gesellschafter) und/oder Erhöhung der Gesellschaftsanteile sowie die Ausgabe von Aktien direkt bei interessierten Anlegern (**direkte Beteiligung**) **oder** indirekt über einen Beteiligungsfonds bzw. eine Beteiligungsgesellschaft (**indirekte Beteiligung**), wobei der Beteiligungsfonds (die Beteiligungsgesellschaft; -> **Unternehmensbeteiligungsgesellschaft**; -> **Genußscheinfonds**) die Beteiligung im Regelfall nur für eine beschränkte Zeit halten wird. Grundsätzlich können die für Innovationen benötigten Mittel jedoch auch auf dem Wege der **Kreditfinanzierung** durch Banken aufgebracht werden. Ob dies möglich ist, hängt einerseits von der Bonität der Unternehmung und der voraussichtlichen Dauer der Innovationsphase, die in diesem Fall relativ kurz und überschaubar sein muß, andererseits von der Risikobereitschaft der Bank und deren Finanzierungsmöglichkeiten ab. In Anbetracht des Ausnahmecharakters kreditfinanzierter Innovationen soll diese Alternative nicht weiter verfolgt werden.
**Lit.:** Eilenberger 1989, 231 ff.

**Venture Capital-Finanzierung**
-> **Venture Capital**

**Venture Capital-Gesellschaft**
Finanzintermediär zur Finanzierung von Innovationen mittels -> **Venture Capital**, das von den Eigentümern bzw. Gesellschaf-

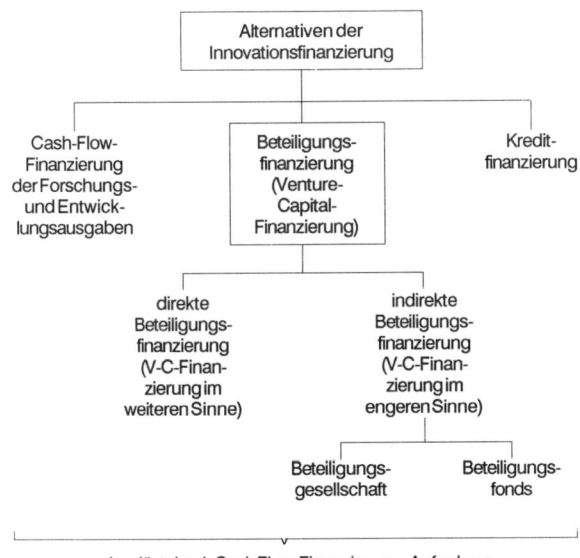

```
                    Alternativen der
                    Innovationsfinanzierung
        ┌───────────────────┼───────────────────┐
   Cash-Flow-           Beteiligungs-          Kredit-
   Finanzierung         finanzierung           finanzierung
   der Forschungs-      (Venture-
   und Entwick-         Capital-
   lungsausgaben        Finanzierung)
                    ┌────────┴────────┐
                direkte            indirekte
                Beteiligungs-      Beteiligungs-
                finanzierung       finanzierung
                (V-C-Finan-        (V-C-Finan-
                zierung im         zierung im
                weiteren Sinne)    engeren Sinne)
                              ┌────────┴────────┐
                        Beteiligungs-     Beteiligungs-
                        gesellschaft      fonds
```

abgelöst durch Cash Flow-Finanzierung, Aufnahme risikoscheuer Anleger und/oder Kreditfinanzierung

tern aufgebracht wird. (-> **Unternehmensbeteiligungsgesellschaft**; -> **Genußscheinfonds**).

### Verbundgeschäft
Synonym für -> **Gegenseitigkeitsgeschäft**, -> **Countertrade**.

### Verfalldatum
Laufzeitende von Optionskontrakten und Financial Futures-Kontrakten; auch als **Exercise Date** bezeichnet.

### Verkaufsoption
Beinhaltet für den Käufer (Wähler) das Recht, eine bestimmte Anzahl von -> **Basisobjekten** jederzeit während der -> **Optionsfrist** (-> **Amerikanische Option**) oder zu einem bestimmten Zeitpunkt (-> **Europäische Option**) zu einem im voraus vereinbarten -> **Basispreis** vom -> **Stillhalter** kaufen zu können (**Put-Option**). Bezüglich der Stillhalter-Position siehe -> **Stillhalter in Aktien**; -> **Stillhalter in Devisen**; -> **Stillhalter in Geld**.

### Verkaufter Spread
-> **Short Spread**

### Verlängerungs-Swap
-> **Extendable Swap**

### Vertical Spread
Kombination einer gekauften und gleichzeitig verkauften Option (-> **Spread**), also von -> **Long-** und -> **Short-Position**, in mindestens zwei verschiedenen Optionen gleichen Typs (-> **Call** und -> **Put**) mit demselben (zugrundeliegenden) -> **Basisobjekt** und demselben -> **Verfalldatum** (aber unterschiedlichen -> **Basispreisen**). Somit kann ein Vertical Spread sowohl mit Calls als auch mit Puts konstruiert werden. Die Bezeichnung Vertical Spread ist auf den Sachverhalt zurückzuführen, daß die veröffentlichten Basispreise senkrecht untereinander angeordnet bzw. gedruckt sind. Seinem Wesen nach läßt sich ein Vertical Spread auch als **Price Spread** bezeichnen. Bei Erwartung steigender Kurse des zugrundeliegenden Basisobjekts wird der Anleger Optionen mit dem niedrigeren Basispreis kaufen und Optionen mit dem höheren Basispreis verkaufen; je nach eingesetztem Optionstyp kann es sich in diesem Fall um einen **Call Bull (Price) Spread** oder einen **Put Bull (Price) Spread** handeln. Ein **Call Bear (Price) Spread** oder ein **Put Bear (Price) Spread** wird dagegen bei Erwartung sinkender Kurse des Basisobjekts erfolgen (siehe auch -> **Aktienoptionsstrategien**; -> **Spread-Typen**).

### Vertragsunternehmen
-> **Akzeptanzstelle**, akzeptiert aufgrund eines Vertrages mit einer internationalen -> **Kreditkartengesellschaft** deren -> **Kreditkarten** mit dem Vorteil der bargeldlosen Abrechnung von Umsätzen gegen ein -> **Disagio**.

### VIBOR
Vienna Interbank Offered Rate. Referenzzinssatz für **FRN** am Platz Wien, analog zu -> **LIBOR**.

### Vieleckskompensation
Variante von -> **Kompensationsgeschäften**, an denen mehr als zwei Vertragspartner beteiligt sind (siehe auch -> **Switch-Geschäfte**).

### Visa
Eine der vier größten internationalen -> **Kreditkartengesellschaften**, vergibt i.d.R. Lizenzen an Kreditinstitute, welche ihre eigene Karte emittieren und dabei das internationale Abrechnungs- und Akzeptanzstellennetz von Visa nutzen. *EK*

### VLCI
-> **Value Line Composite Index**

### Volatilität
1) **Maß für die Preisvariabilität (Kursvolatilität)** eines einem Optionskontrakt

oder Financial Futures-Kontrakt zugrundeliegenden -> **Basisobjekts**. Die Ermittlung der Volatilität kann grundsätzlich auf zwei Arten erfolgen:
- Ermittlung der Volatilität mit Hilfe einer Regressionsgleichung bzw. Regresssionsgeraden auf der Basis historischer Werte (**historische Volatilität** bzw. **historic volatility**); die Volatilität ist definiert als Standardabweichung zur Regressionsgeraden.
- Ermittlung der Volatilität mit Hilfe des -> **Black-Scholes-Modells** (bzw. des -> **Garman-Kohlhagen-Modells**) in der Weise, daß die aktuelle Prämie der Option mit den anderen notwendigen Parametern in die Modell-Gleichung eingesetzt wird; durch Auflösung nach der Unbekannten ergibt sich die sog. **implizite Volatilität** bzw. **implied volatility** bzw. -> **expected volatility**. Die implizite Volatilität, die aus der Eingabe des Marktpreises in das Modell resultiert, gibt die Volatilität an, die für die jeweilige Laufzeit bezahlt wird. Die Eingabe der erwarteten Volatilität ihrerseits gibt Aufschluß über den **fairen Preis** der Option ( = **faire Prämie**), der zu Vergleichen mit aktuellen Börsenkursen herangezogen werden kann. Da die Black-Scholes-Formel einen direkten Zusammenhang zwischen -> **Prämie** und Volatilität des zugrundeliegenden Basisobjekts herstellt, läßt sich die Volatilität zumindest indirekt im Optionspreis ablesen (-> **Optionsbewertung**).

2) **Maß für die Preiselastizität** von Schuldverschreibungskursen bei marginaler Änderung des Marktzinssatzes (i). In diesem Sinne läßt sich die Volatilität (V) mit Hilfe der -> **Duration** (D) wie folgt ermitteln:

$$V(\%) = \frac{D}{z}, \text{ wobei } z = (1+i)$$

**Volatility Delta**
-> **Vega**; -> **Delta**

**Voluntary Termination (Swap Market)**
Aufhebung eines Swap-Kontraktes im beiderseitigen Einvernehmen der Vertragsparteien.

**VRN**
-> **Variable Rate Note**

**VSE**
-> **Vancouver Stock Exchange**

# W

**Waren-Future-Kontrakte**
Absicherung von Preisschwankungen an den Rohwarenmärkten durch -> **Future-Kontrakte**. Neben Futures-Kontrakten auf sog. "storable commodities" (Weizen, Schweinebäuche) werden auch Future-Kontrakte auf sog. "non storable commodities" (Lebendvieh, Hühner) gehandelt. Die Notwendigkeit von Absicherungsmöglichkeiten für Finanzinstrumente bedingte eine Aufnahme von Finanzprodukten in den Future-Handel (-> **Financial Futures**). Der Schritt von Waren- zu den Finanzdimensionen war dadurch erfolgt. *WH*

**Waren-indizierte Swaps**
Synonym für -> **Commodity Swaps**.

**Waren-Switch**
-> **Switch**

**Warentermingeschäft**
Individuelle vertragliche, nicht standardisierte Vereinbarung zweier Marktpartner, eine bestimmte Ware zu einem heute fixierten Preis zu einem bestimmten zukünftigen Zeitpunkt zu liefern bzw. zu kaufen. Aufgrund umständlicher Vertragsabschlüsse, -auflösungen und wegen des Erfüllungsrisikos wurde eine Standardisierung einzelner Vertragselemente notwendig, und zwar in der Form sog. Kontrakte (-> **Warenterminkontrakte**). *WH*

**Warenterminkontrakte**
Der Handel von Rohwarenterminkontrakten (wesentliche Zentren sind die USA und England) an bestimmten Rohwarenbörsen geht auf das mittlere bis späte 19. Jahrhundert zurück. Wichtige Organisationselemente wurden dabei direkt von den mittelalterlichen Warenmessen übernommen (z.B. autonome Gestaltung der Handelsbedingungen). Warenterminkontrakte ermöglichten dem Verkäufer einer Ware, seinen Erlös im voraus festzulegen, indem er sich z.B. zur Zeit der Aussaat verpflichtete, einem Käufer eine bestimmte Menge eines Gutes zu einem bestimmten Zeitpunkt zu liefern. Da der Preis zu Beginn festgelegt wurde, wurde es dem Käufer wiederum ermöglicht, seine Einstandskosten exakt zu kalkulieren. Die Rohwarenbörsen repräsentierten somit Märkte, welche das Ziel hatten, die im Warenterminkontrakt gehandelte Ware physisch zu liefern. Die Weiterentwicklung im Termingeschäft bestand nun darin, eine geeignete Marktstruktur für den Handel in Kontrakten zu schaffen, um einen einfachen Marktzugang, einen einfachen Geschäftsabschluß und eine einfache Geschäftsauflösung sowie die Eliminierung des Erfüllungsrisikos zu gewährleisten. Dies bedeutete neben standardisierten Verträgen (Kontrakten) die Schaffung eines zentralen Marktes (Börse), die Erleichterung der Zulassungsbedingungen sowie Stellung von Sicherheitsleistungen und die Überwachung durch spezielle Clearing-Organisationen. Aus den Warenterminkontrakten wurden so -> **Waren-Future-Kontrakte** (-> **Commodity Futures**). *WH*

**Warrant**
-> **Optionsschein**

**Warrant Bond**
-> **Optionsschuldverschreibung**

**Währungseinzelposition**
Gegenüberstellung der über eine einzelne ausländische Währung lautenden Aktiva und der über die gleiche Währung lautenden Passiva, beides umgerechnet in die Inlandswährung. Die Zahl der Einzelpositionen ist also gleich der Zahl derjenigen ausländischen Währungen, in denen Vermögensteile und/oder Verbindlichkeiten vorhanden sind.
Lit.: Eilenberger 1986, 58 ff.

## Währungseventualrisiko

Gefährdungen des finanzwirtschaftlichen Bereichs von Unternehmungen aus internationalen Aktivitäten, die aus Finanzplanung und Finanzbuchhaltung nicht ablesbar sind. Dabei handelt es sich um zwei Gruppen von Risiken:

**Erfüllungsrisiken** stehen in Zusammenhang mit der Unsicherheit über den Umfang der künftigen Zahlungseingänge in Devisen und bedeuten die Gefahr, daß infolge Leistungsstörung seitens des ausländischen Kontrahenten trotz vorgenommener Kurssicherung der Zahlungseingang geringer als erwartet ausfällt, die inländische Unternehmung gleichwohl ihren Verpflichtungen aus dem Kurssicherungsgeschäft (Devisenterminkontrakt) nachkommen muß und nur durch Devisenkauf am Kassamarkt (zu höheren als erwarteten Kursen) mit Verlust einen Ausgleich des Mindereingangs an Zahlungsmitteln (Devisen) herbeiführen kann.

**Leistungsrisiken** treten insofern und insoweit auf, als Zahlungsausgänge in Valuta im Falle der Inanspruchnahme aus abgegebenen Garantien und erklärten Bürgschaften sowie zu erfüllender Gewährleistungsverpflichtungen (auf Grund gesetzlicher oder vertraglicher Ansprüche) zu Gunsten des (der) ausländischen Kontrahenten notwendig werden, die entweder nicht geplant oder deren Ausmaß höher als erwartet ist und daher Devisen in entsprechendem Umfang auf dem Devisenkassamarkt zu beschaffen sind (Beschaffungsrisiko).

## Währungs-Future

Vertragliche Vereinbarung (in Form eines Financial Futures-Kontrakts) des Inhalts, daß ein bestimmter Valutabetrag zur Ausschaltung des -> **Valutarisikos** per Termin verkauft/gekauft wird. Insofern besteht eine starke Ähnlichkeit zu den Devisentermingeschäften über Devisenterminmärkte. Wesentliche Unterschiede sind jedoch darin zu sehen, daß eine individuelle Gestaltung des Abschlusses bezüglich der benötigten Valuta-Summe nicht möglich ist und die Kontrakte nur für bestimmte, festgelegte Erfüllungstermine (bei Euro-$-Kontrakten am dritten Mittwoch der jeweils letzten Quartalsmonate: März, Juni, September, Dezember) abgeschlossen werden können. Daher ist die Eignung von börsengehandelten, standardisierten Währungs-Futures für Zwecke der Kurssicherung sowohl von der Stückelung (Euro-$-Kontrakte bei IMM 1 Mio $; SFR-Kontrakte 125 000 SFR; Yen-Kontrakte 12,5 Mio Yen; DM-Kontrakte 125 000 DM; £-Kontrakte 25 000 £), als auch von den Erfüllungsfristen her für Exporteure und Importeure differenziert zu betrachten. Ein wesentlicher Vorteil von Währungs-Futures besteht darin, daß diese - im Gegensatz zu Devisenterminkontrakten - in Anbetracht der betragsmäßigen und fristbezogenen Standardisierung an den Terminbörsen gehandelt und vor Fälligkeit verkauft werden können.

Diese Eigenschaft von Währungs-Futures vergrößert den Entscheidungsspielraum des Währungsmanagements, da die Kontrakte je nach Marktlage (mit Gewinn oder Verlust oder zum selben Kurs) verkauft werden können, also die Übergabe am Erfüllungstag vermieden wird. Dabei ist zu beachten, daß mit abnehmender zeitlicher Distanz zum Erfüllungstag der Währungs-Futures sich deren (Markt-)Preis immer stärker den aktuellen Devisenkassakursen für die Vertragsgewährung annähert; je länger die (Rest-)Laufzeit dagegen, um so größer stellt sich die Differenz zwischen Future-Preis und aktuellem Devisenkassakurs (des betreffenden Markttages).

**Lit.:** Eilenberger 1986, 179 ff. (mit Beispielsrechnung).

## Währungsgegenposition

Schließung einer -> **offenen Position** in Valuta durch eine entsprechende Gegenposition in derselben Valuta.

## Währungsgesamtposition

Gegenüberstellung sämtlicher in Inlandswährung umgerechneter Währungsaktiva

und -passiva, gleichgültig, über welche Währungen sie im einzelnen lauten. Die Gesamtposition ist somit die Summe aller -> **Währungseinzelpositionen**. Eine Währungsposition - dies gilt sowohl für eine Einzel- als auch für die Gesamtposition - wird als ausgeglichen bezeichnet, wenn die ihr zugehörigen Aktiva und Passiva gleich groß sind. Ist dies nicht der Fall, spricht man von einer -> **offenen Position**. Sind die Aktiva größer als die Passiva, nennt man die offene Position aktiv oder bezeichnet sie als -> **Plusposition**; übersteigen umgekehrt die Passiva die Aktiva, so handelt es sich um eine passive bzw. eine -> **Minusposition**.
Lit.: Eilenberger 1986, 61 ff.

## Währungs-Option
-> **Devisen-Option**

## Währungsoptionsklausel
-> **Währungsoptionsrecht**

## Währungsoptionsrecht
Vertraglich begründetes Recht, die Tilgung und/oder Verzinsung eines Kredites auch in einer anderen Währung als der Kreditwährung - oder in einer von mehreren anderen Währungen - fordern zu können. Die Währungen, zwischen denen der Kreditgeber wählen kann (einschließlich der Kreditwährung) sind die **Optionswährungen**. Für sie werden Umrechnungskurse vertraglich festgelegt. Gewöhnlich werden dafür die Devisenkurse, die für diese Währungen im Zeitpunkt des Vertragsabschlusses gelten, verwendet. Damit der Schuldner den zeitlichen Spielraum erlangt, den er für die Vorbereitung seiner Zahlung benötigt, kann vereinbart werden, daß der Gläubiger das Optionsrecht (-> **Option**) bis zu einem bestimmten Zeitpunkt - oder innerhalb eines bestimmten Zeitraums - vor dem Fälligkeitstermin ausüben muß. Die **Kurssicherungswirkung** einer solchen Vereinbarung beruht darauf, daß der Gläubiger - falls die Devisenkurse der Optionswährungen sich bis zur Fälligkeit der Tilgungs- und/oder Zinszahlung ändern - die Möglichkeit erlangt, die Zahlung in derjenigen Optionswährung zu fordern, die sich relativ zu den anderen am wenigsten abgeschwächt bzw. am stärksten befestigt hat.
Das Hauptanwendungsgebiet der Währungsoptionsrechte sind -> **internationale Anleihen**. Grundsätzlich kommen sie aber auch für andere Arten von internationalen Kreditbeziehungen in Betracht (langfristige Lieferanten- und Finanzkredite).
Lit.: Eilenberger 1986, 145 ff.

## Währungsoptionsschein
Börsenhandelbare **Devisen**- -> **Calls** und/oder -> **Puts**, die von Banken über öffentliche Ankündigung (-> **public offering**) begeben werden. In der Regel lauten die einzelnen Währungsoptionsscheine auf 100 Recheneinheiten der ausländischen Währung; die Mindestzeichnungen schwanken zwischen 100 und 500 Stück. Die Optionsfrist beträgt zwischen einem und zwei Jahren. Effektive Optionsscheine werden nicht ausgegeben; den Inhabern stehen Miteigentumsanteile an üblicherweise einem **Global-Inhaber-Optionsschein** bzw. Inhaber-Sammeloptionsschein zu, der in Übereinstimmung mit den Bestimmungen der Deutschen Kassenvereins-AG und außerhalb der Bundesrepublik Deutschland von -> **Cedel** und -> **Euro-Clear** übertragen werden kann. Die Zulassung der Optionsscheine zum Börsenhandel erfolgt entweder mit amtlicher Notierung oder im Geregelten Markt.

## Währungsposition
-> **Währungseinzelposition**; -> **Währungsgesamtposition**

## Währungsrisiko
Gefahr der Verfehlung währungspolitischer Zielsetzungen von Unternehmungen und Investoren im Rahmen grenzüberschreitender und damit währungsraumüberschrei-

tender Aktivitäten und Transaktionen. Die **Ursachen** für die Entstehung von Währungsrisiken liegen primär in der Ungewißheit begründet, in welche Richtung und in welchem Ausmaß sich die Austauschverhältnisse zwischen der inländischen Währung und der (den) ausländischen Währung(en) im Zeitablauf verändern und/oder ob sich Behinderungen im internationalen Devisenverkehr durch Eingriffe der Währungsbehörden ergeben und/oder ob Eventualrisiken mit Währungsrelevanz auftreten. Dementsprechend lassen sich grundsätzlich -> **Valutarisiken**, -> **Konvertierungs- (Konvertibilitäts-)** und -> **Transferrisiken** sowie -> **Währungseventualrisiken** unterscheiden.
Lit.: Eilenberger 1986, 14 ff.

**Währungs-Swap**
In Analogie zu -> **Parallelkrediten** liegt ein Währungs-Swap (**Currency Swap**) vor, wenn zwischen zwei Unternehmungen (z.B. einer deutschen MNU und einer amerikanischen MNU) der Austausch von benötigten Devisen (z.B. $ und DM) heute mit der Absprache zur Rückübertragung der Valutabeträge per Termin (zum üblicherweise identischen Devisenkurs) erfolgt (Abbildung). Zinsen für die wechselseitig gewährten Valutabeträge und Kurssicherungskosten werden nicht bezahlt, jedoch eine Gebühr (Fee), deren Höhe von der Zinsdifferenz zwischen den beiden Währungen abhängt. Die Leistung der Gebühr obliegt der Absprache, wobei häufig der Kontrahent, der die "schwächere" Valuta liefert (und die "stärkere" Valuta erhält), der Verpflichtete sein wird.

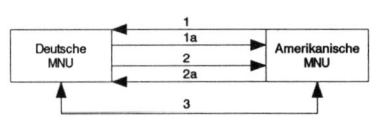

```
                    1
                    1a
    Deutsche    ────────>    Amerikanische
      MNU           2              MNU
                   2a
                <────────
                    3
```

1 ... Übertragung von $ zum Zeitpunkt $t_0$
1a ... Übertragung eines äquivalenten DM-Betrages ($t_0$)
2 ... Rückübertragung des $-Betrages per Termin ($t_0$)
3 ... Zahlung einer Gebühr ($t_1$) durch einen der Kontrahenten
2a ... Rückübertragung des DM-Betrages ($t_1$)

In der Praxis wird in Anbetracht der häufigen Verbindung von -> **Zins-Swaps**, die zwei Währungen berühren, die Bezeichnung "Währungs-Swap" auch auf -> **Currency Coupon Swaps** angewandt (siehe auch -> **Währungs- und Zinsswap**).

**Währungs- und Zinsswap**
Ein Währungs- und Zinsswap stellt eine besondere Variante des -> **Currency Cupon Swaps** dar (-> **fixer/fixer Währungs- und Zinsswap**, -> **fixer/variabler Währungs- und Zinsswap**). Er repräsentiert eine Kombination aus einem Währungs- und einem Zinsswap und stellt sich üblicherweise in der Form eines variablen/fixen Währungs-Swaps dar. Die Währungskomponente bei dieser Variante eines Swaps ergibt sich aus dem Sachverhalt, daß die mit dem Swap verbundenen Cash Flows in zwei verschiedenen Währungen erfolgen. Bedingt durch den Zinsswap steht einem zinsfixen Cash Flow eine zinsvariable Zahlung gegenüber.
*PL*

**Wedding Warrant**
Synonym für -> **Harmless Warrant** (siehe auch -> **Warrant**).

**Wega**
Synonym für -> **Vega**

**Weltbank-Global**
-> **Global bond**

**Weltindizes**
Von Finanzintermediären veröffentlichte internationale Indizes für Aktien und Schuldverschreibungen.
- **MSCI-Index**: Dieser von Morgan Stanley Capital International börsentäglich veröffentlichte Index basiert auf den Aktienkursen von 1 470 Gesellschaften aus 20 Ländern, die insgesamt rd. 60% der Börsenkapitalisierung dieser Länder ausmachen. Es handelt sich neben internationalen Indizes (v.a. Weltindex, Europa, Nordamerika, Nordische Länder, Pazifik,

Ferner Osten), um 20 Länderindizes und 38 Branchenindizes, die seit Anfang 1990 börsentäglich im "Handelsblatt" veröffentlicht werden. Die Berechnung erfolgt nach der Laspeyres-Formel mit Gewichtung auf Grund der Börsenkapitalisierung. Die Veröffentlichung der Indexwerte zeigt die Veränderungen der Indizes sowohl in lokaler Währung als auch in US-$ und auf DM-Basis (bereinigt um Devisenkursänderungen).
- **ML-Global Government Bond Index** von Merrill Lynch: Umfaßt 763 Staatsanleihen aus neun Ländern und eine Börsenkapitalisierung von rund 4,5 Mrd DM. Die Restlaufzeit der Schuldverschreibungen muß mindestens ein Jahr betragen; alle einbezogenen Titel weisen festen Zins und feste Laufzeit auf. Der Gesamtindex besteht aus **neun Teilindizes** für die jeweiligen (lokalen) Ländermärkte; der Index für die Bundesrepublik Deutschland basiert auf 106 Bundespapieren (Anleihen, Obligationen, Schatzanweisungen), wobei der Anteil an der Gesamtkapitalisierung 5,16% (das sind rd. 230 Mrd DM) beträgt.

**Wertpapierkorb**
-> **Index Participations**

**Wertrecht**
Durch Verbriefung von Wertpapieremissionen in einer -> **Globalurkunde** (Sammelurkunde), welche Miteigentumsanteile der Investoren an der Emission repräsentiert, wird die Lieferung effektiver Stücke ausgeschlossen. Die ansonsten durch effektiv lieferbare Wertpapiere körperlich in Erscheinung tretenden Anteile an der Emission werden durch Wertrechte als papierlose Wertpapierrechte substituiert. Dieses Verfahren verfolgt die Rationalisierung des Wertpapierverkehrs und die Senkung der Wertpapiertransaktionskosten.

Lit.: Kessler, J.-R., Von der Globalurkunde zum Wertrecht?, Kreditwesen 1990, 126 ff.

**When issued**
Markt für eine -> **Schuldverschreibung** für den Zeitraum der Ankündigung der Emission bis zu ihrer tatsächlichen Durchführung.

**Window Warrant**
Variante einer fremdkapitalorientierten -> **Optionsschuldverschreibung,** bei der sich im Falle der Ausübung der Rechte aus dem -> **Warrant** grundsätzlich analoge Konsequenzen wie beim -> **Harmless Warrant** ergeben, jedoch zum Unterschied dazu die Ausübung nur an einem Termin innerhalb einer relativ kurzen Zeit erfolgen kann.

**Writer**
-> **Stillhalter** einer Option (Optionsschreiber). Auch als **Grantor** bezeichnet.

**Writing**
Verkauf einer -> **Option** (durch den -> **Stillhalter**) als -> **opening transaction.**

# X

**Xeno-Märkte**
Synonym für internationale Finanzmärkte mit Schwerpunkt an nicht-europäischen Plätzen (Off-shore-Plätzen).

# Y

**Yankee Bond**
Internationale Schuldverschreibung, die von einem Nicht-US-Emittenten, -> **Underwritten** von einem American -> **Syndicate** (gemanagt von einer US-Investmentbank) weltweit - unter Einschluß des amerikanischen Kapitalmarktes - in US-$ emittiert wird.

**Yankee CD**
Von ausländischen Banken auf dem amerikanischen Geldmarkt begebenes -> **CD**.

**YCAN**
-> **Yield Curve Adjustable Note (YCAN)**

**Yen-Auslandsanleihe**
-> **Samurai Bond**; -> **Shibosai Bond**

**Yield Curve Adjustable Note (YCAN)**
Variante einer -> **FRN**, deren Zins auf der Basis des -> **reverse pricing** beruht (-> **inverser Floater**).

# Z

**Zahlungskarte**
wird an Zahlungsstatt von bestimmten -> **Vertragsunternehmen** akzeptiert; Medium des bargeldlosen Zahlungsverkehrs, das in Form von -> **Debitkarten**, -> **Charge Cards** und -> **Kreditkarten** in Gebrauch ist.

**ZEBRA**
-> **Zero Coupon Euro Sterling Bearer or Registered Accruing Security**

**Zero Bond**
-> **Null-Kupon-Anleihe**

**Zero Coupon Euro Sterling Bearer or Registered Accruing Security (ZEBRA)**
Variante eines -> **Stripped Bond** auf der Basis verschiedener UK-Staatspapiere.

**Zero Coupon Convertible**
-> **LYON**

**Zeta**
Synonym für -> **Vega**

**Zielgruppenkarte**
-> **Affinitätskarte**

**Zins-Optionsschein**
Von Banken durch öffentliche Plazierung (-> **public offering**) begebene spekulative -> **Optionsscheine**. Jeder Zins-Optionsschein in Form eines -> **Calls** berechtigt den Inhaber, von der Optionsschuldnerin (-> **Stillhalter**; Emittentin der Optionsscheine) Zahlung des **Differenzbetrages** zu verlangen: Dieser ist die in DM ausgedrückte Differenz, um die der am Ausübungstag festgestellte amtliche Einheitskurs (Kassakurs) für das -> **Basisobjekt** den bei der Emission festgelegten **Basiskurs** (-> **Basispreis**), bezogen auf DM 100,-- Nennbetrag des Basisobjekts, **überschreitet**. Die Optionsrechte können nur auf eine Mindestzahl von Zins-Optionsscheinen (100 oder ein ganzzahliges Mehrfaches davon) ausgeübt werden. Mindestbezug üblicherweise 100 Zins-Optionsscheine zum festgelegten Verkaufspreis (-> **Optionspreis**). Die Laufzeit (-> **Optionsfrist**) beträgt im allgemeinen ein Jahr. Die Verbriefung erfolgt in einem **Inhaber-Sammeloptionsschein** während der gesamten Laufzeit; effektive Stücke werden nicht ausgegeben; die Übertragung durch -> **Cedel** und -> **Euro-**

| Reuters-Symbol | Wertpapier-Kenn-Nummer | Emittent | zugrunde-liegende Anleihe | Basis-preis (%) | Kurs in DM 19.12.89 | Laufzeit | Kurs Anleihe 19.12.89 | Hebel | Aufgeld (%) |
|---|---|---|---|---|---|---|---|---|---|
| **Call: Spekulation auf fallende Zinsen** | | | | | | | | | |
| TUBJ | 811 534 | Trink. & Burkh. | 6½% Bund 89/99 | 95,00 | 2,90 | bis 14.12.90 | 95,15 | 33 | 2,89 |
| WLBU | 812 083 | WestLB | 6¾% Bund 89/99 | 98,50 | 2,50 | bis 11.12.90 | 96,70 | 39 | 4,45 |
| TUBJ | 811 536 | Trink. & Burkh. | 7 % Bund 89/99 | 99,50 | 2,70 | bis 10.12.90 | 98,55 | 37 | 3,70 |
| WBWD | 811 910 | Warburg-Brinckm. | 7 % BOB 20. 9. 94 | 97,50 | 2,30 | bis 30.11.90 | 97,40 | 42 | 2,46 |
| WBWD | 811 879 | Warburg-Brinckm. | 6¾% BOB 20. 7. 94 | 96,50 | 2,30 | bis 15.11.90 | 96,55 | 42 | 2,33 |
| WBWD | 811 877 | Warburg-Brinckm. | 7¼% Bund 89/99 | 100,00 | 3,00 | bis 2. 1.91 | 99,95 | 33 | 3,05 |
| WBWD | 807 492 | J. P. Morgan | 7 % Bund 89/99 | 100,00 | 2,30 | bis 5.10.90 | 98,55 | 43 | 3,81 |
| CIDM | 803 126 | Citibank | 7 % Bund 89/99 | 100,00 | 2,08 | bis 25.10.90 | 98,55 | 47 | 3,58 |
| **Put: Spekulation auf steigende Zinsen** | | | | | | | | | |
| TUBJ | 811 535 | Trink. & Burkh. | 6½% Bund 89/99 | 92,50 | 0,85 | bis 14.12.90 | 95,15 | 112 | 3,68 |
| WLBU | 812 084 | WestLB | 6¾% Bund 89/99 | 96,00 | 2,00 | bis 11.12.90 | 96,95 | 48 | 3,04 |
| TUBJ | 811 537 | Trink. & Burkh. | 7 % Bund 89/99 | 97,50 | 1,45 | bis 10.12.90 | 98,55 | 68 | 2,54 |
| WBWD | 811 878 | Warburg-Brinckm. | 7 % Bund 89/99 | 99,00 | 1,95 | bis 15.11.90 | 96,95 | 51 | 2,90 |
| WBWD | 807 493 | J. P. Morgan | 7 % Bund 89/99 | 100,00 | 2,43 | bis 5.10.90 | 98,55 | 41 | 0,99 |
| CIDM | 803 127 | Citibank | 7 % Bund 89/89 | 100,00 | 2,43 | bis 25.10.90 | 98,55 | 41 | 0,99 |

Quelle: Bayerische Landesbank

**Clear** ist möglich. Der Börsenhandel erfolgt im Geregelten Markt oder im Freiverkehr. Als **Basisobjekte** werden Bundesanleihen benutzt.
Ein Zins-Optionsschein in Form eines -> **Put** berechtigt den Inhaber, von der Optionsschuldnerin (-> **Stillhalter**) Zahlung des **Differenzbetrages** zu verlangen; dieser ist die in DM ausgedrückte Differenz, um die der am Ausübungstag festgestellte amtliche Einheitskurs (Kassakurs) den vereinbarten Basiskurs - bezogen auf DM 100,-- Nennbetrag der Anleihe - **unterschreitet**. Somit ermöglichen Calls die Spekulation auf fallende Zinsen und Puts die Spekulation auf steigende Zinsen (siehe dazu den Bestand an Zins-Calls und Zins-Puts Ende 1989 in vorstehender Tabelle).

### Zinsanpassungsklausel
Anleihebedingung bei -> **FRN**, welche die erforderliche periodische Zinsanpassung ermöglicht (**Zinsgleitklausel**): Die Bindung des Nominalzinses erfolgt an einen vereinbarten Preisindex (**Zinsindex**) v.a. in der Form eines -> **Referenzzinssatzes**. Insofern liegt eine **Zinsindexierung** vor.

### Zinsarbitrage
Nutzung von Zinsdifferenzen auf den verschiedenen Finanzmärkten durch Einsatz geeigneter Finanzinstrumente (einschließlich -> **REPOs**). Der Effekt der Zinsarbitrage zeigt sich in einer Annäherung bzw. Angleichung der Zinssätze, wobei verbleibende Zinssatzdifferenzen i.d.R. auf Transaktionskosten und/oder Informationsdefizite zurückzuführen sind (-> **Arbitrage**).

### Zinsausgleich
-> **Zinsausgleichsvereinbarung**

### Zinsausgleichsvereinbarung (-kontrakte)
Zinstermingeschäft (auch als -> **Forward Rate Agreement** oder -> **Future Rate Agreement** bezeichnet), bei dem die Parteien für einen bestimmten, in der Zukunft liegenden Zeitraum für einen festgelegten (fiktiven Kapital-)Betrag einen Zinssatz vereinbaren. Zum vereinbarten Zeitpunkt erfolgt durch Zahlung der Zinsdifferenz der **Zinsausgleich**. Derartige Zinsterminkontrakte können sowohl zu **Spekulationszwecken** als auch zum **Hedging** abgeschlossen werden. Da keine Kapitalbeträge ausgetauscht werden, bleiben Zinsausgleichsvereinbarungen sowohl bilanz- als auch liquiditätsunwirksam. Die Laufzeiten sind individuell zu vereinbaren (im Gegensatz zu -> **Financial Futures**). Die Risiken bleiben auf die Höhe der Zinsausgleichszahlung begrenzt.
Für die Parteien ergeben sich bezüglich des Zinsausgleiches folgende grundlegende Positionen: Ist der Marktzinssatz **niedriger** als der Kontraktzinssatz, erhält der Verkäufer des Kontrakts den Ausgleich, ist dagegen der Marktzinssatz **höher** als der Kontraktzinssatz, steht dem Käufer des Kontrakts die Ausgleichszahlung zu. Im Falle des **Hedging** sichert sich somit der Verkäufer gegen fallende und der Käufer gegen steigende Zinsen. Wichtigste Märkte für Zinsausgleichs-Kontrakte sind London und New York (nominaler Marktumfang 1985 rund 7 Mrd US-$).

### Zinsänderungsrisiko
Gefahr, daß bei -> **offenen Positionen** zinstragender Aktiva und Passiva Verluste entstehen. Das Zinsänderungsrisiko kann durch Schließung der offenen Positionen unter Berücksichtigung von Zinssätzen und Laufzeiten verringert bzw. ausgeschlossen werden.

### Zinsdeckel
-> **Zinsobergrenze**; -> **Cap**

### Zinshedge
-> **Interest Rate Hedge**

### Zinsindex
-> **Zinsanpassungsklausel**

## Zinsobergrenze

Mit einer Anleihe verbundene (-> **Capped FRN**) oder isolierte Zinsvereinbarung (Cap = Deckel), in der sich der Capkäufer verpflichtet, auf einen vereinbarten Nominalbetrag und für eine bestimmte Laufzeit die Differenz zwischen einem vereinbarten Zinssatz (strike rate, cap rate, Zinsobergrenze) und einem periodisch festzustellenden Referenzzinssatz (z.B. 1-, 3- oder 6-Monats-Libor) zum Ende der Zinsperiode zu zahlen. Überschreitet der Referenzzinssatz in der jeweiligen Zinsperiode die vereinbarte Zinsobergrenze, wird die Zahlung automatisch fällig, bei Unterschreiten der Zinsobergrenze unterbleibt die Zahlung. Der Käufer zahlt für den Cap an den Verkäufer bei Vertragsabschluß eine Einmalprämie oder leistet periodische Zahlungen (äquivalent der Einmalprämie). Kennzeichen einer Cap-Transaktion sind das Fehlen einer Kapitalbewegung sowie des Rücknahmewertes bei Fälligkeit. Der Cap stellt somit ein eigenständiges, handelbares Recht dar, das bilanzneutral (off-balance sheet) ist. In seiner Wirkungsweise ähnelt dieses Instrument, wenn es mit variabel verzinslichen Verbindlichkeiten kombiniert wird, einer "Zinsversicherung". Steigende Marktzinsen bedeuten für den Schuldner (und gleichzeitig für Cap-Käufer) erhöhten variablen Zinsaufwand, der durch den Erhalt der Zahlungen vom Cap-Verkäufer soweit reduziert wird, daß die echte Zinsbelastung nie höher liegt als die Obergrenze der Cap-Vereinbarung plus Prämienzahlung.

Beispiel:
Finanzbedarf Firma X für eine 10-Jahres-Investition;
Finanzierungsalternativen:
- 10-Jahres-Festsatzkredit, 7,00 Prozent (DM)
- 10 jährige variable Finanzierung auf der Basis des 6-Monats-DM-Libors + 0,5 Prozent
- Variable Finanzierung mit Capvariante; Zinsobergrenze 7,00 Prozent; Capprämie 0,50 Prozent p.a.

Vergleich der Finanzierungskosten:

| | Finanzierungskosten | | |
|---|---|---|---|
| Variabel verzinsliches Darlehen | Cap-Alternative | Festsatzdarlehen | |
| - 5,50% | - 5,50% | - 7,00% | Szenario 1: Erwarteter Libor = 5,00% Finanzierungskosten |
| -- | -- | -- | Capzahlung |
| -- | - 0,50% | -- | Capprämie |
| - 5,50% | - 6,00% | - 7,00% | **Summe** |
| - 9,50% | - 9,50% | - 7,00% | Szenario 2: Erwarteter Libor = 9,00% Finanzierungskosten |
| -- | + 2,00% | -- | Capzahlung |
| -- | - 0,50% | -- | Capprämie |
| - 9,50% | - 8,00% | - 7,00% | **Summe** |

Als Ergebnis des Renditevergleichs ist zu sehen, daß bei Szenario 1 (niedrigere Geldmarktsätze) die Cap-Alternative gegenüber dem Festsatzdarlehen vorteilhafter ist, während bei Szenario 2 (hohe Geldmarktsätze) die Cap-Alternative der variablen Finanzierung eindeutig überlegen ist. In einer Gesamtbetrachtung wird die Entscheidung für oder gegen das Instrument Cap entscheidend von den individuellen Erwartungen über die Entwicklung des -> **Referenzzinssatzes** bestimmt. Die **Capprämie**, die sich mit fallender Zinsobergrenze verteuert, hängt von mehreren Faktoren ab (Optionspreistheorie), und zwar
- dem Ausgangszinsniveau
- der festgelegten Zinsobergrenze
- der Vertragslaufzeit
- der erwarteten Schwankungsbreite des Referenzzinssatzes, also der -> **Volatilität**.

Der Wert des Caps erhöht sich, wenn die aktuelle oder erwartete Höhe des Referenzzinssatzes steigt, die Zinsobergrenze sinkt, die derzeitige oder erwartete Volatilität zunimmt (Wahrscheinlichkeit des Überschreitens der Obergrenze steigt), oder wenn sich die Zeit zur Endfälligkeit verlängert (höhere Anzahl der Referenztermines). Ökonomisch werden Cap-Prämien meist von ihrem theoretischen Wert, der sich aus den bekannten Optionspreismodellen (Black-Scholes, Cox-Rubinstein, Garman-Kolhagen) errechnen läßt, abgeleitet. Wirtschaftlich und technisch gesehen stellen Caps eine Serie von Zinsoptionen auf OTC (over the counter) Basis (Verkaufsoptionen/Put Options auf Zinssätze) dar, auch als "strip" bezeichnet.

Für Kunden bieten Caps als Alternative zu Variabel- und Festsatzfinanzierungen die Möglichkeit, sich vor steigenden Zinssätzen ohne Zinsfestschreibung abzusichern, sich gleichzeitig aber die Chance auf Zinssenkungen zu erhalten.

Die folgende Übersicht zeigt die nach Prognose und Risikoeinschätzung jeweils günstigste Finanzierungsalternative. *WH*

| Erwartete Zinsentwicklung | Günstigste Finanzierungsalternative |
|---|---|
| Reduzierung des Zinsniveaus im Verlauf der Finanzierungsperiode | Variable Finanzierung |
| Kontinuierliche Erhöhung des Zinsniveaus im Verlauf der Finanzierungsperiode (Übersteigen des Festsatzes erst gegen Ende) | Variable Finanzierung oder Cap-Variante |
| Starke Erhöhung des Zinsniveaus im Verlauf der Finanzierungsperiode (Übersteigen des Festsatzes zu Beginn)<br>- mehrere Jahre dauernde Hochzinsphase<br>- kurzfristige Hochzinsphase mit darauf folgendem Zinsrückgang | <br><br><br><br>Festsatzdarlehen<br>Cap-Variante |

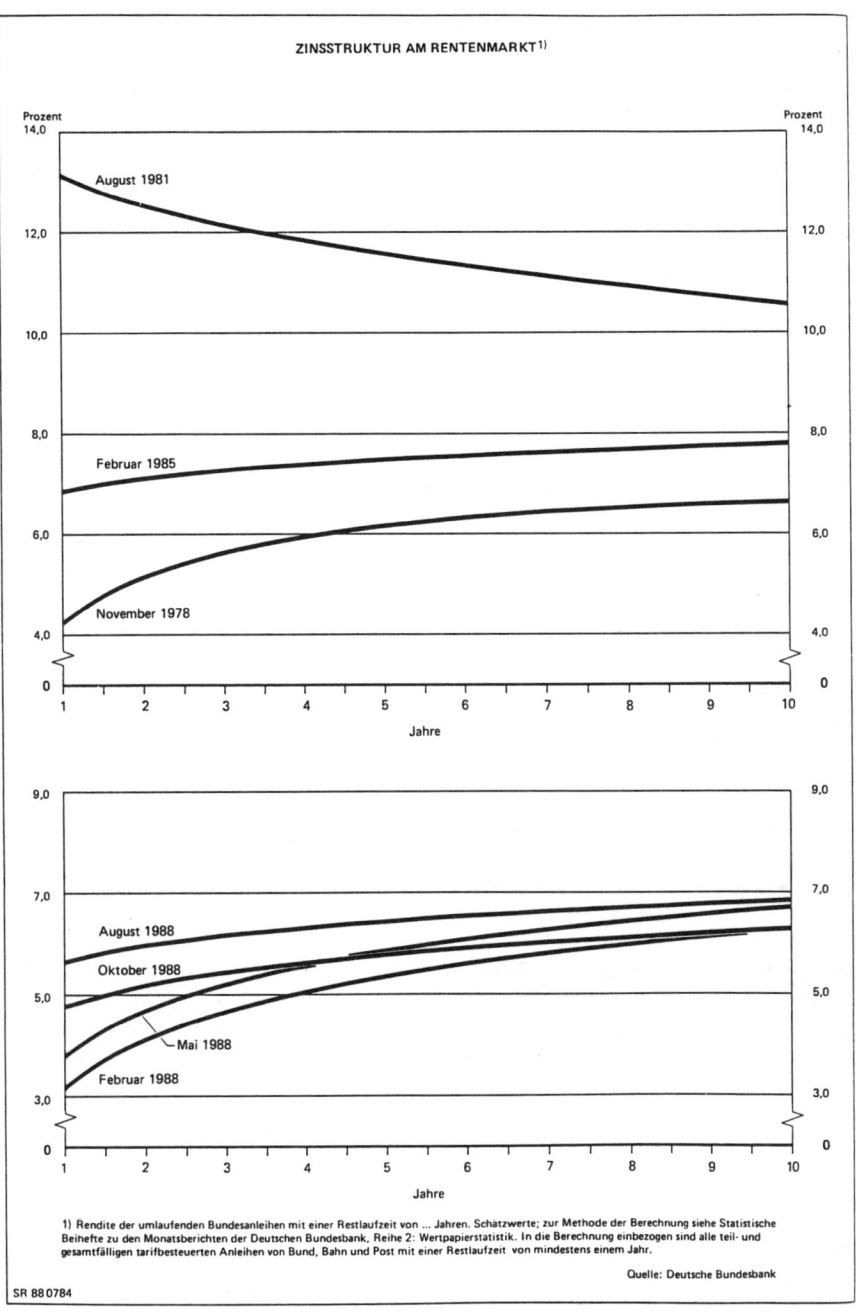

Quelle: Sachverständigenrat, Jahresgutachten 1988/89, BT-Drs. 11/3478, 78

### Zinsober- und Untergrenze (Collar)
Kombination von -> **Cap** und -> **Floor**. Durch den Kauf eines Caps bei gleichzeitigem Verkauf eines Floors wird der variable Zinssatz einer Verbindlichkeit des Käufers auf die zwischen Zinsober- und Untergrenze liegende Bandbreite begrenzt (z.B. höchstens 9%, mindestens 6%). Die erhaltene Floor-Prämie reduziert dabei den Aufwand für die gezahlte Cap-Prämie. Mit Collars können somit die Kosten eines Caps reduziert werden.

### Zinssammler
-> **Null-Kupon-Anleihe**

### Zinsstrukturkurven
Für Akteure an Finanzmärkten, insbesondere -> **Financial Futures-Märkten**, dienen Zinsstrukturkurven als Indikatoren für die Effektivverzinsung von Kapitalien bestimmter (Rest-)Laufzeiten (siehe auch -> **Zinsobergrenze**). Von der Deutschen Bundesbank werden die Renditen umlaufender Bundesanleihen mit gleicher Restlaufzeit und Denomination laufend veröffentlicht (Reihe 2: Wertpapierstatistik). Die Abbildung zeigt typische Verläufe von Zinsstrukturkurven (oben) und die Entwicklung der Zinsstrukturkurven in einem bestimmten Zeitabschnitt (Februar 1988 - Oktober 1988). Die Zinsstrukturkurve August 1981 zeigt sog. **inversen** Verlauf, der auf entsprechende Geldmengenpolitik der Deutschen Bundesbank zurückzuführen ist: Durch Verknappung der Geldmenge sind die kurzfristigen Zinssätze höher als die längerfristigen Zinssätze. Die Zinsstrukturkurve November 1978 dagegen zeigt **typischen** Verlauf, während die Zinsstrukturkurve Februar 1985 bereits wiederum Tendenz zu inverser Form signalisiert (siehe vorstehende Abbildung).

### Zins-Swap
Das korrespondierende Konzept zum -> **Währungs-Swap** stellt der Zins-Swap dar. Der Zins-Swap bezieht sich in seiner Grundkonzeption auf den Austausch von zinsvariablen Verbindlichkeiten/Forderungen in zinsfixe Verbindlichkeiten/Forderungen. Im Gegensatz zum Währungsswap wird beim Zins-Swap kein Austausch der dem Swap-Geschäft zugrundeliegenden Kapitalsumme vorgenommen.

So vereinbaren z.B. bei einem ZinsSwap die beiden beteiligten Parteien, Zinsverbindlichkeiten gegenseitig zu übernehmen, die aus der Aufnahme von Finanzmitteln mit unterschiedlicher Zinsfestsetzung entstanden sind.

- Partner X verfügt über langfristige Festsatzmittel (z.B. aus der Begebung einer entsprechenden Anleihe), ist indessen an einer Verbindlichkeit zu variablen Konditionen interessiert.
- Partner Y verfügt über einen gleichhohen Betrag mit variablem Zinssatz, sucht aber Mittel auf Festzinsbasis.

Mit der Swapvereinbarung übernimmt X die variable Zinsverpflichtung von Y, während Y in die Festzinsverpflichtung eintritt. Damit erreicht jede Partei die von ihr angestrebte Zinsbasis. Der Zins-Swap erstreckt sich ausschließlich auf den **Austausch der Zinszahlungen** zwischen den Partnern.

Oftmals wird ein Zins-Swap zwischen einer Bank und einem Industrieunternehmen vereinbart. In Phasen normaler Zinsschwankungen bereitet es Banken keine großen Schwierigkeiten, Refinanzierungsmittel zu einem festen Zinssatz zu beschaffen. Auf der anderen Seite besteht vor allem bei Euro-Banken ein erheblicher Bedarf an zinsvariablen Geldern. Mit den zinsvariablen Finanzmitteln können die Banken ihre langfristigen Portefeuilles auf Roll-over-Basis kongruent refinanzieren. Sie kompensieren somit das Liquiditätsbeschaffungsrisiko. Die Euro-Bank fächert damit ihre Refinanzierungsbasis auf und erreicht insbesondere eine größere Unabhängigkeit vom Interbankenmarkt, dessen Ergiebigkeit gerade in Krisensituationen beeinträchtigt sein kann.

Industrieunternehmen ziehen zur Vermei-

**Beispiel:**

|  | Bank X<br>Zinsfix: | Unternehmen Y<br>Zinsvariabel: |
|---|---|---|
| Mittelaufnahme: | $i^f/_x$: 10,5 % | $i^y/_y$: Libor +1,5 % |
| Betragsvolumen: | US $ 100 Mio. | US $ 100 Mio. |
| Zinszahlung: | halbjährlich | halbjährlich |
| Laufzeit: | 8 Jahre | 8 Jahre |
| Zielsetzung: | zinsvariable Mittel unter Libor +0,5 % | zinsfixe Mittel unter 12 % |

dung des Zinsänderungsrisikos eine Finanzmittelbeschaffung zu einem festen Zinssatz vor, wogegen eine zinsvariable Mittelbeschaffung unter Konditionengesichtspunkten sich günstiger darstellt.

Auf Grundlage dieser Ausgangsdaten können sich die beiden Partner für eine Zins-Swap entschließen. Es werden hierbei die Cash Flows der Zinszahlungen mit festem bzw. floatendem Zinssatz innerhalb der gegebenen Währung getauscht. Vor dem eigentlichen Zins-Swap begibt hierbei die Bank X eine US $-Festsatzanleihe zu 10,5 %, während das Unternehmen Y eine Mittelbeschaffung durch die zinsvariable Anleihe zu Libor 1,5 % vornimmt. Hierbei wird jeweils nach 6 Monaten der Zinssatz entsprechend der -> **Libor** neu festgelegt.

Auf der Basis der so beschafften Mittel wird dann ein Zins-Swap mit der Laufzeit von acht Jahren vereinbart. Das Unternehmen Y zahlt hierbei einen festen Zinssatz an die Bank X und erhält im Gegenzug eine zinsvariable Vergütung auf den nicht getauschten Grundbetrag.

Genau umgekehrt sind die Cash Flow-Bewertungen bei der Bank X (Tabelle). Unter dem vereinbarten Zinssatz erhält das Unternehmen von der Bank X Libor 1,5 %. Diesen Zinssatz muß das Unternehmen auch auf die FRN-Anleihe zahlen.

Entsprechend gleichen sich die variablen Zinszahlungen aus. Für den Erhalt der variablen Zinszahlungen verpflichtet sich das Unternehmen Y im Gegenzug, an die Bank X 11,75 % zu zahlen. Dieser Zinssatz repräsentiert somit die Finanzierungskosten des Unternehmens Y, und die zinsfixe Mittelbeschaffung durch einen Zins-Swap ist somit 0,25 % günstiger als die direkte Festsatzmittelbeschaffung durch das Unternehmen Y.

Auf der anderen Seite erhält die Bank von dem Unternehmen Y 11,75 %, wohingegen die Bank zur Bedienung der Festsatzanleihe nur 10,5 % benötigt, d.h. auf der Festsatzanleihe hat die Bank einen Überschuß von 1,25 % zwischen dem zinsfixen Ertrag und dem zinsfixen Aufwand. Die Bank X ist allerdings unter dem Zins-Swap verpflichtet, an das Unternehmen 1,5 % Libor zu zahlen. Unter Berücksichtigung der positiven Zinsmarge auf der Festsatzseite (1,25%) beträgt die effektive Belastung für die Bank + 0,25 % (Libor +1,5 % - 1,25 %). Die Bank war somit in der Lage, durch einen Zins-Swap zinsvariable Gelder um 0,25 % günstiger aufzunehmen als am Interbankenmarkt oder durch eine FRN.

Durch die Begebung einer Festsatzanleihe über den Kapitalmarkt kann die Bank mit hervorragendem Emissionsstanding ihren Bonitätsvorsprung durch entsprechend günstige Konditionen bei der Gegenoperation ausnutzen. Der Swap-Partner subventioniert nämlich als Gegenleistung für die Beschaffung der günstigen Festmittel den von der Eurobank zu zahlenden variablen Zinssatz. Es ergibt sich für diesen unter Umständen sogar eine unter Libor vereinbarte Zinsbemessungsgrundlage und damit ein ent-

sprechender Rentabilitätsvorteil.
Der Erwerber einer festen Zinsverpflichtung Y beschafft die zinsvariablen Mittel auf dem kurzfristig ausgerichteten **Euro-Geldmarkt**. Durch den Tausch dieser Zinsverbindlichkeit ergeben sich für ihn ebenfalls Vorteile:
- Seine kurzfristigen Schulden werden konsolidiert, ein Zinsänderungsrisiko wird vermieden, und die Kalkulierbarkeit der Zinskosten wird erreicht.
- Er kommt im übrigen durch die Einschaltung eines Anleiheschuldners mit erstklassigem Standing in den Genuß von Konditionen, die für ihn sonst nicht erreichbar wären. Zwar wird Y den von der Eurobank zu zahlenden Zinssatz subventionieren, wodurch sich seine Festsatzfinanzierung verteuert; sie wird jedoch immer noch günstiger sein als die direkte Aufnahme einer Anleihe ohne Einschaltung von X.

Durch die Swap-Transaktion ist es den beiden Partnern möglich, Finanzmittel unter dem entsprechenden Marktzins für die entsprechende Finanzierungsart zu beschaffen. *PL*

### Zinstender
-> **Tender**

### Zinsterminkontrakt
Gegenstand dieser Terminkontrakte sind kurz-, mittel- und langfristige festverzinsliche Schuldtitel öffentlicher oder privater Emittenten. Zins-Futures beinhalten die vertragliche Vereinbarung, ein dem Kontrakt in bezug auf Laufzeit und Verzinsung entsprechendes gleichartiges Zinsinstrument zu einem im voraus festgesetzten Kurs an einem späteren, standardisierten Fälligkeitstag zu übernehmen oder zu liefern. Grundlage für Zinsterminkontrakte bildet meist ein "synthethisches" Zinspapier mit einer standardisierten Restlaufzeit und Verzinsung, welches nicht am Markt existieren muß. Voraussetzung für Interest Rate Futures ist der Kassamarkt für die entsprechenden Schuldscheintitel.
Beispiel für USA:
-> **Geldmarkt** (kurzfristige Schuldtitel/Laufzeit bis 1 Jahr)
- Treasury Bills (US-Schatzwechsel)
- Certificates of Deposit (Festgelder mit Wertpapiercharakter)
- Eurodollars (Festgelder in Auslanddollars)
- Commercial Papers (Handelspapiere)
-> **Kapitalmarkt** (mittel- und langfristige Schuldtitel/Laufzeit ab 1 Jahr)
- Treasury Notes (Schatzamt-Schuldverschreibungen / 1-10 Jahre)
- Treasury Bonds (Schatzamt-Schuldverschreibungen /10-30 Jahre)
- Corporate Bonds (Industrieobligationen)
- Municipal Bonds (Kommunalobligationen). *WH*

### Zinsuntergrenze
Gegenstück zu -> **Caps**; garantieren dem Käufer gegen Zahlung einer Einmal- oder laufenden Prämie eine Zinsuntergrenze für seine Geldanlage. Bei Unterschreiten des in der Floor-Vereinbarung festgelegten Referenzzinssatzes (strike price) während der Basisperiode erstattet der Verkäufer dem Käufer die Differenz zwischen Zinsuntergrenze und Referenzzinssatz, bezogen auf die vereinbarten Stichtage und auf den zugrundeliegenden Nominalbetrag. *WH*

### Zusatzkarte
Zweitkarte zu einem Konto, von dem Kartenumsätze abgebucht werden; i.d.R. billiger als die -> **Hauptkarte**

### Zwei-Parteien-System
System zur Abwicklung von Umsätzen einer -> **Kundenkreditkarte** zwischen Karteninhaber und -> **Vertragsunternehmen**, das identisch ist mit dem -> **Kartenemittenten**. *EK*

### Zwei-Zeitpunkt-Zwei-Zustandsmodelle
-> **Rentenoptionsbewertung**

**Zwischenhändler**

**Zwischenhändler**
Finanzintermediär in Person eines -> **Brokers** oder eines -> **Agents**.

# Finanzinnovationen 1990 – 1993

(Stichtag jeweils 1. Mai)

# A

**Accrued Interest**
Synonym für Stückzinsen (= Zinsen, die vom letzten Kupontermin bis zum Abrechnungstag eines Verkaufes/Kaufes von Schuldverschreibungen anfallen), die der Käufer dem Verkäufer des Finanztitels zu zahlen hat (**positive** Stückzinsen; geschuldete Stückzinsen). Sind die Kupons bereits vor dem Verkauf/Kauf vom Finanztitel getrennt worden (z.B. → **Stripped Bonds**), hat der Verkäufer dem Käufer des Finanztitels (→ **Principal**) eine entsprechende Ausgleichszahlung in Form **negativer** Stückzinsen zu leisten.

**ADR**
American Depository Receipt (→ **Hinterlegungszertifikat**). Am amerikanischen Kapitalmarkt werden sowohl → **gesponsorte ADR** als auch → **ungesponsorte ADR** emittiert und gehandelt. Das ADR repräsentiert Ansprüche auf ausländische Aktien (z.B. → **Daimler-ADR**) und wird an einer amerikanischen Börse notiert (z.B. → **NYSE**; → **NASDAQUE**; → **ASE**)

**ADR-Sponsorbank**
→ **Daimler ADR**; → **Gesponsorte ADR**; → **Ungesponsorte ADR**

**AiBD-Rendite**
International gebräuchliches Renditemaß. Diese Methode zur Ermittlung der Effektivverzinsung von Finanztiteln wurde von der → **AiBD** entwickelt und in Rule 803 festgelegt. Dabei wird unterstellt, daß nicht nur für die Anzahl der ganzen Perioden, sondern auch für Teilperioden („gebrochene" Perioden) exponentiell auf den Valutatag diskontiert wird. Somit erfolgt die tägliche Kapitalisierung: Die für einen Tag angefallenen Zinsen werden unabhängig von den Zeitpunkten der Zinsverrechnung dem Kapital zugeschlagen und am nächsten Tag wieder verzinst. Zur „Berechnungsformel" → **Deutscher Rentenindex (REX)**.

**Aktienindex-Future**
→ **Index Future**

**Aktienindex-Futures auf den SMI (SMI Futures)**
Am 9. November 1991 an der → **SOFFEX** erstmals eingeführte und seither gehandelte → **Aktienindex-Futures** auf den → **SMI** mit folgenden **Kontraktspezifikationen**:

**Verfallmonate:** 3 nächste Monate plus nächster Monat des Zyklus Januar, April, Juli, Oktober
**Verfalltermin:** 3. Freitag des Kontraktmonats
**Basis:** Swiss Market Index (SMI)
**Handelseinheit:** 50 Fr. × SM-Index in Punkten; Minimalpreisfluktuation (Tick) 0,1 Indexpunkte oder 5 Fr.
**Liquidation:** Barausgleich
**Kommission:** wegen der Aufhebung der Courtagekonvention frei aushandelbar (zwischen Mitgliedern und Anlegern; Kauf und Verkauf gilt als eine Transaktion)
**Gebühren:** 10 Fr. für Agent- und Principal-Transaktionen, 1 Fr. für Market-Maker-Transaktionen
**Einschussmarge:** 5 000 Fr. pro Kontrakt; Reduktion bei Spread-Positionen; in Form von Guthaben, SNB-fähigen Wertpapieren, Bankgarantien
**Nachschussmarge:** wird auf Grund einer täglichen Bewertung auf offene Positionen neu errechnet
**Handelsart:** Soffex
**Handelszeiten:** ca. 10 bis 16 Uhr (während des permanenten Handels an der Zürcher Börse) mit Pause von 13 bis 14 Uhr

**Amerikanischer Tender**
Bezeichnung für ein Auktionsverfahren von Wertpapieren, auch als „amerikanisches" Verfahren bezeichnet; → **Tender-Verfahren.**

**Amerikanisches Verfahren**
→ **Tender-Verfahren**

## Anlagestrategie
→ 90/10%-Anlagestrategie

### Anleihe mit getrenntem Zinsschein
Erstmals in Deutschland im Mai 1992 aufgelegte Anleihe der Kreditanstalt für Wiederaufbau von 200 Mio DM mit einer Laufzeit von 20 Jahren, bei der dem Erwerber die Möglichkeit eingeräumt wurde, die Anteile entweder mit Zinsschein (8% p. a. fest) oder ohne Zinsschein zu erwerben. Daher gibt es an der Börse vier Notierungen:
- Anleihe mit Zinsschein
- Anleihe ohne Zinsschein
- von der Anleihe getrennte und selbständig handelbare Zinsscheine
- unverzinsliche Tilgungsanleihe aus den Zinsscheinen

Bei Erwerb ohne Zinsschein (→ **Null-Kupon-Anleihe**) verschiebt der Investor die Versteuerung auf den Einlösungstermin nach 20 Jahren. Beim Kauf der separaten Zinsscheine ergibt sich für den Investor eine jährliche fällige Rente in Höhe des Zinsertrages.

### Anleihen, hochrangige
→ **Verbindlichkeiten, hochrangige**

### Annuitäten-Bond
→ **Redemption**

### ASE
→ **Australian Stock Exchange**

### Asset Allocation
Strategie der Investition in Aktien und festverzinsliche Finanztitel mit dem Ziel der langfristigen Substanzerhaltung und Wahrung der Sicherheit (anstatt der Erzielung von primär kurzfristigen, riskanten Tradinggewinnen).
**Lit.:** Vogel, M., Anlagepolitik und „Asset Allocation". Sparkasse 10/1990, 446-448

### ATOM
Automated trading and order system der → **LIFFE** in Ergänzung zum → **automated pit trading** (ATP)

### ATP
→ **automated pit trading**

### ATX
→ **Austrian Traded Index**

### ATX-Option
Option auf den → **Austrian Traded Index** (**ATX**) mit folgenden **Kontraktspezifikationen** für Call- and Put-Optionen (→ **ÖTOB**):

| | |
|---|---|
| Kontraktwert | ATS 100,– pro ATX-Punkt |
| Style | Europäisch |
| Handelszeit | Analog zu Aktienoptionen an der ÖTOB: 10.30-14.00 Uhr |
| Ausübungszeit | 14.30-15.30 Uhr |

Optionspreis: Intervalle in ATS

| tick | von – bis | Wert |
|---|---|---|
| 0,01 | von 0,01 bis 1,– | 1,– |
| 0,10 | von 1,10 bis 50,– | 10,– |
| 0,50 | von 50,50 bis 100,– | 50,– |
| 1,– | von 101,– bis 500,– | 100,– |
| 5,– | ab 505,– | 500,– |

Laufzeiten:
Bis zum nächsten, übernächsten und drittnächsten Verfallstag sowie zum Verfallstag im letzten Monat des folgenden Quartals (März, Juni, September, Dezember).
Ausübung:
Ausübungen sind nur am letzten Handelstag des jeweiligen Verfallsmonats erlaubt (Europäische Option).
Abwicklung:
Die aus der Ausübung resultierenden Beträge sind fällig an dem Banktag, der dem letzten Handelstag folgt. Die Abwicklung erfolgt in bar.
Verfallstag:
Verfallstag einer Optionsserie ist der auf den letzten Handelstag folgende Börsetag.
Letzter Handelstag:
Der 3. Freitag des jeweiligen Verfallsmonats, sofern dies ein Börsetag ist, andernfalls der davor liegende Börsetag.
Margin:
ÖMS (Risk-Based-Margining).

Ausübungspreise:
Ausübungspreise haben eine feste Preisabstufung von 20 Indexpunkten (z.B. 960, 980, 1 000, 1 020, 1 040).

Einführung neuer Ausübungspreise:
Jeder Verfallsmonat wird mit fünf Ausübungspreisen eingeführt, wobei zwei Ausübungspreise im Geld, ein Ausübungspreis am Geld und zwei Ausübungspreise aus dem Geld sind.

Für einen bestehenden Verfallsmonat sind Optionsserien mit neuen Ausübungspreisen zu Handelsbeginn eines Börsetages einzuführen, wenn der Schlußkurs des Basiswertes (ATX) über dem höchsten oder unter dem niedrigsten Ausübungspreis schließt, oder wenn der Schlußkurs des Basiswertes an den beiden vorangegangenen Handelstagen das Mittel zwischen den beiden höchsten bestehenden Ausübungspreisen überschritten bzw. das Mittel zwischen den beiden niedrigsten bestehenden Ausübungspreisen unterschritten hat.

Eine neue Optionsserie wird nicht eingeführt, wenn sie in weniger als fünf Börsetagen auslife.

Zahltag:
Die Zahlung des Optionspreises und der Kontraktgebühr ist fällig am Banktag, der dem Tag des Geschäftsabschlusses folgt.

Maximale tägliche Preisschwankungen:
Keine Begrenzungen für Preisschwankungen. Die ÖTOB hat das Recht, Begrenzungen für Preisschwankungen einzuführen, wenn dies aufgrund extremer Marktbedingungen notwendig erscheint.

### ATX-Terminkontrakt

Beim ATX-Future bzw. ATX-Forward hat der Käufer die Pflicht, den Index am Liefertag zum vereinbarten Preis zu kaufen, während den Verkäufer die Verpflichtung trifft, entsprechend zu verkaufen, und zwar bezüglich des Basiswertes → **Austrian Traded Index (ATX)**. Es gelten folgende **Kontraktspezifikationen:**

**Kontraktwert:** ATS 100,– pro ATX-Punkt
**Minimale Tick-Größe:** 0,10
**Preisveränderung Tick-Wert:** ATS 10,00
**Laufzeiten:** Bis zum nächsten, übernächsten und drittnächsten Erfüllungstag (einschließlich des Erfüllungstages) sowie bis zu dem nächsten Quartalserfüllungstag (März, Juni, September, Dezember).
**Abwicklung:** Erfüllungstag und Schlußabrechungstag ist der Banktag nach dem letzten Handelstag.
**Letzter Handelstag:** Der 3. Freitag des jeweiligen Liefermonats, sofern dies ein Börsetag ist, andernfalls der davorliegende Börsetag.
**Schlußabrechnungstag:** Der letzte Handelstag.
**Schlußabrechnungspreis:** Die Erfüllung erfolgt durch Barausgleich auf der Basis des Schlußabrechnungspreises (= Durchschnittswert aller ATX-Berechnungen der letzten Stunde der Handelszeit an der Wiener Börse am letzten Handelstag).
**Margin:** ÖMS (Risk-Based-Margining).
**Maximale tägliche Preisschwankungen:**
Keine Begrenzungen für Preisschwankungen. Die ÖTOB hat das Recht, Begrenzungen für Preisschwankungen einzuführen, wenn dies aufgrund extremer Marktbedingungen notwendig erscheint.
**Handelszeit:** wie ATX-Optionen: 10.30-14.00 Uhr.
**Adjustments:** wie ATX-Optionen.

### Auslandsanleihe

Auf einem inländischen (nationalen) Kapitalmarkt begebene Schuldverschreibung eines ausländischen Emittenten (Schuldners) in der Währung des betreffenden Kapitalmarkts (Foreign Bond). Beispiel: Eine von einem japanischen Emittenten am deutschen Kapitalmarkt begebene Anleihe wird als **DM-Auslandsanleihe** bezeichnet.

## Australian Stock Exchange (ASE)

Am 1. April 1987 aus der Fusion von bis dahin sechs unabhängigen Börsen hervorgegangene nationale Börseninnovation. Ihr Hauptmerkmal besteht darin, daß es sich um eine Computerbörse handelt, die auf der Basis des → **Stock Exchange Automated Trading Systems (SEATS)** funktioniert. Geprüft wird die Übernahme einzelner Elemente in europäische Börsensysteme (z.B. in das Schweizer Handelssystem; 1992).

## Austrian Traded Index (ATX)

Real-Time-Indikator nach dem → **DAX**-Konzept, bestehend aus 18 im „Fließhandel" (= variabler Handel) an der Wiener Börse notierten Aktien, die 42% der Gesamtmarktkapitalisierung und 66% der Umsätze an der Wiener Börse repräsentieren als Basis für ATX-Optionen und -Terminkontrakte. Der Startwert des ATX wurde mit 1000 (2. Januar 1991) festgelegt. Zum 4. Mai 1992 setzte sich der ATX laut nachstehender Tabelle zusammen.

Die Gewichtung der einzelnen Titel erfolgt nach der Börsenkapitalisierung; Dividendenzahlungen bleiben unberücksichtigt. In der letzten Ausbaustufe soll der ATX 30 Fließhandelswerte umfassen.

Die Berechnung des ATX wird wie folgt vorgenommen:

$$ATX_t = ATX_{t-1} * \frac{\sum_{i=0}^{30}(P_{i,t} * Q_{i,t-1})}{\sum_{i=1}^{30}(P_{i,t-1} * Q_{i,t-1})}$$

$ATX_t$: heutiger ATX-Wert zum Zeitpunkt t
$ATX_{t-1}$: gestriger ATX-Schlußkurs
$P_{i,t}$: heutiger Preis der i-ten Aktie zum Zeitpunkt t
$P_{i,t-1}$: gestriger Schlußkurs der i-ten Aktie
$Q_{i,t-1}$: gestrige Anzahl der begebenen Stück im Wert i

Der ATX soll zwar alle marktbedingten Kursveränderungen widerspiegeln, nicht jedoch von technischen Kursveränderungen beeinflußt werden. Um letztere auszuschließen, müssen z.B. bei Kapitalerhöhungen **In-**

| Gesellschaft | Streubesitzfaktor[1]) | Schlußkurs 4.5.1992 | Stückzahl | Börsenkapitalisierung | Gewichtung in Prozent |
|---|---|---|---|---|---|
| AUA | 0,5 | 2 370 | 2 600 000 | 3 081 000 000 | 3,10 |
| Bank Austria Vorzüge | 1 | 495 | 6 826 500 | 3 379 117 500 | 3,40 |
| Bundesländer | 1 | 705 | 725 000 | 511 125 000 | 0,51 |
| CA-BV Vorzüge | 1 | 496 | 11 400 000 | 5 654 400 000 | 5,69 |
| Constantia | 0,5 | 1 187 | 3 520 000 | 2 089 120 000 | 2,10 |
| EA-Generali Stämme | 0,5 | 3 430 | 7 000 000 | 12 005 000 000 | 12,09 |
| EVN | 1 | 823 | 9 500 000 | 7 818 500 000 | 7,87 |
| Jungbunzlauer | 1 | 14 400 | 199 500 | 2 872 800 000 | 2,89 |
| Lenzing | 1 | 1 012 | 3 675 000 | 3 719 100 000 | 3,74 |
| Leykam | 0,5 | 397 | 9 802 657 | 1 945 827 415 | 1,96 |
| OMV | 1 | 842 | 24 000 000 | 20 208 000 000 | 20,46 |
| Radex | 1 | 559 | 6 028 501 | 3 369 932 059 | 3,39 |
| Steyr | 1 | 212 | 10 000 000 | 2 090 000 000 | 2,09 |
| STRABAG | 1 | 1 875 | 1 440 000 | 2 120 000 000 | 2,13 |
| Universale | 1 | 1 130 | 3 000 000 | 3 390 000 000 | 3,41 |
| Veitscher | 1 | 341 | 6 506 000 | 2 218 546 000 | 2,23 |
| Verbund | 1 | 516 | 15 101 800 | 77 925 228 800 | 7,85 |
| Wienerberger | 1 | 4 520 | 3 191 240 | 14 424 404 800 | 14,52 |
| Gesamtsumme | | | | 99 313 801 574 | 100 |

[1]) Liegt der Streubesitz bei einem Wert unter 25%, so wird der entsprechende Titel im Index nur mit der halben Börsenkapitalisierung gewichtet.

Quelle: WBK, ÖTOB

**Automated pit trading (ATP)**

**dexanpassungen** vorgenommen werden. Im Falle der Kapitalerhöhung wird die Aktie am ex Bezugsrechtstag zum Börsenbeginn um den rechnerischen Wert des Bezugsrechts niedriger notieren. Daher ist der Eröffnungskurs des ATX am Vorabend anzupassen, um Kurssprünge zu vermeiden.

**Lit.:** Grünbichler, A., Der Austrian Traded Index (ATX) im Vergleich mit internationalen Aktienindices. ÖBA 1991, 432-441

**Automated pit trading (ATP)**
Neben der Präsenzbörse → **LIFFE** bestehendes computerisiertes Handelssystem der LIFFE, das eine getreue Nachbildung der Präsenzbörse am Bildschirm darstellt und bei der nicht das Programm, sondern die Akteure die Börsenkurse bestimmen. Sowohl am Börsenparkett als auch im ATP wird der Handel in jedem (Termin-) Produkt vom Aufsichtspersonal der LIFFE mit Hilfe von Magnetaufzeichnungen der Nachrichtenmittel (Telefone, Fernsehkameras) während der Handelszeit überwacht. Das ATP wird ergänzt vom → **automated trading and order matching system (ATOM)**.

# B

**Bandbreiten-Optionsscheine**
Gekappte Optionsscheine (**capped warrants**) auf Aktien oder auf Kursdifferenzen von Währungen, wobei der Spekulationsgewinn vom Anleger steuerfrei vereinnahmt werden kann („Steuerspar-Modell"). Wegen Einzelheiten → **Währungsoptionsscheine, gekappte.**

**Barrier options**
Der Klasse „exotischer" Optionen zugehörige Optionsstrategie, bei welcher der Käufer (= Anleger) der barrier option die Alternative aus entweder einer „normalen" → **Europäischen Option** oder der Zahlung eines festen Geldbetrages kauft. Für welche Alternative sich der Käufer entscheidet hängt davon ab, ob der Kurs des Finanztitels (des Indexstandes) eine bestimmte Grenze (barrier) durchbricht. Beim Typ der **In-Optionen** erhält der Käufer bei Durchschreiten des Kurses der zum Kaufzeitpunkt festgelegten Grenze eine herkömmliche Option, andernfalls erhält er nach Laufzeitende der barrier option als Ausgleich für die entgangene Option einen festen Geldbetrag (**rebate**). Das Gegenstück zur In-Option bildet der Typ der **Out-Option**, bei welcher der Käufer zum Zeitpunkt eine „normale" Option erwirbt, die in dem Fall erlischt, wenn der Kurs die Grenze erreicht; dann verfällt die Option bei gleichzeitiger Zahlung des festgelegten Geldbetrages (**rebate**).
**Lit.:** (mit Fallbeispielen): Fromm, S., Barrier Options. ÖBA 1992, 566-567

**Basis rate**
Vereinbarter Zinssatz bei Zinsoptionen (→ **Cap**; → **Floor**; → **Collar**) mit der Wirkung von → **Zinsbegrenzungsvereinbarungen.**

**Bau-Basket**
→ **Bau-Basket-Warrent**; → **Covered Warrent**

**Bau-Basket-Warrent**
Kaufoptionsscheine der Hypobank AG, München, zum Bezug eines Korbes aus Aktien deutscher Unternehmen der Bau- und Bauzulieferindustrie (Verkauf ab 12.3.1993). Der **Bau-Basket** enthält jeweils eine Stammaktie der Bilfinger + Berger Bau-AG, der Hochtief AG, der Philipp Holzmann AG, der Heidelberger Zement AG, zwei Vorzugsaktien der Dyckerhoff AG und drei Stammaktien der Rheinhold & Mahla AG. Der Wert des Korbes betrug am 15. März 1993 auf der Grundlage der Frankfurter Kassakurse 6 493 DM.
Jeweils 20 Scheine berechtigen, vorbehaltlich des Barausgleichs, zum Bezug eines Aktienkorbes mit den genannten Aktien zum Basispreis von 6 300 DM.
Die Ausübung des Optionsrechts ist vom 19. März 1993 bis einschließlich 28. Juli 1994 jederzeit möglich. Sie setzt eine Mindeststückzahl von 100 oder ein Vielfaches voraus.
Die Scheine werden derzeit (15. März 1993) mit 62,50 DM freibleibend angeboten und am 19. März 1993 valutiert. Die Mindestkaufmenge beträgt 100 Stück.
Bei einem Korbpreis von 6 493 DM und einem Preis des Optionsscheins von 62,50 DM errechnet sich ein Aufgeld von 16,3% und ein Hebel von 5,2.
Das Gesamtvolumen der Emission beläuft sich auf 300 000 Optionsscheine. Die Börsenzulassung mit amtlicher Notierung ist in München und Frankfurt vorgesehen.

**Befristeter Rentenfonds**
Von der DIT (Deutsche Investment-Trust Gesellschaft für Wertpapieranlagen mbH, Frankfurt/M.) am 16. Juli 1990 erstmals aufgelegter **Laufzeitfonds** (Laufzeit bis 1.10.1992 mit anschließender Auflösung) mit dem Anlageschwerpunkt kurzlaufender DM-Rentenwerte. Nach dem Endtermin zum Erwerb von Anteilscheinen (28.9.1990) wurde der Fonds bis zu seiner Auflösung ge-

schlossen. Rückgabe der Anteile war dann nur noch zum jeweils gültigen Anteilswert möglich.

## Benchmark

Richtwert, der im Rahmen des Portfoliomanagements als Maßstab für die (vergleichende) Leistungsmessung (von Portefeuilles bzw. Managern) dienen. Als derartige Benchmarks zur Performance-Messung von Portfolios kommen v.a. → **Aktienindizes** und → **Rentenmarktindizes** (→ **Salomon Brothers World Government Bond Index**; → **J. P. Morgan Government Bond Index**; → **DAX**; → **REXP**) in Betracht. Beispielsweise stehen am Finanzmarkt Deutschland mit REXP und DAX den Portfoliomanagern Benchmarks zur Überprüfung des Anlage-Erfolges zur Verfügung, auch im direkten Vergleich von Renten- und Aktien-Investitionen. Darüber hinaus erlaubt die Ermittlung des Total-Return aus dem REXP auch die **Quantifizierung des Risikos** eines Renteninvestments in Form der **Volatilität**. Schließlich sind über REXP und DAX Beurteilungen von Tendenzen und Entwicklungen am Rentenmarkt und am Aktienmarkt möglich und tragen insofern zu einer Erhöhung der Transparenz des deutschen Kapitalmarkts bei.

## Benchmark Bond

Typus von Schuldverschreibungen (auch als → **Bellwether Bond** bezeichnet), nach dem sich die Preisgestaltung anderer Anleihen richtet (→ **Benchmark**). In den USA bildet beispielsweise der jeweils jüngste (neueste) dreißigjährige Treasury-Bond eine derartige Benchmark. → **ECU-Benchmark-Bonds**.

## Benchmark-Jumbo-Emissionen
→ **ECU-Benchmark-Bonds**

## Benchmark-Performance
→ **Benchmark-Portfolio**

## Benchmark-Portfolio

Spezialfonds, bei denen der Investor bei Auflage des Fonds in der Regel eine → **Benchmark** in dem Sinne festlegt, daß ein Vergleichs- bzw. Referenzportfolio definiert wird, an Hand dessen die → **Performance** des tatsächlichen Portfolios bewertet werden kann. Insbesondere gilt die Benchmark als Maßstab für erfolgreiches „aktives" Fondsmanagement, d.h. daß ein tatsächliches Ergebnis durch Abweichen von der **Benchmark-Struktur** realisiert wird, das die **Benchmark-Performance** übertrifft.

Lit.: Rohweder, H. C., Bestimmung anlegerspezifischer Benchmark-Portfolios. Die Bank 1/1992, 23-29

## Benchmark-Struktur
→ **Benchmark-Portfolios**

## Bobl

Bezeichnung für fünfjährige Bundesobligationen mit festem Zinssatz; auch als **Obbel** bezeichnet.

## Bobl-Future
→ **Bund-Terminkontrakt, mittelfristiger**

## BOEGA

Im Jahre 1991 erfolgte die Einführung zahlreicher neuer DV-Systeme. Im Börsenbereich war **BOEGA** das Projekt, das die Börsengeschäftsabwicklung auf eine neue DV-technologische Grundlage stellte. Um den weiter steigenden Anforderungen des Finanzplatzes Deutschland gerecht zu werden, wurde eine neue ausbaufähige Anwendung entwickelt. In der ersten Version von BOEGA wurde dem online-Teil Priorität eingeräumt.

Das bedeutet, daß z.B. Geschäftsdokumentationen bereits während der Börsenzeit durch Makler oder Kreditinstitute direkt per Bildschirmanzeige oder per Ausdruck abgefragt werden können. Die vereinfachte Eingabe des **platzüberschreitenden Effektenverkehrs (PUEV)** und die Anzeigen der **Handel-unter-Makler-Geschäfte (HUM)** ergeben eine gesteigerte Transparenz des Börsenhandels. Darüber hinaus ist BOEGA Basis für das kommende Order-Routing-System und den geplanten Handel in Fremdwährung. 1992 wurde BOEGA an den Regionalbörsen in Deutschland eingeführt und damit eine einheitliche Systemplattform für alle Börsenplätze geschaffen.

**Bons á taux fixe et á interéts annuel (BTAN)**
Französische Treasury Notes mit jährlichem festem Zinskupon und Laufzeiten zwischen einem und fünf Jahren.

**Bons á taux fixe et á interéts précomptés (BTF)**
Französische Treasury Bils mit Laufzeiten bis zu einem halben Jahr, die abgezinst begeben werden (→ **Discount Paper**).

**Borsa Telematica**
Von der **GTB** (Generale Telematica di Borsa) zusammen mit der Datenzentrale der Mailänder Börse (CED) geplantes und 1991 eingeführtes elektronisches Börsenhandelssystem, das die Voraussetzungen für eine Computerbörse schafft.

**BTAN**
→ **Bons á taux fixe et á interéts annuel**

**BTP**
→ **Buoni del Tesoro Poliennali**

**BTF**
→ **Bons á taux fixe et á interéts précomptés**

**Bu-Bills**
Abkürzung für **Bundes**-Bills, deren Ausgabe der Bund in Form von Wertpapieren mit Laufzeiten von wenigen Monaten (nach dem Modell von Schatzwechseln) noch im Jahre 1993 plant (wobei „Bill" für „Wechsel" steht).

**Bulis**
→ **Bundesbank-Liquiditäts-U-Schätze**

**Bundesbank-Liquiditäts-U-Schätze (Bulis)**
Kurzfristiger Geldmarkttitel der Deutschen Bundesbank, die aufgrund von § 42 BBankG seit 1. März 1993 ausschließlich zu geldpolitischen Zwecken begeben werden. Alle Zins- und Tilgungsverpflichtungen dieser in die Form einer unverzinslichen Schatzanweisung der Bundesrepublik Deutschland gekleideten Geldmarkpapiere sind von der Deutschen Bundesbank zu erfüllen. Als Gesamtbetrag je Emission sind maximal 25 Mrd. DM vorgesehen, die in unterschiedlichen Tranchen (Fälligkeiten: drei, sechs und neun Monate) zu Neunbeträgen von 100 000 DM oder einem Vielfachen davon auf den Markt kommen. Der Verkauf erfolgt im Rahmen eines Versteigerungsverfahrens, bei dem die Interessenten die Kurse nennen, zu denen sie Bulis übernehmen möchten.

Die Verzinsung ergibt sich aus der Differenz zwischen Nennwert und Kaufkurs. Die Bundesbank wird Emissionsrenditen und später evtl. auch Marktrenditen grundsätzlich auf der Basis der an den kurzfristigen Finanzmärkten international üblichen Eurozinsmethode (auch Französische Zinsberechnung genannt) mit taggenauer Berechnung („act/360") veröffentlichen. Die Renditen sind dadurch mit Interbanksätzen, FIBOR-Notierungen, Commercial-Papier-Renditen, Euromarktsätzen und ähnlichem vergleichbar.

An der Ausschreibung können sich Kreditinstitute mit LZB-Girokonto unmittelbar beteiligen. Andere inländische und ausländische Interessenten können mittelbar über ein inländisches Kreditinstitut mitbieten; in diesem Falle entstehen Vertragsbeziehungen nur zwischen diesen mittelbaren Bietern und dem von ihnen eingeschalteten Kreditinstitut.

Die **Bietung** erfolgt durch Aufgabe des gewünschten Nennbetrages (Rückzahlungsbetrag) und des Kurses in Prozent des Nennbetrages, zu dem der Bieter bereit ist, die Papiere zu erwerben. Die Gebote müssen auf volle 0,01%-Punkte lauten. Gebote ohne Angabe eines Bietungskurses oder mehrere

Gebote zu unterschiedlichen Kursen sind möglich. Rendite-Gebote sind nicht zulässig. Für die **Zuteilung** ist der im jeweiligen Gebot genannte Kurs maßgebend („amerikanisches" Verfahren). Gebote ohne Angabe eines Kurses werden zum gewogenen Durchschnittskurs der akzeptierten Gebote zugeteilt. Gebote, die über dem niedrigsten von der Bundesbank akzeptierten Kurs liegen, werden voll zugeteilt. Gebote mit niedrigeren Kursen fallen aus. Die Bundesbank behält sich vor, Gebote zum niedrigsten akzeptierten Kurs sowie Gebote ohne Angabe eines Kurses zu repartieren. Im Fall der Repartierung werden mindestens 100 000 DM je betroffenes Gebot beziehungsweise der nächsthöhere auf volle 100 000 DM lautende Betrag zugeteilt. Da Banken die Gebote ihrer Kunden gebündelt in die Versteigerung einbringen, können Kleinbieter im Falle von Repartierungen ganz ausfallen.

Die **Lieferung** erfolgt in Form von Girosammelbestands-Anteilen. Eine Umwandlung in effektive Stücke oder Schuldbuchforderungen ist ausgeschlossen. Da die Titel von der Bundesbank als lombardfähig und für Wertpapierpensionsgeschäfte geeignet erklärt worden sind, können sie für Refinanzierungszwecke verwendet werden.

**Bulldog Bond**
Bezeichnung für Schuldverschreibung, die in Großbritannien als → **Auslandsanleihe** begeben worden ist.

**Bullet Bond**
Schuldverschreibung mit fixem Rückzahlungstermin (→ **Redemption**).

**Bund-Future, lang**
→ **Bundesanleihe-Terminkontrakt** (S. 37)
Im Jahre 1992 erfuhr der Bund-Future der → **DTB** eine wesentliche Neuerung insofern, als **Treuhand-Emissionen** als lieferbare Papiere aufgenommen werden mußten, da die veränderte Emissionspolitik des Bundes im langfristigen Zinsbereich eine starke Verringerung langfristiger Finanztitel des Bundes zur Lieferung zur Konsequenz hatte. Mit dem Einbezug der AAA-bewerteten Treuhand-Finanztitel, für die der Bund unmittelbar und uneingeschränkt haftet und insofern eine Gleichstellung mit Bundestiteln gegeben ist, trat durch die erfolgte Lieferbarkeitserklärung keine Qualitätsverschlechterung des Bund-Terminkontrakts ein.

**Bund-Future, mittel**
→ **Bund-Terminkontrakt, mittelfristiger**

**Bund-Terminkontrakt, mittelfristiger**
An der → **DTB** seit 4. Oktober 1991 eingeführter und gehandelter Terminkontrakt auf eine Obligation des Bundes mit mittlerer Restlaufzeit (**Bobl-Future** oder **Bund-Future, mittel**). Als → **Basis** dient eine **idealtypische (synthetische)** Schuldverschreibung des Bundes mit einer Normalverzinsung von 6% p.a., lieferbar in Bundesobligationen und Bundesschatzanweisungen mit einer Restlaufzeit von dreieinhalb bis fünf Jahren am Liefertag und einem Mindestemissionsvolumen von 4 Mrd DM.
**Kontraktspezifikationen:**
Kontraktwert: 250 000 DM;
Preisermittlung in % vom Nennwert auf zwei Dezimalstellen; Minimale Preisveränderung („Tick"): 0,01 Prozentpunkte; Tickwert: 25 DM
Handel: Börsentäglich von 8-17 Uhr.

**Bund-Terminoption**
→ **Option auf Bund-Future**

**Buoni del Tesoro Poliennali (BTP)**
Italienische Staatsanleihen mit halbjährlichem Zinskupon und Laufzeiten zwischen zwei und fünf Jahren.

**Buy-/Sell-Back-Geschäft**
→ **Wertpapierleihe**

# C

**Cap**
Zinsbegrenzungsvereinbarung in Zusammenhang mit → **kassamäßigen Zinsoptionen**.
Der **Käufer eines cap** ist berechtigt, bei dessen Ausübung vom Kreditinstitut (Stillhalter) eine (fiktive) Termineinlage genau bestimmter Laufzeit zu dem im cap vereinbarten Zinssatz (basis rate) hereinzunehmen. Auf dieses Recht wird er sich immer dann stützen und den cap ausüben, wenn die Marktzinssätze für Einlagen derselben Laufzeit am Ausübungstag über der basis rate liegen, der cap also „im Geld" ist. In der Regel findet bei Ausübung des cap keine effektive Erfüllung statt, sondern der Unterschied zwischen Marktzinssatz und basis rate wird im Wege eines Differenzausgleiches bezahlt, der sich nach dem Unterschied zwischen Marktzinssatz und vereinbartem Zinssatz für die Einlage bemißt.
Mit dem Kauf eines cap läßt sich ein aktivischer Festzinsüberhang gegen steigende Zinsen absichern, da mit dem empfangenen Differenzausgleichsbetrag erhöhte Refinanzierungskosten in einem Umfang „subventioniert" werden können, daß im Ergebnis eine Refinanzierung zur basis rate erreicht ist.
Betrachtet man den cap unter dem Gesichtspunkt seiner zinsmäßigen Wirkung, so besteht er aus einer **Serie von Optionen** europäischen Typs (Ausübung nur am Ende der Optionslaufzeit) auf börsenmäßig gehandelte Future-Kontrakte oder außerbörsliche Vereinbarungen über **Termineinlagen bestimmter Laufzeit** (Verkaufsoptionen auf ein Euro-Währungsfuture oder Kaufoptionen auf ein FRA mit der basis rate). Die **Anzahl der Teiloptionen**, aus denen ein cap zusammengesetzt ist, bestimmt sich entsprechend dem Sicherungscharakter des Instruments nach der Zahl der **Zinsanpassungen** einer zinsvariablen Refinanzierung, deren Zinsänderungsrisiko mit dem cap begrenzt werden

könnte. So könnte ein cap mit einer Laufzeit von zwei Jahren und Sechsmonats-LIBOR als Referenz-Marktzinssatz eine entsprechende zinsvariable Refinanzierung absichern, bei der innerhalb von zwei Jahren **drei Zinsanpassungen** vorzunehmen wären. Die Refinanzierung würde zwar aus **vier Halbjahresperioden** bestehen, für die erste Halbjahresperiode wäre aber der Zinssatz bereits zum Zeitpunkt der Begründung der Refinanzierung festgelegt, so daß nur noch drei Halbjahreszeiträume verbleiben, für die noch keine festen Zinssätze kontrahiert sind. Der bezeichnete cap besteht deshalb aus **drei Teiloptionen**.
Die zinsmäßigen Folgen aus diesem cap ergeben sich jeweils für Sechs-Monats-Zeiträume: Liegt nach dem ersten halben Jahr der Laufzeit des cap der die Refinanzierungskosten des nächstfolgenden Sechs-Monats-Zeitraums bestimmende LIBOR-Satz über der basis rate, so kann der cap-Käufer die erste Teiloption zu diesem Zeitpunkt ausüben und die tatsächlichen Refinanzierungskosten durch den Differenzbetrag, den er aus dem cap empfängt, auf die Höhe der basis rate herabdrücken. Entsprechendes gilt für alle nachfolgenden Sechs-Monats-Zeiträume.

**Capped warrents**
→ **Bandbreiten-Optionsscheine**

**CASCADE**
1991 zum Zwecke der Zentralisierung der Abwicklung über die Deutsche Kassenverein AG eingeführtes DV-Projekt (**Central Application for Settlement, Clearing and Depositary Expansion**). Neben den wesentlichen online-Funktionen wie Erfassung, Auskunft, Matching und Informationen sind weitere Vorteile durch eine schnellere Verfolgung und höhere Transparenz vorhanden, die zur deutlichen Verbesserung im internationalen Clearing- und Settlement-Wettbewerb führen. Dieser Faktor wurde

durch die Einführung des Same-Day-Settlements und der generellen Matchpflicht noch weiter verstärkt.

### CCT
→ **Certificati di Credito del Tesoro**

### Certificati di Credito del Tesoro (CCT)
Italienische Staatsanleihe mit variabler Verzinsung (→ **FRN**) und Laufzeiten von fünf, sieben und zehn Jahren mit halbjährlicher/jährlicher Zinsanpassung, die sich an den Zinsen für Treasury Bills orientiert.

### Clean price
Kursbezeichnung für Wertpapiere, bei denen die angefallenen Stückzinsen nicht im Kurs enthalten sind (Gegensatz: → **flat price**).

### CLOU
→ **Currency Linked Outperformance Units**

### CMM-Units
→ **Convertible Money Markets Units**

### Collar (Anleihe)
Variabel verzinste Schuldverschreibung (→ **FRN**) mit **Zinsband** (→ **Zinsober- und Untergrenze**) in der Weise, daß die Anleihebedingungen Festsetzungen eines → **Cap** und eines → **Floor** beinhalten.

### Collar (Option)
Zinsbegrenzungsvereinbarung im Zusammenhang mit → **kassamäßigen Zinsoptionen** in Form einer **Kombination** von → **Cap** und → **Floor** in der Art, daß der Käufer des collar gleichzeitig **Käufer** eines cap (Optionsberechtigter) und Verkäufer eines floor (Stillhalter) ist. In der Regel werden sich die → **basis rates** von cap und floor unterscheiden, so daß sich der Käufer eines collars durch den darin enthaltenden Kauf des cap eine Obergrenze für die von ihm zu leistenden variablen Zinsen sichert und durch den gleichzeitigen Verkauf eines floor, der ebenfalls Bestandteil des collar ist, eine Untergrenze für die Zinsen festschreibt. Auf diese Weise kann der Käufer des collar die Kosten für einen reinen cap verringern: Während er als cap-Käufer für das Recht zahlt, den variablen Zinssatz nach oben zu begrenzen, vereinnahmt er als Verkäufer des floor eine Prämie für die von ihm übernommene Garantie eines Mindestsatzes. Stimmen die Kosten für den cap und der Prämienerlös aus dem floor betragsmäßig überein, wird der collar als → **zero-cost-cap** bezeichnet, da dem Käufer des collar keine Kosten entstehen.

### Collared Floating Rate Notes
Bezeichnung für begrenzt variabel verzinste Anleihen (→ **FRN**), die über die Festsetzung eines → **Cap** und eines → **Floor** sicherstellen, daß sich das Zinsband wie ein Kragen (→ **Collar**) um die Anleihe legt. Derartige Instrumente eignen sich insbesondere für die Beschaffung → **nachrangigen Kapitals** bei Kreditinstituten (sog. Grundsatz I-Mittel) über den Euromarkt.

### Compliance
Von der Deutsche Bank AG 1992 eingeführtes System zur Überwachung des Wertpapierhandels der Bank auf Übereinstimmung mit den geltenden Regeln mit zwei Zielrichtungen: Einerseits soll mit dem Compliance-System ein faires, sachgerechtes und neutrales Handeln im Interesse jedes einzelnen Kunden erreicht werden, andererseits sollen die Mitarbeiter in Anbetracht der Schnelligkeit des Tagesgeschäfts und der Komplexität des Wertpapierhandels geschützt und insgesamt ein sicheres Handeln gewährleistet werden. Insbesondere sollen Insidergeschäfte unterbunden und durch Aufbau organisatorischer Schutzwälle erreicht werden, daß für den Handel relevante Tatsachen in den jeweiligen Geschäftsbereichen verbleiben, in denen sie anfallen. Der Öffentlichkeit noch nicht zugängliche Informationen über Wertpapiere würden auf einer Beobachtungsliste erfaßt. Anhand dieser soll kontrolliert werden, ob Geschäfte getätigt werden, die den Verdacht eines mißbräuchlichen Ausnutzens

nahelegten. Für besondere Konfliktsituationen gebe es eine Stopp-Liste mit strengen Selbstbeschränkungen im Eigenhandel der Bank und bei den Geschäften der Mitarbeiter.

Lit.: Weiss, V., Compliance-Funktion in einer deutschen Universalbank. Die Bank 3/1993, S. 136-139

## Composite DAX (CDAX)

Der Composite DAX (CDAX) ist ein gewichteter Performance-Index, der auf den Kursen aller an der Frankfurter Wertpapierbörse im amtlichen Handel in DM notierten deutschen Aktien (ca. 320 basiert. Er ist damit wesentlich marktbreiter als der → **DAX** (Deutscher Aktienindex), bei dem lediglich 30 deutsche Standardwerte berücksichtigt werden.

## Constant Maturity Treasury Step Up Recovery Floating Rate Note

Spezifische Konstruktion von Sonderverzinsungen von Dollaranlagen, abgekürzt als **SURF-Anleihen** bezeichnet. Im Prinzip enthalten die Surf-Anleihen Elemente von → **Floating Rate Notes**, die Verzinsung dieser kurz- bis mittelfristigen Papiere orientiert sich jedoch nicht – wie bei FRN üblich – am Geldmarkt, sondern am amerikanischen **Kapitalmarkt**. Zu diesem Zweck wird eine theoretische Rendite zehnjähriger amerikanischer Staatsanleihen ermittelt, halbiert und auf diesen Wert 145 → **Basispunkte** (= 1,45 Prozentpunkte) aufgeschlagen. Dadurch erhält der Investor eine Verzinsung von 1,75 Prozentpunkten über dem amerikanischen Geldmarktzins von derzeit (März 1993) 3,25%. Darüber hinaus weisen die Papiere eine Mindestverzinsung (von 5%) und eine Höchstverzinsung (von 28%) auf. In der Regel sind die Emissionen (von derzeit: Weltbank, Eurofima, Rabobank Niederland, Toyota, Bayerische Vereinsbank und Landeskreditanstalt Baden-Württemberg) durch Volumen von 100 Mio. USD bei Laufzeiten von sieben Jahren (und AAA-Bewertungen der Emittenten) charakterisiert.

Vorteile für den **Investor** ergeben sich bei „normalem" Verlauf der → **Zinsstrukturkurve** (wenn Anlagen mit kurzer Laufzeit niedrigere Verzinsung erbringen als bei längerfristigen Anlagen, ansonsten würde eine direkte Anlage am Geldmarkt vorzuziehen sein). Risiken für den Investor entstehen bei Abflachungen der Zinsstrukturkurve und bei Inversion. Aus der Sicht des **Emittenten** ergibt sich der Vorteil einer Finanzierung unter → **LIBOR**. Häufig erfolgt ein Tausch des Emissionsbetrages (USD) in eine andere Währung (z.B. DEM), ebenfalls mit variablem Zins → **Financial Swap**.

## Contingent options

Form von → **exotic options** (auch als **trigger option** bezeichnet), bei der die → **Option** auf andere Basiswerte bezogen (triggered) ist als auf der der Option zugrunde liegenden Vermögensgegenstände (→ **underlying**). Beispielsweise ist die Ausübung einer Kaufoption zu einem vereinbarten Basispreis nur dann möglich, wenn ein zugrunde gelegter Zinssatz einen bestimmten Wert unterschreitet. Der Schreiber (→ **Stillhalter**) einer derartigen Option verknüpft somit Aktienpreis- und Zinssatzentwicklung. Da derartige Korrelationen in der Realität nicht existieren, fällt es sehr schwer, contingent options zu hedgen.

## Convertible Money Markets Units (CMM-Units)

Innovatives Produkt des Schweizerischen Bankvereins als Alternative zum traditionellen Investment in Aktien. Der Käufer einer CMM-Unit erhält nach einem Jahr das investierte Kapital mit einer relativ hohen Mindestverzinsung (z.B. 15%) zurück, wenn der Aktienkurs in zwölf Monaten über einem vereinbarten **Konversionspreis** liegt. Im anderen Falle erfolgt die Umwandlung des Investments in eine entsprechende Aktie.

## Core

→ **Indexmanagement für Aktien**

## Cores

Markenbezeichnung für „**new muni products**", die von Dean Witter Discover Inc. für den amerikanischen Markt im April 1993 gleichzeitig mit Merryll Lynch und Lehman Brothers entwickelt worden sind (→ **Principal Strip Municipal Tigrs**).

## Correlation options
→ **Performance options**

## Cost of Carry, DAX-Future

Da der → **DAX** als Performance-Index um Dividendenzahlungen bereinigt wird (und bei seiner Berechnung von einer fiktiven Wiederanlage der Dividenden ausgegangen wird), entfällt bei Bestimmung des theoretischen **DAX-Terminpreises** die Berücksichtigung der (geschätzten) Dividendenzahlungen. Daher ergibt sich folgende Modifikation der → **Cost of Carry-Formel** (S. 57) für den → **DAX-Terminkontrakt**:

$f = \text{Zinssatz} \times \text{Portefeuillewert} \times \text{Tage}/360$,

wobei $f$ = Preis des DAX-Futures (= Cost of Carry).

## Coupon Strip Municipal Tigrs
→ **Principal Strip Municipal Tigrs**

## Credit-Card-Backed-Securities

Auf der Basis von Kreditkarten im amerikanischen Kapitalmarkt entwickelte → **ABS**.

**Lit.:** Chesler-Marsh, C., An open and shut market. Euromoney, April 1991, 59-62

## Cross Border M & A Deal
→ **Euro Synergies-Beteiligungsfonds**

## Cross-currency-Option
→ **Devisen-Option**, bei der sowohl die Lieferansprüche/-verpflichtungen (Optionsgegenstand) als auch korrespondierende Zahlungsverpflichtungen/-ansprüche auf fremde Währung lauten. Dabei kann es unter bestimmten Voraussetzungen dazu kommen, daß die Liefer-/Zahlungsseite in der einen Währung einen bestehenden Unterschiedsbetrag vermindert, während die damit untrennbar verbundene Zahlungs-Lieferseite in der anderen Währung einen bereits bestehenden Unterschiedsbetrag vergrößert. Diese Situation tritt dann ein, wenn die Unterschiedsbeträge der beiden durch das Optionsrecht berührten Währungen dieselbe – aktivische oder passivische – Ausrichtung aufweisen.

## Currency Linked Outperformance Units (CLOU)

Eine → **90/10%-Anlagestrategie** mit einem Geldmarkt- und Währungsmix, die eine bestimmte Mindestrendite garantiert, ausgegeben von der Schweizerischen Bankgesellschaft.

# D

**Daimler-ADR**
Erste → **gesponsorte ADR** auf eine deutsche Aktie an einer amerikanischen Börse. Die Daimler-Benz AG hat als erstes deutsches Unternehmen im April 1993 die Notierung an der → **NYSE** beantragt, die in Form eines **ADR** erfolgen soll (Daimler-ADR). Dabei übernimmt eine amerikanische Sponsorbank (**ADR-Sponsorbank**), die als Bindeglied zwischen der Unternehmung und den US-Investoren fungiert, unter anderem die Aufgabe, die Emission der ADR durchzuführen und in der Folge börsenrelevante Informationen an die Investoren weiterzuleiten. Die Daimler-ADR sind im Verhältnis 1:10 gebündelt und in USD gelistet. Probleme ergeben sich in Bezug auf die in den USA unbekannten Bezugsrechte bei (deutschen) Aktienkapitalerhöhungen. Eine Lösung kann insofern erfolgen, als die ADR-Sponsorbank die Bezugsrechte am deutschen Markt verkauft und den Erlös den ADR-Investoren gutschreibt. Vorgesehen ist, daß künftig rund 10% der 46,6 Mio Daimler-Aktien (Stand: 15.4.1993) über ADR in den amerikanischen Kapitalmarkt eingeführt werden. Für Daimler handelt es sich um eine Notiz mit eingeschränkten Publizitätspflichten im Rahmen des Formulars 20-F der SEC.

**Daymo bond**
Schuldverschreibung mit analoger Struktur zu → **Samurai bonds**, mit der Besonderheit, daß Daymo bonds temporär auf der Basis von Globalzertifikaten bei der Einführung dieser Schuldverschreibung bis zur Unterbringung im Markt emittiert werden.

**DAX Composite**
Ab 1. April 1993 wird neben dem DAX ein zweiter breiter angelegter Aktienindex, der „DAX-Composite", veröffentlicht. Er umfaßt alle im Frankfurter amtlichen Handel notierten inländischen Aktien – zur Zeit 318 – und wird nach der gleichen Methode wie der DAX berechnet (→ **Deutscher Aktienindex**).

**DAX-COP**
→ **Kombinierte Call- und Put-Optionsscheine auf den DAX**

**DAX-Future**
→ **DAX-Terminkontrakt**

**DAX-Future-Option**
→ **Option auf DAX-Terminkontrakt**

**DAX-Option**
An der → **DTB** seit 16. August 1991 eingeführte Option auf den → **DAX (DTB-DAX-Option)**.
Jeder Kontrakt ist DM 10 multipliziert mit dem aktuellen Indexstandwert. Steht der DAX beispielsweise bei 1 500, so beträgt der in DM ausgedrückte Wert eines DAX-Optionskontraktes DM 15 000 (DM 10 mal 1 500).
Die DTB-DAX-Option ist eine Option europäischen Stils. Das heißt, der Käufer kann von seinem Recht nur am letzten Handelstag, der gleichzeitig auch Ausübungstag ist, Gebrauch machen (Ausübung).
Der Käufer eines **DTB-DAX-Calls** (Kaufoption) erwirbt – gegen Zahlung des Optionspreises – das Recht, nicht aber die Pflicht, sich die Differenz, um die der Schlußabrechnungspreis am Ausübungstag über dem vereinbarten Basispreis liegt, mal DM 10 auszahlen zu lassen. Umgekehrt verleiht ein **DTB-DAX-Put** (Verkaufsoption) dem Käufer das Recht, sich den Betrag, um den der Schlußabrechnungspreis am Ausübungstag unter dem vereinbarten Basispreis liegt, mal DM 10 auszahlen zu lassen. Der Verkäufer der jeweiligen Option geht die Verpflichtung ein, den entsprechenden Betrag am Börsentag nach dem Ausübungstag in bar auszugleichen.

Steht der Schlußabrechnungspreis am Ausübungstag unter dem Basispreis eines Calls oder über dem Basispreis eines Puts, so verfällt die Option wertlos.

**Kontraktspezifikation:**
**Kontraktwert:** DM 10 pro DAX-Indexpunkt.
**Preisnotierung:** In Punkten mit einer Nachkommastelle, z.B. 50,5.
**Minimale Preisveränderung:** Tick-Größe: 0,1 Tick-Wert: DM 1
**Basispreise:** Die Basispreise haben feste Preisabstufungen von 25 Indexpunkten; z.B. 1 425, 1 450, 1 475. Für jeden Call und Put stehen für jeden Verfallmonat grundsätzlich mindestens fünf Basispreise für den Handel zu Verfügung, wobei zwei Basispreise im Geld (in-the-money), ein Basispreis am Geld (at-the-money) und zwei Basispreise aus dem Geld (out-of-the-money) sind.
**Einführung einer neuen Serie:** Für einen bestehenden Verfallmonat werden Optionsserien mit neuen Basispreisen eingeführt, wenn an einem Börsentag der letzte berechnete DAX-Wert den Durchschnitt zwischen dem dritt- und zweithöchsten bzw. dritt- und zweitniedrigsten Basispreis über- bzw. unterschritten hat. Eine neue Serie wird nicht eingeführt, wenn sie in weniger als 10 Börsentagen auslaufen würde.
**Verfallmonate:** Die drei nächsten Monate sowie die beiden nächsten darauffolgenden Quartalsmonate (März, Juni, September, Dezember).
**Ausübungszeit:** Nach europäischer Art; Ausübungstag ist der dritte Freitag des jeweiligen Verfallmonats. Ist dieser Tag kein Börsentag, ist der davorliegende Börsentag der Ausübungstag.
**Letzter Handelstag:** Der dritte Freitag des jeweiligen Verfallmonats, sofern dies ein Börsentag ist, andernfalls der davorliegende Börsentag. Handelsschluß der auslaufenden Serien ist 13.30 Uhr.

**Verfalltag:** Verfalltag einer Optionsserie ist der auf den letzten Handelstag folgende Börsentag.
**Erfüllung/Erfüllungstag:** Die Erfüllung erfolgt in bar. Erfüllungstag ist der Börsentag nach dem Ausübungstag.
**Schlußabrechnungspreis:** Grundsätzlich der Durchschnittswert der im Zeitraum von 13.21 bis 13.30 Uhr festgestellten Indexberechnungen der Frankfurter Wertpapierbörse am Ausübungstag.
**Täglicher Abrechnungspreis:** Der Preis des letzten während der letzten Handelsstunde eines Börsentages zustandegekommenen Geschäftes in einer Optionsserie. Sind in diesem Zeitraum keine Geschäfte zustande gekommen oder entspricht der ermittelte Preis nicht den tatsächlichen Marktverhältnissen, so legt die DTB den Abrechungspreis fest.
**Zahlung der Prämie:** In voller Höhe an dem Börsentag, der dem Kauftag folgt.
**Handelszeit:** Von 9.30 Uhr bis 16.00 Uhr.

DAX-Optionen können wie Aktienoptionen zum Trading genutzt werden. Der Investor ist in der Lage, sämtliche Optionsstrategien darzustellen. Die Grundpositionen sind Long bzw. Short Put und Call; zu den Kombinationsstrategien gehören Bull bzw. Bear Spread sowie Straddle und Strangle.
Neben der Nutzung als Trading Instrument bieten Dax-Optionen auch die Möglichkeit, ein Portfolio gegen Kursverluste abzusichern: Bei gut diversifizierten Portfolios wird ein erheblicher Teil der Wertentwicklung durch die Entwicklung des Gesamtmarkts bestimmt. Mit Hilfe der DAX-Option kann der Investor gegen Zahlung einer Versicherungsprämie (= Aufwand für Put Optionen) sein deutsches Aktien-Portfolio gegen dieses „Marktrisiko" absichern und – anders als bei einem Hedging über Futures – trotzdem an einer positiven Marktentwicklung teilnehmen.
In diesem Zusammenhang ist die Reagibilität des Portfolios gegenüber dem DAX wichtig, d.h. die Höhe des Portfolio-Beta.

## DAX-Participations

Bei einem Portfolio-Beta von größer eins wird aufgrund der höheren Kursempfindlichkeit zum vollständigen Hedging eine größere Anzahl von DAX-Put Kontrakten benötigt. Die **notwendige Kontraktzahl** läßt sich wie folgt berechnen:

$$\text{Kontraktzahl} = \frac{\text{Gesamtwert Portfolio}}{\text{DAX} \cdot 10} \cdot \text{Porfolio} - \text{Beta}$$

DAX-Optionen mit Laufzeiten bis zu 9 Monaten sind für private Anleger insofern von Interesse, als daraus resultierende Gewinne steuerfrei vereinnahmt werden können, wenn die Frist zwischen An- und Verkauf mehr als sechs Monate beträgt (§ 23 EStG).

**DAX-Participations**
→ **Dresdner DAX Participations**

## DAX-Terminkontrakt

**DAX-Terminkontrakt**
Termingeschäft auf den → **Deutschen Aktienindex (DAX)**, die seit 23. November 1990 an der → **DTB** möglich sind (Kauf und Verkauf von **DAX-Futures**).

**Kontraktspezifikationen:**

**Kontraktgröße:** 100mal Index-Stand des DAX in DM
**Mindeskursabstufung:** (Tick):0,5 Punkte
Tick-Wert: 50 DM
**Liefermonate:** März, Juni, September, Dezember (drei Kontrakte gleichzeitig im Handel)
**Schlußabrechnungstag:** Dritter Freitag des jeweiligen Liefermonats (falls Börsentag, ansonsten vorheriger Börsentag)
**Letzter Handelstag:** Letzter Börsentag vor dem Schlußabrechnungstag

## DTB-Auftragsarten für den Handel mit DAX-Futures

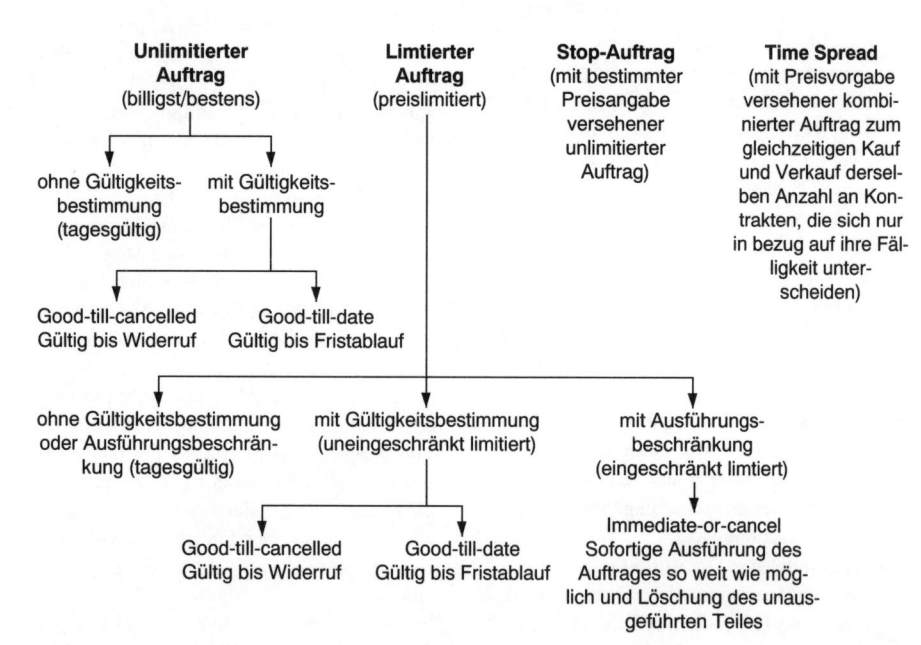

**Unlimitierter Auftrag** (billigst/bestens)
- ohne Gültigkeitsbestimmung (tagesgültig)
- mit Gültigkeitsbestimmung
  - Good-till-cancelled Gültig bis Widerruf
  - Good-till-date Gültig bis Fristablauf

**Limtierter Auftrag** (preislimitiert)
- ohne Gültigkeitsbestimmung oder Ausführungsbeschränkung (tagesgültig)
- mit Gültigkeitsbestimmung (uneingeschränkt limitiert)
  - Good-till-cancelled Gültig bis Widerruf
  - Good-till-date Gültig bis Fristablauf
- mit Ausführungsbeschränkung (eingeschränkt limtiert)
  - Immediate-or-cancel Sofortige Ausführung des Auftrages so weit wie möglich und Löschung des unausgeführten Teiles

**Stop-Auftrag** (mit bestimmter Preisangabe versehener unlimitierter Auftrag)

**Time Spread** (mit Preisvorgabe versehener kombinierter Auftrag zum gleichzeitigen Kauf und Verkauf derselben Anzahl an Kontrakten, die sich nur in bezug auf ihre Fälligkeit unterscheiden)

**Handelssystem:** Computer-Handelssystem der DTB
**Handelszeiten:** 9.30 bis 16.00 Uhr
**Maximale tägliche Preisschwankung:** keine

Für den Handel mit Dax-Futures ergeben sich an der → **DTB** die in der Übersicht auf S. 324 gezeigten Auftragsarten (**DTB-Auftragsarten**).

**DAX-Terminpreis**
→ **Cost of Carry, DAX-Future**

**DAX-Werte-Fonds**
→ **Oppenheim DAX-Werte-Fonds**

**Derivate**
Bezeichnung für → **Finanzinnovationen**, deren Basis (→ **Underlying**) konkrete Vermögensgegenstände sind. Auch als **derivative Produkte** oder als **derivative Finanzinstrumente** bezeichnet. Dient häufig auch als Synonym für **außerbilanzielle Geschäfte** von Banken (→ **Off-Balance-Sheet-Geschäfte**).

**Deutsche Börse AG**
Entstanden durch Umfirmierung der Trägergesellschaft der Frankfurter Wertpapierbörse AG (FBW) am 11. Dezember 1992. Das Grundkapital von 37 Mio DM halten zu 80% 234 Kreditinstitute und zu je 10% die Makler (49 Kursmakler und 96 freie Makler) und die **Deutsche Börsen-Beteiligungsgesellschaft mbH**, in der die Regionalbörsen mit unterschiedlichen Anteilen vertreten sind (siehe Abbildung). Neben der Trägerschaft der FBW hat die Deutsche Börsen AG 100%-Beteiligungen an der DKV (Deutsche Kassenverein AG), an der AKV (Deutscher Auslands-Kassenverein AG) sowie der DWZ (Deutsche Wertpapierdatenzentrale GmbH) über je eine 100%-Beteiligung der DKV und an der DTB-Deutsche Terminbörse GmbH, die ihrerseits Trägergesellschaft der → **DTB** ist. Die strategische Ausrichtung der Deutschen Börse AG besteht zum einen darin, der führende Anbieter von Börsendienstleistungen für DM-Produkte zu bleiben, zum anderen im Bestreben, einer der führenden Anbieter von Börsendienstleistungen für internationale Wertpapiere (in fremder Währung) und für → **derivative** Produkte auf der Basis von Wertpapieren (→ **Underlying**) und Indizes zu werden. Darüber hinaus soll die Umfirmierung Signal für eine tiefergreifende Strukturreform des deutschen Börsenwesens sein, worauf die Beteiligung der Regionalbörsen an der Deutsche Börse AG und die Konzentration der Börsenausrichtungen am Platz Frankfurt am Main unter ein organisatorisches Dach hinweisen.

**Deutscher Aktienindex (DAX) – Fortentwicklung**
Am 3. September 1990 wurden im Rahmen der jährlichen Überprüfung und Aktualisierung des DAX die Gewichtungsfaktoren der 30 Aktien des Index entsprechend der aktuellen Kapitalisierung der Gesellschaften neu festgelegt sowie die Aktien der Feldmühle Nobel AG und der Nixdorf Computer AG, durch die Metallgesellschaft AG und die Preussag AG ersetzt.

**Deutscher Kassenverein AG (DKV-AG)**
Am 29.12.1989 durch Fusion der bisher selbständigen regionalen Kassenvereine und Wertpapiersammelbanken auf die Frankfurter Kassenverein AG mit anschließender Umfirmierung in Deutscher Kassenverein AG entstanden. Die bisherigen Kassenvereine bestehen als Niederlassungen der DKV-AG fort. Mit der Gründung der DKV-AG wurden die organisatorischen Voraussetzungen für eine Beschleunigung der Wertpapiergeschäftsabwicklung an den deutschen Börsen mit zentraler Depotgeschäftsführung geschaffen (wegen weiterer Einzelheiten siehe Eilenberger 1993, 84).

**Deutscher Rentenindex (REX)**
Rentenmarktindex als Maßstab für die Kursentwicklung von Schuldverschreibungen (Renten) und Pendant zum → **DAX**, der 1991 für den deutschen Bondmarkt, dem drittgrößten Bondmarkt der Welt, imple-

## Die Deutsche Börse AG

**Kreditinstitute**[1]
| | |
|---|---|
| Deutsche Bank | 14,8% |
| Dresdner Bank | 8,2% |
| Commerzbank | 6,9% |
| BHF-Bank | 3,9% |
| Bay. Vereinsbank | 3,8% |
| Bay. Hypotheken | 3,1% |
| DG Bank | 3,0% |
| Helaba Hess.-Th. | 2,1% |
| West LB | 2,0% |
| Sonstige | 32,2% |

**Deutsche Börsen-Beteiligungsgesellschaft mbH (Regionalbörsen)**[2]
| | |
|---|---|
| Düsseldorf | (44%) |
| München | (18%) |
| Hamburg | (13%) |
| Stuttgart | (13%) |
| Berlin | (6%) |
| Hannover | (3%) |
| Bremen | (3%) |

**Makler**

**Fördergesellschaft für Börsen und Finanzmärkte in Mittel- und Osteuropa mbH**
Grundkapital: 0,5 Mio. DM

80% → **Die Deutsche Börse AG** Grundkapital: 37 Mio. DM

80% / 100% → Trägerin der

**FWB** Frankfurter Wertpapierbörse

100% → **DTB** Deutsche Terminbörse GmbH
Grundkapital: 15 Mio. DM

Trägerin der → **DTB** Deutsche Terminbörse

10% →

**DKV** Deutscher Kassenverein AG
Grundkapital: 21,7 Mio. DM

10% →

6% →

14% / 100% / 100%

**AKV** Deutscher Auslands-Kassenverein AG
Grundkapital: 6,4 Mio. DM

**DWZ** Deutsche Wertpapierdatenzentrale GmbH
Grundkapital: 4,9 Mio. DM

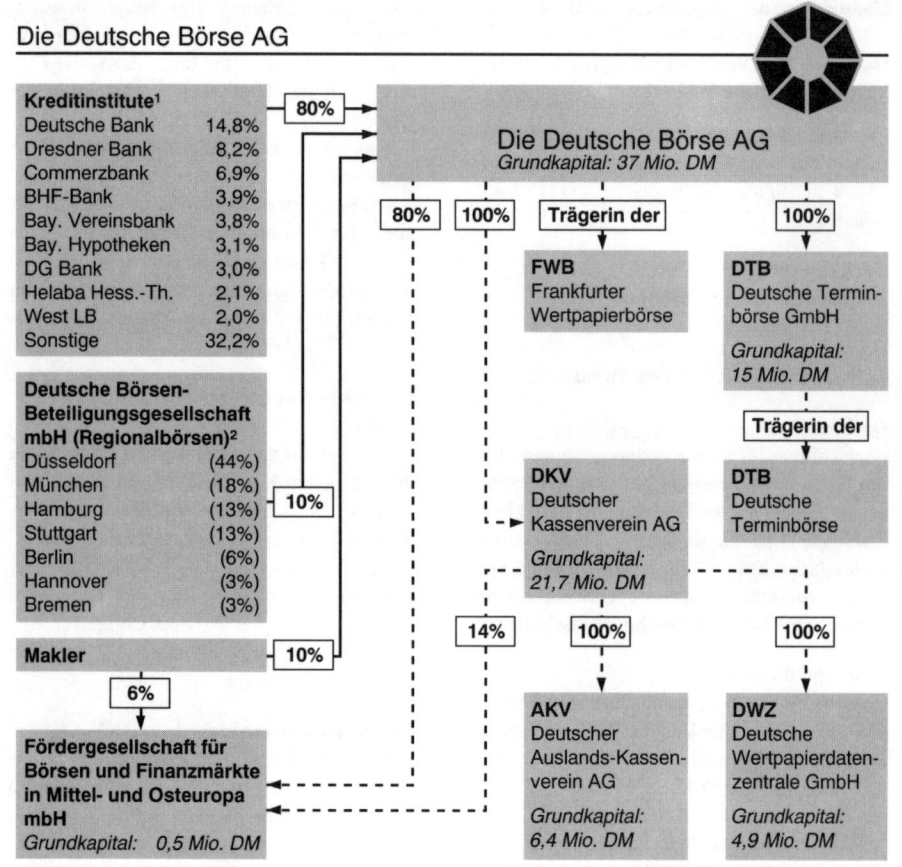

[1] Beteiligungen vor Kapitalerhöhung der Deutsche Börse AG auf 37 Millionen DM, die noch im Gange ist.
[2] Beteiligungen an GmbH
Quelle: Deutsche Börse AG

mentiert worden ist. Um der Problematik, die mit der Bildung von Indexportefeuilles mit festverzinslichen Finanztiteln verbunden sind, zu entgehen, besteht das Portefeuille des REX ausschließlich aus 30 → **synthetischen Papieren** mit festen Laufzeiten von 1 bis 10 Jahren und je drei verschiedenen Kupons (6%, 7,5%, 9%). Damit gelingt es, Ausstattung und Laufzeit konstant zu halten (im Vergleich dazu verändern effektive Finanztitel mit der sich täglich verkürzenden Restlaufzeit auch das Marktverhalten des betreffenden Indexportefeuilles; dadurch werden jeweils wiederum permanente Strukturverschiebungen in den einzelnen Restlaufzeitenklassen ausgelöst, die durch Tilgung abgelaufener Finanztitel und ggf. durch Neuemissionen eine Verstärkung erfahren. Auf diese Weise gelingt es, die Vergleichbarkeit des REX im Zeitablauf zu gewährleisten und die Voraussetzungen zu schaffen, daß sich der Rentenindex als Basis für → **Finanzinnovationen** eignet (z.B. Optionen und Futures auf den REX). Die Kurse der für den REX ausgewählten synthetischen Papiere werden über die **Renditestruktur** für Bundesanleihen und Bundesobligationen ermittelt und auf dieser Basis mit Hilfe einer Gewichtungsmatrix zum Rentenindex REX zusammengefaßt.

Im einzelnen sind folgende **Phasen der Berechnung** des REX zu unterscheiden und erforderlich:

(1) **Berechnung der aktuellen AiBD-Renditen** für alle umlaufenden Bundesanleihen und -obligationen mit Restlaufzeiten von eineinhalb bis 11 Jahren auf der Basis der Kassakurse an der Frankfurter Wertpapierbörse, wobei nur Finanztitel mit festem Kupon (straight bonds) Eingang finden. Diese Finanztitel repräsentieren rund 80-90% des täglichen Börsenumsatzes und damit den liquidesten Teil des deutschen Bondmarktes. Die **AiBD-Rendite** (Yield-to-Matunity) ermittelt den Kurs (= Barwert) einschließlich Stückzinsen als Summe der Barwerte der Zins- und Tilgungszahlungen, also

$$\text{Kurs} = \sum_{i=1}^{n} \frac{\text{Kupon}}{(1+\frac{R}{100})^i} + \frac{\text{Tilgung}}{(1+\frac{R}{100})^n}$$

R = Rendite pro Jahr

Nach Umformung gemäß der Summenformel für geometrische Reihen und unter Berücksichtigung von Perioden- und Jahresrendite (R) ergeben sich Kurs und Stückzinsen und entsprechende Periodenrenditen als:

$$K + S = \frac{1}{q^{f \cdot m}} \cdot (Z_1 + \frac{\frac{Z}{m} \cdot \frac{q^{n-1}}{q^{-1}} + RK}{q^n})$$

K ... Börsenkurs der Anleihe
S ... Stückzinsen
Z ... Nominalzins (Kupon)
m ... Anzahl der Zinsperioden pro Jahr
n ... Anzahl ausstehender vollständiger Zinsperioden
RK ... Rückzahlungskurs (in der Regel 100)

Die gesuchte **Periodenrendite** r ist in q enthalten:

$$q = 1 + \frac{r}{100}$$

Die **Jahresrendite R** ergibt sich aus
$R = 100 \cdot (q^m - 1)$

(2) **Ermittlung der Zinsstrukturkurve (Renditestrukturkurve)**:

Die → **Zinsstrukturkurve** zeigt die in (1) ermittelten Renditen in Abhängigkeit von der → **Restlaufzeit**. Sie stellt die bestmögliche Schätzung jener Kurve dar, welche die Abstände sämtlicher Punkte minimiert. Dabei findet folgender **Regressionsansatz** für die **Rendite (r) einer Anleihe Anwendung**:

$r = b_1 + b_2 \cdot I + b_3 \cdot I^2 + b_4 \cdot I^3 + b_5 \cdot \ln(I) + b_6 \cdot Z + b_7 \cdot Z^2 + $ Anpassungsfehler

mit I = Restlaufzeit; für Ganzjahreskupons gilt: I = n + f

Z  = Nominalkurs (Kupon)
n  = Anzahl ausstehender vollständiger Zinsperioden
f  = (KT – VT) / 360 als anteilige Zinsperiode bis KT
KT = Kupontermin
VT = Valutatag

Die Regressionsparameter ermittelt die Börse nach dem **Householder-Verfahren**. Das Verfahren berechnet die für alle Anleihen einheitlichen Parameter $b_1$ bis $b_7$ so, daß die Summe der quadrierten Anpassungsfehler minimal ist. Um Daten- bzw. Übertragungsfehler zu vermeiden, hat die Börse eine „Ausreißer-Elimination" eingebaut. Auf diese Weise läßt sich die tatsächliche Zinsstruktur sehr genau abbilden. Im Schnitt liegt das multiple Bestimmtheitsmaß, das die Güte der Berechnung beurteilt, bei über 85%, oft sogar über 90%. Die maximale Differenz von tatsächlichen Wertpapierrenditen und der angepaßten Zinskurve beträgt im Schnitt weniger als zehn Basispunkte.

(3) **Ermittlung der Renditen und Kurse der synthetischen Finanztitel**:

Das REX-Konzept erfordert im dritten Schritt zur Eliminierung der Stückzinsproblematik die Rückrechnung: Die aus der Zinsstruktur abgelesenen Renditen sind in

die Kurse (P) der fiktiven Anleihen umzurechnen. Dies ist schon deshalb einfacher als die Renditerechnung, weil die Gleichung bereits nach dem Kurs aufgelöst ist. Außerdem verkürzt sich die Formel für die → **AiBD-Rendite**, weil für die fiktiven Anleihen gilt:
$f = 0; Z_1 = 0; S = 0; RK = 100$ und $m = 1$
Auf diese Weise läßt sich der **Kurs** jedes synthetischen Finanztitels ermitteln.

(4) **Gewichtung der synthetischen Finanztitel:**
Der REX soll trotz Konstanthaltens seiner Struktur dennoch den deutschen Rentenmarkt möglichst genau widerspiegeln. Deshalb erfolgten umfangreiche Marktstrukturuntersuchungen, um eine zeitliche Vergleichbarkeit des REX sowohl in Hoch- als auch in Niedrigzinsphasen zu ermöglichen. Als Grundlage für die Gewichtung der synthetischen Papiere wurde der Zeitraum von zwei Zinszyklen zwischen den Zinstälern 1968 und 1987 gewählt. Nach Abschluß des gegenwärtigen Zinszyklus bzw. bei starken Strukturbrüchen ist eine Modifikation vorgesehen.

Die Gewichtung erfolgt in der Weise, daß der Kurs jedes synthetischen Finanztitels $P_{jk}$ mit der Laufzeit j (= 1 bis 10) und dem Kupon k (= 1 bis 3) multipliziert mit seinem entsprechenden Gewicht (in Hundertstel) $q_{jk}$ Berücksichtigung findet. Daraus ergibt sich folgende **Gewichtungsmatrix** (Tabelle 1):

**Tabelle 1: Zusammensetzung des REX**

| Laufzeit | Kupon 6% | Kupon 7,5% | Kupon 9% | Summe |
|---|---|---|---|---|
| 1 Jahr | 3,10 | 1,73 | 2,56 | 7,39 |
| 2 Jahre | 3,50 | 2,43 | 2,87 | 8,80 |
| 3 Jahre | 4,06 | 3,03 | 3,16 | 10,25 |
| 4 Jahre | 4,88 | 3,37 | 3,70 | 11,95 |
| 5 Jahre | 4,87 | 3,15 | 4,02 | 12,04 |
| 6 Jahre | 4,09 | 2,84 | 4,32 | 11,25 |
| 7 Jahre | 3,82 | 3,02 | 4,79 | 11,63 |
| 8 Jahre | 3,38 | 3,14 | 4,06 | 10,58 |
| 9 Jahre | 3,65 | 2,62 | 3,38 | 9,65 |
| 10 Jahre | 3,15 | 1,47 | 1,84 | 6,46 |
| Summe | 38,50 | 26,80 | 34,70 | 100,00 |

Somit beträgt die **gewogene Durchschnittslaufzeit** der 30 synthetischen Finanztitel 5,49 Jahre und der **Durchschnittskupon** 7,44%.

Neben dem REX werden noch täglich eine Vielzahl verschiedener Subindizes berechnet: Beispielsweise für ein-, fünf- und zehnjährige Laufzeiten. Damit ergibt sich unter anderem die Möglichkeit, Veränderungen in der Renditestruktur zu erkennen. Die obige Gewichtungsmatrix definiert gleichzeitig auch die Gewichtungen für die einzelnen Subindizes. So fließt z.B. die synthetische Anleihe 6%, 10 Jahren mit 48,76% (= 3,15/6,46) in den 10-jährigen Subindex ein.

5) **Summation der gewichteten Kurse zum REX-Kursindex:**
Unter Verwendung der in (4) gezeigten Gewichte ergibt sich der **Gruppenindex** für die Laufzeit j als

$$REX_j = K_j \cdot \frac{\sum_{k=1}^{3} P_{jk} \cdot q_{jk}}{\sum_{k=1}^{3} q_{jk}}$$

Der **Gesamtindex** ist definiert als

$$REX = K \cdot \sum_{j=1}^{10} \sum_{k=1}^{3} P_{jk} \cdot q_{jk}$$

bzw.

$$REX_t = K_t \cdot \sum_{k=1}^{30} P_{it} \cdot q_{it}$$

mit $K_j$, $K_t$ ... Verkettungsfaktoren (bis auf weiteres gleich 1,0).

Der **REX-Kursindex** wird börsentäglich von der Frankfurter Wertpapierbörse über „Ticker Plant-Frankfurt (TPF)" veröffentlicht (Tabelle 2).

Für Zwecke der Performance-Messung ermittelt die Frankfurter Wertpapierbörse zusätzlich den → **REX-Performance-Index (REXP). ARG**

**Lit.:** Frankfurter Wertpapierbörse AG, Deutscher Rentenindex REX, Frankfurt/M. Juni 1993, Hypo-Bank, REX – Deutscher Rentenindex. München o.J. (1991)

**Devisenoptionen zu „Real-time"-Kursen**
In Deutschland wurden erstmalig Anfang 1993 von der Commerzbank Privatanlegern Devisenoptionen angeboten, die zu jeweils gültigen Preisen ge- oder verkauft werden können. Dabei richtet sich die Preisfestlegung auf DM-Basis nach dem Modell von → **Black-Scholes**. Kauf- und Verkaufsnotierungen haben eine Spanne von maximal 0,5 Pfennig. Berechnungsdaten für die Optionspreise wie Zinssätze, Devisenkassakurse und Volatilitäten sind für den Anleger abruf- und nachvollziehbar.

Die Optionen beinhalten das Recht zum Kauf bzw. Verkauf einer bestimmten Menge einer bestimmten Währung (zunächst festgelegt auf 50 000 US-Dollar) zu einem bestimmten Preis. Die Commerzbank bietet immer mindestens fünf Basispreise in 2,5 Pfennig-Intervallen an, z.Zt. in der Spanne von 1,50 bis 1,75 DM. Die Laufzeit beträgt maximal ein Jahr. Die Ausübung kann nur am letzten Handelstag erfolgen (→ Europäische Option), Basis ist der Frankfurter Fixingkurs. Wenn ein Gewinn anfällt, erfolgt die Ausübung automatisch. Für einen Standardkontrakt von 50 000 US-Dollar muß – in gleicher Weise wie an US-Terminbörsen – eine Sicherheitsleistung von 7 500 – 10 000 DM erbracht werden. Dieser Betrag kann z.B. in

**Tabelle 2: Deutscher Rentenindex**

| Rendite-Matrix per 30.12.1992 | | | | | |
|---|---|---|---|---|---|
| Laufzeit (Jahre) | Kupon 6% | Kupon 7,5% | Kupon 9% | Subindex Aktuell | Diff. zum Vortrag |
| 1 | 7,4714 | 7,6153 | 7,6705 | 7,5741 | – 0,0361 |
| 2 | 7,0702 | 7,2141 | 7,2693 | 7,1749 | – 0,0384 |
| 3 | 6,9091 | 7,0531 | 7,1083 | 7,0131 | – 0,0282 |
| 4 | 6,8502 | 6,9942 | 7,0494 | 6,9525 | – 0,0169 |
| 5 | 6,8485 | 6,9925 | 7,0477 | 6,9527 | – 0,0080 |
| 6 | 6,8827 | 7,0267 | 7,0819 | 6,9955 | – 0,0026 |
| 7 | 6,9402 | 7,0841 | 7,1393 | 7,0596 | 0,0000 |
| 8 | 7,0124 | 7,1564 | 7,2116 | 7,1316 | 0,0004 |
| 9 | 7,0931 | 7,2371 | 7,2923 | 7,2020 | – 0,0012 |
| 10 | 7,1772 | 7,3212 | 7,3764 | 7,2667 | – 0,0041 |
| Kurs-Matrix | | | | | |
| 1 | 98,6309 | 99,8928 | 101,2347 | 99,8283 | 0,0336 |
| 2 | 98,0670 | 100,5153 | 103,1174 | 100,3902 | 0,0697 |
| 3 | 97,6103 | 101,1717 | 104,9547 | 100,9273 | 0,0749 |
| 4 | 97,1105 | 101,7136 | 106,5998 | 101,3467 | 0,0588 |
| 5 | 96,5068 | 102,0813 | 107,9946 | 101,8009 | 0,0345 |
| 6 | 95,7773 | 102,2543 | 109,1198 | 102,5359 | 0,0142 |
| 7 | 94,9226 | 102,2346 | 109,9791 | 103,0226 | 0,0022 |
| 8 | 93,9574 | 102,0393 | 110,5920 | 102,7394 | – 0,0001 |
| 9 | 92,9060 | 101,6955 | 110,9888 | 101,6260 | 0,0102 |
| 10 | 91,7992 | 101,2375 | 111,2079 | 99,4751 | 0,0315 |

Rendite = $b_1 + b_2 \cdot L + b_3 \cdot L^2 + b_4 \cdot L^3 + b_5 \cdot \ln(L) + b_6 \cdot z + b_7 \cdot z^2$
L = Laufzeit, z = Coupon
Regressionskoeffizienten:
b1: + 5.8690821753E + 000   b2: + 1.3105491419E – 001
b3: + 7.8133103080E – 003   b4: – 4.1118397539E – 004
b5: – 7.9753955233E – 001   b6: +3.6235257978E – 001
b7: – 1.9730544823E – 002
Quelle: Frankfurter Wertpapierbörse (Ohne Gewähr)

Form von öffentlichen Anleihen oder Festgeldern hinterlegt werden.
Neben dem Vorteil der durchschaubaren Gestaltung der Optionspreise entfallen gegenüber herkömmlichen Devisen-Optionsscheinen die Emissionskosten, so daß die Devisenoptionen zu „Real-time"-Kursen in der Regel billiger sind.

## Differential swap

Von der Bank of America in London wird Anlegern, die an einen schnelleren Fall der französischen als der deutschen Zinsen glauben, diese neuartige Swap-Variation empfohlen. Der „differential swap" beinhaltet die Zahlung von **FF-Libor** minus einer Marge in DM (zur Zeit liegen die Margen auf fünf Jahre bei etwa 107 Basispunkten) gegen Erhalt von **DM-Libor** in DM. Hinter diesem → **Zinsswap** steht ein Gewinn aus einem schnelleren Sinken der Zinsen einer (hier FF) gegenüber einer anderen Währung (hier DM), die Kreditsumme selbst lautet bei beiden Swap-Partnern auf DM (im Gegensatz zu → **Zins- und Währungs-Swaps** mit unterschiedlichen Währungen) und unterliegt deshalb keinem Tausch. Der Gewinn wird noch nicht sofort erwartet, sondern setzt eine längere Transaktionsdauer voraus, in der der Wert der DM-Einnahmen den Wert der FF-Zahlungen übersteigt. **SK**

## Discount Paper

Abzinsungspapier; → **Discount Instrument**
Die Emission des Finanztitels erfolgt abgezinst (zum Marktzinssatz der entsprechenden Laufzeit), die Rücknahme zum Nennwert.

## DKV-AG
→ **Deutscher Kassenverein AG**

## DM-Commercial Paper (DM-CP)

DM-Commercial Papier sind seit 1. Januar 1991 in Deutschland zugelassen. Bis dahin bestand ein Euro-DM-Commercial Paper-Markt mit Zentrum in Luxemburg. Ihrem Wesen nach stellen DM-CPs Inhaberschuldverschreibungen mit Geldmarktcharakter (Laufzeit von sieben Tagen bis zu zwei Jahren minus ein Tag) dar, die von Unternehmen und öffentlichen Schuldnern begeben werden können. Die Anlagevolumina betragen 500000 DM (Mindestanlagebetrag) oder ein Mehrfaches. Eine Börseneinführung kann grundsätzlich erfolgen, wird aber im Regelfall wegen der relativ kurzen Laufzeiten unterbleiben.

Die Emission erfolgt im Rahmen eines CP-Programms. Zwischen Emittent und arrangierender Bank (Arrangeur) wird eine Rahmenvereinbarung geschlossen, welche den Emittenten berechtigt – jedoch nicht verpflichtet – jederzeit innerhalb des Programmvolumens DM-CPs zu begeben. Die mit der Plazierung der CPs beauftragten Banken (Plazeure) vermitteln zwischen Mittelaufnahmewünschen des Emittenten und den Anlageinteressen der Investoren (Investmentfonds, Versicherungen, Pensionskassen, Unternehmungen, Zentralbanken, Sparkassen, Banken und teilweise vermögende Privatpersonen).

Als Referenzzinssatz (Orientierungsgröße) im DM-CP-Markt dient der laufzeitentsprechende DM-LIBOR- bzw. DM-FIBOR-Satz. Je nach Bonität und Marktstanding des Emittenten werden diese Sätze durch Zu- oder Abschläge modifiziert (z.B. 3-Monats-LIBOR + 0,15 Basispunkte; 1 BP = 0,01%). Die mit DM-CPs erzielbaren Investorenrenditen sind in der Regel höher als vergleichbare, der Mindestreservepflicht unterliegende, inländische DM-Termingeldsätze. Auch im Vergleich mit Euro-DM-Termineinlagen können DM-CPs eine konkurrenzfähige Anlageform sein. Die traditionelle Rolle der Banken als Betrags-, Fristen- und Risikotransformatoren zwischen Mittelanlegern und Mittelaufnehmern wird im DM-CP-Markt weitgehend aufgelöst. Die Banken beschränken ihre Aufgabe in diesen, für sie bilanzunwirksamen Geschäften, auf die Vermittlung zwischen den beiden Marktpartnern sowie die Bereitstellung von Know-How. Die direkte Marktbeziehung zwischen

Emittent und Investor im DM-CP-Markt macht diese Schuldverschreibungen zu einem attraktiven Finanzmarktinstrument für die beteiligten Marktteilnehmer.

**Doppelwährungs-Optionsscheine**
Von der Schweizerischer Bankverein (Deutschland) AG im Oktober 1990 emittierte → **Optionsscheine** (Call) mit Wahlrecht auf USD oder Yen, wobei jeder Optionsschein nach freier Wahl für DM 100,– entweder USD zum Basispreis von DM 1,57 je 1 USD oder Yen zum Kurs von DM 1,15 je 100 Yen innerhalb der Optionsfrist (7.10.1991) erwerben konnte (→ **Amerikanische Option**).

**Drei-Monate-Euroschweizerfranken-Futures (SOFFEX)**
Seit 22. März 1991 an der → **SOFFEX** eingeführter und gehandelter **kurzfristiger Eurofranken-Futures** (neben dem sechs Wochen früher an der → **LIFFE** eingeführten analogen Produkt) mit folgenden **Kontraktspezifikationen**:

**Kontraktmonate:** Insgesamt 5 Kontraktmonate, d.h. die nächsten Monate des Zyklus März, Juni, September, Dezember sowie der (die) folgende(n) Monat(e) des nachfolgenden Zyklus.
**Verfalltermin:** Montag vor dem 3. Mittwoch des Kontraktmonats.
**Basis:** 3-Monats-Euroschweizerfranken; der Tagesendbewertungskurs am Fälligkeitstag basiert in der Regel auf dem Libor (London Inter Bank Offered Rate)
**Kontraktgrösse:** Fr. 1 000 000; Minimalpreisfluktuation (Tick) 0,01% oder 25 Fr.
**Preisnotierung:** 100% minus Zinssatz p.a. für 3-Monats-Euroschweizerfranken (Notierung als Zahl, nicht als Zinssatz)
**Liquidation:** Barausgleich
**Kommission:** wegen der Aufhebung der Courtagekonvention frei aushandelbar (zwischen Mitgliedern und Anlegern; Kauf und Verkauf gilt als eine Transaktion)

**Einschussmarge:** 750 Fr. pro Kontrakt; Reduktion bei Spread-Positionen.
**Nachschussmarge:** Tägliche Neubewertung auf Grund der Gewinne/Verluste auf offenen Positionen infolge der Marktschwankungen.
**Handelsart:** Soffex
**Handelszeiten:** 8 Uhr 30 bis 16 Uhr 30.

**Dresdner DAX Participations**
Partizipations-Inhaber-Teilschuldverschreibungen auf den → **DAX** der Dresdner Bank-Gruppe, die im Juli 1990 als europäische Neuheit auf dem Gebiet indexbezogener Finanzprodukte von der Dresdner Finance B. V., Amsterdam, mit folgenden **Spezifikationen** emittiert worden sind und eine Spekulation auf eine Hausse intendieren:

**Wertpapier:** Der Wert der Dresdner DAX Participations richtet sich rechnerisch nach der jeweiligen Höhe des Deutschen Aktienindex DAX. Der Anleger kann damit an der Wertentwicklung der dem DAX zugrundeliegenden Aktien teilhaben.

**Ausgabepreis:** Die Ausgabepreise der Dresdner DAX Participations werden im Rahmen eines freihändigen Verkaufs fortlaufend festgelegt. Der jeweilige Ausgabepreis orientiert sich an dem in DM ausgedrückten zehnten Teil des DAX-Standes bei Geschäftsabschluß zuzüglich eines Ausgabeaufgeldes von DM 1,50.
Die Auftragsgröße beträgt Stück 50 oder ein Vielfaches davon. Der Kaufpreis ist mit Valuta zwei Tage nach dem Kauftag zahlbar.

**Börsennotierung:** Die Zulassung der Dresdner DAX Participations zur amtlichen Notierung und zum Handel an der Frankfurter Wertpapierbörse ist vorgesehen.

**Cash-out:** Auf Verlangen eines Inhabers ist die Emittentin verpflichtet, die Dresdner DAX Participations jeweils am dritten Freitag im März, Juni, September und

Dezember eines jeden Jahres während der Laufzeit gegen Zahlung eines Betrages anzukaufen oder ankaufen zu lassen, der dem in DM ausgedrückten zehnten Teil des DAX-Schlußstandes zum Ankaufstermin entspricht.

Für eine tagesgleiche Abwicklung ist es erforderlich, daß der Ankaufsauftrag am Ankaufstag bis 10.00 Uhr Ortszeit Frankfurt am Main bei einer Geschäftsstelle der Dresdner Bank AG oder einer der Tochtergesellschaften eingegangen ist.

**Laufzeit:** Die Laufzeit der Dresdner DAX Participations endet am 15. September 1995. Die Emittentin kann die Laufzeit der Dresdner DAX Participations mit einer Ankündigungsfrist von sechs Monaten um jeweils fünf Jahre verlängern. Siehe zu den Regelungen hinsichtlich der Laufzeit im einzelnen § 2 der Bedingungen der Dresdner DAX Participations.

**Zahlung bei Fälligkeit:** Die Emittentin verpflichtet sich, den Inhabern der Dresdner DAX Participations bei Fälligkeit einen Betrag zurückzuzahlen, der dem in DM ausgedrückten zehnten Teil des DAX-Schlußstandes bei Fälligkeit entspricht.

**Verbriefung:** Die Dresdner DAX Participations werden in einer Globalurkunde verbrieft. Effektive Einzelurkunden werden nicht ausgegeben.

**Provisionen, Spesen:** Bei Ausgabe der Dresdner DAX Participations und für Zahlungen bei Fälligkeit oder aufgrund eines Cash-out werden die banküblichen Provisionen und Spesen wie bei Geschäften in Aktien erhoben.

**Verkaufsbeginn:** Ab 10. Juli 1990.

## DTB-Aktienoptionen (Ergänzung zu S. 83)

Seit 20. Januar 1992 werden an der → DTB auch Aktienoptionen mit einer Laufzeit von neun Monaten gehandelt, so daß nunmehr Laufzeiten von ein, zwei, drei, sechs und neun Monaten zur Wahl stehen. Dies hat auch insofern Bedeutung, als Aktienoptionen auf Grund der steuerlichen Regelungen (Steuerfreiheit bei der ESt bei Realisierung von Kursgewinnen) für Investoren zunehmende Bedeutung gegenüber Zinseinkommen aufweisen.

## DTB-Auftragsarten für den Handel mit DAX-Futures
→ **DAX-Terminkontrakt**

## DTB-Börsenordnung

Am 16. August 1991 traten Änderungen der am 20. November 1989 beschlossenen „Börsenordnung für die Deutsche Terminbörse" in Kraft (abgedruckt in: ZBB-Dokumentation, ZBB 4/1991, 277-283). Gleichzeitig ergeben sich Änderungen der „Clearing-Bedingungen für den Handel an der Deutschen Terminbörse" (abgedruckt in: ZBB-Dokumentation, ZBB 4/1991, 284-295).

## DTB-Clearing-Bedingungen

Mit Wirkung vom 16. August 1991 neu gefaßte und veränderte „Clearing-Bedingungen für den Handel an der Deutschen Terminbörse" (siehe → **DTB-Börsenordnung**).

## DTB-DAX-Call

Kaufoption auf den → **DAX** (→ **DAX-Option**)

## DTB-DAX-Option
→ **DAX-Option**

## DTB-DAX-Put

Verkaufsoption auf den → **DAX** (→ **DAX-Option**)

## DTB-Option auf den DAX-Future
→ **Option auf DAX-Terminkontrakt**

## DSL
→ **Dutch State Loan**

## Duration nach Macaulay

Kennzahl für die → **Duration** (in Jahren) zur Ermittlung der durchschnittlichen Fälligkeit

**Dutch State Loan (DSL)**

eines festverzinslichen Finanztitels unter Berücksichtigung von Zinsen und Tilgung (= Zeitmaß) **oder** zur Festlegung des Zeitpunktes der Kompensation von Kursrisiken/chancen durch Wiederanlagechancen/-risiken (= Immunisierung) **oder** zur Feststellung des **Lock-in-Effekts**, der die tatsächliche Realisierung der beim Kauf von Finanztiteln ermittelten Rendite beschreibt. Die Ermittlung der Duration (D) kann entsprechend der „Formel" erfolgen:

$$D = \frac{\sum_{i=1}^{n} i \cdot \frac{\text{Kupon}}{(1+\frac{R}{100})^i} + n \cdot \frac{\text{Tilgung}}{(1+\frac{R}{100})^n}}{\sum_{i=1}^{n} \frac{\text{Kupon}}{(1+\frac{R}{100})^i} + \frac{\text{Tilgung}}{(1+\frac{R}{100})^n}}$$

wobei: R = Rendite nach AiBD (→ **AiBD-Rendite**)

Durch **Modifizierung** dieser Formel ergibt sich ein Maß für die → **Volatilität** in dem Sinne, daß die prozentuale Veränderung von Kurs einschl. Sütckzinsen gemessen werden kann als Reaktion auf Renditeveränderungen des Finanztitels um 1% (bzw. 100 Basispunkte), also:

$$D_{mod} = \frac{\text{Duration nach Macauly}}{(1+\frac{R}{100})}$$

Dadurch besteht die Möglichkeit, das zinsinduzierte Kursänderungsrisiko quantitativ zu messen. $D_{mod}$ wird auch als **Modified Duration nach Hicks** bezeichnet.

**Dutch State Loan (DSL)**
Holländische Staatsanleihen mit Laufzeiten von fünf bis 15 Jahren.

# E

**EBRD**
→ European Bank for Reconstruction and Development; → Osteuropabank

**EC-Chip-Karte**
Weiterentwicklung der → **Eurocheque-Karte** als – **Magnetstreifenkarte** zu einer → **Chipkarte**. Die deutsche Bankwirtschaft wird ihren Kunden ab Ende 1994 diese neue Chipkarte anbieten, die neben dem verbleibenden Magnetstreifen (zur Speicherung von Informationen über Kontonummer, Bankleitzahl u.ä.) einen Chip enthalten wird, der völlig fälschungssicher sein soll und vor allem die Abwicklung der bargeldlosen Zahlung im Einzelhandel am „Point of Sale" erleichtern soll (→ **Point of Sale-Banking**).

**ECU-Benchmark-Bonds**
Als → **Benchmark Bonds** für ECU-Emissionen gelten Bonds mit einem Volumen von 1 Mrd. ECU und mehr (sog. **Benchmark-Jumbo-Emissionen**). Durch die zeitliche Staffelung der Laufzeiten erhält damit der **ECU-Markt** erstmals eine qualitative Zinsertragskurve. Die nachstehende Tabelle gibt diesen Sachverhalt wieder.

| Laufzeit | Volumen | Emittent | Kupon | Fälligkeit |
|---|---|---|---|---|
| 3 Monate | 1 000 | Italien | FRN | 10/2005 |
| 5 Jahre | 1 000 | Spanien | 9,00 | 5/1996 |
|  | 1 250 | Belgien | 9,125 | 3/1996 |
| 7 Jahre | 928 | France OAT | 8,50 | 5/1997 |
|  | 1 125 | EIB | 10,00 | 2/1997 |
|  | 1 000 | Italien | 10,375 | 7/1997 |
| 10 Jahre | 2 708 | France OAT | 9,50 | 4/2000 |
|  | 1 000 | Italien | 10,75 | 4/2000 |
|  | 1 150 | EIB | 10,00 | 1/2001 |
|  | 1 500 | France OAT | 10,00 | 2/2001 |
|  | 2 500 | UK | 10,00 | 2/2001 |
|  | 949 | France OAT | 8,50 | 3/2002 |
| 20 Jahre | 2 500 | Italien |  | 9,25 | 3/2011 |

ECU-Benchmark-Bonds nach Laufzeiten (Quelle: Tyley, B., Der ECU auf dem Weg zur Spitzenposition. ÖBA 8/1991, 554-558)

**ECU-Markt**
Markt für ECU-Anleihen; → **ECU-Benchmark-Bonds**

**ECU-OAT**
Auf ECU lautende → **OAT** des französischen Staates

**ECU Zero Coupon Strips**
Am 13. März 1991 von Goldman Sachs geschaffene Serie von → **Stripped Bonds** auf der Basis einer 2,5 Mrd.-ECU-Anleihe der Republik Italien von 9,25% mit der Fälligkeit im Jahre 2011. Die Emission der stripped bonds erfolgte im Umfang von 1,14 Mrd. ECU mit einer Stückelung in 21 Tranchen zu je 37 Mio. ECU mit gestaffelten Endfälligkeiten in den Jahren 1992 bis 2011.
**Lit.:** Cordeiro, C./J. M. Pulay, ECU Zero Coupon Stripps. ÖBA 4/1991, 280-281

**edc**
→ **European Debit Card**

**Eidgenossen-Futures**
→ **Zinssatz-Futures auf langfristige Anleihen der Eidgenossenschaft**

**Einlagentermingeschäft**
→ **Forward Forward Deposit**

**Elba**
→ **Elektronisches Leitbewegungssystem im Auslandszahlungsverkehr**

**Elektronisches Leitbewegungssystem im Auslandszahlungsverkehr (Elba)**
Von der Metallbank, einer Tochtergesellschaft der Metallgesellschaft entwickeltes Softwarepaket zur rationellen Abwicklung von Auslandszahlungen über Korrespondenzbanken (seit Dezember 1989).

**Emerging Market Bond Fund**
Von der **G. T. Management**, München, im Januar 1993 aufgelegter Fonds, der ausschließ-

lich Schuldverschreibungen von Schwellenländern (u.a. Mexiko, Argentinien, Venezuela, Marokko, Länder des ehemaligen Ostblocks) enthält. Zur Reduzierung des Währungsrisikos erfolgt die Anlage zu 80% in Dollarwerten.

**EPSS**
→ **European Payment Systems Services**

**Equi-Fund-Konzept**
→ **Indexmanagement für Aktien**

**Eta**
Kennzahl zur Beurteilung von **Premium Sensitives** bei Optionen bezüglich von Veränderungen der Optionsprämie im Hinblick auf Veränderungen der → **Volatilität** des → **Underlying**. Wegen Einzelheiten siehe → **Vega**, das mit Eta synonym gebraucht wird (auch als **Volatility Delta** bezeichnet).

**Ethische Geldanlagen**
→ **Ethik-Fonds**; → **Luxinvest Ökolux**

**Euro-Forderungspapiere**
Am → **Euro-Kapitalmarkt** begebene Schuldverschreibungen (**Euro-Bonds**) sowie **Euro-Schuldscheine** und am → **Euro-Geldmarkt** emittierte → **CP** und → **Euro-Notes**.

**Eurofranken-Futures, kurzfristige**
→ **Drei-Monate-Euroschweizerfranken-Futures**

**EUROLIST**
Projekt eines separaten Marktsegments an allen Mitgliedsbörsen des EG-Verbandes der Wertpapierbörsen (→ **EUROQUOTE**), das die „European Blue Chips" enthält.
Konzeptionell ist die EUROLIST darauf angelegt, den Emittenten die Verfahren einer Mehrfachzulassung an europäischen Börsen mit unterschiedlichen Bedingungen und administrativen Erfordernissen zu ersparen. Über die Zulassung zum Amtlichen Handel an der Heimatbörse soll de facto eine Simultanzulassung im Segment EUROLIST an den übrigen europäischen Börsenplätzen erreicht werden. Die EUROLIST ist beschränkt auf die „European Blue Chips", die jeweils eine Marktkapitalisierung von mindestens 1,5 Mrd. ECU und einen jährlichen Umsatz in Höhe von 250 Mill. ECU aufweisen sollen. Um ein **EUROLISTING** zu erhalten, wählt der Emittent unter den europäischen Börsenplätzen eine Mindestanzahl von sechs Plätzen aus. Hier kann es jedoch keinerlei Zwang geben, sondern nur ein Dienstleistungsangebot der EG-Börsen. Bei ihrer Wahl werden die Emittenten Markt- und Kostenaspekte berücksichtigen.

Grundvoraussetzung für einen Erfolg der EUROLIST ist eine weitestgehende Harmonisierung der Zulassungsvorschriften an den europäischen Börsen. Die Zulassung von Wertpapieren ist bereits durch EG-Richtlinien geregelt. Da die Richtlinien auf eine Harmonisierung der Mindestvoraussetzungen angelegt sind, blieb für die Mitgliedsstaaten ein Gestaltungsspielraum, woraus eine divergierende Zulassungspraxis resultiert. Um in den Mitgliedsstaaten eine Gleichbehandlung der EUROLIST-Wertwapiere zu ermöglichen, wurde durch den EG-Börsenverband die Aufnahme eines Ausnahmetatbestandes in die Prospektrichtlinie aus dem Jahre 1980 vorgeschlagen. Danach können die Zulassungsstellen im Aufnahmeland von dem Erfordernis einer erneuten Prospektveröffentlichung unter bestimmten Voraussetzungen absehen. Dies wäre ein erster Schritt in Richtung auf einen Europa-Paß für Wertpapier-Zulassungen, der rechtstechnisch durch eine volle gegenseitige Anerkennung der Zulassung Realität werden kann. Als Regelungsmodell kann eine Vorschrift der deutschen Börsenzulassungs-Verordnung gelten, wonach die Zulassungsstelle einer deutschen Börse einen Emittenten von der Prospektpflicht befreien kann, wenn die Wertpapiere bereits an einer inländischen Börse zum Amtlichen Handel zugelassen sind. Im nationalen Kontext wäre eine Erweiterung dieser Vorschrift auf die bereits an europäischen

Börsen zugelassenen Werte zu diskutieren. Dies insbesondere im Hinblick darauf, daß sich die börsengesetzliche Regelung über die gegenseitige Anerkennung von Prospekten wegen einer allzu kurzen Fristenregelung zwischen der Zulassung im Heimat- und Gastland als wenig praktikabel erwies. Um ein EUROLISTING für Emittenten attraktiv und kosteneffizient auszugestalten, besteht weiterer Harmonisierungsbedarf für die Zwischenberichterstattung sowie für eine sachgerechte Sprachenregelung. Zu denken ist an die Festschreibung einer jährlichen und halbjährlichen Berichterstattung unter Verzicht auf die vereinzelt praktizierten Vierteljahresberichte. Als Sprachenregelung ist eine Abfassung der Dokumente in der Heimatsprache und in Englisch als der gängigen Sprache im Kapitalmarktbereich vorstellbar.

Ergänzend wird an einem **europäischen Aktienindex** gearbeitet. Um einen repräsentativen Querschnitt aller europäischen Regionen zu erreichen, ist eine Ländergewichtung bei der Berechnung des Index geplant, ebenso eine sektorale Gewichtung, um den unterschiedlichen Wirtschaftsbereichen Rechnung zu tragen.

**EUROLISTING**
→ **EUROLIST**

**Euromethode**
Zinsberechnungsmethode (365/360), wobei die Anzahl der tatsächlich abgelaufenen Tage des Zinszahlungszeitraumes (maximal 365) ermittelt und durch 360 dividiert werden.

**Europäischer Aktienindex**
→ **EUROLIST**

**Europay**
Fusion der Kreditkartenunternehmen Eurocard International und Eurocheque International zur Europay International, S.A., Brüssel, im Juli 1992. Das Angebot von Europay International umfaßt die Bereiche Geldausgabeautomaten, → **Point of Sale**-Systeme und -Abwicklung, Scheckgarantien und insbesondere Kreditkartenservice. Dadurch wird der Zugang von Kreditkarteninhabern gleichermaßen zu einer größeren Anzahl von Geldausgabeautomaten und Vertragsunternehmungen in Europa eröffnet. Europay bedient sich der Dienste von → **EPSS**.

**European Bank for Reconstruction and Development**
→ **Europäische Bank für Wiederaufbau und Entwicklung (EBWE)**
→ **Osteuropabank**
Im April 1990 nahm die EBWE ihre Arbeit auf. Ziel ihrer Gründung war die Förderung des Transformationsprozesses in den Ländern Mittel- und Osteuropas und der früheren Sowjetunion. In den ersten zwei Jahren nach der Gründung wurden dafür ca. 80 Darlehen und Beteiligungen bewilligt sowie 250 Projekte der technischen Hilfe in Angriff genommen. Dabei stehen insbesondere zwei Aufgaben im Vordergrund: die Verwaltung eines Fonds zur Verbesserung der Sicherheit von Kernkraftwerken sowjetischer Bauart und die Förderung kleiner und mittlerer Unternehmen in den Empfängerländern. Zur Realisierung der zweiten Aufgabe wird erwogen, in osteuropäischen Ländern und den GUS-Staaten Mittelstandsbanken einzurichten, die eng mit der EBWE zusammenarbeiten. Bereits jetzt gibt es bei der EBWE länderspezifische Strategien für Privatisierung, Entwicklung des Finanzsektors und Infrastrukturmaßnahmen. In den Statuten der EBWE ist vorgesehen, 60% der EBWE-Mittel für Projekte im Privatsektor zu vergeben und 40% an den öffentlichen Sektor. **SK**

**European Debit Card (edc)**
Euroscheckkarte zum elektronischen Bezahlen in Kaufhäusern (→ **Point of Sale**), die im Gegensatz zu einer Kreditkarte auf einem Bankguthaben beruht. Abwicklung erfolgt über → **EPSS**.

**European Payment System Services (EPSS)**
Unternehmen zur Abwicklung des Zahlungsverkehrs, dessen Aktien zu 50% von Eurocard, zu 35% von Eurocheque und zu 15% von Mastercard International gehalten werden. Durch die Gründung von → **Europay** sollen die Anteile der beiden erstgenannten Kreditkartenunternehmen (85%) auf Europay International übergehen, das sich vornehmlich der Dienste von EPSS bedienen wird.

## EUROQUOTE

Projet des Verbandes der Wertpapierbörsen in der Europäischen Gemeinschaft für ein gemeinsames Informations- und Handelssystem, das im September 1989 initiiert und im Mai 1990 eine Marktstudie abgeschlossen wurde, die ein Nachfragepotential nach einem gemeinsamen Informationssystem für alle europäischen Börsendaten nachwies. Ergänzende Untersuchungen ergaben, daß für den Erfolg dieser Initiative der weitere Ausbau zu einem Handelssystem von ausschlaggebender Bedeutung ist, um somit den grenzüberschreitenden Wertpapierhandel für alle Börsenteilnehmer effizienter und kostengünstiger zu gestalten. Auf dieser Grundlage haben sich die 12 Mitgliedsbörsen des EG-Börsenverbandes in einem Joint-Venture-Vertrag auf die Zusammenarbeit und Unterstützung eines europäischen Informations- und Handelssystems verständigt. Hier müssen trotz aller Einigkeit allerdings noch eine Reihe von gemeinsamen Positionen entwickelt werden. Das zunächst unter dem Arbeitstitel PIPE (Price Information Project Europe) konzipierte Projekt EUROQUOTE sieht drei Ausbaustufen vor. Die erste Stufe hat die Erfordernisse eines Informationssystems zur Verbreitung aktueller Geld- und Briefkurse sowie kursrelevanter Daten zu erfüllen. In der zweiten Ausbaustufe ist ein interaktiver Zugriff auf historische Kurs- und Umsatzdaten vorgesehen. In der dritten Stufe soll ein Handelssystem verwirklicht werden, das den Teilnehmern am Börsenhandel die technischen Voraussetzungen für eine Auftragsübermittlung zu jeder angeschlossenen Börse bietet. Der stufenweise Ausbau hin zu einem Handelssystem war auf der Generalversammlung des EG-Börsenverbandes im November 1990 in Dublin Beschlußlage.

Am 13. Juni 1990 wurde die EUROQUOTE S.A., eine Aktiengesellschaft belgischen Rechts mit Sitz in Brüssel, gegründet. Die Anteilseigner sind die 12 EG-Börsen, wobei als Hauptaktionäre mit gleichen Anteilen die Börsen London, Paris, Madrid und die deutschen Börsen, vertreten durch die Arbeitsgemeinschaft der Deutschen Wertpapierbörsen und die Frankfurter Wertpapierbörse AG, beteiligt sind. Die Geschäftsführung der EUROQUOTE S.A. wird von Experten der beteiligten Börsen unterstützt, die in Projektgruppen u.a. die Produktentwicklung und die technische Planung betreuen. Die technische Realisierung des Projektes wird einem Generalunternehmer übertragen, denn durch die Übernahme erprobter Systemkonzepte kann eine allgemein akzeptierte und kostengünstige Systemerstellung gewährleistet werden. Für 1991 steht die Auftragserteilung zur Erstellung eines Kommunikationsnetzwerkes zwischen den Börsen an.

Durch das Gemeinschaftsprojekt EUROQUOTE können die Investitionsanstrengungen in ein globales europäisches System gebündelt und damit den EG-Börsen die kostspielige Erweiterung eigener Systeme über ihre Ländergrenzen hinaus erspart werden. Zugleich wird den Abnehmern der Börseninformationen ein europaweit standardisierter Nachrichtenstrom von EUROQUOTE angeboten; die Banken und Wertpapierhandelshäuser müssen künftig nicht mehr von bis zu 12 europäischen Börsenplätzen die Kursinformationen abfragen, sondern könnten auf eine konsolidierte Datenquelle zugreifen. Dem nicht-europäischen Investor würde ein einheitlicher Zugang zu den nationalen Kapitalmärkten in der EG geboten, war zur Erhöhung der Transparenz und Attraktivität des gesamteuropäischen Kapitalmarktes im internationalen Vergleich beiträgt. An fast allen europäischen Börsenplätzen sind mittlerweile fortschrittliche Börseninformations- und Wertpapierhandelssysteme installiert.

Das Konzept von EUROQUOTE sieht vor, den Nachrichtenfluß aus jedem EG-Partnerland zentral zu sammeln, aufzubereiten, zu ergänzen und standardisiert zu verteilen. Dabei könnte der Informationsempfänger seine Daten über drei mögliche Kanäle erhalten: Direkt über eine Kabel- oder Satellitenverbindung zum zentralen EUROQUOTE-Rechenzentrum oder über ein nationales Börsenkommunikationsnetz, in das EUROQUOTE-Daten eingespeist und gemeinsam mit dem nationalen Datenstrom verteilt werden. Alternativ kommt die Verbreitung über einen kommerziellen Informationsdienst in Betracht. EUROQUOTE wird auch in seiner endgültigen Gestalt als Handelssystem keine „13. Börse" in der Europäischen Gemeinschaft sein. Das System steht nicht in Konkurrenz zu den etablierten Börsen, sondern ermöglicht vielmehr die Übermittlung der Wertpapiergeschäfte an den Handelsplatz, der für den Anleger die günstigsten Bedingungen, nämlich geringe Transaktionskosten und große Markttiefe, bietet. Die Börsen mit dem besseren Dienstleistungsangebot werden ihre Handelsvolumina vergrößern können.

Zur Vereinfachung der europaweiten Aktienzulassung soll → **EUROLIST** beitragen.

**Euro Synergies-Beteiligungsfonds**
Erster europäischer strategischer Wachstumsfonds, der im Juni 1990 unter der Federführung der französischen Credit National zusammen mit dem italienischen Crediop, der englischen Bank Hambros und der Bayerischen Vereinsbank gegründet worden ist, mit dem Ziel, im Rahmen der Schaffung des europäischen Binnenmarktes schwerpunktmäßig eine Bereitstellung von „europäischem" Beteiligungskapital zur Finanzierung von grenzüberschreitenden Unternehmensfusionen (z.B. **Cross Border M &**

**A Deals**) und internationale Unternehmensallianzen (→ **Strategische Allianz**) zu ermöglichen.

Lit.: Twickel, J. Frhr. v./J. Berlage, Die strategische Positionierung des Euro Synergies-Beteiligungsfonds. Die Bank 2/1992, 117-118

**Eurotrend-Hypothek**
Von der Züricher Kantonalbank 1991 entwickelte, an Marktpreise gebundene und mit Zinssicherungselementen gekoppelte Neuhypothek. Der Zins der Eurotrend-Hypothek basiert auf dem 6-Monats-SFR-LIBOR. Während der festen Laufzeit von drei oder fünf Jahren erfolgen halbjährliche Zinsanpassungen und die Anrechnung einer zusätzlichen Marge von 0,75% für erstrangige und von 1,25% für zweitrangige Hypotheken. Das Zinsrisiko des Schuldners wird durch einen → **Cap** (Maximalzins) begrenzt; die Prämie für den Cap orientiert sich am Satz für derartige Absicherungsinstrumente am → **Swap-Markt**.

**Euro-Treuhandanlagen**
Treuhandanlagen auf dem Euromarkt verdanken ihre Entstehung u.a. adminstrativen Beschränkungen in Zahlungsverkehr in einigen Ländern. Euroanlagen werden außerhalb des Ursprungslandes einer Währung an Finanzplätzen getätigt, an denen keine Devisenbeschränkungen bestehen. Beispiel Schweiz: Die Banken plazieren für ihre Kunden Euro-Treuhandanlagen ab 100 000 SFr., 50 000 US-$ oder c$, 40 000 £ oder in anderen Währungen mit Laufzeiten von 1-12 Monaten. Bei größeren Beträgen sind auch kürzere Laufzeiten und eine zweitägige Kündigungsfrist möglich. Damit keine Verrechnungssteuer anfällt, muß der Kunde einen Treuhandvertrag unterzeichnen. Auch Stempelsteuern fallen nicht an.

**Exotic options**
Oberbegriff für komplexe → **Optionen**, die auf Grund ihrer Konstruktion einerseits niedrige Prämien (gegenüber traditionellen

**Exotic options**

Optionen) erfordern, andererseits aber nur in bestimmten Bereichen ausübbar sind; fällt beispielsweise ein vereinbarter Indexwert unter den Ausübungswert, dann verfällt die Option bzw. ist die Option zerstört. Als Formen sind → **knock in options,** → **knock out options,** → **contingent** (bzw. **trigger**) **options,** → **performance** (bzw. **correlation**) **options** bekanntgeworden.

# F

**FEX**
→ **First European Exchange**

**Financial Paper**
Geldmarktpapier für Großanleger (→ **Bulis**), das von der Bayerischen Landesbank Ende April 1993 erstmals begeben worden ist. Der Mindestanlagebetrag war mit 5 Mio. DM, die Mindeststückelung dieses Diskontpapiers (→ **Discount Paper**) mit 500 000 DM ausgelegt, bei Laufzeiten zwischen 7 Tagen und 12 Monaten.

**Finanz-Swaps**
Durch Finanz-Swaps verpflichten sich die beteiligten Kontrahenten zum Austausch von Zahlungen, die sich in der vereinbarten Berechnungsmodalität und/oder zugrundeliegenden Währung unterscheiden → **Financial Swaps**; → **Swaps**.

**First European Exchange (FEX)**
Zusammenschluß der vier europäischen Options- und Future Börsen → **SOFFEX**, → **EOE**, → **OM Stockholm** und → **OM London** zu einer strategischen Allianz (FEX). Das Ziel von FEX besteht darin, eine Basis für den grenzüberschreitenden Handel von Produkten der FEX-Mitgliedsbörsen zu schaffen mit Verbesserungen der Informationstechnik, Liquiditätssteigerung des Börsenhandels, Senkung der Transaktionskosten, Verbesserungen durch gemeinsame Produktentwicklungen.

**Flat price**
Kursbezeichnung für Wertpapiere, deren angefallene Stückzinsen im Kurs berücksichtigt werden (→ **Performance**).

**Floor**
Floors, auch **Zinsdifferenzzertifikate** genannt, berechtigen den Inhaber an periodischen Zahltagen, die Zahlung eines Geldbetrages vom Emittenten zu verlangen. Die Höhe dieser Zahlungen ergibt sich aus folgendem Berechnungsprinzip:
Im Zinsdifferenzzertifikat ist ein → **Referenzzinssatz** bestimmt. Dieser Zinssatz wird beispielsweise mit 8, 9 oder 10% p.a. festgelegt und als Basissatz des Zertifikates bezeichnet. Unterschreitet nun der Referenzzinssatz am Zahltag den Basissatz des Zertifikates, wird die Differenz, bezogen auf DM 100,– je Zertifikat, dem Inhaber des Zertifikates gutgeschrieben. Ein Differenzbetrag wird nicht gezahlt, wenn der Referenzzinssatz zum Zahltag dem Basissatz entspricht oder ihn übersteigt.
Mit dem Erwerb von Floors kann sich ein Investor, der variabel verzinsliche Anlagen auf Basis des Referenzzinssatzes hält, eine feste Verzinsung für diese Anlagen in Höhe des im Zertifikat fixierten Basissatzes sichern. In diesem Sinne kann der Floor als Sicherungsinstrument gegen das Zinsänderungsrisiko verstanden werden. Die Chance auf Zinssteigerung bleibt aber für den Anleger voll erhalten, da er an Zinssteigerungen des Referenzzinssatzes weiterhin partizipiert. **MR**

**Floor (Optionen)**
Zinsbegrenzungsvereinbarung im Zusammenhang mit → **kassamäßigen Zinsoptionen**. Floors zeigen grundsätzlich eine umgekehrte zinsmäßige Wirkungsweise als das bei → **Caps** der Fall ist. Der Käufer eines floor ist berechtigt, beim Kreditinstitut als Stillhalter eine Termineinlage genau bestimmter Laufzeit zur → **basis rate** zu plazieren. Er schreibt damit eine Mindestverzinsung fest und kann einen passivischen Festzinsüberhang gegen fallende Zinsen absichern. Ein floor entspricht damit einer Serie von Optionen europäischen Typs (Kaufoptionen auf einen Euro-Währungs-Future oder Verkaufsoptionen auf ein FRA mit der basis rate); die Anzahl der Teiloptionen, aus denen sich floor zusammensetzt, wird nach der für caps beschriebenen Methode bestimmt.

## Floor Stripping

Werden bei Schuldscheindarlehen mit variabler Verzinsung Zusagen über eine Mindestverzinsung (→ **Floor**) gegeben, kann der Investor ggf. die Mindestverzinsung des Floor getrennt verkaufen (Floor Stripping) und dadurch eine Zusatzmarge (= Gewinn) erzielen.

## Floorzertifikate

Instrument des Zinsmanagements in Form eines → **Zinsausgleichszertifikats**, in dem ein Grenzzinssatz (→ **Floor**) festgeschrieben wird. Sinkt der → **Referenzzinssatz** (z.B. → **FIBOR**) an unbestimmten Stichtagen unter den Floor, dann erhält der Investor vom Emittenten eine Ausgleichszahlung in Höhe der Zinsdifferenz. Je stärker der FIBOR sinkt, umso höher stellt sich der Gewinn des Investors; insofern erweist sich das Floorzertifikat als Instrument zur Spekulation auf sinkende Geldmarktzinsen. Für → **Hedging**-Zwecke lassen sich Floorzertifikate in dem Sinne einsetzen, daß z.B. geldmarktzinsgebundene Zinseinnahmen eines Anlegers, die variabel sind, durch den Zinsausgleich geschützt werden.

Erstmals wurde im Februar 1993 ein derartiges Floorzertifikat von der BMW Finance N. V. über die Commerzbank begeben. Mit dem Zertifikat erwirbt der Anleger das Recht auf Zinsausgleichszahlungen, wenn der → **LIBOR** zu den Stichtagen die Schwelle von 7,5 Prozent unterschreitet. Die Zertifikate laufen über zehn Jahre und kosten pro Stück 660 DM. Jedes bezieht sich auf 10 000 DM. Der Floor setzt erst nach Ablauf von zwei Jahren ein. Der erste Stichtag, an dem die Zinsdifferenz festgestellt wird, ist der 11. September 1995.

Ihrem Wesen nach verkörpern die Floorzertifikate ein Bündel von Optionen auf einen künftigen Geldmarktsatz. Der Anleger erhält alle halbe Jahre den Zins, der sich aus der Differenz zwischen dem Floorsatz von 7,5 Prozent und dem LIBOR ergibt, bezogen auf 10 000 DM. Liegt der LIBOR am Zinsfeststellungstermin beispielsweise bei 6,5 Prozent, erhält der Investor ein Prozent von 10 000 DM für ein halbes Jahr, also 50,28 DM.

Bei der Renditeberechnung hat der Anleger die Kosten für das Zertifikat (in diesem Fall 660 DM) zu berücksichtigen. Die Rendite beginnt im vorliegenden Fall, wenn der D-Mark-Libor im Durchschnitt 6,7 Prozent unterschreitet. Der maximale Verlust beträgt für den Investor 660 DM (also die Optionsprämie).

Es ist geplant, die Zertifikate an der Börse einzuführen. Der Kurs des Papiers wird um so höher sein, je länger seine Restlaufzeit und je niedriger der erwartete LIBOR ist. Da die Ausgleichszahlungen steuerlich als Differenzgeschäft aufzufassen sind, ist der An- und Verkauf von Floorzertifikaten bei Beachtung der Spekulationsfrist (6 Monate) steuerfrei.

## FNN: PRO

Amerikanischer elektronischer Finanznachrichtendienst mit Videostruktur, entstanden Mitte 1990, der über Personalcomputer (PC) an professionelle Aktienhändler und im Wertpapiergeschäft engagierte Finanzdienstleiter (Finanzinstitute) aktuelle Finanzinformationen von den Finanzmärkten und allgemeine Wirtschaftsinformationen anbietet. Die Neuerung besteht vor allem darin, daß die Informationen nicht nur (wie bis dahin) verbal, sondern unter Nutzung von bis zu 16 „Fenstern" (windows) auf dem Bildschirm des PC erscheinen. Die Verbreitung erfolgt via Satellit, der Empfang ist mit IBM-compatiblen PCs möglich (mit Modem).

## Fonds pour Femmes

Investmentfonds für Frauen, wobei Aktien von Unternehmungen, die von Frauen geführt werden, bevorzugt berücksichtigt werden sollen (maximal 25% des Fonds; 75% des Fonds werden dagegen beim FPF in inländische und internationale festverzinsliche Schuldverschreibungen investiert). Im Vordergrund steht jedoch die Sicherheit der Anlage, die bei Frauen nach Angaben des Fonds höchste Priorität habe. Der „Fonds pour Femmes FPF-Universal-Rentenfonds" wurde in der ersten Jahreshälfte 1991 eingerichtet.

## Forward Swaps

Terminvereinbarung auf den Abschluß eines → **Finanz-Swaps** (Forward Swaps; Termin-Swaps) bei der die Vertragsparteien übereinkommen, zu einem in der Zukunft liegenden Zeitpunkt einen Finanz-Swap durchzuführen unter Festlegung der Swapkonditionen (Laufzeit, Nominalbetrag, Zinssätze) bereits bei Vertragsabschluß (= Abschluß der Terminvereinbarung).

Bei bestimmten Sonderformen von Finanz-Swaps ist eine Veränderung des die Zahlungsströme bestimmenden Nominalbetrages während der Swaplaufzeit vereinbart. Dazu gehören → **Amortisations-Swaps**, bei denen der Nominalbetrag stufenweise reduziert wird, oder → **step-up swaps**, bei denen es zu einer sukzessiven Erhöhung des Nominalbetrages während der Laufzeit kommt. Wenn eine Bank einen → Amortisations-Swap durchführt und kein identisches Gegengeschäft zur Absicherung des mit einem Swap verbundenen Zinsänderungsrisikos abschließen kann, wird sie jede einzelne „Tranche" des → Amortisations-Swaps über gegenläufige Termin-Swaps (oder auch Zinstermingeschäfte) absichern.

## FOX-25-Aktienindex
→ **SOM**

## Frankfurt Interbank offered Rate (FIBOR)

Referenzzinssatz für Geldmarktzinsen am Platz Frankfurt/Main, dessen Ermittlung sich geändert hat (siehe S. 118) und seit 2. Juli 1990 wie folgt vorgenommen wird (**FIBOR neu**): Der Kreis der Referenzbanken ist auf 19 erweitert, diese melden ihre Geldmarkt-Quotes für die Ein- bis Zwölfmonats-Laufzeiten an → **Telerate**, welche die Berechnung und Weitergabe der Sätze vornimmt (Bekanntgabe börsentäglich um 11.00 Uhr). Bei den meldenden Banken handelt es sich um die bisherigen Institute Deutsche Bank, Dresdner Bank, Commerzbank, BfG, Bayerische Vereinsbank, Hypo-Bank, Deutsche Girozentrale, Hessische Landesbank, Westdeutsche Landesbank, Bayerische Landesbank, DG Bank und BHF-Bank. Neu hinzugekommen sind die Norddeutsche Landesbank, Hannover, die Baden-Württembergische Bank, die Berliner Bank, die SGZ-Bank, die Chase Bank AG, J. P. Morgan GmbH und die Société Générale-Elsässische Bank.

Die Berechnung des „alten FIBOR" muß allerdings noch so lange fortgesetzt werden, bis die (zehnjährige) Laufzeit von → **FRA** abgelaufen ist, die auf seiner Basis emittiert worden sind.

## FT-All-Share-Index
→ **FT-SE-350-Index**

## FTSE-250-Index
→ **FT-SE-350-Index**

## FT-SE-Eurotrack 100-Index

Europäischer → **Aktienindex** als Kombination aus den beiden Aktienindizes → **Footsie** und → **FT-SE-Eurotrack 100** umfaßt Unternehmungen aus elf kontinental-europäischen Ländern mit einer Börsenkapitalisierung von insgesamt 1 Billion DM. Der Index wurde im Herbst 1990 eingeführt und dient als Grundlage für den → **LIFFE-Terminkontakt** (**LIFFE-Aktienindex-Future**).

## FT-SE-350-Index

Ergänzung des → **FT-SE-100-Index** („Footsie") der durch Einbeziehung der 350 größten Unternehmungen ein weniger verzerrtes Bild der Kursentwicklung an der → **Londoner Aktienbörse** geben soll. Es wird erwartet, daß durch Ausweitung von 100 auf 250 Kurse (**FT-SE-250-Index**) bzw. auf 350 Kurse der Einfluß sowohl der Konjunkturzyklen als auch der im „Footsie" auftretenden spürbaren Gewichtsverlagerung zugunsten der Versorgungswerte reduziert werden und damit der FT-SE-350-Index die eigentliche Börsenentwicklung besser repräsentieren kann. Ein umfassender **FT-All-Share-Index**, der bislang 600 Werte umfaßt, soll auf 900 Werte erweitert werden.

## Futures Fonds

Fonds in den USA und Großbritannien zur Nutzung von Chancen an den Terminbörsen für Kleinanleger und risikoscheuere Investoren (auch als **Future Fund** bzw. Terminbörsen-Fonds bezeichnet). Das Investment der Fonds erfolgt in → **Financial Futures** und in → **Optionen**. Für den Fall der Garantie durch den Fonds, daß nach Ablauf des Fonds (nach mehreren Jahren) zumindest der Kapitaleinsatz an den Anleger zurückbezahlt wird (er also lediglich einen Zinsverlust erleidet, jedoch keinen Kapitalverlust hinnehmen muß), liegt ein **Guaranteed Futures Fund** (Futures Fund mit „Sicherheitsnetz") vor.

# G

**Geisha bond**
Synonym für → **Shogun bond**

**Geldmarkt-Buchforderungen (GMBF)**
Die Emission der GMBF erfolgt meist in der Form des → **Tender-Verfahrens** in der Weise, daß die GMBF öffentlich zur Zeichnung ausgeschrieben werden und dann jeder Zeichner neben dem gewünschten Betrag den Erwerbspreis in Prozenten des Nominalbetrages (höchstens drei Dezimalstellen nach dem Komma angibt). Die Zuteilung erfolgt zu demjenigen festgelegten einheitlichen Emissionspreis, bei dem der vom Emittenten gewünschte Betrag erreicht wird (→ **Amerikanischer Tender**). In der letzten noch berücksichtigten Preisklasse kann eine prorata-Zuteilung erfolgen, wobei jedoch die Mindeststückelung einzuhalten ist. Die Zinsvergütung erfolgt durch einen Diskontabschlag auf den Nominalwert.

**Geldmarktbuchforderungen (GMBF) der Eidgenossenschaft**
Im September 1992 von der Schweizerischen Nationalbank (SNB) eingeführtes Offenmarktgeschäft zur Steuerung des Geldmarktes. Die GMBF werden von der SNB mit den varianten „Kauf", „Verkauf" und „Swap" eingesetzt.

**Genußrechtskapital**
Kapital von Unternehmungen und Banken, das durch Ausgabe von → **Genußscheinen** bzw. **Genußrechten** entsteht. Genußrechtskapital haftet **nachrangig** nach dem eigentlichen haftenden Kapital (= Eigenkapital). Da es insofern eine Stellung zwischen Eigenkapital und Fremdkapital einnimmt, wird es auch als **mezzanine capital** bezeichnet.

**Genußscheine**
Finanztitel, die i.d.R. mit einer dem Gewinnanteil der Aktionäre vorgehenden jährlichen Ausschüttung in Höhe eines festgelegten Prozentsatzes des Nennbetrages der Genußscheine ausgestattet sind, und im Gegensatz zu Schuldverschreibungen an einem etwaigen Bilanzverlust teilnehmen (auch als **Genußrechte** bezeichnet). Die Vergütung für die Genußscheininhaber entfällt auch, wenn und soweit durch sie ein Bilanzverlust entstehen oder sich erhöhen würde. Ergibt sich bei der Aufstellung der Bilanz, daß ein Bilanzverlust entstehen würde, dann ist dieser – soweit nicht geschehen – vom **Genußrechtskapital** im Verhältnis seines Buchwerts zum Grundkapital (= gezeichnetem Kapital) zuzüglich Rücklagen und sonstigem in der Bilanz ausgewiesenem haftendem Eigenkapital, das bedingungsgemäß am Verlust teilnimmt, abzusetzen. In jedem Folgejahr ist zum Ausgleich dafür **vorrangig** vor der Dotierung von Rücklagen zunächst das um die Absetzung verringerte Genußrechtskapital wieder bis zum Nennbetrag aufzufüllen und dann eine ggf. ausgefallene Vergütung nachzuholen, wenn und soweit dadurch kein neuer Bilanzverlust entsteht. Bei Kreditinstituten im Sinne des § 1 Abs. 1 KWG kann Genußrechtskapital im Umfang von 25% des Kernkapitals als haftendes Eigenkapital gebildet werden. Da für Genußscheine eine gesetzliche Regelung fehlt, kommt es für die Ausstattung mit Rechten und Pflichten auf die jeweiligen Anleihebedingungen an. Wenn Genußscheine **steuerrechtlich als Fremdkapital** gelten sollen, muß eine Beteiligung am Liquidationserlös der Unternehmung/der Bank ausgeschlossen sein. Auch dürfen aus diesem Grund Genußscheine keine Beteiligungsrechte verbriefen, insbesondere kein Teilnahmerecht und kein Stimmrecht in der Hauptversammlung verkörpern. Siehe auch → **Bank-Optionsgenußscheine**.

**Gesponserte ADR**
Form eines → **ADR**, die über eine **ADR-Sponsorbank** ausgegeben und in den amerikanischen Kapitalmarkt eingeführt und ge-

handelt wird (→ **Daimler-ADR**). In diesem Falle handelt es sich um „gelistete" ADR (zum Unterschied dazu → **ungesponsorte ADR**).

**Gleitzins-Anleihe**
Sonderform einer Schuldverschreibung, deren **Kuponplan** entweder jährlich steigende oder fallende Zinsen aufweist. Wird vom Emittenten die Schuldverschreibung in zwei Tranchen emittiert (die eine mit fallenden, die andere mit steigenden Zinsen), dann bleibt zwar die Zinsbelastung für den **Emittenten** über die gesamte Laufzeit konstant, jedoch ergeben sich für den **Anleger** (analog zu → **Kombizins-** und → **Step up-Anleihen**) steuerliche Vorteile: Anleger, welche die Tranche mit **steigenden Zinsen** zeichnen, verlagern ihr zu versteuerndes Zinseinkommen auf spätere Jahre **oder** erzielen (steuerfreie) Kursgewinne bei vorzeitigem Verkauf der Anleihe. Dagegen werden solche Anleger die Variante mit **fallenden Zinsen** bevorzugen, die auf Grund der Kursverluste von den daraus resultierenden bilanziellen Abschreibungsbedarf steuerlichen Nutzen ziehen können. Beispiel: Gleitzinsanleihe des Bankhauses Trinkhaus & Burkhardt, das 1992 einen 10-jährigen Finanztitel mit zwei Tranchen emittiert hat; **steigende** Zinsen von 1,5% p.a. (1. Jahr) bis 28% (10. Jahr) sowie **fallende** Zinsen von 15% (1. Jahr) auf 2% (10. Jahr); die Kupons sind in der Weise aufeinander abgestimmt, daß mit beiden Tranchen eine Rendite von rd. 7,7% auf Endfälligkeit erzielt wird.

**GLOBEX**
Außerbörsliches computergestütztes internationales Handelssystem für Futures und Optionen, das am 25. Juni 1992 am Platz Chicago von der → **CBOT** und der → **CME** gemeinsam gegründet worden ist. Die Teilnehmer können sich am Bildschirm über aktuelle Kauf- und Verkaufspreise informieren, eigene Offerten in das System eingeben sowie Geschäfte abschließen. Der Computer führt passende Offerten automatisch zusammen; die Handelspartner bleiben dabei un-

genannt. Abschlüsse werden vollautomatisch verbucht, verrechnet und dokumentiert. Am Handel teilnehmen dürfen Unternehmen, die zum Handel an der CME, der CBOT und der Matif zugelassen sind – wobei unerheblich ist, ob sie ihren Sitz in Chicago, Tokio, Frankfurt oder an einem anderen Platz haben. Nach Auskunft eines Sprechers wird vor jedem Geschäftsabschluß überprüft, ob die Kreditwürdigkeit der Partner bestimmten Vorgaben entspricht.

**The Goldman Sachs Liquid Asset-Backed Securities Index**
Erster Bond-Index für die spezifischen Performance-Charakteristiken von → **LABS**, eingeführt von Goldman Sachs im Juni 1991.
**Lit.:** Cordeiro, C./J. Pulay, The Goldman Sachs Liquid Asset-Backed Securities Index. ÖBA 8/1991, 589-591

**GROI**
→ **GROI-Optionsscheine**; → **SMI-GROI**

**GROI-Optionsscheine**
→ **Guaranteed Return on Investment Optionsscheine**

**Guaranted Futures Fund**
→ **Futures Fonds**

**Guaranteed Return on Investment Optionsscheine (GROI-Optionsscheine)**
Vom Schweizer Bankverein (Deutschland) AG im Oktober 1991 eingeführter Dollar/DM-Währungsoptionsschein, bei dem der Anleger – im Gegensatz zu ansonsten üblichen → **Optionsscheinen** einen Mindestgewinn (bis zum Basispreis) garantiert erhält und bei Devisenkursen über dem Basispreis ein dynamisch wachsendes Gewinnpotential realisiert werden kann. Bei einem Basispreis von 1,65 USD wird für den Ausübungszeitpunkt 13. Dezember 1993 bei einem anfänglichen Verkaufspreis von 100 DM eine **Mindestauszahlung** von 108 DM garantiert. Die Optionsscheine gelten am 13.12.1993 als ausgeübt, ohne daß es dazu einer besonderen Ausübungserklärung des Inhabers bedarf (→ **Europäische Option**).

## H

**Hedge Funds**
Oberbegriff für besonders risikofreudige Investmentfonds in den USA, die Leerverkäufe durchführen, die Investments auf einige wenige Werte hochspekulativer Art konzentrieren und von hohen Hebelwirkungen profitieren. Da derartige Fonds ausschließlich einem kleinen Kreis überaus vermögender Investoren angeboten werden, entfallen sowohl Publitätspflichten als auch die Überwachung durch die → **SEC** (→ **Smart Money-Fonds**).

**Holländischer Tender**
Bezeichnung für ein Auktionsverfahren von Wertpapieren, auch als „holländisches" Verfahren bezeichnet; → **Tender-Verfahren**.

**Holländisches Verfahren**
→ **Tender-Verfahren**

**Einzelwerte des HYPAX**

**HYPO-BANK-Aktienindex (HYPAX) – Fortentwicklung; (siehe S. 127)**
Zum 31.07.1992 umfaßte der HYPAX alle 15 in den Handel an der → **DTB** aufgenommenen Aktien mit folgenden Gewichtungsfaktoren und Indexanteilen (Tabelle):
Die Bewertung des HYPAX erfolgt nach der Formel des Preisindex von Laspeyres. Mit der Basis des HYPAX-Index von 10 000 zum letzten Börsentag des Jahres 1989 sind Kassakurse der Frankfurter Wertpapierbörse unterlegt. Der HYPAX wird auf Grundlage der Kursfeststellung der Frankfurter Börse täglich in ganzen Punkten publiziert. Im Reuters-Monitor findet sich die entsprechende Information auf der Seite HYAX. Die laufende Indexermittlung während der gesamten Handelsphase der deutschen Börsen ist ebenfalls über die HYAX-Reuters-Monitorseite abrufbar. Der HYPAX-

| Name: | Kurs 31.7.92 in DM | Grundkapital in Mio. DM*) | Gewichtungsfaktor | Indexanteil in % | Börsenkapitalisierung in Mio. DM |
|---|---|---|---|---|---|
| Allianz Aktiengesellschaft Holding | 1 835,00 | 975,0000 | 3,1540 | 13,45 | 35 782,50 |
| BASF Aktiengesellschaft | 223,80 | 2 854,8769 | 9,2351 | 4,80 | 12 778,43 |
| Bayer Aktiengesellschaft | 267,80 | 3 239,7498 | 10,4801 | 6,52 | 17 352,10 |
| Bayerische Motorenwerke Aktiengesellschaft | 551,00 | 892,9013 | 2,8884 | 3,70 | 9 399,77 |
| Commerzbank Aktiengesellschaft | 237,50 | 1 291,1240 | 4,1766 | 2,31 | 6 132,84 |
| Daimler-Benz Aktiengesellschaft | 685,00 | 2 329,6380 | 7,5360 | 11,99 | 31 916,04 |
| Deutsche Bank Aktiengesellschaft | 636,50 | 2 324,2571 | 7,5185 | 11,12 | 29 587,41 |
| Dresdner Bank Aktiengesellschaft | 327,00 | 1 867,8048 | 6,0421 | 4,59 | 12 215,44 |
| Hoechst Aktiengesellschaft | 240,00 | 2 956,4918 | 9,5638 | 5,33 | 14 191,16 |
| Mannesmann Aktiengesellschaft | 283,00 | 1 606,9200 | 5,1981 | 3,42 | 9 095,17 |
| RWE Aktiengesellschaft | 387,00 | 2 258,4151 | 7,3056 | 6,57 | 17 480,13 |
| Siemens Aktiengesellschaft | 624,50 | 2 636,3652 | 8,5347 | 12,38 | 23 953,18 |
| Thyssen Aktiengesellschaft | 208,80 | 1 565,3652 | 5,0625 | 2,46 | 6 535,44 |
| Veba Aktiengesellschaft | 376,50 | 2 565,5414 | 7,2995 | 6,39 | 16 991,76 |
| Volkswagen Aktiengesellschaft | 356,50 | 856,4000 | 6,0052 | 4,97 | 13 236,13 |
| HYPAX | 8 340 | 30 913,4552 | 100,0000 | 100,00 | 2 266 087,50 |

*) Quelle; Börsen-Zeitung

# HYPO-BANK-Aktienindex (HYPAX) - Fortentwickluung

Schlußstand wird börsentäglich in der Börsen-Zeitung, im Handelsblatt, über VWD-Nachrichtendienst, Seite 1415, und auf der AVDP-Reuters-Monitorseite veröffentlicht. Um eine Vergleichbarkeit des HYPAX zu gewährleisten, wird eine Bereinigung bei Kapitalveränderungen nach „operation blanche" vorgenommen. Unter dem Begriff „operation blanche" wird das Anlageverhalten beschrieben, bei dem ein Aktionär im Falle einer Kapitalerhöhung mit Bezugsrechten alle daraus resultierenden Bezugsrechterlöse sofort wieder in jungen Aktien anlegt, ohne weitere Eigenmittel einzusetzen. Analog wird zur Bereinigung des HYPAX bei Kapitalveränderungen mit Bezugsrechten vorgegangen. Die entsprechenden Korrekturfaktoren ermitteln sich aus dem Quotienten von:

$$\frac{\text{Kurs vor Veränderung}}{\text{Kurs vor Veränderung minus rechnerischer Bezugsrechtswert}}$$

Eine Korrektur von Nominaldividenden erfolgt nicht. Eine Anpassung der Gewichte wird im Regelfall jährlich zum Ultimo mit entsprechender Indexverkettung erfolgen.

Formel des HYPAX:

$$\text{Index}(t) = V(t) \cdot \frac{\text{Summe}(K(t) \cdot Q(it) \cdot C(i))}{\text{Summe}(K(io) \cdot Q(io))}$$

mit:  K = Kurs
Q = Gewicht
C = Korrekturfaktor
t = Zeitpunkt
o = Basiszeitpunkt (28. Dezember 1989)
1 = Zeitpunkt der Neugewichtung am 28. Februar 1992
i = Aktie
V = Verkettungsfaktor

# I

**IBIS**
→ **Integriertes Börsenhandels- und Informations-System**

**IHT World Stock Index**
(the → **Trib Index**)
The International Herald Tribune began publication of the IHT World Stock Index (the Trib Index), compiled by Bloomberg Business News, on July 29, 1992. The daily index provides a quick indicator of the health of the world's stock markets, and, indirectly, of the international economy. The IHT and Bloomberg have been guided by two main principles, which together distinguish the Trib index from other world market indicators: That international investors should be able to buy all the shares in the index and that the index should be as simple as possible. The index is limited to a select group of major, heavily traded stocks in the world's most significant markets. The Trib index thus provides a concise economic and financial benchmark for both analysts and international investors. The index tracks the top ten shares in total market value in each of the world's 20 Aggest stock markets. In the three most important markets, New York, Tokyo and London, 20 shares each are represented, bringing the total to 230. The level of the index reflects risis and declines in the total value of the 230 stocks starting from a base point of 100 on January 1, 1992. That date was chosen as an easily understandable point of reference, independent of any market trend. The index weights the stocks according to their market value. That means, for example, that the 10 shares from a relatively small stock exchange like Helsinki have less impact on the index than the 10 shares from a major trading center like Frankfurt. In selecting 10 stocks per market, the aim is to establish a representative picture of each country's performance from the viewpoint of the international investor. As most of the world's top twenty stock markets are in Europe, the method of selection gives Europe 140 out of the 230 stocks. But the relatively low total value of European shares produces a European weighting of only 40 percent in the world index. The high value of shares traded in New York gives North America, with only 30 shares, a weighting of about 35 percent. The Asia/Pacific region represents about 25 percent of the index's total value. The relatively low Asia/Pacific figure reflects the recent big drop in share prices in Tokyo.If, for example, the value of the Tokyo stock market were to rise faster than other markets in the months ahead, the Asia/Pacific weighting in the index would increase and the European and North American share would decline. Of the leading individual countries, the United States accounts for approximately 33 percent of the value of the index. Others include Japan (21 percent), Britain (14 percent), Germany (over 5 percent), France (4 percent), Hong Kong (3 Percent), while Canada, Italy and Australia are weighted at around 2 percent. In addition to the Trib world index, three regional sub-indexes track the performance of stocks in the Asia/Pacific region, Europe and North America. Latin America will be added at a later date, when delivery of stock price information is more reliable. The 230 stocks are also broken down into eight separate industrial groups as follows: utilities (representing roughly four percent of the overall index), finance (22 percent), energy (10 percent), raw materials (seven percent), capital goods (11 percent), consumer goods (26 percent), services (17 percent) and miscellaneous (three percent). The daily Trib index is published and updated in all editions of the IHT from Tuesday through Saterday, together with the separate indexes for the three regions and the eight industrial groups. The World Index and the three regional indexes go back over six months, the industrial groups record daily

changes. From Tuesday through Saturday, the index's closing figure will appear on Page One, with a full graphic and statistical report on the first page of the Business and Finance section. Monday's Business and Finance section tracks the performance of the indexes over the previous week. In some editions, the indexes are based on closing prices in Europe and the Asia/Pacific regions and on 3:00 pm prices in North America. In later editions, they are updated to include the North American closing prices. Share quotations used are simultaneously converted from local currencies to dollars when the regional and global indexes are calculated, at the latest available dollar rate. The companies included in the index are listed alphabetically by country on the following page, together with the industrial group to which each stock belongs. Although anyone can buy shares in the world's major markets, some stock exchanges, such as Singapore, still bar foreigners from buying certain shares. In order to make sure that all the stocks in the index can be freely bought and sold, stocks limited to local investors have been excluded. In some smaller markets there is occasionally more trading in locally restricted stocks than in those freely available to everyone. So, the performance recorded from an individual country may from time to time not fully reflect heavy trading in restricted-sale stock by local investors. But the index will invariably reflect international investors' views of the market in question. The constituent stocks and the weighting given to each stock will be continually assessed. Stocks will be weighted quarterly, unless there is a change in capital value of five percent or more. In that case, the weighting will be changed that day. Allowance will be made for sharp falls in a stock following a dividend payment of more than 10 percent, so as not to unduly lower the value of the index. Normally, the capital weighting of each stock will be assessed and re-adjusted quarterly. Each year the top 20 or ten stocks, depending on the market, will be re-calculated. In exceptional cases, there will be immediate changes in the companies forming the index. When companies merge, are acquired by take-over, or are de-listed from the exchange, they will disappear from the calculation of the index. Other stocks will be added as necessary. In conclusion, readers should remember that no index is a perfect measure of any market. At their simplest, indexes provide a quick numerical check on what is happening, how far a market has come, and maybe a clue as to where it is going. On a more complex level, they can prove a useful analytical guide as to what is happening in certain key sections of the market. Or in the case of the IHT World Stock Index, the world's markets. (see table)

**IICB-MAX**
→ **Mittelstandsaktien-Index (MAX)**

**In-Option**
→ **barrier option**

**Indexmanagement für Aktien**
Neue Form des Fondsmanagements für Aktien, die sich vom traditionellen **(aktiven)** Fondsmanagement, bei dem die Auswahl der Aktien nach ihrer voraussichtlichen Marktleistung erfolgt (→ **Portfolio Selection Theory**), dadurch unterscheidet, daß es sich um ein **passives** Fondsmanagement handelt, das als **Indexmanagement** bezeichnet werden kann. Bei letzterem werden die Aktien nach ihren fundamentalen Eigenschaften ausgewählt und dabei auf größtmögliche Diversifikation Wert gelegt, damit ein für die Wirtschaft des betreffenden Landes repräsentativer Index entsteht. Zu diesem Zweck hat Wright Investors' Service eigene Indizes geschaffen, die im internationalen Rahmen als sog. **Equi-Fund-Konzept** Einsatz finden: **Core** als Kernindex für die Entwicklung von Qualitätswerten innerhalb der amerikanischen Wirtschaft und **Junior Blue Chip** für relativ kleine Aktien. Equi-Fund repräsentieren Indizes für bestimmte Länder, welche die Wirtschaft dieses Landes kennzeichnen. Insofern bildet das Equi-Fund-Konzept die

# The stocks that compose the index.

**AUSTRALIA**
Amcor Ltd. (cap),
Broken Hill Pty (cap),
BTR Nylex (cap),
CRA (rm),
MIM Holdings Ltd. (rm),
National Australia Bank (f),
News Corp (s),
Pacific Dunlop (con),
Western Mining (rm),
Westpac (f)

**AUSTRIA**
Austrian Airlines (s),
Creditanstalt-Bankverein (f),
EA-Generali (f),
EVN-Energie VN (u),
Interunfall-RAS Versicherungs (f),
Oesterreichische Elekrizitatswirtschafts Class "A" (u),
OMV (e),
Perlmoser Zementwerke (rm),
Wienerberger Baustoffindustrie (rm),
Z-Laenderbank Bank Austria (f)

**BELGIUM**
Delhaize (s),
Electrabel (u),
Générale De Banque/Generale Bank (f),
Groupe AG (f),
Kredietbank (f),
Petrofina (e),
Royale Belge (f),
Solvay (rm),
Société Générale de Belgique (rm),
Tractebel (u)

**CANADA**
Alcan Aluminium (rm),
Bank of Montreal (f),
Bank of Nova Scotia (f),
BCE (s),
Canadian Imperial Bank (f),
Canadian Pacific (m),
Northern Telecom (cap),
Royal Bank of Canada (f),
Seagram (con),
Toronto Dominion Bank (f)

**DENMARK**
Baltica Assurance (f),
Carlsberg (con),
Codan Forsikring (f),
D/S Svendborg (s),
D/S af 1912 (s),
Danisco (con),
Den Danske Bank (f),
Novo Nordisk (con),
Sophus Berendsen (s),
Unidanmark (f)

**FINLAND**
Enso-Gutzeit (rm),
Huhtamäki (con),
Kone (cap),
Kymmene (rm),
Metra (cap),
Nokia (m),
Outokumpu (rm),
Pohjola Insurance (f),
Repola (rm),
Union Bank of Finland (f)

**FRANCE**
Air Liquide (rm),
Alcatel Alsthom (cap),
BSN (con),
Compagnie Générale des Eaux (s),
Compagnie de Saint-Gobain (rm),
Elf Aquitaine (e),
LVMH (con),
L'Oréal (con),
Société Générale (f)
UAP (f),
Total (e)

**GERMANY**
Allianz Holdings (f),
BASF (rm),
Bayer (rm),
Daimler-Benz (con),
Deutsche Bank (f),
Dresdner Bank (f),
Hoechst (rm),
RWE (u),
Siemens (cap),
Veba (u)

**HONG KONG**
Cheung Kong (f),
China Light & Power (u),
Hang Seng Bank (f),
Hong Kong Land Holdings (f)
Hong Kong Telecommunications (s),
HSBC Holdings (f),
Hutchison Whampoa (m),
Jardine Matheson Holdings (m),
Sun Hung Kai Properties (f),
Swire Pacific 'A' (m),
Swire Pacific 'B' (m)

**ITALY**
Alleanza Assicurazioni (f),
Assicurazioni Generali (f),
Banca Commerciale Italiana (f),
Credito Italiano (f),
Fiat (con),
Mediobanca (f),
Montedison (m),
RAS (f),
SIP (s),
Società Finanziaria Telefonica (s)

**JAPAN**
Bank of Tokyo (f),
Dai-Ichi Kangyo Bank (f),
Fuji Bank (f),
Hitachi Ltd. (cap),
Industrial Bank of Japan (f),
Kansai Electric Power (u),
Long-Term Credit Bank (f),
Matsushita Electric Industrial (con),
Mitsubishi Bank (f),
Nippon Steel (rm),
Nippon Telegraph & Telephone (s),
Nomura Securities (f),
Sakura Bank (f),
Sanwa Bank (f),
Seven-Eleven Japan (s),
Sumitomo Bank (f),
Tokai Bank (f),
Tokyo Electric Power (u),
Toshiba Corp. (cap),
Toyota Motor (con),

**NETHERLANDS**
ABN AMRO Holdings (f),
AEGON (f),
Elsevier (s),
Heineken (con),
Internationale Nederlanden (f),
Polygram (con),
Robeco (f),
Rorento (f),
Royal Dutch Petroleum (e),
Unilever (con),

**NORWAY**
Aker (m),
Elkem (rm),
Grand Hotel (s),
Hafslund Nycomed (con),
Kvaerner (cap),
Norske Skogindustrier (rm),
Orkla Borregaard (m),
Saga Petroleum (e),
Vital Forsikring (f),

**NEW ZEALAND**
Air New Zealand Class A (s),
Brierley Investments (m),
Carter Holt Harvey (m),
Fernz Corporation (rm),
Fisher & Paykel Industries (con),
Fletcher Challenge (rm),
Goodman Fielder Wattie (NZ) (con),
Lion Nathan (con),
Telecom Corp. of New Zealand (s),
Wilson & Horton (s),

**SPAIN**
Banco de Bilbao-Vizcaya (f),
Banco Central (f),
Banco de Santander (f),
Banco Exterior de Espana (f),
Banco Popular Espanol (f),
Centros Comerciales Pryca (con),
Endesa (u),
Iberdrola (u),
Repsol (e),
Telefonica (s),

**SINGAPORE**
Development Bank of Singapore (f),
Kay Hian James Capel (f),
Overseas Chinese Banking Corp. (f),
Singapore Ship & Engine (s),
Singapore Aerospace (cap),
Singapore Airlines (s),
Singapore Bus Service (1978) (s),
Singapore Petroleum (e),
Singapore Press Holdings (s),
United Overseas Bank (f)

**SWEDEN**
Asea (cap),
Astra (con),
Electrolux (con),
Investor (f),
LM Ericsson (cap),
Procordia (m),
Sandvik (cap),
Stora Kopparbergs (rm),
Svenska Cellulosa (rm),
Volvo (con)

**SWITZERLAND**
BBC Brown Boveri (cap),
Crédit Suisse Holding (f),
Ciba-Geigy (rm),
Nestlé (con),
Roche Holding (con),
Sandoz (con),
Schweizerische Rückversicherungs (f),
Union Bank of Switzerland (f),
Schweizerischer Bankverein (f),
Zurich Insurance Company (f)

**U.K.**
Barclays (f),
BAT Industries (con),
British Gas (u),
British Petroleum (e),
British Telecom (s),
BTR (cap),
Cable & Wireless (s),
General Electric (cap),
Glaxo Holdings (con),
Grand Metropolitan (m),
Guinness (con),
Hanson (m),
Imperial Chemical Industries (rm),
Lloyds Bank (f),
Marks & Spencer (s),
National Westminster Bank (f),
RTZ (rm),
J. Sainsbury (s),
SmithKline Beecham units (con),
SmithKline Beecham Class A (con),
Wellcome (con)

**U.S.A.**
Abbott Laboratories (con),
American International (f),
American Telephone & Telegraph (s),
Amoco (e),
BellSouth (s),
Bristol-Myers Squibb (con),
Coca-Cola (con),
Du Pont (rm),
Exxon (e),
General Electric (cap),
GTE (s),
International Business Machines (cap),
Johnson & Johnson (con),
Merck (con),
Microsoft (s),
Mobil (e),
PepsiCo (con),
Philip Morris (con),
Procter & Gamble (con),
Wal-Mart Stores (s)

---

**GROUPS**
(e) energy; (u) utilities; (f) finance; (s) services; (cap) capital goods; (rm) raw materials; (con) consumer goods; (m) miscellaneous.
Belgian stock quotations are from the forward market (marché à terme). For Finland, Norway, Singapore and Sweden, where restrictions apply, shares are "free."
Two companies, Swire Pacific in Hong Kong and SmithKline Beecham in the U.K., have split stocks and are therefore listed twice.

Basis für ein **internationales Indexmanagement** für Aktien. Die Auswahl der Equi-Fund-Aktien erfolgt in einem zweistufigen Prozeß, dessen erste Phase in einer grundlegenden Suche über internationale Datenbanken nach Aktien besteht, welche den gestellten Grundanforderungen genügen. Im zweiten Schritt überprüfen nationale Finanzinstitute jeweils für den Bereich ihres Landes die getroffene Auswahl nach den Kriterien ausreichender Liquidität und sich langfristig ggf. abzeichnender sonstiger Probleme.

Lit.: Braun, R., Internationales Indexmanagement für Aktien. ÖBA 7/1990, 528-535

## Industriefonds (Holland)

Gemeinsame Gründung (anfangs Januar 1993) des niederländischen Wirtschaftsministeriums mit privaten Finanziers, um Risikokapital für die niederländische Industrie zur Verfügung zu stellen. Unter dem Eindruck der Schwierigkeiten bei Schlüsselunternehmungen (Philips, DAF, Fokker, KLM), die sich auf die Suche nach Auslandspartnern machten, soll Risikokapital über den Industriefonds für solche Unternehmungen bereitgestellt werden, welche zwar den Kern eines ganzen Netzwerks von hochwertigen Aktivitäten bilden, die jedoch – ohne den eigenständigen Charakter zu verlieren – nicht in der Lage sind, ausreichend Finanzierungsmittel (im Inland) zu akquirieren. Die Darlehen des Industriefonds sollen nur an gesunde Unternehmungen mit Zukunftsperspektive in Höhe von bis zu 50 Mio HFL gewährt werden (bei einer Fondsausstattung von 880 Mio HFL). Die Verwaltung des Industriefonds erfolgt durch die Nationale Investitionsbank.

## Integriertes Börsenhandels- und Informationssystem (IBIS)

Mit IBIS werden seit 5. April 1991 erstmals Aktien und Renten vollelektronisch und standortunabhängig an der Frankfurter Wertpapierbörse gehandelt. Das neue Zeitalter des elektronischen Wertpapierhandels in Deutschland begann mit der Inbetriebnahme des → **Inter-Banken-Informations-Systems (IBIS I)** im Dezember 1989, das dann als Plattform für das neue IBIS **(IBIS II)** verwendet wurde. In IBIS werden Geschäfte auf Tastendruck abgeschlossen, ohne daß hierfür ein persönlicher oder telefonischer Kontakt erforderlich ist; Wertpapierhändler und Makler können sich direkt von ihrem Arbeitsplatz am Handel beteiligen, sofern die technischen Voraussetzungen gegeben sind und der Teilnehmer zum Börsenhandel zugelassen ist.

Die Funktionalität von IBIS orientiert sich in erster Linie an den Bedürfnissen des Eigenhandels und der institutionellen Kunden der Marktteilnehmer; insofern unterscheidet sich der Börsenhandel in IBIS vom Parketthandel. In IBIS können derzeit die 30 deutschen Standardaktien, die auch dem Deutschen Aktienindex → **DAX** zugrundeliegen, und gängige Rentenpapiere des Bundes gehandelt werden. Die Handelsteilnehmer können ganztägig von 8.30 bis 17.00 Uhr verbindliche Kauf- und Verkaufsangebote für diese Wertpapiere in IBIS einstellen. Die Angebote werden ohne Nennung des Anbieters verbreitet. Ein Geschäftsabschluß wird durch die Auswahl eines Angebots am Bildschirm herbeigeführt. Der Abschluß wird dem Kontrahenten unmittelbar angezeigt; die Geschäftsdaten werden automatisch an die Börsengeschäftsabwicklung weitergegeben. Mit der direkten Verbindung zum Wertpapierabwicklungssystem des Deutschen Kassenvereins, der auch für die Abwicklung der Geschäfte an den Parkettbörsen zuständig ist, konnte für IBIS auf eine bereits bestehende zuverlässige und kostengünstige Abwicklungsorganisation zugegriffen werden.

IBIS ist als bundesweites Handelssystem angelegt, das der föderalen Struktur der Bundesrepublik in besonderer Weise Rechnung trägt. Die Festigung von IBIS als bundesweite Veranstaltung wurde durch die Rahmenverträge der Frankfurter Wertpapierbörse mit den Regionalbörsen untermauert. Bereits 59 (von 131 im Jahre 1991 zuzugelassenen) Teilnehmer haben ihren Sitz außerhalb Frankfurts. Die Rahmenverträge sehen vor, daß die Kursmakler an den Regionalbörsen sowie die dort zugelassenen Freimakler und Institute bei Erfüllung der sonstigen Voraussetzungen in IBIS in gleicher Weise teilnehmen können wie Frankfurter Börsenmitglieder. Damit entspricht der Rahmenvertrag auch dem Votum der Länderwirtschaftsminister, die ein Zugangsrecht zu IBIS für jeden Börsenteilnehmer gefordert haben.

**International Promissory Notes**
Internationale Promissory Notes sind ihrem Wesen nach zwar grundsätzlich Solawechseln ähnliche Papiere, die ein Zahlungsversprechen des Emittenten enthalten, aber durch Schaffung bestimmter Voraussetzungen (Emissionsbedingungen, Usancen, Standing des Emittenten, Negoziierungserklärung und Garantien Dritter) umlauffähig und damit an bestimmten Märkten (ausländischen Geldmärkten, insbesondere CP-Märkten und → **Eurogeldmarkt**) handelbar werden. Für den Euro-Geldmarkt sind vor allem die Formen der → **Euro-Commercial-Papers** und der → **Euro-Notes** von Bedeutung. Sie können einerseits als (kurzfristige) Diskontpapiere, andererseits auch als Zinspapiere gestaltet sein. Eine Steigerung der Anwendbarkeit ergibt sich dann, wenn Promissory Notes an Börsen zum Handel zugelassen werden (→ **DM-CP**).

**International Organization of Securities Commission (IOSCO)**
Internationale Organisation der Börsenaufsichtsbehörden (mit der Zielsetzung, Betrug und Mißbrauch auf den Finanzmärkten zu verhindern), in der Aufsichtsbehörden und Aufsichtsorganisationen aus über 48 Ländern zusammenarbeiten.

**International Securities Market Association (ISMA)**
Anfang 1992 erfolgte Umbenennung der → **AIBD**, welche die Entwicklung der Organisation von Bondhändlern zu einem internationalen Markt für Wertpapiere, insbesondere Eurobonds, manifest machen soll.

**Internationales Indexmanagement**
→ **Indexmanagement für Aktien**

**Information Banking**
Professionelle Informationsvermittlung als Produkt von Banken insbesondere zum Vorteil von Firmenkunden, indem die Bank diesen Adressanten den gezielten Zugriff auf Daten und Informationen in nationalen und internationalen Datenbanken sowie auf bankeigene Informationsbestände ermöglicht.
**Lit.:** Wink, J., Information Banking der Commerzbank. Die Bank 11/1991, 638-640

**IOSCO**
→ **International Organisation of Securities Commission**

**ISMA**
→ **International Securities Market Association**

# J

**Japan Government Bond (JGB)**
Japanische Staatsanleihen, deren Laufzeiten zwischen zwei und zwanzig Jahren betragen können

**JGB**
→ **Japan Government Bond**

**Junior Blue Chip**
→ **Indexmanagement für Aktien**

# K

**Kapitalgeschützte Index-Anlage (KIA) auf den DAX (KIA-DAX)**
Finanztitel in Form von Inhaberpapieren der Bank J. Vontobel & Co. AG, Zürich, vom Februar 1992. Der **Rückzahlungsbetrag** erfolgt **mindestens** zum DM-Anfangswert des → **DAX** (am 15.1.1993), das Maximum des Rückzahlungspreises beträgt **Referenzpreis** (= Kurs des DAX am 5.2.1992, 13 Uhr) + 16% (indiziert). **Basiswert** ist der **DAX**. Der Anleger partizipiert 1:1 am Kursanstieg des DAX in der Zeit vom 5.2.1992 bis zum 30.12.1992 bis maximal + 16% (indiziert), wobei jeder DAX-Punkt bis zum Höchstbetrag zur Barauszahlung von DM 1,– umgerechnet in SFR berechtigt (Valuta: 15.1.1993). Das Performance-Diagramm (Abbildung) verdeutlicht die Struktur der KIA-DAX für einen unterstellten Referenzpreis von 1675 DAX-Punkten (bei Zeichnungsschluß am 4.2.1992 war der tatsächliche Referenzpreis per 5.2.1992 noch offen).

**Kapitalgeschützte Index-Anlage (KIA) auf den Swiss Market Index (SMI)**
Am 21. Januar 1993 durch die Bank Vontobel, Zürich, emittierte Form einer → **KIA** auf den → **Swiss Market Index** mit folgenden **Spezifikationen:**

**Emission:** bis zu 30 000 KIA SMI Einheiten (ca. SFr. 65 Mio.)
**Basiswert:** Swiss Market Index (SMI)
**Emissionspreis:** 100% des Nominalwertes + 0,165% Abgaben

**Performance-Diagramm für die KIA**
Die untenstehende Graphik bzw. Indikation basiert auf einem DAX-Stand von 1675 Punkten.

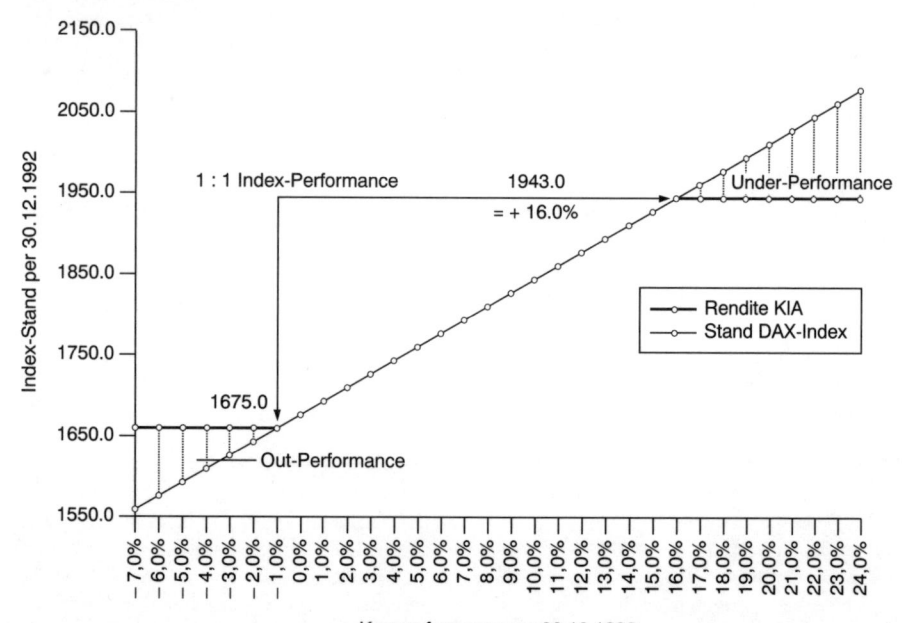

## KIA-DAX

**Nominalwert:** Kurs des SMI am 19.1.1993, 13.00 Uhr, + 2,0 % in SFr., aufgerundet auf ganze SFr.
**Laufzeit:** 1 Jahr
**Liberierung:** 21. Januar 1993
**Rückzahlung:** 21. Januar 1994
**Rückzahlungsbetrag:** Mindestens 100 % des Nominalwertes, Höchstens 110,8 % (indiziert) des Nominalwertes. Der Rückzahlungsbetrag einer KIA-Einheit entspricht dem Jahresschlußkurs des SMI (SMI-Punkt = 1 SFr.) am 30.12.1993, jedoch mindestens 100 % und höchstens 110,8 % (indiziert) des Nominalwertes

## KIA-DAX
→ **Kapitalgeschützte Index-Anlage auf den DAX**

**Knock in options**

Form von → **exotic options**, die ähnlich wie → **knock out options** wirken, wenn der vereinbarte Aktienindex nicht erreicht bzw. nicht überschritten wird. In diesem Fall kann eine Ausübung nicht erfolgen, die Option geht zwangsläufig verloren (ist zerstört).

**Knock out options**

Form von → **exotic options**, entwickelt nach Vorbildern im Markt für **Währungsderivate**. Der Kauf derartiger Optionen kommt für den Anwender dann in Betracht, wenn er der Meinung ist, daß der Markt (repräsentiert durch einen Aktienindex, z.B. den → **FT-SE 100 Index**) sich aufwärts entwickelt, gleichwohl ist er sich der Tatsache bewußt, daß bei Abwärtsentwicklung des Marktes und bei Unterschreiten eines bestimmten Indexwertes die Option verlorengeht und für ihn somit zerstört ist. Da der Anwender dieses Risiko trägt, ermäßigen sich die Kosten der Option.

**Knock-Out-Warrants**

In Zertifikaten verbriefte → **Knock-Out-Optionen** (→ **Optionsscheine**), die von der Roche Financial Products Ltd, Hamilton, Bermuda, in Zusammenhang mit der 2 3/4 %-Optionsanleihe der Roche Holdings, Inc; Deleware, USA, am 6. April 1993 am Schweizer Kapitalmarkt begeben worden sind, mit folgenden wesentlichen **Optionsbedingungen**:

**1. Form der Knock-Out-Optionen**

Die Knock-Out Optionen werden als Einertitel und als Zertifikate über 5, 10, 20 und 100 Knock-Out Optionen ausgegeben.

**2. Optionsrecht**

a) Falls der durchschnittliche Schlusskurs der Genussscheine der Roche Holding AG, Basel, an der Zürcher Börse während einer Periode von fünf Handelstagen endend am zweiten Handelstag vor dem Ausübungstag höher als der Referenzpreis von Fr. 4 500,– ist, oder der Schlusskurs mindestens einmal vor oder am zweiten Handelstag vor dem Ausübungstag den Knock-Out Preis von Fr. 5 000,– erreicht oder überschritten hat, berechtigen 60 Knock-Out Optionen am Ausübungstag, dem 22. Mai 1996, zum Bezug von 1 Genusschein der Roche Holding AG oder nach freiem Ermessen der Emittentin zu einer Barauszahlung von Fr. 6 000,–

b) Ist der durchschnittliche Schlusskurs der Genussscheine der Roche Holding AG, Basel, an der Zürcher Börse während einer Periode von fünf Handelstagen endend am zweiten Handelstag vor dem Ausübungstag tiefer oder gleich dem Referenzpreis von Fr. 4 500,– und hat der Schlusskurs vor oder am zweiten Handelstag vor dem Ausübungstag den Knock-Out Preis von Fr. 5 000,– nie erreicht oder überschritten, berechtigen 60 Optionen zu einer Barauszahlung von Fr. 4 500,–

Die Auslieferung der Genussscheine resp. die Barauszahlung erfolgt am dritten Bankarbeitstag nach dem Ausübungstag. Die Optionsausübung erfolgt für den Einreicher der Knock-Out Optionen spesenfrei. Steuern und ähnliche Abgaben, welche im Zusammenhang mit dem Bezug der Genussscheine anfallen, gehen zu Lasten des Einreichers

**Kombi-Anleihe**

der Knock-Out Optionen. Allfällige Steuern und ähnliche Abgaben, welche im Zusammenhang mit einer Barauszahlung erfolgen, gehen zu Lasten der Roche Financial Products Limited mit Ausnahme der im Prospekt erwähnten Fälle.

**3. Verwässerungsschutz**
Gilt u.a. bei Kapitaltransaktionen der Roche Holding AG mit Bezugsrecht, und zwar durch Anpassung des Referenz- und des Knock-Out Preises und bei Bezug der Genussscheine durch zusätzliche Barausschüttung.

**4. Ausübung des Optionsrechtes**
Durch schriftliche Ausübungserklärung eintreffend bis spätestens um 17.00 Uhr des Ausübungstages beim Schweizerischen Bankverein, Zürich. Die Rechte der bis zum Ausübungstag nicht ausgeübten Optionen erlöschen nach diesem Datum.

**5. Sicherstellung**
Die Knock-Out Optionen sind ungesicherte, direkte Verbindlichkeiten der Roche Financial Products Limited und allen anderen ungesicherten, nicht nachrangigen Verbindlichkeiten der Roche Financial Products Limited gleichgestellt.
Es besteht ein Keep Well Agreement der Roche Holding AG, Basel, zu Gunsten der Roche Financial Products Limited, welches im Prospekt beschrieben ist.

**6. Publikationen**
Im Schweizerischen Handelsamtsblatt und in je einer Tageszeitung in Zürich, Basel, London und Luxemburg.

**7. Kotierung**
Ist an der Börse von Luxemburg und an den Nebenbörsen von Zürich und Basel beantragt.

**8. Anwendbares Recht und Gerichtsstand**
Schweizer Recht; Gerichtsstand Basel

**9. US-Verkaufsrestriktionen**
The Knock-Out Warrants have not been and will not be registered under the Securities Act of 1993 of the United States of America and are subject to U.S. tax law requirements. Subject to certain exceptions, the Knock-Out Warrants may not be offered, sold or delivered within the United States or to U.S. persons.

**Kombi-Anleihe**
→ **Kombizins-Anleihe**

**Kombinierte Call- und Put-Optionsscheine auf den DAX (DAX-COP)**
Ausgabe von Call- und Put Optionsscheinen während der Verkaufsfrist in der Form, daß diese jeweils nur gemeinsam und in gleicher Zahl zum Kauf angeboten werden.
Beispiel: Emission von DAX-COP der CSFB-Effektenbank AG im Mai 1990 auf den → **DAX** mit einem Rückzahlungsbetrag DM 400,– mit folgenden **Optionsspezifikationen** (jeweils 1 Mio Stück):

**1. Call-Optionsscheine:**
**Verkaufsfrist:** 14. Mai bis 18. Mai 1990
  Während der Verkaufsfrist werden die Call- und Put-Optionsscheine jeweils nur gemeinsam und in gleicher Anzahl zum Kauf angeboten. Kaufaufträge sind auf dem banküblichen Wege bei der CSFB-Effectenbank Aktiengesellschaft, Frankfurt am Main, aufzugeben. Eine Zuteilung bleibt vorbehalten.
**Verkaufspreis:** Der Gesamtverkaufspreis für einen Call- und einen Put-Optionsschein beträgt DM 303,–. Davon entfallen DM 180,– auf den Call-Optionsschein.
**Optionsrecht:** Jeder Call-Optionsschein gewährt dem Inhaber das Recht, nach Maßgabe der Optionsbedingungen, die Zahlung des in DM ausgedrückten Differenzbetrages zu verlangen, um den am 30. Mai 1994 der an der Frankfurter Wertpapierbörse zuletzt festgestellte Wert des Deutschen Aktienindex (DAX) den Basiswert **überschreitet**, wobei ein Index-Punkt einem Betrag von DM 1,– entspricht. Der Differenzbetrag beträgt jedoch höchstens DM 400,– je Call-Optionsschein.
**Basiswert:** Der Basiswert für die Optionsscheine beträgt 1 850 DAX-Punkte.

**Optionsausübung:** Die Optionsrechte können nach Maßgabe der Optionsbedingungen ausschließlich am 30. Mai 1994 ausgeübt werden (Europäische Option).
**Rückzahlung und Rendite für Anleger:** Bei Ausübung je eines Call- und eines Put-Optionsscheines errechnet sich am 30. Mai 1994 ein Rückzahlungsbetrag von DM 400,–, was einer Rendite von ca. 7,2% entspricht.
**Handel:** Nach Ende der Verkaufsfrist sind die Call- und Put-Optionsscheine getrennt handelbar.
**Börsennotierung:** Die Einbeziehung der Optionsscheine in den Freiverkehr der Frankfurter Wertpapierbörse ist vorgesehen.
**Verbriefung:** Effektive Optionsscheine werden nicht ausgegeben. Die Optionsscheine sind während ihrer gesamten Laufzeit in einem Inhaber-Sammeloptionsschein verbrieft.
**Zahltag:** 28. Mai 1990.

## 2. Put-Optionsscheine:
### Verbriefung/Lieferung
Effektive Optionsscheine werden nicht ausgegeben; den Inhabern von Optionsscheinen stehen Miteigentumsanteile an dem Inhaber-Sammeloptionsschein zu, die in Übereinstimmung mit den Bestimmungen und Regeln der Deutscher Kassenverein AG und außerhalb der Bundesrepublik Deutschland von Euro-clear und Cedel übertragen werden können.
### Kleinste handel- und übertragbare Einheit
100 Optionsscheine oder ein ganzzahliges Mehrfaches davon
### Börseneinführung
Es ist vorgesehen, die Optionsscheine im Freiverkehr der Wertpapierbörsen zu Düsseldorf und Frankfurt am Main zu handeln.

Liegt am Verfalltag der Optionsscheine der Marktwert der Teilschuldverschreibungen unter dem Kaufpreis, so sind die Optionsscheine wertlos.

## Kombizins-Anleihe
Erstmals von der Hamburgischen Landesbank im Februar 1992 begebene Schuldverschreibung, deren Zweck insbesondere in der Steuereinsparung besteht. Die Konstruktion einer derartigen Schuldverschreibung (auch als **Kombi-Anleihe** bezeichnet) besteht darin, daß die Gesamtlaufzeit unterschiedliche Zinskonditionen aufweist: Während beispielsweise bei der angesprochenen 10-jährigen Anleihe der Hamburgischen Landesbank die ersten fünf Jahre überhaupt keine Zinszahlungen aufweisen (und insofern ein → **Zerobond** vorliegt), erbringen die letzten fünf Jahre Zinszahlungen in Höhe von 19% p.a. Bei einem Agio von 1,7% lag die anfängliche Effektivverzinsung dieser Anleihe bei 7,543% p.a. und damit unter dem üblichen Kapitalmarktzinssatz. Eine zweite Emission desselben Instituts weist eine **Nullkuponperiode** von sogar sechs Jahre bei 24,75% p.a. Verzinsung für die restlichen vier Jahre auf. Die Konstruktion dieser Anleiheform ist somit eindeutig auf die Steuerplanung von Anlegern ausgerichtet, die in späteren Jahren den hohen Zinsertrag mit niedrigeren Einkünften oder Verlusten verrechnen können. Eine Steuerumgehung eröffnen die Kombinationszins-Anleihen aber vor allem durch die spezifische **Kuponstruktur**, durch welche die Kursentwicklung beeinflußt wird: Ausgehend von einem Emissionskurs von 100% steigt der Kurs bis zum letzten Kupontermin der **Nullzinsphase** kontinuierlich bis zu einem **Kursgipfel** an (um dann bei Erreichen der Hochzinsphase auf das Ausgangsniveau zurückzufallen). Verkauft der Anleger die Anleihe am Kurshöhepunkt (das ist der letzte Termin der Niedrigzinsphase), dann entstehen steuerfreie Kursgewinne (unter Beachtung der halbjährigen Spekulationsfrist). Eine ähnliche Charakteristik weisen → **Step up-Anleihen** auf.

**Lit.:** Wagner, F.W./C. Wangler, Kombizins-Anleihen – Eine Finanzinnovation als Steuersparmodell? Der Betrieb 1992, 2405-2409

## Konvexität (Convexity)
Kennzahl, die angibt, um wieviel sich die → **Duration** ändert, wenn sich die Rendite ändert. Dabei gilt: Je höher die Konvexität (Krümmung), umso schneller reagiert die Duration auf Renditeänderungen und umgekehrt.

$$C = \frac{(M^2 + D^2 + D)}{(1 + \frac{R}{100})}$$

wobei: $C$ = Convexity
$M$ = Streuung (Dispersion)
$D$ = Duration (→ **Duration nach Macaulay**)
$R$ = Rendite (→ **AiBD-Rendite**)

## Kreditkarte mit Telefonchip
In der ersten Hälfte 1993 eingeführte Variation von Kreditkarten, die auf Antrag des Kreditkartennehmers mit einem Telefonchip ausgestaltet werden und dann auch als → **Telefonkarte** Anwendung finden können.

## Kreditoption
Instrument zur Reduzierung der Unsicherheit über die Zinsentwicklung für Kreditnehmer (siehe auch → **Zinsausgleichsvereinbarungen**). Die Kreditoption besteht darin, daß der antragstellende Kreditnehmer von seiner Bank (z.B. der KfW, die dieses Instrument des Risikomanagements entwickelt hat) die Zusage für eine langfristige Finanzierung erhält, den Zeitpunkt der **Inanspruchnahme** und der gleichzeitigen **Zinsfixierung** innerhalb von 24 Monaten jedoch selbst bestimmen kann.

## Kuponplan
→ **Gleitzinsanleihe**

## Kuponstruktur
→ **Kombizins-Anleihe**

## Kursabweichung
Maß zur Feststellung von Unter- oder Überbewertungen von Bundesanleihen/-obligationen bezüglich rechnerischem Kurs und Marktkurs in Analogie zur → **Renditeabweichung** (wegen weiterer Einzelheiten siehe dort) in DM oder → **Basispunkten**:
Kursabweichung = (Tatsächlicher Kurs − Theoretischer Kurs) · 100

## Kursgipfel
→ **Kombizins-Anleihe**; → **Step up-Anleihe**

# L

**LABS**
→ **Liquid Asset-Backed Securities**; → **The Goldman Sachs Liquid Asset-Backed Securities Index**

**LEPO**
→ **Low Exercise Price Option**

**LIFFE-Aktienindex-Future**
→ **LIFFE-Terminkontrakt auf FT-SE-Eurotrack 100**

**LIFFE-Terminkontrakt auf FT-SE-Eurotrack 100**
An der → **LIFFE** wurde am 26. Juni 1991 der Handel mit Futures-Kontrakten auf den europäischen Aktienindex → **FT-SE-Eurotrack 100** aufgenommen. Da die Aktienbörsen des DM-Blockes das größte Gewicht haben, wird der Eurotrack 100 in DM berechnet. Dementsprechend beträgt die Handelseinheit des Future 100 DM je Indexpunkt. Die Mindestkursbewegung (**Tick**) ist auf einen halben Indexpunkt (bzw. 50 DM) festgesetzt.

**Liquid Asset-Backed Securites (LABS)**
Bezeichnung für → **ABS**, die folgenden Kriterien entsprechen:
– ABS auf → **Credit Card Receivables**, Automobilforderungen, Kreditlinien;
– Volumen von 500 Mio. USD und mehr;
– Kupon mit fester Verzinsung;
– Triple A-Rating und SEC-Registration.
Zur Performance-Messung von LABS dient → **The Goldman Sachs Liquid Asset-Backed Securites Index**.

**Look-Back-Kauf-Optionsscheine**
Von der BHF-Bank Ende Mai 1990 emittierte Finanzinnovation, welche die Spekulation auf sinkende Werte des → **DAX** eröffnet. Im Unterschied zum üblichen → **Optionsschein** auf den DAX entfällt für den Käufer die Entscheidung über den optimalen Kaufzeitpunkt insofern, als der niedrigste Schlußstand des DAX während der Laufzeit fortgeschrieben wird. Die Differenz zwischen Stand des DAX während der Laufzeit und dem Schlußstand des DAX erhält der Investor zum Ausübungszeitpunkt (→ **Europäische Option**) zu einem Hundertstel ausbezahlt.

**Lock-in-Effekt**
→ **Duration** nach Macaulay

**Low Exercise Price Option (LEPO)**
Spezifische Form von → **Call-Optionen** auf Aktien mit einem sehr niedrigen (symbolischen) → **Exercise-Preis** (→ **Basispreis**). Der Käufer einer LEPO erwirbt mit der Zahlung einer Optionsprämie in der Größenordnung des zum Abschlußzeitpunkt aktuellen Aktienkurses somit das Recht, den → **Underlying** (Aktie) zu dem niedrigen Basispreis zu kaufen. An der → **SOFFEX** wurde der Handel mit LEPOS erstmals am 21. Mai 1991 aufgenommen. Der Basispreis (**Ausübungspreis**) betrug 1 SFR.

**Luxinvest Ökolux**
Internationaler Aktienfonds der Evangelischen Darlehnsgenossenschaft Münster, der Landeskirchlichen Kreditgenossenschaft Sachsen, Dresden, und der BfG Investment-Fonds GmbH, Frankfurt, im Jahre 1992 als ökologisch orientierter Fonds (**Ökofonds**) gegründet, der auch **ethischen Geldanlagen** (im Sinne eines → **Ethik-Fonds**) Kirchengemeinden und kirchlichen Körperschaften offensteht. Investitionen erfolgen in erster Linie in Wertpapieren von Branchen mit „positiven Umweltbeiträgen" (z.B. Recycling, alternative Energiequellen, Schienenverkehr).

359

# M

**Madrid Interbank Offered Rate (MIBOR)**
Für den Platz Madrid entwickelter → **Referenzzinssatz**, auf den an der → **OM Ibérica** und an der → **MEFFSA** Optionskontrakte gehandelt werden.

**Matador Bond**
Bezeichnung für eine am spanischen Kapitalmarkt begebene → **Auslandsanleihe**

**MAX-Index**
→ **Mittelstandsaktien-Index**

**MEFFSA**
→ **Mercado de Futuros Financieros**

**Mega-Zertifikate auf den DAX**
Abkürzung für „**M**arktabhängiger **E**rtrag mit **G**arantie der **A**nlage" auf den → **DAX** stellen eine Variante der → **Kapitalgeschützten Index-Anlage (KIA-DAX)** dar. Die von der Deutschen Bank AG emittierten MEGA-Zertifikate wiesen zum 31.10.1991 anfängliche Verkaufspreise von 5 000 DM auf; die Zertifikate sind während der gesamten Laufzeit in je einem Inhaber-Sammelzertifikat verbrieft, das bei der DKV-AG hinterlegt ist. Effektive Stücke wurden nicht begeben; die Börsenzulassung ist zum Handel am Geregelten Markt in Frankfurt/Main erfolgt. Die Laufzeit der Zertifikate endet am 6. Mai 1994; zu diesem Zeitpunkt werden sie zurückgezahlt. Periodische Zinszahlungen erfolgen nicht. Folgende minimale und maximale Rückzahlungspreise je Zertifikat gelten am 6. Mai 1994:

**Serie A**
**Mindestrückzahlung:** DM 5 318,00 bei DAX-Stand 1575 oder darunter
**Maximalrückzahlung:** DM 7 343,75 bei DAX-Stand 2 500 oder darüber

**Serie B**
**Mindestrückzahlung:** DM 5 648,00 bei DAX-Stand 1 575 oder darunter
**Maximalrückzahlung:** DM 6 933,75 bei DAX-Stand 2 500 oder darüber

Auf dieser Basis ergeben sich untenstehende **Performance-Charakteristika** der MEGA-Zertifikate (Abbildungen).

**Mendelson Indikator**
Auch als **Mendelson-Stimmungs-Indikator** bezeichneter Aktienmarkt-Indikator, der versucht, die extreme Stimmungslage von Investoren (und nicht Börsianern) über eine Werteskala von +10 bis –10 zu identifizieren.

MEGA Zertifikate auf den DAX
Rückzahlung bei Endfälligkeit, Serie A

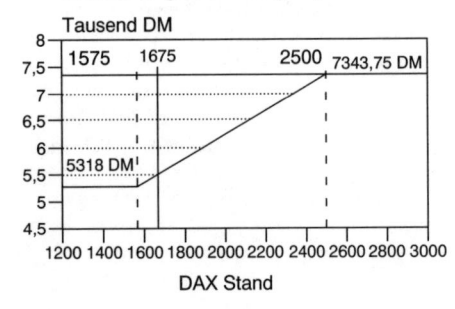

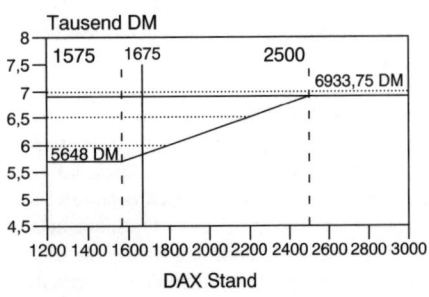

MEGA Zertifikate auf den DAX
Rückzahlung bei Endfälligkeit, Serie B

Daraus resultieren Signale für „Kaufen" oder „Verkaufen" (Abbildung).

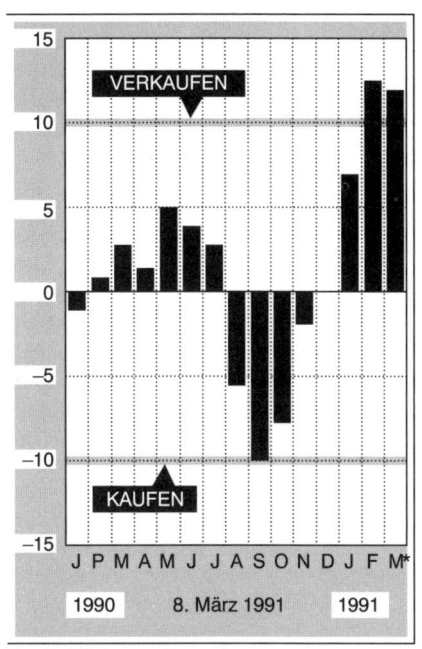

Quelle: Wallstreet Journal

Der Indikator basiert auf drei Elementen:
- Veränderung des Nettovolumens: Vom Handelsvolumen der Aktien mit Kursgewinnen wird der Umsatz der „Verlierer" des Tages abgezogen (= Nettovolumen). Die Veränderung des Nettovolumens ergibt sich durch Subtraktion der einzelnen Tageswerte.
- Kursänderungsrate der zehn meistgehandelten Aktien, die gleichwichtig behandelt werden.
- Berücksichtigung des Verhältnisses von Puts zu Calls an der → **CBOE** (wenn z.B. dieses Verhältnis einen niedrigen Wert ergibt, sind die Anleger in „Bullenstimmung", d.h. in Erwartung steigender Aktienkurse; siehe auch → **Aktienindex-Anleihe**).

**Mercado de Futuros Financieros (MEFFSA)**
Options- und Futures-Börse am Platz Barcelona (Konkurrenzbörse zu → **OM Ibérica**).

**MIBOR**
→ **Madrid Interbank Offered Rate**

**Mezzanine Capital**
→ **Genußrechtskapitel**

**Mismatch risk**
→ **Swap-Risiken (Banken)**; → **Mismatch-Risiko**

**MINEX**
Für 1993 von → **Telerate** angekündigte Markteinführung eines elektronischen Brokersystems für den Devisenhandel. Die Entwicklung dieser Innovation erfolgt in Zusammenarbeit mit führenden amerikanischen und japanischen Devisenhandelshäusern.

**Mittelstands-Aktien-Index (MAX)**
Von der Deutschen Industriekreditbank AG, Düsseldorf, im März 1993 eingeführter → **Aktienindex**, der 100 deutsche Stamm- und Vorzugsaktien mit Notierungen im amtlichen Handel und im Geregelten Markt umfaßt und deren Börsenkapitalisierung zum Stichtag 1.10.1992 maximal 600 Mio DM betragen hat. Die einbezogenen Unternehmungen sind weitestgehend konzernunabhängig. Berechnet wird der MAX ab dem Stichtag 31.12.1987 (= 1000) auf der Basis der Mittwochskurse.

**Modified Duration nach Hicks**
→ **Duration nach Macaulay**
→ **Duration**

**J. P. Morgan Government Bond Index**
→ **Salomon Brothers World Bond Index**

**Multi-Currency-Clause**
Vertragsvereinbarungen bei Krediten (→ **syndizierte Kredite**) und Schuldverschreibungen, nach Ablauf einer Zinsperiode entsprechend den Zins- und/oder Währungsdis-

**Multi-Währungs-Klausel**

positionen des Schuldners entsprechend, den Kreditbetrag in einer vom Schuldner gewählten gängigen → **Euro-Währungen** (abweichend von der ursprünglichen Euro-Währung) in Anspruch nehmen **oder** tilgen zu können (auch als **Multi-Währungs-Klausel** bezeichnet).

**Multi-Währungs-Klausel**
→ **Multi-Currency-Clause**

# N

**Nachgeordnete Schulden**
→ **Subordinated Debenture**

**Netting-Risiko**
→ **Swap-Risiken (Banken)**

**90/10%-Anlagestrategie**
Verlustbeschränkende Anlagestrategie, welche die Möglichkeit bietet, dennoch ein Gewinnpotential offenzuhalten. Dies erfolgt durch eine Kombination von Geldmarktanlagen und Optionen. Ein Teil der Anlage erfolgt in festverzinslichen Geldmarktpapieren (z.B. 90%), der Rest wird in → **Aktienindex-Optionen** investiert (10%). Fallen die Aktienkurse, so erhält der Investor über den Zinsertrag zumindest noch das eingesetzte Kapital zurück. Bei Steigen der Aktienkurse läßt sich dagegen wegen der Hebelwirkung der Optionen eine überdurchschnittliche → **Performance** erzielen. → **GROI**; → **CLOU**; → **SMI-GROI**; → **SMILE**;

**New muni products**
Bezeichnung für Finanzinnovationen auf der Basis von **municipal bonds** auf dem amerikanischen Kapitalmarkt, die im April 1993 erstmals angeboten worden sind. Diese Produkte werden von den großen amerikanischen Investmentbanken unter den Bezeichnungen → **Prinicipal Strip Municipal Tigrs**, → **Coupon Strip Municipal Tigrs**, → **Savr-Trs**, → **Ri-Trs** und → **Cores** angeboten.

**Nichtgesponsorte ADR**
→ **Ungesponsorte ADR**

**Niedrigzinsphase**
→ **Step up-Anleihe**

**NOM**
→ **Norsk Opsjonsmarked**

**Norsk Opsjonsmarked (NOM)**
Am 5. Mai 1990 in Betrieb genommene Optionsbörse am Platz Oslo, an deren Kapital die → **OM-Gruppe** zu 34% beteiligt ist.

**Notionol Bond-Konzept**
Portefeuille von fiktiven Anleihen des Bundes mit konstanten Restlaufzeiten, das dem → **REX** zu Grunde liegt.

**Novation**
→ **Swap-Risiken (Banken)**

**Nullkuponperiode**
→ **Kombizins-Anleihe**

**Nullzinsphase**
→ **Kombizins-Anleihe**

**Nymex Access**
Außerbörsliches elektronisches Handelssystem der → **NYMEX**, das am 24. Juni 1993 in Betrieb gegangen ist.

# O

**OAT**
→ **Obligation assimilable du Trésor**

**Obbel**
→ **Bobl**

**Obligation assimilable du Trésor (OAT)**
Französische Staatsanleihe, die im Auktionsverfahren (→ **Tender**) begeben werden, und deren Laufzeiten zwischen sieben und 25 Jahren liegen.

**Ökofonds**
→ **Luxinvest Ökolux**

**Österreichische Termin- und Optionsbörse (ÖTOB)**
Am 4. Oktober 1991 in Wien offiziell in Betrieb genommene vollelektronische Österreichische Terminbörse. Die ÖTOB-AG stellt eine Gemeinschaftsgründung von fünf Wiener Banken (Creditanstalt-Bankverein, Länderbank, Girozentrale, Raiffeisenzentralbank und Österrreichische Kontrollbank) mit 51% der Anteile und 36 anderen Banken sowie einem Makler dar. Eröffnet wurde die ÖTOB mit dem Handel von Optionen auf die fünf umsatzstärksten Aktien (ÖMV, Creditanstalt-Vorzüge, Wienerberger, EVN und Veitscher Magnesit).

**ÖTOB**
→ **Österreichische Termin- und Optionsbörse**

**ÖTOB Clearing Bank AG, Wien**
Mit einem Grundkapital von 50 Mio öS von 42 Aktionären gegründete Clearing-Institution, die hinter den Innovationen am Wiener Börsenterminmarkt (→ **ÖTOB**) steht.

**Off-Balance-Sheet-Geschäfte (Banken)**
Als **Off-Balance-Sheet-Geschäfte** werden Bankleistungen verstanden, die in der Bilanz des Kreditinstituts keinen oder nur teilweisen Niederschlag finden, also **bilanzunwirksam** oder **außerbilanziell** oder **bilanzneutral** sind. Alle vier Begriffe werden synonym angewandt. Bilanzwirksam bedeutet jedoch nicht, daß die Adressaten des Jahresabschlusses von Banken, der für Geschäftsjahre ab dem 1. Januar 1993 für deutsche Kreditinstitute nach dem **Bankbilanzrichtlinie-Gesetz** vom 30.11.1990 und den dazu erlassenen Ausführungsvorschriften des Bundesministers in Form der **Verordnung über die Rechnungslegung der Kreditinstitute** (RechKredV) vom 10.2.1992 zu gestalten ist, keine Anhaltspunkte über das Volumen oder überhaupt hinsichtlich der Existenz von Off-Balance-Sheet-Geschäften erhalten könnten. Vorgeschriebene **Bilanzvermerke** und **Anhangsvorschriften**, insbesondere der § 36 der RechKredV, der eine Aufstellung im Anhang über die Arten von am Bilanzstichtag noch nicht abgewickelten fremdwährungs-, zinsabhängigen und sonstigen Termingeschäften fordert, die lediglich ein Erfüllungsrisiko sowie Währungs-, Zins- und/oder sonstige Marktpreisänderungsrisiken aus offenen und im Falle eines Adressenausfalls auch aus geschlossenen Positionen beinhalten, lassen gewisse Aufschlüsse über Umfang und bestimmte Risiken aus außerbilanziellen Bankleistungen zu. Nicht erkennbar bleiben jedoch nach wie vor weitergehende Risiken, wie z.B. das politische Risiko, das Marktrisiko, das Basisrisiko, das Zahlungsrisiko, das Mismatch-Risiko (Fehlbeurteilungsrisiko) oder insbesondere bei Swaps das Aufrechnungsrisiko, das bei Fehlschlag von Swaps erhebliche Wirkungen auslösen kann. Aber selbst das primär bedeutende Erfüllungsrisiko als **Kreditrisiko** bleibt weitgehend undifferenziert, zumal nur das Risiko aus dem **laufenden Kreditobligo** (am Bilanzstichtag) als „mark-to-market"-Wert ausweisbar ist, während das **potentielle Kreditobligo**, das aus künftigen Veränderungen von Devisenkursen und Zinssätzen resultiert, kaum ab-

schätzbar ist. Dasselbe gilt für vorzeitig beendete Termingeschäfte. Aber selbst wenn man unterstellt, die ab dem Geschäftsjahr 1993 verbindlichen Angaben würden ausreichende Transparenz liefern, so ist dem entgegenzuhalten, daß diese Regelungen, insbesondere für Finanzinnovationen in Form der derivativen Finanzinstrumente bislang noch nicht verbindlich sind und somit nicht greifen. Allenfalls von bankaufsichtlichen Normen, die eine verstärkte Eigenkapitalunterlegung von derivativen Finanzinstrumenten fordern, geht eine Begrenzung der bilanzunwirksamen Geschäfte über die Erhöhung der Kosten für diese Instrumente aus, die ggf. eine Neubewertung derartiger Geschäfte auf Mikroebene erzwingen.

Zu unterscheiden ist zwischen **traditionellen bilanzunwirksamen Geschäften** (Abb. 1) und innovativen **off-balance-sheet-Geschäften**.

Innovative bilanzunwirksame Instrumente werden eingesetzt für folgende Zwecke:
- **Hedging:** Sicherungsmaßnahmen im Zins- und Währungsbereich, durch Schließung von offenen Zins- und Währungspositionen mit Hilfe derivativer und sonstiger außerbilanzieller Instrumente;
- **Arbitrage:** Nutzung von Zins- und Kursdifferenzen zwischen Termin- und Kassamärkten; Voraussetzung dazu sind allerdings standardisierte Instrumente, die einen Börsenhandel erlauben;
- **Spekulation:** Halten von offenen Positionen, um Devisenkurs- und Zinssatzänderungen im Sinne von Gewinnchancen nutzen zu können; dem steht allerdings volles Risiko aus der offenen Position gegenüber, wenn Kurse und Zinsen eintreten, die nicht den Erwartungen entspre-

**Abb. 1 Traditionelle off-balance-sheet-Geschäfte**

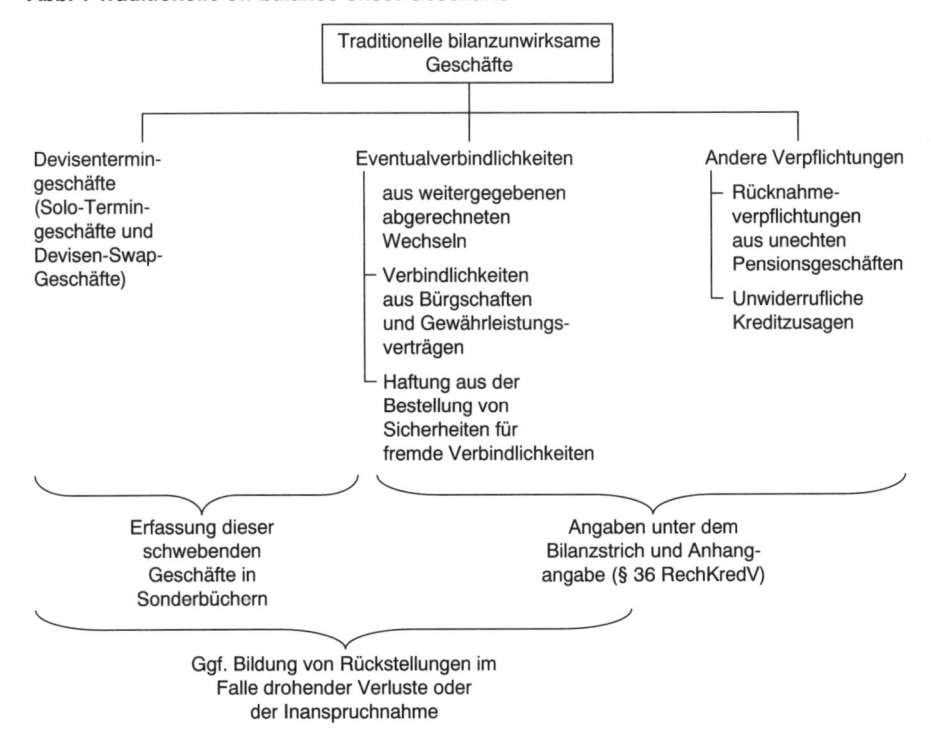

Traditionelle bilanzunwirksame Geschäfte

- Devisentermingeschäfte (Solo-Termingeschäfte und Devisen-Swap-Geschäfte)
- Eventualverbindlichkeiten
  - aus weitergegebenen abgerechneten Wechseln
  - Verbindlichkeiten aus Bürgschaften und Gewährleistungsverträgen
  - Haftung aus der Bestellung von Sicherheiten für fremde Verbindlichkeiten
- Andere Verpflichtungen
  - Rücknahmeverpflichtungen aus unechten Pensionsgeschäften
  - Unwiderrufliche Kreditzusagen

Erfassung dieser schwebenden Geschäfte in Sonderbüchern

Angaben unter dem Bilanzstrich und Anhangangabe (§ 36 RechKredV)

Ggf. Bildung von Rückstellungen im Falle drohender Verluste oder der Inanspruchnahme

chen.
Als Beteiligte kommen sowohl Banken als auch Nichtbanken in Betracht, wobei Banken sowohl als **Endverwender** als auch als **Vermittler** agieren können, was jeweils unterschiedliche Folgen für deren Risikoposition haben kann und wird.

Seit **Beginn** der 80er Jahre und verstärkt ab **Mitte** der 80er Jahre entwickelten sich nicht zuletzt unter dem Eindruck des Dilemmas der internationalen Verschuldungskrise, die eine weitere Ausdehnung des internationalen Kreditgeschäfts der Banken nicht mehr zuließ bzw. als nicht mehr opportun erscheinen ließ, ein Komplex von Geschäften auf Provisionsbasis: Im Rahmen der **Securitisation** gaben die Banken ihre ursprüngliche Position als Kreditgeber auf und beschränkten sich auf das provisionsabhängige Fremdemissionsgeschäft, bei dem die Banken nur noch **Plazierungs- und Übernahmeverpflichtungen** tragen (Schuldverschreibungen; RUF's; NIF's). Das dadurch ausgelöste Wachstum und die induzierte Gloablisierung der Kapitalmärkte brachte allerdings ein Problem mit sich, das der Lösung durch die Banken harrte: Die unterschiedliche Bonität der Emittenten von Obligationen hatte nämlich zur Folge, daß zunehmend variable Verzinsungen von den Emittenten hingenommen werden mußten, die deren Kalkulationsgrundlage beeinträchtigte. Als Abhilfe entwickelten die Banken **Financial Swaps**, die zur Festschreibung von Zinsen führten. Damit war für die Banken ein neuer Markt entstanden, der sich in der Folgezeit rasant entwickeln sollte. Dies auch deshalb, weil – wie von der Weltbank 1981 demonstriert – auch mit Swaps von Festzahlungsverpflichtungen in verschiedenen Währun-

**Abb. 2: Innovative off-balance-sheet-Geschäfte von Banken**

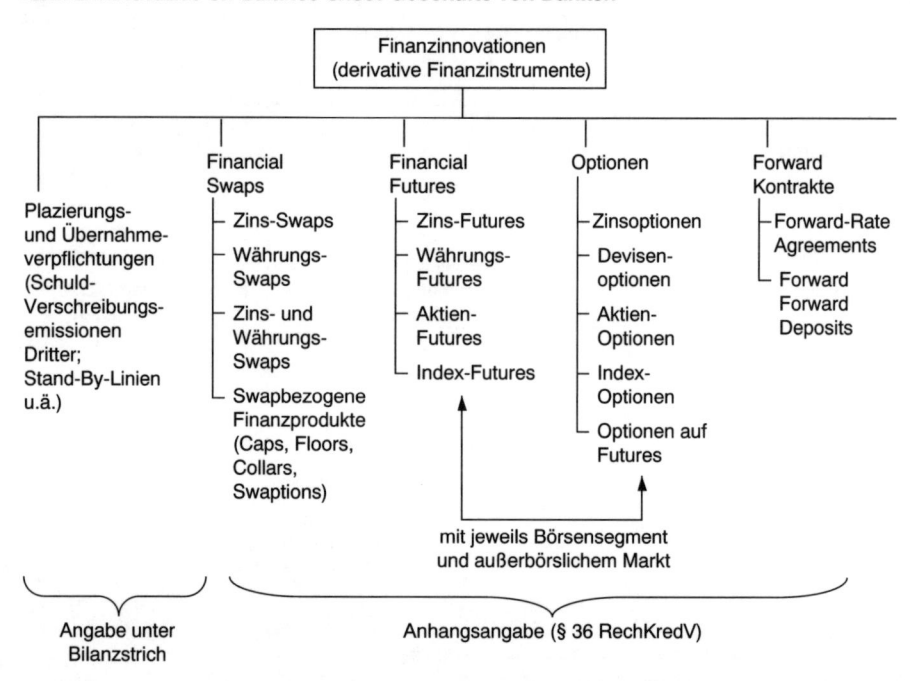

```
                    Finanzinnovationen
                (derivative Finanzinstrumente)
    ┌──────────┬──────────────┬──────────────┬──────────────┬──────────────┐
    │          │              │              │              │              │
Plazierungs-   Financial      Financial      Optionen       Forward
und Übernahme- Swaps          Futures                       Kontrakte
verpflichtungen
(Schuld-       – Zins-Swaps   – Zins-Futures – Zinsoptionen – Forward-Rate
Verschreibungs-                                                Agreements
emissionen     – Währungs-    – Währungs-    – Devisen-     – Forward
Dritter;         Swaps          Futures        optionen       Forward
Stand-By-Linien                                               Deposits
u.ä.)          – Zins- und    – Aktien-      – Aktien-
                 Währungs-      Futures        Optionen
                 Swaps
                              – Index-Futures – Index-
               – Swapbezogene                   Optionen
                 Finanzprodukte
                 (Caps, Floors,               – Optionen auf
                 Collars,                       Futures
                 Swaptions)
```

⎵_____⎵   ⎵_____⎵
Angabe unter              Anhangsangabe (§ 36 RechKredV)
Bilanzstrich

mit jeweils Börsensegment und außerbörslichem Markt

gen nach Art eines Parallelkredits komparative Finanzierungskostenvorteile zu erzielen waren.

Parallel und etwas zeitlich verschoben dazu entstanden Märkte für **Financial Futures** und **Optionen**, deren Zweck primär zwar in Hedgingmotiven bestehen kann, die aber ohne Arbitrageure und Spekulanten (Traders) nicht funktionieren können. Die wesentliche Konsequenz der Futures- und Options-Märkte besteht darin, daß die jeweiligen Finanzinstrumente ihre Basis, ihren „underlying", im Kassamarkt haben.

Eine Abrundung des außerbilanziellen Geschäfts, das bei **Swaps** im Austausch der Zinszahlungs- und Währungszahlungsverpflichtungen, bei **Futures** und **Optionen** in Abnahme- und Lieferverbindlichkeiten des Verkaufes sowie den dazu korrespondierenden Rechten für den Käufer besteht, bedeuten die **Forward Rate Agreements** und die **Forward Forward Deposits**.

Insgesamt ergibt sich somit die in Abb. 2 gezeigte Systematik.

Auskünfte über die Entwicklung der Volumina von innovativen off-balance-sheet-Geschäften gibt Abb. 3, und zwar getrennt nach börsengehandelten und außerbörslich gehandelten Instrumenten.

## Ombudsmann

Von privaten deutschen Banken Mitte 1992 eingeführte Schlichtungsinstanz zur Beilegung von Meinungsverschiedenheiten zwi-

**Abb. 3: Märkte für ausgewählte derivative Instrumente 1986-1991**
Zum Jahresende zugrundeliegende Kapitalbeträge, umgerechnet in Mrd. US-Dollar

|  | 1986 | 1987 | 1988 | 1989 | 1990 | 1991 |
|---|---|---|---|---|---|---|
| Börsengehandelte Instrumente[1] | 583 | 725 | 1.300 | 1.762 | 2.284 | 3.518 |
| Zinsfutures | 370 | 488 | 895 | 1.201 | 1.454 | 2.159 |
| Zinsoptionen[2] | 146 | 122 | 279 | 387 | 600 | 1.072 |
| Währungsfutures | 10 | 14 | 12 | 16 | 16 | 18 |
| Währungsoptionen[2] | 39 | 60 | 48 | 50 | 56 | 59 |
| Aktienindexfutures | 15 | 18 | 28 | 42 | 70 | 77 |
| Aktienindexoptionen[2] | 3 | 23 | 38 | 66 | 88 | 132 |
| Ausserbörslich gehandelte Instrumente[3] | 500[3] | 867 | 1.330 | 2.402 | 3.451 | 4.080[4,5] |
| Zinsswaps[5] | 400[3] | 683 | 1.010 | 1.503 | 2.312 | 2.750[4,5] |
| Währungsswaps und Zins-/Währungsswaps[5,6] | 100[5] | 184 | 320 | 449 | 578 | 700[4,5] |
| Sonstige derivative Instrumente[5,7] | - | - | - | 450 | 561 | 630[4,5] |
| Nachrichtlich: | | | | | | |
| Grenzüberschreitende und lokale Fremdwährungsforderungen der an die BIZ berichtenden Banken | 4.031 | 5.187 | 5.540 | 6.498 | 7.578 | 7.497 |

s = Schätzung

[1] Ohne Optionen auf einzelne Aktien und ohne mit Rohrstoffkontrakten verbundene derivative Instrumente.
[2] Kaufoptionen plus Verkaufsoptionen. [3] Nur von der ISDA erhobene Daten. Ausschl. Informationen zu Kontrakten wie „Forward rate agreements", außerbörslichen Währungsoptionen, Devisenterminpositionen, Aktientausch und Optionen zum Bezug von Aktien. [4] Stand Ende Juni. [5] Kontrakte zwischen ISDA-Mitgliedern nur einmal erfaßt. [6] Bereinigt um Meldungen für beide Währungen. [7] Caps, Collars, Floors und Swaptions.

Quellen: Futures Industry Association (FIA); verschiedene Futures- und Optionsbörsen weltweit; International Swap Dealers Association (ISDA); eigene Berechnungen; BIZ, Mai 1992, 18.

schen Banken und Kunden.
**Lit.:** Verfahrensordnung für die Schlichtung von Kundenbeschwerden im Deutschen Bankgewerbe. Die Bank 3/1992, 176-177

**OM-Gruppe**
→ **Stockholms Optionsmarknard (OM)**; → **OM London**; → **OM Ibérica**; → **OM France**

**OM-Ibérica**
Im November 1989 von der → **OM-Gruppe** nach dem OM-Konzept errichtete Options- und Futures-Börse am Platz Madrid. Der Kapitalanteil der OM-Gruppe beträgt 30,6%.

**OM-France**
Offizielle französische Börse der → **OM-Gruppe**, die Ende 1988 in Paris mit dem Options- und Futures-Handel begonnen hat. OM hält an dieser Börse 20% des Kapitals.

**OM-London**
Zur **OM-Gruppe** gehörende, am 12. Dezember 1989 genehmigte erste ausländische Investmentbörse in Großbritannien, die über denselben Status verfügt wie die weiteren sechs zuvor am Platz London installierten Börsen. Über OM-London sollen vor allem die Verbindungen zu anderen OM-Plätzen hergestellt und intensiviert werden (Steigerung der Umsätze und der Liquidität).

**On line-Debit Card-Service**
Vollelektronisches Zahlungsverkehrsinstrument zum Bezahlen am → **Point of Sale**, das online über z.B. → **EPSS** zum Einsatz kommen kann. Siehe im einzelnen → **European Debit Card**.

**On-line-Factoring**
Ankoppelung des kundeneigenen EDV-Systems an das Rechenzentrum eines Factoring-Instituts (Factors) unter Einbezug der Datendienste der Deutschen Bundespost. Der Factor ermöglicht auf diese Weise dem Kunden den Zugriff auf die von ihm angekauften Forderungen (einschließlich der damit verbundenen Informationen) und die Auswertung sowie Analysen zu kundenbezogenen Fragestellungen (über geeignete Software und on-line-Verbindung). On-line-Factoring stellt den Kunden so, als ob er die Debitorenverwaltung im eigenen Haus mit eigenem Personal durchführen würde. Vorteile für Kunden und Factor bestehen darüber hinaus in der schnelleren Verfügbarkeit der Daten, der Flexibilität der Inanspruchnahme sowie damit verbundenen Kostenvorteilen und in Bearbeitungserleichterungen.

**Oppenheim DAX-Werte-Fonds**
Erster in Deutschland (1992) aufgelegter → **Indexfonds** des Bankhauses Sal. Oppenheim jr & Cie. KGaA, dessen Ziel darin besteht, die Perfomance des → **DAX** möglichst genau nachzubilden und damit ein effizientes Portfoliomanagement zu ermöglichen.
Um die Grenzen des § 8a I KAGG zu wahren, investiert der Oppenheim DAX-Werte-Fonds den nach § 8f II KAGG maximal zulässigen Anteil von 20% des Fondsvermögens in den DAX-Future. Der über die Marginverpflichtungen hinausgehende Geldbetrag wird am Geldmarkt investiert. Durch den Einsatz des DAX-Future werden die Gewichtungen der 30 DAX-Werte exakt um die DAX-Future-Investitionsquote reduziert.
Mit dem Einsatz des DAX-Future sind z.Zt. sowohl die 10%-Regel als auch die 40%-Regel des § 8a I KAGG ohne Probleme einzuhalten. Dies ändert sich erst dann, wenn (im Falle der 10%-Regel) beispielsweise Allianz oder (im Falle der 40%-Regel) RWE den DAX stark dominiert. Würde (wie im Jahr 1991) das Gewicht von Allianz über 12,5% oder das von RWE über 6,25% klettern, müßte für den überschießenden Anteil dieser Aktien jeweils ein Ersatzwert gefunden werden, der eine ähnliche Kursentwicklung aufweist.
**Lit.:** Ebertz, Th./R. Ristau, Ein erster deutscher Indexfonds: Oppenheim DAX-Werte-Fonds. Die Bank 1992, 156-160

## Optionen, Risikoparameter

Auf den → **Optionspreis** können folgende Veränderungen einwirken, die **risikoerhöhend** (oder andererseits bei gegenläufiger Bewegung chancenerhöhend) sein können, sofern sie den Zielsetzungen des Entscheidungsträgers zuwiderlaufen und mit Nachteilen verbunden sind (→ **Risiko**). Zur Messung der Veränderungen kommen Kennzahlen (→ **Premium Sensitivities**) zum Einsatz, die den Umfang der Einwirkung auf die Bewertung der Option ausdrücken (→ **Delta**; → **Gamma**; → **Rho**; → **Theta**; → **Vega**). Eine Übersicht über die Risikoparameter und die jeweiligen Kennzahlen zu ihrer Messung gibt die nachstehende Abbildung.

## Optionen auf DAX-Terminkontrakt

An der → **DTB** seit 24. Januar 1992 eingeführte und gehandelte Option auf einen → **DAX-Terminkontrakt (DAX-Future)**. Jede DAX-Future-Option basiert auf einem an der DTB zur gleichen Zeit handelbaren Terminkontrakt (Future) auf den Deutschen Aktienindex (DAX). Der Wert eines DAX-Futures und damit auch Kontraktwert der Option beträgt DM 100 pro Indexpunkt.

Der Käufer einer Option auf den DAX-Future erwirbt – gegen Zahlung des Optionspreises – das Recht, nicht aber die Verpflichtung, während der Laufzeit der Option zu einem im voraus festgelegten Preis (Basispreis) eine entsprechende Future-Position einzugehen. Der Verkäufer einer solchen Option ist verpflichtet, bei Ausübung die jeweilige Leistung zu erbringen.

**Kontraktspezifikationen:**

**Kontraktwert:** Ein DAX-Future-Kontrakt (DM 100 pro DAX-Punkt).

**Preisnotierung:** Vielfaches von 0,1 Indexpunkten.

**Minimale:** Tick-Größe: 0,1

**Preisveränderung:** Tick-Wert: DM 10

**Verfallmonate:** Die drei nächsten Monate sowie die nächsten beiden darauffolgenden Monate aus dem Zyklus März, Juni, September und Dezember.

**Zugrundeliegender Future-Kontrakt:** a) Verfallmonate März, Juni, September,

**Risikoparameter von Optionen**

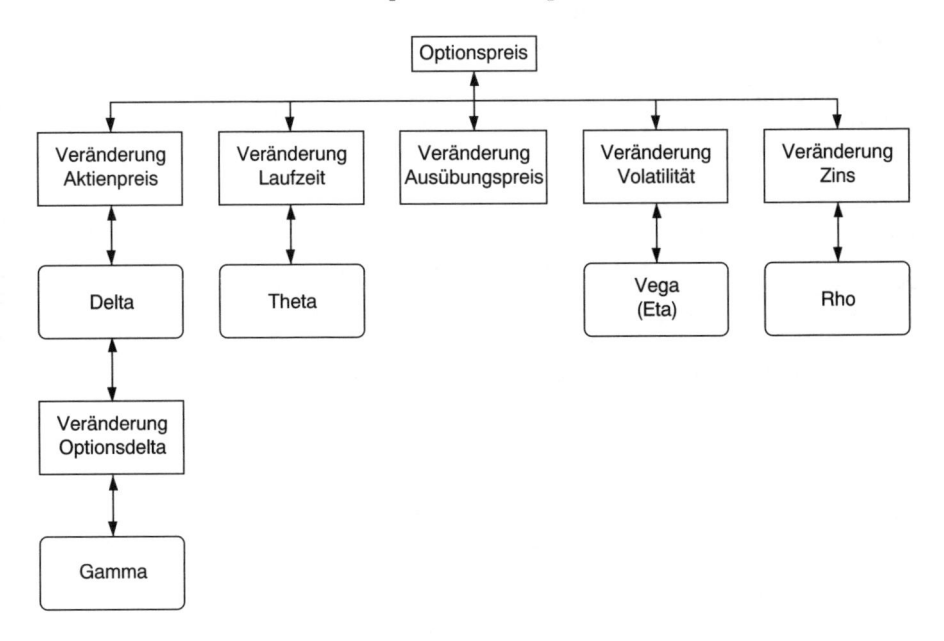

```
                        Optionspreis
    ┌──────────┬──────────┼──────────┬──────────┐
Veränderung Veränderung Veränderung Veränderung Veränderung
Aktienpreis  Laufzeit  Ausübungspreis Volatilität  Zins
    │          │                      │           │
  Delta      Theta                 Vega (Eta)    Rho
    │
Veränderung
Optionsdelta
    │
  Gamma
```

Dezember: Fälligkeitsmonat des zugrundeliegenden Futures und Verfallmonat der Option sind identisch.
b) Übrige Verfallmonate: Fälligkeitsmonat des zugrundeliegenden Futures ist der dem Verfallmonat der Option folgende Quartalsmonat.
**Basispreise** Die Basispreise haben feste Intervalle von 25 Punkten (z.B. 1625, 1650, 1675 etc.).
**Einführung neuer Basispreise** Jeder Verfallmonat wird mit fünf Basispreisen eingeführt. Neue Basispreise weren eingeführt am Börsentag, nachdem der tägliche Abrechnungspreis des zugrundeliegenden DAX-Future-Kontraktes den Durchschnitt zwischen dem zweit- und dritthöchsten bzw. -niedrigsten Basispreis über- bzw. unterschritten hat. Eine neue Serie wird nicht eingeführt, wenn die Restlaufzeit weniger als zehn Börsentage beträgt.
Optionen auf den DAX-Terminkontrakt ermöglichen dem Investor, sich mit einer einzigen Transaktion **entweder** gegen das Kursrisiko am deutschen Kassamarkt abzusichern **oder** an Kursveränderungen teilzuhaben. Wegen des zu Grunde liegenden DAX-Future (→ **Underlying**) weist die Option auf den DAX-Future einen zehnmal höheren Kontraktwert auf als die → **DAX-Option**. Insofern eignen sich Optionen auf den DAX-Terminkontrakt in besonderer Weise für das Risikomanagement großer Aktienbestände institutioneller Anleger.

### Option auf den Bund-Future

Option auf den → **Bund-Future, lang,** die am 16. August 1991 eingeführt und erstmals an der → **DTB** gehandelt worden ist. Mit der Option auf den Bund-Future erwirbt der Käufer das Recht, nicht aber die Verpflichtung, während der Laufzeit zu dem im voraus festgelegten Preis eine entsprechende Futures-Position einzugehen. Eine **Kaufoption** berechtigt den Käufer zum Erwerb eines Bund-Futures; übt der Käufer die Option aus, so wird seine Option zu einem Bund-Future. Der Käufer einer **Verkaufsoption** erhält bei Ausübung seiner Option eine entsprechende Verkaufsposition im Future. Die Optionen auf den Bund-Terminkontrakt können an jedem Börsentag ausgeübt werden (amerikanische Option). Sie werden für jeden Future aufgelegt und für die drei nächsten aufeinanderfolgenden Terminkontrakt-Liefermonate gehandelt.

### Optionsschein-Index
→ **TUBOS**

### Optionsscheine

Optionsscheine als eigenständige Wertpapiere haben am deutschen Finanzmarkt seit ihren Ursprüngen im Jahre 1988 eine rasche Expansion erreicht. Während zu Beginn noch die auf tatsächliche Lieferung/Leistung von konkreten Vermögensgegenständen gerichtete Optionen (z.B. auf Aktien, Obligationen und Devisen) dominierten, stehen in der jüngeren Vergangenheit zunehmend spekulative Instrumente im Vordergrund, bei denen Optionen auf den Ausgleich von Zinsdifferenzen, Devisenkursdifferenzen oder von Aktienindexentwicklungen geschrieben werden. Als Ermittenten kommen in erster Linie Banken des In- und Auslandes in Betracht, die als Stillhalter die Emission der Optionsscheine vornehmen, die in der Regel als eine oder zwei Sammelurkunden – hinterlegt bei der Deutschen Kassenverein AG – verbrieft und teilweise im Freiverkehr, teilweise im geregelten Markt gehandelt werden.
Während es sich bei tatsächlichen Lieferungsmöglichkeiten um Optionsscheine auf **konkreter Basis** handelt (auch als **gedeckte Optionsscheine** in Form von **Aktienscheinen, Währungsscheinen** und **Zinsscheinen** bezeichnet), zählen alle anderen Optionsscheine zu denjenigen, die auf **abstrakter Basis** abgeschlossen sind. (Abbildung).
**Index-Optionsscheine (Indexscheine)** werden v.a. auf den → **DAX**, den → **CAC**, den → **FTSE** und den → **SQP500** geschrieben, **Zinsoptionsscheine (Zinsscheine)** haben z.B. den

**Optionsscheine auf Anleihen mit variablem Zinssatz**   **OZ Zürich Optionen und Futures AG**

```
                    Optionsscheine
          ┌──────────────┴──────────────┐
    auf konkreter Basis           auf abstrakter Basis
    ─ Aktienscheine               ─ Indexscheine
      (gedeckte OS zum              (OS zum Ausgleich der
      Bezug/Verkauf von             Differenz von Basis
      Aktien)                       (-Preis) und aktuellem
    ─ Zinsscheine                   Indexwert)
      (gedeckte OS zum            ─ Zinsscheine
      Bezug/Verkauf von             (OS zum Ausgleich von
      Obligationen)                 Zinsdifferenzen ohne
    ─ Währungsscheine               Lieferanspruch/Lieferver-
      (gedeckte OS zum              pflichtung von
      Bezug/Verkauf von             Obligationen)
      Devisen)                    ─ Währungsscheine
                                    (OS zum Ausgleich von
                                    Devisenkursdifferenzen
                                    ohne Lieferanspruch/
                                    Lieferverpflichtung)
```

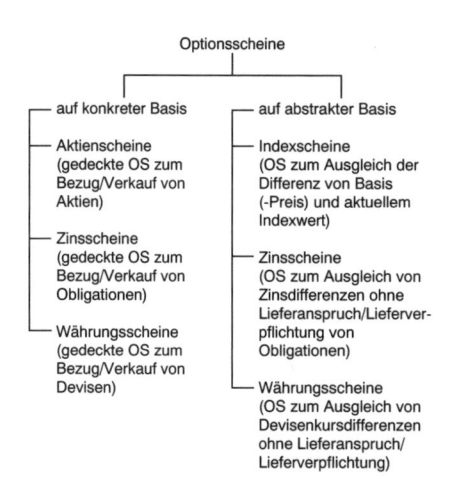

3-Monats-LIBOR, bestimmte Bundesanleihen oder Auslandsanleihen (bei Optionsscheinen auf konkreter Basis) als Basis und **Devisenoptionsscheine (Währungsscheine)** Kursdifferenzen des USD, den YEN oder des GBP zum Gegenstand der Spekulation.

**Optionsscheine auf Anleihen mit variablem Zinssatz (Reverse Floater)**
Vom Bankhaus Trinkaus & Burkhardt ab 29. April 1993 erstmals emittierte → **Zins-Optionsscheine** (1993/1995) auf einen **künftigen**, noch zu begebenden → **Reserve Floater** (1995/2003) mit folgenden Optionsschein-Spezifikationen (Auszug):
**Verkaufsbeginn**
29. April 1993
**Verkaufspreise/Kaufaufträge**
Die Verkaufspreise werden im Rahmen eines freihändigen Verkaufs fortlaufend festgelegt. Der anfängliche Verkaufspreis beträgt DM 3,35 je Optionsschein, Kaufaufträge sind auf dem banküblichen Wege bei der Trinkaus & Burkhardt KGaA, Düsseldorf, aufzugeben.
**Zahltag**
4. Mai 1993
**Ausübungsfrist/-termin**
Die Optionsscheine können nur in der Zeit vom 20. März bis zum 27. März 1995, 17.00 Uhr (Düsseldorfer Zeit), mit Wirkung zum 10. April 1995 bei der Trinkaus & Burkhardt KGaA, Düsseldorf, ausgeübt werden.

**Optionsrecht**
Jeweils einhundert Optionsscheine berechtigen den Inhaber nach Maßgabe der Optionsbedingungen zum Bezug von einer Teilschuldverschreibung im Nennbetrag von DM 10 000,– einer Anleihe mit variablem Zinssatz der Trinkaus & Burkhardt KGaA, fällig am 10. April 2003 (die „Teilschuldverschreibungen"), zum Preis von 100% des Nennbetrages einer Teilschuldverschreibung (der „Kaufpreis"). Die Teilschuldverschreibungen werden mit 18% p.a. abzüglich des zweifachen Sechs-Monats-DM-LIBOR (höchstens abzüglich 18% p.a.), zahlbar halbjährlich nachträglich am 10. April und 10. Oktober eines jeden Jahres, verzinst.

Die Teilschuldverschreibungen sollen nach ihrer Begebung zum Handel im Geregelten Markt an der Wertpapierbörse zu Düsseldorf zugelassen werden.

**Out-Option**
→ **Barrier Option**

**OZ Zürich Optionen und Futures AG**
Die OZ Zürich Optionen und Futures Aktiengesellschaft wurde am 17. März 1988 in Zürich gegründet und gleichentags ins Handelsregister des Kantons Zürich eingetragen. Sie hat ihren Sitz in Zürich. Die Dauer der Gesellschaft ist unbegrenzt.

Die Gesellschaft bezweckt die Ausgabe von Optionen und Terminkontrakten zum Kauf oder Verkauf von Indizes und anderen Finanzinstrumenten.

Die Gesellschaft kann Finanzgeschäfte aller Art tätigen, unter Ausschluß der öffentlichen Empfehlung zur Annahme fremder Gelder.

Die Geschäftstätigkeit der OZ Zürich Optionen und Futures Aktiengesellschaft ist auf die Emission, den Handel und des Brokerage im Schweizer Optionenmarkt konzentriert.

# P

**PATS**
→ **Partly Assisted Trading System**

**Partly Assisted Trading System (PATS)**
Computerunterstütztes Handelssystem an der Wiener Börse, mit dem seit Frühjahr 1991 alle amtlich notierten Beteiligungswerte gehandelt werden. Darüber hinaus erhalten Banken und Makler über PATS umfangreiche Informationen über Kurse, eigene Orderlage, Ankündigungen und Kundmachungen. Insofern trägt PATS neben der Marktabwicklung erheblich zur Markttransparenz bei.

**Performance**
Ergebnis eines Investments in Finanztitel, das sowohl Zins- und Dividendenerträge als auch Kursgewinne berücksichtigt (siehe auch → **operation blanche**) einschließlich deren Reininvestition.

**Performance-Index**
→ **TUBOS**; → **PREX**; → **DAX**

**Performance options**
Form von → **exotic options** (auch als **correlation options** bezeichnet), die dem Käufer der → **Option** die Wahl zwischen zwei → **underlyings** oder zwischen zwei Klassen von underlyings insofern eröffnen, als er diejenige mit der höchsten → **Performance** wählt. Ist sich der Investor unter der Zielsetzung der Realisierung einer bestmöglichen Performance nicht sicher, ob er Aktien der X-AG oder der Y-AG kaufen soll, dann bietet sich für ihn der Kauf einer **correlation** bzw. **performance option** an, um später die Entscheidung für das stärkere Papier treffen zu können. Derartige Optionen können darüber hinaus auf **Sektoren** angewandt werden; in diesem Fall stünden → **Baskets** beispielsweise der Chemie und der Bauwirtschaft oder anderer Wirtschaftsbereiche als underlyings zur Wahl des Käufers der entsprechenden Option.

**POZ-System**
Variante eines → **Point-of-Sale-Zahlungssystems** ohne Zahlungsgarantie. Im Gegensatz zum → **electronic cash-System** (mit Zahlungsgarantie), bei dem sich der Kunde durch Eingabe einer persönlichen Identifikationsnummer (PIN) identifiziert und legitimiert, erfolgt im POZ-System die Legitimation lediglich durch Unterschrift. Mittels der im Magnetstreifen einer ec-Karte gespeicherten Daten ermöglicht POZ den Handels- und Dienstleistungsunternehmen, eine Einzugsermächtigungslastschrift zu erstellen und den getätigten Umsatz dann mittels Lastschrift vom Konto des Kunden einzuziehen. Die Vorteile von POZ, das ab 01.02.1993 praktiziert wird, liegen in der kostengünstigeren Abwicklung gegenüber dem electronic cash-System, bei dem der Händler 0,3% des Umsatzes an Gebühren bezahlt, während bei POZ eine Festgebühr pro Transaktion von 0,10 DM berechnet wird.

**Principal Strip Municipal Tigrs**
Markenbezeichnungen für Finanzinnovationen im Bereich **municipal bonds ("new muni produkts")** die nach dem Vorbild von → **stripped bonds** bzw. → **Tigrs** von Merryll Lynch u. Co. im April 1993 für den amerikanischen Kapitalmarkt geschaffen worden sind und den Erfolg von → **CMO** nunmehr im Sektor von öffentlichen (kommunalen) Papieren fortführen sollen. Nach demselben Prinzip sind auch die **Coupon Strip Municipal Tigrs** konstruiert. Es erfolgt eine Trennung der municipal bonds von Kapital und Zinsen, so daß jeweils **underlying pools** entstehen (Null-Kupon-Anleihen mit dem „nackten" Kapital und Null-Kupon-Anleihen auf der Basis der Zinsscheine).

# Q

**Quanto Yield Difference-(QYD) Zinsbegrenzungszertifikate**
Auf italienische Lira lautende → **Zinsbegrenzungszertifikate**, die von Merrill Lynch Anfang April 1993 begeben worden sind. Jedes Zertifikat verkörpert für den Käufer bei einem Kaufpreis von 3,50 DM das Recht, die Differenz zwischen dem Sechs-Monats-Lira-LIBOR und dem Zinsbegrenzungssatz von 11,0% zu verlangen, wenn der Sechs-Monats-Lira-LIBOR unter die Zinsmarke fällt (Laufzeit bis 15.9.1995)

**Quartetto**
Neuer Optionsschein der Goldman, Sachs & Co. Wertpapier GmbH, Frankfurt/M., als Alternative zu einem „einfachen" USD/DM-Call (zu einem Basispreis).
Der Goldman Sachs „Quartetto" USD/DM Call beinhaltet **vier Calls** mit den Basispreisen USD/DM 1,54 · USD/DM 1,64 · USD/DM 1,74 ·USD/DM 1,84 in einem Paket mit einem theoretischen Durchschnittspreis von USD/DM 1,69. Im Gegensatz zu einem **einfachen Call** mit Basispreis **USD/DM 1,69** ist der „Quartetto" bis zu einem Kurs von USD/DM 1,54 noch im Geld.
**Emissionspreis:** DM 7,25
**Basispreise:** USD/DM 1,54 • USD/DM 1,64 •USD/DM 1,74 • USD/DM 1,84
**Laufzeit:** 16. Juni 1993 bis 1. Juni 1994
**Ausübung:** Jeder Optionsschein gewährt dem Optionsscheininhaber das Recht, die Summe der Differenzen in DM zu erhalten, um die der am auf die Ausübung folgenden Börsentag festgestellte USD/DM-Kassamittelkurs die Basiskurse überschreitet, jeweils multipliziert mit 25.
**Emission:** 1 Mio. Optionsscheine

**QYD-Zinsbegrenzungszertifikate**
→ **Quanto Yield Difference-Zinsbegrenzungszertifikate**

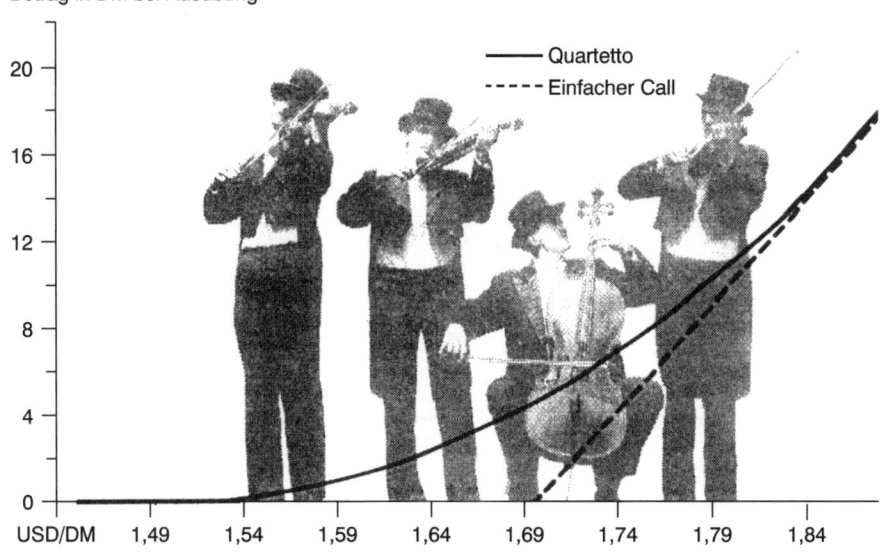

# R

**Rebate**
→ **barrier option**

**Redemption**
Bezeichnung für **Tilgung** einer Schuldverschreibung durch Emittenten, wobei grundsätzlich Einmal-Tilgung des Anleihebetrages in einer Summe **(bullet bond)** oder entsprechend eines Tilgungsplanes in Annuitäten erfolgen kann **(Annuitäten-Bond)**.

**Renditeabweichung**
Maß für die Unter- oder Überbewertung von Bundesanleihen/Bundesobligationen zwischen theoretischer Rendite und tatsächlicher Rendite (Marktrendite). Diese Kennzahl ist insofern von Bedeutung, als – im Rahmen der Ermittlung des → **Deutschen Rentenindex (REX)** für jede umlaufende Bundesanleihe/Bundesobligation eine theoretische (rechnerische) → **AiBD-Rendite** ermittelt wird. Das Maß für die Renditeabweichung zeigt in DM oder → **Basispunkten**, in welchen Umfang die angeführten Finanztitel billiger oder teurer als der Markt sind. Dabei wird der Markt durch die aktuelle Renditestruktur aller umlaufenden Bundesanleihen/-obligationen repräsentiert (→ **Deutscher Rentenindex**):
Renditeabweichung = (Tatsächliche Rendite – theoretische Rendite) · 100 (siehe auch → **Kursabweichung**)

**Repurchase-Geschäft**
→ **Wertpapierleihe**

**Restlaufzeit**
Kennzahl im Rahmen der Ermittlung der → **Zinsstrukturkurve** (Renditestrukturkurve) für die Ermittlung des → **Deutschen Rentenindex (REX)**. Gibt Auskunft einerseits über die **Kapitalbindungsdauer** (= Zeitraum bis zur Fälligkeit eines Finanztitels) und dient andererseits als **Risikomaßstab** (Je länger die Restlaufzeit, umso höher die Kursrisiken bzw. -chancen). Die Ermittlung der „Restlaufzeit (RZ)" kann anhand folgender „Formel" erfolgen:
**Restlaufzeit** =
$$\frac{(J2 - J1) \cdot 360 + (MT2 - MT1) \cdot 30 + T2 - T1}{360}$$
wobei: J = Jahr
MT = Monat
T = Tag

**Reverse-Floater**
Inhaberschuldverschreibung, die in der Regel in der Anfangsphase (meist zwei Jahre) eine hohe feste Verzinsung und in der restlichen Laufzeit (meist acht Jahre) eine variable Verzinsung aufweisen, mit der Chance, durch rückläufige Geldmarktzinsen einen höheren Ertrag zu erzielen; dagegen bewirken steigende Geldmarktzinsen einen niedrigeren Ertrag. Insofern handelt es sich um einen Finanztitel für Anleger, die fallende Geldmarktzinsen erwarten. Die **Ausstattung** kann beispielsweise wie folgt lauten:
Laufzeit: 10 Jahre, Stückelung: 1 000 DM;
Verzinsung:
Im 1. und 2. Jahr: 9,5% p.a. mit jährlicher Zahlung (nachträglich)
Im 3. bis 10. Jahr: 19,2% p.a. abzüglich 2 × 6-Monats-DM-LIBOR, zahlbar halbjährlich. Fällt beispielsweise der 6-Monats-DM-LIBOR an einem Zinstermin auf 6% (von 7,75% zum Emmissionszeitpunkt), dann ergibt sich für die nächste Zinsperiode ein Zinssatz von 7,2% (= 19,2 – 2 × 6).

**Reverse-Floater-Optionsscheine**
→ **Optionsscheine auf Anleihen mit variablem Zinssatz (Reserve Floater)**

## REX
→ **Deutscher Rentenindex (REX)**

### REX Bull Warrants
Optionsscheine (→ **Warrants**) auf den → **Deutschen Rentenindex (REX)**, die von Banken begeben werden. Die Ausstattung ist in der Regel dadurch charakterisiert, daß jeweils 1 REX Bull Warrant eine **Kaufoption** mit dem Recht gewährt, bei Ausübung von der Emittentin (Bank) die Gutschrift eines bestimmten Geldbetrages zu verlangen. Dieser Betrag entspricht der in DM ausgedrückten Differenz, um den der REX am Berechnungstag den Basispreis **übersteigt**.

**Beispiel:** Hypobank REX Bull Warrants 1993/1995
Anzahl: 10 Mio Stück
Verkaufsbeginn: 15.4.1993
Mindestausübungsmenge: 1 000 Stück, darüber hinaus ganzzahlige Vielfache von 100
Basiswert: 105,00
Anfänglicher Verkaufspreis: 2,25 DM
Optionsfrist: 29.4.1993-13.12.1995

**Verbriefung:** Effektive Optionsscheine werden nicht ausgegeben. Den Inhabern stehen Miteigentumsanteile an Inhaber-Sammeloptionsscheinen zu, die bei der → **DKV-AG** hinterlegt werden.

**Börsennotierung:** Amtliche Notierung an den Wertpapierbörsen in München und Frankfurt/Main.

### REX Bear Warrants
Optionsscheine (→ **Warrants**) auf den → **Deutschen Rentenindex (REX)**, die von Banken gegeben werden. Charakteristisch für die Ausstattung ist, daß jeweils 1 REX Bear Warrant eine → **Verkaufsoption** gewährt mit dem Recht, bei Ausübung von der Emittentin (Bank) die Gutschrift eines bestimmten Geldbetrages zu verlangen. Dieser Betrag entspricht der in DM ausgedrückten Differenz, um den der REX am Berechnungstag den Basispreis **unterschreitet**.

**Beispiel:** Hypobank REX Bear Warrants 1993/1995
Anzahl: 10 Mio Stück
Verkaufsbeginn: 15.4.1993
Mindestausübungsmenge: 1 000 Stück, darüber hinaus ganzzahlige Vielfache von 100
Basiswert: 103,00
Anfänglicher Verkaufspreis: 2,15 DM
Optionsfrist: 29.4.1993-13.12.1995
Verbriefung und Börsennotierung wie → **REX Bull Warrants**.

## REXP
→ **REX-Performance-Index**

### REX-Performance-Index (REXP)
Seit 27. April 1992 veröffentlicht die Frankfurter Wertpapierbörse neben dem → **REX** als Kaufindex börsentäglich auch den REX-Performance-Index (REXP) als Maßstab (→ **Benchmark**) für den Anlageerfolg am Rentenmarkt. Während der REX **Kursveränderungen** am Rentenmarkt weitgehend unverzerrt wiedergibt (**Kursindikator**), zeigt der REXP die zweite Komponente eines Rentenmarktinvestments, nämlich die Zinseinkommen durch die anfallenden Zinsen (Kupon/Stückzahlen) und deren Wiederanlage-Erfolg. Dabei ergibt sich für die Zinseinkünfte das Problem der Wahl des **Zeitpunktes** und der **Art** der Kupon-Reininvestition (entweder Gesamtportfolio gemäß Gewichtungsmatrix des REX oder Einzeltitel entsprechend dem entstandenen Zinsertrag): REXP berücksichtigt zur Vermeidung von Verzerrungen die **tägliche Wiederanlage** (wobei ein durchschnittlicher REX-Kupon zur Vermeidung einer Überperformance zu Grunde gelegt wurde) mit **Wiederanlage im gesamten Basisportfolio** des REX (damit wird die Bevorzugung von Hochkuponpapieren und eine Verzerrung des Index vermieden). Basisdatum ist der 30. Dezember 1987 mit dem Indexwert 100, um

den Vergleich mit den DAX-Performance-Ergebnissen zu erleichtern (der Startwert von DAX basiert auf dem Indexwert 1 000 am 30. Dezember 1987). Für REXP sind ab 30.12.1987 tägliche Werte verfügbar, für die Zeit zwischen Januar 1967 bis Ende 1987 Monatsultimobestände. Der direkte **Total-Performance-Vergleich** zwischen DAX und REXP zeigt, daß zwar auch am Rentenmarkt deutliche Renditeschwankungen zu verzeichnen sind, diese jedoch wesentlich niedriger ausfallen als diejenigen des Aktienmarktes, repräsentiert durch DAX.

## Rho

Kennzahl zur Beurteilung von **Premium Sensitives** bei Optionen bezüglich von Veränderungen der Optionsprämie als Reaktion auf Veränderungen des Zinsniveaus hinsichtlich des → **Underlying**.

## Risk Based Margin-Berechnung für DAX-Terminkontrakte

Die täglich von jedem DTB-Clearing-Member zur Besichtigung seiner gesamten Kontaktverpflichtungen börsentäglich zu leistenden Sicherheiten (in Wertpapieren oder Geld) orientiert sich am **Risk-Based-Margining-System**: Basis für die Ermittlung der Sicherheitsleistung ist die Zusammenfassung aller Options- und Future-Positionen bezogen auf einen Basiswert bzw. auf korrelierende Basiswerte (nur Netto-Positionen einer Serie bzw. eines Kontrakts).

Die Vorgehensweise bei der Berechnung der Risk Based Margin für DAX-Futures zeigt

Börsenteilnehmer hält im Oktober ein Portefeuille an DTB-DAX Futures.
Es ergeben sich folgende Nettopositionen:

| Kontrakt | Kauf-<br>(Long-)<br>Position | Verkaufs-<br>(Short-)<br>Position | Netto-<br>position |
|---|---|---|---|
| Dez. 90 | 15 | 10 | 5 Long |
| März 91 | 8 | 0 | 8 Long |
| Juni 91 | 10 | 13 | 3 Short |

Um die *Spread Margin* zu berechnen, werden die sich kompensierenden Nettopositionen (Spread-Positionen) gesondert erfaßt und mit dem entsprechenden Margin-Satz multipliziert[1].

Bei der Berechnung der *Additional Margin* wird die verbleibende Non-Spread-Position mit 10 Kontrakten mit dem Additional-Margin-Satz[1] von DM 13 500 multipliziert. Das entspricht einem projizierten Margin-Intervall von 270 Ticks à DM 50.

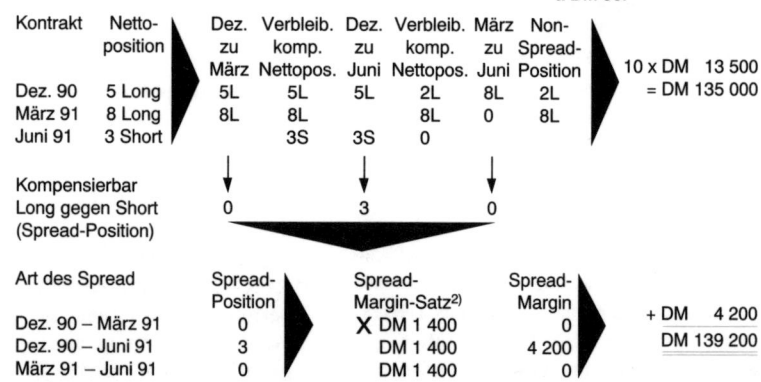

| Kontrakt | Netto-<br>position | Dez.<br>zu<br>März | Verbleib.<br>komp.<br>Nettopos. | Dez.<br>zu<br>Juni | Verbleib.<br>komp.<br>Nettopos. | März<br>zu<br>Juni | Non-<br>Spread-<br>Position | | |
|---|---|---|---|---|---|---|---|---|---|
| Dez. 90 | 5 Long | 5L | 5L | 5L | 2L | 8L | 2L | 10 x DM 13 500 | |
| März 91 | 8 Long | 8L | 8L | | 8L | 0 | 8L | = DM 135 000 | |
| Juni 91 | 3 Short | | | 3S | 3S | 0 | | | |

| Kompensierbar<br>Long gegen Short<br>(Spread-Position) | 0 | 3 | 0 |
|---|---|---|---|

| Art des Spread | Spread-<br>Position | Spread-<br>Margin-Satz[2] | Spread-<br>Margin | | |
|---|---|---|---|---|---|
| Dez. 90 – März 91 | 0 | X DM 1 400 | 0 | + DM 4 200 | |
| Dez. 90 – Juni 91 | 3 | DM 1 400 | 4 200 | DM 139 200 | |
| März 91 – Juni 91 | 0 | DM 1 400 | 0 | | |

[1] Die hier verwendeten Margin-Sätze sind hypothetisch
[2] Spread-Margin-Satz pro Spread.

**Risk Based Margining System**

das vorstehende Beispiel (Quelle: DTB, DAX-Future, 2. Auflage 1991, 25).

**Risk Based Margining System**
→ **Risk Based Margin-Berechnung für DAX-Terminkontrakte**

**Ri-Trs**
→ **Savre Trs.**

**Rolling Sport-Terminkontrakte und Optionen**

Im Juni 1993 begann die Chicago Mercantile Exchange (CME) als eine Reaktion auf schärfere Kapital-Clearing- und Abwicklungsanforderungen der Bank für Internationalen Zahlungsausgleich (BIZ) auch für den Devisenhandel den Handel mit diesem neuen Produkt. Rolling Spot-Terminkontrakte und Optionen bieten den Banken die Möglichkeit, die nach dem → **Netting** am Ende eines Verkaufstages noch de facto bestehenden Kauf- oder Verkaufsüberhänge automatisch auf den nächsten Tag zu rollen. Bisher wurden solche offenen Positionen der Marktteilnehmer durch Termin- oder Swapkonstruktionen auf den nächsten Tag verschoben. Diese sind mit dem neuen derivativen Finanzinstrument nicht mehr erforderlich, so daß nach Aussagen der Bank Zeit, Personal und Kosten gespart werden sowie Bank und Händler sich des → **Clearing**- und → **Settlementrisikos** entledigen. Das neue Produkt verändert damit aber auch das klassische Verhältnis zwischen Kassa- und Terminmarkt. Der Kassa-Markt wird durch die „rollende" Abwicklung der offenen Positionen direkt an das Clearing- und Settlement-System der CME angeschlossen, die Rolling Spot-Terminkontrakte und Optionen dienen nicht der Absicherung vor Kursrisiken, sondern vor Settlement- und Clearing-Risiken. Es ist geplant, nach der Einführung im Sterling/Dollar-Handel den Markt um den DM/Dollar-Handel zu erweitern. **SK**

# S

**Salomon Brothers World Government Bond Index**
Rentenmarktindex von Salomon Brothers, der neben dem → **J.P. Morgan Government Bond Index** als anerkannter Vergleichsmaßstab für international ausgerichtete Anleihen-Portfolios (→ **Benchmarks** zur Leistungsmessung des Portfolio-Managers bzw. -Managements) dienen kann.

**Savr-Trs**
Von Lehman Brothers auf dem amerikanischen Markt im April 1993 eingeführte „**new muni products**", wie sie auch von Merryll Lynch als → **Principal Strip Municipal Tigrs** angeboten wurden. Ähnlich auch die **Ri-Trs**.

**SBAI**
→ **Swiss Bid-/Ask-Index**

**Schnelltender**
Instrument der Geldmarktsteuerung durch die Bundesbank in Zusammenhang mit → **Pensionsgeschäften**. Dabei handelt es sich um → **Tender** mit Laufzeiten von zwei bis zehn Tagen (ansonsten ein oder zwei Monate) zur kurzfristigen Liquiditätsversorgung der Banken. Bei dieser Variante des → **Tender-Verfahrens** erfolgt die **Zuteilung taggleich**, während bei üblichen Tender-Verfahren die Zuteilung einen Tag nach der Ausschreibung vorgenommen wird.

**Schuldverschreibungen, nachrangige**
→ **Verbindlichkeiten, nachrangige**

**SEATS**
→ **Stock Exchange Automated Trading System**

**Securities Lending**
→ **Wertpapierleihe**

**SGB**
→ **Swiss Government Bond**

**Shogun Bond**
Bezeichnung für Schuldverschreibung, die am japanischen Kapitalmarkt als → **Auslandsanleihe** in USD emittiert wird.

**Short-Optionsscheine**
Die DG-Bank emittierte zum 2. April 1993 im freihändigen Verkauf (Zahltag: 7.4.1993) je drei Serien von Short-Optionsscheinen Call und Put auf den → **DAX** (DAX Short-Call 93/94 und DAX Short-Put 93/94) zu je 5 Mio. Stück mit Fälligkeiten zum 15.4.1994 (Serien A und D), 13.4.1994 (Serien B und E) sowie zum 11.4.1994 (Serien C und F). Die innovative Seite der Produktgestaltung besteht darin, daß jeder Short-Optionsschein mit **zwei** → **Basispreisen** ausgestattet ist, wodurch das Verlustrisiko des Stillhalters/Verkäufers auf den Kaufpreis des Scheines beschränkt wird. Jeweils 100 Optionsscheine berechtigen den Inhaber, von der Emittentin nach Maßgabe der Optionsbedingungen die Zahlung eines Differenzbetrages zu verlangen. Dieser Rückzahlungsbetrag ist abhängig vom DAX-Schlußkurs und weist Staffelungen auf. Der maximale Rückzahlungsbetrag ist bei allen Serien auf DM 150 für 100 Optionsscheine begrenzt (bei Verkaufspreisen zwischen 0,94 DM und 1,32 DM je Schein). So lautet beispielsweise die Rückzahlungsstaffel beim DAX Short-Call 93/94, Serie A mit Basispreisen von DM 1 750/1 900 bei unterschiedlichen DAX-Schlußkursen wie folgt:

$DAX \leq 1\,750 = DM\,150$
$1\,750 < DAX < 1\,900 = DM\,1\,900 - DAX$
$DAX \geq 1\,900 = DM\,0$

Für einen DAX Short-Put 93/94, Serie D mit Basispreisen von DM 1 675/1 525 lautet die Rückzahlungsstaffel in Abhängigkeit vom DAX-Schlußkurs wie folgt:

$DAX \geq 1\,675 = DM\,150$
$1\,675 > DAX > 1\,525 = DAX - DM\,1\,525$
$DAX \leq 1\,525 = DM\,0$

Die Mindestzeichnung jeder o.g. Serien war mit 1 000 Optionsscheinen festgelegt; darüber hinaus mußten sie auf ein ganzzahliges Mehrfaches von 100 lauten. Die Verbriefung der Optionsrechte erfolgt durch Global-Inhaber-Optionsscheine, an denen Miteigentumsanteile zu erwerben sind. Preisfeststellung durch Einbeziehung in den Freiverkehr der Wertpapierbörsen von Frankfurt/Main, München und Hamburg ist vorgesehen. SK

### Smart Money-Fonds
Variante von → **Hedge Funds**, die als strategische Blockinvestitionen angelegt sind, um bei feindlichen Übernahmen überdurchschnittliche Gewinne zu erzielen. Anteile an Smart Money-Fonds werden in den USA bevorzugt einem kleinen Kreis überaus vermögender Anleger exklusiv angeboten und unterliegen daher weder den Vorschriften der → SEC noch werden sie von steuerrechtlichen Vorschriften beeinträchtigt.
**Lit.:** Bernheim, A., The U. S. Offshore Funds Directory 1990.

### SMI-Futures
Aktienindex-Futures auf den → **SMI** an der → **SOFFEX**, die seit 9. November 1990 handelbar sind, mit folgenden **Kontraktspezifikationen:**
**Verfallmonate:** 3 nächste Monate plus nächster Monat des Zyklus Januar, April, Juli, Oktober
**Verfalltermin:** 3. Freitag des Kontraktmonats
**Basis:** Swiss Market Index (SMI)
**Handelseinheit:** 50 Fr. × SM-Index in Punkten; Minimalpreisfluktuation (Tick), 0,1 Indexpunkte oder 5 Fr.
**Liquidation:** Barausgleich
**Kommission:** wegen der Aufhebung der Courtagekonvention frei aushandelbar (zwischen Mitgliedern und Anlegern; Kauf und Verkauf gilt als eine Transaktion)
**Gebühren:** 10 Fr. für Agent- und Principal-Transaktionen, 1 Fr. für Market-Maker-Transaktionen

**Einschußmarge:** 5 000 Fr. pro Kontrakt; Reduktion bei Spread-Positionen; in Form von Guthaben, SNB-fähigen Wertpapieren, Bankgarantien
**Nachschußmarge:** wird auf Grund einer täglichen Bewertung auf offene Positionen neu errechnet.
**Handelsart:** Soffex
**Handelszeiten:** ca. 10 bis 16 Uhr (während des permanenten Handels an der Zürcher Börse) mit Pause von 13 bis 14 Uhr

### SMI-GROI
Einen Mindestgewinn garantierendes Anlageprodukt des Schweizerischen Bankvereins im Sinne eines **Guaranted Return on Investment** in der Weise, daß der Investor zwischen drei Anlagetypen wählen kann, die einen unterschiedlichen Mix von Geldmarktanlagen und Indexanteil (→ **SMI**) beinhalten, die je nach Kombination eine Rendite von 0% bis maximal 24,72%, 4 bis 16% und 7 bis 9,03% garantieren (1991). SMI-GROI entsprechen den sog. → **90/10%-Anlagestrategien**.

### SMILE
→ **Swiss-Market-Index-liierte Emission**

### SOFFEX-Handel
Der Anleger erteilt Aufträge an die → **SOFFEX** über eine Bank. Falls dieses Institut ein Mitglied der SOFFEX ist, besorgt es gleich den Handel. Andernfalls leitet es den Auftrag ohne Mehrbelastung für den Kunden an ein SOFFEX-Mitglied weiter.
Die Börsenteilnehmer handeln via Computerterminals, wo die Aufträge eingegeben werden. Auf Verlangen müssen die Market Makers „Quotes" eingeben. Das sind verbindliche Kauf- und Verkaufspreise, zu denen sie gewillt sind zu handeln. Falls sich Angebot und Nachfrage decken, tätigt das System automatisch eine Transaktion (Matching). Ein Matching kann zwischen allen Marktteilnehmern stattfinden. D.h. bei einem Kauf durch einen Broker muß der Handelspartner nicht ein Market Maker sein. Es kann sich auch um einen anderen Broker

handeln, der einen entsprechenden Verkaufsauftrag eingegeben hat.
Ein Abschluß wird automatisch an das Clearing-System gemeldet. Von dort erhalten dann die teilnehmenden Partner die Bestätigung über ihre Terminals. Zudem werden sämtliche Clearing-Funktionen automatisch ausgeführt.

**SOFFEX-Marktteilnehmer**
An der → **SOFFEX** gibt es direkte und indirekte Marktteilnehmer. Zu den **direkten Marktteilnehmern** (Börsenmitglieder) gehören Broker (Makler) und Market Makers. Deren Kunden werden als **indirekte Marktteilnehmer** bezeichnet. Die Börsenmitglieder müssen, sofern sie nicht selbst ein Clearing-Mitglied sind, mit einem General-Clearing Mitglied eine Vereinbarung zum Clearing ihrer Abschlüsse haben. Ein Börsenmitglied muß entweder Mitglied der schweizerischen Aktienbörse oder im Wertpapier-, Optionen- oder Futureshandel mit Geschäftssitz und Personal in der Schweiz sein.
**Broker** führen vor allem Aufträge für ihre Kunden aus. Sie sind nicht verpflichtet, für die Optionen auf einen oder mehrere Titel einen Markt zu unterhalten.
**Market Maker** besitzen die Lizenz für die Optionen auf einen oder mehrere Titel. Sie sind verpflichtet, in diesen Optionen einen fairen und ordentlichen Markt zu unterhalten. Zu diesem Zweck müssen sie „Quotes" für den Geld- und Briefkurs angeben, sobald ein „Quote Request" für eine von diesen Optionen im SOFFEX-System erscheint. Somit ist auf Verlangen der anderen Marktteilnehmer oder der SOFFEX immer ein verbindlicher Kurs bekanntzugeben, zu dem Market Maker bereit sind zu kaufen oder zu verkaufen.

**SOFFEX-Organisation**
Für SOFFEX-Produkte besteht ein **Börsenzwang**, d.h. sämtliche Transaktionen müssen über die Börse gehandelt werden. Dies ermöglicht es der → **SOFFEX**, sämtliche Transaktionen zu überwachen. Allfällige Marktmanipulationen kann die SOFFEX durch das Setzen von **Positionslimiten** begegnen. Zudem kann sie **außerordentliche Maßnahmen** treffen (z.b. Cash Settlement – Barausgleich – anstatt physische Lieferung der Titel), um Marktmanipulationen zu verhindern. Modernste technische Hilfsmittel gewährleisten die **Kurstransparenz** und ermöglichen somit allen Marktteilnehmern eine faire Marktübersicht.

**SOM**
→ **Suomen Optiomeklarit**

**Step up-Anleihe**
Erstmals von der Service Bank GmbH von 1954, Köln (unter Garantie der Kaufhof Holding AG, Köln) begebene Kombizins-Anleihe mit einer Laufzeit von zehn Jahren (21.5.1992 bis 21.5.2002), deren Verzinsung in der Zeit vom 21.5.1992 bis zum 20.5.2000 eine **Niedrigzinsphase** von 2,5% p.a. und vom 21.5.2000 bis zum 20.5.2002 eine **Hochzinsphase** von 31,5% p.a. (Zahlung jeweils nachträglich) aufweist. Die Emissionsrendite war bei einem Ausgabekurs von 94,25% mit 7,58% p.a. angegeben. Analog zur → **Kombizins-Anleihe** mit Nullkuponperiode eignet sich die step up-Anleihe für Anleger, die entweder in den ersten acht Jahren einen hohen Kursgewinn zu erzielen beabsichtigen (den sie ggf. steuerfrei vereinnahmen können) **oder** die hohe Zinserträge der beiden letzten Jahre der Laufzeit steuermindernd einsetzen wollen. Es ergibt sich wie bei der Kombizins-Anleihe ein Kursanstieg bis zum **Kursgipfel**, der am Ende des letzten Jahres der Niedrigzinsphase eintritt, dem dann ein starker Kursabfall auf den Rückzahlungskurs von 100% am 21.5.2002 folgt.

**Step-up-Swap**
→ **Forward Swap**

**Stillhalter-Fonds**
Zielsetzung von Stillhalter-Fonds ist es, durch den Verkauf ungedeckter Optionen auf Aktien, Aktienindizes sowie von Optio-

nen auf Futures an Terminbörsen Prämieneinnahmen zu erzielen. Das Fondsvermögen dient dabei lediglich zur Erfüllung der Margin-Verpflichtung. Eine größtmögliche Streuung soll das Risiko für den Anleger reduzieren. Ein Totalverlust der Einlage ist möglich. Nachschußverpflichtungen werden i.d.R. ausgeschlossen. Grundlage dieser Anlagestrategie ist die in der Vergangenheit beobachtete Tatsache, daß Optionen zu einem nicht unerheblichen Teil wertlos verfallen und die Optionsprämien einen relativ hohen Zeitwertanteil beinhalten, der verhältnismäßig schnell abgebaut wird. Stillhalter-Fonds zielen darauf ab, diesen Zeitwert zu vereinnahmen. Problematisch erscheint, daß mit zunehmendem Interesse der Anleger an Stillhaltergeschäften die Prämien tendenziell sinken könnten und damit Stillhalter-Fonds eine lediglich vorübergehende Erscheinung sein könnten. **MR**

**Stock Exchange Automated Trading System (SEATS)**
An der → **Australian Stock Exchange (ASX)** entwickeltes elektronisches Börsenhandelssystem, das sich durch Bedienungsfreundlichkeit und Schnelligkeit auszeichnet und als fair bezeichnet wird. Die Börsenautomatisierung begann in Australien am 19. Oktober 1987; am 1. September 1990 umfaßte der elektronische Handel bereits 100 Titel. Inzwischen sind die vormals sechs Börsen in Australien zugunsten des einzigen elektronischen Systems SEATS geschlossen. Das erforderliche Netzwerk wird terrestrisch und via Satellit geführt. Über rund 600 Händler-PC's, die an einen Zentralcomputer angeschlossen sind, werden einerseits für alle Beteiligten zu jedem Zeitpunkt gleichzeitig die gleichen Informationen geliefert, andererseits ist die Bedienung dieses auftragsgesteuerten Systems nach kurzer Zeit problemlos möglich.

**Stockholms Optionsmarknad (OM)**
Schwedische Optionsbörse, die 1985 als Markt für den Handel mit Finanzinstrumen-

ten und als Clearinghaus zur Abwicklung dieser Transaktionen gegründet worden ist und seither Beteiligungen an Optionsbörsen in fünf anderen Ländern Europas erworben hat (**OM-Gruppe**). Das Ziel der OM-Gruppe besteht vor allem darin, unabhängig oder gemeinsam mit anderen (außenstehenden) Finanzinstitutionen außerhalb Schwedens (zuletzt Gründung von → **FEX**) den Anlegern unter Nutzung von Vorteilen der Internationalisierung und Globalisierung ein umfassendes Angebot bereitzuhalten und dieses schrittweise zu erweitern. Zur OM-Gruppe gehören neben OM Stockholm fünf Tochtergesellschaften in London (→ **OM London**), in Frankreich (→ **OM France**), in Finnland (→ **Suomen Optiomeklarit**), in Norwegen (→ **Norsk Opsjonsmarked**) und in Spanien (→ **OM Ibérica**). Die OM-Gruppe stellte bei der Gründung dieser Optionsbörsen die von ihr geschaffene Börsen-Software (Handels-, Clearing- und Informationssystem) zur Verfügung (das auch Grundlage der → **ÖTOB** ist).

**Stripped gilts**
Form von → **stripped bonds** am Markt London auf der Basis von britischen Staatsanleihen (**gilts**). Von Vorteil sind derartige gestrippte Anleihen insbesondere dann, wenn unterschiedliche Steuersätze auf Kursgewinne (Kapitalertragsteuer) und auf Zinserträge (Einkommensteuer) bestehen. Zum Beispiel müssen am amerikanischen Markt Anleger jährlich die Emissionsrendite und bei Verkauf den Kapitalgewinn, der den rechnerischen Sollwert der Anleihe übersteigt, als Einkommen versteuern. Da die britischen Steuerbehörden und die Bank von England derzeit (März 1993) noch nicht entschieden haben, wie stripped gilts steuerlich zu behandeln sind, wurde bislang noch keine Erlaubnis für diese Anleiheform erteilt.

**Subordinated Debenture**
Schuldverschreibung mit der Anleihebedingung, daß im Falle der Insolvenz der Emit-

tenten die Rückzahlung des Finanztitels den Forderungen der anderen Gläubiger im Range nachgeht (→ **nachrangige Verbindlichkeiten; nachgeordnete Schulden; nachrangige Anleihen).**

**Suomen Optiomeklarit (SOM)**
Erste von der → **OM-Gruppe** gegründete ausländische Börse mit Sitz in Helsinki. Am 2. Mai 1988 wurde der Handel mit Futures und Optionen auf den **FOX-25-Aktienindex** aufgenommen.

**Superfloater-Swap**
→ **Swap-Risiken (Banken)**

**SURF-Anleihen**
Abkürzung für → **Constant Maturity Treasury Step Up Recovery Floating Rate Note**

**Swapmanager**
Spezialist im Handel mit → **Swaps**. Voraussetzungen für diesen Beruf sind einerseits finanzmathematische Kenntnisse und mehrjährige Erfahrungen im Handel mit Finanztiteln und Swaps (unter Anleitung durch einen Swapmanager), andererseits gute englische Sprachkenntnisse und Kenntnisse der englischsprachigen Fachtermini. Die Banken als Arbeitgeber von Swapmanagern erwarten in der Regel ein abgeschlossenes betriebswirtschaftliches Studium (mit bankbetriebswirtschaftlicher Ausrichtung) an Universitäten, Fachhochschulen oder an der Hochschule für Bankwirtschaft sowie eine entsprechende Zusatzausbildung.

**Swap-Optionen (swaptions)**
Bei Swap-Optionen erwirbt der **Käufer eines Swap-Optionsrechts** gegen die Zahlung einer Prämie das Recht, während der Laufzeit der Option (Option amerikanischen Typs) oder an ihrem Ende (Option europäischen Typs) in einen Finanz-Swap mit dem Stillhalter einzutreten, dessen Konditionen bei Abschluß des Optionsgeschäfts festgelegt sind.

Swap-Optionen werden in der Regel als Optionen europäischen Typs auf sog. „**fixed-to-floating**"**-Zinsswaps** bezogen, bei denen eine Vertragspartei fixe, die Gegenpartei variable Zahlungen leistet. In diesem Falle besteht der → **Basispreis** (Ausübungszinssatz) in dem Festzinssatz, nach dem sich die vom Optionsberechtigten zu leistenden oder zu empfangenden Beträge bemessen.
Neben den angeführten **reinen** Formen von Swap-Optionen existieren am Markt auch **Mischformen** aus Finanz-Swaps und Swap-Optionen. Dazu zählen insbesondere **Swaps mit Verlängerungsoption** („extendable swaps") und **kündbare Swaps** („puttable swaps" / „callable swaps"), bei denen nach einem vorher bestimmten Zeitraum einer der beiden Swappartner das Recht hat, eine Verlängerung oder Verkürzung der ursprünglich vereinbarten Swaplaufzeit zu verlangen.

**Swap-Risiken (Banken)**
Gefährdungspotentiale, die aus dem Abschluß von → **Swaps** für die beteiligten Banken entstehen. Im einzelnen handelt es sich um folgende Risiken (zur Systematik siehe nachfolgende Abbildung):
**Erfüllungsrisiko (äquivalentes Kreditrisiko):**
Entsteht im Falle der Nichterfüllung (ganz oder teilweise) der eingegangenen Tauschverpflichtungen, insbesondere der termingerechten Zahlungsverpflichtungen **(Zahlungsrisiko)**, die zur vorzeitigen Beendigung des Vertrages führt. Das Kreditrisiko führt zu einer **mismatched position**, die von der vertragsgetreuen Partei auszugleichen ist und für sie ggf. finanzielle Verluste und ggf. ein **Liquiditätsrisiko** bedeutet. Daher muß es primäres Anliegen der Banken als Gegenpartei sein, die Partner für Swapgeschäfte unter dem Kriterium auszuwählen, daß sie über eine entsprechende Ausstattung verfügen, ihren künftigen finanziellen Verpflichtungen nachkommen zu können. Die Höhe des äquivalenten Kreditrisikos besteht in den notwendigen Kosten zur Ersatzbeschaffung des durch den Verzug ausgefallenen Cash

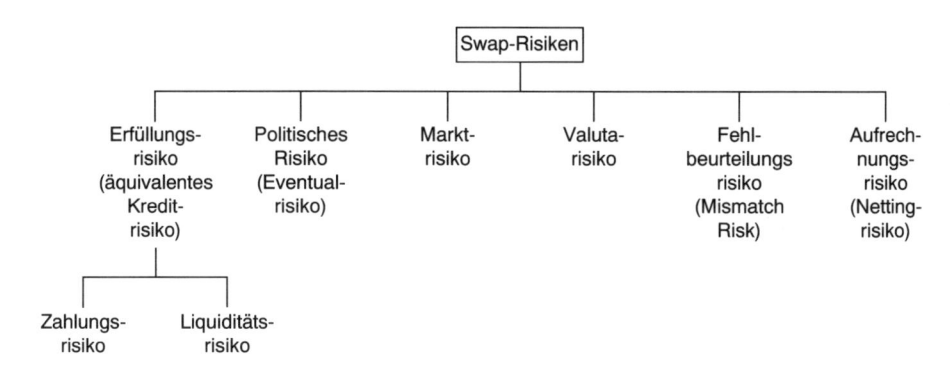

```
                              Swap-Risiken
    ┌───────┬─────────┬────────┬────────┬─────────┬─────────┐
Erfüllungs-  Politisches  Markt-   Valuta-   Fehl-      Aufrech-
risiko       Risiko       risiko   risiko    beurteilungs nungs-
(äquivalentes (Eventual-                     risiko     risiko
Kredit-      risiko)                         (Mismatch  (Netting-
risiko)                                      Risk)      risiko)
    │
┌───┴───┐
Zahlungs-  Liquiditäts-
risiko     risiko
```

Swap Risiken

Flows, wenn die Bank **Endverbraucher** (enduser), also direkter Vertragspartner ist. Das **Liquiditätsrisiko** bedeutet die Gefahr der Nichtbeschaffbarkeit der Cash-Flows.

**Politisches Risiko:** Wahrscheinlichkeit der vorzeitigen Beendigung des Swaps und daraus entstehender Nachteile durch Veränderungen der wirtschaftlichen, politischen und gesellschaftlichen Veränderungen im Land des Vertragspartners.

**Marktrisiko:** Gefahr der Vertragsverletzung durch Gegenpartei trotz Schließung der offenen Positionen; das Ausmaß des Marktrisikos bestimmt sich auf der Grundlage der Devisenkurse, der Zinssätze und ggf. der Marktgängigkeit des Instruments.

**Valutarisiko:** Besteht in der Gefahr, daß bei währungsbezogenen Swaps Eindeckungen in fremder Währung vorgenommen werden müssen, um den Verpflichtungen in Cash Flows, die in Valuta zu leisten sind, nachkommen zu können.

**Fehlbeurteilungsrisiko (Mismatch Risk):** Besteht im Problem, die Swap-Positionen im Markt nicht exakt matchen zu können, und zwar entweder zeitlich und/oder der Höhe nach.

**Aufrechnungsrisiko (Nettingsrisiko):** Aufrechnungsvereinbarungen werden von Swap-Parteien getroffen, um eine Rationalisierung der Zahlungsvorgänge, insbesondere der Devisentransaktionen zu realisieren (→ **Netting**). Voraussetzung für Aufrechnungsvereinbarungen ist, daß die **Aufrechnung rechtsgültig** und **durchsetzbar** ist, ansonsten kann sie nachteilige Wirkungen entfalten, zumal durch die Internationale Vernetzung der Swap-Parteien und die Globalisierung der Kapitalmärkte Bankzusammenbrüche nicht auszuschließen sind. Daher spiegeln die Bemühungen auf internationaler Ebene zu einer Reglementierung auch die Sorgen über die Folgen eines einzigen Bankzusammenbruchs wider. Zu bedenken ist in diesem Zusammenhang auch, daß nicht nur Banken im Swap-Markt tätig sind, sondern auch Nicht-Banken, deren Bonität derjenigen von Banken häufig nachsteht. Daher ist die Wahrscheinlichkeit der Realisierung von Risiken höher als in den Märkten mit börsengehandelten Instrumenten. Dazu kommt, daß das Swap-Risiko vom Markt nicht erkannt werden kann und stochastischer, also zufallsbedingter Natur ist, so daß Prognosen schwierig sind.

Folgende **Formen der Aufrechnung** sind gebräuchlich:

**Positions-Aufrechnung** (Zahlungs-Aufrechnung): Ziel ist das Netting von Zahlungen zwischen Banken für jede Währung und jede Fälligkeit, so daß nur eine **Nettozahlung** zu

leisten ist. Die ursprünglichen Zahlungsvereinbarungen bleiben unberührt.
**Verbindliche Zahlungsaufrechnung:** Ähnlich der Positions-Aufrechnung, es liegt aber eine **verbindliche Vereinbarung** zu Grunde, nur jeweils **eine** Zahlung zu **leisten** oder zu empfangen. Allerdings bleibt die ursprüngliche Verbindlichkeit – im Unterschied zur Novation – bestehen.
**Aufrechnung durch Novation:** Diese Form der Aufrechnung von Positionen aus Zins- und Währungsswaps geht noch einen Schritt weiter und bedeutet die Ersetzung bestehender Verträge zum Zwecke der Aufrechnung, wobei **ein einziger Nettovertrag** die bisherigen Verträge ersetzt **(Obligationenaufrechnung)**: Zwei (bilaterale Novation) oder mehr Banken (multilaterale Novation) schließen eine förmliche Vereinbarung, zu jedem künftigen Fälligkeitstag in jeder Währung, in der sie handeln, nur **einen Nettobetrag** zu leisten (oder zu empfangen).
**Aufrechnung durch Ausschließung (close-out):** Es wird eine Vereinbarung zwischen den Swap-Partnern getroffen, bei Eintritt eines definierten close-out-Ereignisses alle abgeschlossenen, aber noch nicht fälligen Verbindlichkeiten und Forderungen durch eine einzige Zahlung zu erfüllen (auf der Basis der Zeitwert-Beträge).
**Gesetzliche Aufrechnung:** Im Konkursfall und entsprechend der lokalen Gesetze hat jeder Swap-Partner die Möglichkeit, gesetzlich aufzurechnen. Das Risiko besteht darin, daß die Zulässigkeit der Aufrechnung wegen der Abhängigkeit vom Konkurs- und Insolvenzrecht jedes Landes ungewiß ist.
Ein besonderes Problem des → **Swap-Marktes** besteht darin, daß zum einen eine Vielfalt von Swap-Produkten besteht (vom einfachen → **Plain-Vanilla-Swap** mit festen und variablen Zinszahlungen in einer Währung bis zu komplizierten Swap-Konstruktionen, wie z.B. **Superfloater-Swaps**, bei dem die Parteien ihre Zahlungen zum Teil von einem Vielfachen eines Floating Rate Index abhängig machen). Zum anderen werden Financial Swaps immer stärker zum Gegenstand von

**Arbitragen**, die in Anbetracht der Globalisierung der Kapitalmärkte und der technologischen Fortschritte in Telekommunikation und Computer-Hardware sowie – Software die Händler unter Druck setzt, jeden technologischen Spielraum (und nicht nur marktmäßigen!) in dem Sinne zu nutzen, auch die kleinste Marge aufzuspüren und sie zu realisieren. Dazu kommen die Probleme der → **Swap-Dokumentation** bei Banken, die sehr unterschiedlich ist (und sich neuerdings auf die zwei ISDA-Formulartypen stützt) und auch von Land zu Land verschieden gehandhabt wird.
Lit.: Ortner, O./W.L. Howell, Zum Swap-Risiko und seiner internationalen Reglementierung. ÖBA 4/1992, 320-341

### Swiss Bid-/Ask-Index (SBAI)
Ergänzt den → **SMI** in der Weise, daß der SBAI mit dem **Bid-Index** die letzten verfügbaren Geldkurse und der **Ask-Index** die entsprechenden Briefkurse der in SMI enthaltenen Finanztitel verfügbar macht. Der SBAI liefert einerseits Hinweise auf die Marktliquidität, andererseits gibt er Hinweise auf die **Hedge-Kosten**. Berechnung und Ermittlung des SBAI erfolgen durch → **Telekurs**.

### Swiss Government Bond
Bezeichnung für langfristige schweizerische Staatsanleihe mit Laufzeiten zwischen sieben und 25 Jahren.

### Swiss Market Index (SMI)
Von der **Association Tripartite Bourse** (ATP) entwickelter Index, der die Kursentwicklung der 21 liquidesten an den Schweizer Börsen gehandelten Titel wiedergibt (zuletzt geändert zum 1. Januar 1993).

### Swiss-Market-Index liierte Emission (SMI-LE)
Form einer → **90/10%-Anlagestrategie** der Schweizerischen Volksbank, die den Mix einer Anlage in Schuldverschreibungen mit einer Aktienindex-Investition bedeutet und eine **Mindestverzinsung** gewährt.

## Switch-Swaps

Switch-Swaps, auch Differiential- oder Cross Currency Swaps genannt, sind mit üblichen Zinsswaps vergleichbar. Allerdings erfolgt hier kein Austausch einer variablen Zinsverpflichtung gegen eine Zinsverpflichtung mit festem Zinssatz, sondern ein Austausch zweier variabler Zinsverpflichtungen, z.B. DM-LIBOR in US-$-LIBOR + Aufschlag. Die Zahlungen erfolgen jedoch stets in der ursprünglichen Währung, hier also in DM. Der Aufschlag stellt die Kosten des Währungsrisikos dar, welches von der Bank übernommen wird.

Diese Konstruktionen ermöglichen niedrigere Finanzierungskosten bei variabler Verzinsung und gleichzeitiger Ausschaltung des Währungsrisikos. Wenn die Zinsniveaus zweier Länder stark differieren, so kann auch unter Berücksichtigung des Aufschlags der geswappte Zinssatz unter dem Zinssatz der Heimatwährung liegen. Im Gegensatz zu einer direkten Verschuldung in Fremdwährung entfällt hier auch das Währungsrisiko. **MR**

## Synthetische Geldmarktfonds

Synthetische Geldmarktfonds zeichnen sich dadurch aus, daß durch Kombination von lang laufenden Rentenwerten und innovativen Finanzinstrumenten eine Position mit geldmarktähnlichen Konditionen aufgebaut wird.

Grundsätzlich kann man zwei Arten synthetischer Geldmarktfonds unterscheiden. Die erste Möglichkeit zum Aufbau eines synthetischen Geldmarktfonds besteht in einer Anlage mit Anleihen mit variabler Verzinsung (Floating rate notes). Diese Papiere kombinieren eine langfristige Kapitalbereitstellung mit kurzfristigen Zinsanpassungen. Für den Anleger ergibt sich hieraus eine geldmarktähnliche Verzinsung. Die zweite Form synthetischer Geldmarktfonds (synthetische Geldmarktfonds im engeren Sinne) ergibt sich aus der Kombination lang laufender Rentenpapiere mit innovativen Finanzinstrumenten. In der Bundesrepublik besteht beispielsweise die Möglichkeit des Kaufs von Rentenpapieren am Kassamarkt und dem entsprechenden Verkauf von Futureskontrakten an der **DTB** oder **Liffe**. Auch bei einer Kombination lang laufender Rentenpapiere mit Zinsswaps spricht man von synthetischen Geldmarktfonds. Im Prinzip entspricht diese Strategie der Anlage in Floating rate notes. **MR**

## Syndizierte Kredite

Von und mit Hilfe von Bankenkonsortien (Syndicates) gewährte Kredite, zu denen auch die Emissionen von → **Euro-CP** und → **MTN** zählen. Ein syndizierter Kredit läßt sich – im Gegensatz zur Schuldverschreibungsemission – den individuellen Finanzierungsbedürfnissen der Kreditnehmer entsprechend flexibel gestalten. Dies betrifft insbesondere den nicht-standardisierten Kreditbetrag, der in mehreren Tranchen in Anspruch genommen werden kann (was bei Anleihen in der Regel nicht möglich ist). Neben dieser Möglichkeit, individuelle „Ziehungen" auf das Gesamtkreditvolumen innerhalb individuell bestimmbarer Ziehungsperioden vorzunehmen, eröffnen Vereinbarungen einer → **Multi-Currency-Clause**, von spezifischen Tilgungsstrukturen (bis zu vorzeitiger Rückzahlung) und von nichtstandardisierten Laufzeiten einen erheblichen Gestaltungsspielraum für die kreditaufnehmende Unternehmung. Die gewählte Struktur eines syndizierten Kredit hängt insbesondere ab

- vom konkreten Finanzierungsbedarf (klassischer syndizierter Kredit für Investitionsfinanzierung oder Kredit für ein eigenständiges Projekt in Form einer **syndizierten Projektfinanzierung**);
- von der Notwendigkeit zur Liquiditätsvorsorge und -absicherung, wobei die Möglichkeiten von Betriebsmittelfinanzierungen bis zu revolvierenden Krediten reichen;
- von den angestrebten Finanzierungskosten (durch syndizierte Kredite auf CP-Basis lassen sich ggf. erhebliche Kosten-

**Syndizierte Projektfinanzierung**

vorteile gegenüber vergleichbaren Finanzierungen erzielen).

**Syndizierte Projektfinanzierung**
→ **Syndizierte Kredite**

# T

**TAAPS**
→ **Treasury Automated Auction Processing System**

**Targeted stocks**
Emissionsschema auf der Basis der Bildung von zwei (oder mehreren) Klassen von Aktien, die auf Divisions (Sparten) des emitierenden Konzerns bezogen sind. So trennte RJR Nabisco, amerikanischer Hersteller von Zigaretten und Nahrungsmitteln, im April 1993 die Aktienemission nach diesen beiden Bereichen in die Emission für RN-Reynolds (Zigaretten) und für RN-Nabisco (Nahrungsmittel). Vorgesehen ist in diesem Zusammenhang, auf die separaten Aktienbestände (targeted stocks) auch unterschiedliche Ausschüttungen vorzunehmen und die Emissionen zeitlich gestaffelt zu begeben.

**Telerate**
Organisation, die für die British Bankers Association (BBA) in London den Referenzzinssatz → **LIBOR** und für die deutschen Banken in Frankfurt/Main die Ermittlung und Veröffentlichung des Referenzzinssatzes → **FIBOR (neu)** vornimmt und über die eigenen Informationssysteme zur Verfügung stellt. Die Eingabe in das Telerate-System kann direkt von den Banken aus erfolgen oder von Telerate telefonisch abgefragt werden. Sobald alle Informationen zur Verfügung stehen, greift ein eigenes, von Telerate hierfür entwickeltes Programm die entsprechenden Kurse ab und errechnet automatisch das **Fixing**. Dabei werden für die jeweiligen (Zins-)Monate die zwei höchsten und die zwei niedrigsten Werte eliminiert und aus den verbleibenden Werten das Mittel mit bis zu fünf Dezimalstellen hinter dem Komma errechnet. Das so ermittelte Fixing steht danach sofort als fertige Ergebnisseite weltweit zur Verfügung.

**Tender-Verfahren**
Emissionsverfahren für Wertpapiere im Wege der Ausschreibung (→ **Tender**), entweder unter Nennung von Satzgeboten (→ **Zinstender**) oder unter Nennung von Ankaufsbeträgen (→ **Mengentender**). Hinsichtlich der Zuteilung besteht die Wahl zwischen dem „holländischen" Verfahren (Zuteilung zu einem festen Satz) und dem „amerikanischen" Verfahren. Bei letzterem wird von den höchsten Sätzen beginnend zu den **individuellen** Sätzen zugeteilt. Für Zinstender räumt die Deutsche Bundesbank seit Dezember 1992 die Möglichkeit ein, Gebote abzugeben, die auf volle 0,01 Prozentpunkte (statt zuvor 0,05) Prozentpunkte) lauten.

**Terminbörsen-Handelsfonds**
Nach amerikanischem und britischem Vorbild konstruierte → **Future Funds** schweizerischen und luxemburgischen Ursprungs, deren Anteile über deutsche Banken und Finanzinstitute vertrieben werden (z.B. Multi-Fonds; Balance 95).

**Termin-Swap**
→ **Forward Swap**

**TIQ**
Börsendienst der → **Telerate**, der Ende April 1993 in Deutschland offiziell eingeführt worden ist und den Benutzern zeitgleich den Informationszugang zu den wichtigsten Börsenplätzen der Welt und dem deutschen Börsengeschehen ermöglicht, letzteres auch durch Zuschaltung von → **MIDAS**.

**TRA**
→ **Taux Revisible Annuel**

**Treasury Automated Auction Processing System (TAAPS)**
Vom US-Finanzministerium entwickeltes und am 29.4.1993 erstmals angewandtes Computersystem zur Emission (= **Auktion**)

387

von kurz-, mittel- und langfristigen US-Regierungspapieren (Treasures in Form von T-Bills, T-Notes und T-Bonds).

**TRIB-Index**
International Herald Tribune World Stock Index, zusammengesetzt aus 230 international handelbaren USD-Aktien aus 20 Ländern, compiliert von Bloomberg Business News (1.1.1992 = 100). Der Index enthält USD-Aktien mit Notierungen in Tokio, New York, London und in Australien, Belgien, Dänemark, Deutschland, Finnland, Frankreich, Hongkong, Italien, Kanada, Neuseeland, Niederlande, Norwegen, Österreich, Singapur, Spanien, Schweden und Schweiz. Bezüglich der Börsen in Tokio, New York und London enthält der Index die 20 am stärksten börsenkapitalisierten Werte, in den übrigen 17 Ländern die 10 am stärksten börsenkapitalisierten Unternehmungen. Veröffentlicht werden neben dem **Gesamtindex** zusätzlich **Teilindizes** für die Regionen Asien/Pazifik, Europa und Nordamerika sowie Teilindizes für den industriellen Sektor (→ **IHT World Stock Index**).

**Trigger options**
→ **Contingent options**

**Taux Revisible Annuel (TRA)**
Französisches Staatspapier in Form einer → **FRN**

**TUBOS**
Vom Bankhaus Trinkaus + Buckhardt Mitte 1990 geschaffene Investition in Form eines **Optionsschein-Index** als → repräsentativer **Performance-Index** für den deutschen Optionsscheinmarkt. Im Index enthalten sind alle an deutschen Börsen gehandelten → **Optionsscheine** auf deutsche Aktien auf der Basis bedingter Kapitalerhöhungen mit Ausnahme von → **covered warrants**. Da sich im Zeitablauf die Zahl der (terminierten) Optionsscheine laufend ändert, ergibt sich jeweils bei Auslaufen der Notierung und bei Neueinführung von Optionsscheinen eine veränderte Zusammensetzung des Index. Zum Zwecke der Messung der → **Performance** erfolgt eine Bereinigung der Optionsscheine um Bezugsrechte. Als historisches Startdatum wurde der 2.1.1984 festgelegt. Im Vergleich zum → **DAX** wurde für den Zeitraum 1984 bis 1990 eine um 140% höhere Performance des TUBOS ermittelt (bei erhöhter Volatilität gegenüber dem DAX um das Zwei- bis Zweieinhalbfache). Nach Auffassung der Bank kommt diesem Index Bedeutung als technischer Indikator für den Aktienmarkt ebenso zu wie für künftige Indexprodukte und als Maßstab für eine risikoadjustierte Messung der → **Performance** von Optionsscheinfonds.

# U

**Underlying pool**
→ **Principal Strip Municipal Tigrs**

**Ungesponsorte ADR**
Form eines → **ADR**, auch als **nichtgesponsorte ADR** bezeichnet, das nicht über eine → **ADR-Sponsorbank** in den amerikanischen Kapitalmarkt eingeführt worden ist und daher nur Gegenstand des → **OTC-Handel** sein kann.

# V

**Verbindlichkeiten, nachrangige**
Im Zuge der EG-Harmonisierung wurde das Eigenkapital der Kreditinstitute neu definiert. Da § 10 Abs. Va KWG künftig auch sogenannte nachrangige Verbindlichkeiten (**nachrangige Anleihen** bzw. Schuldverschreibungen) als Ergänzungskapital anerkennt, ist hier ein neues Potential für eine Reihe von Finanzinnovationen geschaffen worden, zumal das Gesetz für nachrangiges Haftkapital nur Rahmenvorschriften gibt.
Voraussetzungen für die Anerkennung als Eigenkapital sind u.a., daß die nachrangigen Verbindlichkeiten
- im Falle des Konkurses oder der Liquidation des Kreditinstitutes erst nach Befriedigung aller nicht nachrangigen Gläubiger zurückerstattet werden;
- dem Kreditinstitut mindestens fünf Jahre zur Verfügung stehen und nicht auf Verlangen des Gläubigers vorzeitig zurückgezahlt werden müssen;
- nicht gegen Forderungen des Kreditinstitutes aufgerechnet werden können;
- nicht durch Sicherheiten des Kreditinstitutes oder Dritter abgesichert sind.

Sofern diese Voraussetzungen erfüllt sind, können nachrangige Verbindlichkeiten grundsätzlich in der Form als Darlehen oder Schuldverschreibungen aufgenommen werden, wobei es bei der letzteren Form nicht auf eine mögliche Verbriefung ankommt.
Damit ergeben sich einerseits für die Kreditinstitute, andererseits für die institutionellen und privaten Anleger vielfach Gestaltungsmöglichkeiten, deren wesentliche Rahmenbedingungen im folgenden zu skizzieren sind.
Der Preis – also die Verzinsung der nachrangigen Verbindlichkeit – wird von der Bonität des Kreditintitutes, einer möglichen Mindestreservepflicht und den Verwaltungskosten der Anlageart, die von der konkreten Form der Ausgestaltung abhängig sind, bestimmt.

Da nachrangige Verbindlichkeiten auch in Form von Schuldverschreibungen auftreten können, kann grundsätzlich künftig eine Marktspaltung erwartet werden, da beispielsweise jede Inhaberschuldverschreibung mit und ohne Nachrangabrede angeboten werden kann. Diese Preisdifferenzen, die letztlich auf der Bonität des Kreditinstitutes basiert, wird in der Tendenz eher gering ausfallen.
Da die Erklärungsbedürftigkeit der nachrangigen Verbindlichkeiten tendenziell höher ist als bei „herkömmlichen" Passivprodukten, wird nicht die gesamte Privatkundschaft – insbesondere nicht der Massenkunde – als potentielle(r) Käufer in Frage kommen. Als institutionelle Anleger kommen insbesondere die Investmentgesellschaften, die bis zu 10% des Sondervermögens in nicht börsennotierte Wertpapiere anlegen können, und die Versicherungsgesellschaften in Betracht.
Aus der Sicht der Kreditinstitute sind nachrangige Verbindlichkeiten steuerlich als Fremdkapital zu behandeln; insoweit bestehen keine Unterschiede zu den → **Genußrechten** bei der Körperschaftssteuer, der Gewerbesteuer und der Vermögenssteuer. Ein Unterschied zu den Genußrechten liegt darin, daß Erträge aus den erwähnten Formen der nachrangigen Verbindlichkeiten nicht dem Kapitalertragssteuerabzug unterliegen.
**TG**

# W

**Währungsoptionsscheine (mit Zahlung eines Differenzbetrages)**
Von der Citibank im November 1990 erstmals emittierte → **Währungsoptionsscheine**, die an Stelle der (körperlichen) Lieferung eines bestimmten Währungsbetrages die Zahlung eines Differenzbetrages zwischen Fixingkurs am Ausübungstag und dem Basispreis (in Höhe des Hundertfachen des Differenzbetrages) vorsehen.

**Währungsoptionsscheine, gekappte**
Gleichzeitige Ausgabe von gekappten Call- und Put-Währungsoptionsscheinen, die dem Anleger die Erzielung steuerfreier Spekulationsgewinne ermöglicht (→ **Bandbreiten-Optionsscheine**). Beispiel: Ausgabe von gekappten Währungsoptionsscheinen durch das Bankhaus Trinkaus & Burkhardt (10. April 1992) mit anfänglichen Verkaufspreisen für Calls von 82,50 DM (Basispreis: 1,55 USD) und Puts von 73,75 DM (Basispreis: 1,95 USD). Mit dem Call setzt der Anleger auf steigende, mit dem Put auf fallende Kurse. Steht beispielsweise der USD am 21. Juni 1995 auf einem Kurs über 1,55 DM, dann bringt der Call-Optionsschein für jeden Pfennig über diesem Kurs 5 DM (bis zu einer Grenze von 1,95 DM, so daß der Anleger maximal 40 Pfennig Kursgewinn bzw. 200 DM realisieren kann). Entstehen dagegen am 21. Juni 1995 Kurse des USD unter 1,95 DM, dann ergibt sich bei Puts spiegelbildlich bis zu 1,55 DM, der unteren Grenze, ein maximaler Kursgewinn von 200 DM. Die beiden capped warrants auf steigenden und fallenden Dollar ergänzen sich so, daß der Anleger mit seinem Einsatz von 156,25 Mark (am Ausgabetag) immer 200 Mark am 21. Juni 1995 erhält.
Ist an diesem Tag beispielsweise der Dollar auf einem Stand von 1,80 Mark, bringen Call und Put gleichzeitig Geld: Weil der Dollar dann um 25 Pfennig über dem Call-Basispreis von 1,55 Mark liegt, zahlt die Bank auf den Call eine Prämie von 125 Mark. Gleichzeitig liegt ein Dollarkurs von 1,80 um 15 Pfennig unter dem Put-Basispreis von 1,95 – dafür erhält der Anleger 75 Mark, zusammen also 200 Mark. Bei einem Dollarkurs von 1,60 würde der Anleger 25 Mark für seinen Call, 175 Mark für seinen Put erhalten. Mit dieser Konstruktion garantiert die Bank einen – steuerfreien – Kursgewinn, die vermeintliche Dollar-Spekulation ist mündelsicher: Mit seinem Einsatz von 156,25 Mark für die beiden Optionsscheine erzielt der Anleger immer einen Gewinn von 43,75 Mark. Das entspricht, bezogen auf die Laufzeit, einer (steuerfreien) Rendite von 8,58%. Nachfolgende Tabelle zeigt die Wertentwicklung der capped warrants für ausgewählte Dollarkurse am 21. Juni 1995.

| Dollarkurs | | Wert Call | Wert Put | Wert Paar |
|---|---|---|---|---|
| weniger als | 1,55 | 0 | 200 | 200 |
| | 1,55 | 0 | 200 | 200 |
| | 1,60 | 25 | 175 | 200 |
| | 1,65 | 50 | 150 | 200 |
| | 1,70 | 75 | 125 | 200 |
| | 1,75 | 100 | 100 | 200 |
| | 1,80 | 125 | 75 | 200 |
| | 1,85 | 150 | 50 | 200 |
| | 1,90 | 175 | 25 | 200 |
| | 1,95 | 200 | 0 | 200 |
| mehr als | 1,95 | 200 | 0 | 200 |

**Wertpapierleihe**
Finanzinnovation zur Verbesserung der Rendite der Wertpapierbestände von Großanlegern und zur kostengünstigen Erfüllung von Lieferverpflichtungen aus Börsentermingeschäften (z.B. DTB-Geschäften) unter Beteiligung von Banken.
Das Wesen der Wertpapieranleihe besteht darin, daß der Verleiher dem Entleiher Wertpapiere für eine bestimmte Zeit für die vorgenannten Zwecke überläßt. Rechtlich handelt es sich um ein Sachdarlehen (§ 607 BGB), bei dem der Darlehensgeber (= Ver-

leiher) dem Darlehensnehmer (= Entleiher) ein entgeltliches Darlehen in Form von Wertpapieren gewährt, das letzterer nach Ablauf der Darlehensfrist (= Leihfrist) in Stücken gleicher Gattung und Menge zu tilgen hat, während der Laufzeit stehen dem Verleiher sämtliche Wertpapiererträge aus den verliehenen Finanztiteln einschließlich Berichtigungsaktien und Bezugsrechten zu. **Gegenstand** von Wertpapierleihen unter Beteiligung deutscher Banken können folgende Wertpapiere sein:
- DM-Schuldverschreibungen einschließlich Schuldbuchforderungen des Bundes, von Bundesbahn und Bundespost, der Europäischen Investitionsbank und der Weltbank sowie verzinsliche DM-Schuldverschreibungen anderer Emittenten
- DM-Aktien von Gesellschaften mit Sitz in der Bundesrepublik Deutschland.

Der Wertpapierleihe zu Grunde gelegt wird in der Regel ein Rahmenvertrag, der die allgemeinen Bestimmungen für die einzelnen Wertpapierleihen enthält (einschließlich Regelung der Frage der Sicherheitsbestellung). Als **Entgelt** für die Wertpapierleihe leistet der Entleiher für jeden Abschluß eine Gebühr eines vereinbarten Jahresprozentsatzes. Die Höhe der Gebühr orientiert sich an der Marktsituation für die entsprechenden Laufzeiten und am Marktwert der Finanztitel am Valutierungstag für die Zeit bis zum Rücklieferungstag. Die Zinsberechnung erfolgt nach der → **Euromethode.** Im Ausland wird das Verfahren der Wertpapierleihe – allerdings mit unterschiedlichen Gestaltungen – als **Buy/Sell-Back-Geschäft** oder als **Repurchase-Geschäft** bezeichnet.
Die **Struktur** einer Wertpapierleihe zeigt die nachstehende Abbildung.

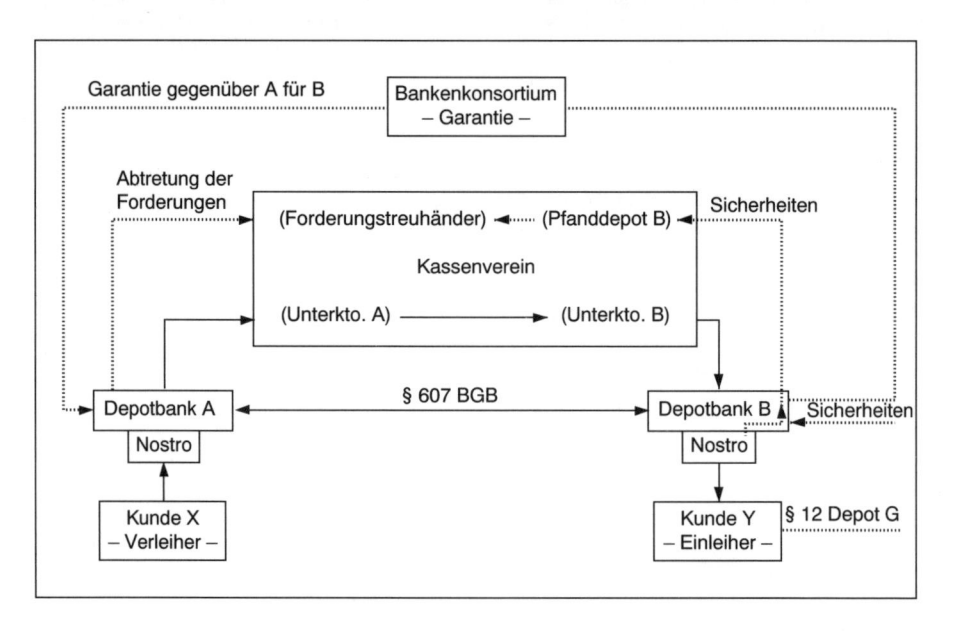

# Y

**Yield Paper**
Im Gegensatz zu → Discount Papers sind diese Finanztitel mit Zinskupons ausgestattet.

# Z

**Zero-Cost-Caps**
→ **Collar** (Zinsbegrenzungsvereinbarung)

**Zinsausgleichs-Zertifikate**
Von Banken gegebene Miteigentumsanteile an einem Inhaber-Sammel-Zertifikat, die freihändig angeboten werden. Die Mindestkaufs-/Mindestausübungsmenge beträgt jeweils 1 000 Zertifikate und ein ganzzahliges Vielfaches von 1 000. Die Zinsausgleichs-Zertifikate beziehen sich auf einen bestimmten DM-LIBOR-Satz bei vorgegebenem Basispreis. Die Ausübung ist innerhalb einer vorgegebenen Laufzeit möglich. Der **Differenzbetrag**, bezogen auf einen Nominalwert von DM 100,– pro Zertifikat, wird in DM ausgedrückt und errechnet sich wie folgt:

$$\text{Differenzbetrag} = \frac{100 \times (\text{Basispreis} - \text{LIBOR}) \times T}{360}$$

wobei T = Zinsberechnungstage pro Monat.
Beispiel:
Zinsausgleichs-Zertifikate der Citibank: 10 Mio. Zinsausgleichs-Zertifikate 92/97 bezogen auf den 6-Monats-DM-LIBOR; Basispreis: 7,5%; Laufzeit: 19.11.1992 bis 17.11.1997; anfänglicher Verkaufspreis: DM 4,10. Börseneinführung: Geregelter Markt in Frankfurt/M.; Düsseldorf, Hamburg und München.

**Zinsbegrenzungsvereinbarungen**
Spezifische Formen von → **kassabezogenen Zinsoptionen** in Form von → **Caps**, von → **Floors** und von → **Collars**.

**Zinsdifferenzzertifikat**
→ **Floor**

**Zinsoption, kassageschäftsbezogene**
Das wesentliche Merkmal kassageschäftsbezogener Zinsoptionen besteht darin, daß bei dieser Option der Optionsberechtigte im Falle der Ausübung vom Stillhalter die **sofortige** Durchführung des zugrunde liegenden Geschäftes mit einem zinstragenden Gegenstand beanspruchen kann. Je nach der Art der Option darf der Optionsberechtigte die Lieferung des Optionsgegenstandes verlangen oder dem Stillhalter den Geschäftsgegenstand andienen. Im Gegensatz dazu beträgt die Erfüllungsfrist bei → **termingeschäftsbezogenen Zinsoptionen** über 14 Kalendertage.
Zu kassageschäftsbezogenen Zinsoptionen gehören neben Wertpapieroptionsgeschäften, die auf den Kauf oder Verkauf des den Optionsgegenstand bildenden festverzinslichen Wertpapieren gerichtet sind (vergleichbar einem „kaufmäßigen" Zinstermingeschäft) insbesondere auch die → **Zinsbegrenzungsvereinbarungen** in Formen von → **caps** und → **floors** sowie → **collars** (Kombination von → **cap** und → **floor**), die auf die Durchführung eines (fiktiven) Einlagegeschäftes gerichtet sind (vergleichbar den einlagemäßigen Termingeschäften; → **Einlagetermingeschäfte**)

**Zinsoption, termingeschäftsbezogene**
Bei termingeschäftsbezogenen Zinsoptionen handelt es sich um Optionen auf der Basis eines börsenmäßig gehandelten **oder** zwischen Käufer der Option und Stillhalter individuell vereinbarten **Zinstermingeschäftes**, wobei die vereinbarte Frist für die Erfüllung des Optionsgeschäfts 14 Kalendertage übersteigt (im Gegensatz zu → **kassageschäftsbezogenen Zinsoptionen**).
Zu den verbreitetsten termingeschäftsbezogenen Zinsoptionen gehören die börsenmäßig gehandelten Optionen auf Zinstermin- (Futures-) Kontrakte. Deren zinsmäßige Wirkungsweise läßt sich beispielhaft anhand einer Drei-Monats-Euro-DM-Future-Option („Euro-DM-Option") aufzeigen. Übt bei der Euro-DM-Option der **Käufer** (Optionsberechtigter) einer **Kaufoption** sei-

ne Option aus, so ergibt sich für ihn daraus eine **Kaufposition auf den Future-Kontrakt**, der Optionsgegenstand ist. Kontraktpartner des Optionsberechtigen ist gemäß den Bestimmungen der Börse das Clearing-House der Börse, das gegenüber dem Optionskäufer als Stillhalter fungiert. Das Optionsgeschäft wird erfüllt (der den Gegenstand der Option bildende Future-Kontrakt wird „geliefert"), indem das Clearing-House dem Optionsberechtigten eine Kaufposition auf den Kontrakt zum am Ausübungstag der Option herrschenden Marktpreis einräumt. Bei Ausübung der Option wird daher vom Clearing-House die Differenz zwischen der Höhe des Basispreises der Option und dem am Ausübungstag herrschenden Marktpreis für den Future-Kontrakt an den Optionsberechtigten gezahlt. Der Optionsberechtigte hat danach die Möglichkeit zu entscheiden, ob er die gegenüber dem Clearing-House bestehende Kaufposition bis zum Erfüllungstag des Terminkontraktes aufrecht erhalten oder sie durch ein gegenläufiges Geschäft schließen und den Gewinn aus dem Optionsgeschäft festschreiben will.

Bei dem bezeichneten Future-Kontrakt erlangt der Optionsberechtigte zinsmäßig die gleiche Position, als dürfte er bei Ausübung der Option eine Dreimonats-DM-Termineinlage zu einem **nach dem Zeitpunkt der Ausübung der Option liegenden Termin** beim Stillhalter plazieren („Kauf" einer Geldanlagemöglichkeit). Als **Plazierungstermin** gilt der letzte Handelstag des unterliegenden Future-Kontraktes an der Börse (an der LIFFE z.B. wäre dies der zweite Werktag in London vor dem dritten Mittwoch des jeweiligen Kontrakt-Liefermonats März, Juni, September, Dezember).

Der **Optionsberechtigte** aus einer **Verkaufsoption** auf den Dreimonats-Euro-DM-Future („Verkauf" einer Geldanlagemöglichkeit) ist hinsichtlich der zinsmäßigen Wirkungsweise so gestellt, als würde ihm die Einlage per Termin überlassen. Der **Stillhalter** aus einer Kauf- oder Verkaufsposition hat jeweils die entgegengesetzte Position zum Optionsberechtigten.

**Termingeschäftsbezogene Zinsoptionen** existieren z.b. als Optionen auf Eurodollar-Futures oder auf US-Treasury Bond-Futures. Im Falle der Ausübung der Option muß der **Stillhalter** in ein oder mehrere Zinstermingeschäfte eintreten; z.b. muß der Stillhalter einer Verkaufsoption auf einen Eurodollar-Future-Kontrakt diesen Kontrakt zum Basispreis kaufen und damit ein Zinstermingeschäft abnehmen. Der **Optionsberechtigte** einer Eurodollar-Future-Verkaufsoption ist berechtigt, bei Ausübung der Option einen Future-Kontrakt zum Basispreis abzugeben. Auch bei termingeschäftsbezogenen Zinsoptionen wird deshalb für die Bestimmung der maßgeblichen **Fristigkeiten** auf die Zeitpunkte der Erfüllung des Termingeschäfts und der Fälligkeit des dem Termingeschäft unterliegenden Gegenstandes abgestellt (Laufzeit des → **underlying**).

**Zinssatz-Futures auf Drei-Monate-Euroschweizerfranken**
→ **Drei-Monate-Euroschweizerfranken-Futures (SOFFEX)**

**Zinssatz-Futures auf langfristige Anleihen der Eidgenossenschaft**
An der → **SOFFEX** am 29. Mai 1992 eingeführter Handel auf langfristige Schweizer Bundesanleihen zur Sicherung bezüglich langfristiger Zinsrisiken mit folgenden **Kontraktmerkmalen:**
**Kontraktmonate:** Insgesamt 4 Kontraktmonate, d.h. die nächsten Monate des Zyklus März, Juni, September, Dezember.
**Fälligkeitstermin:** Montag vor dem 3. Mittwoch des jeweiligen Kontraktmonats.
**Basis:** eine 6%ige synthetische Obligation mit einer Laufzeit von 5 Jahren. Der Wert der Basisobligation beruht auf den entsprechenden Zinssätzen am Swap-Markt.
**Kontraktgröße:** 100 000 Fr., Minimalpreisfluktuation (Tick) 0,01% oder 10 Fr.

**Zins-Optionsscheine**

**Preisnotierung:** Die Notierung erfolgt analog dem Obligationenhandel in Prozenten des Nominalwertes mit zwei Stellen nach dem Komma.
**Liquidation:** Barausgleich (entspricht dem letzten Variation-Margenbetrag).
**Kommission:** wegen der Aufhebung der Courtagekonvention frei aushandelbar (zwischen Mitgliedern und Anlegern; Kauf und Verkauf gilt als eine Transaktion).
**Einschußmarge:** 1 000 Fr. pro Kontrakt; Reduktion bei Spread-Positionen.
**Variation-Marge:** Tägliche Neubewertung auf Grund der Gewinne/Verluste auf offenen Positionen infolge der Marktschwankungen.
**Handelsart:** Soffex
**Handelszeiten:** 9 Uhr bis 16 Uhr 30.

**Zins-Optionsscheine**
Gattung von → **Optionsscheinen,** die **entweder** die Option auf Lieferung körperlicher Stücke des → **Underlying** zum → **Basispreis oder** die Option auf Zahlung einer Geldsumme bei einer definierten Zinsdifferenz zwischen Basispreis und Kurswert zum Ausübungszeitpunkt enthalten.